上海三联人文经典书库

100

论人、风俗、舆论 和时代的特征

[英] 夏夫兹博里 著

董志刚 译

CHARACTERISTICS OF MEN, MANNERS, OPINIONS, TIMES

上海三联书店

总　序

陈　恒

　　自百余年前中国学术开始现代转型以来，我国人文社会科学研究历经几代学者不懈努力已取得了可观成就。学术翻译在其中功不可没，严复的开创之功自不必多说，民国时期译介的西方学术著作更大大促进了汉语学术的发展，有助于我国学人开眼看世界，知外域除坚船利器外尚有学问典章可资引进。20 世纪 80 年代以来，中国学术界又开始了一轮至今势头不衰的引介国外学术著作之浪潮，这对中国知识界学术思想的积累和发展乃至对中国社会进步所起到的推动作用，可谓有目共睹。新一轮西学东渐的同时，中国学者在某些领域也进行了开创性研究，出版了不少重要的论著，发表了不少有价值的论文。借此如株苗之嫁接，已生成糅合东西学术精义的果实。我们有充分的理由企盼着，既有着自身深厚的民族传统为根基、呈现出鲜明的本土问题意识，又吸纳了国际学术界多方面成果的学术研究，将会日益滋长繁荣起来。

　　值得注意的是，20 世纪 80 年代以降，西方学术界自身的转型也越来越改变了其传统的学术形态和研究方法，学术史、科学史、考古史、宗教史、性别史、哲学史、艺术史、人类学、语言学、社会学、民俗学等学科的研究日益繁荣。研究方法、手段、内容日新月异，这些领域的变化在很大程度上改变了整个人文社会科学的面貌，也极大地影响了近年来中国学术界的学术取向。不同学科的学者出于深化各自专业研究的需要，对其他学科知识的渴求也越来越迫切，以求能开阔视野，迸发出学术灵感、思想火花。近年来，我们与国外学术界的交往日渐增强，合格的学术翻译队伍也日益扩大，同时我们也深信,学术垃圾的泛滥只是当今学术生产面相之一隅,高质量、原创作的学术著作也在当今的学术中坚和默坐书斋的读书种子中不断产生。然囿于种种原因,人文社会科学各学科的发展并不平衡,学术出版方面也有畸轻畸重的情形(比如国内还鲜有把国人在海外获得博士学位的优秀论文系统地引介到学术界)。

有鉴于此,我们计划组织出版"上海三联人文经典书库",将从译介西学成果、推出原创精品、整理已有典籍三方面展开。译介西学成果拟从西方近现代经典(自文艺复兴以来,但以二战前后的西学著作为主)、西方古代经典(文艺复兴前的西方原典)两方面着手;原创精品取"汉语思想系列"为范畴,不断向学术界推出汉语世界精品力作;整理已有典籍则以民国时期的翻译著作为主。现阶段我们拟从历史、考古、宗教、哲学、艺术等领域着手,在上述三个方面对学术宝库进行挖掘,从而为人文社会科学的发展作出一些贡献,以求为21世纪中国的学术大厦添一砖一瓦。

目　录

译者前言

第一卷

3　序言

4　论狂热，给×××勋爵的一封信
4　　　第一节
7　　　第二节
13　　　第三节
19　　　第四节
22　　　第五节
25　　　第六节
30　　　第七节

32　共同感，论机智和幽默的自由，给朋友的一封信
32　　　第一章
43　　　第二章
53　　　第三章
66　　　第四章

78　独白，对作家的忠告
78　　　第一章
78　　　　　第一节

85　　　第二节
94　　　第三节
104　　第二章
104　　　第一节
113　　　第二节
129　　　第三节
138　　第三章
138　　　第一节
150　　　第二节
164　　　第三节

第二卷

185　论美德和功德
185　　第一编
185　　　第一章
190　　　第二章
202　　　第三章
220　　第二编
220　　　第一章
230　　　第二章
263　　结论

　　道德家，一部哲学狂想曲，关于自然和道德问题的
266　　对话的记述
266　　　第一章
285　　　第二章
342　　　第三章

第三卷

397　关于前面论文和其他关键问题的杂感
397　　杂感一

409　　杂感二

457　　杂感三

482　　杂感四

499　　杂感五

553　论历史画或 Tablature，赫克勒斯的抉择

555　　第一章　Tablature 的一般章法或布局

558　　第二章　第一个形象或主要形象

561　　第三章　第二个形象

564　　第四章　第三个形象

565　　第五章　这幅画的装饰，主要是衣饰和远景

571　　第六章　论随意的或独立的装饰

573　　结论

575　关于艺术或设计科学的一封信

夏夫兹博里像

译者前言

对于夏夫兹博里，国内学界并不很熟悉，但与其关系密切的两个人物却是大名鼎鼎，一个是其启蒙老师洛克，另一个是其祖父夏夫兹博里伯爵一世。这里并不是意欲借此二人的名声来抬高他在哲学史和思想史上的地位，因为他的确发挥了独特影响，值得被更多了解和研究。他反对霍布斯和洛克的利己主义，开创了英国情感主义伦理学；也是他首次明确提出审美的无功利原则，被视为现代美学的奠基者。此外，他对宫廷和教会的批评，促进了资产阶级公共领域的成熟；他对工业文明的警惕，预示了 19 世纪马修·阿诺德的文化思想，因此在 20 世纪的思想史和文化史研究中得到越来越多的重视。夏夫兹博里的主要著作是眼下这本《论人、风俗、舆论和时代的特征》（*Characteristics of Men，Manners，Opinions，Times*，下文简称《论特征》），中间收录了他从 1699 到 1710 年单独出版的体例各异的论著，以及对这些论著的评论，1711 年首次出版，1714 年再版时又加入了他论艺术的两篇文章。

夏夫兹博里，全名是安东尼·阿什利·库珀，夏夫兹博里伯爵三世（Antony Ashley Cooper，the third Earl of Shaftesbury，1671 - 1713，下文简称夏夫兹博里）出生于多赛特的圣吉尔斯，[①]他几乎天生就要注定与政治结缘。他的祖父夏夫兹博里伯爵一世在 17 世

---

① 夏夫兹博里的儿子，即夏夫兹博里伯爵四世则说他出生在伦敦，见 *The Life，Unpublished Letters and Philosophical Regimen of Anthony，Earl of Shaftesbury*，ed，Benjamin Rand，London：Routleghe Thoemmes Press，1992，xviii。

纪活跃于英国政坛,从 1642 年的内战到克伦威尔执政,再到复辟时期,他总能抢得先机,左右逢源,占据要职,是 17 世纪英国最有影响力的政治家之一。查理二世继位时,他进入上院,担任财政大臣,并在 1672 年受封伯爵。后来,由于查理二世的王后不能生育,王位极可能被信奉天主教的约克公爵詹姆士继承,夏夫兹博里伯爵一世屡次劝说查理二世离婚,另娶新教妻子。但查理二世已暗中与法国结盟,推行天主教,并坚持要让公开皈依天主教的詹姆士继承王位。他试图收买夏夫兹博里伯爵一世却未果,便将其逐出枢密院。夏夫兹博里伯爵一世随即成为反对查理二世的主要人物,并以他为核心形成一股政治势力,被称作"辉格党"①,他也因此被看做是辉格党的创立者。他们在 1679 年的议会中试图通过排斥法案,以阻止詹姆士继位,围绕排斥法案,辉格党与其政敌托利党几经博弈,虽然 1680 年在下院通过,却最终被上院否决。此后托利党开始反击,1681 年夏夫兹博里伯爵一世被以叛国和弑君的罪名被捕,囚禁伦敦塔,但因证据不足被无罪释放。1682 年,他仍试图发动起义,但发现无法成功,并且害怕再次受到迫害,便流亡荷兰,次年因病逝世。

夏夫兹博里伯爵二世天生体质孱弱,性格内敛,伯爵一世明知其在政治上难有作为,当孙子 4 岁时,便从儿子手中拿走抚养权,交由约翰·洛克教育,显而易见是要让孙子做自己政治上的接班人。在夏夫兹博里的成长过程中,其祖父的形象必定令其困惑,甚至造成很大压力。在他眼中,伯爵一世和蔼慈祥,与人为善,在政治上反对专制君主,争取议会权力;抵制天主教,支持新教,因此是宗教宽容、思想自由的保卫者。但他从某些舆论中听到的是,伯爵一世是一个叛国者、弑君者,尤其是在其流亡荷兰之后,托利党利用舆论丑化其形象,其家族也明显在政坛上受到排挤。伯爵一世去世后,12 岁的夏夫兹博里被送到温彻斯特学院。这所学院以保

---

① 辉格(Whig)一词来自苏格兰盖尔语,意为"盗马贼",起初被用来讥讽苏格兰长老会派,与之对立的托利(Tory)则来自爱尔兰的克尔特语,意为"不法之徒"。

皇派和高教会派思想为主导，夏夫兹博里自然会被孤立，深感压抑，①这使得他在往后对君主专制和宗教狂热深恶痛绝，另一方面，也让他决心投身政治，并为自己的祖父恢复名誉。

1688年的光荣革命对夏夫兹博里来说自然是个转折点。辉格党逐渐占据优势，为他参与政治提供了契机。从其实际表现来看，夏夫兹博里绝不是一个性格强悍的人，也缺乏领袖气质，虽然他也尽力继承其祖父的政治遗产，适应政治活动。1690年，他自称在进入公共事务之前需要更多学习，而且认为支持者不能理解他的政治主张，因此拒绝从政，直到5年后才进入议会。在政治活动中，他表现得足够积极，但他的主张并不囿于党派之争，所以经常受到同党的指责。不过，他却得到威廉的器重，甚至有机会进入内阁，但1702年威廉的去世使辉格党再次受到挫折，因为继位的安娜女王更偏向托利党。从此，夏夫兹博里几乎退出政坛，成为边缘人物。

事实上，夏夫兹博里像他父亲一样体弱多病，使他难以从事繁重的政治事务。他在1698年就曾到荷兰旅行疗养，1711年又到意大利那不勒斯居住，直至1713年在那里去世。然而，他越来越远离政治活动，也有更重要的原因，他希望以另一种方式来参与政治，那就是通过哲学探讨和思想交往来构建一种"高雅的"(polite)文化形态，也就是在哲学思考和对话的过程中树立自主人格，建立自由开放的社会交往模式，因而提升个体的道德情操，营造和谐的社会风俗，以此来对抗宫廷和教会的专制文化。在他看来，这同样是一种政治实践，同时也是哲学探讨应有的品格。在某种意义上，夏夫兹博里试图通过自己的实践来建设哈贝马斯所谓的文学公共领域，这也是我们认识他的代表作《论特征》的一个重要背景。

---

① 伯爵四世说，他的父亲在温彻斯特学院不受人待见，"经常因其祖父的原因而被侮辱，其祖父的往事让专制势力的狂热者们非常厌恶。他在温彻斯特遭受的虐待让他深感苦恼，因此请求父亲让他离开那里"。*The Life*, *Unpublished Letters and Philosophical Regimen of Anthony*, *Earl of Shaftesbury*, ed, Benjamin Rand, London: Routleghe Thoemmes Press, 1992, xix.

　　夏夫兹博里幼年时的教育由洛克负责,但他后来的思想却在有些方面与洛克大异其趣,甚至截然对立。这不是说洛克对他毫无影响,实际上他的思想在一定程度上恰恰是以洛克为出发点和参照点的。洛克在 1666 年结识夏夫兹博里伯爵一世,当时伯爵一世受肝病困扰,在医学上颇有造诣的洛克有效地控制了疾病,甚至还实施了在当时看来非常危险的手术。伯爵一世十分感激洛克的救命之恩,请他做自己的助手。但洛克的职责不仅仅是私人医生,他开始辅佐伯爵一世所面临的所有重要事务,包括家族内部事务、产业经营、政治活动;洛克为后来的伯爵二世操办婚姻,参与卡罗莱纳殖民地的经营,为伯爵一世的政治活动出谋划策、起草演说词,甚至协助其密谋叛乱,当然最重要的事件是写作《政府论》,为辉格党的宪政改革提供理论论证。① 总之,洛克之于夏夫兹博里家族,不只是简单的朋友关系或合作关系,而是已经成为这个家族的一员,成熟时的夏夫兹博里纵然与洛克有思想上的分歧,却仍称其为自己的"朋友和养父"。②

　　洛克在夏夫兹博里的教育上必定费了不少心思,他 1692 年出版的《教育漫谈》应该也包含了这段经历的心得。从《教育漫谈》中可以看出,洛克的目标也是要培养一个品德优良、崇尚理性、克己复礼,能够担负政治责任的贵族绅士。书中的内容从体格、饮食、读写、娱乐,到举止品行,几乎巨细无遗,其原则就是避免娇生惯养,让儿童从小艰苦朴素,克制贪欲,多学知识,到成年时能有健全理性。洛克的教育方法也颇具现代意识,他不主张对儿童体罚和辱骂,也反对强行灌输。他说:"我们从极小的时候起就是自然而

---

① 《政府论》是在 1690 年出版的,但其写作时间应在 1679—1680 年间,最晚不迟于 1683 年。见彼得·拉斯莱特:《洛克〈政府论〉导读》,冯克利译,北京:生活·读书·新知三联书店,2007 年,第 45,50 页。

② 在 1705 年的一封信中,夏夫兹博里写道:"他[洛克]完全指导了我的教育,仅次于我的亲生父母,我必须承认这种最伟大的恩惠,因而也一直怀着最深的感激和敬意。"*The Life, Unpublished Letters and Philosophical Regimen of Anthony, Earl of Shaftesbury*, p. 332.

然地爱好自由的,所以我们对于某些事情之所以感到憎恶,原因只是因为别人把那些事情强加给了我们,此外没有别的理由。"①所以,只要营造适当的环境,树立正确的榜样,晓之以理,动之以情,儿童自然会养成良好习惯,远离恶习,对德性和知识充满兴趣。无疑,这种理念与《人类理解论》中阐述的经验主义有相通之处。难能可贵的是,洛克相信,儿童到一定年龄自然就会具备分辨善恶对错的理性,因此严格的管教固然不可缺少,但一定要尊重爱护儿童的人格,培养其荣誉感,尽早使其形成独立自主的性格;相反,像对待奴隶一样施以过度的责罚,却容易使其自卑懦弱。

夏夫兹博里的传记作者罗伯特·沃伊特尔认为,夏夫兹博里至少在两个方面受到洛克的影响,一是始终保持"对学术的强烈的、不计功利的热爱",并且偏爱"沉思细察的生活",因此不仅成为知名学者,也热衷于提携后学;其二,洛克总是教导他"善待所有生灵",这是夏夫兹博里仁爱主义的重要来源,由于他的大力宣扬,这一点在18世纪广被接受。②

事实上,作为其祖父政治生涯的辩护者,夏夫兹博里与洛克在很多方面必定有诸多共识,例如反对王权专制,推崇言论自由,反对宗教迫害,主张宗教宽容和政教分离。夏夫兹博里的思想同道和政治同盟也多是经由洛克引荐的,这些人也对他有所影响。1687年,夏夫兹博里游历欧洲大陆时,首先到了荷兰鹿特丹,由洛克介绍,他结识了本杰明·弗利(Benjamin Furley,1636-1714),并一直与其保持通信,1698年他因健康原因再次造访鹿特丹时,还参加了弗利主持的沙龙。弗利是移居荷兰的英国商人,皈依贵格派,在宗教和政治上都很激进,其博爱精神深得夏夫兹博里的赞同。在弗利主持的沙龙中与众多观点各异的自由思想家的交往,也让夏夫兹博里向往已久的哲学探讨方式得到短暂的满足,并在

---

① 洛克:《教育漫谈》,傅任敢译,北京:教育科学出版社,1999年,第128页。
② Robert Voitle, *The Third Earl of Shaftesbury*, *1671-1713*, Baton Rouge;
London: Louisiana State University Press, 1984, pp. 10-11.

《道德家》一文中得到体现。在 1695 年开始的政治生涯中,夏夫兹博里又结识了洛克的朋友约翰·萨默斯(John Somers, 1651 - 1716)。萨默斯虽然是宫廷派辉格党的领袖,安娜在位期间位高权重,但其渊博学识得到夏夫兹博里的尊敬,而且二人在艺术方面都有浓厚兴趣,他的《论狂热》一文便是与萨默斯探讨宗教和艺术问题的产物。

然而,在 1690 年之后,夏夫兹博里在与洛克的通信中开始表现出对后者哲学的异议。其间固然有私人方面的一些原因,①但更深层的原因是夏夫兹博里认为洛克的哲学存在根本缺陷。从一开始洛克的教育就把德行置于首位,而夏夫兹博里在成长过程中以其祖父为楷模,自然也谨守辉格党的意识形态,即推崇宪政,尊重个人权利,倡导言论自由,重视市民社会。在夏夫兹博里看来,这种理念既需要抵制君主专制,也必须培养一种利他为公的道德,亦即消除霍布斯的利己主义。然而,他发现洛克的哲学,尤其是《人类理解论》恰恰与这种理念相矛盾,甚或是将其摧毁。

夏夫兹博里很早就表现出对洛克哲学的不满情绪,最后发展到完全抵触的地步。在 1689 年给洛克的一封信中,夏夫兹博里说:"您的著作让人信服,您深谙心灵的成长、运动和失调;对我来说,这段经历也会让我坚定地主张,您熟知人的这种天赋,胜于解剖学家或医学家对身体的了解;要不然,便是您对我的教导就非常奇怪而独特了。"②这段话针对的当然是《人类理解论》,书中的内容洛克早在 1680 年左右就在构思,后来又与一些学者在夏夫兹博里家中

---

① 在 1674 年夏夫兹博里伯爵一世为保证洛克有长期的固定收入,让他投资家族的一处农场;洛克投入 700 镑买下这块地产,无需亲自打理,每年可获得 100 镑的分红。到 1690 年时,这处农场遭到毁坏,收益越来越少,伯爵夫人给洛克的分红便减少到 80 镑,这让洛克很不满,要求恢复到 100 镑。伯爵夫人认为分红本来是伯爵一世的馈赠,但洛克却认为这是他的合法收入,他便求助于夏夫兹博里,夏夫兹博里虽然感到为难,但还是保证了洛克 100 镑的收入。

② Quoted from Robert Voitle, *The Third Earl of Shaftesbury, 1671 -1713*, 1984, p. 61.

经常讨论。夏夫兹博里虽然此时思想尚不成熟,但对洛克的理论必定是非常熟悉的。然而,这段话的语气有些怪异,显得对洛克的哲学有些怀疑。1694 年给洛克的信则比较直接地表明了自己的观点:"我不知道我们还可以请求上帝让我们懂得更多东西或可能懂得什么。我所要请求上帝的是,让人们做到他们已经懂得的东西;让人们足够明智,去知道只属于他们的东西和明摆在他们眼前的东西。……我以为真正的、可从中获益的学问,就是知道我们自己……从中我能得到教会我们这一点的东西;从中我能探索所有时代和言论中有助于现世之我的东西;这就是我要学习的哲学家和哲学;除此我不会从事其他的努力、研究和学习。"①到 1709 年给别人的信中则干脆把洛克与霍布斯归为一派,说道:"是洛克毁灭了所有基本原则,将所有秩序和美德(同样还有上帝)从世界上消失,使这些观念都成为非自然的,在我们心灵中失去了基础。"②

17 世纪的英国哲学从培根开始确立了经验主义传统,培根要求哲学研究应从抽象的思辨转向对自然的观察,排除各种偏见和幻象,获取可以给现实生活带来福利的知识。培根的哲学带有唯物主义和实利主义的倾向,曾任其秘书的霍布斯则将唯物主义扩张到对人和社会政治的研究上,他明确说:"生命只是肢体的一种运动,……一切像钟表一样用发条和齿轮运行的'自动机械结构'……心脏无非就是发条,神经只是一些游丝,而关节不过是齿轮。"③所以,只要考察清楚人这架机器的内部运行规律,便可以探明人的各种思想、行为的原因,然后社会的构成法则也便明白可见了。但人毕竟不只是物质形态的机器,霍布斯把人的运动分为两类,即生命运动和动物运动,前者是今天所谓的生理运动,后者则是由"意向"推动的自觉运动,它决定生命运动朝什么方向展开。

① Quoted from Robert Voitle, *The Third Earl of Shaftesbury*, 1671 –1713, 1984, p. 61.
② *The Life*, *Unpublished Letters and Philosophical Regimen of Anthony*, *Earl of Shaftesbury*, p. 403.
③ 霍布斯:《利维坦》,黎思复、黎廷弼译,北京:商务印书馆,1985 年,第 1 页。

所以,《利维坦》一开始首先阐明,感觉和想象如何是各种肉体器官运动的结果,然后又寻找使各个孤立的感觉和想象互相联结,形成推理的动力,这个动力便是欲望或激情。欲望总是个体的,为了满足欲望或长久地满足欲望,个体选择相互争斗,或相互联合来保护自己,这就解释了集团、社会、政府、国家的形成原因。但是,说到底一切社会组织都是个体满足欲望,保护自我利益的手段。从这个论证引出的伦理学必定是利己主义和实利主义的。

没有证据表明洛克与霍布斯之间有明确的承袭关系,但所有人都能看到两者之间在很多方面的诸多相似。洛克没有明确像霍布斯那样以唯物主义作为认识论的基础,他采取了一种存而不论的态度。但他与霍布斯一样遵循原子主义的原则,即人的认识从感觉开始,感觉生成简单观念,然后人的理解能力再将简单观念联结成复杂观念。相比于霍布斯,洛克削弱了"自觉运动"的作用,因而人的理解或思维就成为了相对而言是机械的活动。也许,合理的解释是他们都受到了 17 世纪的科学发展的影响,而洛克本人还是一个知名的医学家。

正是他们这种机械唯物主义令夏夫兹博里难以接受。在他看来,如果说人类事实上已经结成社会,而非在所有方面都相互排斥和对抗,那么人类先天就必定具有一种结成社会的倾向,纵然不能否认也有自私的倾向。但霍布斯和洛克的机械唯物主义几乎没有给社会倾向留下任何余地。他们承认在结成社会时,个体会让渡一部分自然权利给他人,但最终目的仍是自我的欲望和利益,对于社会结构的稳定性则缺乏保证。洛克说:"人们所以普遍地来赞同德性,不是因为它是天赋的,乃是因为它是有利的。"[1]当然,洛克并未明确宣称赞同德性仅仅是有利于自我,但是他认为,人们赞同德性是因为觉得会得到奖赏,而违背道德则会受到惩罚,而人们之所以信仰上帝,则是因为上帝手握最终的审判权,纵使不是当下报

---

[1] 洛克:《人类理解论》(上册),关文运译,北京:商务印书馆,1983 年,第 29—30 页。

应,在未来也仍不可能逃脱。这样来看,人们评价道德的标准还是自我的利益,而非出于对德性本身的尊重和服从。

夏夫兹博里转而寻求其他理论的支持,而17世纪英国也并非经验主义一统天下,还有剑桥柏拉图学派与之分庭抗礼。这是一个以清教思想重镇剑桥大学为根据地的团体,在17世纪30年代开始成型,其主要成员先后有本杰明·惠齐科特、亨利·莫尔、拉尔夫·卡德沃思。他们反对宗教狂热,倡导宽容,主张把信仰与理性相协调,试图将宗教与科学相融合,因而尽力改造近代哲学中的唯物主义,以图用宗教来统合科学,用科学佐证宗教。莫尔反对笛卡尔的二元论,提出精神实体同样具有广延性,遍布宇宙,所以"整个宇宙中不存在纯粹机械的现象"。① 卡德沃思承认在物质世界存在机械的规律,但机械规律并不能解释所有现象,尤其是生命的活动;所以,在物质的机械结构之外必定存在一种无形的精神或生命,可称之为"有塑造力的自然",它就像制造物品的人的工艺那样,但比其更完美,塑造了物质形态;而这种"有塑造力的自然"还有更高的源泉,亦即上帝的理智或智慧。

很明显,1699年完成的《美德论两篇》(*An Inquiry Concerning Virtue, in Two Discourses*)(收录到《论特征》时更名为《论美德和功德》*An Inquiry concerning Virtue and Merit*),夏夫兹博里受到了剑桥柏拉图学派的启发。实际上,在前一年他就编辑过惠齐科特的布道文集,并为其写了序言。在序言中,夏夫兹博里剑指霍布斯,斥责其把恐惧当做宗教信仰的根源,如此一来上帝便是一个声色俱厉的惩罚者,远非那么仁慈和善。即使是霍布斯的反对者也可能落入其圈套,比如认为上帝会在来世施行奖惩。惠齐科特则认为,人们只有凭借理性认识到自然中的智慧和仁慈,才能感悟到神圣的启示,也才能因此真正去行善,所以,对赏罚的期待不能作为道德的基础。对此,夏夫兹博里深表赞同。

《论美德与功德》可被看做是惠齐科特布道文集的序言的延伸

---

① 胡景钊、余丽嫦:《十七世纪英国哲学》,北京:商务印书馆,2006年,第249页。

或展开论述。论文开篇就指出,宗教和道德不可分离,甚至道德是宗教的根基,因为一个道德高尚的人几乎不可能是一个无神论者,也不可能否认上帝是一个善良的存在。当然,这就需要证明什么是善,以及人们凭借什么能力来行善。善固然是有利的,而且必定是对每一个个体有利,但是否意味着有利只是针对个体而言?这是夏夫兹博里反驳霍布斯的起点。在霍布斯那里,推论的出发点是孤立的个体,其目的是获得维持生命的资源或利益。但在夏夫兹博里看来,一个个体无论如何都无法仅凭一己之力保全自身。自然世界中,所有生命个体都属于一个物种,一个个体的诞生本身就是个体之间的结合的结果,而且很多物种的个体也必须依靠某个群体或整个物种才能生存下去,甚至整个自然世界就是由各个物种相互依存的关系构成的整体。如果我们相信这一点,那么自然世界就必定出自某种智慧或意图(亦即神)的设计或安排,这便是各个生命个体和物种的终极目的。

这显然是一种目的论,它并非夏夫兹博里的发明,从柏拉图以来就一直流传,剑桥柏拉图学派也将其化为己用。夏夫兹博里从中推导出的观点是,如果一个生命个体仅以自身的存在为目的,那就将导致整个物种的消亡,所以判断一个个体的行为是否有利,必须以其从属的物种的目的和构造为参照。人类的存在更是如此,他们天生没有尖牙利爪,幼体生命更需要群体的抚养,只有依赖群体才能生存下去,所以善恶的标准不在个体的利益,而是整体的利益。

有两点是需要注意的。首先,夏夫兹博里并不否认各个个体有自私倾向,因为物种的延续正依赖健全的个体,但他决不能对其他个体和整体造成危害,否则这种自私倾向就是坏的或恶的。真正有利的行为在于,能够在自我保全与维护他人和整体的利益之间达到一种平衡。其次,判断一个个体的行为或品质不是单纯根据其结果,而是要根据其内在倾向或动机,一定程度上,只有含有情感的行为才有善恶之分:"只有凭借感情,一个生物才被认为是好的或坏的,自然的或反常的。"(Ⅱ22)①就此而言,与霍布斯相似,夏夫兹博里认为人天生有欲望和情感作为其行为的动力和指向,但是他认为,与其他动物不同的是,人有理性,可以此来反省和控制情感,从而主动地发出行为。易言之,一个没有理性,不能自由思考的人,是无所谓道德的,因为任何被强制的行为也无所谓善恶。这可被视为夏夫兹博里在伦理、宗教、政治上的自由主义的理论基础。反观霍布斯,我们可以发现,他的机械唯物主义使得人的行为在很大程度上成为本能的反应,因而人很难自觉地认识和理解自我之外的目的和利益。

在夏夫兹博里那里,道德判断有一个更复杂的机制。霍布斯只是认为,人根据意向而有欲望和嫌恶,表现为愉快和不愉快的情感,并称其对象为有利的和不利的。然而在夏夫兹博里看来,如果这种情感仅限于自我的感受,实际上并无道德内涵,只有扩及到与他人和整体的关系,才被称作为善或恶。这当然就需要个体超出自身之外,对自己或他人的原初的情感作出判断,人之所以能如此,是因为他有理性,能对原初的情感进行反省,并形成新的情感反应:"在一个能够形成事物的普遍概念的生物那里,不仅是呈现于感官的外在存在,而且还有行为本身,怜悯、友善、感激,及其与此相反的情感,都通过反省而被带到心灵面前,成为对象。所以,凭借这种反省的感官就产生了另一种面向这些感情本身的感情,这些感情已经被感受到,现在却成为一种新的喜爱或嫌恶的对象。"(Ⅱ28)他紧接着说:"像通常的物体或感官的共同对象一样,精神的或道德的对象也是同样的情形。这后一类存在,呈现于我们眼睛的形状、运动、色彩和比例,必然会根据其各个部分不同的尺度、次序和布局,产生一种美或丑。举止和行为也是如此,当呈现于我们的理智面前时,根据对象的匀称或杂乱,必定会被发现有一种明显的差异。"(Ⅱ28—29)也就是说,夏夫兹博里认为,道德判断是一种情感判断,虽然其间经过反省,但仍表现为一种情感的

---

① 括号内为本书边码所标卷数和页码,下同。

直觉。

这中间有一些含混之处，既然行为是呈现于理智，道德判断也依赖于理性的反省，最后又如何表现为情感呢？这里没有太多时间分析其中的各种曲折，但后来休谟的一个解释可以让我们领会一二，他说道德判断就如法庭上的审判，人们可以通过理性来辨明事实，但对这个事实予以道德判断的则是一种道德感，表现为好恶之情，所以理性与情感负责了道德判断不同阶段的任务。夏夫兹博里则把情感区分为感性情感和理性情感，前者是对行为动机的直接感知，而后者则是理性对前者作出道德判断的结果。这里要提醒的是，夏夫兹博里所理解的"理性"与自然科学中的理性大有不同，更主要地表现为从更广泛的范围，即在整体的高度、以超脱的态度对自我和他人的行为的反省。稍后的哈奇生直接提出"道德感（moral sense）"，意指人天生能够站在超脱立场上判断人的行为，这自然是来自夏夫兹博里的学说，但未免过于简化了。

自然而然，鉴于霍布斯极端强调自私情感，夏夫兹博里提出社交性情感（social affection），并必然要倍加推崇，指出人在相互关爱、相互给予的社会交往中得到的快乐高于孤立状态中的感官快乐，甚至认为无论感官快乐最初有多么强烈，最后也必然是令人抑郁和痛苦的。其实，霍布斯已经史无前例地突出了情感在整个人类活动中的作用，但由于夏夫兹博里推崇社交性情感，宣扬利他主义，所以被视为情感主义理论的开创者。

然而，夏夫兹博里的真正贡献在于驳斥了赏罚论。对赏罚的宣扬固然在有些时候作为手段是有效的，但绝不是道德的最终根基，也不是提升道德的最终途径。"因为奴隶和唯利是图的仆人，由于惩罚而受到约束，惟命是从，但不会因此而变得善良或真诚。然而，这家庭里面的主人对其子女施以适当的奖赏和温和的惩罚，教给他们何为善，并通过这样的帮助在美德方面指导他们，但子女们在以后却以另外的基础行动，没有考虑到惩罚或贿赂。因而这就是我们所谓的自由教育和自由贡献：相反的牺牲和服从，无论是面对上帝还是人，都是不自由的，不配任何的荣誉和赞扬。"（II 65）因此,宗教信仰中的一些错误做法非但不能造就道德高尚的人,反而是道德堕落的重要原因。真正的美德不是来自谄媚或恐惧,而是来自对美德自身的热爱。

再进一步说,为避免道德的主观性和相对性,夏夫兹博里并不主张将快乐情感和实际利益作为道德判断的标准。如果赞同和践行美德真的有什么回报,也并不是有限的实际利益以及与之伴随的快乐,虽然也不完全拒斥它们。尊崇美德,本质上是相信自然整体中包含的智慧和仁爱,其中并不包含真正的邪恶,这一点本身就令我们欣慰,让我们心中坦坦荡荡,不必因恐惧而苦恼,不必为偶然的不幸而沮丧;在现实生活中,我们能够因此享受到与他人自由畅快地交往而来的快乐,不必遭受良心的谴责;这本身就已经是幸福。所以,"美德即为幸福,恶习即为不幸"(II 176)。

从理论发展的角度看,夏夫兹博里有效地扭转了性恶论的趋势。在18世纪虽然还有如孟德维尔步霍布斯的后尘,只不过他认为个人对利益的追求最后仍是有利于社会整体的福利,但总体而言对社交性的强调却是主流。经过哈奇生、休谟、亚当·斯密的推行,情感主义广被接受,虽然洛克的影响并未消失,两者的相互交融导致边沁的功利主义。人们会把夏夫兹博里的影响多半置于伦理学和美学范围,在整个哲学史的研究中对他几乎只字不提,这显然是现代学科区分的结果,在很大程度上把哲学看做一门思辨的学问,远离社会实践,不能对政治、道德、宗教、艺术发挥现实的影响。然而,这绝不是夏夫兹博里看待哲学的方式,在他眼中这倒不如说是哲学趋于死亡的标志。

我们可以从不同的侧面把夏夫兹博里看做柏拉图主义者、亚里士多德主义者、斯多噶主义者,但在《美德论》之后,他没有写过"体系性"的作品。在他看来,专事构造体系的哲学背离了哲学的初衷,除了追新逐奇、沽名钓誉之外,并无实质性意义。在《独白》一文中,他尖刻地说道:"变得愚蠢的捷径就是构造一种体系。失去理智的最可靠的方法就是装点这种体系。某些东西越像是智慧,如果它很明显不是智慧本身的话,它就越是与智慧背道而驰。"

（I 290—291）正如他给洛克的信中说，关键的问题不是人们还需要知道什么，而是如何做到知道应该做的东西。对于哲学而言，重要的是介入生活，使人们在实践中提升自己的德性和趣味，在社会交往中表现得更加真诚，从而形成一种真正地和谐淳朴的风俗。

1703 或 1704 年，夏夫兹博里写出一部哲学对话作品，名为《社交狂热者》(The Social Enthusiast: A Philosophical Adventure, Written to Palemon，收录到《论特征》时更名为《道德家，一部哲学狂想曲，记述一次关于自然和道德问题的对话》，The Moralists; a Philosophical Rhapsody, being a Recital of Certain Conversation on Nature and moral Subjects)，起初未出版，仅在小范围内流传，到 1709 年才出版。这部对话是在尝试一种新的哲学探讨方式，看起来是模仿柏拉图的风格（但叙述技巧更复杂），或者可被看做是恢复哲学本来的存在方式，亦即让哲学回到生活。所以，在对话的开始，主角之一菲勒克勒斯对热爱哲学的贝拉蒙悲叹道："在这个世界中，她[哲学]不再活跃，也难再有任何优势去登上公众的舞台。我们已将她（可怜的夫人！）囚禁在学院和密室中，让她卑屈地干着矿工一样的工作。经验主义者和卖弄学问的诡辩家就是她主要的学生。经院式的三段论和长生之药是她成果中的精华。她早已不再像在古代那样培养政治家，那时候，公共事务上的杰出之士都受过她的恩惠。"(II 184)

对于以道德为主要目标的夏夫兹博里来说，任何不能使人关注并提升道德的哲学都是"奇技淫巧"而已，但这并不意味着哲学仅仅是空洞贫乏的说教，要让人践行美德，首要的任务是证明美德是真实的、有价值的。道德绝不能与理性相悖，经不起理性检验的教条必定是虚假的。显而易见，夏夫兹博里不希望人们在现成的教条面前俯首帖耳，或者懵懂地人云亦云，否则人们的行为就不会真诚，而虚伪本就是不道德的；甚而至于，不经过理性思考的行为也就是不负责任的行为，是道德上的恶的一个根源。当然，深入到自然、人性中探究道德的基础，清晰地辨别各类学说的正误，本身就是一项艰苦的工作，比探索自然中的物质规律更加艰苦。

　　贝拉蒙有志于哲学,但宁愿观察地上的万物、天上的星辰,也不愿对人类投以一瞥。因为他看到人类在道德上轻浮堕落,在宗教上虚伪荒诞,几乎就是秩序和谐的自然世界中的缺陷。所以,他并非情愿遗世独立,而是对人类感到失望,只不过他没有像普通人那样把道德问题当做"言情故事"那样轻慢待之。菲勒克勒斯开导他说,也许贝拉蒙眼中的恶恰恰也是自然世界的一部分,正如动物植物的生长中也存在偶然的瑕疵或反常现象,"只是一个美好整体的一些必要的阴影,也可算作是创造之美的一部分"(II 206)。实际上,菲勒克勒斯原先是个怀疑主义者,对任何道德和宗教的学说都保持警惕,例如对于奇迹和启示,因为不合常理也有悖理性,他宁信其无不信其有,所以被人指责为无神论者。在听了另外一个人物特奥克勒斯的推理之后,他模糊地认识到应该从整体的高度理解个别现象,但他仍难以领会其中精髓,只好对抽象的精神存而不论,转而采取一种"不知道一切,但相信一切"的态度,稀里糊涂地做一个有神论者,顺从宗教教义。

　　特奥克勒斯是夏夫兹博里的化身。他坚持理性,但也超越了理性,使他能够透过自然世界的表象,领悟到背后的精神。他赞同自然世界遵循物质规律,但这不能解释一切现象,尤其是生命的维持和繁衍,所以他坚决反对古代的原子论和现代的唯物主义。动物、植物的物质构造受着生命的支配,推而广之,整个自然世界也必定受着一个精神的统领,它不是一个实体,但孕育一切,遍及自然世界,它赋予物质以形式,灌输以生气,这个精神可谓之神。在某些时候,神或上帝被比作艺术家,它将自然中不同类型的分散的东西凝合为和谐的秩序。这种学说可归到自然神论的潮流中,即在不依赖奇迹和启示的条件下,以自然法则证明神的存在,在英国可追溯到 16、17 世纪之交的爱德华·赫伯特,也为剑桥柏拉图学派继承。[①] 总之,如果人们承认自然世界存在秩序和规律,就必定要为

---

① 从广义上说,霍布斯和洛克的神学都是自然神论,关于英国的自然神论可参阅约翰·奥尔:《英国自然神论:起源和结果》,周玄毅译,武汉:武汉大学出版社,2008 年。

其设定一个精神主宰或设计者,反过来说,自然世界存在一个目的,万物都从属于这个目的或以其为原因,所以这个学说也是目的论。在《论美德和功德》中,夏夫兹博里就以这种学说作为道德的基础,即人因生存于群体之中而天生有一种社交性感情,在这里他要阐明的是,如果社交性是人的本质,那么道德的善就在于实现这种本质,因此,"具体的心灵应该通过与这个'普遍的一'一致而寻求自己的幸福,并努力效仿这个'普遍的一'的最高程度的单纯性和卓越"(II 359)。

不过,在《道德家》这篇对话中,夏夫兹博里力图展示,在具体的社会交往中,在相互的讨论和辩论中,只要能够坚持理性,抛开成见,不受任何教条的束缚和诱导,人们就能让自己的思想回到正常的轨道上来。一个不偏执也不盲从的人,必然有一种平和的性情,这实际上已经具备了基本的德行,在宗教上也能保持理智和虔诚,正如菲勒克勒斯可以放弃激进的怀疑主义,贝拉蒙纵然对当下的人类社会愤愤不平,也恰恰说明他对道德和宗教保持着兴趣。然而,通过特奥克勒斯这个角色,夏夫兹博里所要描绘的是一种更高的道德境界。在辩论的推理中,人们可以在理性上承认道德的基础和准则,但这只是德行的消极条件,只有当人们放弃对有限利益的追求,超越理性的推演,怀着对至高的精神和上帝的"非功利的爱",才能从内心里崇尚美德。事实上,这种独特的爱是美德的坚实根基,是其他德行的源泉。如特奥克勒斯对菲勒克勒斯说:"要成为某一个人的朋友,就有必要首先成为人类的朋友。"(II 246)

对于菲勒克勒斯来说,从理性升华到爱是个艰难的过程,他甚至指责特奥克勒斯是个狂热主义者,因为后者相信一个抽象的精神的存在,而且在哲学探讨当中允许有感情的参与,因此已经完全脱离了理性的范围。的确,特奥克勒斯在展示一种鲜为人知的哲学探讨方式,这甚至不是社交中的相互辩论,而是在隐居独处的沉思冥想中的体悟,或者说独处本身也是社交实践的一部分,它让人反省和陶冶自身的人格和性情,让自我更真实地坦露在他人面前。

不过,独处的首要意义在于让一个人把自己作为人类的本性显露出来。在远离喧嚣的僻静之处,他沉思自己来自何处,被赋予何种天性,他直接与创造自己的精神交流。他的社交性感情不仅面向某个个体,也面向整个自然,他感受到那个至高精神的仁爱,也萌生出对这个精神的无私之爱,继而延伸到人类和同胞的爱。就此而言,隐居独处是进入社会交往的一个必要准备。

然而,这里的关键是人们如何能在不以感官知觉到那个抽象精神的条件下产生对它的情感。从理论上说,夏夫兹博里运用了类比的方式,也就是,既然感性的对象可以在人心中激发其情感,理性得出的观念同样可以引发情感,虽然与前者有所不同:"那么存在一种形象的自然美?难道就不存在行为的自然美?眼睛一见到形象,耳朵一听到声音,美就立刻产生了,优雅和和谐就被人知道并承认。行为一被观察到,人类的感情和情感一被觉察到(它们大多数一被觉察到也就被感受到),一只内在的眼睛就立刻分辨出来,并看到美丽和标致,可亲和可赞,与丑陋、愚蠢、可憎或可鄙截然不同。人们怎会不承认,这些区别在自然中形成,这种分辨力本身也是自然的,并且只能来自自然?"(II 414—415)富有神性的精神便是自然的心灵,它以仁爱之心创造万物,当人们认识到这一点时,对它的敬爱之情也便油然而生。在实际生活中,当人们孑然独处,静观自然,体会到感官无法看透自然的表象,理性也无法囊括自然的整体的时候,便感觉到自身进入一个奥秘的世界,完全被震撼,此时理性便转化为想象,心灵也陷入一种迷狂状态。这就是诗人受到灵感触发的状态,在他面前,自然成为精神的载体,万物呈现为一个个有机的生命,而他自己也与最高的精神合而为一。这种状态无法在理性的演证中达到,也无法在与他人的辩论中体会,唯有收视反听,凝神观照,才可以领略到。当然,这并非说理性的推演和思辨在此毫无意义,相反,只有经历这一阶段才可以登堂入室,否则便成了纯粹的狂热,所以,夏夫兹博里称诗人般的这种迷狂为"理智的疯狂"(II 346)。

显然,在《社交狂热者》之后,夏夫兹博里愈发关注哲学的实践方式,把哲学探讨与社会现象的分析和理解结合起来,所以,此后所写的《关于狂热的一封信》(*A Letter concerning Enthusiasm*)、《共同感》(*Sensus Communis; an Essay on the Freedom of Wit and Humour*)和《独白》(*Soliloquy, or Advice to an Author*)更有文化批评的意味。实际上,夏夫兹博里也确实推动了文化批评的兴起,在《论特征》出版一年后艾迪生和斯蒂尔开始兴办《闲谈者》、《旁观者》等杂志,可谓文化批评实践的典范,也为法国和德国批评家模仿。

1685年路易十四撤销南特赦令,迫害胡格诺教徒,许多教徒逃往英格兰。也许是被迫害的经历使他们心理抑郁,也许是为了引发人们的关注,这些教徒宣扬迷信,表演自虐苦行,声称自己有传达神谕、预言未来的本领,而且煞有介事地预言1708年4月29日将有一场大火降临伦敦。这些行为逐渐引起英国人的反感,英国教会也驱散他们,以防在民众中造成恐慌。夏夫兹博里历来反对宗教迷信和狂热,拒绝神迹启示,但他却没有把这些归咎于宗教本身,而是从社会、政治的角度来解释其原因,寻找消除的途径。

夏夫兹博里说,一定程度上,狂热是一种正常的心理现象,人们的情感如果遭受压抑,哪怕是一点虚假的刺激就会使其砰然爆发,势不可遏。古代的诗人情思枯竭的时候就常常祈求缪斯赋予其灵感,激发其想象,就连现代的基督教徒也会求助于某些灵异现象来支持他们的信仰。诗人的迷狂目的是要与描写对象发生交感同情,以达到逼真动人的效果,但宗教中过度的狂热不仅使狂热者自己心理失常,神志狂乱,性情乖戾,而且试图强制他人相信自己的狂想,不惜加害于他人,甚至狂热还会传染给不明真相的群众,导致恐慌现象。历史上的因宗教而起的破坏、战争、屠杀,无不是狂热的苦果。宗教狂热的害处自不待言,虽然教会也宣传和维护一些神迹,但也不会对伤害他人和社会的狂热听之任之。

然而,问题是如何防止和消除狂热。教会和政府通常的做法是压制舆论,禁止人们谈论宗教问题,只管去服从官方教义。殊不知,这并非解决之道,只会适得其反,因为狂热正是内在情感遭遇压制、无处释放的结果。所以,消除狂热的正确方法就是允许人们以理性的方式自由理解和探讨宗教问题,让疑虑得到解释,让乖戾的情绪得到释放。正如古代医学的体液说,只有让淤积的体液泻导出来,人的身体才会保持健康,心灵也是如此:"人的心灵和肉体本性上趋向于躁动,血液中好像有一些奇怪的酵素,在许多人身体里面过度地释放,在理性中也是一样,有一些异质因子,因发酵而过度释放。"(I 14)

宗教的目的在于排遣人们的苦恼和忧虑,反之亦然,虔诚的信仰也是建立在"善良性情"之上的,而善良性情只能来自自由的探索和思考。显然,教会绝不应该以"严肃"为由阻止人们的谈论教义。"如果人民是邪恶、任性或者败坏的,官员就可以管制他们。但是,如果是他们的理性出了问题,也只有理性才能教导他们做得更好。思想和作风上的正确、教养良好的风尚的精雅,以及每一种高雅,只能出自对最高尚的事物的尝试和体验。只要这种探索再自由些,每一种事物的正确尺度就会即刻浮现。"(I 10)真理和美德绝不惧怕自由探讨,甚至不惧怕任何的幽默和讽刺,这只能让它们更加令人信服,让恶意的攻击和嘲讽原形毕露:"我确信,拯救人的理智,或最好地保护一切智慧的唯一的方法就是给智慧以自由。既然在谐趣的自由被剥夺的地方,智慧也绝不能获得自由,那么,谐趣才是抵制过分的严肃和恶意的幽默的唯一方法。"(I 19—20)相反,不加思考的信仰,对任何教条的顶礼膜拜,在多数时候倒是不虔诚的表现,其目的不过是要奉承那些假想的神灵,从那里获得自私的利益,就像乞丐口口声声呼叫"老爷、小姐",不过是要骗取钱财罢了。所以,自由思考才能明辨真理,理解上帝,相互批评才能认清自我,确立自主的人格,形成善良豁达的性情,而这恰恰是有益于宗教的:"当我们对何为可敬或可爱形成某些一贯的看法时,该如何去爱和赞美。此外,我们也有望为上帝增添些许荣耀,当我们称他最可敬可爱的时候。"(I 41)

夏夫兹博里在《狂热》一文中曾推崇幽默和戏谑,在接受者中引起了不少异议,被认为是在宣扬一种相对主义。然而,在《共同感》一文中夏夫兹博里表明,自己的真实意图倒不如说是维护道德的普遍性,只不过在他看来,道德不是依靠权威树立起来的,也不是从先天观念中演绎出来的,但它们并不脆弱易变,因为它们植根于人的本性,并在实践中得到"共同感"的检验。

究其根源,人们之所以要戏谑和讽刺,最主要的还是因为他们的理性受到外在遏制,不能得到自由的发挥,这种遏制来自正统学术和教会。正统的学究们板起面孔,用抽象的推理维护教条,且不说他们的学说脱离了现实,不能给人以具体指导,单是那种抑郁凝重的性情便拒人千里之外,无法让人轻松愉悦地探讨。教会禁止人们提出质疑,阻碍自由交流,生怕其权威受到挑战。但是,"聪颖之人固有的自由精神,如果被约束控制,就要寻找其他的运动方式,以从束缚中解脱出来:无论是通过滑稽、戏仿,或者插科打诨,它们都很高兴宣泄自己,而且要对束缚它们的东西施以报复"(I 71)。当然,这不是要颠覆理性在道德和宗教中的意义,理性其作用正在于让人反省既成的准则和自我的表现,从而从各种无知和蒙蔽中解放出来。

而且,夏夫兹博里提倡幽默和戏谑,另一个重要意图也是要改变道德和宗教领域的对话方式,要将话语权从宫廷、教会和学院转移到他所谓的"公众"手里,将从上到下的指导和灌输转变为自由的探索和交流。一方面,这要求公众自由运用自己的理性,不轻信不盲从,另一方面也要求公众确立独立的人格,而这一点又是在相互的质疑和批评过程中完成的。所以,幽默、戏谑、讽刺、嘲讽,不过是质疑和批评的一种独特方式,它们不仅针对他人,也针对自我。反观宫廷、教会、学院的专制和说教,看似维护了真理,不过是一些虚假的面具,使人丧失了真诚的态度,也就等于消解了道德和宗教的力量,使道德和宗教成为个人骗取名利的工具。

在公众构成的交往领域中,由于避免了传统的话语霸权的阻塞,个体仿佛卸下了繁文缛节的面具,以自然状态进入到交往中,构成了一个自由平等地联合的共同体。在这里,个体天生的社交性感情自然呈露出来,渴望与他人的交流,他意识到自己身处一个共同体中,要把他人看做同自己一样的自由个体,与他人平等相待,一起探索将这些个体凝聚起来的共同目标和价值尺度。所以,

"公共精神只能出自一种社会性感情或与他人的合作意识。在这种意义上人人都是别人的伙伴,或者分有这种共同的感情,而那些不知道平等的人,也不会认为自己应服从友情或共享的规则。因此道德和好的政治是相伴而生的。如果没有对公共利益的认识,也就不会有对美德真正的爱。并且哪里存在绝对的强权,哪里就没有公众。"（I 106—107）在这个共同体中,每个人都需要站在他人和整体的立场上发表意见,也允许他人的质疑和批评,但是一切的推理和辩论都不能脱离这一出发点。这就是共同感的表现,共同感让共同体中的个体保持和而不同的态度:"对于道德来说,因为世人各执一词,凭借哲学或任何深奥的沉思,不能使人变得真实。总的来说,最好的办法是坚持共同感,而且不要越过共同感"（I 132）。

夏夫兹博里批判宫廷、教会和学院的话语霸权,像哈贝马斯所说,意在建立一个以自由个体为主体的公共领域,但这并不意味着他认为"公众"一开始就是完全合格的参与者。对以党派斗争为目的的公开攻讦和辩论,以获取个人名利的故作惊人之语,以博取公众关注的奇谈怪论,夏夫兹博里同样保持高度警惕,《独白》一文正是因此而写。

实际上,夏夫兹博里已然生活在一个公共领域方兴未艾的时代,如果说公共领域可以指与宫廷和教会法令相对立的公共舆论的话。传统的政治遵循秘密法则,宫廷和议会都不允许议员们公开传播枢密院和议会中的议题和言论,也不允许臣民公开谈论政治和宗教问题。① 但到了17世纪,由于商业贸易和政治动荡,新闻

---

① 例如,1551年爱德华六世发布公告禁绝"流浪汉、谣言贩子、演员、非法印刷商",声称:"每一个人都安守本分、恪尽职守,每一个人都力求顺从、平静地生活,勿谋杀、勿生嫉妒、勿妖言惑众、勿非议国事……否则将触怒圣上、议会、地方官员或大臣……或者难免违犯陛下的法律、法令或公告。"在1647年,下院命令一个会议起草一份法案,"以压制街头通过民谣演唱者、小册子和毁谤议会的民谣进行的发表活动"。See David Zaret, *Origins of Democratic Culture: Printing, Petitions, and the Public Sphere in Early-Modern England*, New Jersey: Princeton University Press, 2000, p. 53,106.

已经成为一个重要行业,上流社会经常通过书信交流欧洲各地的政治事件。在英国国内,政治冲突更是推动了新闻业的发展,起初一些贵族通过代理人获取宫廷和枢密院的活动信息,后来甚至成为一种商业活动,有人专门为其主顾定期提供新闻,并收取一定费用;也有人秘密出版新闻小册子,这些东西在客栈、酒馆等场所大量流传。内战爆发以后,议会派和保皇派都力图得到民众的支持,都随军携带印刷机,大量印行宣传己方主张、报道战况的小册子,这无疑使新闻传播在某种程度上合法化,也增强了公共舆论的作用。与此同时,出版印刷业也快速发展,宗教、哲学、文学等类型的通俗读物的数量如雨后春笋急剧膨胀,达到官方无法控制的程度。在上层社会,政治家、作家也通过沙龙、俱乐部、咖啡馆等方式展开交往,构建不同的政治、文化团体,形成了与宫廷、教会分庭抗礼的局面。哈贝马斯对此已有较为详细的考察,自不需赘言。

在这样一个时代,作家的地位前所未有的上升,他们在一定程度上走出了原来的保护关系,成为一种独立的职业,虽然像洛克这样的作家还与贵族或政治家保持密切关系,表达党派性的政治和宗教观点,但尤其是所谓的通俗作家,他们的活动带有浓重的娱乐和商业性质。这样一种写作和接受模式,与作为道德家的夏夫兹博里所期待的理性的交往方式必然存在较大的差异。正如他坚持社会交往是以公共精神和道德提升为首要前提,而在党派辩论中,在以吸引读者、收获名利为目的的写作中,不仅公共精神会被疏忽,自我人格的同一性也难以建立。所以,德行和知识必须要在交往实践中得到锻炼和检验,但独处中的反躬内省也不可或缺,因为参与辩论是交往和对话的必要途径,却不应该视其为目的本身。

夏夫兹博里说道:"给予和施舍都是慷慨而善意的,但是赠与他人智慧,就是要驾驭他人,这种机会是很难得的。在其他方面,人们都很愿意虚心求教。在数学、音乐或其他学问上,他们可以拜他人为导师,唯独在理解力和判断力上不愿这样。"(Ⅰ154)所以,要给予别人忠告之前,倒不如首先扪心自问能给予别人什么,不然就容易染上"雄辩麻风病(the leprosy of eloquence)"。有人在公众面前口若悬河,滔滔不绝,其内容是否在理是一方面,这种盛气凌人、耳提命面的态度是否真的是恰当的对话,本身就值得怀疑;但凡要教训别人的人,很少容得下别人的批评,一遇到批评便如遭遇奇耻大辱,乃至恶言相加,这也就难怪学究式的说教总是被人嘲讽。有人急不可耐向人推销自己的理论,要么制造奇闻异事,危言耸听,要么讨好奉承,顺从读者的偏好,最后自己也不知所云,而读者则逢场作戏,一无所获。这不仅让人感慨:"在我们这个时代,是读者造就诗人,书商造就作家。"(Ⅰ264)

这些现象并非毫无由来,人的情感和想象生来追新逐奇,也容易喜新厌旧,在社会交往中也喜欢随波逐流,党同伐异,却也容易见异思迁,朝秦暮楚。到最后,自己也不知道自己想要什么,主张什么,在别人面前或是唯唯诺诺,或是首鼠两端。因而没有坚定一致的人格,既不会有真诚的态度,也不能理解他人的意图,更不能站在超脱的立场作出公正的评判,自然无法进行有效的对话和交流。此时,自我内省、自我剖析就显得格外重要。内省或剖析实则也是一种对话,是站在自己立场上看他人,也是站在他人立场上看自己,看他人的错误是否有情可原,看自己的选择是否公正中允。

对于作家,若不能内省,亦即在自己内心展开独白,也就不能看透不同民族、不同阶层、不同性格的人的秉性,不能揭示人们言行举止背后的原则,因而便不能真实地刻画性格,并打动读者的内心。甚至在作品当中,人物的意图和性格也不是通过空洞直接的表白显露出来,而是必须将其置于与他人的差异和冲突中,也就是让多种不同的声音展开对话。所以,真正的诗人是人性的发现者,是风俗的创造者。"对名副其实的诗人来说,作为诗歌大师或者诗歌的建筑家,他们不仅能够描绘人,也能够描绘其风度,赋予每一个动作以正确的形体和比例,如果我没有弄错的话,人们会发现他真是一个与众不同的生命。这样一个诗人堪称第二造物主,是朱庇特座下的普罗米修斯。就如那至高无上的艺术家,或者塑造万物的大自然,他创造一个整体,始终一贯、匀称和谐,每一部分都主次分明。他标明每一种情感的界限,并悉知每一种情感的确切音调和韵律,因此他能正确地再现它们,昭现情操和行为之崇高,从丑当中发现美,从可憎之物中发现可爱之处。"(Ⅰ207)

对诗人的这样一种定位也赋予他独特的作用,诗人的作品就像是一个社会中公正的道德监查者和仲裁者。而这也需要保证诗人的独立地位,诗人应该力图保持这种地位,整个社会也应该维护这种地位。从这个角度来看,对于作家自身品质的要求,夏夫兹博里是有些醉翁之意不在酒,他所提出的是对于整个文学①、文化乃至政治生态的一种构想。要求诗人和诗歌保持独立地位,不是要它们从政治中抽身而退,而是因为诗歌本来就源于政治,是政治的一部分。说到底,诗歌等艺术本身就来自社会交往,其目的是使交往更加有效,有助于维系共同体的利益,为共同体的各种活动确定法则。夏夫兹博里说:"在某种意义上,说服女神(Goddess of persuasion)必定就是诗歌、修辞、音乐及其他类似艺术之母。因为很显然,如果重要人物和领袖们意欲说服人们,便会尽其所能来取悦人们。所以,在如上所述的国家或政体中,不仅用最崇高的思想和最丰富的想象,而且也用有最柔美、最诱人的音调来吸引公众的耳朵,通过动人的表情来俘获人心。"(Ⅰ237)这样来看,诗歌是一个社会从野蛮走向文明的重要标志,它使人们愿意放弃暴力,尊重他人和整体,并建立社会交往的法则,一如贺拉斯说诗人划公私,定风俗,"建立邦国,铭法于木",是一个民族最早的立法者。②

同洛克一样,在夏夫兹博里眼中,诗歌能够发挥其作用的地方是"通过普遍赞同和自愿联合而形成的自由共同体"(Ⅰ238),因为凡强权当道的社会是不需要艺术的。"但是,如果在有些地方,说服是治理社会的主要途径,人们在自己行动之前就已心悦诚服,那

---

① 在18世纪英国的批评中,文学这一概念尚未突出审美性质,换言之,文学的范围包含了任何写作。另一方面,审美的范围也比今天要广泛的多,1759年亚历山大·杰拉德的《论趣味》中仍然说鉴赏的对象包括三类,即自然、艺术和科学。见 Alexander Gerard, *An Essay on Taste*, London, 1759, p. 186。

② 贺拉斯:《诗艺》,杨周翰译,北京:人民文学出版社,1962年,第155页。

么雄辩术就变得重要起来,人们就能听到演说家和吟游诗人,这个民族一流的天才和贤哲们致力于研究这些艺术,通过这些艺术,人民变得更为通情达理,更愿意服从博学多识之士。这些艺术家越是吸引公众,公众就得到越多教益。在这样一些国体中,智者能士的志趣是将共同体作为才能和智慧的法官。"(I 238—239)所以,诗歌和政治相互促进,也相得益彰。诗歌的发展让人们的社会交往诉诸客观的法则,因而保证了交往的自由平等,反过来,自由的政治也保证诗歌的独立地位,使其不断发展繁荣。一定程度上,诗歌等艺术的真实和高雅是衡量政治的一个重要指标。当然,夏夫兹博里对诗歌的这一看法,与贺拉斯寓教于乐的诗教传统不可同日而语,他所主张的不是诗歌从上到下的灌输和说教,而是让诗歌在个人和公共权力之间发挥制衡作用。

可以看出,夏夫兹博里试图在社交和独白之间构成一种辩证关系,因此作家可以清醒地意识到,自己在社会交往中应该保持独立和公正的态度,免受权力和商业因素的干扰。显然,夏夫兹博里对自己的写作也始终处于自省之中,在《论特征》的第二版,他增补了几篇名为《杂感》的长文。他自称是在探索一种新的文体,他站在第三人称的角度,对自己的作品展开批评,这既是一种多层次的阐释,也是在构建文学和文化批评的新模式。但我们可以明显意识到,他对于在公众面前抛头露面总是保持警惕,而且总是提醒读者,他们对面的作者无意构建理论体系,更愿意激发读者自己的思考,把讨论拉回到理性的"常识"的轨道上。在某种意义上,他也是在实践在《独白》中提出的"自我检视"、"自我对话"的方式。

夏夫兹博里写作的焦点论题无疑是道德,但几乎在一开始他就对美和艺术怀着很大兴趣,这一点在《社交狂热者》或《道德家》以及之后的文章中表现得越来越明显。1710 年移居那不勒斯后,在准备出版《论特征》的同时更多地关注了艺术,他委托朋友购买画作——他对乔托和卡拉奇的画情有独钟,并资助英国的一些画家,还写了一些论艺术的文章。这些文章有《关于意匠的一封信》、《论历史画或 Tablature,赫克勒斯的抉择》、《西比斯画像》、《造型艺术:

设计艺术的发展历程和效力的书信体散记》,前两篇被收录到《论特征》的第二版中,1914年本杰明·兰德把几篇文章编辑出版,命名为《第二特征,或形式语言》(*Second Characters or the Language of Forms*)。

在《论历史画或 Tablature,赫克勒斯的抉择》中,夏夫兹博里首先提出一个类似于后来莱辛在《拉奥孔》当中讨论的问题,也就是如果画家要表现历史或故事中的人物,应该选择哪种时刻。比如赫克勒斯在美德女神和快乐女神之间做出选择的故事,如果要恰当地表现赫克勒斯的性格,画家究竟应该选择哪个时刻,是刚遇到两个女神,还是两个女神辩论的时候,或是美德女神即将胜出,还是赫克勒斯已经听从美德女神的教诲。画家的选择必须既要突出赫克勒斯的品质,又能暗示整个事件的来龙去脉和道德内涵,否则画面就丧失了主旨和整体性,或是显得生硬呆板,缺乏感染力。正如夏夫兹博里说:"尽管首要的和直接的情感处于主导和支配地位,艺术家依然可以将原有事物的印迹和脚步留存在他的主题中:这样不仅能让我们同时观察到兴起的和消退的情感,而且还可以同时注意到强烈的、确定的情感以及相反的已经释放的和流露的情感。例如,刚刚留下的清晰泪痕和哀痛、沮丧的其他鲜明标志,依然留在因见到一个刚才还被人哀悼其死亡或失踪的亲戚或朋友而欣喜若狂的人的脸上。"(III 355)根据这样的原则,画家无疑应该选择第三个时刻,即美德女神即将胜出,赫克勒斯内心的冲突即将结束但尚未结束的那一时刻。

通过这个问题,夏夫兹博里所要表达的是,首先,艺术形象的塑造必须突出特征;其次,这个特征不仅是通过外貌的刻画,而且必须是在行动中映现出来;再次,艺术作品的构图必须具有整体性,要主次分明,配合得当。他的论述中,确实少有惊人之见,但仍有值得关注的地方。显然,他在绘画艺术中也试图强调戏剧中的"三一律",即人物、时间、地点的统一性,但他更多时候是要让人们注意到画面的运动性。所以,人物的性格和特征不是体现在静态的外貌上,而是体现在行动过程当中,换言之,行动过程显露出人物内在的情感、动机,特别是人物在遭遇困境因而需要抉择的时候。相应地,抉择的时候也容易打动观众,因为它给观众的想象留下空间,让观众自己也仿佛经历相似的行动。所以,表现赫克勒斯的性格,重点是让观众体会到他的犹豫不决,他的惆怅和苦恼,他抉择后的坚定,如果用莱辛的话来说,画家应该选择的时机就是"顶点前的某一顷刻",因为,"最能产生效果的只能是可以让想象自由活动的那一顷刻了"。①

夏夫兹博里的这种观点与其整个思想是一致的。一切学问和艺术的内容和目的都是人,都是帮助人认识自己,并实现人的本质。人是社会性的存在,也是理性的存在,据此他应该时刻内省自己行动的动机,观察他人行动的根据,在社会交往中相互批评,发现哪些是符合人类社会利益的,哪些相反;他应该运用自己的理性确立行动的原则,摒弃自私褊狭的情感,避免狂妄乖戾的性情,在社会交往中秉持开放豁达的态度,不固执己见,也不随波逐流;他也应该学习如何鉴赏艺术,在其中陶冶自己的情操,学会如何克制低级的欲望,提高自己的审美和道德的趣味,从而能把外在的规范内化为一种稳固的习惯,达到随心所欲不逾矩的境界。因此,卡西尔说:"莎夫茨伯利(夏夫兹博里)并非仅仅、甚至也不是主要从艺术作品的观点去研究美学问题;相反,他寻求并且需要一种美的理论,以回答性格的真正形成问题和支配着个人内心世界的结构的规律问题。"②

夏夫兹博里不是一个天真的乐观主义者,认为人自然而然地就能成为一个善良崇高的人。正如在自然界中存在偶然或暂时的反常现象,或者表面上的对抗和矛盾,人在生活中也时刻遇到一些阻碍和诱惑,使其本性无法展露,更何况人的确有自私情感与社交性情感互相对峙,所以,人必须接受教育,在实践中经受磨炼。人类社会需要政治和宗教等方面公共权力,但公共权力也可能堕落为

---

① 莱辛:《拉奥孔》,朱光潜译,北京:人民文学出版社,1979 年,第 18 页。
② 卡西勒:《启蒙哲学》,顾伟铭等译,济南:山东人民出版社,1988 年,第 308 页。

一种专制腐败的力量,把人类生活引向歧途,所以必须有制衡的力量来约束它,亦即政治上有独立的议会,文化上有自由独立的艺术和哲学,道德上有质朴纯良的风俗。就艺术而言,它需要自由的政治才能得到成熟和繁荣,但它对于整个社会却有着巨大的影响:"当一个民族的自由精神转向这条路道,判断力就得到培养,批评也兴起,公众的眼睛和耳朵得到提升;一种正确的趣味流行起来,并以某种方式不断进步。没有什么能像一个民族那至高无上的自由和高昂的精神如此催人奋进,如此自然,如此与自由艺术(liberal arts)相默契,这自由和精神来自惯常对本身最高雅的事物的判断,使人们自由地判断其他主题,并彻底深入到人和风俗,以及人在艺术和科学上的产物或作品的特征之中。"(III 403)

夏夫兹博里是西方现代第一个确立审美非功利原则的思想家,也是他首先把艺术看做一种能够主动地影响道德和政治的力量,因此艺术不是其他学问的婢女。在他那里,一切学问都应该具有艺术的特质,亦即让技术性的因素服务于人文性的目的。

> 去研究哲学不过是把教养提升到更高的层次。因为教养的完善就是去学习交往中的礼仪和艺术中的美,而哲学的要旨就是去学习社会中正确的东西、自然中美的东西和世界上富有秩序的东西。
>
> 不是机智,而是性情,才能造就有着良好教养的人。同理,不单是头脑,而且还有热心和决心,才能造就真正的哲学家。这两种品质志在卓越,追求正确趣味,唯以优美得体为典范。因此,每一类人各自的品行和风度都得以规范,有人崇尚闲适恬静和社交中的健康娱乐,也有人追求人类和社会的切身利益;有人遵守他在自己民族中的等级和地位,也有人顺应其在自然中的位置和尊严。(III 161)

1688年之后,剑拔弩张的局势得到很大程度的缓和。没有了天主教的威胁,辉格党和托利党开始合作,而且辉格党内部也开始分化,有的已维护宫廷的权威。夏夫兹博里一直自称乡村派,但与宫廷派的政治家也保持密切关系。所以,他的写作也无意激化党派矛盾,而是旨在建设一个以贵族和上流社会为主体的公共领域,其理想是一种将这个阶层凝聚起来的"高雅文化"。这是他能够被广泛接受的一个重要背景,一如法阿斯所言:"总之,依靠他那独特的天才,夏夫兹博里正确地解读了时代信号,抓住时机,拯救了亟待拯救的东西。"①

《论特征》第二版出版时,恰逢曼德维尔的《蜜蜂的寓言》问世,他对夏夫兹博里那种曲高和寡的论调予以尖刻的讽刺。他认为没有证据表明人有仁慈利他的天性,如果有人如此表现,多半也是出于虚荣乃至欺诈;公共利益并非不可获得,但那是个人追求自我利益的副产品;所谓高雅的艺术也不过是某些人空幻的臆想,用以掩盖个人的私欲而已,所以"美的自然"倒不如亲眼所见的东西来的真实。无疑,曼德维尔揭示了夏夫兹博里的阶级倾向,但这并不能妨碍有越来越多的人跟随他。

约瑟夫·艾迪生分别在 1710、1711 年创办《闲谈者》、《旁观者》杂志,将思想性与文学性完美结合,其主要目的则指向伦敦这个大都市的文化。他讽刺贵族们的游手好闲,市民们的低俗堕落,试图净化风俗,提升道德。在《旁观者的用处》一文中说自己要"赋予道德以机智的生气,使机智得到道德上的锻炼",就像苏格拉底"把哲学从天上带到人间",要"把哲学带出密室和图书馆、学院和大学,让它们在茶座和咖啡馆里安家落户"。② 显而易见,艾迪生力图让哲学介入生活,转化为现实生活中的道德实践,就此而言,他与夏夫兹博里意气相投,虽然二人存在一定的差异:"艾迪生的语调是形而下的,而夏夫兹博里则是秘传式的;艾迪生的主顾是上流

———————

① Ekbert Faas, *The Genealogy of Aesthetics*, Cambridge: Cambridge University Press, 2002, p. 118.

② Joseph Addison, *The Works of Joseph Addison*, vol. 2, London: George Bell and Sons, 1901, p. 253.

社会和中间阶层中的大部分人,而夏夫兹博里的对象则更多地局限于其中的绅士们;艾迪生的蓝图更多地展现在日常生活领域,而夏夫兹博里的蓝图则是排斥性的。然而,要忽视他们重要的共同之处是错误的:他们都试图将他们所谓的哲学从某些狭隘的地方转移到一个新的处所。"①

同时,让哲学走进生活,发挥文化批评的功能,也使得艾迪生同样重视审美的功能,在 1712 年《旁观者》杂志上,艾迪生发表多篇题为《想象的快感》的连载散文,专论审美和艺术问题。他盛赞作为"想象的快感"的审美活动:"它既不需要较重大的工作所必须的沉思默想,而同时也不会让你的心灵沉湎于疏忽懒散之中而容易耽于欲乐,但是像一种温和的锻炼,唤醒你的官能免致懒散,但又不委给它们任何劳苦或困难。"②换言之,想象的快感可以使人们主动疏远低俗的娱乐,追求高雅的趣味,进而实现道德提升的目的。这种美学观念与古典主义大异其趣,无疑是来自夏夫兹博里的影响。

之后,苏格兰的哈奇生明确表示自己支持夏夫兹博里。在他看来,夏夫兹博里反驳把利益作为道德的基础,并主张把对上帝和人类的"非功利的爱"作为道德和宗教的目标,是开创了伦理学的新趋势。他说:"向世人推荐夏夫兹博里勋爵的著作,几乎是多此一举。只要人们稍加反省,它们就应该得到推崇。"他指出:"道德的善这一概念表示,人们在行为中领悟到的某种品质观念,人们无需从中获得益处,便会给予行为主体以赞许和爱。"③既然与利益无关,那就与理性的计算无关,所以道德判断依赖其他能力,即一种特殊的感官,"道德感",据此,善的行为令旁观者快乐,反之则是不

---

① Joseph Addison, *The Works of Joseph Addison*, vol. 2, p. 37.

② Joseph Addison, *The Works of Joseph Addison*, vol. 3, London: George Bell and Sons, 1902, p. 396

③ Francis Hutcheson, *An Inquiry into the Original of Our Ideas of Beauty and Virtue in Two Treatises*, ed, Wolfgang Leidhold, Indianapolis: Liberty Fund, Inc. , 2004, p. 12.

快。同样,道德与赏罚无关,如果人们为了赏罚而行动,那他的动机就只能是个人利益。道德的根源只能是对他人、对整体的无私仁爱。当然,理性不是毫无用处,它在复杂的行为环境中可以分辨有利于或不利于道德感的因素,可以让人们的道德行为实现最大的公共利益。的确,在哈奇生看来,人们可以根据公共利益的多寡来计算行为的道德程度的高低。这大概是夏夫兹博里始料未及的。

为了印证其道德感理论,或者为了引出这一理论,哈奇生模仿夏夫兹博里把美善并举,他的成名作的题目就是《论美与德的观念的根源》,而且是首先论美。毫无疑问,美的就是令人快乐的东西,但反之则不然。有些快乐是来自感官的,其对象是简单观念,但美的快乐则不同,其对象是复杂观念或者是简单观念所构成的一种和谐关系。"众所周知,人们对姣好面容、逼真绘画的喜爱会胜过对最鲜艳活泼的任何一种颜色的喜爱,对日出云间朝霞似锦的景象、满天繁星的夜空、美丽的风景、整齐的房屋的喜爱要胜过明朗蔚蓝的长空、风平浪静的海面或辽阔空旷、没有树木、丘陵、河流、房屋点缀的平原。即使后面这些景象也并非那么简单的。"①因此,美这种观念是外在感官无法,而且也是理性无法衡量的,因为关于对象的知识无助于人们获得更多美的快乐,所以,对美的感知依赖于"内在感官",即趣味。哈奇生更明确地阐述了美和美感的性质,但他所用的语言却是来自洛克的哲学。实际上,之前艾迪生的《想象的快感》也援引洛克,所以,18世纪英国的伦理学和美学很大程度上是情感主义与经验主义的合流。

在这个潮流中,休谟无疑是成功的典范。他认为,一切科学都多少与人性相关,所以,对人性的探索是解决所有问题的关键,而且他承认从培根以来的英国哲学家也在朝着这个方向前进,在这些哲学家中就包括夏夫兹博里、哈奇生:"到了这些哲学家从开始

---

① Francis Hutcheson, *An Inquiry into the Original of Our Ideas of Beauty and Virtue in Two Treatises*, p. 22.

把关于人的科学置于一个新的立足点上"。① 因此,休谟把自己的哲学严格限定在心理学范围内,但并不单纯是认知心理学。在后来的《人类理解研究》中,休谟把哲学分为两类,"轻松而明显的哲学"和"精确而深奥的哲学",他自己显然要两者结合起来,但肯定是偏重前者,即"把人看做在大体上是生而来行动的,而且在他的举止中为兴味和情趣所影响的",②一定程度上也就是以生活中的人为对象的哲学。从这一点来看,休谟的哲学理念更接近于夏夫兹博里。另一个体现休谟与夏夫兹博里的相似性的地方是,他虽沿袭了洛克的概念体系,但他无疑更强调情感的作用,以至于说:"理性是并且也应该是情感的奴隶,除了服务和服从情感之外,再不能有任何其他的职务。"③

休谟并不像夏夫兹博里和哈奇生那样乐观,只承认人性中存在有限的慷慨,而不认为其同情可以扩及到整个人类。但他仍然确信,道德判断依赖道德感而非理性,因为一个行为的道德与否与动机有关;他也相信人能够超出自身利益之外作出公正判断,虽然其间要经历一些曲折的心理过程,比如普遍的善恶观念需要想象和同情的帮助,又如道德感并不直接针对整体利益,而是针对契约。理所当然,审美活动对休谟同样具有重要意义,审美趣味的提高可以使道德情感更加敏锐,对与己无关的事情上保持公正的态度,"趣味的敏锐精致,对于爱情和友谊是很有益的,因为它帮助我们选择少数人作为对象,使我们在同大多数人的交往和谈话中持一种不偏不倚的态度"④。

夏夫兹博里既不刻意构建体系,也不专注于回应之前哲学家留下的难题,而是致力于确立一种新的哲学话语,所以并不能被纳入到西方哲学的主流之中,哲学史著作忽视他也是情有可原。然而,

---

① 休谟:《人性论》,关文运译,北京:商务印书馆,1980年,第8页。
② 休谟:《人类理解研究》,关文运译,北京:商务印书馆,1957年,第9页。
③ 休谟:《人性论》,第453页。
④ 休谟:《休谟经典文存》,上海:上海大学出版社,1992年,第58页。

若是认为他对其后的哲学没有影响,却是不公允的,否则我们很难解释休谟为什么把情感抬高到理性之上,也很难解释 18 世纪以来美学在哲学中异军突起,后来居上。而且,他的影响绝不仅限于英国。虽然没有明确的证据表明哪个哲学家接受了他的哪个观点,但通观 18 世纪以来的西方思想,我们还是可以发现他埋下的种子到处开花结果,尤其是其美学思想和写作方式。伏尔泰把英国各方面的思想传播到法国,洛克的哲学大放光彩,自然法、契约论、宗教宽容的思想广为接受,不过伏尔泰自己以及之后卢梭对人的自然天性的信任,显然是来自夏夫兹博里的启发。另一方面,伏尔泰之后的法国哲学的写作方式愈发多样,书信体和对话体成为常见的体裁,而且小说也加入到哲学论辩的行列中,因而使哲学问题更多进入到文化批评当中。斯托尔尼茨曾说:"他[夏夫兹博里]对大陆产生了深远的影响,尤其是他那个时代的德国思想家——赫尔德、莱辛、席勒、康德、歌德。并且他一直被德国人给予很高评价。赫尔德将他与斯宾诺莎和莱布尼茨相提并论;冯·斯泰因在他的现代美学史中给予了他比其他英国思想家更多的注意。"[1]这个影响的结果当然是美学在德国的繁荣,但究其实则是德国哲学家试图用夏夫兹博里的情感直观来改造理性主义传统,如康德用判断力来整合为自然世界立法的纯粹理性和为自由世界立法的实践理性,一定意义上也是让抽象的道德准则渗透到具体的实际生活中,或是让感性知觉显出道德内蕴。因此我们便可理解赫尔德说康德"整个就是人道之优美而崇高的哲学家。在这种人性哲学上,他是一位德国的沙夫斯柏里(夏夫兹博里)"。[2] 如果说德国古典哲学是自康德而始,那么夏夫兹博里思想的主旨也由此得到传承。[3]

---

[1] Jerome Stolnitz, On the Significance of Lord Shaftesbury in Modern Aesthetic Theory, *The Philosophical Quarterly*, Vol. 11, No. 43. (Apr., 1961), p. 97.

[2] 康德:《论优美感和崇高感》,何兆武译,北京:商务印书馆,2001 年,译序第 3 页。

[3] 对于夏夫兹博里对德国美学的影响可见卡西尔:《启蒙哲学》,第 307 页及以下,也可见 Allan L. Carter, Schiller and Shaftesbury, *International Journal of Ethics*, Vol. 3, No. 2, (Jan., 1921), pp. 203 - 228.

本书根据《论人、风俗、舆论、时代的特征》1773 年第 5 版 (*Characteristiks of Men*，*Manners*，*Opinions*，*Times*，Birmingham：John Baskerville，1773）译出，同时参考了剑桥大学出版社（Cambridge University Press）1999 年版，以及自由基金公司（Liberty Fund，inc.）2000 年版。

第一卷

序言

　　这个合订本的作者若是能找到一个朋友为其作序,他也许就可以仿照之前五个单行本那样,作个开场白了。不过,说到序言或献词这类说辞,他已经在他所谓的《独白》这篇文章里向我们充分表露了其看法。然而,既然人们都乐于把这些介绍性的文字视为构成一部作品必不可少的东西,那他觉得,为真诚的出版商考虑,将这些话权且称作是所谓的"序言",也并无不妥;并且要声明:"以其极佳的判断力和威信担保,作为直接或间接地方便于公众,或私人赞助者,或任何党派的引言、献词,这些陈述应当是合格的,并应当被接受、解释和理解为完全令人满意的:绝不违背他的真诚和理智。"亲笔为证。①

1710 年 12 月 5 日

A. A. C. A. N. A. AE.

C. M. D. C. L. X. X. J.②

---

① 本书中《杂感》之前的文章都单独出版过,《论美德和功德》,1699 年以《论美德两篇》之名出版;《道德家》,1703 年(或 1704 年)以《社交狂热者》之名出版;《论狂热》,1708 年,以《关于狂热的一封信》之名出版;《共同感》,1709 年出版;《独白》,1710 年出版,这是一篇反讽性的序言。在夏夫兹博里看来,在社会交往中热衷于博取公众的关注,会使人失去真实的人格和清醒的反思能力,因而他之前的单篇论文多在同好友人之间流传。他出版《论特征》本身就是将自己的言论公之于众,恐怕丧失自我的本来面貌,所以他这里极力要证明这些话就是出自真实作者之口。——译注

② 这些字母是"安东尼·阿什利·库柏伯爵,生于公元 1671 年"这句话的拉丁文的首字母。——译注

论狂热，给×××勋爵的一封信

是什么让欢乐的人们不谈真理？

贺拉斯：《讽刺诗集》，1.

初版于 1708 年

第一节

1707 年 9 月

阁下：

您现已归来……，在您不得不忙碌于国家大事之前，如果您有心情以此鄙薄之见来稍作调剂的话——只是聊作娱乐，无关正事——您或可浏览一下眼前这封信；如果其中能有些引人入胜之处，您不妨在闲暇时再次一读。

诗人们有一个既成习惯，总要在开篇对某些缪斯表白一番，古代人这个惯例已然广受赞扬，甚至在我们今天还总被人模仿。可是，我不禁要猜想，这种效仿，还有一些其他看法，现在很流行，阁下您必定也不时留意到了，您考虑事情一向超出流行的标准或庸俗的趣味。您也必定发现，当我们的诗人不得已采取这种方式的

4

4

时候,他们明显表现得很不自在,您也许会惊奇,为什么古人曾优雅地表现出来的那种迷狂之气,在现代诗人身上却如此呆板而生涩呢。但是,面对这个怀疑,阁下您很快就会予以化解,这不禁会让您想到您在其他许多场合的一贯见解,即"真理是这个世界上最有力的东西",因为即便是虚构之作也受它约束。① 现实事物的外表得到适宜描绘时,必然会激起某些情感,要打动他人,我们必须先要让自己感动,或者至少要有某些可信的根据,让它们看起来是这样。既然现代人有可能从不敬拜阿波罗,也不承认像缪斯这样的神,他们怎么能诱使我们体会到他所谓的那种虔诚,并用一种过时宗教中的虚假热情来打动我们呢?但是,对古代人来说,众所周知,他们的宗教和政体都从缪斯的艺术而来。因而,所有诗人,尤其是那个时代的诗人,带着一种虔诚的喜悦,向智慧和学问的庇护女神来抒发情怀,是多么自然的事情啊!在这里,诗人有可能会假装陶醉,尽管事实上他毫无感触,不过,假如他有一股纯粹的感情,却仿佛是发自肺腑的,就必然是令人愉悦的。

不过,阁下,也许在这种事情上还有更多难解之谜。阁下您知道,人总是以自欺为乐,只要他们是真心自欺。即使仅有那么一点情感的种子,我们也会大加渲染,甚至使我们陶醉到不可思议的地步。因此,在恋爱中,凭借一点矫情,还有传奇或小说的帮助,一个十五岁少年或一个五十岁的汉子,就会变成地地道道的花花公子,痴迷地享受这种柔情蜜意。一个稍有善念之人,偶尔遭到一点挑衅,就可能怒气激增,化为一股复仇的怒火。甚至是一个善良的基督徒,本应该加倍地善良,唯恐自己不够虔诚,如果那一点倾向得到适当的培养,就会将他的信仰无限扩张,不仅相信圣经和传说中的奇迹,而且相信那些荒诞不经的故事中有着严密体系。如果必要的话,我可以提醒阁下您一下,您曾认识一位德高望重、博学多识的真正的基督教教长,他曾向您充分解释自己为何相信仙女。我想,这件事足以表明,古代诗人的信仰是如何与其想象力一同被

① 见本卷第142页及以下,也见第三卷第260页及以下(页码指本书边码,下同。——译注)。

激发的。

但是，我们基督徒拥有如此深厚的信仰，丝毫容不得卑劣的异教徒。他们无论如何都必定是离经叛道的。我们不允许他们如此信仰他们自己的宗教，然而，我们这样的要求太荒唐了，除了庸俗百姓外没有人会赞同。但是，如果一个德高望重的基督教教长，在信仰上是如此伟大的志愿者，以至于超越天主教教会的常规法令去信仰仙女，为什么一个异教诗人就不被允许按照其宗教的通常方式来信仰缪斯呢？阁下您知道，这些缪斯在异教教义中都是神圣人物，也是他们神学体系中的基本内容。与其他神一样，这些女神拥有她们的神庙和崇拜仪式，并且，不信神圣九女神或他们的阿波罗，就像不信朱庇特一样，即便是宽容的理智之人也一样会将此看作是亵渎和不敬。那么，如此正统的古代诗人，因其教养和善念，而使自己相信神的显灵和上天的感应，必然有什么非凡的优越之处么？在那个时代中，诗人们从不怀疑启示的存在，如果这启示明显让他们的艺术大受神益。相反，他们总是尽力激发自己的信仰，凭着这信仰的灵光一现，他们就会使自己与天使为伴。

对于这样一种显灵的想象，如何必定鼓舞着一个天才，我们仅从一种通常的显灵对人们的影响中就可以看出。而我们现代的文人或多或少是受他们的同行，以及所向表白之人的观念的激励的。舞台上的一个普通演员就能告诉我们，满场文质彬彬的观众是如何使他出类拔萃的。而您，我的阁下，可谓最高贵的演员，在这个世俗的舞台上的凡人中间，被委任以最高贵的角色，当您为自由和人类请命时，公众的显灵，您的朋友和您的事业的衷心祝愿者们的显灵，会为您的思想和天才有所助益么？或者说，您在公众当中发现的理性之崇高、雄辩之伟力，不过是您个人所通晓和熟知的东西，是身处冷漠群众之中，或在空闲平静时呼之即来的东西么？这的确有如神助；但是庸常之人，我想，却难有此境界。

就我自己而言，阁下，在任何时候，我都确实非常需要某些显灵，或有观众来激发我的思想，以至于当我独处时，我必须凭借想象的力量来努力弥补这种缺失，在没有缪斯现身时，我必须借鉴某个具备非凡天才的伟大人物，他在想象中的显灵可以给我平常难以感到的启迪。因此，我的大人，我决心向您表白，虽然我没有署名：设想您作为一个陌生人，您可将此作为平常所喜爱的作品随意翻阅；但作为一个朋友，窃以为能以亲密和自由相待之人，也请允许我冒昧揣测，您已经特别关注了所有这些东西。

9

第二节

如果能很好地揭露不足或欠缺，是臻于完美的充分保证，那我们所处的这个时代是如何卓越啊！在我们民族中，没有哪个时代，种种愚昧和放纵受到如此尖锐的责难或机智的讽刺。人们希望，至少这个良好的征兆表明，我们的时代还没有走向衰败，因为，无论我们还有什么疾患，我们仍愿得到疗治。能容忍自己的弊病得到揭露，就个人而言，应该是善莫大焉。但是，整个公众尚未表现出此种倾向。因为，如果嫉贤妒能，或者显贵之辈的堕落生活，或者其他种种事态如此猖獗，以至于阻碍对每一方面的自由监查，那么整个公众的利益都要受到损害。如果某种特殊习俗或民族精神无所拘束，不仅拒绝接受批判，甚至极尽粉饰之能事，这样就不能存在对风尚的公正自由的监查。只有在一个自由的民族中，正如我们，欺世盗名之术无处容身，无论是宫廷之声誉、显贵之权能，还是教会之威严都不能给予其保护，或者使其避免以任何形式接受质询。确实，这种自由看起来有些过分了。也许有人会说我们在滥用自由。所以，每一个人，当他本人受到触犯，他的观念被自由评析时，都会这样讲。但是，谁来决断什么能被自由审查，而什么不能，哪里自由能得以施行，而哪里又不能呢？对此种状况，我们能开出什么通用的补救措施呢？还有比自由本身也要被控诉更好的措施么？如果人民是邪恶、任性或者败坏的，官员就可以管制他们。但是，如果是他们的理性出了问题，也只有理性才能教导他们做得更好。思想和作风上的正确、教养良好的风尚的精雅，以及每一种高雅，只能出自对最高尚的事物的尝试和体验。只要这种探

10

索再自由些,每一种事物的正确尺度就会即刻浮现。无论何种幽默占得先机,如果它违背情理,就不能被坚持,而讽刺,如果一开始就运用不当,必定最终在适当之时失败。

11 　　我经常很惊奇地看到,有识之士们强力呼吁人们要警惕对某些事情的嘲讽,好像他们不信任自己的判断力。因为,嘲讽如何能与理性为敌呢?或者说,思想稍微合理的人如何能容忍运用不当的嘲讽呢?这种想法才是真正值得嘲讽的呢。的确,凡俗之人可能不加区别地接受所有鄙俗的俏皮话、纯粹的滑稽离奇之事或者插科打诨之语,但是,只有更雅致和更真实的智慧才能吸引富有理智和教养的人。那么,我们为何会在道理面前显得如此怯懦,如此惧怕接受嘲讽的考验呢?"哦",我们说,"这些问题太严肃了。"也许是这样,但首先让我们看看这些问题是否真的严肃,因为,在我们以某种方式理解这些问题的时候,它们可能在我们的想象中显得非常严肃重大,但它们本身实则十分荒诞不经。严肃本就是某种骗术的本质。它不仅使我们误解其他事情,而且也始终让我们误解严肃本身。因为,即使在日常生活中,要将严肃的性格与刻板的性格严格区分开来是多么困难啊!我们从不可能太严肃,如果我们能保证我们就是自己所设想的那种人。我们也从不可能将所有事情都尊崇为严肃的,如果我们能保证事情本身就如我们所理解

12 的那样严肃。关键是要把真的严肃与假的严肃区别开,而这只有始终坚持一条法则才能做到,不仅将这法则运用到与我们相关的事情上,而且也要运用到我们自己身上。因为,如果我们自己心中不幸丢掉了这个尺度,就立刻会在所有外在事物上失去它。那么,除了在思考事情的真实特性的时候,世上还存在什么法则以区分哪个为严肃,哪个为荒谬呢?除了运用嘲讽,去看这个事情是否能经得起嘲讽,如何才能做到这一点呢?[①] 但是,如果我们担心将这个法则运用于一切事情,那我们如何能保证揭穿刻板作风的骗术呢?我们曾允许自己在某个方面是形式主义者,而这同样的刻板

---

① 见本卷第 61、74 页。

作风，①会像随意支配别人一样支配我们。

我们并非在每一种心态中都有能力去评判事情。我们必须事先评判我们的性情，然后据此去评判那些有待我们评判的其他事情。但是，在下列情形中，我们绝不要再妄想去评判任何事情以及评判事情时的性情，那就是，当我们放弃了自己判断力的基本权利，假定事情很严肃，因而置身于最为荒谬的境地的时候，此时我们由衷赞赏那些本身就是极其荒谬的事物，而起码我们应该知道其荒谬。因为，既然决心从不尝试，我们也就无法确信，

　　　　在大多情形下，欢悦会比严肃更有力且更轻松地揭穿庄重之事。②　　13

阁下，我敢肯定这确非虚言，而且今天那些教化的形式主义者也深知其正确，以至于他们宁愿人们极尽尖酸刻薄，斥骂他们的骗局，也不能容忍人们善意待之。他们深知，如一些礼俗和风尚一样，有些舆论尽管极为荒谬，还是要保持得一本正经；他们也深知，那些刻板观念可能滋生于恶劣情绪，也可能是出于装疯卖傻，除非是稍微带着几分欢悦，较为轻松愉快地看待，就绝不会被消除。在一切的狂热中，都伴随有一种躁郁(Melancholy)。不管它是爱情还是宗教(因为两者都是狂热)，什么都不能阻止它们不断滋长的危害，直到这种躁郁烟消云散，自由的心灵才能听得进去人们反对极端的爱情或宗教之为荒谬的那些话。

这就是迄今某些明智民族的智慧之处，他们随意愚弄人们，却从不严肃惩戒仅仅是值得一笑的东西，最终，这些东西会被那种无害的药物治愈。人心中有某些体液(humour)，③必定有其排泄渠道。人的心灵和肉体本性上趋向于躁动，血液中好像有一些奇怪

---

① "形式主义者"原文为 formalist，"刻板"的原文为"formality"。——译注
② 贺拉斯：《讽刺诗集》，1. 10. 14—15。
③ 西方古代医学认为，人身体中有四种体液：血液、黏液、黑胆汁和黄胆汁，它们影响人的性格或气质，所以，humour 一词也指人的气质或性情，与 temper、disposition 等词近义，译者多将其译为"性情"。——译注

的酵素,在许多人身体里面过度地释放,在理性中也是一样,有一些异质因子,因发酵而过度释放。如果医生力图将身体中的这些酵素完全清除,却又输入到即将发作的体液中,他们就可能会招致灾病,如果不加治疗,还会将春季的寒症和秋季的积食演变成传染性的恶性热病。当然,他们在治疗身体上是庸医,如果他们还要干预精神上的疾病,并妄称要治疗迷信这种痒症,将灵魂从狂热这种传染病当中拯救出来,他们就会将人的所有机能都搞得一塌糊涂,把一点无害的小脓包搞成为炎症,乃至致命的坏疽。

15　　我们知道传说中有潘神(Pan),[①]当他与巴克斯(Bacchus)结伴去印度旅行的时候,设法击败敌人的一个头领制造的恐怖;得到了一小群人的帮助,他利用长满树木的山谷中能发出回声的石头和洞穴,把这些人的喧闹声放大到极致。洞穴中嘶哑的咆哮声与这片黑暗荒凉之地的骇人景象一起,在敌人中激起一阵惊慌,在这种状态下,他们想象自己不仅听到了一些声响,而且还确信看到了一些仿佛是人的东西,而他们所害怕的这种模糊不定的东西使他们更加害怕了,这种害怕的情绪通过一些不可名状的表情扩散开来,其迅速程度真是无以言表。这就是后世人们所谓的"恐慌(panic)"。确实,这个故事让人对这种情感的本质一目了然,这种情感很难与狂热和一种迷信的恐怖区分开来。

　　人们有理由将产生于众人当中,通过表情,或者通过交流和同情来传播的情感,称作"恐慌"。[②] 因此,正如我们有时所看到,当人们的愤怒使其失去理智,尤其是当宗教让人们不得不这样的时候,众人的狂怒就可被称作"恐慌"。在这种状态中,他们的表情具有传染性。狂怒从一张脸上传到另一张脸上,人们一看到就感到不

16　安。有些头脑较清醒的人曾见过大批人群处于这种情感的控制之下,他们承认在人们的面貌上看到一种恐怖可怕的东西,比在最激动的时候所表现出来的情感还要恐怖可怕。这种力量可以使社会

---

① 波利艾努斯:《论战略》,1.2。
② 见本卷第45页;第三卷第66页注。

处于邪恶的情感中,也可以使其处于良好的情感中,任何感情,一旦成为社会性的和传播性的,就会变得更加强烈。①

所以,阁下,除了由单纯的恐惧引发的恐慌外,在人类当中还有许多的恐慌。因此,宗教也是一种恐慌,当任何类型的狂热爆发的时候,在躁郁的情形下,常常会爆发出狂热。因为,当身处群体性灾难中,或在气候或饮食不健康的时候,或在自然界发生风暴、地震或其他骇人异象等灾变的时候,人们的精神就处于抑郁状态,尤其是在乱世,阴郁的情绪自然就会产生,此时,恐慌必然要高涨,治安官也难以控制。因为,要运用一种严肃的措施,将刀剑或权杖当作灵丹妙药,必定会使情况更糟糕,更容易引发骚乱。禁止人们天生的恐惧,试图利用其他的恐惧来压制这种恐惧,必定是一种最不合理的方法。这位治安官,如果是艺术家的话,他应该有更柔和的手段,不是实施腐蚀、切除和截肢的方法,而是要使用最温和的镇痛剂,怀着一种同情,深入到人们的内心,设身处地体验他们的情感,当他能够抚慰并满足这种情感时,就可以用一种令人愉快的方法来转化并治愈它。

这就是古人的策略,由此,正如我们民族一位著名作家所言②,一个人在宗教方面是有必要有一位"公共导师"的。因为,拒绝官员做礼拜,或者取缔国立教会,这与建立暴政的观念同样是一种狂热。为什么公共大路与私人花园就不能兼容呢?为什么公共图书馆与私人教育、家庭教师就不能共存呢?但是,要为幻想和思考划定一条界限,去控制人们的忧虑和宗教上的信仰或恐惧,以暴力来遏制狂热这种天生的情感,或企图规定它,或将其简化为一个模式,或使其服从某一种限制,这实在不是好主意,也不能被看做有善良的性格,好似喜剧演员在爱情问题上提出的建议:"你还不如

17

18

---

① 见本卷第 110 页及以下;第二卷第 100、106 页及以下,第 127 页及以下。
② 即詹姆斯·哈林顿,1611—1677,政治理论家,主张共和论,其代表作是《大洋国》。——译注

想方设法装疯卖傻呢。"①阁下您知道,古人不仅能宽容任何的空想家和狂热者,而且,另一方面,哲学也能畅所欲言,被用来抵消迷信的影响。还有,正如某些学派,例如毕达哥拉斯学派和后来的柏拉图主义,与那个时代的迷信和狂热并存,伊壁鸠鲁主义者、学院派还有其他学派,也被允许假借机智和谐趣来抵制迷信和狂热。这样,局面就得到巧妙的平衡;理性取得了公平的条件;学术和科学也繁荣起来。从这些对立而来的和谐与调和是多么奇妙啊。因此,迷信和狂热被温和对待,因为不受约束,也就绝不会肆虐到引发屠杀、战争、迫害和灭绝的地步。但是有一种新的政策已经扩张到了另一个世界,考虑的是未来生活和人类幸福,而不是当下生活,这已经使我们跳出了自然人性的界限,远离上苍的慈爱,让我们走上了一条甘心情愿地相互残害的道路。它在人心中激起一种现世利益也不能产生的反感,②使我们因为来世而相互怀恨。因而,人们将意见的统一(这有望实现!)看做是抵制这种罪恶的唯一手段。当下,拯救灵魂是高尚之辈的一种英勇激情,在某种程度上变成了世俗官员的首要职责和政府的真正目标。

19

    如果官员们能屈尊对其他学问如此关怀,我担心我们就只能得到拙劣的逻辑学,以及拙劣的数学,还有林林总总的拙劣哲学,就像我们经常在某些国家看到有拙劣的神学,在那里,法律确立了一种严格的正统信仰。对一个政府来说,为智慧立法是件很难的事情。如果它只是要使我们保持克制和真诚,那么我们应该尚有足够的能力处理我们精神的和世俗的事务;如果我们能够被信任,当没有偏见当道的时候,我们就应该有足够的智慧拯救我们自己。但是,如果真诚和智慧还不足以完成这项拯救工作,官员再去指手画脚也是徒劳;因为如果他非常英明睿智,那么他就像其他人一样立即犯错。我确信,拯救人的理智,或最好地保护一切智慧的唯一的方法就是给智慧以自由。既然在谐趣的自由被剥夺的地方,智

---

① 泰伦斯:《宦官》,1.62—63。
② 见第三卷第59—60页及以下,第80—81页及以下。

慧也绝不能获得自由,那么,谐趣才是抵制过分的严肃和恶意的幽 20
默的唯一方法。

确实,我们拥有足够的力量来遏制其各种各样的乖戾。我们也
可以随意处置其他狂热。我们可以尽情嘲讽爱情、风流,或骑士作
风,而且我们发现,在后来这些充满机智的时代里,这种曾经盛极
一时的幽默,也衰落不堪了。我们现在已经不再像从前那样需要
像十字军东征、圣地保卫战这些忠诚的勇敢了。但是,如果此类好
战的宗教、解救灵魂的气概和神圣的骑士精神,仍然兴盛不衰,那
么当我们想到治疗这种狂躁之气的方式是多么令人气馁,想要治
愈狂热的想法是多么荒唐,我们也就无需惊诧了。

我禁不住要设想,如果我们身边还存在某种宗教法庭或合法的
司法法庭,其中有严厉的官吏和法官,约束诗歌的放纵,全面抑制
作诗的想象和幽默,但尤其要压制爱情这种最奔放的情感,因为诗
人们是借维纳斯和丘比特这些异端形象来抒发这种情感的;如果
作为这种异端的罪魁祸首,遭受严厉惩罚,被禁止用他们的旋律魅
惑人们,另一方面,民众也因为相应的惩罚,被禁止聆听这些迷人 21
的咒语,不许接触戏剧、小说或民谣中的那些爱情故事;我们或许
可以看到一个新的世外桃源从这种严酷的压迫中浮现而出:黄发
垂髫皆为诗情画意所迷醉。我们本应该参加情人和诗人的秘密聚
会:树林里到处都是浪漫的牧羊人和牧羊女,岩石也回荡着对爱的
力量的赞歌和祝辞。的确,我们本有一个公平的机会,凭借这样的
策划,我们可以唤回所有异教之神,在我们寒冷的北方岛屿上竖起
维纳斯和阿波罗的祭坛,就像塞浦路斯、德洛斯岛或者希腊那温暖
的土地上从前那样。

第三节

不过,阁下,也许您想不通,在我们探讨了宗教这样严肃的话
题之后,我应该不要再提诙谐和幽默了。我必须承认,阁下,这并
不是一时兴起。说实话,我在思考这个问题时没有顾虑太多,而在 22

写的时候却考虑得太少，没能很好地控制自己的情绪。确实，不能忍耐平和心情，而意气用事的人，不知宗教中的诸多疑惑之处，因而可以免受虔诚的躁郁或狂热的直接影响，这需要更多的思考和细心体察，才能让这种情绪冷静下来，并慢慢习惯这样做。但是，不管这种习惯会是什么，如果不惜以鲁莽或者疯狂为代价来奚落它，却是我不愿见到的。我倒情愿在宗教中经历各种奇遇，而不是以消遣的方式来逃避对宗教的思考。我的主张不过是，以一种正确的性情来思考它；我要全力阐明的是，这样我们就能透彻地理解它。

　　良好的性情不仅是防止狂热的最有效的保证，而且也是虔诚和真正宗教的基础，因为，如果对上帝的正确思考和中肯理解是所有真正的信仰和崇拜的根本，我们就绝不可能走入歧途，除非是恶劣的性情从中作祟。除了这种恶劣的情性之外——无论是固有的还是外界强加的，没有任何东西能使人严肃地认为，世界是被一种残暴而邪恶的力量所统治。我所要探讨的是，除了恶劣的情性，还有其他什么东西是无神论的原因。因为，有那么多争论在说服性情平和之人，一切事物在主要方面都是友好善良的，所以，人们不会认为自己厌倦世事，以至于想象他们面前全是艰难险阻；又说，这个世界表面上庄严而神奇，但其中既没有什么理智，也没有什么意义。然而，我也坚信，除了恶劣的性情之外，没有什么会让我们认为至高的主宰者是可怕的、邪恶的。没有什么事情能让我们相信这个主宰者有什么阴郁或乖戾之处，除非我们自己内心感到有什么实际的痛楚。并且，如果我们害怕善良的性情影响宗教，或者自由而愉悦地思考上帝这类对象，那是因为我们把这个对象设想成好像我们自己一样，如果不带有庄重严厉的神情，人们就不知道它的威严和伟大。

　　然而，这正与我们所承认的、最像神一样善良的那种性格截然相反，当我们看到在我们中间掌握至高权力的人身上——我们有时也确实看到了——有这种性格的时候。如果他们被看做是真正善良的，我们就敢于从容面对他们，而且确信他们不会对这种从容表示不快。他们会因这种善良有双重的收获。因为，人们对他们了解越多，越是坦诚地评议他们，他们就显出更多的品质，而发现这些品质的人则被他们的成功所折服，因而比以往更加尊重和敬爱他们，如果他们已经证明自己除了拥有高位之外，还具备这种大度，并且回想到自己也曾感受过这种坦诚和慷慨。阁下您也许比任何人都清楚这个秘密。不然，您是如何在当权时备受爱戴，而在失去那众人仰慕的权势时，反而更受爱戴呢？

感谢上苍！甚至在我们时代，也还有如此的典范。而在从前时代，这类典范更是数不胜数。我们熟悉某些强大的国王，甚至整个世界的帝王，不仅坦然接受对他们行为的随意指责，而且能容忍恶意责难和诽谤，哪怕有人当面这样做。也许有人希望，在异教徒中从不可能有这样的典范，但出人意料的是，这种情况并非基督教徒独有。的确，整个人类比基督徒们遭受了更多的不幸，因为早先一些罗马皇帝就是专制的恶魔，不仅开始大举镇压信教之人，而且迫 25 害贤良之士。还有什么能比遭受尼禄的迫害，更能让基督徒感到荣耀或优越呢？但是，后来较为英明的国王被说服放弃这些严酷行径。确实，世俗官员也许对这种崭新的观念真正感到震惊，他以为这种观念也许不仅会损害其权力的神圣性，而且会将他自己和所有人都视为亵渎的、不敬的和可恶的，不被置于某些特定的崇拜仪式之中；从前人们曾创立许许多多的崇拜仪式，到那时为止，所有这些仪式之间都能和平共处，相互交流。然而，这就是后来的某些牧师的智慧所在，因而迫害的程度已有所减弱，甚至是那位被看做基督教最大敌人的国王，①自己就成长于这种宗教中，他大力限制迫害，允许恢复教会的土地和公共学校，不去侵害甚至是那些污辱国教和蔑视公众信仰的人的财产和人身。

很幸运，我们宗教中有一位神圣的作家堪称我们的权威，他向我们保证，友爱和仁慈的精神比殉教者的精神更高尚。② 否则，人 26

---

① 见第三卷第 87—89 页注。
② 《哥林多前书》13：3。

们也许对我们早先许多忏悔者和殉教者的历史不以为然，甚至根据我们自己的记述也是如此。在今天，世界上已经没有这样高尚的基督徒了（如果这正是尚有一位高尚教徒的标志的话），如果他恰好生活在君士坦丁堡或者其他处于土耳其控制之下的地方，他会觉得毁坏他们的清真寺是理所当然的。而且，阁下，您和我都是善良的新教徒，我们应该认为他并不比狂热者们高尚些，这些狂热者仅仅是出于对天主教的偶像崇拜的憎恨，就在大弥撒的时候（在那里弥撒是由法律确定的）恶意挑衅神甫，或者侮辱他的圣像和圣物。

有些人看起来是我们的好兄弟，即法国的新教徒，不久前来到我们中间，他们被早先那种做法深深吸引。他们在自己国家将殉教精神发扬到了令人惊叹的地步，而且也渴望在我们这里再做尝试，如果我们同意他们这样做，给他们机会，也就是说，如果我们只
27　想为他们行个方便，将他们吊死或囚禁；如果我们还十分热心，打断他们的骨头——依照他们国家流行的做法，挑起他们的热情，为火刑架添把柴。但是，他们从今往后得不到这样的款待了。我们如此铁石心肠，虽然他们自己国家的暴徒乐意赐予他们以拳脚，在大街上时不时地向他们砸石头；虽然他们自己民族的牧师也乐意对他们施予他们想要的惩戒，诚心诚意为他们架起火刑柱；而我们英国人，是我们自己国家的主人，不想背上那种狂热之徒的名义。我们也不羡慕他们的凤凰教派，其中的教徒仿佛是从火焰中复活的，情愿化身为一座新的教堂，一如那座老教堂的诞生方式，其种子名副其实是"从殉教者的鲜血而来"。

但是，我们宽容的英国人比异教徒还要残忍！因为，我们不满足于拒绝给予这些满嘴神谕的狂热之徒被迫害的荣誉，我们已经加给他们这个世界上最残忍的耻辱。有人明确告诉我，正是在此
28　刻，[1]他们成了巴塞洛缪集市[2]上人们最喜欢的笑料或者木偶戏。

---

① 即 1707 年。

② Bartholomew Fair 在伦敦城外，原先为商品市场，后来有各种娱乐表演。——译注

毫无疑问,在那里,他们奇妙的嗓音和情不自禁的摇摆,有了丝线的摆动和风笛的鼓舞,表演得精彩绝伦。在预言状态中先知的身体身不由己,只是(正如他们自己所言)完全被动的躯壳,受着一股外在力量的激励,他们的声音或动作中已经没有了自然之物,或者与真实生命相似的东西,所以,木偶戏对其他动作的模仿是多么笨拙啊,它必须为这个生命灌输情感。恰好巴塞洛缪集市精通于此道,我敢向我们国家的教会保证,没有哪派狂热者,也没有哪个兜售预言或奇迹的新商贩,能胜过这个集市,或者在挑战她的能耐时给她造成什么麻烦。

让我们高兴的是,当有人掌握了预言的时候,史密斯菲尔德①却正在上演更加惨烈的悲剧。恐怕,我们最初的许多改革家并不比狂热者更好:上帝知道这种热情是否并没有给我们很大帮助,使我们摆脱那个精神上的暴君。所以,如果牧师们像往常一样不喜欢嗜血,而是更倾向于其他情感,他们也许已经以一种更愉悦的方式避免了我们这种革新精神的巨大力量。我从未听说过古代的异教徒在实现他们的邪恶目的时,也就是压制刚刚兴起的基督教,接受过这样好的忠告,随时采纳巴塞罗缪式的手段。但是,有人向我证明,如果福音书的真实性无论如何都是值得怀疑的,他们就更有望让它们销声匿迹,如果他们选择以更友好的方式将我们的创立者拉到舞台上,而不是让他们穿上熊皮、装到沥青桶里面。

犹太人是天性阴郁的民族,②容不得对任何事物的讽刺,对属于宗教教义和观念的东西就更是如此。宗教总是被笼罩在一股阴郁的情绪中,对于看似会确立一种新的启示的东西,它们开出的唯一措施就是绞刑。极端的意见是,"钉死他,钉死他!"但是,他们对我们的救世主及其使徒充满恶意、积怨甚深,如果他们只是喜欢演

29

---

① Smithfield 曾为伦敦公开行刑的地方,在 16 世纪玛丽一世统治期间,约有 200 名新教徒被在此处决。——译注

② 我们作者曾因此以及下文关于犹太人的话受到谴责,读者可参见第三卷第 53—56 页的注释和引文,以及第三卷第 115—116 页及以下,也可见本卷第 282—283 页。

一下木偶戏,以示轻蔑,就像现今天主教徒演这种木偶戏则是为了
表达对救世主的敬意,我倒倾向于认为,他们对我们的宗教所造成
的伤害,比他们所用的所有其他严苛方式更甚。

我相信,我们伟大而博学的使徒①并没有从他们反对者雅典人
的那种洒脱的处置方式中发现更多有益的东西,反倒是从最残暴
的犹太人城邦那种乖戾邪恶的习气中学了不少。他并没有使他那
位罗马法官变得正直谦恭,反而助长了犹太教徒的疯狂和他的国
家的牧师的狂热。虽然,当我想到这位使徒出现在聪明的雅典人
面前,或在罗马的司法法庭面前,面对他们中间的名人贵妇,看看
他如何使自己得体地应对这些更高雅的人们的才智和性情:我无
法设想他会拒绝机智或良好性情的风度,我们不去猜疑他的动机
是什么,但是他会情愿大度地让他的动机接受这种检验,并在他可
能遭遇的尖锐嘲讽面前考验自己的动机。

但是,尽管犹太人从不愿意尝试用他们的这种机智或诡计来反
对我们的救世主或他们的使徒,可异教徒当中的不敬神的那部分
人,却很早就开始利用这种手段来反对最高尚的教义以及他们之
中那些最高尚的人。这并不能最终对这些人和教义造成什么伤
害,相反,这对于这些人和教义来说是最有利的,因为如果他们能
经得起这个考验,便最终是可靠而正确的。异教世界中出现的最
神圣的人,②生活在最富于机智的时代,最机智的诗人故意用整部
喜剧来对他进行最尖刻的嘲讽。但是,这并不会降低他的名望或
压制他的哲学,相反,其名望和哲学日盛一日,显然也更令其他智
者嫉恨。他不仅满足于被嘲讽,而且,他竭尽全力来帮助诗人,将
自己公开展现在舞台上,而他真实的风貌(这对他并不有利)恰恰
可与机智的诗人在舞台上对他描绘做一比较。这就是他那高尚的

---

① 他如何利用自己遭受的苦难,他如何可怜地向人展示他身上的枷锁和鞭痕,并经
常为此辩解,以树立自己的品格,扩大基督教的影响,所有读过其书信,并熟悉其
性格和作风的人都可以轻易看出。(这个使徒指的是圣保罗。——译注)
② 指苏格拉底。——译注

性情！世界上再没有什么能证明这个人无与伦比的高尚，也再没有什么能证明他的性格或主张的真诚。因为，毫无疑问，虚伪最害怕与严肃的敌人短兵相接。她知道，一种郑重其事的攻击，对她来说毫无威胁。她所痛恨或惧怕的正是和颜悦色和良好性情。

32

第四节

简而言之，阁下，对待宗教的这种躁郁之气，根据我的理解，只能使宗教变得悲惨，只能在现实中制造这种凄凉的悲剧。我的观点是，倘若让我以善良的态度来对待宗教，我们就用不着太多的善良性情，或用如此多的自由和放肆来审查宗教。因为，如果这宗教是真实而虔诚的，它就不仅能经受这种考验，而且还会因此繁荣起来，获得有利条件；如果它是虚假的，或者夹杂着某些骗局，那它将会被洞察和揭露。

我们在一种躁郁的气氛中修习宗教，这就不能让我们以一种良好的性情来思考它。只有身处逆境，身患重疾，精神错乱，或心浮气躁的时候，我们才求助于它。然而，事实上，我们在如此沉重黑暗的时刻想起宗教，是极不合适的。当我们无法观察自己，并冷静审视我们自己的心灵和情感的倾向时，绝不是思考我们所经历的事情的适当时机。因为，在这时，我们看到的是神心中的愤慨和狂暴、报复和恐怖；这时，我们的内心充满不安和恐惧，而且由于痛苦和焦虑，我们失去了本来冷静和平和的心情。

33

我们必须不仅要有通常的良好情性，而且还要处于最好的性情，在我们生活中最快乐、最友善的时候，去仔细思考我们所赞美和敬重的神的真正的善是什么，这些品质意味着什么。只有在这时，我们才能最明白地看到，那些正义的表现、那些惩罚的力度、那种愤懑的情绪和那些不悦和义愤的程度，我们通常将这些归于上帝，并认为这些也适宜于那些原初的善的信念，也认为这个神圣的存在，或者他治理下的自然，已经将这些品质都灌输到了我们心中，因而我们必须要去这样预设，以便最大程度地给他以最高的赞美或荣耀。阁下，这就是防止所有迷信的保障：请记住，上帝心中只有神圣的东西，他要么是完全不善的，要么就是真正地、绝对地善良的。但是，当我们担心自由运用我们的理性的时候，甚至运用我们的理性去质疑，"他是否真正地善良"，这时，我们实际上已经假设他是邪恶的，与人们所称的那种善良而伟大的性格截然相反，直到我们发现他秉性中的这种多疑，而且在这样自由地探讨时，害怕他的愤怒和不满。

对于这种自由，我们神圣作家中有一个著名的例子。人称约伯是一个宽容的人，但不可否认他面对上帝时却是无比勇敢的，以完善其旨意作为己任。的确，他的朋友很难得到他的宽恕，他们找出各种理由，无论是对是错，来平息反对意见，合理地解释上帝的所作所为。他们以传诵上帝之善良为功德，竭尽自己的理性之所能，甚至有时超越理性。但是，在约伯看来，这是在"奉承神"，"为神徇情"，甚至是"欺哄他"。① 这不足为奇。因为，在一种肤浅脆弱的基础上来信仰上帝或他的旨意，能有什么功德呢？采信一种与事物面貌相反的观念，坚决不听任何反对这个观念的意见，这能带来什么美德呢？真实上帝的性格是多么卓越啊！他会因为拒绝我们用理智揭穿谎言，就像让我们铭记这些谎言，就被触怒吗，会因为我们随意地、违背我们的理性而信仰他感到满足吗，这岂不是世上最大的愚蠢，这样的事情我们闻所未闻！

除了本性邪恶之人，所有人都不希望有上帝，这是不可能的，因为这个愿望不仅与公共利益为敌，也与个人利益为敌，如果正确地理解的话。但是，如果一个人没有这样恶意来扼杀他的信仰，他也必定会讨厌上帝，不相信上帝如此善良，就像他不相信自己如此善良，如果他想象，在思考任何事情的时候都不能恰当地运用他的理性，就会让他往后厄运连连；如果他想象，在遇到他难以理解的问题时，背弃自己的理性，假装相信，以为这样就会让他在来世得到什么恩惠的话。这就是宗教上的马屁精，信仰上的寄生虫。这

① 《约伯记》13：7—10。

便是把上帝看做狡猾的乞丐,在利用施舍者,而施舍者还没有认清他的真实面目。① 刚出来的新手可能还天真无邪,嘴里喊着:"好先生!""行行好吧!"但是,有经验的老手,不管他们在马车里看到的是什么人,总是一口一个:"我的好大人","我的好老爷",要不就是"大小姐!"。因为,如果其中真有一位老爷,我们就会被赶走(他们说),因为没有叫对,②但是如果中间没有老爷,那也不会冒犯谁,人们不会觉得这称呼有什么恶意。

在宗教里面就是这样。我们过于操心该怎样正确地乞讨,认为所有一切都在于叫对名号,猜对身份。这应该是最卑贱的借口,竟然也得到了许多能人智者的支持,将其看做一条伟大的准则,"他们应该努力树立信仰,全心全意地信仰,因为,如果这个信仰中空无一物的话,这样行骗也没什么坏处,但是,如果其中有那么一点东西的话,他们若不全心信仰,那就吃大亏了。"但是他们大错特错了,当他们怀着这种想法的时候,他们肯定不相信在这个世界上会得到什么满足和幸福,或者在另一个世界也没有什么胜过别人的优势。因为否则的话,我们的理性——它知道这个骗局——永远得不到满足,而是使我们颠沛流离,将我们投入到怀疑和迷茫的大海之中;在宗教这条道路上,我们只能越走越错,仍旧对至高的神持有更加错误的观念,而我们的信仰也只能建立在有损于这个神的观念上。

全心全意热爱众人、思索普全的善、促进整个世界的利益,这肯定就是最高的善,可造就我们所谓"虔敬"的性情。处于这种性情中,阁下(您必定清楚知道这一点),因为确知我们的榜样是如此真诚,我们自然会希望他人与我们同在。我们自然会希望我们的功德为他人所知,特别是如果我们有幸可作为一个贤良的大臣为国家效力,或者像某些国王或国父那样,以关爱众生为乐。但是,如果身处其位的恰巧是不学无术之辈,加之疆土辽阔,他们对我们

---

① 见第三卷第 125—128 页。
② 意思是这位老爷认为自己并不"好"。——译注

不闻不问,或者即使关心我们,也因为种种故事难免以讹传讹,离奇悖谬,让他们倍感疑惑,因此他们不知道是否应该相信这个世界上是否真正存在像我们这样的人;说实话,我们是否应该荒唐到怨怒此事的地步? 我们如果不是以戏谑的态度来面对事实,而是一心想要报复那冒犯之人——由于他们粗鄙无知、不辨是非或反复多疑,因而辱没了我们的名声;我们是否因此就该被认为过分乖僻、性情恶劣呢?

那我们应该怎么说呢? 这样挂怀此事,难道真的不值得赞扬么? 为了荣誉而行善会如此高尚么? 或者,如果行善却要遭受羞辱,甚至被恩将仇报,受惠者全然不知善为何物,难道不是更高尚么? 那么,在我们这里如此高尚的品质,放到神那里如何会变得不高尚呢? 而且,根据有人向我们所描绘的神,他会更多效仿我们本性中卑琐、懦弱和无能的一面,而不是宽容、果敢和高尚的那一面吗?[①]

第五节

阁下,有人会想,一眼发现我们自己的弱点,辨出我们所熟知的人性之缺陷,实际上并非难事。也有人认为很容易理解,为什么挑衅和冒犯,对于荣誉或权力的愤怒、憎恶和嫉妒,对名声、荣耀等物的爱慕,只存在少数人身上,那完善和万能的存在必不会如此。但是,如果我们没有在心中树立对于卓越道德的观念,或者如果我们不相信理性会告诉我们神心中唯有这卓越的道德观念,那么,我们就不会相信与这个神相关的任何事物,也不相信他自己启示给我们的东西。我们必须事先就确信,他是善良的,绝不会欺骗我们。否则,就不可能存在真正的宗教信仰及其根据。那么,如果有些东西真的先于启示而存在,有理性先行证明某些东西,以使我们确信,上帝,也只有上帝才如此善良,不会欺骗我们;基于同样的理

38

39

---

① 见本卷第 331 页,及第三卷第 306 页。

由，如果我们愿意相信这些启示，愿意让事实给我们证明，上帝是如此善良，以至于超越我们之中最善良之人。基于此，就不会有恐惧或怀疑使我们心神不宁：因为只是怨恨，而不是善良，才能使我们感到害怕。

有一种奇特的推理，不过是当心灵处于某种躁动的时候，这种推理才支配着这样推理的人，这就是："只有在利益遭到反对的地方才存在怨恨。一种万能的存在没有相反的利益，因而也就不会怨恨。"如果有一个普遍的心灵，它自己毫无所求，只有那普遍利益或整体利益，亦即他自己的利益，那么普遍的利益与他自己的特殊利益就必然是同一的。它不欲求任何外在之物，也不追求身外之物，不会被相反的事物所诱惑。所以，我们不得不去思考，是否真正存在这样一个只关心整体的心灵。因为，如果很不幸这个心灵并不存在，我们就可以安慰自己说，自然界不存在恶意。如果真的有这样一个心灵，我们也仍可以满足地说，这个心灵是世界上最善良的。人们会想，后一种情况最令人满意，想象有一个共同父母，比想象有被遗弃的自然、来历不明的世界较少令人恐惧。因为我们拥有宗教，所以，虽然有许多善良之人面对这个荒凉的世界也并不恐惧，但是他们确信自己只是出于偶然才相信这个自然是被遗弃的，这个世界来历不明，也许他们更安心一些。因为没有人敢认为，上帝本不应该存在，而是宁愿认为应该有一个上帝。然而，如果神被认为如人一样友善，就会是另一种情况，而且我们可以确信，如果上帝真的存在，最高的善必定属于他，没有情感上的那些缺陷，还有那些卑劣和欠缺之处——我们承认自己有这些缺陷，作为善良的人，我们全力以赴超越这些缺陷；我们发现自己每天都在克服这些缺陷，日益完善自己。①

阁下，我想，在我们提升到更高的神圣境界之前，我们最好还

40

41

---

① 普鲁塔克说："作为我自己，我更愿意人们说'不存在，也不曾存在像普鲁塔克这样的人'，而不是说'有一个叫普鲁塔克的人，反复无常、睚眦必报'。"普鲁塔克：《论迷信》，10。见第三卷第127页。

是屈尊一点来审视一下我们自己，对于朴素真诚的道德发表一点谬见。① 当我们反躬自省，明辨自己感情的本性，我们就可能更有资格来评判一种性格是否高尚，更好地辨别什么感情对于一个完善的生命来说才是适当的。那时，我们就可以知道，当我们对何为可敬或可爱形成某些一贯的看法时，该如何去爱和赞美。此外，我们也有望为上帝增添些许荣耀，当我们称他最可敬可爱的时候。因为，很难想象，来自凡人的赞美中，还有什么荣耀能配得上神，这些凡人甚至不能分辨在自己同类中什么才是值得赞美的和卓越的。

如果一位音乐家被一群不懂音乐的人吹捧得天花乱坠，他肯定感到羞愧，会委婉拒绝听众们的好意，直到他们对他有了足够的理解，能够运用自己的理智从他的表演中发现真正优美的东西。在此之前，还谈不上什么荣耀，这位音乐家即便很虚荣，也没有理由自满。

那些最喜欢被表扬的人，宁愿不受人们关注，也不愿听到人们的倒彩。我真不知道，那些据说最能无私地行善的人，怎么会被认为急切渴望得到赞美，并被认为会将人们对微末之事的盲目称颂和言不由衷的夸赞看得如此之重。

善良与其他品质有所不同，对此我们都很明白，虽然自己尚不具备这种品质。我们可能对音乐具备出色的鉴赏力，却丝毫不会演奏。我们也可能很好地评判诗歌，但却不是诗人，或者没有一点诗兴。但是，如果我们没有起码的善良品质，就不可能对善有什么起码的了解。所以，如果对神圣存在的赞美差不多就是对他的崇拜，我想，我们应该认识善，如果这不过是学习如何以适当的方式来赞美善的话。因为发自一颗恶毒虚伪之心的对善的赞美，必定是世界上最刺耳的噪音。

① 见第三卷第 37 页，及第 202—203 页注。

第六节

　　阁下，有一些原因可以说明，为什么审视我们自己的这种浅显而朴素的哲学，在矫正我们宗教方面的错误上会有如此显著的裨益。因为，存在一种间接而来的狂热(enthusiasm of second hand)。并且，当人们在他们自己身上没有发现原始的骚动，也没有事先受到恐慌的蛊惑的时候，仍然会被他人的说辞欺骗，被他人诱导去幼稚地相信种种虚假的奇迹。这种习气会使他们反复无常，没有恒定的信仰，很容易在每一种虚妄的教义面前丧失理智，沉迷于所有新兴的教派或迷信。但是，了解隐藏在他们身上的情感，掌握狂热的缘起和发展过程，正确判断其必然规律以及它那种支配我们理智的力量，这些也许会教给我们如何去更有效地揭露这种骗局，即使它们总有可靠的或有事实根据的充分借口。①

　　我上述提到的这种新的预言教派，他们声称已经在众多其他的奇迹中找到了最确实的一个，并在成百上千人面前有预谋地、煞有介事地进行表演，言之凿凿地说这奇迹是真的。② 但是，我只想问一下，在这成百上千的人当中是否会有一个不属于这个教派或没有被他们的行为迷惑的人站出来，拿出相同的证据？我不必去问，这样一个人是否已经完全摆脱了那种特有的狂热？只需要问，在此之前，人们是否认为他具有健全的判断力和清醒的头脑，以能够完全摆脱那种躁郁之气和其他种种狂热。否则，他可能已经陷入到那种"恐慌"中，就像在睡梦中一样失去了理智，想象处于燃烧之中，以至于在一刹那烧毁了所有的判断力和理性。可燃之物在内心蠢蠢欲动，只需一点火星便会燃烧，不过主要是在群众都被同样的情绪笼罩时才燃起更凶猛。③ 这也就难怪，当无数的眼睛都因这种情感放出光芒，起伏的胸口因受到鼓动而难以平息的时候；当

44

45

---

① 见第三卷第 39—40、66—68 页。
② 据说有一个叫 Pierre Claris 的人在 1703 年赤脚走过火堆。——译注
③ 见第三卷第 66 页注。

人们的表情，还有呼吸也成为传染性的，而且这种令人振奋的躁动毫不觉察地四处弥漫的时候，火焰便熊熊燃烧起来。我本非圣贤，无法明断令古代先知们如此着迷的那种精神为何物，甚至亵渎的扫罗也被它吸引。但是，我从圣经中得知，预言的精神既有邪恶的也有善良的。①从当下的经验，还有或神圣或亵渎的历史中，我也发现，这种精神的规律，就像身体器官的规律，在任何地方都是一样。

  有一位绅士，近来写书为复活的预言辩护，也因此陷入了预言的迷狂之中，他告诉我们："上帝的精神降临于古代迷狂的先知们身上，他们的种种行为举止都说明他们就是疯人（或狂热者），就像显现在巴兰、扫罗、大卫、以西结、但以理等人身上。"他继而以使徒时代的习俗，以及使徒自己对这些看似不合常规的赠物②的控制来证明这一点，我们的作者认为这在早期教会以及基督教第一次兴盛和扩展的时候是再平常不过的事了。但是，我请他自己比较一下他自己和使徒的行事方式。我只知道他所描述的这种症状——他自己（可怜的绅士！）也因此受难——是异端的，就像他极力想要将这些人称作基督徒。并且，当我近来看到他处于一种躁动（如他们所说）之中，以一种夸张的拉丁文风格发表预言的时候——看起来由于他的迷狂，他完全无法做到这一点——我想起了拉丁诗人对西比尔的描述，西比尔的痛苦与此再相似不过了："突然间她的脸色和表情大变，头发披散了下来，胸口起伏不定，她的心像发疯一样狂野地搏动着，她的形体也比以前高大了，她说话的声音不类凡人，因为神已经靠近她，她的心灵已充满了神力。"③稍后又写道："在洞里疯狂地奔跑，希望能挣脱占据在她头脑里的大神。但是神越发地折磨她那桀骜不驯的性子，左右着她的刚强的心，压服她，

46

47

---

① 见《列王纪上》22：2 以下；《历代志上》18：19 以下。也见第三卷第 116—117 页。
② Irregular gifts，应该指上帝赋予先知的预言能力。——译注
③ 维吉尔：《埃涅阿斯纪》，6.47—51。（引自中文版《埃涅阿斯纪》，杨周翰译，南京：译林出版社，1999 年，第 138 页。——译注）

使她就范。"①这就是我们这位高超作家的风格,他说:"神灵附体之人要经历一场考验,此间,神会使他常常躁动不安,通常在他要说话的一两个月前,锻炼他的喉舌。"

罗马的历史学家在谈到早在他那个时代之前罗马所爆发一次最恐怖的狂热时,描写了这种预言精神:"人们好像被什么东西所迷住,身体疯狂地抽搐,然后传达预言。"②与这些狂热者有关的更多令人厌恶的事情我不想再转录了。但是,元老院对这些可恶之事所颁布的温和法令,我却不能不转述一二,虽然阁下您不久前已经读过,但您可以带着一种钦佩之情再反复读几遍,李维写道:"今后,一切都要按元老院之法令执行[在罗马或者意大利将不有酒神节]。如若有人将此仪式当作必需之惯例,不能坚决而无条件地放弃此仪式,他就须向城市司法官做出陈述,然后由司法官提请元老院商讨。如他要获得准许,需有不少于一百人出席元老院,并且参与仪式者不得超过五人,不得动用公共资金,不得有仪式主持或者司祭参与。"③

48

所以,向狂热这种乖戾之气让步是必要的,甚至倾其全力来反对迷信的哲学家也为这种虚空的幻想留些余地,间接地容忍狂热。因为,很难想象像伊壁鸠鲁这样毫无宗教信仰的人也庸俗到如此轻信的地步,以至于相信对空中的军队和城堡等此类虚幻现象的记载。然而,他承认这些,并且想用他那股臭气和空想的魔镜来化解这些东西,我不知道还用了其他什么手段——然而,那位拉丁诗人以一种优雅的方式展示了这些:"有许多物的肖像以很多的方式向周围各处漫游,它们是这样地精细,以致当在空中相遇的时候它们就很容易地相结合起来,像蛛丝或金叶一样。……因此我们看见了人面马身的怪物和希拉的肢体,看见薛尔比尔斯的狗脸,和已

49

---

① 维吉尔:《埃涅阿斯纪》,6.77—80。(引自中文版《埃涅阿斯纪》,第138页。——译注)

② 李维:《罗马史》,39.13.12。

③ 李维:《罗马史》,39.18.8—9。

经死去的人们的肖像,那些白骨早已埋葬在大地里面的人;因为各式各样的肖像在我们四周各处飘荡着,有些是在空中自己生成的,有些是从各种东西出来的,还有些则是由它们的形状结合构成的。"①

这个迹象表明这个哲学家相信,在人的本性中原始地存在着一系列虚幻精神的根源。他确信人们喜欢看到幻象,这种幻象并非可有可无,人们宁愿这些幻象即刻出现,触手可及。尽管他否认宗教原则是固有的,②但他被迫默认在人类身上有一种向往超自然对象的奇妙倾向,并且认为,如果这些观念是虚幻的,却在一定程度上是固有的,或者,正如人们生来如此,无论如何也难以避免。既然如此,我想,神学家可以提出一个有效的观点来反对他,以维护宗教的真实性和有效性。但是,事实也正是如此。不管魅影之类的事物是真是假,征兆都是一样的,相信幻象的人心中的情感也有着同等的作用。拉丁文当中的 *Lymphatici*③ 就是希腊文当中的 *Nympholepti*④。人称他们能看到了某些神性之物,来自农神,或仙女,这些使他们欣喜若狂,几乎丧失理性。这种狂喜在外部表现为颤抖抽搐、手舞足蹈、激动兴奋,甚至(正如李维所讲)狂热地震颤或者惊厥、突然祷告、预言、歌唱等等,不一而足。所有民族中都有些或这或那的癫狂者,所有教会,不管是异教的还是基督教的,都痛恨狂热。

有人会想,古代人认为这种疾病与他们所谓的恐水症之间存在某些关系。古代那些癫狂者是否在某种程度上与被狗咬有关,从而激发了他们那种狂躁之气,对此我们不能确定。但是,古人那里就有某些迷狂之人,他们极其善于传播牙齿欲望⑤。因为,从狂躁

50

----

① 卢克莱修:《物性论》,4.724—736。(引自中文版《物性论》,方书春译,北京:商务印书馆,1981 年,第 229—230 页。——译注)
② 见本卷第 117 页。
③ 意即"恐慌的人",下文译作"癫狂者"——译注
④ 意即"迷恋女神的人"。——译注
⑤ the appetite of the teeth,应该是指有咬人的欲望。——译注

情绪第一次在宗教中爆发以来，所有的教派都乐此不彼，正如俗语所说："tooth and nail"，①没有什么比毫不留情地互相撕咬更快意的事情了。

确实，这种无害的迷狂扩散得如此之远，以至于当聚集的众人被这种魅影蛊惑时，就总是会产生一种要传播它的渴望，要在其他人胸中点燃同样的怒火。因此，诗人们也是迷狂者。当然贺拉斯也是，或者使自己假装成为癫狂者，表现出女神和巴克斯的幻象对他的影响："我看见巴克斯在远处的岩崖上在传授颂诗——后代人们，相信我！——而女神就是他的门徒……哦！我的心灵在这骇人景象面前颤抖，开始语无伦次地咆哮，我的胸中只有巴克斯！"（如海因修斯解读）②

如果不想象或假设神的显灵，没有诗人自己就能写出惊世之作（正如我一开始向阁下您所说），神能将我们所说的这种情感激发起来。甚至是冷峻的卢克莱修也在利用这种灵感，③当他写诗来反对批驳这种灵感时，而且也被迫要赋予自然的魅影以一种神圣的形式，在他贬损自然、剥去自然中貌似智慧和神圣的东西的作品中，用这些形式来鼓舞和引导自己："维娜丝，生命的给予者，在悄然运行的群星底下，你使生命充满航道纵横的海洋，……既然只是你统御着宇宙，没有你就没有什么能生长，而来到这明亮光朗的境界，也没有什么欢乐的或可爱的能生出来，所以我渴求你和我合作这诗篇，我要冒昧地用它来论说自然，以献给我的明米佑。"④

51

52

---

① 有"竭尽全力"之意。——译注
② 贺拉斯：《歌集》，2.19.1—7，也见《讽刺诗集》，1.5.97，在这里，贺拉斯机智地把格纳提亚人描写为癫狂者和狂热者，因为他们相信他们牧师的奇迹。见海因修斯和特伦提乌斯，以及第 35 页引文。
③ 见第三卷第 32 页。
④ 卢克莱修：《物性论》，1.2—26。（引自中文版《物性论》，第 1—2 页。明米佑[memmius]，公元前 1 世纪古罗马政治家。——译注）

第七节

阁下，从所有这些事例中，我要得出的结论仅是，狂热是一种强大而深广的力量，它与精微的判断力有关，是这个世界上最难被全面而确切地理解的东西，即使是无神论也不能摆脱它。[①] 因为，
53　正如有人已经明确指出，存在狂热的无神论者。神圣的灵感也不能仅凭外在标志就与狂热鲜明区别开来。因为灵感是真实地感受到神的降临，而狂热则是虚假的感受。但是它们所引发的情感却是相似的。因为，当心灵被幻象所吸引，紧盯着某些真实的对象或关于神的纯粹幻觉的时候，当心灵看见或以为看见某些奇异或超常的事物时，它便会有恐惧、欣喜、困惑、畏惧、崇敬等诸如此类的情感，或因这些场景而异常激动，因而就有了某些广阔的、震撼的（如画家们所言）和非凡的东西。而这就是狂热这个名词的由来，古人在原初意义上使用这个名词的，用来表示有一个魅影使心灵狂喜。

当心灵所感到的这些观念或意象巨大到人类狭隘的心胸难以容纳的时候，就会产生某些狂放和猛烈的情绪。所以，"灵感"可以被正确地称作是"神圣的狂热"，因为这个词正表示"神的显灵"，也被最早的基督教创立者所称为神学家的哲学家所运用，以表达人
54　类情感中所有崇高的东西。[②] 这正是他赋予英雄、政治家、诗人、演

---

① 见第三卷第 63—64 页。

② "你清楚地知道，有仙女附在我身上。当神使我疯狂的只是，我才能对你讲出那么多，甚至更多的英雄事迹。"柏拉图，《斐德罗篇》，241E。"政治家也一样，……只是在神灵的激励下和推动下采取行动。"柏拉图，《美诺篇》，99D(引自中文版《柏拉图全集》第 1 卷，王晓朝译，北京：人民出版社，2002 年，第 535 页。——译注)"所以我也马上就有了对诗人的看法。我确定使他们能够写诗的不是智慧，而是某种天才或灵感，就好像你在占卜家和先知身上看到的情况。"柏拉图，《申辩篇》，22B。(引自中文版《柏拉图全集》第 1 卷，第 8 页。——译注)尤其对于哲学家来说，普鲁塔克告诉我们，灵感就是这四位罗马人内心的不平——当他们第一次见到希腊的学术时，他们的青年人为哲学而狂热。因为在提到作为雅典使者中的一个哲学家时，他说，"[卡尔奈德斯]给城中青年人灌输了惊人的热忱，结果他们放弃其他的乐趣而去从事哲学研究，对他着了迷。"普鲁塔克：《希腊罗马名人传》，22.3。(引自中文版《希腊罗马名人传》上册，陆永庭、吴寿彭等译，北京：商务印书馆，1990 年，第 369 页。——译注)

说家、音乐家,甚至哲学家自己的那种精神。而我们不能容忍将所有这些人的伟大成就归功于一种高尚的狂热。[①] 所以,我们所有人都对这条原则有所知晓。但是,要去了解这条原则(我们也应该去了解),并将其区分为几种类型(我们自己和他人的狂热),却是件伟大的工作,也只有这样,我们才能有望避免遭受欺骗。因为,"要明辨这些精神是否来自上帝",我们必须事先"明辨我们自己的精神",看它是否来自理性和健康的意识,是否完全适合在一种镇定、冷静和公正的态度下做出判断,避免所有褊狭的激情、所有轻浮的幻想或者乖戾的脾气。这就是第一知识和事先必备的判断力:"理解我们自己并知道我们怀有何种精神。"而后,我们才能判断他人心中的精神,他们具备何种个人价值,根据他们头脑的清醒程度来证明他们证据的有效性。凭借这种方法我们就为自己准备了一剂对抗狂热的解毒剂。而这也是我敢于断言的,这通过保持一种良好的性情就能得到最好的展示,否则这剂药本身也可能导致疾病。

55

　　阁下,我已经说了这么多,在一定程度上为狂热正了名,承认了这个词的价值,如果我在向您讲话的过程中态度表现得有些夸张,您一定要原谅我一时冲动。您必定认为我(您一向是正确的)是您最热情的朋友,就像您一贯那种友善,您必定能宽容您这个狂热的朋友,若非如此过于鲁莽的热情,他必定对您致以最高的敬意。

　　我的主人
　　勋爵阁下,此致

---

① 关于这种更高贵和更充满的情感的更多论述,可见第二卷第 75—76 页,第 393—394 页及以下,也见第三卷第 30、33—34、37 页。

共同感，论机智和幽默的
自由，给朋友的一封信

一边有狼追，另一边有狗赶。

贺拉斯：《讽刺诗集》，2.2.64.

初版于 1709 年

第一章

第一节

59　　我一直在想，我的朋友，那一天我在你面前称赞戏谑(raillery)
时，你是那样地诧异。你是不是把我设想为很严肃的一个人，不喜
60　欢任何这样的对话？或者你是不是担心我经不住这样的考验，如
果你也来戏谑我，拿"我自己"做一下试验的话？

　　我必须承认你有足够的理由这样谨慎，如果你能想到我终究是
一个十足的狂热者，忍受不了将自己的观点也戏谑一下。我知道，

这对于很多人来说都是事实。凡他们认为是庄重严肃的问题，都认为绝不能以一种庄重严肃的方法来对待，尽管其他问题另当别论，他们也愿意以另一种方法来对待，而且也敢于在任何意见上小试一下嘲讽（ridicule）这把牛刀，只有他们自己的意见除外。

问题是，这样做是否公平？像放肆地对待别人的意见那样去对待自己的意见，是否并不公正合理？因为把自己置身事外，可能被认为是一种自私的表现。如果我们相信这些意见，在自己心中把某些观念奉若神明，从不愿让这些观念展露出来，公之于众，我们就会被指责为是故作无知和盲目崇拜。它们可能是魔鬼，而不是神或神圣的真理，虽然被精选出来放在我们心灵的某个黑暗角落里：这些鬼怪也许是在欺骗我们，而我们却不愿全面地观察它们，从每一个角度查看它们的形态和面貌。那些遮遮掩掩的东西是大可疑问的。人们认为，真理可以经得起任何的光照，而其中首要的一道光，或者自然的呈现方式（借此这些事物就能被观察到，让人有一个全面的认识），就是嘲讽，或者是那种我们借以在任何对象上发现能被正当地戏谑的东西的验证方式。至少，那些在任何时候都诉诸这条标准的人会赞成这一点。人们认为，最严肃的绅士，即使在最严肃的问题上，都会承认这一点，而且也没有理由拒绝他人有诉诸这条标准的自由，如果他们自己却也像其他人一样随心所欲指责他人，并且在他们最严肃的辩论中也会毫不犹豫地质疑，"这不是很荒谬么？"

因而，对于这样的事情，我想你很明白我自己的态度是什么。而且，由此你能够判断我那天为戏谑辩护时是否是真诚的，并且能够继续为我们那些聪明的朋友辩护，他们经常因为这种幽默（humour）以及他们随意运用这种轻佻的风格对话和写作而被人谴责。

第二节

说实话，如果有人想到这种机智（wit）有时是如何被运用的，近

33

来这种机智又被某些人发展到了一种如何极端的程度,他可能着实会被吓一跳,真不知道该如何评价这种做法,或者这种机巧的幽默到底会把我们带往何处。这种幽默已经从浪荡之徒传到正人君子那里。政治家也被它感染了,严肃的国家事务也被以这种反讽打趣(irony and banter)的态度来处理。最精明干练的谈判家以最知名的小丑而被人知晓;最著名的作家以最伟大的滑稽大师而闻名。

的确存在一种防御性的戏谑(如果我可以这样叫它的话),我很愿意将它用于任何事情上,如果这种好奇心理能促使人们发现更多切实的真理。因为我们从不可能伤害真理,除非在某些地方发现太多的真理。这对理智和眼睛来说都是一样的:对于某种尺寸和构造的东西来说,某种光亮恰好足够,无需再多,更多的光亮只能造成昏暗和眩惑。

63 　　在柔弱的眼睛面前隐藏一些深刻的真理,是真正的仁慈和友善。一种欢快的娱乐比激烈的否定或明确的反对,更能达到目的。但是,要以一种神秘的方式有意蒙蔽人们,并且利用这种迷惑,或用这种含糊不清的话语以迷惑他们为乐,那这种戏谑就不太妥当,就像极为严肃郑重地骗人一样。对聪明的人来说,现在与以前都一样,也许有必要以一种寓言、带着一种歧义来讲话,以能消遣对手,否则就是对牛弹琴。但这肯定是一种低劣、无能和晦涩的机智,能博取同好们一笑,却使最明智的人,甚至是朋友也不知所措,不明白一个人在一切问题上的真实想法。

　　这就是那种粗俗的戏谑,在志趣相投之辈面前也显得唐突无礼。这一种戏谑与另一种戏谑之间存在着鲜明区别,就像公平交易与恶意欺诈、最高雅的机智与最下流的笑料的区别一样明显。

64 但由于对话的自由,这种放纵的机智就会丧失信誉。因为机智就是它自己的良药。自由和交流才能给它带来正确的标准。唯一的危险是封闭港口。这与贸易一样,禁令和限制只能使其衰落。对于一个自由港口来说没有比这更有害的了。

　　在我们的时代中,我们已经看到这种虚假的机智遭人冷落,趋于消失,而我们的先辈却倍加喜爱,他们的诗歌、戏剧以及布道到处都充斥着这些东西。所有的幽默都带有些双关语。宫廷语言就是含糊其辞。到今日,这种幽默已从城市中消失,所有高雅的聚会也弃之不用,只有一些乡村还仅存一些残余,而且看起来只限制在幼儿园里,作为一些老学究及其学生的主要娱乐。因此,在其他方面,机智已被我们改进,幽默也变得雅致,如果我们注意不要去胡乱玩弄它们,通过严谨的用法和严格的法则来限制它们的话。所有高雅都源于自由。我们互相磨砺,以一种"友善的冲突"来清扫一下自己那些阴暗角落。扼制这些东西,也不可避免地使人们的理智变得愚钝。这是在损害文明、良好教养,甚至是损害仁爱本身,虽然是借口要发扬它们。

65

第三节

要描述真正的戏谑就像为良好教养下定义一样,并非易事,或许也会无果而终。除了思辨的人没有人能理解思辨。然而,每一个人都以为自己教养良好,正襟危坐的学究们觉得他们自己也能打趣一下美妙的优雅和幽默。我听说,严肃的绅士们正在告诫一个作家维护戏谑的作用,同时他们也抓住每一个机会施展一下这个武器,尽管他们天生对此笨拙不堪。我想这种情况可以在很多狂热者那里都能看到,他们已借此来回应我们现代的自由作家。这些悲观的绅士,面色凝重,貌似真正的检察官,当他们卸下了严肃的面具,诙谐而愉快地面对对手时——他们完全可以选择完全不同的态度来对待——他们的优雅只是笨拙的。因为,公正地说,如果他们实现了自己的愿望,我怀疑他们的行动和态度之间也是貌合神离。他们很可能马上结束闹剧,进入十足的悲剧。不过,当前最荒唐的事情莫过于作家们这样扮演杰纳斯,①一张面孔强装笑脸,另一张则尽是愤怒狂躁。他们走进了竞技场,并同意机智和辩

66

---

① 杰纳斯(Janus):古罗马门神,被描绘为有分别朝向相反方的两个面孔。——译注

论的公平规则，但还没等到他们施展自己的武器，你就听到大声呼救，操起了实实在在的武器。

最荒谬的莫过于刽子手与小丑同台演出。但我确信，这是现代狂热者所写的颠三倒四的作品中的真实情况。与其说他们是擅长重大题材的巨擘，还不如说他们是幽默大师。前者到最后总是剧烈的悲苦，而后者则是无聊的插科打诨。这样在愤怒与快乐之间，热情与滑稽之间，他们的作品展现出这样的魅力，就像喜怒无常的孩子玩游戏，一边撒娇一边嬉闹，还没哭完就要笑。

67

这样的作品是多么令人畅快啊，连那些认为他们犯错的人也不得不佩服这样的作品，对此我就不必多说了。由此我也不奇怪听到有人为狂热者们悲叹，说他们对手的著作广为流传，而他们对这些对手的回应却无人搭理，激不起半点波澜。迂腐顽固就是磨盘，一本书再好，但如果对它们稍有不恭就被碾得粉碎。学究的性情与这个时代格格不入。这个世界无论怎么被教导，也是冥顽不化。如果是个哲学家坚守自己的哲学，人们倒也乐意洗耳恭听。所以，若是一个基督徒能保持他信誓旦旦的纯洁温和，人们也会点头称赞。一个绅士，如果他始终保持良好教养，远离卑俗粗野，我们容许他诙谐逗趣。但是，如果一个纯粹的学者，借取所有这些性格，颠来倒去，不能始终如一地保持基督徒的性气，也不能始终如一地运用哲学家的理性或者绅士的戏谑，这样一种疯疯癫癫的头脑产出四不像的作品，被世人嘲笑，还有什么奇怪的呢？

68

我的朋友，如果你认为我这样描述冤枉了宗教论辩中的这些狂热作家，你不妨浏览一下他们的作品（即便是在争论并不广泛，仅仅局限于他们自己辖区的地方），然后再做评断。

第四节

对于作家和写作，我已经谈了很多，如你所愿，你将听到我们关于对话这个问题，尤其是新近一次的自由思考，你也记得当时我与你的几个朋友在一起，你以为我极为严肃地谴责了他们。

　　我必须承认,那是一次非常有趣的对话,虽然是草草收场,以往谈话中所提出的问题几乎没有得到任何结论,但也仍然饶有兴味。将这次对话的一些细节记录下来也许不太合适。只有让你记得对话的大概就足够了。确实,有很多非常好的构想被打乱了;很多严肃的论证也被颠覆了;但是,参与对话的众人并没有因此而被冒犯,反而对社交界的良好性情有所提升,使人们对这种对话的兴趣更浓烈了。而且我确信,如果理性能亲自评判一下自己的兴趣的话,她会觉得自己从轻松随意的作风中得到的益处,比通常死板地纠缠于一个特殊观念得到的益处还要多。 69

　　不过,也许你仍旧情绪难平,不相信我的诚恳。你也可以继续对我说,我是装作似是而非,推荐对话优于推理,推理看似得出确定的结论,在对话中却变得模棱两可。

　　对此,我可以回答,根据我对理性的看法,博学之士那规范的论文和雄辩之流那长篇大论,都不能告诉我们理性的用途何在。只有养成推理的习惯才能造就明理之人。而且,只有当人们在推理中发现了乐趣,才能愿意遵循推理的习惯。率直的戏谑、以得体的语言纵意质疑一切、宽容对于任何观点的剖析辩驳而又不冒犯辩论者,只有这样才能使这些充满思辨的对话显得令人愉悦。说 70 实话,由于这些对话受着严格法则的约束,又有操纵这些对话的那些人自封为这些领域的仲裁者,使这些对话普遍充满了迂腐偏执的风气,以至于让这些对话成了人们的负担。

　　"我仅仅是个听众么?"[①]神学、道德学和哲学领域中自然要发出这种抱怨,正如在诗歌领域中那些讽刺者长久以来所抱怨的。"变幻莫测"是推论的不二法则,人们也极力追求这条法则。至于理性,人们更多地是用质疑和回应的方式浅尝辄止,绝少用上几个小时去长篇大论。演说仅适于激发人的情感,而雄辩的效力在于威逼利诱、强词夺理或一笑了之,而不是令人满足或给人教导。一场自由的讨论就像贴身肉搏。与之相比,其他方式只能算是隔靴

---

① 尤维纳利斯:《讽刺诗集》,1.1。

搔痒了。因而,被强行推入到讨论当中,被约束起来去听一场演说,必定使我们心生厌恶,所谈论的主题也被操纵,就像掮客一样令人讨厌。人们宁愿在琐碎小事上推理一番,因为这样的推理是率性而为,不受权威的强制,但不愿在最有用、最高雅的话题上进行推理,因为他们总受人胁迫,感到恐惧。

71   不足为奇,人们的理性通常是微弱的,在聚会中也不屑于就细枝末节的话题展开严密论证,一如他们不敢在更重大的话题上施展他们的理性,在最需要他们积极踊跃的地方却被迫提出些歪理。同样的道理,就像健康强壮的身体被限制在狭窄的空间内,不能自然地运动,被迫要做出一些古怪扭曲的姿势。它们还能做出些动作,尽管极其笨拙。因为这强健肢体中的精力不能凝滞或无所发挥。因此聪颖之人固有的自由精神,如果被约束控制,就要寻找其他的运动方式,以从束缚中解脱出来:无论是通过滑稽(burlesque)、戏仿(mimicry),或者插科打诨(buffoon),它们都很高兴宣泄自己,而且要对束缚它们的东西施以报复。

    如果人们被禁止对于某些问题表达他们的思想,他们就要以讽刺的方式来表达。如果他们被完全禁止发表任何看法,或者如果他们发现表达看法是非常危险的事情,他们就会加倍掩饰自己,用

72 一种神秘的方式包藏自己,意欲加害他们的人很难理解他们的话,至少不能被明白地解释。这样,戏谑就更加流行起来,并发展到极致。讽刺的风气是因迫害的风气而生的:因而自由的缺乏导致高雅的缺乏,也导致谐趣和幽默被歪曲或误用。

    就此而言,如果我们歪曲我们所谓的"礼貌"的正确尺度,并且在某些时候动辄就运用滑稽的乡土风格,那我们也许要感谢我们那些学究们的那种荒谬的庄重和酸涩的幽默了;或者倒不如说,他们要感谢自己,特别是当他们被以这种最刻薄的方式对待的时候。因为,哪里这种限制最严格,哪里这种滑稽自然也就越刻薄。哪里的压迫也深重,哪里的讽刺(satire)就越辛辣。在哪里奴役越猖狂,哪里的插科打诨就越精巧。

看看那些精神上的专制最严重的国家,事实就显而易见了。因为最伟大的小丑就出自意大利人,在他们的作品中,在他们较为随意的对话中、在他们的舞台上、在他们的街道上,滑稽和嘲弄最为风行了。这是可怜而痛苦的底层人们流露自由思想的唯一途径。我们必须承认他们的这种智慧是卓越的。我们拥有更多的自由,在戏谑和讽刺这种异乎寻常的风格上却缺乏机敏,这有什么可奇怪的呢?

73

第五节

正是由于这个原因,我才充分相信,古代人很少具有这种情绪,高雅时代的作家们也很少有纯粹的滑稽。他们处理严肃论题的那种方式的确与我们今天不同。他们的论文一般采用随意而通俗的风格。他们用对话和自由辩论的方式给我们展示了真正的推论和谈话。① 这种场景一般发生在餐桌上,或公共道路上,或聚会场所中,他们真实的谈话中的机智和幽默展现在他们自己的著作中。并且这种场景真是赏心悦目。因为没有机智和幽默,理性就得不到考验,或者很难脱颖而出。学究们那种专横的声音和倨傲的腔调要求获得威严和敬畏,有效的策略就是让人们难以理解,甚至无法理解。另一种方式恰恰相反,那就是给人们最公平的机会,给对手以平等的条件,面对面地交锋。

74

当作家愿意与读者一同站在一个公平的舞台上,脱掉悲剧中的高底靴以适应更通俗更自然的风俗习惯的时候,人们并不认为读者还有什么优势。阴阳怪气只是欺诈的得力帮凶而已。许多一本正经的诡辩术板起面孔,显得底气十足,但却不值一晒。古代一位哲人说:"幽默是检验严肃的唯一标准,而严肃是检验幽默的唯一标准。因为,经不住戏谑的论题是可疑的,经不住严肃评判的笑话

---

① 见下一篇论文,即《独白》,第1篇,第3节。

必定是虚假的机智。"①

　　但有些绅士身上充斥着这种偏执的习气和虚假的热情,当他们听到经过检验的原则、被探索过的科学和艺术,以及用直率的幽默浸染过的重要事情时,他们就想象,所有信仰都必归于失败,所有规范都将毁灭,世上将不会有任何有序或体面的东西。他们担心,或者假装担心,宗教会因这种自由的作风而遭遇威胁,对私人对话中的这种自由感到惊慌失措,他们对这种自由严加防范,好像这种自由在公共交往和庄重集会中表现得过于粗野了。但是按我的理解,这两种情形风马牛不相及。因为,我的朋友,你会记得,我写信给你只是为俱乐部的自由,以及绅士们和以诚相待的朋友之间所理解的那种自由申辩。自然而然,我要为这种遭受束缚的自由申辩,从我对自由本身的看法中,你当有所领会。

　　对任何没有被召唤和邀请去参加公共集会,但却要主持公共集会的人来说,这肯定是在妨害公共集会的自由。发起质疑或操纵辩论以混淆视听,恰恰是缺乏公共社会所需要的质疑和辩论。这样的论题或者完全不应该被公开讨论,或者如果被公开讨论的话,是为了不致引起公愤和骚乱。在任何情况下,公众都不会被当面嘲笑,或者因愚蠢而被指责,以至于认为自己被侮辱。并且从这个方面来说,与良好教养相反对的做法就是与自由相反对的做法。遵从奴性原则的人才假装凌驾于百姓之上,轻蔑公众。热爱人类的人会尊重人类的传统和社会,并以它们为荣。为了娱乐或正业,各色人等混杂一处,要迫使他们接受他们不喜欢的东西,用人们闻所未闻的一套习语来处理事情,这无疑是一种强制和压制。以这样一种做法去处理事情,就是去破坏公众对话的和谐,因为这超出了普通人的理解范围,使他人陷于沉默,也就是剥夺他人说话的权

① 高尔吉亚·莱昂提诺斯,见亚里士多德《修辞学》,3.18.7。(《修辞学》中译本为:"关于嘲笑,它在各种争论中似乎有几分用处。高尔吉亚说,应当用嘲笑去摧毁对方的严肃,用严肃去摧毁对方的嘲笑,他说得不错。"《亚里士多德全集》第9卷,苗力田主编,北京:中国人民大学出版社,1994年,第549页。——译注)

利。但是,对于私人团体,以及在精英界流传的事情来说,朋友们之间知根知底,精心策划来锻炼自己的机智,自由地探讨所有问题,我没有见过有人觉得自己因这种戏谑和幽默而受了冒犯,戏谑和幽默就是这种对话的生命,是形成高雅聚会,使聚会不必拘束于繁文缛节,也不必受学院那些规矩教条束缚的唯一方式。

第六节

言归正传。如果我们现代人中间最好的对话倾向于讨论一些 77
鸡毛蒜皮的事情,如果理性推论(尤其是那些蕴含深刻思想的推论)因为他们的刻板形式而名誉扫地,失去宠爱,那么人们就更有理由引入些幽默和活泼风格。用较轻松的方式来探讨这些论题,会使这些论题变得更加平易近人。就这些论题展开争论,与对其他事情的争论是一样的。这些论题不会破坏高尚的聚会,或者降低高雅对话的惬意或乐趣。并且,这些对话越是被经常更新,效果就越好。我们应该通过愉快的推理而成为更高尚的理性之人,对这些论题,我们可以随意开始或结束。所以,一般来说,我必须向你承认,我对你所关注的戏谑并不反感,对戏谑在我们的聚会中所取得的效果也不反感。幽默是令人愉悦的,这种对话以一种快意的混乱结束,在回想起来却还是令人愉快的,如果我考虑到,与其因继续争论而令人沮丧,还不如让我们随时准备再一次相见,接着就同一些论题展开争论,甚至带着比之前更加轻松而满足的心情去争论。

你知道,关于道德和宗教的论题带给我们很多乐趣。在由几个 78
高尚而聪慧的派别所提出和坚持的不同意见之中,人人都有自由随时诉诸共同感(common sense)。每一个人都允许这种诉求并乐意经受这种共同感的检验。也只有相信共同感的人才会为他辩护。但是,当问题得到了解决,其原因也被公开地评析的时候,却没有得到裁定。然而,在下一次机会来临的时候,每一个派别都非常积极地更新自己的主张。没有人会诉诸非法法庭的权威,直到有一位绅士,其良好的理智从未被怀疑,郑重希望宾客们能够告诉他"什么是共同感"。

"如果我们把'感觉'一词理解为意见和判断,把'共同'一词理解为人类的大多数或大部分,"他说,"那么,要发现共同感的主体身居何处是很困难的。因为根据一部分人的感觉而来的东西,与另一部分人的感觉是互相反对的。而且,如果让多数人来决定共同感,那么这个共同感就会像人本身会变化一样,也会经常变化。今天根据共同感决定的东西到了明天,或者过了一会儿就成相反的东西。"

但是,尽管人们在多数论题上都有不同的判断,然而人们认为,在有些论题上,人们的判断是一致的,而且也持有共同的观点。人们还会继续问:哪里有这种共同的观点呢?"人们认为,凡重要的东西都可被归到宗教、政治和道德的名下。"

"对于宗教中的分歧,人们没有机会去谈论。这个情况所有人都很清楚,基督徒们也深有同感,尤其是他们自己中间深有同感。他们已经互相做了充分的试验,每一个派别都是相同的处境。每一个教派都竭尽所能坚持自己的主张。一旦抓住机会,每一个教派都必然千方百计发表自己的主张,将他们个别的感觉变成公共的感觉。但是这一切都是枉费心机。共同感仍然像何为天主教或正统一样难以确定。对这个人来说是难以置信的奥秘的东西,到了另一个人那里却迎刃而解。在这个人看来是荒谬的东西,在另一个人看来却是毋庸置疑的真理。"

"在政治领域中来说,什么或谁的感觉能被称作是'共同的',同样是个问题。如果平常英国人或荷兰人的感觉是正确的,土耳其人和法国人的感觉无疑就是错误的。并且,就像消极服从一样看起来毫无意义,我们发现消极服从是我们中间很大一部分人的共同感,在欧洲是一个更大一部分人的共同感,到了全世界,也许就是最大多数人的共同感。"

"在道德领域中来说,这个差别,如果可能的话,会更大一些。因为,且不说许多野蛮无知的民族的观念和习俗,我们看到,甚至是在文学和哲学上比较成熟的那少数几个民族,也都不会赞同同一个体系,不承认同样的道德原则。甚至是我们现代的一些最受尊敬的哲学家也都明白地告诉我们,美德和罪恶最终没有任何的法则和尺度,不过是纯粹的习俗和风尚。"

　　如果我们的朋友们用这种方式探讨的只是较为严肃的论题,同时把那些较为轻易的论题抛在一旁,这看起来并不公平。因为,在较活泼的生活当中,像在最严肃的生活中一样,我们所表现出的愚蠢同样地严重。错误在于没有将嘲笑贯彻到底。虚假的真诚受到了嘲讽,但虚假的谐趣却无人理会,因而像虚假的真诚一样变成了纯粹的欺骗。我们的娱乐、游戏和消遣也变得认真起来。我们梦想得到我们并不理解且飘忽不定的幸福、财富和享受,然而,我们却把它们当作这个世界上最明白和最确定的目标来追求。没有比"片面的怀疑主义"更愚蠢和草率的事情了。[①] 因为,当人们怀疑事情的这个方面的时候,对另一个方面就越是确信无疑。当愚蠢的这一张面孔显得荒谬可笑的时候,另一张面孔却变得越加郑重其事,越具有欺骗性。

　　但我们的朋友们却并不是这样。他们仿佛是更出色的批评家,他们质疑俗见、暴露荒谬的方法仿佛更为机敏,也更公平。并且,如果你允许我继续展示他们的幽默,那我就斗胆将这个试验进行下去,以这种方法检验一下,人们能重新获得哪些确定的知识或明白的事实,你觉得,由于这种方法,所有的确定性都消失了,继之而来的是永无休止的怀疑主义。

第二章

第一节

　　如果将一个土生土长的埃塞俄比亚人送到欧洲,放在正值狂欢

[①] 见第二卷第 230—231 页。

节的巴黎或威尼斯,节日上人们将平常的面孔进行了伪装,几乎每一种动物都带着面具,在发现这些都是欺骗之前,他也许要寻思好一阵子:想不到整整一个民族都会如此荒诞不经,以至于在某个特定的时间不约而同地用千奇百怪的服饰来改变自己,并将其当作一个庄重的活动,以这种混乱不堪的面貌和角色来互相欺骗。也许他一开始还用一种严肃的眼神来看待这些,但是当他看到接下来发生的事情的时候,也许就要忍俊不禁了。而欧洲人自己却会嘲笑他的天真。但是,我们的埃塞俄比亚人却更有理由来嘲笑欧洲人。很容易看出两种人之间谁更荒唐。因为,一个人自己本就荒唐却还要嘲笑别人,那是加倍地荒唐了。然而,在这荒唐的喧笑当中我们的埃塞俄比亚人,正当脑子里仍然琢磨着这些面具,对欧洲人俊美的面孔和通常的服饰一无所知的时候,突然看到一个欧洲人本来的面孔和服饰,他就笑得越加开心了;如果他愚蠢地自以为是,把自然看做了艺术,也许还把本来严肃理智的人当做了荒唐的哑剧演员,难道他不是把玩笑开得过火了一些,让他自己也变得荒唐了吗?

有些时候,人只有凭借其行为举止才能被理解。他们的观念是隐藏在内心的。他们的观念本来互有差异,就像他们的面孔千差万别。每一个人都有天生的气质和面貌。但是随着时间的流逝,有人认为有必要将人的面孔修改一番,并且将他们智力上的面孔也统一起来,形成同一种类型。因此,官吏就成了化妆师,当他把权力转交给新式侍仆的时候,他自己也会被化妆起来。但是,在这紧要关头,虽然人们都同意只能有唯一一种确定的、正确的服饰,只能有一种特定的发型,所有人都应该服从,然而不幸的是,官吏和侍仆都不能决定,这种种式样中哪个才是真正正确的。试想一下,如果人们的发型和面孔的每一个细节都如此这般地修饰,依照那个正确的模式互相轮流地调整和设计他们的容貌;如果有千种式样、万般装束同时流行,并且还随着时尚和风潮的变化而随时变化,必然的结果会是什么呢?看看人们的面孔是否会变得极不自如,人类天生的容貌是否会由于这个习俗而被歪曲变形,无可辨认呢。

但是,正如事物的整体面貌会因为这种不当的装饰变得虚假造作,为了保护容貌反而使其变得异常脆弱,可想而知,所有的面孔都会被这样胡涂乱抹。所有这一切都不是颜料或单纯的油漆。由于覆盖以虚假的面具,原本的面孔依旧白皙美丽。我们必定还记得狂欢节,那场面是如何喧嚣拥挤,谁是这个节日的创立者,人们如此装扮取乐的目的是什么。我们可以尽情嘲笑起初那些骗人的把戏,如果同情别人使我们难堪,我们尽可以从被这些骗术所欺骗和利用的人身上寻找些乐趣。但是我们必定还记得我们的埃塞俄比亚人,并且要注意,为了不至于把明明白白的自然之物错认为是面具,我们会变得比被我们嘲讽的人更加荒唐。既然玩笑或嘲讽被如此滥用,把人们的判断力偏离正确的方向,那么一种过度的恐惧或恐怖也会造成同样的后果。

85

如果你有幸生活在亚洲,我的朋友,恰遇那里的祭司利用奸恶的骗局篡夺了王权,无疑,你对这种行径非常憎恶,也许就是这些人本身让你深感厌恶;在他们实施了所有这些骗局和阴谋之后,你会看到他们冷酷无情,正如后来我们欧洲的先辈们目睹的由巫师组成的政治集团,即圣殿骑士,这些圣殿骑士几乎成为了民主政权的敌人。[①] 你可能义愤填膺,恨不得将这些巫师的坟墓和纪念碑夷为平地。你也可能绝不容许他们的教堂庙宇屹立不倒。但是,如果这些祭司在统治期间的时候曾经著书立说,讨论哲学或者道德,以及其他方面的科学和学术,你还会如此怨恨,要将这些书籍焚为灰烬,谴责他们所提出的主张和学说,而且仅仅是因为这些学说是这些人所提出的?西古提人、鞑靼人或者哥特人也不会荒唐地这样做或这样想。我的朋友,你更不会怀着野蛮的热情实施"祭司骗局"或"祭司屠杀"。因为,说实话,因为憎恨一个人就毁灭一种哲学,这纯粹是鞑靼人的主张,这就像为了掠夺一个人的智慧、得到其智力的遗产就将这个人毁尸灭迹一样。

86

---

① 见第三卷第 48—49 页。

87　　的确，我必须承认，如果古代这个神职集团的所有机构、法令和法规，与这个集团本身的基本制度相似，①它们理应被禁止，因为人们读到他们的法律时无不深恶痛绝："祭司必须由母亲和儿子来生育。"②

　　但是这些巫师（正如我们所料），既然考虑到自己应该遵循这些原则，尽可能以一种俊美的面貌示人，也最好隐匿自己的仪式，所以他们就发现，拥护某些超凡的道德法则，并确立其为最高尚的道德准则，对他们的利益是极其有利的。也许他们一开始就视这条法则为自己的优势，以在最大程度上维护宗教的纯洁性，维护生活和风俗的完整性。也许他们大多数人也鼓吹仁爱和善良意志。他们也许开始观察人性中最美好的那一面，谨遵他们宗教中的规章以及政治制度，把最真诚的道德和世界上最高尚的教义结合在一起。

88　　那么，在这些事情上我们应该如何做呢？我们如何能与这个阶层的人并驾齐驱呢，当他们的骗局暴露、帝国毁灭的时候？我是否应该马上研究他们的体系，不加区别地攻击他们的主张和教义，并建立与他们相反的哲学？我们是否应该不加区别地坚持他们的观念和信念，也不树立一种反对他们的哲学呢？我们是否应该抨击每一种宗教和道德原则，否认任何自然的和社交的感情，让人们像狼一样相互对待，而我们就是这样描绘他们的，力图让他们看到自己比身边怀有最邪恶欲望的最邪恶的人还要更加残暴和堕落？你会说，这无疑是其中十分荒谬的一面，只有情绪卑劣的人才能做出这种事来，因为这些人对那些祭司心存畏惧，被祭司们吓怕了。

89　　然而，我们知道，前些年我们民族中一位才华横溢的哲学家，③面对政治和道德时心怀这种恐惧，就是直接受了这种暴虐习气的

---

① "但波斯人，尤其是奉行智慧的那些人，即祭司，娶了他们的母亲。"恩披里克：《皮浪主义概论》，3.205。

② 卡图鲁斯：《诗集》，90.3。

③ 指霍布斯。——译注

影响。当他看到那时的统治机构不当地确立人民的权威时,深感惊骇,这让他对一切民主政府和自由学说充满了憎恨,以至于不仅要将自由永远消灭,而且还劝告人们将文学也消灭,劝诫君王们不要像罗马和希腊的历史学家们那样在这方面倾注太多心血。——这不就是地地道道的哥特人的做法么?我们这位哲学家不就像个野蛮人么,因而要像传说中斯泰基人(Scythians)①那样运用哲学和学术;听说斯泰基人还派遣亚纳卡尔希斯一干人去拜访贤明的希腊人,学习高雅民族的风俗?

　　他抨击宗教,如同抨击自由一样。那个时代还让他感到另一种恐惧。他的眼里只有狂热的破坏,只有挑逗和操纵这种情绪的诡计。他的哲学把他自己和所有人类都看做是野蛮而孤僻的,在他有生之年,善良而友好的人一直面临危险,遭受着痛苦,直到他死后,我们才从这些恐惧中解脱出来。他全力为我们说明:"无论是在宗教还是在道德上,我们都被我们的统治者所欺骗;我们天生就不喜爱宗教和道德,我们天生就不爱外在的或我们之外的任何东西。"②虽然对这些伟大真理和至高准则——如他所设想——的爱,使他为了所有人孜孜不倦地构建这套理论,以为我们所用;尽管他天生易于恐惧,但这种爱仍驱使他为了解救我们而继续冒着成为殉难者的巨大危险。

90

　　我的朋友,此刻请允许我们放松一下,以免你太过认真,而且我向你保证,那些讨厌任何宗教和道德准则、大肆宣扬迷信的人所说的巨大危险并不存在。无论他们在哲学中表现得多么野蛮,他们都与文明人的才能一般无二,正如人们所愿。他们之能自由传播自己的信念就证明了这一点。正是最为友善的精神才使人们这样友好,热衷于交往。

---

① 斯泰基人是公元前 8 世纪到公元前 3 世纪生活在中亚和南俄草原上的一个游牧民族,他们善于养马,骑兵剽悍,曾毁灭亚述,进犯波斯,逼近地中海,希腊边远城邦每年进贡,以免遭劫掠。——译注
② 见第二卷第 80 页。

91 　　确实，如果这些信念不为我们所知，成为一种奥秘，它们便显得重要起来。很多事情就是因为被某个教派或党派当做秘密才变成这样的，并且只有对对立的党派的憎恶和警惕才导致这些事情成为秘密。如果我们一听到这些所谓的有害学说就陷入恐惧和骇怕，我们就无法再运用那些通俗而浅易的理性了，而这种理性恰恰是最好的解毒剂。情感是理性的唯一的毒药。因为一旦情感被遏制，虚假的理证（reasoning）就立刻得到纠正。但是，如果单是听了这些论点就足以让我们惊心动魄，那么显而易见，这种毒药已经侵入我们体内，我们不能再有效地运用我们的理证能力了。

　　如果不是因为这种偏见，还有什么能阻止我们从这些现代的改革者的奇想中获得些乐趣呢？我们应该对这些反—狂热者（anti-zealots）说些什么呢，他们热衷于这样一种冷漠的哲学，会信誓旦旦

92 说服我们："我们是对这个世界上最易犯错的人，想象终究还存在诸如自然的信仰或公正这类东西？因为只有暴力和强权才形成正确的东西。在现实中不存在美德这样的东西，在事物表面和内部都没有秩序的原则，不存在促使人们有意无意地效力于公共的善的那种神秘魔力或自然力量，否则就会遭受惩罚和折磨。"——难道这不就是那种魔力么？此刻这位绅士不就处于这种力量之下么？——"先生！您屈尊为我们展示的这种哲学最是非同寻常。我们要感谢您的教导。但是，恳请您告诉我们，我们自己何以能消受此番热情呢？我们是您什么人呢？您是我们的父亲么？如果您是我们的父亲，为什么这样关心我们呢？难道存在自然感情这种东西么？如果您不是我们的父亲，为何又这般苦恼呢？为什么这些对我们都是危险呢？为什么不把这秘密藏在您心里？把我们从这些骗局中解脱出来，对您有什么好处呢？我们受骗越多，就越好。使我们醒悟过来，让我们知道只有个人利益在支配着您，没有什么更高尚的东西或更大的利益会支配我们，这样做就是直接违背您的利益啊。让我们自生自灭吧，我们很高兴被那种赤裸裸的诡计所驯服，变得温和顺服。让我们知道自己生性就是狼，这并不合

93 适。一个能真正发现自己就是狼的人，怎么可能散布这个发

现呢?"

第二节

事实上,我的朋友,当我们决心要保卫普遍的真诚时,我们没必要为这些问题大伤脑筋,这样一些非常真诚的绅士在现实当中并不像他们思考问题时那样。① 我知道,有些人在观念和信念上就是无赖,正如在实际生活中也是无赖:他们认为所有的真诚和信仰不过是欺骗,并且在经过一番严密推论之后,蓄意要尽其强力或诡计获取个人利益。但是,他们从未向朋友或其他人透露过这些想法。他们不热衷真理,也不热爱人类。他们不去抨击宗教或道德,但至少知道如何适时地利用宗教或道德。如果他们有时发现自己还有信念,那也是无意识的。他们肯定会鼓吹真诚,也会去教堂。

另一方面,我为之辩护的那些绅士并不能被称作伪君子。他们极力贬抑自己。如果他们对人类本性并不看好,这反倒证明他们仍然富有仁爱,因而对这个世界提出这样的警告。如果他们把人类描绘出本性上就是奸诈而残忍的,那也是出于对人类的关怀,以免他们太过驯良轻信,很容易被欺骗。

骗子们自然会夸赞人类的本性,这样他们就能更轻易地利用这种本性。相反,这些绅士们却贬斥人性,他们宁愿承受其余人的指责,也不愿少数人利用骗术来统治多数人。因为正是这种善的观念才使人轻信,正因轻信,我们才被强权所欺骗,我们的理性才被那些我们盲目信任的人所俘虏。② 但是,假设人与人之间本性上就是如此野蛮,我们就会小心避免落入对方的强权,并且,既然我们明白人人都贪婪地觊觎强权,我们就能更好地防备这种邪恶;不要将一切都交到一个人手里,就像这种竞赛中的胜利者那样控制我们,而是相反,通过对权力的正确分配和平衡,并且通过良好的法

94

95

---

① 意思是,这些绅士的思想虽然看起来并不友善,但在现实生活中却是友善的。——译注
② 见第二卷第334页;第三卷第114页。

律和规定的约束,以保证公共自由。

你是否会因此而问我,我是否真正认为这些绅士会完全信任他们在社交场合中经常提出的这些原则?我会告诉你,尽管我不应该绝对怀疑这些绅士们的诚实,然而这里还存在某些超乎我们想象的奥秘。也许,富于机智的人们之所以乐意赞成这些似是而非的理论的原因,真正来说,并不在于他们很满意这些理论,倒不如说是为了更有效地反对其他理论,他们认为这些理论凭借其巧妙的伪装使人们心悦诚服。他们猜测,凭借他们将要提出的普遍的怀疑主义,他们就能更好地对付某些具体论题上流行的教条主义风气。并且,当他们能够使人们习惯于接受基本上是自相矛盾的言论,并大体上明白所争论的问题的本质的时候,他们推断,再去根据某些他们并不十分满意但却巧妙的论点分别予以论证就较为容易了。由此而来,你或许仍然可以更好地领会,为什么戏谑的风气在某些对话中如此盛行,人们之所以采纳某些观念,只是因为这些观念离奇怪诞,非同寻常而已。

第三节

不过,随那些谴责幽默的人无论怎么去描绘吧,对我来说,我对这种怀疑的机智并没有多少领悟。的确,正经说来,人们可能被各种不同的意见、理论和体系搞得晕头转向,以至于对真理茫然无知。而我很容易认识到,"畏惧"对于人们的知性产生了什么样的影响。我也很清楚地料想到,人们对于它们的机智感到惊骇,只不过我无法理解,他们嘲笑到最后居然丧失了机智。我也无法想象,在一种活泼的气氛中,他们谈论到最后竟丧失了对社会的爱,或者理证到最后却丧失了仁爱和共同感。一种文雅的机智不会伤害任何我们所不在意的利益或者目的,同时,高雅的哲学思辨也绝不会使人们变得更加孤僻或粗野。我并不是因此就希望人应该变得野蛮和粗鄙。而且,据我精心观察,我已经认识到,美德并不会因为被争辩,甚至被背叛,就会受到什么伤害。我所害怕的不是机智的

96

97

反对者,他们反而使美德得到磨炼,使它赢得为自己辩护的机会,我倒是担心温柔的保姆,她们习惯于袒护美德,甚至因为过度的照料呵护而使其窒息。

我曾听说有一幢大厦,工匠们说它的一侧出现倾斜,因而画蛇添足予以支撑加固,最终矫枉过正,轰然倒塌了。也许,在道德领域中也有类似的事情发生。人们并不满足于表明真诚和美德固有的优越,倒反而削弱这点,如他们所认为,最好也不过是提出另一种根据而已。他们把美德当做有利可图的一种东西,说它会给人带来很多回报,虽然人们说不清楚这是一种什么回报,但终究是值得回报的。因为仅仅依靠贿赂或恐吓使人们真诚,体现不出任何真诚和可贵。确实,我们可以做任何我们认为是得当的交易,可以随意储存有益的过剩之物。但是,在主动回报那些既不可贵也非应得的行为时,其中不存在什么美德或智慧。并且,如果美德本身 98
不是真正可贵的,那我看不到为交易它而进行的行为中有什么可贵的东西。

如果喜爱行善自身不是一种高尚和正确的意愿,那我真不知道如何能存在像善和美德这样的东西。如果这种意愿是正确的,那么仅将其作为一种回报,并使我们想象到伴随美德而来的恩惠和善意乃是这样的美事,这就使这种意愿变质了,事物本身的内在价值也就无从体现。

我禁不住会想,一些最崇高的美德在我们的神圣宗教中之所以无人理会,原因在于我们完全没有考虑到"非功利性"(interestedness)这一点,如果这些美德有权分享上帝通过启示分配给其他义务的无限回报的话。[1] 私人友谊和对公众和国家的热情,是基督教徒自愿 99

---

[1] 不怀偏见的读者不会把私人友谊看做是每一个基督徒应该向所有人,尤其是像他的教友、邻人、兄弟和各种亲属所表示的仁慈和善念,而是看做一种特定的关系,这种关系形成于相互尊重和相互友善和喜爱之中的心灵间的默契和和谐,以及我们所特指的一种"友谊"。这就是下文将提到的两个犹太人英雄(即大卫和约拿单。——译注)之间的关系,他们的友爱和友善"过于妇女的爱情"(《撒母耳记下》1∶26)。这就是诗人们经常描写的皮拉德斯和俄瑞斯忒斯、忒修(转下页)

100 的美德。这些美德并不是他的仁爱的基本内容。他没有被束缚于今世生活的事务上，也没有义务去参与这个低俗的世界，因为这些不能帮助他们获得更好的生活。他生活在天堂当中。他无暇顾忌这些多余的烦恼或困境，好像这些东西会阻断他通向彼岸世界的道路，或者延误了他完成自我救赎的急切任务。不过，在来世是否还保留着对爱国者或忠实朋友的高贵品质的那份回报，这是个秘密，也幸好不为我们所知，因此当这种回报来临的时候，也许更应该归我们所有。

（接上页）斯和庞里托俄斯等人之间的友谊。这就是哲学家、英雄和伟人——苏格拉底和安提西尼、柏拉图和狄翁、伊巴密浓达和佩洛皮达斯、西庇阿和莱伊利乌斯、加图和布鲁特斯、特拉塞亚和海维迪斯——之间的友谊。这样的友谊后来仍然存在，在我们的时代也许仍然存在，虽然是嫉妒才使得诸多榜样为人们所知。作者的意思本身是非常明白的，无需向公正的读者多做辩解。有其他人反对这个奇特的主张，认为它与我们宗教中可敬的博士通常所主张的观点有别，他们可以参阅这位博学而虔诚的泰勒主论友谊的论文，他说："你要研究，一种亲密而美好的友谊在多大程度上是由基督教的原则所证明的？对此我可以回答说，《新约》中没有过多使用我们通常所说的'友谊'一词，我们的宗教也没有关注过它。你觉得这很奇怪，但请你在对此有所感慨或惊奇之前先读下去。其中提到'世间的友谊'，他说这种友谊是'对上帝的憎恨'，但《新约》在其他地方再没有提到过这个词，或者用来表示其他东西。其中经常说的朋友，但'朋友'一词指的是我们的相识或亲属，即我们家庭或地位或教派中的亲友……而且我觉得我有理由相信，福音书、使徒书信或使徒行传就是这样使用'朋友'一词的（当提到人类的交往的时候）。"他后来又说："基督的仁爱就是对世间所有人的友谊，而且，既然友谊是世间最高贵的东西，那么仁爱也就是稀有的，就像太阳落入罅隙，或者像阳光射入凸透镜的中心，但基督的仁爱就像太阳从东方升起时，光芒四射。"实际上，这位高尚的主教关于私人友谊的观念及其典范来自从异教世界或基督教之前的时代。并且，在引述了一位希腊作家的话之后，他继而补充说："的确，这种不朽的、高深的和纯洁的友谊很少见……但是，有些人与其朋友 ἀπόπροθεν（相隔遥远），当他在另一个国家或另一个世界的时候。这些人甘愿为永恒的牺牲保存圣火，使最高尚的人之间的伟大友谊得以永存，这种友谊构成了这个世界的历史和奇迹；因为只有这个意义上的友谊才是真实的，这种友谊是纯洁的爱，乐于行善而非受惠。他是来世的朋友，不求从他朋友那里得到报偿，不为名利出卖朋友；他以良知为回报，甘愿见义勇为。"[上述引文出自杰里米·泰勒（Jeremy Taylor, 1613-1667, 诗人，散文家，为爱尔兰天主教唐暨康纳教区）的《论友谊的本质、尺度和益处》。——译注]

看起来,在犹太人的宗教体系中,每一种美德都有其光辉的榜样,并因其光荣值得我们效仿而被推荐给我们。甚至扫罗自己,虽然被人们描绘成一个邪恶的国王,但无论是生前还是死后,都因对其祖国的爱而被尊重和颂扬。这种爱在他的儿子和继承人之间得到了充分体现,让我们看到一种非功利的友谊,至少从某个方面来看是这样。但这些人物的崇高美德也只是得到了颂扬这种通常的回报,在那种并不宣扬来世生活的宗教中,他们无法要求得到来世的报偿,也没有在一种宗教中要求更多的补偿,这种宗教只描绘了现世的回报或惩罚,而且只是根据成文法律提出的回报或惩罚。

因此,犹太人和异教徒只能求助于他们的哲学,接受崇高美德的教导,不是凭借命令的强迫,而是根据理性来劝导人们追求美德。在这种情况下,没有报酬或惩罚是强制的,一切都是非功利的,美德是一种自由的选择,高尚的品德没有受到任何玷污。那些愿意高尚的人能得偿所愿。那些忠诚地服务于其朋友和国家的人,即使以他生命为代价,也心甘情愿。[1] 他唯一的理由就是"这是应该的"。[2] 这是美好和正当的。这就是高尚和真诚。并且这仍然是一个高尚的理由,也符合共同感,我会尽我所能向你阐明。如果我无法为自己的真诚找到理由,也不能说明我的信念与恶棍有何不同的话,那么,因为别人认为我不真诚而愤怒,我觉得这很荒唐。[3]

第三章

第一节

也许有人认为那位罗马的讽刺诗人具有非凡的讽刺才能,当他

---

[1] 圣徒说:"为仁人死,或者有敢作的。"《罗马书》5:7。这是这位使徒对人性的明断,虽然他远未为其找到法则,所以他以"或者(Peradventure)"这个含糊的词来表达其个人看法。(此句原文为:"Peradventure, says the holy Apostle, for a good Man one wou'd even dare to die, τ άχα τις καὶ τολμᾷ, &c., &c."——译注)

[2] 贺拉斯:《歌集》,3.2.13。

[3] 见本卷第130—131页及以下,第172页。

写到贵族和宫廷的时候,没有将它们作为高雅和高尚的标准,甚至在某种程度上将它们看做是反面典型:"因为在那种环境中,共同感少之又少。"①然而,某些极其聪明的评论家对这句诗的解释与众
104　不同。他们认为这句诗中的共同感源于希腊,指的是对于公共福利和普遍利益的意识,是对社群和社会的爱,是自然感情、仁善、责任感,或者那种来自对于人类的普遍权利的正确理解的文明礼仪,以及存在于人类中的自然的平等关系。②

① 尤维纳利斯:《讽刺诗集》,8.73。
② 亦即,伊萨克·卡索邦和梅立科·卡索邦、萨尔马修斯和我们英国人盖塔克。伊萨克·卡索邦的观点见《奥古斯特传》,梅立科·卡索邦的观点见他对梅立科·卡索邦编辑的《马可·奥勒留·安东尼努斯及其〈沉思录〉》第1编第13节和第16节的评注。盖塔克在同一地方也作了评注,萨尔马修斯的观点可见他对《奥古斯特传》评注。"共同感"的希腊文是 Κοινονημοσύνη,萨尔马修斯将其解释为"一个人节制的、合群的、平和的性情,他谋求普遍的福利,而不时时处处为自己谋利,他宽以待人,严以律己。但另一方面,那些傲慢张扬的人认为,人们生来就为自己而活,为了自己他们轻视和忽略他人。这就是所谓没有'共同感'的人。尤维纳利斯在《讽刺诗集》(8)中也是这样理解共同感的。盖伦把奥勒留所谓的普遍的敏感称作是博爱和友爱,在另一个地方,奥勒留把这个词用于赞赏那些与他一同参加日耳曼战争,与他同甘共苦的人。"同样,伊萨克·卡索邦指出,"希律王将此称作一视同仁。安东尼努斯以为,就像他如此解释这种思想,他不应该允许他的朋友与他一同进餐或与他一同外出。"我确信,这就是贺拉斯所谓的"共同感"(《讽刺诗集》,1.3.66)。就我所见,目前还没有评注者注意到这一点:此外还需注意的是,贺拉斯在他早期的讽刺诗中,也就是他在哲学中赞同那些主张不太严格的美德的人之前,他把这段话(在结集发表的讽刺诗中可见到)借克里斯皮努斯的口说出,或者放到关于严苛哲学的一些荒诞的滑稽剧中,其中他创造了这个新词" κοινονημοσύνη "。为此,诗人在说到那些缺乏对礼仪和社会的敏感,对他人毫不尊重,不顾场合粗鲁对待朋友、自私自利、性情粗野的人时,又一次用了 sensus 这个词,"不问自己做事时是否用心,也不顾场合是否合适"。正如兰宾(Lambin,即狄奥尼修。——译注)涉及到贺拉斯的其他讽刺诗中的 sensus communis 这个词时如此解释,虽然仅有一处。因此,塞内加说:"因而你在无意间冒犯他人时不会受到伤害,是共同感在保护你。"(《书信集》,105.4)西塞罗也说:"公正的职能是不错待其同胞,而体谅的职能则是不伤害他们的感情。"(《论责任》,1.28.99。中文版《论老年·论友谊·论责任》,徐奕春译,北京:商务印书馆,1998年,第136页。——译注)有些人也许会反对,尤其是上文所述的哲学的那些篇章,与 κοινονημοσύνη 相近的 κοίνος νούς (common understanding)　　（转下页）

的确，如果我们仔细思考一下，很难说诗人在否认罗马宫廷具备机智或天才，甚至在提庇留或尼禄统治时期。但是，对于仁爱或者对公共的善和人类的普遍利益的意识而言，去质疑这是否就是宫廷中本来的风气，这算不上是深刻的讽刺。很难理解存在于朝臣之中的共同特征是什么，或者在极权的国王与他奴隶般的臣民之间存在什么样的公众。并且对于一个真实的社会来说，国王和臣民之间存在的也只有对于私人利益的意识。

因而，如果认识到，当我们的诗人反思宫廷教育的时候（认为这种教育不能培养对于国家的感情，并将年轻的国王和贵族看做是这个世界的年轻的主人，这些年轻人放纵自己的情感，学到的仅是些骄奢淫靡的作风，对于黎民百姓漠不关心——在专权盛行、崇拜暴君的国家里，人民恰恰需要被关怀），认为自己的目标是触动人们的情感而非理智，那么我们诗人的谴责仿佛并不那么露骨。"传说这些年轻人骄横跋扈，紧步尼禄后尘。"①

公共精神只能出自一种社会性感情或与他人的合作意识。在这种意义上人人都是别人的伙伴，或者分有这种共同的感情，而那些不知道平等的人，也不会认为自己应服从友情或共享的规则。因此道德和好的政治是相伴而生的。如果没有对公共利益的认识，也就不会有对美德真正的爱。并且哪里存在绝对的强权，哪里就没有公众。

生活于暴政之下、崇拜强权为庄严神圣的人，其宗教和道德也

105

106

107

（接上页）这个词的意思很不相同。但他们没有考虑到在那种哲学中，$\acute{\upsilon}\pi\acute{o}\lambda\eta\psi\iota\varsigma$（臆测）和俗语 $a\check{\iota}\sigma\theta\eta\sigma\iota\varsigma$（知觉）两个词的差别微乎其微；这些哲学家通常把"passion"归到"opinion"这个题目之下。此外，如果考虑到 $\kappa o\iota\nu o\nu o\eta\mu o\sigma\acute{\upsilon}\nu\eta$ 这个词的结构是以表示德行（virtues）的阴性词，如 $E\grave{\upsilon}\gamma\nu\omega\mu o\sigma\acute{\upsilon}\nu\eta$（友善）、$\Sigma\omega\phi\rho o\sigma\acute{\upsilon}\nu\eta$（节制）、$\Delta\iota\kappa\alpha\iota o\sigma\acute{\upsilon}\nu\eta$（正义）等为词根，他们就不会再怀疑这种解释了。通过这个注释，读者可能会更好地理解这第二篇文章为什么要用拉丁文 Sensus Communis 作为标题。此外，他也会观察到，诗人尤维纳利斯在《讽刺诗集》（15. 133）中也用 sensus 这个词："Haec nostri pars a Sensus."（和善是我们最好的一种 sensus。——译注）

① 尤维纳利斯：《讽刺诗集》，8.71—72。

是谬误的。根据他们的理解，公共的善并不是宇宙的治理法则，也不是国家的治理法则。他们不知道什么是善和公正，只知道唯有意志和强权决定一切。他们认为，如果那全能的神不去随心所欲地废弃公平的法律，任意地更改正确的道德标准，那就等于失掉自己的本性。[①]

尽管存在这些偏颇和堕落，但很明显还是存在公共原则这样的东西，即使在有些地方这些原则被极端地颠覆和压制。最残暴的官吏，纵然一味地专横暴虐，也不乏对于公共原则的热情和感情。在不知尚有有其他政体的地方，人们总是对这种政体表现出忠诚和责任，希望这种政体变得更好。东方的一些国家和许多野蛮民族就是这方面的典型。他们爱他们的国王，虽然国王对他们却是暴戾的，由此可见人类对于政治和秩序的感情是天生的。如果人们本没有共同的父母(public parent)，没有公共的官吏来关怀和保护他们，他们仍然会想象自己有这样的父母或官吏，就像新生的动物，虽然从未见过母兽，但还是会为自己想象出一个来，并赋予其与自己相似的形象(好像受着本性的驱使)，以求得宠爱和保护。在养父或首领的领地内，在合法的政府和公正的国王的领地内，他们甚至服从一个暴君，并忍受着这个暴君的整个家族及其继承者。

对于我们英国人来说，感谢上天，我们拥有先辈遗留下来的更好的政治观念。我拥有公众的观念、宪法的观念，足以称得上是立法和司法的一种典范。我们懂得这方面的意义和尺度，能根据权力和财富的平衡来做出公正的判断。我们由此得出的原理与数学中的原理一样明确。我们与日俱增、不断积累的知识表明，政治中包含有怎样的共同感，就必然会引导我们领会存在于道德中的共同感，而这种共同感便是道德的基础。

---

① 见本卷第 298 页。

要说人们在一个既定的政体下有义务表现得友善或真诚，而
这个政体却并不是通常所谓的"自然形成的国家"，这是荒谬的。①
因为，用我们现代哲学中时髦的语言来说就是："社会是建立在契
约之上的，每一个人把自己无限的个人权力让渡给多数人，或者多
数人将权力分配给每一个人，这是一种自由选择，而且也凭借一种
承诺来进行的。"②因而，这个承诺是在一种自然国家中做出的，而
且使人们在这个自然国家中做出这种承诺的东西必须能让其他的
仁爱行为变成我们真正的义务和自然本性。因此，忠诚、正义、真
诚和美德必定从自然国家的一开始就存在了，要么从来就不存在。
公民的结合或联盟从不能决定何为正确何为错误，如果这些结合
或联盟之前并不存在的话。那些在签订契约之前随意作恶的人将
会也应该自由地签订契约，只要他愿意。天生的恶棍有同样的理
由去成为一个文明的人，并可以视情况处置自己的政治权益。——
一个人有义务遵守诺言。为什么呢？因为他曾承诺要遵守诺
言。——这不就是对道德正义之起源，以及公民政府和忠诚之产生
的那种著名解释么！

第二节

不过，先不要对这种哲学吹毛求疵，它所说的自然或本性没有
太多意义，所以我们可以适当地将其确立为这样一个原则："如果
所有动物或物种都有一些自然的或本性的东西，那就是有利于这
个物种本身生存的东西，并有助于其幸福和成长。"如果在其原始
的纯粹的本性中，违背诺言或不忠是错误的，那么任何的残忍行为
也无疑是错误的，要么我们天生缺乏有利于人类的那种品质。如
果吃喝是一种本性，那么群居也是一种本性。如果在两性之间的
感情是天然的，那么这种感情必定自然地有利于后代，正如后代之

---

① 见第二卷第 306、310 页及以下。
② 指的是霍布斯和洛克的契约论。——译注

间的感情也必定有利于生长于同一血脉和组织中的亲属和同伴。
这样一个宗族或部落就逐渐建立起来，人们认识到有公众的存在：
111 除了蕴含在社交娱乐、语言和谈话中的快乐之外，很明显还有一种
延续这种良好的交流和结合的必要条件，如果没有这种意识或感
情，如果没有对国家、群体或任何共同之物的爱，那么同样也甚至
意识不到自我保存的最有效的手段和自我享受的最必要的条件。

　　人的心智如何能对这个原由浑然不知，致使文明的政体和社会
显得是一种发明、一种艺术的创造物，我想不通。对我来说，我想
这种群居原则和结合倾向在多数人身上是如此自然和强烈，人们
很容易断定，只是由于这种情感的丧失，人类社会才产生如此多的
混乱。

　　普遍的善或者世界整体的利益，是一个少有人研究的哲学问
题。那种更大的群体就更不容易为这种人发现。民族的利益或整
个人类或国家的利益也不可能被轻易领会。在较小的范围中，人
们可以亲密交流，相互熟识。在这里他们可以更深切地体验这个
社会，享受共同的利益或一种更紧密地联合着的公众的利益。他
112 们看到了他们这个团体的全局，并知道他们为谁服务，为了什么目
的而联合共谋。所有人都天然地具备这种结合的倾向，而那些拥
有最积极活跃的才干的人则更多地具备这种倾向，因而，这种结合
倾向除非受到正确的理性的引导，否则就不可能在整个国家这样
广大的领域中充分表现出来。因为，每一个人都关心他那一小份
利益，而这小份利益又微不足道。既没有可见的纽带，也没有密切
的结盟，这种结合关系是由不同性格、地位和阶层的人构成的；它
并不是可见的，而是根据一个国家或整个国民的整体面貌或概念
形成于观念中的。

　　因此，由于缺乏确定的范围，社会的目标就是混乱的。由于在
这样一个广阔的领域缺乏引导，紧密的同情和合作的美德也就容
易消失。这种情感并不是在任何地方都能被强烈地感受到或积极
地表现出来，就像在现实的同谋或战争中那样，最高贵的才华常常
被认为是最勇敢地冲锋陷阵。因为最慷慨的精神最具凝聚力。他

们最乐于同舟共济,能最强烈地感受到(如果可以这么说的话)结
盟的力量。

想起来很奇怪,战争中一切看起来都是最野蛮的,却是最英勇
的精神的情感。但是,只有在战争中同胞之间才最是齐心协力。
只有在战争中相互援助才表现得最明显,人们患难与共,最充分地
表现出共同的感情。因为英勇和仁慈几乎就是一回事。不过,感
情上的一点误导,也会使仁者成为野兽,一个英雄和救世主因此成
为压迫者和破坏者。

从此,人类之间有了其他的分裂。从此,在通往和平和国民政
体的道路上,因为阴谋集团,产生党派之争和更复杂的分裂。因为
反叛是国家形成之初就有的一种分裂。当社会变得庞大而臃肿的
时候,分裂是自然而然的事情,强大的国家发现往国外派遣殖民
者的种种优势,而不再争夺国内狭小的空间,或者将主权扩张到
遥远的国家。庞大的帝国在很多方面都是违背自然规律的,尤其
是组织如此精巧的国家,在这样的政府中,诸多事务必然被垄断
在少数人手里,官吏与人民之间种种关系模糊不清,甚至一定程
度上消失掉了,就像一个笨拙的身体,四肢之间、四肢与头部之间
相隔遥远。

在这样的国家里最容易造成各个强大的派别。联合的精神无
用武之地,只能形成新的运动方式,当它们缺少更大的空间时,就
试图寻求较狭小的活动空间。这样,就形成了错综复杂的关系。
而且,在某些国体中,我们看到了国中之国,虽然这在政治学中是
种谬论:人们最高兴看到国家的合并。由此就形成了诸多区分,严
谨的社会得以形成,秩序得以建立,社会的利益得到了支持,并且
人们以最大的热情和激情服务于这些利益。因而,只有在那些与
整个人类社会和现实的国家利益相对抗的社会中,人类的联合本
性才得到最充分的体现。

总之,绝大多数的派系倾向,看起来不过是人类天生的社会性
的爱和共同感情的扭曲和畸变。因为友爱的反面就是自私。在所
有性格当中,完全的自私性格是最不热衷于结党的。就此而言,这

113

114

115

59

种人是真正地节制的人。在冒险参与到任何事业或衷心支持某个立场或派别的时候，他们保持着自己的秉性，能克制自己。

第三节

我的朋友，你听说过人们常说的一句谚语："利益统治世界。"但是我相信，仔细研究世间种种事情的人会发现，情感、性情、欲念、热情、派系，以及其他无数的动能，都与自我利益相反对，而它们在世界这架机器的运作中发挥着重要的作用。这架装置中的齿轮和摆锤多得超乎人们的想象。只需简单观察或稍作解释，便可看出这架机器的复杂，其机械原理的研究者们也多一叶障目，只看到最低级、最狭小的范围，其他所有的运动都被忽视掉了。在这架钟表的设计和制图中，总有些齿轮或摆轮会被置于更高尚和更广阔的感情这一侧，但也不应该认为所有事情都出自友善和慷慨，所有事情都发自善心或友谊，或源自任何社会性的或自然感情，也许人们发现，这架机器的主要动能或者是这些自然感情本身，或者是源自这些自然感情的混合物，因而多半保留着自然感情的本质。

但是，我的朋友，你必定不指望我能为你绘制一幅关于情感的完整图表，或者试图向你说明它们的谱系和关系，它们之间是如何相互交织在一起，如何影响我们的幸福和利益。① 这样一封信无法构建起一个正确的设计或模型，否则你可以借此精确地观察到友爱的和自然的感情在这种构架秩序中占据什么样的位置。

我知道，现代的创业者们宁愿不去利用这些自然资源，而乐意依照一种更更统一的方式来进行建设。他们可以重新设计人类的心灵，妄想将所有的运动、平衡和重量都简化为一条原则和基础，即冷漠而谨慎的自私。看起来，人们并不情愿认为自己被这样蒙蔽，被自然欺骗，以至于被迫服从于自然的目的，而不是他们自己

---

① 见第四篇论文，即《论美德与功德》。

的目的。他们耻于被别人捉弄，继而被迫放弃他们所追求的真实利益。

任何时候都存在一种思想狭隘的哲学家，他们认为，通过征服自己的本性，他们可以纠正这种差异。这些哲学家中最初的先辈和创立者，非常清楚本性的这种力量，因而劝诫其跟随者们不要养育儿女，也不要为国家效力。当这些极具诱惑的对象妨碍人们的时候，人们对本性仿佛就无计可施。他将发现，亲属、朋友、同胞、法律、政治体制、秩序和统治的美，以及社会和人类的利益，都自然地引发比狭隘的自我更强烈的感情。因而他提议不要结婚也不要参与公众活动，是明智的，也符合他的意图。除非抛开家庭、朋友、国家和社会，与它们决裂，否则这种哲学便没有一个真正的信徒。——说实话，这样做会幸福的话，谁会不这样做呢？——然而，这个哲学家很友善，将他的思想告诉我们。这便是他对人类父亲般的爱的标志。"你是我们的父亲，你是真理的发现者，你给我们以一个父亲的告诫！"[1]

但是，后来这种哲学的复活者们的才能显得更为低劣。看起来他们更加地不理解自然的这种力量，意欲通过变换事物的名称来改变事物本身。他们会这样解释社会性情感和自然感情，因而把它们都称作自私的情感。[2] 这样，对陌生人或不幸之人的礼貌、友好和仁善不过是一种精心伪装的自私。一颗真诚的心只是一颗更加狡诈的心，而真诚和善意不过是一种更加处心积虑或精心策划的自爱。对于亲属、儿女后代的爱完全是自爱，是对自己的亲生血肉的爱；经过这种算计，所有人都被排除了，一切都是自己的血肉，一切都是通过内在联姻和结盟形成的，就像他们已经迁移到了殖民者，并与当地人相互融合。因此，对国家的爱，对人类的爱，必定也是自爱。慷慨和勇气无疑也是这种普遍的自爱的变形而已！因

118

119

---

① 卢克莱修：《物性论》，3.9.9—10。（引自中文版《物性论》，第130页。——译注）
② 见本卷第88页，及第二卷第320页。

为我们现代哲学家说道:"勇气就是持续的愤怒",①一位睿智的诗人说,"所有人都是懦夫,如果他们敢于挑战"。②

人们也许会毫无疑义地承认,这位诗人和这位哲学家都是懦夫。他们可能高估了自己的学问。但是,真正的勇气与愤怒毫无关系,当这种情感最为高涨的时候,人们就越加怀疑它是愤怒的。真正的勇气是冷漠的、沉静的。最勇敢的人最不可能恃强凌弱,在危险面前,越是能表现得镇定自若。我知道,暴怒能使一个懦夫奋不顾身地投入战斗。但是怒火中烧时的行为从不会是源自勇气。否则的话,女人就是最勇猛的,因为她们的恨和愤怒被认为是最强烈、最持久的。

120   其他作家们的才智就更为低劣了,只能算是这位哲人的二道贩子,在自爱这个题目上,他们一直不断地变换观点,制造分裂。你也以各种各样的方式表达这同一种思想,将其凝炼为箴言和忠告,以阐明这个难题,即"任你如何超脱或慷慨,自我,也仅仅是自我,仍然是根本"。既然这些喜欢玩弄文字游戏的绅士们在琢磨定义的时候如此小心谨慎,能明白告诉我们什么是自我利益,确定什么是幸福和善,那么这位高深莫测的哲人也就理屈词穷了。因为,在这一点上我们都同意,人们在追求幸福,事实上也一直在探索幸福;但是,幸福是源于人们顺应本性,并遵从共同感情,还是来自对

121 本性的压抑,并将所有情感都转变为个人利益,即一种狭隘的自我目的或保全生命,这将会是我们争论的焦点。问题不是"谁爱自我或谁不爱自我",而是"谁最正确地、以最合理的方式爱自我,为自我服务"。

无疑,最高的智慧就是正确地自私。珍爱生活——既然生活是

---

① 霍布斯先生说:"突然上来的勇气称为愤怒。"《利维坦》第一部分,第六章(引自中文版《利维坦》,黎思复、黎廷弼译,北京:商务印书馆,1985 年,第 39 页。——译注)因而根据他的解释,勇气被认为是持续的,并属于一种性格,应被定义为持续的愤怒或不断恢复的愤怒。

② 罗切斯特勋爵:《讽刺男人》。(这位作者曾说,"好色之徒违背理性和人性"。——译注)

美好的，乃是勇气和审慎的表现。但是，一种悲惨的生活却不是明智之人的愿望。事实上，不讲真诚就意味着自然感情或友善情感的丧失。而失去自然感情、友谊或友爱的生活将是悲惨的生活，如果有人要尝试这种生活的话。正因为这些情感或感情本质上是可嘉可贵的，自我利益才受人重视和尊重。正是凭借自我利益，正如凭借其习性及其情感和感情上的特征，一个人才成为他自己。如果他失去了其中勇敢而可贵的那面，他也就等于丧失了他自己，正如他失去了记忆和知性。哪怕沾染了一点点邪恶和低贱，生活的品格和价值就大为不同。那些不惜代价苟全生命的人，必然是在折磨自己，而且比他人折磨自己更甚。如果生命并不可贵，那么那些拒绝邪恶、宁死不屈的人，就是这场交易的赢家。

122

第四节

我的朋友，你所接受的教育中幸亏没有接触到我们今天的哲学或哲学家。[①] 优秀的诗人和诚实的历史学家可为绅士提供充分的学问。这样一个绅士，当他将这些作家的作品当做消遣阅读的时候，可以更真实地体味到这些作家的内涵；当他肯付出辛劳，并得到评注者的帮助的时候，他能比学究们更深刻地理解这些作家。我能理解，将最有资质的年轻人送到哲学家那里，以让他们成熟起来，是一种古老的传统。正是在他们的学院里、在他们的陪伴下，通过他们的训诫和榜样，这些出色的学生能经得起磨难，在节制和自我否定这些最严格的课程中得到锻炼。凭借这种早年的训练，他们就能达到人们对他们的要求，在战争中维护国家的荣誉，英明地治理国家，并能在繁荣和平的时期与奢侈堕落作斗争。如果所有这些技艺能包含在大学的学习中，也是很好的。但是现今某些大学的模式仿佛并不适应这些目的，也没有为生活中正确的实践

---

① 看起来，我们作者现下主要是就有宫廷教养背景的年轻绅士而论的。他更深入的态度具体可见第三篇论文，即《独白》，参见本卷第333页注。

123

或者关于人和物的正确知识提供很好的准备。如果你对学院中的伦理学和政治学有个通盘了解，我就用不着在这里多费口舌去说明什么是共同感或人类之爱了。我本不应该援引那位诗人所说的"甜美和高雅"。① 如果我在为你塑造一种性格，正如这位诗人为他高贵的朋友塑造性格，我也本不应该赞扬他的这句诗："为了他的朋友和祖国，他不畏惧死亡。"②

我们今天的哲学家遵奉那位才华出众的诡辩家，他说："人以皮代皮，情愿舍去一切所有的保全生命。"③在某些人看来，正统的神学和正派的哲学是以感官快乐的丰富精细程度来评价生命的。他们始终将此与枯燥的美德和真诚相对立。基于此，他们认为将

124 所有冒着生命危险、舍弃所有感官快乐的人叫做傻瓜是没错的，除非能拿这生命换回相同数量的金币，并在交易中获益。因此，我们仿佛是通过计算利息的多寡来学会美德的，为了过上精明而幸福的生活，我们需要提高生命和感官快乐的价值。

但是你，我的朋友，在这点上非常固执：没有因此而凄恻地想到死亡，或者抱怨因真诚而造成的损失，你可以嘲笑这样一些准则，对这些流行的道德家日甚一日的自私和哲学上的怯懦不屑一顾。你不会接受他们那种评价生活的标准，也不会像他们那样仅仅把真诚当做一种名誉，因而玷污真诚。你相信，成为名流或得到表扬并不是一切，价值和功绩是实在的，绝不会随人的兴趣或意愿而变化，荣誉不管是被人看到、受全世界的称颂，还是默默无闻，都不会变质。

如果一个貌似绅士的人问我，"为什么无人在场的时候，我还

125 是要避免做肮脏的事情？"首先我确信，问这种问题的人本身就是肮脏的绅士，我也很难让他感受到什么才是真正的纯洁。然而，尽

① 见本卷第102页。
② 贺拉斯：《歌集》，4.9.51—52。
③《约伯记》2：4。

管这样,我还是愿意给他一个浅显的答案,"因为我长着鼻子"①。

如果他还要纠缠我,继续问:"如果我感冒了,或者如果我天生就没有这种灵敏的嗅觉呢?"我也许可以这样回答:"我不在乎看到自己肮脏,就像不在乎别人看到我这样。"

"但是如果在夜里又会怎样呢?"

"即使在夜里,虽然我嗅不到也看不见,但是我还是能感觉到事物:一想到肮脏的东西,我的本性就警觉起来,如果我的本性毫无反应,那么我的本性就是卑劣的,并且恨我自己就是野兽。很荣幸,作为一个人,即便我们不能更敏锐地感觉到我拥有些什么,我会变成什么,但我从未丧失这种感觉。"

我又听到有人问同样的问题:"为什么一个人在夜里也应该真诚呢?"

我不会说什么样的人才会问这样的问题。但对于那些除了被绞死或蹲监狱便找不到更好的理由去真诚处世的人来说,我承认,我不会真诚,我倒愿意与他们为伍。并且,如果我的管家讲点信义,等我年老的时候会把我的家产还给我,而且由于害怕受到什么报应,真的这样做了,就我来说,我肯定会继续以礼相待,继续尊重他;但是要我评价他的品性,那就像让皮提亚的神②评价其崇拜者一样,这些崇拜者打心里害怕他,因而才把暂存在他手里的财物交还给他的朋友。"因而,是出于恐惧,而非道义,他才归还,虽然他证明神谕是正确的,只有神才如此说,因为他和他的房产都被彻底摧毁了。"③

我很清楚,许多人服务于公众,仅仅是为了奖赏;尤其要保护那些告密者,不知道什么时候他们就是国家的功臣。但是,我必须请求人们原谅我对这些绅士们的德行的谬见,我只尊重那些自觉揭发肮脏作为的人和那些热心保卫国家利益的人。在这方面,我只知道,最伟大、最高贵的事情就是承担和组织某些重要的指控,

126

127

---

① 意即"因为我有天生灵敏的感官",可以闻出肮脏。——译注
② 指阿波罗。——译注
③ 尤维纳利斯:《讽刺诗集》,13. 204—206。

通过这些指控,那些国家的大罪人或者反对公众的某些阴谋集团,才能受到个人心中的真诚热情和公共感情的控告和惩罚。

我也知道,普通百姓在面对绞刑架的时候,需要的往往就是这种能够警戒人心的对象。不过我不相信,接受过自由教育或向来真诚的人仍需要求助于他们心中的这种观念,以让他克制自己不要作奸犯科。而且,如果一个圣徒所具备的美德仅仅源于更遥远的报偿和惩罚的对象,那么我就不知道他还能获得怎样的爱戴和尊重;在我看来,他不值得我爱戴和尊重。

"如果一个奴隶对我说:'我没有偷窃,也没有逃跑',我会告诉他:'你可以得到奖赏了,免你一顿鞭打。''我没有杀人。''那你不会被拿去喂对面那只乌鸦了。''我很善良,也很诚实。'我们来自萨宾的管家摇摇头,还是不相信他。"①

第四章

第一节

128　　　我的朋友,在此我希望你能够相信,我对戏谑的辩护是真心的,所以我能够清醒地运用它。事实上,学会控制和调节自然赋予我们的性情,以作为对抗邪恶的较柔和的措施,作为抵制迷信和躁郁的妄想的特效疗法,这是一项严肃的研究。嘲笑任何事情,与发现事情中寻找真正可笑的东西,这两者之间存在着很大的区别。因为只有丑陋的东西才是荒谬的,只有健康和正确的东西才能经得起戏谑。因而在这个世界上最难的事情就是反对美好的真诚去运用这种武器,美好的真诚从不可能伤害自身,也不会伤害与它相反的事情。

129　　　如果那些意大利小丑能告诉我们戏谑的法则,我们应该学习他们,在他们最低俗下流的机智当中,怯懦和贪婪的情感都被揭露得淋漓尽致。有人可能反对世人将真正的勇敢和慷慨加以嘲讽。饱

① 贺拉斯:《书札》,1.16.46—49。

食终日者或好色之徒与那勇敢和慷慨的人一样荒谬。真心诚意的节制也不可能成为人们轻蔑的对象,只有最粗俗和最卑鄙的人才会被蔑视。这样,有三种要素构成高尚的性格,三种相反的要素则构成邪恶的性格。[①] 我们如何可能愚弄真诚呢?——同时嘲笑这两者是毫无意义的。并且,如果嘲讽就是愚蠢、贪婪和懦弱的对立面,你就可以看到结果会是什么了。一个人极富机智,却还试图嘲讽智慧或嘲笑真诚或良好的风尚,那必定是十分荒唐的。

　　一个具备良好教养的人,无论他还有什么其他品质,是绝不可能粗鲁野蛮的。他绝不会有意为恶,或处心积虑根据自我利益的标准来思考事情。他依循自己的本性而行事,他必然如此,无需反思;同时,如果他不按照自己的本性来行事,就等于违背自己的性格,或者在任何场合都不会表现得像个真正具备良好教养的人。真诚的人也是如此。他不会处心积虑地作恶。十万英镑也不能让他心动。他也喜欢和敬爱自己,与堕落的恶徒将心比心,在这群恶徒当中,他使从公共福利中巧取豪夺而来的这一大笔钱财名正言顺。享受心灵自由、能真正把持自我的人,绝不会向罪恶和低贱低头。相反,那些向罪恶和卑贱低头的人必定认为,自己和别人都不会有果敢、决心、友谊、美德等品质。但是,既喜爱这些享受和优势,又喜爱放纵生活所带来的好处,既声称热爱社会和自由的心灵,又怀着一颗狡诈的心,这是很荒谬的,就像小孩儿这会儿吃了蛋糕,过后又吵着要同一块蛋糕。当人们处心积虑要不真诚,而且还发现这样做并不令自己厌恶,只是狡猾地探问,"他们为什么应该为了大笔钱财而坚持善意的欺骗?"人们会告诉他们,他们就像小孩子,不能既要吃蛋糕还要留着这块蛋糕。

　　当有人实际上变成了彻头彻尾的恶棍时,那就不仅仅是哭着要蛋糕的事情了。他们了解自己,别人也了解他们。这样一些人不会被嫉妒或羡慕。我们身边更多地是不太过分的恶棍。然而,如果我们有理性,我们应该认识到,实际上这些人不过是十足的厚颜

130

131

----

① 原文没有指明是哪三种要素。——译注

无耻的恶棍,他们不择手段地要求与真诚的人一样获得幸福。真正的兴趣只能是非此即彼。所有在两面之间的利益就是反复无常、犹豫不决、后悔懊恼,像得了疟疾一样摇摆不定:忽冷忽热,喜怒无常,始终过着一种混乱不堪的生活,心神不宁,自我嫌恶。① 安宁或平静只能来自始终如一的生活,心怀坚定而充分的决心,这个决心一旦拿定就必然勇敢坚持,情感和感情都要服从于它;性情忠诚于心灵,情绪忠诚于判断力。两者必须协调一致,否则就必定带来混乱和迷惑。所以,扪心自问,"一个人为什么不能做哪怕是一点恶,或者为什么不能背叛,一次也不能?"这本就是最荒谬的想象,是背弃共同感的。因为一个真诚的普通人,当他坚持己见,不被某些哲学和对自己利益的精细打算所干扰的时候,是不会理会邪恶的想法的,打心里不可能做恶事,或消除他天生对邪恶的厌恶。这是自然的、合理的。

事实是,对于道德来说,因为世人各执一词,凭借哲学或任何深奥的沉思,不能使人变得真诚。总的来说,最好的办法是坚持共同感,而且不要越过共同感。在这个问题上,人们的直接想法要好于间接想法,其自然观念要好于那些经过学习或求教于诡辩家而来的精致的观念。根据常言以及共同感来说,"真诚就是最好的智谋";但根据精致的感觉,思虑周密的人们恰恰是这个世界上彻头彻尾的恶棍,他们放任自己的情感,纵容自己最放荡的情欲和欲望。——似乎,这就是智人,这就是处世的智慧!

普通人依照共同感来谈论恶行时,脱口而出说:"他不会为这样的事在世人面前感到羞愧。"但是喜欢思辨的人却发现有诸多变通,会发现许多避免这些恶行的方法、许多补救措施、许多减轻其罪恶的途径。这真是物尽其用、人尽其才;这就有了请求赦免的"正确的"方法,为"正确的"崇拜者建立救济院和慈善基金,对"正确的"信仰有高尚的热情,这些足以补偿"那一个错误的行为",尤

---

① 在此,我们作者的法文译者恰当地引用了贺拉斯的诗句:"他越是一贯作恶,他就越不会受苦,他就比谨小慎微的人过得更好。"《讽刺诗集》,2.7.18—20。

其是这个错误的行为可以让一个人获得大权（正如他们所说）以行善，服务于真正的事业。

基于这种理由，有人得到了万贯家财和显赫地位。有些王位便是以这些条件换取的：古时有些伟大的君王（如果我没有说错的话），坚持与此类似的信念，功成之后便没有对辅佐过他的人和党派恩将仇报。[①] 宣扬这种道德的人攫取了滚滚财源，世人却为其哲学倾家荡产，因为原初那浅显的仁爱原则与和谐共处、相互友爱的朴素信条，经过一种精神的炼金术，已被升华，以至于变得极其稀薄，同时，这些原则和信条在通过他们的蒸馏器时，产生了相互憎恨和恶意迫害的强烈情绪。

第二节

但是，我的朋友，我们的性情没有致使我们接受悲观的想法。让那些对邪恶的严肃的谴责者以他们最擅长的方式去谴责罪恶吧。而我则准备祝贺他们那种专断的作风劳有所获。然而，我不知道为什么其他人就不允许以轻松愉悦的方式嘲讽愚蠢，表彰智慧和美德呢，如果他们能做到的话。我不知道，为什么诗人们，或者为取悦自己或他人而写作的人，没有被赋予这种特权。并且，如果我们那些坚定不移的改革者们抱怨说，"时尚的绅士们"不爱听到这些嘲讽，如果他们指责这些轻佻的哲人将嘲讽作为一种保护，并因此置身其外，那么，他们为什么要拒绝志愿从事这项事业的人，根据自己的主张与对手交锋，并情愿接受这种攻击，而他们所要求的条件只是在嘲讽的时候能公平竞赛。

我理解，所谓"时尚的绅士"指的是那些具备很好的天才，或者凭借良好的教育，懂得什么东西是自然地优雅和适宜的人。有些人是天生的，而有些人则是通过艺术和实践，善于鉴赏音乐、绘画，在日常的装饰和风度上很有想象力，对一切比例都有很好的判断

①这个例子指的是上文所谓的"借恶为善"的做法。——译注

力,在聪颖之人所喜爱的娱乐和乐趣方面也有很好的趣味。尽管这些绅士在道德上放荡不羁,但他们必定同时也会发现自己反复无常,丧失自我,背弃了能带给他们最大的快乐和娱乐的原则。

鉴赏家们所追求的、诗人所赞美的、音乐家所歌颂的、建筑师和其他所有艺术家所描绘和塑造的各种美当中,最令人愉悦、最富有魅力、最动人的美,是那种从真实生活和情感中提炼出来的美。只有完全源于内心、源于内心的本性的美才能打动人心,这就是情操的美、行为的优雅、性格的曲调和人的心灵的比例和特征。哲学的教训功课,甚至是一个传奇故事、一首诗歌或者一出戏剧都可以教导我们,而寓言作家则引领我快乐地穿过感情的迷宫,不管我们是否愿意,他笔下的英雄们的情感都牵动着我们的心。"他让我痛心,让我烦恼,又来抚慰我,他像个巫师一样,在我心中填满虚构的恐惧。"①

诗人们,或者那些深谙音律的人,可以否认这种自然力量,或拒斥这种精神魅力,只要他们能做到。但他们身上带有双重的魅力。因为,首先,赋予他们灵感的这种情感本身就是对韵律、仪态和比例的爱,而这种爱不是狭隘意义上的爱或自私的爱(他们中间谁会仅为自己创作呢?)而是站在友善的社会立场上的爱,是为了他人的快乐和幸福的爱,甚至是为子孙后代和未来时代的爱。其次,显而易见,最能激发这些创作者的天才、能有效地感动他人的主旨和对象,无疑是风俗和道德生活。因为这就是感化,这就是他们艺术的美:"用有声的音节旋律、用声音来表达内心的声音的和谐和韵律;通过恰当的磨难和逆境来表现人的灵魂的美,这灵魂的美为这种描绘增添了优雅,使情感的音乐更加有力,更加迷人。"

女性美的赞美者们听说她们的风流韵事中还有些道德内涵,也许会觉得很可笑。但这多么令人心神荡漾!其中有对温柔的情感和情思的展露是多么微妙!这是对机智的性情、感觉,以及"妙不可言的东西"②的赞美,是对作为鉴赏家的情人们所喜爱的心灵的

---

① 贺拉斯:《书札》,2.1.211—213。
② 原文为"je ne sais quoi",法语:我不知道是什么。——译注

优雅的赞美！让他们流连于这些东西吧，让他们去调整使这些不同的美相互交融的比例吧，他们宁愿这样做，但他们必定会承认，存在一种心灵的美，这种美是其他美的精髓。为什么其他人要拿出一副愚蠢的腔调，让情人们立刻心生厌恶？为什么一副愚蠢的神情和和仪态会毁掉所有那些外在魅力的效果，夺走她那魔力给人的美妙印象，尽管衣冠楚楚、容貌娇美？我们可以想象，我们为什么喜爱那种充实持久的美，但是，如果这美的主体能得到中肯的批评，我们也许就会发现，即使在外在面貌上面，我们最欣赏的只是一种神秘的表情，是内在品质中某些东西的一种影子；同时，当我们折服于一种威严的风度、一种活泼的神态、一种勇武飒爽的气派或是相反的一种温柔娴雅的魅力时，触动我们的主要是对这些性格或品质的幻想；我们的想象忙碌于为这种理性的性格或特征构想美丽的外形和意象，是性格或品质使心灵感到愉快，令人神往；而其他较低级的情感则以另一种方式打动我们。最初的求爱、表白、辩解、互信、坦诚，依赖于某些共有的东西，以及通过回想而感受到的东西，"灵魂的希冀，相互信赖"，——所有这些都构成了爱情生活的必备要素，才情细腻之人为这种情感确定了这些要素。

138

在其他方面，情感平淡、行动审慎的人也不能对美的力量无动于衷。每一个人或多或少都是鉴赏家，都追求某种优雅，想着博取这个或那个维纳斯的芳心。[①] 事物的可爱、高贵、适宜，会自然地流露出来。如果人们不把这些品质运用到较高尚的理性和精神领域中，它们便在较低俗的领域得到充分表现。[②] 如果有人忽略行为的主要动机，不屑于思考整体生活中的法则和比例，便会钟情于琐碎的细节，如研究庸俗的艺术，或关注和经营毫无生气的美。庭院大厦的样式及其内部装饰，花园的设计规划，花草树木、道路回廊的格局，以及其他种种整齐布局，这些都会在心灵中形成更美妙和高雅的布局和秩序。优美、高贵、端庄的秩序表现在各种场合的各种

139

---

① 见本卷第 337 页。
② 见第三卷第 173 页。

对象上。① 这些"幽灵"以种种形态萦绕于我们心中；当它们被从我们冷静的思想中驱赶出来，当它们从"密室"惶恐而逃的时候，它们甚至会与我们在宫廷中相遇，促使我们渴望权势、名声和荣誉，以及那种虚假的伟大和美，为了这些，我们随时准备牺牲我们最高雅的快乐和安逸，为了这些，我们成了最可怜的苦工，最低贱的奴隶。

快乐的人，仿佛最为蔑视这种哲学的美，但也常常被迫承认这种美的魅力。他们像别人一样热情地赞扬真诚，并执著于那种高尚的美。他们赞赏的是目的本身，而非取得目的的手段。并且，如果可能，他们也可以追求这种美，以使廉洁和奢侈相统一。但是和谐的法则并不允许他们这样做。两者之间过于乖离。然而，这种企图看起来并不令人讨厌。因为，虽然有些骄奢淫逸之徒为种种卑鄙和腐败之行坚定辩护，但其他更高尚的人却努力坚持真诚，更深刻地理解美，并使美服从某些法则。他们谴责这种作风，赞美另一种作风。"到此为止是正确的，但是再过一点就是错误的。""这种情形是允许的，但具体到这个则不能被接受。"他们为自己的快乐找到了一种正当理由，以及一种许可。他们从他们的党派那里找理由，说他们的生活需要这样，并应该使自己的生活从一而终；或者，如果他们发现这种做法在某种情况下并不可行，他们就会选择为源自高贵的品行、得体的行为、充实的生活和风尚的快乐而牺牲这种快乐："用心学习真正的生活的节奏和格调。"②

其他的情形会促使我们做出这样的思考，但主要是源于一个高尚性格中、与某些可鄙的邪恶性格截然对立的德行的认真审视。因此，作为诗人，讽刺者必然会公正地对待美德，较高贵的诗人也不会违背这个目标。即使是现代那些旨在献殷勤、寻乐趣的文人们，当遇到十恶不赦之徒大行其道，高尚之举可望而不可及的时候，也会高歌赞美那纯朴的真诚。

如果我们是世人们的忠实朋友，情场得意，也体尝着各种美，我们也偶然会厌弃这个冷漠的情人。但是，当我们看到这个世界

---

① 见第三卷第 33、183—186 页。
② 贺拉斯：《书札》，2.2.144。

因此而荒淫无度,当我们发现,卑贱之徒生活奢侈、作威作福,但却占据要津,邪恶之徒比真诚之人还要幸福,我们就不免重新看待美德,在这样的挫折中,我们领悟到真诚的美及其真正的魅力,而此前我们还不能理解这种美是自然的或有力的。

142

第三节

最终来说,世界上最自然的美就是真诚和道德上的真实。因为所有的美都是真。真实的性格造就美的容貌,真实的比例造就建筑的美,正如真实的韵律造就音乐的美。在诗歌中,即一切的寓言,真实即完满。并且,任何有学识能读懂古代哲学家或其现代模仿者的人,在见识到戏剧和史诗的本质时,可以很轻易地理解关于真实的这种解释。

一个画家,只要具备一些天才,就能理解构思的真实和统一,而且知道,如果他紧随自然并严格地模仿生活,倒反而是不自然的。因为他的技艺无法将所有自然都容纳到一幅作品中,而只能是自然的一部分。然而,他的作品,如果既是美的又是真实的,这作品自身必然就是一个整体,是完整的、独立的,无论多么伟大和广阔都是可能的。所以,在这种情况下,细节必须服从于整体的构思,所有的事物都要附属于中心主题,如此才能让人一目了然,构成一幅简洁、鲜明、统一的景象,任何怪异突兀的东西都可能破坏这幅景象。①

143

---

① 如伟大的艺术大师在他的《诗学》第 23 章里称其为"τ ὸEὐσύνοπτον(美)",不过特别是在第 7 章,他说明,"在上文所提到的这些艺术中,τ ὸKαλὸν,美或崇高,来自对富有秩序的伟大的表现:这就是说,将被设计的东西的主要的或首要的东西展现为能被观看到的最大比例中。因为,如果这个东西是庞大的,那就在一定程度上超出了视线,全不能被那种简单而完整的视野所把握。正如相反的情况,如果一件事物过于微小,当深入到它的细节和每一个小部分的细致轮廓时,由于同样的原因,它就变得不可见了;因为总体的美,这个整体本身不能被那一个完整的视野所把握;由于眼睛必然要专注于每一个微小而次要的部分,这个视野就被分裂并消失。在一个诗歌的系统里面,记忆必定都有其注意力,正如绘画之于眼睛。戏剧诗歌被局限于一个场景的合适而恰当的时刻。史诗能容纳更详细的场景。然而,每一部作品都务求广阔和重大,也要持续足够长的时间,(转下页)

144 自然是如此多样,她凭借一种特定的原始特征来区分她所构造的事物,如果仔细观察,这些特征使其主体与外在世界中现存的任何事物都不相同。但这正是优秀的诗人和画家力图避免的结果。他们讨厌精确,也害怕奇特,因为这些会使他们的意象或人物显得虚幻、怪诞。纯粹的肖像画家确实与诗人极不相同,但却像纯粹的历史学家,都模仿其所见,细致地摹写每一个特点和与众不同

145 的标志。这与擅长创造和构思的人截然不同。只有从众多自然对象,而不是个别对象,这些天才才能形成作品的理想形象。因此,人们说最优秀的艺术家总是不知疲倦地研究最优秀的雕像,将这些雕像看做比最完美的人体还要好的法则。所以,一些重要的哲人称赞最优秀的诗歌要优于最优秀的历史,诗歌能更好地展现性格的真实性和人类的本性。①

  人们认为这个批评理论并不牵强。即使很少有人恪守这些法

(接上页)但要能被记忆的轻易扫视或回想而把握到其主要部分。因此,这就是哲学家们所谓的 τ ὸ Εὐσύνοπτον(美)。"(这段文字与罗念生和陈中梅的中译本《诗学》的第七章有较大出入。——译注)我的翻译不能比我的这些阐释文字更好。因为除了与纯粹艺术有关东西之外,原文的哲学意义是如此博大精深,整篇论文是如此高明,以至于当我发现甚至拉丁语的阐释者非常令人失望的时候,我再用我们自己的语言尝试也是徒劳。我只是要添加我自己的一点评论,也许能被雕塑和绘画方面的研究者注意到。古代和现代最伟大的艺术家们永远倾向于遵循这位哲学家的法则,而且,当他们在自己的设计或草图中犯错的时候,那是由于这设计变得尺寸过大或庞大,而不是细微和纤巧,因而倒向伟大这一边。对此,现代人当中伟大的开拓者和奠基者米开朗基罗,以及在古代有着同样地位的宙克西斯,就可作为例证。见普林尼《自然史》中关于宙克西斯的论述(35.66 及以下)和他编辑的老哈丢努斯(Father Harduinus,应该指古罗马时期篡夺瓦伦提尼三世的乔安奈斯[Joannes]。——译注)的笔记中的话"宙克西斯被迷住了"(5.200)。同时普林尼在《自然史》(35.128)中论述欧弗拉诺时也说,"由于灵巧和勤奋,他在每一个领域都出类拔萃,无所偏废。仿佛是这个人第一次充分地描绘了英雄的崇高品质,并有着精确的比例,但他描绘的身躯过于消瘦,头部和四肢过长。他也写过关于比例和色彩的论著。"

① 因此这位伟大的大师在《诗学》(8.3)中说:"诗是一种比历史更富哲学性、更严肃的艺术,因为诗倾向于表现带普遍性的事,而历史却倾向于记载具体的事件。"(引自《诗学》,陈中梅译,北京:商务印书馆,1996 年,第 81 页。——译注)

则,但所有人都能意识到这些法则的存在。无论我们如何原谅那些恶意的诗人或其他那些毫无章法的应时之作的艺术家,我们仍然清楚地知道,优秀艺术家的不朽之作必定是按照一种较为规范的方法来创作的。他们每一件合理的作品都遵循着比例和真实的自然法则。他们头脑中的生命必定就像自然的产物一样。这个生命必定有一个身躯和协调的四肢;否则,如果这个生命无头无尾,平常人肯定要批评这作品。① 因为共同感(根据正确的哲学)也是这样评判缺乏整体上的正确性的作品的,并且表明,无论其作者在细节上如何精细准确,其作品在主要方面却是拙劣的:"因为他不知道如何构造一个整体,所以作品便没有目标。"②

146

　　这就是诗歌的真实,这就是绘画或造型的真实,如果我可以这样说的话。叙述或历史的真实必定要被高估,尤其是当我们考虑到人类——他们对这种东西怀着浓厚的兴趣——由于对这个真理的清晰认识深受其害。这种真实本身是道德真实的一部分。要做其中某种真实的评判者就需要对另一种真实也有判断力。人们必须对一个作家的道德、性格和天才有通盘考虑,而人类生活中的重要事情的历史学家或叙述者,无论他是谁,如果我们要将他当做权威,就必须要在多个方面向我们证明其品质,包括其判断力、公正和超脱的态度。至于批评的真实,评注者、翻译者、注解者、语法家等人在此向我们表现出的判断力和辨识力,例如多样的体裁、不同的文献,抄写者、誊写者、编撰者对原作的篡改和毁坏,以及古代书籍所遭遇的种种意外情况,所有这些都成为一种需要认真思辨的事情;另外也要考虑到读者,即使是有能力的语言学家,也必须要从年代学、自然哲学、地理学或者其他学科中得到许许多多的帮助。

147

---

① 见第三卷第 25、259—260 页。
② 贺拉斯:《诗艺》,34。(中文版相应的话为:"……作品的总效果却很不成功,因为他不懂得怎样表现整体。"见《诗艺》,杨周翰译,北京:人民文学出版社,1962年,第138页。——译注)

因此,为了正确地判断历史的真实、人类过去的生活和环境的真实——这些都是通过不同民族、时代、时期以及有着不同性格和兴趣的作家呈现给我们的,就先要考察许许多多的真实性。有些道德的和哲学的真理本身太过明白了,以至于会使多半的人们不敢相信,被认为全部都是愚蠢的想法,相反把那些本来是反对这种自然知识、基本的理性和共同感的东西看做真理。

148 我曾指出,这更多是因为一些现代的狂热者既没有更好地认识真理,也没有更好的方式来判断真理,他们只会用点人头这种方式来判断真理。如果他们能根据这个法则准确地点清一群暴徒中到底有多少人是良民,如果他们能制造出兰开夏人的脑袋,边远的外省人的头套,或是幻想中的舞会,以证明女巫骑着扫帚在空中飞行的故事是真实的,那么他们就算证明了他们那个新的奇迹,并宣称:"真理是伟大的,将永垂不朽。"

毫无疑问,宗教也受惠于这些奇才怪杰,他们在这样一个是非分明的时代里,会将宗教树立在通俗的传说的基础上,并敢于将宗教与地方传说、街谈巷语中的小魔鬼小妖精的故事,以及吓唬小孩子的魔鬼的恶作剧相提并论,或者让那些招魂者和法师做道场!因为,你知道,乡野村夫们习惯于将这些人称作泄露天机的人,认为他们能真心诚意地召唤神灵,拿他们的武器打败妖魔鬼怪。

149 我的朋友,我觉得我应该结束这些思考了,免得我阐释得太多,失去了我的幽默风格,禁不住要在这些问题上高谈阔论。但是,如果你发现我的说教不至于令人讨厌,是符合共同感的,也不算是道貌岸然,我就很满意了,因此我也就不必担心我会给这个时代的一些官方审查者们带来麻烦,他们的演说和写作是另一副腔调。你明白,我已经冒昧嘲笑了某些事情,并且,如果我的嘲笑不妥当,或者不合时宜地板起面孔来,我也乐意被别人嘲笑。如果我受到了指责,我还是可以像从前一样继续嘲笑下去,更加自鸣得意。因为,尽管实际上最可笑的事情就是某些狂热的绅士恼羞成怒、心怀恶意、暴跳如雷,正如他们近来正摩拳擦掌,蠢蠢欲动,不过官吏们已经开始注意去修剪他们的利爪,因为他们在交战中并没有遇到什么可怕的东西。相反，在这件事当中本身就有些非常好笑的东西。这让人想起了那些怪物和巨龙的面孔，这些东西经常出现在古老建筑的大门和墙角石上。它们仿佛被当做大厦的保卫者和支撑者，但是看他们愁眉苦脸的样子，想来对外面的人倒也不会有什么伤害，正如它们对建筑里面的人也没什么作用。为点小事就大动肝火，只能让人当做玩笑和笑话。怒气冲冲，却外强中干，才最容易让人嘲讽。

150

　　此致

　　　　　　　　　　　　　　　　　　　　您挚爱的朋友

独白，对作家的忠告

自我之外无需探问

佩尔西乌斯：《讽刺诗集》，1.7.

初版于 1710 年

第一章

第一节

153   在很多场合，我都听一些明智之人这么说："对于个人的品行，他人莫管闲事。"我经常想，这句格言真是居心不良。但是进一步思考之后，我的看法有所改变，觉得这句格言是有道理的，对说这

154   话的人也不再有激烈的偏见。鉴于人们一般给予忠告的方式，我想，人们不乐意接受忠告也就在所难免了。有些事情就是事与愿违，施与者倒成为唯一的受益者。因为，根据我对自己生活中许多事情的观察，我们所谓给予忠告，恰当地说，倒不如说是浪费别人的时间来卖弄我们自己的智慧。另一方面，接受教导，或者如通常情况下我们所说的接受忠告，还不如谦恭地给他人提供机会，起到

抛砖引玉的作用。

　　实际上，不管一个人如何善于或愿意给别人忠告，都很难将忠告当作无偿的礼物。因为，如果真的要将礼物当作无偿的，我们就无法取长补短。在所有其他方面，给予和施舍都是慷慨而善意的，但是赠与他人智慧，就是要驾驭他人，这种机会是很难得的。在其他方面，人们都很愿意虚心求教。在数学、音乐或其他学问上，他们可以拜他人为导师，唯独在理解力和判断力上不愿这样。

　　可想而知，作家在这方面好为人师，因为在某种程度上，所有作家都被公认为是他的时代的悟性的导师。因而，在早些年代，诗人被看做是名副其实的圣贤，为生活制定法则，教授人们以礼俗和智慧。我不知道如今他们为何放弃了自己的抱负。无需公开提出他们的要求，乃是他们独享的幸福和优越。并且，如果他们在宣称自己以给人快乐为己任的同时，还要秘密地给人忠告和教导，那么这样的作家也许有理由被看做是所有作家中最优秀、最光荣的。

　　与此同时，"如果在其他作家那里，耳提面命是一种非常危险的习气，那么，教训作家本身的人又会怎样呢？"

　　对此，我可以回答，我无意给予忠告，也无意考虑给予忠告的方式方法。如果我还有点学问的话，那也不过是语言学家或逻辑学家所应掌握的学问。因为我铭记，在论辩中有某些诀窍或诡计，凭借这些我们就敢于提出那些危险的忠告，并保证它们能被欣然接受，如果这些忠告还有些价值的话。

　　我的建议是将这种事情当做一种外科手术来考虑。我们都知道，熟能生巧。

　　"但是，我们拿谁来试验这个手术呢？谁首先愿意试一下我们的手艺，给我们必备的经验呢？"

　　这就是困难所在。假设我们有医院来做这种手术，也总有一些温顺的病人前来就诊，愿意忍受开刀之苦，随我们检查或看护，这对我们的锻炼必定是大有好处的。我们的诊断能力也因此得到提高。最终，我们的技术也得到了锻炼，但也必然是一种非常糟糕的

155

156

技术,无法在以后的手术中发挥作用。因为,这里最需要的还有一种"温柔的技术"。如果一个医生没有同情心,谁还会再请他看病呢。并且,如果在面对病人的时候,手术者能非常温柔,而且还十分果断、大胆,那就真的没什么可忧虑的了。

我意识到,在所有宏大的设想中,一看起来就有一种异想天开的幻想和自负,致使这些设想者很容易被人嘲笑。因而我提请我的读者要反对这种偏见,因为我会向他保证,在我们所提到的手术中没有什么可笑的东西,或者如果有的话,受嘲笑的就是他自己;如果他同意并愿意合作,他将成为我们将要展示的这种技艺或学术的试验品。

因此,如果有人反对上述实践和外科手术,说:"我们找不到这样温顺的病人,在他们身上我们可以真的一试身手,虽然我们保证会加倍地谨慎小心。"而我的意见则相反,比如我会说:"我们每一个人自己就可以是病人啊。"

"真是荒谬之极!"你会说,"谁能将自己分成两个人,并成为自己的病人呢?谁能真正地嘲笑自己,或者谁能在这种情形下感到快乐或危险呢?"

看看诗人们怎么说吧,他们能为你提供许多这样的例子。在他们那里,这种独白是最普通不过的事情了。一个学识渊博或者也许天资一般的人,有时也不免犯些错误。他们也很担心会犯错。他独自来到舞台上,扫视一下是否有人在附近,然后他就急不可耐地开始自我批评。你会很惊奇他的观察多么深入,这种"自我解剖"多么彻底。凭借这种独白,他变成了两个截然不同的人。他既是学生又是老师。他一边学习一边教导。说实话,如果我不能为我们现代的戏剧诗人的道德在其他方面作些辩护,为了这种实践我也应该为他们辩护以反对谴责他们的人,他们正全力以赴坚持这种实践。因为,从通常的习惯和习俗来说,不管这种实践是否源于本性,我依然坚持认为,这是一种真诚的、值得称赞的实践,并且如果它并不是源于我们的本性,我们还是应该通过不断的学习和锻炼来使它成为我们的本性。

"因而我们就要走上这个舞台来接受教诲么？我们必须向诗人们学习这种问答教学法（catechism）么？就像演员一样，随时与自己大声辩论？"也许不是绝对地这样，虽然我还不清楚，花些时间来演说、对自己轻声诉说会有什么坏处。在聚会当中，我们或许也曾 159保持少说多做，如果场合适当，我们独处时也会发出声音，与自己对话。因为聚会最能激发人的想象，就像是花园中的温床，会使我们的想象力过急地蓬勃而发。但是通过独白这种值得期待的疗救措施，我们就可以有效地免除这个烦恼。

历史上记载有某个民族，仿佛对演讲中那种空洞浮夸的作风有着深刻的理解，并因此决心彻底清除这种妨害。他们很好地贯彻了我们所说的这种疗救措施，因此，不仅是他们的习俗，而且还有宗教和法律，不管是独处还是聚会时，都要以同样的方式来谈论、嘲笑、运用动作手势来表达。如果你偶然看到他们独处的时刻，你就会发现他们都在激烈地与自己辩论，责备、劝诫、忠告自己，以一种最激烈的方式与自己对话。他们可能都曾口若悬河，好像是演说家和布道者，极大地受制于曾被叫做"雄辩麻风病"（the leprosy 160of eloquence）的疾病，直到一些贤良的立法者出现，当他找不到直接的方法来遏制这种辩论和演说的洪水猛兽的时候，就设法给那些喋喋不休的性情以发泄的途径，巧妙地避开这种性情来抑制这种失控的情绪。

我必须承认，我们现在的风俗还没有想到这种独白方法，以至于眼睁睁地看着这种疾病席卷整个民族。我愿意借用这种疗法当中的一小部分来为个人所运用，尤其是针对作家们。我觉得如果能掌握这种方法，或者在凡俗之辈能够领会的层次上锻炼这种技艺，很多人都可以成为受人尊敬的作家。因为人们都知道，我们不像罗马人，希望自己的心灵也有一扇窗户，就像他们的宅邸那样敞亮，也正是因为这个原因，他们把宅邸建造得尽可能地开放。因而我建议我们这些初学者一开始锻炼的时候，要隐退到丛林深处或高山之巅，在这些地方，除了能宁静地审视自己之外，也可以呼吸到更纯净的空气，这适宜于这种锻炼所需要付出的辛劳，对于诗歌 161

天才来说尤其如此,"所有的作家都喜爱林荫小道,远离喧嚣城市"①。

　　显而易见,所有伟大的哲人都认可我们的这种实践,而且普遍把他们自己描绘为极易被嘲讽的人,因为他们独处时滔滔不绝,在人群中却沉默寡言。不仅是诗人和哲学家,而且演说家自己也习惯于运用我们的方法。演说家中的王者可称得上是树林与河畔的常客,在这里他平心静气,驰骋想象,而克制自己精神和语言的激情。如果其他的作家感受不到这些幽静之所的吸引力,那是因为他们的天才还不够有力,或者虽然他们有天才,但认为自己的性格还不能使这天才爆发出来。因为无法习惯这奇特的行为、举止或语调,我必须承认,这些对于世俗的人来说是一种不利的冒险,但对于诗人和哲学家来说,却是习以为常的:"这人不是在发疯,就是在作诗。"②

162　　我们看到,创作和疯言疯语几近相似。而对于那些构造体系和进行虚无缥缈的思辨的创作者来说,这些人却被看做是庸俗的蹩脚诗人。人们经常提到他们那神秘的行为举止:"他们要么喃喃自语,要么一言不发。"③恰当地说,这些行为都是沉浸于泄导方法的表现。当他们作出这些古怪的举动时,人们认为这是发乎其本性的,也为他们所特有。但人们却希望其他作家能有较好的教养。他们有义务保持一种言语和善的习惯,这对他们也没有什么不利。因为,如果在交谈中,由于害怕被看做桀骜不驯,他们的沉思和幻想被打断了,那么他们只能是更拙劣的作家,而成不了更优雅的绅士。他们可能具有像哲学家或诗人那样炽烈的想象。但由于不被允许得到宣泄,也不能在独处的时候以健康的方式得到排遣,那难怪他们在公开场合中口若悬河。

163　　人们看到,回忆录和随笔作家就很容易情绪失调,絮絮叨叨。

---

① 贺拉斯:《书札》,2.2.77。
② 贺拉斯:《讽刺诗集》,2.7.117。
③ 佩尔西乌斯:《讽刺诗集》,3.81。

毫无疑问,这就是这些绅士惯于以自己的私事娱乐世人的真正原因。因为没有与自己密切对话或锻炼自己天才的有利条件,以熟练运用这种天才或找到用武之地,所以他们便转而将其用到了错误的场合,把本应在自己心中开展的实践公示于众,不知他们是否设想,他们自己或世人们会因为看到他们自己的德行而有所收获。的确,谁愿意让江湖郎中给自己看病呢,这郎中如何调理身体,什么食谱最适合身体,他能看了他自己的病吗?谚语说得好:"医生只能看了自己的病。"然而我想,人们总有身体不适的时候,免不了做个手术。真实的读者也得不到更多的娱乐,如果他被迫协助他面前的职业作家来完成这种实验性的手术,而这个作家最多能做到的不过是在公众场合谈谈他自己的艺术。

出于这个原因,我认为任何人出版他的沉思、偶得、冥想,或者其他一些本来是作为"自我交谈的实践"的这些习作,都是不妥当的。我想,这样一些作品最恰当的题目,就像某位作家给自己的作品起的名字一样,叫做"陋想集"(crudities)。这真是那些哲人们的不幸,他们往往突发奇想,但不能从一而终,在经历了许多失败和挫折之后,终究没有给世人留下任何完整的或完善的东西。然而,他们对自己公之于众的作品仍然敝帚自珍。因为他们如此热心公益,以至于没有一点时间精心思考自己的利益和价值。因此,虽然他们也经常归隐,但从未"独处"。整个世界就是一场聚会。他们时时不忘自己作为作家的角色,总想着用这个或那个思想来完成那部《沉思录》,或者能为那本《警句集》增色,从此这些珍贵的财富造福这个贫乏的世界。

但是,如果那些即将成为作家的人有朝一日被奉为神圣,难以想象他们的仁慈会惠及多广。他们对人类简直关怀备至,甚至不愿意漏过每一次虔诚行善的机会。虽然人们已经为这种独白指定了如此多的规程和仪式,但他们有任何东西被隐匿起来,而这些东西本身就蕴含在他们与自己灵魂的虔诚交流和对话方式中。

这些人可称作一种准苦行僧,他们与自己或上帝之间没有什么真正的交流,但他们同时也在偷偷留意这个世界,在沉思的时候一

（右侧页边码：164、165）

直想着他们的思想能以什么题目和版式让人关注。而且,尽管这些书籍——拿人们常用的俗话来说——是"好书",①但其作者倒并不怎么体面,因为宗教方面的"陋想"是最坏的思想。身为圣徒的作家最瞧不起高雅。② 他不屑于使自己的写作风格受制于批评和世俗学识的法则。他不愿在任何一方面批评自己,或者根据高尚朋友和杰出之辈的标准来调整自己的风格或语言。他从不顾忌我们严格意义上所谓的"规矩"。除了他所谓的"罪恶"之外,他不愿意审查任何其他错误,虽然违背良好教养和礼仪规范的罪人便不能算是好的作家,就像违反语法、严密论证或出色见解的罪人也不能算是好的作家。而且,如果不是任何作家都谦和中庸,但他虽然有充分理由,我还是怀疑人们会觉得他这样的理由有什么好处。

所以,针对所有这些沉溺于以神圣导师的口吻写作的人,我要着重向他们推荐这种自我交流的锻炼,尤其是当他们禁不住要以这种方式滔滔不绝、大放厥词的时候。因为经常在公众场合情绪激昂地口若悬河,是"私密锻炼"的一个很大障碍,而这种锻炼重在克制。但是,如果这位才子不是通过克制、辩论和论证来进行这种锻炼,而是不加克制地演说和理证,而且既不容质疑,也不容反对,那么将有巨大危险,由于这个习惯,周围的人群将遭受生硬、艰涩、愤怒、暴躁,尤其是某种程度夸夸其谈或虚张声势的害处,而这些也会使他拒斥自我实践这种健康的疗法。这也就难怪,这样一些自作聪明的实践者最后会走到荒谬绝伦的地步,如果他们继续拒绝这种实践;只有通过这种实践,我们才能纠正过于激动的情绪,遏制过分膨胀的狂妄自负。

最需要这种特效疗法的人就是我们平常说的"空谈家",人们在交谈中见到最多的就是这种人,也就是喜欢在公共集会中夸夸其谈的人。这些空谈家中有许多人是才华横溢的,他们富有热情和活跃的想象。不过,这也是我们学术中一种常见的现象,即交际

---

① "好书",原文为"Good Bookes",这个词也指圣经。——译注
② 见第三卷第 239—241 页注。

场合中的空谈家从不与自己交谈,也不习惯我们这种有效的疗法中的"私密交谈"。因此,他们往往是唾沫横飞。若非如此,他们便无从发泄。但是,当他们试图超越平常的谈话,具备了作家的素质之后,情况就变得越来越糟糕。他们的言论不体现他们人格的优点。他们的作品也不再具有谈话中的那种风度。他们用以使自己摆脱偏颇思想和凌乱语句的那种深情并茂的韵味在这里必定荡然无存;他们把平常的言语拆解得支离破碎,相互比对,然后从头到尾逐字推敲。所以,除非周围的人们经常对他提出批评,否则他就是用来批评他人的样板。除非他们习惯于自我修改,在面世之前加以剪裁规范,否则他们的思想就一无可取。如果不以独白的方式进行严格的自我检查,进行深入的自我对话,一个人很难成为优秀的思想家。

168

第二节

我们再来深入地探讨一下道德的问题。我的确应该乘此良机讨论一下学术这个广阔的领域,以说明那个古老的观念:"我们每一个人都是魔鬼、天才、天使或守护神,这些角色紧密结合,自从我们的理性开始显露其光芒或者自我们出生的一刹那便是这样。"这个观念,如果在字面上来讲是真实的话,无疑也会对我们树立自己的学说和信条是大有裨益的。因为,怠慢我们身边如此神圣的客人,拒绝与他一起进入到那些秘密的会谈中(只有这样他才能成为我们的导师和领路人),因而从我们心中将他驱赶出去,这样做绝对是一种冒犯或不恭。但我觉得以这样一种假设为出发点是不恰当的,也就是,如果这个魔鬼般的朋友指的就是最贤明的古代人,我认为这不过是一个莫名其妙的主张,即"我们每个人心中都有一个病人,我们自己是诊疗的对象,因而,当我们在内心深处发现灵魂的双重性,并把我们自己分为两个角色的时候,我们也就成了合格的医生。"其中一个角色,正如他们所推想,表明他自己就是可敬的圣贤,当仁不让把他当做我们的导师和主人,而另一个角色,只

169

是低贱而卑微的，满足于顺应和服从。

因而，由于我们内心是如此幽深而隐秘，以及这种也已形成的二重自我，我们便有望在道德和真正的智慧上有所进步。他们认为，这是我们心中能够形成某些事实，确立那种使我们与自身相一致的次级状态，并使我们成为一个内在整体的唯一途径。他们将此看做是一种比任何的祈祷或其他礼拜仪式更虔诚的行为。而且，他们告诫我们要将这种实践坚持到来世，作为最好的献祭："对神和人的义务在心中合二为一，这便是心中之神龛的洁净。"①

在古代人那里，这就是德尔斐神庙上著名的铭文："认识你自己！"这也就是说，"剖析你自己"，或者"变成两个自我"。因为，如果能正确地剖析，他们认为，内心的一切便可被正确地理解，并加以审慎调节。这就是他们关于独白这种内心对话的秘密！因为否则的话，哲学家和贤人能在谈话中克制自身的那独特性格就是无法解释的。并且这也是他们值得自夸的地方，"在独处中他们从不感到孤独"。他们认为，卑贱之人从不能独处。这并不是说，他的良心从不能给他带来什么烦恼，而是说他只关心自己，不想去施行仁善之举，使自己成为良师益友；被欣然接纳为伙伴的人，及时地弥补伙伴的缺陷，使其生活建立在正确的基础上。

有人会认为，了解自己的心灵，有自知之明，知道我们意欲何为，为自己设定目标，这是轻而易举的事情。但是一般来说，我们的思想只有一种含糊不清的语言，以至于世界上最难的事情莫过于让这思想清楚明白地表达出来。由于这个原因，正确的方法就是赋予他们以声音和曲调。这是我们的不足之处，也是道德家或哲学家应该努力做到并教给我们的事情；正如平常所见，他们给了我们一架有声的窥镜，让我们说出内心所想，并指导我们以最朴素的方式树立自己的人格。"他在内心偷偷地想：'哦，我叔父的葬礼真是太壮观了！'"②

---

① 佩尔西乌斯：《讽刺诗集》，2.73—74。
② 佩尔西乌斯：《讽刺诗集》，2.9—10。

今天的上流社会流行一种潇洒幽默的风气,儿子可以理直气壮地对他父亲说你怎么还不死,丈夫能在继妻面前畅谈结发妻子。但是,让这位待人无礼的风流绅士暂且从聚会中退出,他倒几乎不敢说出自己的愿望是什么。他也必然不敢坚持自己的思想,如果他偶然回到自己内心,扪心自问,亲密地了解和熟悉自己。经过一番努力,可以设想,他会这样对自己说:"告诉我,我真诚的心灵,我真的真诚么,我活得有意义? 我是否衣冠楚楚,但内在里却是个恶棍? 面对世人,我表面上显得是一个善良的朋友、同胞或亲友,或许我愿意自己是这样,但实际上,难道我不是很高兴看到他们中间有人被吊死或被扭断脖子,如果他们妨碍我获得那么一点点财产?"

172

"为什么不呢,这本就是我的利益?"

"难道我不应该很高兴落井下石,去扩大我的利益,如果我力所能及的话?"

"没错,假如我确信不会因此而受到惩罚的话。"

"有什么理由不让这个天生的大无赖这样做呢?"

"除此之外也没有其他理由。"

"那么我终究是跟他一样了?"

"是的,一个彻头彻尾的恶棍,尽管在我看来你还有点胆怯,不是我所谓的那种十足的恶棍。"

"因而,如果是利益促使我改邪归正,那仁慈与同情又会让我怎么做呢?"

173

"恰恰相反。"

"那么我为什么还有珍惜这个弱点呢? 我为什么同情他人呢? 为什么当我幻想得到价值和荣誉,想到一种性格、一种回忆、一种名誉或名声的时候会感到快乐呢? 这些东西除了让我有所顾忌还有什么意义呢? 为什么我要违背我的利益,让自己是一个不彻底的恶棍,表明自己是一个十足的傻瓜呢?"

这些话对我们来说是难以启齿的,无论我们怎么拿这些话来调侃别人。我们可以在世人面前认为恶棍有理,或者夸奖愚蠢,但是让我们觉得自己就是蠢货、疯子或者无赖，并让自己看起来真正就是这样，却是我们无法忍受的。因为，在直接面对自己的亲密朋友时任何人都有一种尊严，他宁可公开宣称自己所做的是最邪恶事情，也不愿意私下里说自己就是这种人。所以，我们由此可以轻易断言，野心、贪婪、堕落以及每一种不可告人的邪念的主要目的，都是为了避免在独处之时或在内心深处了解和熟悉自己。这就是邪恶和下流的诡计，同样也是迷信和执拗的诡计，是为了诱骗我们远离自己，从而阻碍我们体验那种独白方法。正是由于这个原因，无论形式主义者的教导和信条看似如何有理，他们的作风本身却是妨碍真诚品质和良好理智的托辞和障碍。

我能意识到，如果我的读者恰巧是一个恋人，以较为深沉和严肃的态度面对爱情，他会倾向于认为自己对我们提倡的实践方法并不陌生，因为他知道自己常常兴致勃勃地来到我们前文所说的那个独处时刻，这时他觉得独白大有好处。他有时会记起他经常面对木头和石头说话，仿佛以这种方式来劝诫自己，好像他已经完成了必要的自我剖析，有了正式面对自己的能力。但是很明显，尽管我们这里的假设都是正确的，但还是难以解决我们面对的问题。因为一个充满激情的爱人，无论他感到如何孤独，都从来不会真正地独处。他就像一个作家刚开始像公众献殷勤，学会以某种计谋来充分娱乐公众，因而丧失自我。在独处时，不管他在沉思什么，一想到他所追求的情人便会被打断。每一个想法、每一个表情、每一声叹息，都不为单纯为自己而发的。他玩赏一切，一切都被用来满足他的情感。周围人们看到他所想要不过是些无聊琐碎的东西，但他却也渴望人们的风雅和善意。

正是由于这同样的原因，虚构的圣徒或神秘主义者无缘享受这种娱乐。他不去细致地审视自己的本性和心灵，否则他对自己来说便不再神秘，相反，他极力思索他人的神秘本性，这是他从未理解或领会的本性。他只看到他的热情的幽灵，他熟知自己有神一般的做派、秉性、风度和神情，正如巫师熟知魔鬼的不同形象、种类和地位。所以我们可以肯定地说，他并不是隐居的修士或隐士。

因此,恋人、作家、神秘主义者或巫师都没有资格真正地或恰当地享受这种自我娱乐,虽然他们正需要这种自我娱乐;唯有理智的人、圣贤或哲学家才有资格享受这种自我娱乐。然而,因为我们普遍地都喜爱充当恋人的角色,所以在这里引用一段恋爱故事并不算离题。[①]

有一位高尚而勇敢的年轻王子,对爱情和友谊都能忠贞不渝,与一个暴君展开了一场战争,而这个暴君的性格与他恰恰相反。很幸运,我们这位王子以其仁慈慷慨受人拥戴,一如他勇武善战。他已经说服诸多曾效忠于那个暴君的显贵和王侯归顺于他。在仍然忠心于敌人的人当中有一个王子,在人品和德行方面都出类拔萃,后来占有了世界上最美的公主,而且两人之间也相互爱慕。正在此时,战争需要我们这位新婚的王子,要他远离心爱的公主。安全起见,他将公主安置在一个偏远乡村的城堡内;但就在他离开的时候这座城堡却被意外攻陷了,这位公主恰好成了我们开头说到的那位英勇的王子的俘虏。

177

军营中有一位贵族备受这位王子的宠信,王子曾与他一起接受训练,至今仍与他亲密无间。王子随后把被俘的公主交给了这位贵族,并命令他好好照看这位公主,并以礼相待。也正是这位年轻的勋爵在众多俘虏中发现了这位乔装的公主,并得知了她的经历,也将其中许多细节告诉了王子。他万分激动,对王子说这位公主多么美丽,即使是在面带哀怨,衣着褴褛,其容貌气质也胜过其他任何美丽的女性。但是,让这位年轻贵族奇怪的是,在他讲述的整个过程中,王子一点也没有想要看看这位夫人的意思,或者满足那种自然而然的好奇心。他催促王子,但无济于事。

"不去看看么,殿下!"他惊奇地说,"她的美貌你前所未见!"

178

王子回答道:"正因如此,我才拒绝相见。因为,如果我单凭人们说他美貌就被她迷住,以致抛开繁忙公务去见她,我还不如等到有空的时候去看看,那样我也有更好的理由被她诱惑了;不过如果

---

① 这个故事出自色诺芬的《居鲁士的教育》。——译注

89

这样日复一日，我最终也没空交到桃花运了。"

这位年轻的贵族笑着说："殿下，您不是劝我说，美丽的容貌会摧毁人的意志，让人做出违背自己意愿的事来？我们不是听诗人们说，熊熊燃烧的爱情，就像那不可阻挡的火焰？我们明白，真实的火焰燃烧一切。但是空想中美人的火焰却只能伤害那些心志不坚的人。若非我们乐意，它也奈何不得我们。在许多情况下，我们牢牢控制着它，就像这美人是我们的至亲。我们知道，权威和法律也能控制它。但用法律去干涉或规定，显然是徒劳的，也是不合理的，如果事情并非我们自愿，而且我们的意志也是完全自由的话。"

这位王子回答："那又能怎样呢，如果我们有选择的自由，自由地欲求和爱慕我们满意的东西，到我们醒悟过来的时候，我们也已欲罢不能了。我相信你听说许多人，虽然在恋爱之前曾认为自由最为可贵，但到后来却不得不卑躬屈膝，发现自己所受的束缚约束胜过钢铁的镣铐。"

这位年轻人回答说："真是可悲啊，我也经常听到这种哀叹，你或许相信，有人如果没有手段和权力来帮助自己，确实很可怜。你或许也曾听到他们以同样的方式抱怨生活本身就是这样。但是，尽管有很多途径可以突破这种生活，但他们发现维持现状仍然是权宜之计。他们同样是这种妄求者，以迫不得已为借口，强占他人之物，贪图不道德的恋情。但我觉得，反过来法律也会惩戒他们，一如惩戒强占他人财物的人。殿下，您一向不会容忍这种冒犯之举。所以你必定承认，美自身是清白无辜的，不可能驱使人们犯什么过错。放荡之人强求自己，虚情假意地谴责自己在爱情上的过错。真诚而公正的人能够赞美和爱慕任何美的事物，从不会有非分之想。殿下，照此来看，你的美德怎么可能因此而受损呢，或惧怕这种诱惑呢？殿下，您看，我虽见到了公主，但还是一样洁身自爱。我与她交谈过，而且深深爱慕她，但我仍然恪尽职守，一样服从你的命令。"

"这就很好"，王子回答道，"好自为之吧。希望你还是那个你，要一如既往恪尽职守。就目前战争的情势来看，这位美丽的俘虏或许对我们还有些用处。"

这位年轻的贵族离开去执行他的任务,悉心照看着这位被俘的公主及其家眷,看起来这位公主也非常服从,而且像从前一样光彩照人,像在她自己的公国里那样享受着最高的待遇。这位年轻贵族发现公主在各方面都很令人尊敬,有着一颗高贵的灵魂,超过其他的魅力。他千方百计满足公主的要求,抚慰其悲痛,以至于让她禁不住表示感激,他也能明显地感受到这感激。她总是对这位贵族加倍关心,当他卧病在床的时候,她与她的仆人们悉心照料,仿佛他的康复就归功于她的情谊。

从此以后,不知不觉间,也自然而然,这位年轻的贵族深深爱上了公主,人们也很容易看得出来。刚开始他对这份情感只字不提。他甚至不敢想到这份情感。但到后来他就越发大胆了。公主平心静气地接受了其表白,劝说他尽量不要有这种非分之想。但是当这位贵族一再纠缠的时候,公主立即差遣自己亲信的佣人将这种情况告知了王子,恳请他的保护。王子听到这一消息后格外关切,随即派他的大臣随那个佣人一起去见这位年轻贵族,告诉他:"不允许胁迫这位公主;只能在适当的时候加以劝说。"

这位大臣并不是年轻贵族的朋友,所以不免有些添油加醋,当众斥责了这位年轻人,当面谴责他简直就是个叛徒,使王子和国家颜面扫地,还说了其他一些责骂他不忠不孝、玩忽职守的话。这使得我们的年轻贵族绝望之极,陷入到了深深的愁闷,准备接受惩罚,并认为这是罪有应得。

就在这时,王子亲临营帐与年轻的贵族单独交谈,看到他困窘不安,王子说:"我的朋友,我发现你开始害怕我了,因为你面带羞愧,也没想到我竟然毫不愤怒。不过从此以后,打消这些念头吧。我知道你这时是多么痛苦。我懂得爱情的力量。我也难以自持,所以只能远离这位美人。错的是我,是我让你面对那个难以战胜的敌人,交给一个不可能完成的任务,让你去冒险,谁也不可能那么坚强去完成这个任务。"

这位年轻人回答说:"殿下,你还是一如既往地宽容。你富有

181

182

183

同情心,能体谅人性的弱点,但别人必然要继续责骂我。即使我能原谅自己,别人也不会原谅我。我最亲近的朋友都责骂我。认识我的人都憎恨我。对我最好的惩罚就是让我离开你。"

"相信我,不要再想这件事了,"王子说道,"如果你想离开一段时间,我可以下达命令,到你再回来的时候,甚至是你现在的敌人也会欢迎你的,那时他们会发现,你无论是对他们还是对我都有很大功劳。"

这番提醒使我们这位绝望的年轻人情绪不再低落。他很高兴认识到,他的过失居然能够为王子带来好处:他愉快地接受了命令,急不可耐地要出发去执行分配给他的任务。王子说道:"那你能下决心离开这位迷人的公主么?"

"哦,殿下!"年轻人回答道,"我很知足在我内心中有两个截然分离的灵魂。这就是我从那种错误的诡辩家的爱情当中学到的哲学教训。因为这种哲学绝不相信,既然只有一个相同的灵魂,那这个灵魂就既是好的也是坏的,既好德也好恶,欲求相互矛盾的两种东西。绝不会这样。必定有两个灵魂,当高尚的灵魂占上风的时候,我们便慷慨大方;邪恶的灵魂占上风时,我们便卑鄙奸恶。这就是我遇到的情形。不久前,那个邪恶的灵魂完全控制了我。但现在,承蒙你的帮助,高尚的灵魂占了优势,我又焕发了新生,有了另一番领会,另一种理性,另一个意志。"

因此,我们就能看到一个恋人如何凭借其固有的力量认识到了这个哲学原则,理解了我们所谓一个自我含有两重人格的学说。假使我们这位侍臣本身能力不济,不能依照这种某种方法正确地完成这种自我剖析。因为,如果他已经做到了这一点,他无需王子的帮助就走出困境。然而他也足够明智,能在其中看到他的独立和自由不过是镜花水月,虚幻不实,自己最终受人摆布。因为,即便意志曾是自由的,情绪和想象也会控制它。我们曾设定这些都是自由的,经常在不知不觉间毫无缘由地发生变化。如果观念是占主导的那一方,并且造成这些变化,那么观念自身反过来也就易于被情绪和幻想控制,并发生变化。根据我的观察,幻想和观念恰好都建立在同一个基础上。所以,如果在我们内部没有一个监督者或审判员,同时考虑到这些观念和幻想的存在,时刻监察它们的演变和趋向,我们就不可能长时间保持同一个意志,就像一棵树那样,在整个夏天都保持着同一个形态,不需要园丁精心蒔弄修剪。

186

　　这看起来像一个如宗教法庭一般的严苛的法庭,我们心中也仿佛建立了这样一个强大的法庭,如果强求一个使我们保持始终如一的意志的一致观念,并使我们的心灵每一天都处于同一个状态的话。在这个意义上,也许哲学便会被认为如暴力迫害一样,就像裁判人的嗜好和欲望的至高的法官,必定要极端地压制人的感情。每一种美好的幻想都要被它扰乱;每一种快乐都要被它打断了。善意的幽默会反对这样的哲学,机智的诙谐也必定断然拒绝它。同时,这种哲学就像假道学,对我们专横武断,严格地抑制我们的想象,如同现实中的学究对男童严加管束,抑制他们活跃的幻想和不良的欲望念想,这些东西总是让男童们逃学,因而需要纠正。

　　然而我们希望,通过我们这种实践方法,凭借我们将要展示的那种重要秘诀,这种疗法或想象的规则最终来说并不像人们设想的那样严格或令人压抑。我们也希望,我们的病人(我们自然认为我们的读者就是这种病人)自己认识到,他经历这种手术会大有收获,因为这样会让他坚定意志,下定决心,让他知道如何发现自我,确定他自己的目的和规划,他们的欲望、观念和取向能始终如一,今日如昨日,明日如今日,保持同一个人格。

187

　　也许深入思考过人类本性,人类的欲望和性情的产生、变化和转变的人会觉得这几乎是个奇迹。因为,欲望作为它是理性的兄长,如同一个茁壮成长的少年,在每一次的争斗中都要将一切据为己有,占得先机。而意志,虽被如此夸大,却至多不过是少年们手里的陀螺或脚下的足球,终究并不适合这些少年,总有一天,这些少年再也看不上这些玩具,将它们抛弃,然后开始抢夺他们兄长的东西。到那时,情况就完全不同了。因为这些兄长们就像十足的懦夫,面对此种情景,变得温文尔雅,与其年幼的兄弟公平地游戏,正如这年幼的兄弟也渴望这样。

188   在这里,我们的特效疗法和独白这种训练方法就开始发挥作用:此时,在内心中强大而善辩的形象之旁,心灵激发自己幻想,并赋予这些幻想以适当的形体和人格,与它们亲密交谈,不遵守任何繁文缛节。通过这种途径,人们内心便形成了两个固定的角色。因为想象或幻想曾被严格约束,此时被迫要声明自己的存在,充当某种角色。另一种角色则是欲望这个兄长,出奇地精明而娇好,巴结逢迎。他们总是具有眉目传情的能力,借此手段,他们将自己一半的意图掩藏起来,就像现代政客,被认为深谋远虑,以极其巧妙的借口和虚伪的外表掩饰自己,直至遇到心直口快的伙伴,才被迫放弃他们那种鬼鬼祟祟的做派,发现自己纯粹是诡辩家和骗子,与理性和理智格格不入。

189   由此,我们现在就可以进一步以适当的方法说明这种实验或锻炼的形式和方式,因为它们适用于所有人。但是,据我们理解,作者尤其亟需它们,我们将首先把我们的法则运用到这些绅士身上,这个法则可以让他们了解自己,理解人类心灵的自然的能力和力量及其弱点。因为,如果缺乏这种理解,历史学家的判断必将是不完善的,政治家的见解必将是狭隘而空洞的,而诗人的智慧,无论是否包含在虚构的故事中,都将是贫乏的,正如我们将要在结论中说明的那样。刻画人物的人必须要知道他自己的性格,要么他便什么也不知道。并且,为世界提供此种有益之娱乐的人,他们自己首先要从中受益。因为,在这个意义上说,智慧和仁慈实际上可以说是"发自内心的"。我们绝不可能评价风俗或描绘他人的性情、喜好、情感和看法,如果我们不首先观察自己的这些东西,了解自己的能力。稍稍进行一下这种内在实践就会有大发现:"回到你的内心,你才有自知之明。"①

第三节

190   凡对人们外在的仪容风度有所观察的人,也必将能发现,仅仅

---

① 佩尔西乌斯:《讽刺诗集》,4.52。

根据本性生活的人与经过反思和艺术教育而成的人之间存在着很大的差别，也必定学着养成那种最从容、最自然的举止。前一种人，或者是善良的乡民，远离上流社会的各种规矩，或者是贫苦工匠和卑微百姓，虽身处繁华都市，却被迫从事低贱职业，无缘名师楷模以陶冶自身。有些人很幸运地受自然造化，没有经过任何精致高雅的教育，但其举止有一种自然的优雅得体。而其他人虽受过更好的教育，但因为怀有错误的志趣，其优雅是一种浅薄的矫饰，实乃最是缺乏优雅。然而，不可否认的是，最为优雅得体的行为举止只能存在于受过自由教育的人身上。并且，甚至在优雅的人当中，那最优雅的人，必定在幼年就受过训练，在名师的指引下形成其仪容举止。

但是，名师及其课程之于高雅绅士，正如哲学家及其哲学之于作家。这在上流社会及文艺界也是同样道理。对上流社会来说，很明显，凭借朋友的帮助和榜样的感染，人们学得了得体的仪态，行为得当、举止大方，在日常生活的所有场合中使周围人们都表现得像个绅士。但是，当进入到更重要的场合时，却需经历特殊的磨炼；当在公众面前表现更高雅的风度时，人们很容易就看出谁具备了基本的素养，私下受了名师的指导，谁又仅满足于鹦鹉学舌，东拼西凑，死搬硬套。作家们那里也有相似的情形。他们很少需要像学生们锻炼身体和四肢那样，学习仪态举止的规矩，理智与激情的平衡协调："要写作成功，判断力是开端和源泉。苏格拉底的文章能够给你提供材料。"[①]

情人以书信传情，正如朝臣恭维大臣，大臣谄媚位居其上的国王的宠臣，无需具备高深的学问或哲学。但对于德高望重的绅士们而言，虽然在其他方面设定风尚、指定法则，但却不能控制整个文坛，他们也无意辅佐时政，或标榜千秋。他们的作品本身不足以为他们获得作家的名誉，或跻身优秀作家的行列。如果他们的雄心导致他们进入这个领域，他们也不得不具备其他才能。进入公

191

192

193

---

① 贺拉斯：《诗艺》，309—310（引自中文版第154页。——译注）。

共场所的人必得经受适当的训练,并加以锻炼,正如整装待发的武士,要精通军事,善于操干戈御战马。因为优良的装备和战马还不足以克敌制胜。只有良驹不足以造就骑士,强壮的臂膀也不足以造就角斗士或舞蹈家。仅凭天才不足以造就诗人,仅具备些潜质也不必然成就一个优秀的作家。正如我们那位睿智的诗人所言,精妙优美的作品依靠学识和悟性,而且这种学识不仅仅得自平庸的作家或平常的谈话,而是来自只有哲学才能阐明的那种特殊的艺术法则。

我们的诗人在《诗艺》中所指的哲学作品本身就是一种诗歌,就像早期的模拟剧(mimes)或拟人作品,那时哲学尚未流行,戏剧模仿还没有成型,或者至少是在很多方面还没有臻于完善。这些片段,除了有固定的文体,有隐蔽的韵律之外,还带有一定的情节的模仿,正如史诗和戏剧的片段一样。它们或是真实的对话,或是对这种角色扮演的谈话的吟唱,其中的人物本身有一贯的性格,他们也保持着各自的风度、情绪,以及性情和知性上的神韵,这些都符合最严格意义上的诗的真实性。这些片段不仅仅讨论一些基本的道德问题,并在最后点出人物的真实性格和特征,它们将这些人物表现得栩栩如生,神态表情也都宛若眼前。凭借这些手段,它们不仅教导我们如何去认识他人,而且更主要的是,也是它们最大的价值,就是教导我们认识自己。

这些哲学诗歌的主角,其名字往往出现于篇首与篇中,他的天才和风度都贯穿始终,他本身有一种完满的性格,但在某些方面却显得含蓄模糊,在疏忽的考察者看来,他往往与其真实面目相去甚远;不过主要原因是他在运用某种巧妙雅致的戏谑手法,正是凭借这种手法,他能够同时探讨最高深和最通俗的主题,并使两者起到了相互阐释的作用。所以,这种写作天才显得既崇高又质朴,既有悲剧又有喜剧的色彩。然而,这些主题因此相互穿插,虽然主要人物的性格显得奇特而神秘,但次要人物却更鲜明地揭示了人的本性,更接近生活。因此,我们在这里有了一副窥镜,可以发现我们自己,我们最细微的特征也得到详尽的描绘,易于被我们自己领会

194

195

和认识。任何人每时每刻都是一种审查者,最终会熟悉自己的心理。而且,透过这副魔镜所显现出来的独特的标志,通过对其进行长期深入的观察,周围的人们也就习惯了这种实践,并获得一种特殊的思辨习惯,这实际上使他们带着一面袖珍宝鉴,随时可以派上用场。在这个过程中,有两幅面孔自然地映现在我们眼前:其中之一居高临下,如前文所说的领导者和首领;另一个则像蛮横任性、刚愎顽固的野兽,正接近于我们的自然状态。无论我们正从事什么,无论我们准备做什么,一旦我们惯于应用这面魔镜,我们便会凭借这种双重的反思将自己区分为两个不同的角色。并且,在这种戏剧化的方法中,自我审查这一行为将会获得可观的收效。

196

　　这就难怪,早期的诗人被其时代称为圣贤,因为他们仿佛都是训练有素的对话者,并且早在哲学采用这种方法之前,他们就惯于运用这种富有启发的方法。他们的模拟剧或拟人化演说,像他们最规范的诗歌一样深受人们喜爱,这也是为什么许多规范的诗歌只有在模拟剧的情景中才能臻于完美的原因。因为诗歌就被定义为对人及其行为的模仿,而且是高尚和高贵之人的模仿,而对低俗之人的模仿则被我们称为戏仿(mimicry)。这就是那位伟大的著作家,诗歌的圣父和王者,出类拔萃的原因,他所塑造的性格惟妙惟肖,为后世的大师们所不及。[①] 他的作品情节丰富,但并不只是人为地构造围绕一次大变故或事件展开的一系列或一连串对话。他不描写人物的品质或德行,也不指责其作风,或故作谀颂,他不会为人物指定性格,但却能使角色栩栩如生。他让人物自己表现自己。这些人物的言谈使其与众不同,而且始终如一。他们的性情和习性被正确地描绘,通过各种行动细节得到一贯的展现,这比所有人的评论或注释都更明白。这位诗人,并不是自己直接出面讲

197

----

① "荷马是值得赞扬的,理由很多。特别应该指出的是,在史诗诗人中,唯有他才意识到诗人应该怎么做。诗人应尽量少以自己的身份讲话,因为这不是摹仿者的作为。其他史诗诗人始终以自己的身份表演,只是摹仿个别的人,而且次数很有限。"亚里士多德:《诗学》,24.13—14。(引自中文版《诗学》,第169页)

话,也不故作聪明,他们不显露自己,人们很难在他们诗歌当中发现他们的存在。这才是真正的"大师"。他只是描绘形象,无须提及其名字来告诉我们这些形象是谁,或者通过这些形象打算表达什么。在任何细小的场景中,众人物只消寥寥数语就足以表明其作风和独特性格。一个细微的动作便可让我们想到整个人的身形姿态。他无意借助任何技艺,就可使主人公活灵活现。在他之后,演悲剧的时候只需搭起舞台,将其对话和人物挪到场景当中,将主要的行动或事件置于与真实情景相适合的地点和时间。即使喜剧也要归功于这位伟大的大师;喜剧源于谐仿(parodies)戏谑或假幽默(mock-humour),这位大师早就以一种含蓄的亦庄亦谐的方式树立了典范——这真是一种危险的艺术手法![①] 非如椽之笔难以驾驭,就像上文所说的那位哲学家主角,其性格是在对话体作品中得到表现的。[②]

由此而来,我们或许得到一种相似的观念,在此之前,诗歌之王和那位神圣的哲学家在很多场合都评论过这种观念,听说这位哲学家也堪称诗人,与这个学派中的同代人一样,完全是用上文所说的那种对话来写作的。由此而来,我们或许也可以理解为什么后世认为,研究对话对作家大有裨益,为什么人们断言,这种写作手法看似容易,实则难以掌握。

从前我确实很难明白,人们在各种主题的文章中都很熟悉这种文法,[③]而且古代人也用这种文法取得了很大的成功,但却被我们现代人认为过于乏味,弃之不用。但后来我就觉察到,除了这种文法本身所具有的难度,以及在我们身上所发挥的那种镜子作用之外,它也必然是这个时代的一面镜子或窥镜。

---

① 不是他的《玛吉兹》,而且甚至是《伊利亚特》和《奥德赛》也用了这种手法。

② 见本卷第 246 页,及 253 页注。

③ "文法"一词原文为 manner,在这本书中使用非常频繁,当用于探讨文学的时候,可以理解为艺术手法、写作体制、样式或法式、风格等,夏夫兹博里也常常将其与 style 一词并用;在这篇文章中,译者多将其译为"文法",偶尔有变通,译作"手法"或"样式"等。——译注

你会说,若是这样,它最终必更加令人愉悦快慰。

的确是这样,如果我们自己的真实面貌不会令我们自己不快的话。

但为什么我们会对自己感到不快,而古人就不会呢?

也许是因为他们更愿意看到自己的本来面貌吧。

那我们为什么就不愿意呢?是什么让我们避而远之呢?难道是因为我们看不上自己吗?

也许不是的,如果我们更多地考虑到这种镜子式的写作,它如何区别于时下那种愤世嫉俗的作品,作者非但不为我们表现真实的性格,反而卖弄华丽的技巧,极尽阿谀谄媚之能事以博取读者欢心,我们就会明白我们为什么不愿意看到自己的本来面貌。

以第一人称写作的作家可以随意选取他喜欢的人物和事件。200
他不是一个确定的人,也没有任何确定的或真正的性格,而是随时准备迎合读者的喜好,正如今天的流行趋势,他不断地取悦和哄骗读者。一切都随他的双重人格而转变。就像各种风流韵事或情人的书信往来,在这里也一样,作者有权利与内在的自我交谈,当他费尽苦心要谄媚读者、挑逗读者的情绪时,总要先把自己精心打扮一番。这就是现代作家在卖弄风情,他们为读者写的书信札记、前言后跋尽显矫揉造作,设法将读者的视线从正题转移到自己身上,总之不是让上流社会的人们注意他在说什么,他表面上怎么样或实际上怎么样,也不让人注意他在塑造什么形象,或希望塑造什么形象。

这是我们的邻邦带给他们的风气,尤其是他们所谓的回忆录。他们的政治随笔,他们的哲学或批评作品,他们对古代及现代作家的评论,他们所有的文章都是回忆录。当今所有的写作全部都成了回忆录的写作。虽然古代人的真实的回忆录,甚至当他们写到自己的时候,作品通篇都不会出现诸如"我"或者"您"这样的词。201
所以,作者与读者之间的这种柔情蜜意或交相怜爱统统都被去除掉。

在对话体中更是这样。因为在这里作者隐匿起来,而对读者无所欲求，也不支持任何人。自我取悦的双方都销声匿迹了。情景是在不经意间自然而然地形成的。无论是所传达出的思想，还是传达这思想的人的性格、天才、情态和风格，你只能不怀偏见，作出冷静的判断。双方可谓形同陌路，你无需受制于对方的喜好。仅仅知道对话中所引入的人物所说的至理名言还是不够的，必须认清他们的话源于什么根据，什么原则，他们有多少真才实学，其才智属于何种类型或种类。因为这才智必定有其标志，有独特的格调，据此可被明确辨认出来。它必须就是"这样的和这种才智"，就像我们说"就是这个人或这张脸"，因为自然已经赋予每一种性情或心灵以特征，正如赋予每一张脸以特征。而且，对于描绘自然的艺术家来说，仅为我们展现一张人的脸还是不够的：每一张脸必须是某个人的脸。

202　　正如一个画家描绘基督徒、土耳其人、印度人或者其他特殊民族的战争或者其他活动，必定要依据他们恰当而真实的比例、体态、习俗、武器描绘一些形象，对于作家来说也一样，无论是谁，在我们现代人中间，谁敢于将其同代人带进对话中，就必须按照他们应有的习俗、天才、举止和性情来刻画他们。这就是上文所谓的镜子或窥镜。

　　例如，我们假设，有一场按照古代人的样式设计的对话。其中有一个低俗的哲学家、一个卑贱的人物，与一个最具权威、最机智、最潇洒、最富有的贵族搭话，这个贵族正悠闲地向着神庙走来。

　　这位哲学家直呼其名，对这个贵族说道："你这是要去神庙表示你的虔诚么？"

　　"正是。"

　　"但是，我看你的面色不快，是有什么烦心事吧？"

　　"能有什么事让我烦恼呢？"

203　　"也许你正想许什么愿，对神发什么誓言是最好的。"

　　"这有什么困难么？难道有人这么愚蠢，会请求上天不要给他好处吗？"

　　"除非他不明白自己需要什么好处。"

"谁会不明白呢,如果他还有点常识,懂得贫富有别?"

"那你是要祈求富有了?"

"那还用说。比如,那个绝对的主宰,他凭借无限的财富主宰着一切,凭借其独断的意志和好恶统治众生,你就觉得他是富有的,过着幸福的生活。"①

正当我模仿这段对话的时候(因为这仅是前文所提到的原作的梗概),我知道人们会将其与现代人的教养和礼貌相比较,嘲笑这种样式,以及这些场景和行动。如果可能的话,让我们修改一下,还是同一个哲学家,他以一种更加谄媚的方式把自己的"优雅"、"卓越"或"荣耀"冠冕堂皇地吹捧炫耀一番。或者我们让这个场景更符合门外那些"文学家"(man of letter)的做法。假设他用匿名的方式写作,没有明确的性格,我们的时代是不欣赏这种写法的。让他的服饰和举止符合时髦的风格,以期得到更多关注,吸引读者。在这些条件和策略的基础上,可以想象他如何在国家的盛典游行中跟人搭讪攀谈,他随时都发现自己悠闲自在,独自走在荒野之中,身边没有仆役随从。想想他怎样地满脸堆笑,打躬作揖! ——现在把这些恭维之词和繁文缛节都放到对话中,效果会如何呢!

这在古人的写作方式中明显是让人感到困惑,我们在读原作的时候无论得到什么样的乐趣或教益,但都无法模仿,也无法转述。因为,在这种情形下,我们会怎么做呢? 如果我们突发奇想,决心要用这种方式讨论一下现代的话题,结果又如何呢? 看看这个结果吧! ——如果我们避开这些繁文缛节,那就不合情理;如果我们利用它们,仿佛我们天生就这样,鞠躬行礼,相互问候,我们又会讨厌这种场景。——这不就是"讨厌我们自己的样子"吗? 这是画家的错误吗? 他应该画得不正确,或有意造假,将现代人与古代人混杂一起,颠三倒四,违背其艺术法则吗? 除了扔掉画笔,他还能怎

204

---

① 这段对话改编自托名柏拉图的《亚西比德篇》(*Alcibiades*)。——译注

205 样呢？——他不再根据生活来构思，不再有镜子式的创作，或者设身处地地再现任何东西。

对话到此结束了。古代人可以看到自己的面孔，而我们却不能。

那么，这是为什么呢？

只是因为我们缺乏美，因为透过我们的窥镜，我们发现这样。——真是件丑陋的工具！因此也真正可憎。——我们所能想象到的最高雅的交流和对话方式就是这个样子，我们仿佛无法忍受看到自己的生活被表现出来。正如在我们真实的肖像中，尤其是那种全身肖像，那些蹩脚的画师千方百计给我们穿上我们从未穿过的装束，因为，如果画中我们身着真实的服饰，那么肖像越是真实、肖似，就越显得可笑。

古代作品及其艺术法则便是这样，古人手握哲学的航海图，那个时代敢于冒险的天才们习惯于借此把握他们的航向，控制他们

206 冲动的诗情。这就是我们的罗马诗歌大师的秘诀，是艺术的样板，是"镜子"，他呈现给我们的典范。"你们应当日日夜夜把玩希望的典范。"[1]

因此，诗歌和写作艺术在很多方面都与雕塑家和画家的艺术相仿，更具体地说，诗歌和写作艺术有素材和范本可供研习实践，但并不是为了卖弄艺术或为了哗众取宠而加以描摹。这些范本就是古代的胸像、半身像、解剖图，不为外人所观的精美的速写，因为这些是神秘的学问，是隐私，是艺术的基础知识。然而，每一类艺术家之间存在本质的区别：仅仅仿照身体构思，描绘优雅身姿的人，其构思的精确或正确从不是要改变身体本身，或给他们要描绘的人增添些许更优美的东西；但是，对于那些模仿另一种生活的艺术家来说，他们研究的是心灵的优雅和完满，是掌握构成心灵的学问的法则的大师，他们必然会使自己得到提升，使自己的心智得到充实。

---

[1] 贺拉斯：《诗艺》，268—269。（引自中文版《诗艺》，第 151 页。——译注）

我必须承认,愿意被称为诗人的我们那些现代人是最无趣的, 207
他们只掌握了音韵方面的雕虫小技,浅薄地玩弄机智和幻想。但
对名副其实的诗人来说,作为诗歌大师或者诗歌的建筑家,他们不
仅能够描绘人,也能够描绘其风度,赋予每一个动作以正确的形体
和比例,如果我没有弄错的话,人们会发现他真是一个与众不同的
生命。这样一个诗人堪称第二造物主,是朱庇特座下的普罗米修
斯。就如那至高无上的艺术家,①或者塑造万物的大自然,他创造
一个整体,始终一贯、匀称和谐,每一部分都主次分明。他标明每
一种情感的界限,并悉知每一种情感的确切音调和韵律,因此他能
正确地再现它们,昭现情操和行为之崇高,从丑当中发现美,从可
憎之物中发现可爱之处。精神的艺术家,能够模仿造物主,并知晓
他所创作的生命的内在形式和构造,我想,他必然熟知他自己,不
可能对创造心灵之和声的韵律一无所知。因为恶行就是心灵的噪
音和失调的比例。尽管恶人可以强词夺理,四肢强悍,但是他们心 208
中绝没有真正的判断力和创造的才情,既不友善也不真诚。②

但是,在认真探讨了作家的旨趣,说明了作家的主要原则和能 209
力、所遵循的基本法则,以及成为作家所需要的自我检视的方法之

---

① 意指上帝。——译注

② 有关哲学家本身或自由意识的伟大天才和大师的事实或历史都证明了这个准则
的正确。有两个最高尚的罗马人的性格是众所周知的。古代悲剧诗人的性格也
同样为人所知。伟大的史诗大师,虽然年代久远,事迹模糊,但人们都认为他并
非卑鄙邪恶之人。罗马和希腊的演说家都忠诚于自己的国家,为自由殉难。最
为人尊敬的历史学家,无论在个人生活中还是公众生活中都是善良的好人。具
体到诗人,斯特拉搏说:"我们能想象一个真正的诗人的天才、才智和优秀之处只
在于能用整齐的话语和韵律正确模仿生活?但他如何能够成为正确模仿生活的
人,而他自己却不知道生活的尺度,不知道凭借判断力和理智指导自己?因为我
们肯定不会认为诗人会像平庸的工匠,其艺术的主旨仅仅是些无意义的石头、木
头,没有生命、品德或美,诗人的艺术表现的是人及其风度,作为诗人,他有自己
的美德和优长,他天生深谙人的优长、价值和品德。如果他自己不首先是个可
敬、善良的人,他就不可能成为伟大而可敬的诗人。"斯特拉搏:《地理学》,1.2.
5。见本卷第278、337页,第350—351页注,也见第三卷第247—249、第273、
282页。

后,在进一步解开这个秘密的旨趣,我们应该思考我们在作家从外部可能获得的有利或不利的条件:他的天才如何因为外部因素被抑制或激发起来,这些外部因素源于世人的性情或判断力。

无论这些因素是什么,它们必定来自显贵权威,批评家和艺术家,或者是整个民族以及普通读者和平民百姓。因而,我们应该先从这些显贵和自称大师的人们说起,为了有利于作家,我们也要冒昧为这个上流社会提出些忠告,也许他们也乐意接受这种友善之举。

第二章

第一节

210　　人们习惯于仅凭意愿和喜好行事,听不得别人的忠告,也不管什么清规戒律,然而人们也必然承认,征求他人意见的良好习惯仍然受人称赞,作为一种美誉而受人欢迎,因而,即便是那些君王和专断的君王也不耻于纳谏。

我以为,正是这个原因,皇家贵族才乐于在公众场也言必称"我们"如何如何。这并不是说他们应该与自己交谈,仿佛有特权化身为多个自我,并以此来扩大自己的权能,正如我们上文所提到
211　的那种做法。我觉得,政府中那些独一无二的人物很难说在品行上也是独一无二的。他们内心中没有监管者来挑剔自己,或者质疑他们的喜好。他们没有在外在的实践上随时学习如何对自己坦诚相待,熟悉自己。这样一些人的喜好和意愿,无论在独创的沉思中还是公共聚会中,都不允许别人加以约束和妨碍。作为底层民众的教育者的世人们也要顺从于这些"王室的学生"(royal pupils),这些学生自小就惯于教导者在自己面前卑躬屈膝,言听计从。

因而,以免他们意气用事或反复无常,当他们成长起来,有了君王应具备的明辨,足以掌控政府的时候,人们认为他们应该召集一些专门的顾问来辅佐这个独身之人,与他共同起草法令公告、文

书禁令,共同执掌王室的权力机构。为此就成立枢密院,其中的大臣皆为显赫之辈、明智之士,绝不应尸位素餐,致使皇家法令错讹谬误,朝令夕改,最终只能听从独自一人的意愿或喜好。

的确,外邦的大部分君王在处理国家事务时独擅特权、专断独行,但我们岛国合法而英明的君王绝非如此。他们身边围绕着最好的顾问,依法而行。他们根据法定的官员来治理民政事务,这些官员具备以公众意愿和良知为指导,他们每年都会从善良的民众那里切实地接受良言忠谏。公平地说,我们这种明智的国体要归功于我们最为贤明高尚的君王,他高贵的血统和所接受的皇室尚不足以造就他们出色的才干,因为经验告诉我们,国内外的君王,虽然位高名崇,但在幼年时都深居简出,不谙政事。

我们一些其他君王,虽然不善于纳谏,却习惯对他人颐指气使。他们自封为他人的导师,发表警世之作,可以归到我们在此要批评的对象当中。但我们的批评是要为作家辩护,也是为学者一族辩护,在这项人们普遍参与的事业中,将粗鄙的文人与王室成员相提并论并不为过。

要我们民族的君王们拒绝支持勤奋的作家们,的确并不容易,因为王室的祖先和先辈们的荣誉就源自这一职业。他们王冠上的宝石也是因此而得,是有一位好战的君王交换而来的,这位君王就自称为作家,在与经院神学家论战中大显身手,因此以赢得“信仰的辩护者”的名声为荣。①

另一位君王,性格平和、才思敏捷,将武力军权交到大臣手中,只信赖为王之道和深奥学术,以自己的言论为其政府之金科玉律。他的作品充满了对皇室子孙的名言至理,也作为对其善良臣民的谆谆教导,臣民们满怀崇敬地看着身为君王的作家为他们之福殚精竭虑。到了那时,人们便会看到我们的民族愈发朝气蓬勃、温顺驯良、纯真朴实,人民仿佛是这位皇室导师门下的学生,受益无穷。

---

① 1521年,亨利八世发表《为七宗圣事辩护》,抨击马丁·路德为异教徒。他将这本书献给教皇李奥十世,教皇封他为“信仰的辩护者”。——译注

这位导师能言善辩,对他的议会亲切训导,给大臣们以教诲,给牧师和神学家们以启迪,在这些牧师和神学家的祈祷下,他得到了最为机智聪明之士可望赢得的最高赞誉。从此,不列颠民族得到教导,普遍承认他们的联合王国拥有一位"所罗门",是后来的统一联合体的创立者。① 毋庸置疑,继任君王的那篇"自我对话"的醒世之作,②为他赢得了"圣徒和殉道者"这些光荣而不朽的称号。

215　　尽管如此,我却不愿我们未来的君王以这位作家为榜样。无论他们那名声显赫的先辈们在这个光荣的领域取得什么王冠或桂冠,我却认为,在未来的时代里,喜好思辨的君王最好还是尽忠自己的职守。如果君王们满足于充当文艺的保护人,屈尊关怀艺术界富有才气的学生们,那就足以鼓舞学术界,我们民族的文学也必将繁荣昌盛。或者,如果大臣们常常关心这个领域,也可使其风貌大有改观。稍加关切就保证这个凋敝颓败的职业的光明前景,这个职业曾无人问津,致使艺术和科学蒙受屈辱,其间的高雅和美丧失殆尽,但是,如果我们民族的满怀抱负的天才们受到哪怕一点关怀或培育,由此得到进步,艺术和科学便可再现往日风采。

　　也许有人认为,我们没有必要祈求或劝说我们的王公显贵们赞助艺术和文学。因为在我们民族中,就这项事业的现状及未来趋
216　势来看,不难预想,每一门艺术和科学都会突飞猛进。不管像米西纳斯那样的心愿是否受人尊重和襄助,③缪斯总有一日会降临,艺术和科学将日臻完善,各个领域都兴旺发达。如果在艺术和科学方兴未艾之时,能得到明智之士的及时帮助,这种风气也将受到宫廷保护人的支持。

　　二十多年来,君王和人民之间达成一种适当的权力平衡,从前我们那些尚不稳固的自由权利也得到了保证,我们不再惧怕国内

---

① 所罗门为公元前 10 世纪的古以色列国王,以智慧著称。这一段说的是詹姆斯一世。所谓"联合王国"指的是英格兰与苏格兰于 1707 年联合。——译注
② 指的是查理一世所作的《隐居和受难中的神圣帝王记述》(1649)。
③ 米西纳斯(Maecenas),古罗马著名的艺术赞助者。——译注

因宗教信仰、国民财产或王权是否名正言顺而导致暴动、战争和骚乱。但是,这些成果让我们付出极大的代价,甚至在此刻,我们仍然付出生命和财富来保卫我们来之不易的自由政府和国家体制。可喜的是,我们在国内局势稳定,但仍然要警惕国外的事态和那个霸权国家的威胁,①之前,人类从罗马奴役之后的那些野蛮时代的痛苦中解脱出来,如今又一次受到一个极权君主的威胁,面临无知和迷信的深渊。

英国的诗人们,在这个兵荒马乱的时代,仍可以说着卑怯晦涩的谎言,尤其是他们偏安一隅。他们至今仍未收获任何像样的作品,也未参透人性。他们仿佛在襁褓之中牙牙学语,他们那些佶屈聱牙之作只能求得人们原谅他们年幼无知,到如今还在卖弄些双关语和俏皮话。我们的戏剧家莎士比亚、弗莱彻、约翰逊,还有我们的史诗诗人弥尔顿还保留着这种风格。甚至是后来者,仍未脱此种缺陷,试图创造一种虚假的崇高,作品中充斥着铺排夸张的明喻和含糊不清的暗喻(这是诗人们的木马和拨浪鼓),娱乐我们怪僻的幻想和不辨音律的耳朵,我们还没有闲暇来锻炼我们的耳朵,真正懂得音乐。②

但是那些可敬的游吟诗人,由于其所处时代的局限,生涩粗鄙,然而却给我们提供了最丰富的遗产。哥特式的诗歌模式之后,他们力图抛弃艰涩刺耳的韵律,这为他们带来不朽的荣誉,可以说他们是最初的欧洲人。他们维护古代诗歌的自由,为后世跟随他们足迹的效仿者铺平坦途,由此这些效仿者才能从容地净化我们的语言,带给我们更精致的快乐,让我们发现真正的格律和和谐的音律,只有这些才能满足正确的判断力和诗意的悟性。

显而易见,我们本国的天才远优于我们的邻邦,但是,应该承认,我们的邻邦潜心钻研,探求高雅风尚,力图赋予缪斯以恰当的形体和比例,正确而自然的装饰,纯洁而优雅的风格。遵循古代人

217

218

① 自光荣革命以来,英国一直与法国处于战争状态。——译注
② 见第三卷第 261—263 页。

那纯朴的楷模,他们培养出了高贵的讽刺诗人。① 但在史诗方面却鲜有成功。很幸运,在戏剧方面,他们民族的天才展示才华,兴建起了辉煌至美的舞台。但是,在缺乏自由精神的地方,悲剧那高尚的精神却难以维系。这类诗歌的天才在于生动地表现伟大人物的逆境和灾难,最终,民众和身份低下的人们可以学会更好地满足于一己之安宁,享受更安逸的生活,珍惜保卫他们公平公正的法律。如果人们发现这些生活方式符合古代人留给我们的悲剧的真正典范,那么人们很容易觉察这样一种典范并不适合从最低俗的农民到王室家族的高级奴仆的各色人等的才智或趣味,他们只学会崇拜权势高于自己的人,他们认为最值得敬重的是那些为所欲为的权贵和暴君,这些人物是踏着自己的身躯攀上高位的,并在他们头上作威作福。

　　另一方面,也很容易理解,当我们又重获和平、安居乐业之时,我们英国人在这一点上的优势,以及稳固的自由会对与艺术相关的种种事情的影响。在艺术的兴起与自由的衰落之间没有一个过渡时代或一个独立的时期,这也是罗马的宿命。② 一旦他们开始丢弃他们那种粗俗野蛮的风俗,并学习希腊人依照一种正确的典范塑造他们的英雄、演说家和诗人,他们便妄图剥夺整个世界的自由,也因此使自己失去自由。在失去自由的同时,他们不仅失去了雄辩术的力量,甚至也失去了这种雄辩术风格和语言。后来他们民族中涌现出的诗人也不过是些虚伪造作、拘泥程式的诗匠。直至最后,他们中间出现了两位成就卓著者,③结束了这种局面,这也明显是因为他们生活在自由的时代,感到自由即将丧失的可悲结局。这段历史并没有在戏剧中得到表现,而是表现在著名的米西纳斯的善举中,是他让一个生性残忍暴虐的皇帝对缪斯萌发柔情

---

① 波瓦洛。
② 意即古罗马时期没有实现过艺术和自由的共荣。——译注
③ 指维吉尔和贺拉斯。——译注

爱意。① 这些缪斯在她们这位宫廷的学生心中树立起了一种新的天性。她们教给他如何使人类陶醉。她们让他本人,而非以其武力或尚武的德行来感染他人,并非财富帮助他成就丰功伟绩,使他们篡夺而来的王权受人称颂,以至于人们乐于自己在牢固的镣铐之下被奴役。这个恶毒的政府的腐败掩盖在繁荣之下,定然不能长久。灾祸不久随之而来。最终,整个世界被迫忍受那些天生的暴君,而这些暴君乃是专横独断的、外强中干的暴力机器的产物。

我不知不觉就沉浸到了对这个政治时期,以及自由和文学的兴衰变迁的深深反思中;我不能仅满足于思考当这种普遍专政第一次统治世界时所强有力地施加于人类身上的这种魅惑。当我考虑到在凯撒和克劳狄家族灭亡之后,在社会混乱和公众消失时皇权兴衰的短暂间歇,罗马如何重新恢复了严酷的统治,其明智的后嗣和贤能的皇帝如何使这个行将灭亡的国家起死回生的,并使其从一个偏远国家走向统治世界的帝国,我们必然遇到更多的疑问。这些皇帝不仅拥有军事才能,建立最严明的法纪,而且,因为他们追求的是整个世界的利益,他们竭尽所能恢复自由,并使凋零的艺术和堕落的德行重新焕发生机。但是这个时代已经过去了!这种政府的必将消亡的命运无可挽回,而整个世界却习惯屈服于它,变得卑贱顺从,既没有能力也没有意志来拯救自己。它唯一所能期待的就是从残酷的野蛮人的手中解脱出来,希望这个庞大帝国和暴虐的政权彻底解散,在这个帝国中,最优秀的技艺也只能被用以残害人性。因为,在野蛮之人影响这个帝国之前,残暴和野蛮已浸入了艺术之中。如果天赐幸运、甚至如奇迹发生,有英明的帝王继位,他所能用以保护他喜爱艺术和科学的所有手段不过是,在其在位期间保护那些行将毁灭的遗迹,自由衰落以来,这些遗迹也是历经艰险留存下来的。② 从此之后,没有一尊雕像、一枚圣牌、没有一座建筑能再闪耀其光芒。哲学、文艺和学术,曾有许多英明帝王因

221

222

① 见本卷第 269—270 页注。
② 见本卷第 239 页,及第 341—342 页注。

它们流芳后世,也与这些帝王一同烟消云散;无知和愚昧笼罩整个世界,继而使其走向混乱和崩溃。

我们这个时代自由又重新主宰世界。而且,我们自己是一个幸运的民族,这个民族不仅在国内享受着自由,而且凭借着我们的伟大和才智,使自由在国外也焕发生机,因而我们民族成为建立在自由这个共同目的之上的欧洲联盟的首脑和领袖。窃以为,人们也不必惧怕失去这种高尚的热情,或者在这项光荣而艰巨的事业面前畏怯退缩;虽然像古代希腊一样,我们要在未来的年代与国外的强权进行斗争,竭力遏制“一位大帝”的倒行逆施。① 现在的我们就像早先的罗马人,那时他们只希望弃戎解甲,徜徉在艺术和学术的繁荣之中。为此,我们要谨防名利熏心的野心勃勃的君王,如在其国内一样,在国外也收买人心,在各个行业和各门科学中沽名钓誉。我们应该自己心中寻找更高尚的动力,无需这样的援助,只凭借自己的德行,在相互激励之中取得优异成果。②

如果我们的贵族和君王无偿支持这项事业,慷慨解囊,这项高贵的事业必有大成,这的确将是他们的荣耀,我也相信这指日可待。这不仅为他们今世的生活带来巨大的利益,而且也必将比其他世俗事务更多地给他们带来身后之名。因为他们必定记得,他们的声名就掌握在文人墨客手中,而无能浅薄的作家则会使最伟大的事业失去荣名,销声匿迹。

即便一个民族永远如此残忍野蛮,他们也仍然有自己诗人、吟游诗人、史官,以及各种文物研究家,他们的任务就是彰显这个民族的重大事件,记载文治武功。而且,虽然建立武功的英雄们不为文人或诗人们所知,但是事实上,他们却对前人的丰功伟绩最感兴趣。自然而然,善于军事的名臣勇将能获得最多的名声和赞誉。

---

① 指路易十四,这里将他比作威胁古罗马的波斯帝国。——译注
② “直到后来,罗马人才鼓励他们的文人们阅读希腊的作品,在迦太基战争之后的和平年代里,开始思索索福克勒斯、泰斯庇斯和埃斯库罗斯究竟有何价值。”贺拉斯:《书札》,2.1.161—163。

而文臣谋士则较少受缪斯青睐。但是,如果没有与之相称的诗歌天才和文人墨客记诵他们的生平,颂扬伟人的千秋功德,这些丰功伟绩必被这样的记载者诋毁为时运之造化。我们现代很少有这样的英雄,像色诺芬或者凯撒那样能写作自己的传记。而现代政客们那幼稚的回忆录作品和粗糙凌乱的片段,怀着自私褊狭的目的,到了另一个时代就难以维系他们的功德或名誉;因为整个世界都已经开始厌恶这类作品了。只有博学多才、淡泊名利的历史学家还被人记诵。而且,当人们听到卓越的诗人或者传颂英名的人的作品时,那些低俗的歌功颂德的作品就将湮没无闻。 225

但是,也可以假定英雄或者政客无意于留名青史,不过仅就现下而言,即在他们自己的时代,善待这些文人才子,使自己的名誉声望为他们的艺术所称颂也是非常重要的。如果这些杰出之辈如此高贵或令人敬畏,其事迹必然在诗文中,以化名或真名得到记述。即使他没有名垂于颂歌史诗,也至少被人以浅白的民谣传诵。人民需要为他们树立雕像,虽然难见其人;即使他拒绝优秀的画家为自己作像,其他人也会为了教育民众而将描绘他的风范。我们应该看重的是人们实际的表现,而且,我们宁愿伟人没有堂堂相貌,也要相信编造离奇传说、粉饰英雄事迹的艺术家所表现的他的丰采。事实上,拙劣画作也不能湮没其品质,与皇室法令一样,伟 226 人的独特意义就在于被赋予类似皇室的荣誉,接受行人过客的瞻仰。因此人们希望对英雄予以更优美的描绘,即便不真实,或有所夸张。但是,有另一种描绘却极有可能玷污英雄的荣誉。居心叵测的谀颂奉承是最为恶劣的讽刺:如果利欲熏心、卑贱低俗的诗人们的逢迎谄媚以某种方式取得成功,高贵聪慧的诗人们就禁不住要用另一种方式来施以报复。

从权贵显要的利益来看,他们仿佛只能做出这种选择:或者,如若可能,倾力压制文学,或者予以扶持。作家的图谋和文人的自由一旦有所滋长,国家的统治者就必定要么是获利者,要么是受害者。到最后,统治者要么施行土耳其式的政策,严厉打击这个职业,摧毁这种艺术及其中的奥秘,或者为了利用其价值,慷慨无私

227　地支持它鼓励它。怀有偏见，或心存疑虑，或漠不关心、冷面相对，或出于一时热情、突发奇想，这些态度很少能有效地利用这些艺术。他们必须公平地对待艺术，反过来，艺术也会公平地对待他们。像亚历山大那样规定，只有利西波斯才可以为他制作雕像，只有阿佩利斯才有资格为他画像，这都是枉费心机。傲慢无礼的入侵者模仿英雄的相貌以彰显自己的荣耀，而卑贱的科里洛斯，虽然得到他们自己的提携，终究被可敬而高贵的艺术家取而代之。

　　在一个政府中，如果人们分享权力，但却贪图奖赏，他们是期待君王和伟人能将丰富的奖赏，以及荣誉和利益赐予为国家带来荣誉和利益的人。人们期望，国家中位高名著者不仅应该保证国家的长治久安，而且不应忽视凡能为国家争取尊严和光荣的东西。艺术和科学绝不能无人资助。公众们自己也与优秀的才子和法官

228　们一道怨恨艺术和科学被人漠视不理。即使在一个专制的政府中，一个大臣若能得到文艺的支持，吸引在文艺上有所成就者成为他们的颂扬者和朋友，他也将获得巨大的好处。并且，在野心勃勃的领袖们争夺最高权威的那些国家里，如果觊觎权威者能依靠文人墨客们赢得名声和利益，他们也能为其邪恶的目标取得巨大的优势。贤明的皇帝图拉真，尽管自己不是大学者，却有着与奥古斯都一样的成就，因其对每一种艺术和德行的慷慨恩赐和鼓励受人赞誉。而凯撒自己就有出色的文笔，在追求自己的事业时既用智谋，也用武力，凭经验深知，如果卡特鲁斯成为自己的敌人意味着什么，尽管卡特鲁斯经常对他冷嘲热讽，他还是原谅和夸赞这位诗人。这个背信弃义之人知道怀柔政策的重要。有着同样的居心的人怎能不懂得这种作为的利害！我倒愿意凯撒的宽宏大量不能奏效，难保其尊位，或者奴役他的国民。不妨让他粗暴严苛地对待自由的天才们，对智者们傲慢轻蔑，让他穷兵黩武，大兴文字狱，那他

229　就会成为第二个马里乌斯，或者名声狼籍的喀提林。①

―――――――――――

① 卡特鲁斯是古罗马的讽刺诗人，以艳诗闻名，曾讽刺凯撒。马里乌斯和喀提林均为古罗马的军事将领。——译注

我知道,这就是有些所谓的"大人物"的梦想,凭借自己的高位要职,他们对文学慷慨相助,以繁荣文学为己任,因此得到人们尊重;如果他们不辨真伪,乐于施惠于那些假冒的艺术家,或者栽培只会阿谀奉承、结交权贵的那类作家。他们想,这样做就足以使自己获得才子和文豪的保护人的声誉。但是这种手段不可能让他们的目的或企图得逞。错施恩惠将是对真才实学的双倍伤害,无论其原因或兴趣是什么,都要比单纯的漠然或者中立态度还要有害。没有什么理由能为这种错误的选择辩解。只要愿意寻找,每一种真才实学都会被轻易发现。公众的眼睛自然是雪亮的,会发现出那些只是由于缺少支持和鼓励而不能闻达于世的天才。聪颖之才 230 绝不会湮没无闻,"大人物"也必然会被他们吸引,或者不可能错失表现自己慷慨大度的有利时机,必会赢得聪慧博学之辈的普遍尊敬、承认和祝愿。

第二节

因而,从以上所作的思考当中,我们很容易认识到我们的王公贵族们对于艺术和文学有着怎样的影响。从我们对这些权贵之人的直率批评中可以看出,作家未能提高自己的技艺和才华,无论如何也不能从这类人物身上寻找借口。因为,在像我们这样自由的国度中,三教九流都不及作家这一行的自由,如果他们具备真正的才能和价值,那么即使在遭遇伤害时也完全可以自行申冤,并且能施展无数手段,足以使最有权势之辈对他们刮目相看。

我也不应该怀疑我们这些作家的天才,或者因为他们怀才不遇就谴责他们的低俗无能,若非另一重恐惧使他们背叛自己,并意识 231 到自己的弱点。对作家来说,批评家仿佛是最令人恐惧的。批评家是最可怕的幽灵、巨人、巫师,对作家的作品吹毛求疵、肆意歪曲。正因为这些迫害者,作家们才忍气吞声,祈求所有好人的保护,尤其要寻求权贵的庇护,只有得到这类人的帮助,他们才有望抵御批评家们的恶意评判。"有什么能比这样的遭遇更令人痛苦

吗：被迫顺服文人的严苛法律；在这些铁面无情的法官的监视下写
作；唯有努力阿谀奉承、献媚求宠才能让人原谅自己艺术上的缺陷
和错误？"

通过作家所写的序言、献辞和引言的规范，才能判断现代作家
所处的真实境遇，也许有人会想，一旦他的作品被人阅读，便会遇
232 到于他不利的一些符咒，就有一些恶魔般的力量聚在一起摧毁他
的作品，歪曲他的善良意图。[1] 因而，他心生愤懑，怒发冲冠，奋起
反击，大呼："滚开，这些魔鬼！"然后又自行其是；这并不是对正确
地反对他的批评置之不理，而是对批评这种作风和所用的手法嗤
之以鼻。

"我讨厌蛮横无礼的群氓，唯恐避之不及。"[2]毫无疑问，这样的
反击在那个年代来说是有雅量的。"滚开！"一词用在这里也是恰
如其分，尤其是当诗人以宗教和美德为主题的时候。但是，对我们
现代人来说，情形恰恰相反。因此，这种反击或呼叫"滚开"的方式
应该是这个样子：

"你们这些庸俗的灵魂，未经雕琢，不知有艺术，永远都进不了
智慧的神庙，也未曾参拜文艺或学术的圣殿，你们要如百鸟朝凤，
聆听我将吟唱的歌谣或传说。但是，满腹经论，才思敏捷的人们，
耳聪目明，可以辨声律、审妙乐，你们凭借某种技艺辨别真知与谬
见、粗俗与精华、浮夸聒噪与正直崇高的人，那就请你们离开吧！
或者站在一旁吧！而我看中的是那些喜欢轻松安逸的才疏学浅之
233 辈，他们是最广大的听众，也是唯一能领会我这番辛劳的人。"

人类的虚荣随时代和场合的不同而不同，真是令人惊奇。只是
在当下，几乎每一个有志于缪斯之艺的人都在吹嘘，"单凭他的天
才，以及对风格和思想的先天颖悟，他就能观古今于须臾，抚四海
于一瞬"，"他游刃有余，信手拈来，锦绣华章即刻成篇"。在雅典那
个优雅的时代，因为那时的作品是另一种形式和格调，工匠也怀着

---

① 见本卷第 329—330 页，及第三卷第 259 页、第 277 页注。
② 贺拉斯：《歌集》，3.1.1。

114

另一种志趣,他们的虚荣也是截然相反的类型。他们宁愿假装表现出自己曾辛辛苦苦地修改作品。他们喜欢暗示自己如何不辞劳累,耗费大量时间,在最细微的作品上精雕细刻,以臻完美(也许就是一首歌曲或者讽刺诗,一篇演讲或者颂词)。当他们如此雕琢他们的诗篇,使其浑然天成,让人看起来仿佛只是妙手偶得、灵光闪现,或者情思的自然流露的时候,他们所担心的是人们认为作品实际上就是如此得来,他们所用的匠心不被发现。他们情愿让别人知道他的剧作是如何严肃,看似驾轻就熟,实则匠心独运:正如那位和蔼而高雅的诗人,他们这样看待自己:"他仿佛是在游戏,实际上却在艰苦劳作。"[1]以及:"[我的希望是要能把人所尽知的事物写成新颖的诗歌,]使别人看了觉得这并非难事,但是自己一尝试却只流汗而不成功。这是因为调理和安排起了作用,使平常的事物能升到辉煌的顶峰。"[2]

234

只有批评家才能发现这技艺是如此精妙,而一般人的判断力却对其视而不见。对一个真正的艺术家而言,最悲哀的事情莫过于公众的冷淡,对其作品不加批判。相反,最令他高兴的事情莫过于明辨的考官法官对作品细致地观察和检阅。只有低贱的天才和懒惰的演员才拿浮华炫目的外表混淆视听,以使作品免受直接而详细的审查。

为什么一个富有经验的音乐家并不着急在知音面前施展才华呢?因为他只为人们的耳朵演奏,是挑剔的、精细的耳朵。无论他的听众是什么性格,他们尽可以是天生严厉、忧郁或刻板,都没有关系,因此他们才是批评家,有能力去苛责、评论音乐,能听出每一种和声和交响。对一个优秀的画家来说,还有什么能比仰慕的观众当中,无人能分辨不同大师的手笔,鉴别每一种风格的优劣,更让他感到耻辱呢?在所有低级的手艺人那里,所用的法则都是一

235

---

① 贺拉斯:《书札》,2.2.124。
② 贺拉斯:《诗艺》,242—244。(引自中文版《诗艺》,第150页,[……]内的文字为译者所引用。——译注)

样的。在每一门科学、每一种艺术中,令真正的大师或内行最愉悦的莫过于,自己的作品能得到所有艺术法则和精细的批评的全面细察和评析。那么,为什么(以缪斯的名义!)我们那些有志于写作艺术的人、我们的诗人和诸种散文作家却不这样呢?为什么在这个职业里面我们发现这样有憎恨批评家的人,如此无知地反感批评家呢;除非人们理所当然地认为,与我们民族目前的文艺和学术一样,我们仍然受制于一群"庸医和江湖郎中"?

基于这些考虑,我要坚决谴责当前日益盛行的痛骂批评家为全民公敌、视其为文艺和学问的共和国的害虫和煽动者的这种作派。相反,我断言,他们是这座大厦的栋梁,没有这个群体的支持和宣传,我们[的文艺]至今还像哥特式建筑那样。①

在人类社会较为脆弱、混乱的时期,例如由联合部落和混杂的殖民者所构成的社会,始终居无定所,如果人们已经熟练掌握语言,以能够互相理解,互通有无,满足各自所需,这将是一笔丰厚的财富。② 他们衣不遮体,食不果腹,应该没有足够的闲暇或轻松的心情来让他们产生思辨的兴趣。既无安全,也无财物,人们不可能从事那些并不必需的艺术。人们也不能指望他们关注自己的语言的韵律和偶然发出的和谐音调。但是,随着时间的推移,当社会生活变得轻松、稳定,当人们常常为了共同目的和公共利益而辩论和演说,人们就对重要人物和领袖们的言语加以思考,放在一起比较,自然而然地发现,这一演说者比另一演说者的语调更动听,思路更清晰条理。

从此人们很容易觉察到,在某种意义上,说服女神(Goddess of persuasion)必定就是诗歌、修辞、音乐及其他类似艺术之母。因为很显然,如果重要人物和领袖们意欲说服人们,便会尽其所能来取悦人们。所以,在如上所述的国家或政体中,不仅用最崇高的思想

---

① 哥特式建筑夸张繁复,内部昏暗神秘,夏夫兹博里视其为专制政治、天主教的宗教观念和野蛮的艺术风格的象征。——译注
② 关于这些以及这一节中剩余的内容,可参见第三卷第 136 页及以下。

和最丰富的想象,而且也用有最柔美、最诱人的音调来吸引公众的耳朵,通过动人的表情来俘获人心。

古代这方面的大师几乎都被称作音乐家。而且这些传说不久发展成了寓言,再现了这些更为庞大的社会的最初的奠基者或缔造者,例如那个真实的歌唱家的故事,他的嗓音和琴声能吸引最残忍的野兽,把粗糙的木石化成最美丽的城市的样子。毋庸置疑,这个艺术家潜心研究言语的韵律,必定使对单音和自然和声的研究取得了相应的进步,而这种研究本身也使他们新居民的粗野风俗和冷酷情性变得平和起来。

因此,如果随后在这些通过普遍赞同和自愿联合而形成的自由共同体中,一个人或者少数人的权力凌驾于其余人之上,如果强权当道,社会生活不是凭借人们的普遍同意,而是凭借威势和恐怖来治理,那么,这些动人的科学和演说艺术便得不到发展,因为它们毫无用处。但是,如果在有些地方,说服是治理社会的主要途径,人们在自己行动之前就已心悦诚服,那么雄辩术就变得重要起来,人们就能听到演说家和吟游诗人,这个民族一流的天才和贤哲们致力于研究这些艺术,通过这些艺术,人民变得更为通情达理,更愿意服从博学多识之士。这些艺术家越是吸引公众,公众就得到越多教益。在这样一些国体中,智者能士的志趣是将共同体作为才能和智慧的法官。对才智的高度尊重使得人们给予富有才智者以最高荣誉。并且,那些得到科学和较高雅的艺术的培养而成长起来的人,必然会将趣味和品味加以提升,使其符合他们认可的优秀和卓越。

由此,自由的民族将这些如此完美的艺术留给我们,从他们政府的本质,以及一种适宜的环境中,他们取得了丰硕的成果;而由武力和专权统治的最强大的国家和最广袤的帝国,在经过了歌舞升平的年代之后,留下的尽是畸形而野蛮的艺术。

当这种说服的艺术广受赞誉,这些动人感情的力量为一个时代中进步的哲人和意气风发的天才们竞相研习和效仿的时候,许许多多具备同等才智的天才们,虽然并不贪图公众的赞誉,也不觊觎

238

239

240　权势或者名垂青史,却也会在静观这些令人陶醉的艺术时娱乐自
己。他们越是净化自己的趣味,培养自己的听力,①就获得越多的
享受。因为,存在什么音乐,也便存在什么样的听力。在表演的艺
术达到预期效果之前,或者在类似的精致艺术被人们感受或领会
之前,必然存在一种倾听的艺术。所以,每一种艺术的真正表演者
都出于本性最愿意提高、净化公众的听力,若非有后一种天才的帮
助,他们就不可能取得效果,在某种意义上说,这后一种天才在向
人们阐释他们的艺术,借着他们所创造的典范教授公众何种表演
是正确而卓越的。

　　这就是批评家的缘起,由于艺术和科学的发展,他们也必然获
得声望,既然听到人们的赞誉,他们最终也就意欲成为作家,进入
公众的视野。这些人被冠以学者(sophists)之名,这个名号在早先
时候很被人尊敬。② 最庄重的哲学家,作为风俗的责难者和较高贵
的风尚的批评者,也不耻于对低级的艺术——尤其是与演说,以及
辩论和说服的才能相关的艺术——发表批评。

241　　　一旦这样一类人兴旺起来,再依靠哗众取宠、欺世盗名来欺骗
公众就不可能了。公众不再认可虚假的机智或矫饰的雄辩。在博
学的批评家被欣然接受,哲学家自身也情愿加入批评家行列的地
方,必然要产生次一级的批评家,他们把批评艺术再分为几个不同
的领域。到处都涌现出语源学家、语言学家、语法学家、修辞学家,
以及其他在自己的事业上有所成就、受人关注的人物,他们彰显隐
藏在真正艺术家的作品中的美,揭露假冒者的作品中的浅薄之处、
虚假的装饰和造作的优雅,以维护他们所从事的艺术的真理和正
确法则。我们所谓诡辩的论证和华而不实的风格、矫揉造作或虚
情假意、插科打诨、奇思怪想,繁琐的比喻或晦涩的隐喻,再也不能

---

① "听力"一词的原文为"ear",有时直译为"耳朵",有时译为"听力",侧重指音乐方
　面的趣味或鉴赏力,可谓"知音之耳"。——译注
② Sophists 也指古希腊的智者和诡辩家。——译注

污染人们的耳目，上文所述的那些秘书、评注者和提词员（prompters）①随时准备戳穿这些虚伪的作风。

很容易想象，在谈话或者写作的几种风格和样式中，最容易习 242
得，也是最早被运用的就是那种奇异诡谲、华而不实，或者我们通
常所谓的崇高风格。② 在人类懵懂无知的年代，最容易激起的情感
是惊异。幼小的儿童便对这种样式很感兴趣，人们都知道，引他们
高兴的方法就是让他们感到惊奇：在给他们看一些不可思议的东
西的时候，我们装作很惊讶，便会引得他们也感到这种情感。野蛮
人最喜欢的音乐就是那种令人惊悚的声音。印度人所喜欢的画面
是那些巨大的形象，各种怪异炫目的色彩，以及所有令人惊讶，还
带有几分惊骇和惊慌的东西。

在诗歌和雅致的散文中，其中令人惊异的部分或通常所谓的崇
高之处，是由各种各样的形象、形形色色的隐喻，违背自然流畅的
表现方法来构成的，因为这些文法与古典作品和普通用法截然不 243
同。③ 这就是批评家之王向我们明确指出的荷马之前的最早的

---

① 所谓秘书、评注者和提词员用以指熟悉各门艺术法则的人。——译注
② 这里的"崇高（sublime）"显然与后来的美学家所论述的"崇高"有一点区别，他更
　　接近于怪诞或单纯的庞大。——译注
③ "言语的美在于明晰而不至流于平庸。用普通词组成的言语最明显，但却显得平
　　淡无奇。……使用奇异词可使言语显得华丽并摆脱生活用语的一般化。所谓
　　'奇异词'，指外来词、延伸词以及任何不同于普通用语的词。但是，假如有人完
　　全用这些词汇写作，他写出的不是谜语，便是粗劣难懂的歪诗。"亚里士多德：《诗
　　学》，22.1—4。（引自中文版《诗学》，第 22 页）这位批评大师在他的《修辞学》中
　　做了更详细的阐释，而且也提到了《诗学》中的这些话："由于诗人们似乎是靠风
　　格而获得名声的（尽管他们的话没有什么内容），所以散文的风格起初也带上诗
　　的色彩，例如高尔期亚的风格。甚至直到如今，大多数没有教养的人还认为这种
　　演说家的话最漂亮不过。其实不然，因为散文风格不同于诗的风格，结果表明：
　　如今连悲剧诗人都不照样采用以前采用的风格了，他们像早期悲剧诗人抛弃四
　　双音步长短格而采用短长格（因为在一切格律中以短长格最像说话的腔调）那
　　样，抛弃一切不合乎谈话之用的字，这些字是早期诗人用来装饰他们作品的，现
　　在依然为写六音步的诗人们所采用，所以摹仿那些连他们自己都不采用的文法
　　的人，是可笑的。"《修辞学》，3.1.9。（引自中文版《修辞学》，罗念生译，见《罗念
　　生全集》第一卷，上海：上海人民出版社，2004 年，第 305 页。夏夫兹博（转下页）

诗人，或者直到诗歌之父为人所知的时代，所用的文法；是荷马抛弃了那种虚幻不实的文法，并确立起了一种合理而真实的文法。他仅保留了比喻或隐喻这些合宜的风格，引入了自然、质朴的风格，专注于真正的构思的美，即意图的统一性、人物的真实性，以及对自然在细节的正确模仿。

244　　这位诗歌之父的文法被后人以各种方式模仿，并被分裂成几个不同的类型，尤其是在戏剧当中得到了模仿的时候。首先出现的是悲剧，采取了其中最庄重和崇高的那一面。这一方面，诗人比在喜剧或滑稽剧中更早取得成功；人们自然会推想，因为这实际上是两者中最先出现的一种文法，因而也最早达到了完善的程度。这位批评家之王也向我们充分说明了这一点。① 而且，值得强调的是，这位非凡的天才和艺术法官关于悲剧的主张：无论这类诗中最完善的那些诗表现为什么形态，实际上都不可能超过他那个时代所取得的成就；他说："[悲剧]最后实现了其目的，并明显达到了其

245　顶峰。"②但是，喜剧却仿佛仍然在发展。但他也明确暗示，喜剧已

（接上页）里的引文有所删减，这里加以补全。——译注）在对这种浮夸风格的早期改革者中，他推荐荷马为主将，我们在他的《诗学》中可以明显看到这一点，尤其是下面这段话："[事实上，史诗中也应有突转、发现和苦难，]此外，它的言语和思想亦要精美。荷马最先使用这些成分，而且用得很好。……另外，在言语和思想方面，这两部作品也优于其他史诗。"亚里士多德：《诗学》，24.3。（引自中文版《诗学》，第 168 页。[]内的内容为译者所补充。——译注）

① "悲剧——喜剧亦然——是从即兴表演发展而来的。"亚里士多德：《诗学》，4.14。（引自中文版《诗学》，第 48 页）当将这些与悲剧一起比较时，他在下一章扼要重述了这一点："悲剧的演变以及促成演变的人们，我们是知道的。至于喜剧，由于不受重视，从一开始就受到了冷遇。早先的歌队由自愿参加者组成，而执政官指派歌队给诗人已是相当迟的事情。"《诗学》，5.3。（引自中文版《诗学》，第 58 页。——译注）见第三卷第 139 页注。

② 亚里士多德：《诗学》，4.15。（在中文版的相应段落中未见有相应的话，也许应该是中文版中的这一句："[悲剧缓慢地'成长起来'，每出现一个新的成分，诗人便对它加以改进，经过许多演变，]在具备了它的自然属性以后停止了发展。"见中文版《诗学》，第 48 页。——译注）这位伟大的人物真是一位先知，正如其为一位批评家。因为到此时，悲剧由索福克勒斯和欧里庇得斯发展到了极点，没有在进一步完善或超越的余地，在作者所处的时代之后，除了这些诗人，无 （转下页）

经在某种程度上开始衰落,不过尚未衰落,虽然阿里斯托芬和其他一流的喜剧诗人富有机智,努力创作,曾在这位批评家之前活跃过一阵子。这些才子的风格和语言是完美无缺的,幽默手法的变化多端,然而,他们全然不理会性格的真实性,结构的优美以及对自然的朴素模仿;或者,他们凭借放荡不羁的幽默,仿佛把这些东西忽视了,置之不理。米南德还未出现,他不久之后成长起来,兑现了我们这位伟大的艺术大师和造诣极高的文献学家的预言。

246

此时,喜剧①所达到的成就并不超过之前的古代的谐仿作品。②推翻早期诗人那虚假的崇高风格具有重要意义,而且,即使在这个时代,人们时刻都可能重蹈那种恶俗的风气。就连优秀的悲剧诗

(接上页)人再能流芳后世。正当喜剧继续发展为第二流和第三流的时候,悲剧到了欧里庇得斯手里便中断了,虽然我们伟大的作者在《诗学》中对他给予了最严厉的批评,但也明显承认,他把悲剧的风格提升到了最高的顶峰,为悲剧赢得了最高的荣耀。因为,对于这位诗人在运用崇高和比喻的言语时所作的改革,可见我们明白的作者在他的《修辞学》(3.2.4—5)所做的评论,在那里他力图表明,文辞华丽的演说家的偏离正道,令人厌恶,不懂得朴素和自然手法的作用:"即便在诗里,冠冕堂皇的话出自奴隶或很年轻的人嘴里,或者用来描述很小的事情是不适合的;]甚至在诗里,为了求其适合,有时候应当风格压低一点,有时候应当提高一点。所以运用这种技巧的人必须把他们的手法遮掩起来,使他们的话显得自然而不矫揉造作;话要说得自然才有说服力,矫揉造作适得其反,因为人们疑心说话的人在捣鬼,就像酒里搀了水一样。忒俄多洛斯的声音和其他演员的声音比起来就是如此,他的声音似乎是剧中说话人的声音,他们的声音则是别人的声音。只要我们能从日常语言中选择词汇,就能把手法巧妙地遮掩起来,欧里庇得斯就是这样做的,他开了先河。"(引自中文版《修辞学》,见《罗念生全集》第一卷,第307—308页。——译注)

① "荷马不仅是严肃作品的最杰出的大师(唯有他不仅精于作诗,而且还通过诗作进行了戏剧化的摹仿),而且还是第一位为喜剧勾勒出轮廓的诗人。"亚里士多德:《诗学》,4.12。(引自中文版《诗学》,第48页。——译注)这就难怪在这个体系中喜剧出现较晚。见本卷第253页注,也见第198页。

② 谐仿(parodies)非常古老,但实际上不过是纯粹的滑稽剧或笑剧(burlesque or farce)。喜剧从那些幽默和下文所提到的生殖崇拜仪式中(见第250页注。——译注)借用了某些东西,但没有发展成为任何艺术形式或形态,如上文所说,直到大约阿里斯托芬的时代,阿里斯托芬是这种诗歌的第一个典范或开创者,与此同时,悲剧已经脱胎换骨,达到了完善,正如这位伟大的批评家告诉我们的,其他一些权威也明确证明了这一点。

人也难以避免这种风气。口若悬河的演说家是其长盛不衰的主题。凡利用虚假的严肃或庄重来欺世盗名的东西都要经受这个试金石的检验。风尚和性格，以及演说和写作，都要接受最自由的讨论。这种机智的天才最适合揭示事物的本来面貌，揭去之前的悲剧文法和浮夸风格自然形成的那重面具。"[其后，埃斯库罗斯又创始了面具和华贵的长袍，用小木板搭起舞台，]并且教导演员念词如何才能显得崇高，穿高底靴举步如何才能显得优美。其后便出现了古代的喜剧。"①

247

悲剧喜剧以上述方式在希腊接续发生并不是偶然的，倒不如说是必然的，这源于事物的动因和本质。因为，在一个健康的身体中，自然为其规定了自我修复的方法，并为机体在生长和成长过程中出现的缺陷提供了矫正机能。这个自由的民族的生活越来越丰富，随着文学和艺术的发展，人们的才能和判断力也与日俱进，他们在自身中发现有一种自然的能量，通过适当的激发和对各种体液的有益的冲和，这种能量便会纠正任何过度的或失调的东西（就如医生们所说的那样）。所以，由激昂的风格导致的兴奋的和过于活跃的性情就被具有相反性质的东西予以缓和。刻薄的喜剧天才被用以调和浮夸的言语和豪壮的演说导致的昂奋和狂妄。但是不久之后，人们发现喜剧本身也变成了一种疾病：我们知道，就像药物把那些腐烂之物完全清除，把淤塞之物也消除的时候，它们也会腐蚀其他地方。"但是后来发展得过于放肆和猖狂，须要用法律加

248

---

① 贺拉斯：《诗艺》，280—281。（引自中文版《诗艺》，第152页。方括号内的内容为译者增补。——译注）贺拉斯在提到忒斯庇斯发明的最初的悲剧之后，贺拉斯在之前两句说："其后，埃斯库罗斯又创始了面具和华贵的长袍，用小木板搭起舞台。"在忒斯庇斯之前，拿贺拉斯的话来说（非常准确），悲剧是"一种低俗的诗"。它与其他类型的诗混杂一起，很难讲其严肃和宏大与后来喜剧借以兴起的幽默区分开来。但是从严格的历史意义上说，正如我们在柏拉图的《米诺斯篇》所见，悲剧产生于更古老的年代，甚至与雅典一样古老。他的原话是："悲剧是一种古老的东西，并非如人们所说，始于忒斯庇斯或普律尼科司，不过，如果你愿意深究，它就是这个城邦的古老发明。"（学者们通常认为《米诺斯篇》是伪托柏拉图之名的作品，未见有中译本。——译注）

以制裁。"①

有人推想,凭借法律来约束这种放纵的艺术手法,是对雅典这个国家的自由的破坏,或者纯粹是外国人的势力的影响,这些外国人根本不在乎那些公民在喜剧中以何种方式相处,或者以何种机智或幽默作为他们的日常消遣。这大错特错了。如果恰逢政府更迭时期,就像"三十人党"篡位期间,②或者当国家始终遭受如菲利普、亚历山大或被安提佩特等人的奴役的时候,他们就要强行违背雅典人的意愿,颁布这些法律;但是,当人们驱走了这种恐怖统治,重新恢复了之前的自由的时候(他们不久便这样),他们必定要废除这些法律。因为,尽管这个国家经历几次国外战争的震荡,在"外在方面"受到创伤,虽然其主权和政权被外邦夺走,但他们国内的政体依然不变。他们依然热衷于娱乐事业和公共活动,热心追求和发展与诗歌、文艺、音乐和其他艺术相关的一切事业,这正是他们胜过其他国家的地方;熟悉古代风俗和了解历史的人都深知这一点。

因此,除了对全体国民或政府的趣味和性情有所改进,没有什么能影响这些公共法令,并逐步改进作为共同财富的文艺。只有给予更多而非更少的"自由"③,更好地保护人们的财产,使个人生活得安全而悠闲,才能防止有损于每一个公民的美名和声誉的事情。这个历经沧桑的民族在生活和风俗方面的智慧愈发成熟,机智和幽默方面的品味自然也就得到相应的净化。所以,整个希腊就变得越来越高雅,而且由于这些智慧和品味的提升,人们也就越加反感猥亵的插科打诨式的习气。雅典人更是走在其他国家的前列,是每一种高雅生活的典范。甚至是他们的第一出

---

① 贺拉斯:《诗艺》,282—283。后面接着说:"法律发生了作用,丑恶的歌唱队偃旗息鼓了,它危害观众的权利被取消了。"(引自中文版《诗艺》,第 152 页。——译注)

② "三十人党"指雅典的一个寡头集团,公元前 404 年在雅典实行专制统治。——译注

③ "自由"一词原文为"liberty",亦可译作"特权"。——译注

249

250

喜剧也对先前人们在戏剧文法上所做的不成体统的尝试进行了改良。而且,这位伟大的批评家告诉我们,在他那个时代,生殖崇拜仪式,或粗鄙猥亵的笑剧仍然盛行,在希腊的一些国家中得到执政者的支持,这些执政者在改革趣味和风俗方面落后于其他国家。①

但是,古代人对风格和文法,尤其是关于舞台演出的风格和文法的自然而逐渐的改良还有更多确凿的证据,那就是,罗马人也曾对这些风格和文法加以禁止和约束,这不是外国势力影响的结果,也不是国内的暴政干预的结果。他们那种粗鄙的亚提拉式的(atellan)②机智在早期就被禁止,为了公众的利益和国家的安定也制定法律抵制它,人们发现如此放纵的作品是与人民合理的自由背道而驰的。"由于它的叮咬,他们感到痛苦、恼怒,甚至体无完肤。甚至未被涉及之人也为这种庸俗的社会环境担忧:为此人们制定一种法律和惩戒措施,避免任何人被诗文诽谤。"③

为了证明我这里的主张,除了重要的历史学家和年代学家的论据,④我还可以引用一个最睿智、最严肃的古代作家的证据,他那独一无二的论据与其同时代作家的论据具备同等的效力。他向我们说明,这种初步成型喜剧和滑稽的机智的体裁是紧跟着崇高风格

① "悲剧起源于狄苏朗勃斯歌队领队的即兴口诵,喜剧则来自生殖崇拜活动中歌队领队的即兴口占,此种活动至今仍流行于许多城市。"亚里士多德:《诗学》,4.14。(引自中文版《诗学》,第48页。——译注)

② Atellan 是源于罗马南部的亚提拉地区(Atella)的一种短小的笑剧,通常讽刺一些低俗下流的人。——译注

③ 贺拉斯:《书札》,2.1.150—154。

④ 根据上一注释所引的权威,证实关于机智和风格的自然接续关系的言论,可见斯特拉搏的《地理学》1.2.6:"事实上,精美的散文,是对诗歌的模仿。诗歌的言语最先形成,并得到人们认可,而后,卡德摩斯、毕达哥拉斯或者赫卡泰奥斯模仿诗歌写作,放弃了韵律,但保留了诗歌的特点。而后来的作家又将这些特点逐渐抛弃,使这种风格变得通俗,仿佛从巅峰降落到了平原,正如我们可以说,喜剧源于悲剧,是讲悲剧及其崇高的风格降到了现在所谓的平淡风格。"

出现的。① 人们所熟知的平易的诗人被视为是学究作风的反对者，也就是反对较庄重的作家的那种浮华风格和形式主义。需要特别注意的是，我们的作家告诉我们，在几乎同一时间出现的哲学也继承了一种相似的机智和幽默，这种哲学为的是反对那位卓越的哲学家，随后又反对其在学院中的忠实的学生和继承者；②此时出现了一种喜剧式的哲学，是用另一位大师和其他学生的人称来写作的，他本人及其作品用来直接反对前一种哲学家：不仅在观念或准则上，而且在风格和文法上，在性情气质以及教导方法上，也与前一种哲学家不同。③ 253

思考哲学与诗歌的渊源之间的精确相似性，是件很有意思的事情，因为它们都源于两位重要的奠基者或先辈，几条支脉都围绕他们形成一个完整的谱系。所有古籍都表明，正如这位伟大的诗歌始祖为悲剧、喜剧以及其他正宗的诗歌提供了主题，哲学的始祖④同样身负好几种哲学天才，科学由以产生的所有语言形态都来源于他。 254

他那位出身高贵、才华超群的学生，⑤热爱诗歌和修辞学，开创

---

① "最初上演的悲剧是作为一种手段提醒人们注意对他们发生的事情，提醒他们：事情如此发生是符合自然的，如果你喜欢那在舞台上展现的事情，你也不会为在更大的舞台上发生的事情苦恼。……在悲剧之后引进了古老的喜剧，这种喜剧里有一种肆无忌惮的信口开河，但这种说话的坦率有助于提醒人们懂得什么是傲慢，因此之故戴奥真尼斯过去也常引用这些作家的话。"奥勒留：《沉思录》，11.6。（引自中文版《沉思录》，何怀宏译，北京：生活·读书·新知三联书店，2002 年，第 142 页。——译注）"我们在生活中恰恰应以同样的方式做一切事，对于那些看来最值得我们嘉许的事物，我们应当使它们赤裸，注意它们的无价值，剥去所有提高它们的言词外衣。因为外白是理智的一个奇妙的曲解者，当你最相信你是在从事值得你努力的事情时，也就是它最欺骗你的时候。可以考虑一下克拉蒂斯本人对色诺克拉蒂斯所说的。"奥勒留：《沉思录》，6.13。（引自中文版《沉思录》，第 61 页）
② 见上一注释所引的话。
③ "只是那件外套使其与众不同。"尤维纳利斯：《讽刺诗集》，13.122。
④ 指苏格拉底。——译注
⑤ 指柏拉图。——译注

了崇高[风格]那一支脉,并在他的同辈中出类拔萃。① 他那位出身低微,生活清贫的学生,其天资和条件使他最擅长我们所谓的讽刺,开创了非难(reproving)那一支脉,他那位性情较为善良平和的继承者将此转化为喜剧[风格],并成为当时流行的古代喜剧的典

255 范。但是另一位高贵的学生,其天才更适宜于行动,后来也证明他是他那个时代最伟大的英雄,②他继承了较文雅的那一面和较温和的文法。他将哲学中最深奥和最坚实之处与教养上最从容和最精雅之处融为一体,化为一种绅士般的性格和气度。他的天才最不适合经院的、修辞和纯诗的风格。他一方面远离华丽、激昂和浮夸的格调,正如另一方面他远离滑稽、谐仿或讽刺的格调。

这就是古籍中所体现出的自然质朴的天才,少有人能领悟,庸俗之人也很难欣赏。③ 这就是较早时代的哲学上的米南德,人们很惊奇他们的作品免遭同样的命运,因为在它们所经历的更为黑暗的年代中,其朴素的风格和章法,可能使其同样被人忽视。

除了上述几种写作文法之外,还有一种方式极富权威和影响的文法也主要源于批评艺术本身,源于对前辈大师的作品的更精微

256 的研究。我们已经提到的那位伟大的批评家就是这类文人的权威

---

① 他的《对话》是真正的诗歌(正如上文所说明,见第 139 页及以下)。这可以从那位伟大大师的《诗学》轻易推断出来:"[柏拉图]在《理想国》中极其蔑视其他人,反对荷马以及模仿的诗作,但他自己也用模仿的手法来写作对话,尽管确切地说,他并不是这种体裁的发明者,因为据尼西亚斯和苏申(Nicias of Nnicaea and Sotion)说,在他之前,蒂渥的阿列萨美诺斯(Alexamenos of Teos)已经发明了这种写作风格。亚里士多德在他《诗学》中写道:'因此,难道我们不该说,所谓索弗荣的模拟剧是有格律的作品,或是对蒂渥的阿列萨美诺斯模仿,这种作品是最初写成的苏格拉底的对话?'(现今保存下来的《诗学》仿佛没有这句话,与这句话较相似的是:"事实上,我们没有一个共同的名称来称呼索弗荣和塞纳耳科斯的拟剧及苏格拉底的对话。"见中文版《诗学》,第 27 页。——译注)博学多识的亚里士多德确凿宣称,阿列萨美诺斯在柏拉图之前就写作对话。"阿忒纳乌斯(Athenaeus):《餐桌上的健谈者》,11.505。
② 这说的是色诺芬。——译注
③ 见第三卷第 248 页。

和领袖。① 尽管较早年代的智者已经以系统方法条理地探讨了许多问题,但是这位作家首先以方法论的(methodic)写作文法赢得声誉。由于这位伟人的天资更适合于高雅的学术和艺术,而非哲学中深奥和抽象的那些内容,所以,在他的学派中,人们把更多的精力用在了其他科学上,而不用在伦理学、辩证法或逻辑学上,这些领域主要是在学院派和柱廊学派②的继承者那里得到发展的。

人们已经发现,这种方法论的或学院派的文法本质上适合于这样的作家,他虽然具备广博而精深的天才,但却不具备雅致的性情,得不到美惠女神的垂青或缪斯的偏爱;他的想象非但匮乏,而且干涸而生涩,然而在其他方面他却敏锐而精深、精确而明晰。因为这种风格的精髓在于对对象的清晰区分和解析。尽管这种文法中没有令人眼前一亮的东西,但它在本质上却高屋建瓴,富有成效;而且比其他文法更能约束思维,增强思维的明确性。正是基于这种天才,各种严格的结论和牢固的准则才得以形成,如果这些结论和准则能够坚实地确立,而且有可靠的基础,那么它们便获得智慧和才能的最快捷、最有效的指南;但是,如果在哪怕是一个细小环节上存在不足或偏颇,就必然会将我们导向最庸俗的谬论和最呆板的迂腐和自负。

虽然其他各种风格和正宗的文法都具有自身的规矩和方法,我们所谓的特定意义上的"方法论的"风格或文法也是如此,不过,只有这种文法才要求有方法,将自身分解为各个部分,对自身操作解剖术。崇高的文法绝不屈从这种方法,使自己激情澎湃的进程遭遇中断。喜剧的或嘲弄的文法更不会卖弄这种方法。如果说这种文法也用过这种方法的话,那也不过是要装作一副深明事理的样子,意欲曝露事物的本性,讥讽掩藏在事物之下的繁缛俗套和诡辩谬论。朴素的文法,最严格地模仿自然,按其本来面貌最完整地展现事物各部分间的布局,及其整体上的匀称,但绝不是要炫耀方

257

---

① 指亚里士多德。——译注
② 即斯多噶学派。——译注

法，而是尽可能地掩藏机巧：这种文法不过是要在举重若轻之间表现艺术的效果。并且，即便是当它发挥谴责或非难的作用时，也尽量表现得含蓄委婉。

258

确实，我们这个时代的作家做不到以这种方式接受忠告和给予忠告，至今仍未形成一种普遍的旨趣，以达到一种真正的朴素的趣味。至于崇高，虽然常常是批评的对象，但它从来不是一种文法，或形成一些手法。我们通常所练习的体制和方法的套路、教学或教导的方式，正如我们所耳熟能详的东西，对我们没有一点吸引力，比古旧歌谣的韵律更加令人厌烦。我们一听到某些人提出的题目——论题被层层分解（如"第一条当中的第一条"，等等，因为纲目需要这样）——就立即感觉到这些东西与我们的本性不合，否则我们会很奇怪我们的本性居然会有这种扰人清梦的东西：这既使说者大丢颜面，也使听者有失尊严。流传下来各种文法中，其中仅有一种是我们曾接受过批评的正确指导的，那就是古代的喜剧文法，罗马人的杂感或讽刺作品开此风气之先，这是他们自己原创的一种文法，后来有这个国家中最优秀的天才和最高雅的诗人[①]加以提炼；即便如此，他仍然承认这种文法发源于前文所说的希腊喜剧。如果我们国内的才子们能对这种典范加以改进，他们或可大获成功。

259

事实上，我们可以看到，在我们民族中，最成功的批评，或辩驳（refutation）这种方法，是最接近于最早的希腊喜剧那种文法的。以上世纪的宗教论战为主题的滑稽诗得到甚高评价，是这种文法的鲜明标志。[②] 稍后时期，一位极富才情的作家所创作的饱含喜剧机智的作品，得到人们恰当的赞赏，这部作品展现了我们在所有那些论战中的最出色的机智，甚至还包括宗教和政治、文艺和学术活动方面的机智，其中也运用最有效、最有趣的方法来揭露愚昧、迂

---

① 指贺拉斯。——译注
② 即《胡迪布拉斯》。（Hudibras，拟仿英雄体诗，由三部分构成，分别发表于 1662、1663、1678 年，讽刺国内战争时期的清教徒，作者为萨缪尔·巴特勒。——译注）

腐、虚假的理性和拙劣的文风。[①] 如果缺少了这样一种广为接受的批评样式，我们还不知道怎样被充斥着教条式的豪言壮语和迂腐的机智的作品所无耻地欺骗，而且要被永远欺骗下去；熟悉我们民族的文学状况的人，或者对这个时代的平庸诗人或徒有虚名的作家有所知晓的人，都能轻易领会这些作品。

260

不管我们面前的批评表现为何种形式或样式，或者批评家选择何种方式发挥他们的才智，批评只能变得十分拘执，或者对这种风气置若罔闻。因为，如果运用不当，缺乏机智，批评就会在某些稍具诙谐的东西面前束手无策；如果批评本身就是诙谐的，那么它必定会使机智愈发精彩。

这样，通过古代和现代的思考，可以看到，批评家的目标和兴趣就在于机智、学识和智慧。

第三节

到此，我们考察了作家的境遇，他们受到诸多外在因素的影响，这些影响或者来自显要人物的好恶，或者来自批评家的赞扬或指责。唯一还需要思考的是，一般的民众或世人如何影响着我们现代的文人，当这些冒险家与公众遭遇时，是出于什么动机牢骚满腹或自吹自擂。

261

首先可以肯定的是，一个无论是哪个门类的真正天才和名副其实的艺术家，除非是鲜廉寡耻到极点，否则就不会自甘堕落，单纯为了功名利禄而违背众所周知的法则，出卖自己的艺术或技艺。大凡对著名的雕塑家、建筑家或画家的生平事迹有所耳闻的人，都会想到种种此类事例。或者，大凡对一些能工巧匠有所知晓的人，如真正热爱自己艺术的人和艺术大师，必定会发现他们忠诚于艺术。无论他们如何散漫、放纵或堕落，在其他方面如何无视礼俗，

----

① 《排演》。(The Reheassal，作者为乔治·维利尔斯，白金汉公爵二世，于1671年上演。——译注)见第三卷第277页注，及第281页。

但却痛恨人们冒犯他们的艺术，宁可丢掉主顾、饿死街头，也不愿献媚于世人，创作有违正确和真实的作品。

"先生"，一个贫穷的艺术家对富有的主顾说，"您不该向我索求这样的技艺（workmanship）。谁想给您做就让他做去吧，我知道这样做是错误的。我至今所创作的所有作品都是真正的作品。我不会为了您，或其他什么人，去制作其他什么东西。"

这就是节操！真正的节操，是对真理的爱；特立独行、超然世外！这种取向，转移到整个生活当中，就使性格得到完善，变得正直而可贵，而博学之士们也常常对此不知如何解释。因为，难道在行为中就不存在"技艺"和"真理"么？或者，难道这种技艺不优雅，或不值得我们重视么，难道我们不应该至少像手艺人那样，他不知道其他哲学，只知道自然和他的职业教给他的东西？①

当人们考虑到这些低级艺术家的热情和真诚的时候，他会很惊讶看到，那些自称拥有高级技艺和学识的人却如此藐视真理和他们艺术的完美。人们期待我们的作家也能这样，如果他们拥有真正的才华，就应该吸引世人，而不应低贱地迎合才识浅薄的人们。我们真的应该理解我们民族早先时候天才的朴素风格，他们虽然历经许多野蛮时代，但是当文学领域遗产尽毁的时候，他们却大胆地开拓崭新的领域，坚持操守，达到了他们自己国家的才子们从未达到的境界。然而，这个时代已经焕然一新，学术得以建立，写作法则业已确定，艺术的真理也被深刻领会，被人们广泛承认；让人无法理解的是，我们的作家仍像从前一样尚未走上正途，他们的作品还像以往一样怪诞不经。更加荒谬的是，人们听到我们的诗人还在他们作品的序言中谈论艺术和结构，而他们的诗作却依旧拙劣，像他们的前辈吟游诗人那样无视公认的艺术法则，而游吟诗人这样做只是因为他们还没有听说过任何这样的法则，或者至少还不承认它们的正确性或有效性。

---

① 以上两段话的意思是，真正的艺术家是与手艺人有区别的，但哪怕是手艺人也会在意自己的手艺，在买卖中不偷工减料。——译注

如果希腊早期的诗人也通过满足其最初的品味和嗜好来谄媚他们的民族，那他们就不可能给他们的国人带来什么益处，他们自己也不可能得到因遵循真理和自然而来的荣誉，就像我们今天所看到的那样。这些高贵的精英们最先开辟道路的时候，世人们始终没有支持他们，但是不久之后，他们吸引了最优秀的批评家，随后又吸引了所有世人。他们历经艰辛，凭借自己的价值，赢得世人的判断力的支持。他们塑造读者，改良世风，净化公众趣味，为其指明正确的方向；反过来，他们也博取世人公正而持久的赞扬。他们从未放弃自己的希望。他们饱受赞誉，流芳千古，因为他们的希望是合理的。在今天，他们仍然受到公正的对待。他们穿过僵死的语言，超越了自己的民族和生活。越是在开明的年代，他们就越是焕发光彩。他们的声名必定与文学同亘古，后世万代永远记诵他们的功德。

相反，现代的作家，正如他们自己承认，为公众的品味和时代流行的情趣所左右。他们根据世人们变幻不定的喜好来调整自己，坦白承认自己荒诞不经，为的是让自己适应时代精神。在我们这个时代，是读者造就诗人，书商造就作家：明智之人可以想象，这会给公众带来什么益处，作者可望获得什么永恒的名声和荣誉。

然而，虽然我们的作家将自己的错误随意归咎于公众，但我对此表示怀疑，众多事例表明，这种习惯纯粹就是欺骗：因为，他们惯于发表的那些谬论根本不会讨人喜欢或给人乐趣。我们很高兴接纳我们的语言给予我们的东西，为了与其他民族一较高下，我们被迫为我们自己的作家叫好，因为他们最适合让我们用来比较。但是，这种风气一旦过去，人们就必定承认，我们就不再喜欢或赞赏我们的作家了。连公认为是我们的典范的作家，我们也兴趣索然。我们去观看戏剧或其他演出，也经常光顾剧场，就像光顾小货摊一样。我们阅读史诗与话剧，也阅读讽刺诗文。因为我们必定知道什么样的机智才引人注目，也知道什么样的流言蜚语才有意思。作家们可以满不在乎，但我总得读点什么。这也许就是我们的作家之所以惰怠疏忽的缘由；他看到了我们的好奇心导致的这种

264

265

需求,他们像做生意一样精打细算,对公众要求的质和量都心知肚明,所以能恰到好处地满足我们的需要;他们设法使这个市场供不应求,或者精打细算以使这个交易继续下去。

266   因而,我们的讽刺也尽是污秽下流、插科打诨之作,缺乏寓意或教训,而这正是这类写作的宗旨和生命。我们的赞辞或颂词像娼妓般鲜廉寡耻,令人生厌、倒人胃口。就连作为赞颂对象的杰出之辈也因这种文法而备受折磨。而公众,无论他们是否情愿,由于这样的讽刺或颂词而关注作品时,也不能正确反省自己。因为,现代颂诗的内在实质实际上就是一种乏味的讽刺,作者本来是要为其对象增添光彩,如果我没有歪曲的话,到头来效果却适得其反。

当我们的作家要表扬其同行作家、文人、英雄、哲学家或者政治家的时候,常用的方法就是在他们的浅薄学识里面搜寻一下显赫的名人,这些名人从前是名副其实的。但现在,这些名人肯定要被他们以尖刻的讽刺手法加以鞭笞,他们是有意为之的。当他们将这些可敬人物身上所有功绩都全部剥取下来,正好可以用这些
267   战利品去装点他们的英雄。这些赞颂者就是如此不学无术!除了诋毁之外,他们不知道如何去表扬。如果要赞美一位美人,海伦必须相形见绌,维纳斯也要蒙羞。如果要歌颂一位现代人,就必须要牺牲某些古代人。如果要吹捧一位诗人,那就必须打倒荷马或品达。如果吹捧的是一位演说家或哲学家,受害的便是德谟斯提尼、塔利①、柏拉图。如果表彰我们军中的将军,遭殃的就是历史上的英雄:"罗马不知有法纪,而希腊从不懂得战争的艺术!"

如果有一种写作艺术是建立在现代的习惯上的,那么我们所描述的这种方法可谓是一种速决法术或者赫克勒斯的法律,赞颂者手中唯一的武器就是一条大棒,可以使所有其他名人销声匿迹,让他们的英雄登上这个空缺的荣誉宝座。然而,我要劝告这些歌颂者在施展这种大棒法时要稍微慎重一些。我并非要为古代人伸张,而是完全为了现代人的利益,也就是我们的赞颂者要表扬的

————————————

① 即西塞罗。——译注

人，我希望他们在比较这些人物的时候要谨慎些。不必将普布利库拉（Publicola）或西庇阿（Scipio）、亚里斯泰迪斯（Aristides）或加图（Cato）当做陪衬。① 这些人在他们的时代都是爱国者和优秀的将领，忠诚地服务于他们的国家。这并不是要冒犯当代的爱国者或将领们。法布里修斯们（Fabriciuses）、埃米利乌斯们（Aemiliuses）、辛辛纳图斯们（Cincinnatuses）②（可怜的人哪！）可能苦于无法开口，抑或他们的在天之灵被这种不幸的魔法所唤醒，看到被人嘲笑蔑视，可能深感不安，要去反思一下我们的赞颂者及其现代的保护人，觉得他们两头都不讨好。备受敬重的古代人在每一个明智而博学的时代都是一股强大的党派。外国的，以及我们国家的杰出人物的亡灵会很感激被高贵的人们所珍惜。死者的清名并非无足轻重，但是如果为了偏袒生者而对他们肆意歪曲，总有人随时准备对此予以强烈报复。

　　这个时代，阿谀奉承日盛一日，颂词这个称谓被挪用到毫不遮掩、毫无节制地夸赞某些个人的文字上面。而古代的颂词只是由作者在庄重的民众集会上进行朗诵的篇章。这些篇章是才子文人们的体操，③他们与身手敏捷的人一样，在奥林匹克运动会以及和其他全国性的颂词比赛中各显才华。

　　虽然英国国民没有通过法律规定或确立这样的集会，但不可思议的是，他们天生喜爱这同样的颂词体操。在集市上，在公共节日期间，他们也表演他们那粗俗的奥林匹克，展示技能，发表演说，任何现代民族都难望其项背。确实，他们所展示的技艺完全是身体上的，而非头脑的。这也没什么可奇怪的，如果任其发展，没有法

268

269

---

① 普布利库拉，公元前6世纪古罗马第一个执政官；西庇阿，公元前3世纪古罗马共和时代的政治家；亚里斯泰迪斯，公元前6世纪古雅典政治家、抗波斯将领；加图，公元前2世纪古罗马政治家和将领。——译注
② 法布里修斯，公元前3世纪古罗马英雄、执政官；埃米利乌斯，公元前2世纪古罗马将领，占领希腊；辛辛纳图斯，公元前5世纪古罗马放弃独裁者地位的政治家。——译注
③ "体操"是个比喻，就像运动员在运动会上表演体操一样。——译注

律或官吏的协助,他们的身体体操还保留着野蛮人的某些特征,至
270 少,他们所表现出的风尚更能吸引罗马人而不是希腊人。① 击剑,
以及我们允许民众从事的其他残忍的运动,充分显现出我们民族
的趣味。我们也诱捕和宰杀许多动物,有驯养的也有野生的,仅仅
是为了取乐,从中也可以看出我们对圆形剧场盛况的偏爱非同
一般。

　　我不知道这种运动是否来自我们身上明显的杀戮倾向,以至于
我们的讽刺作家们原来是这样一群刽子手,甚至我们的颂词作者
271 或赞美者也以上文所述的那种速决法术为乐:但我肯定,我们的戏
剧诗人也受到了这种做派的强烈影响,喜欢制造种种灾难和毁灭。

　　确实,在为他们那些肮脏的淫诗艳调和其他有违情理的粗俗之
作——他们作品的情节和语言都是如此——开脱的时候,我们的舞
台诗人(stage-poets)宣称,他们那主要有赖于贵妇小姐们垂青的成
功从来不会如此幸运,因为他们制造的是德行和理智上的灾难,他
们的作品也以这种怪诞的形式展现在公众面前。我不知道他们是
如何以此来迎合女性的胃口的,他们在谈吐上有着丰富经验(他们
自称这样),很会对他们的读者察言观色。至于这种借口在他们习
以为常的风流韵事和情爱冒险上能有多大作用,我不敢妄下结论。
但我必须承认,我常常很惊讶看到我们的战争游戏能让女性们感

---

① 凡能透彻品味贺拉斯的机智和文法的人,如果把他的《书札》与奥古斯都的《书
札》(2.1)作一比较,看到奥古斯都区别于苏埃托尼乌斯(Suetonius)和其他作家
的帝王气质,可以轻易发现,贺拉斯是如何评判罗马人的趣味的,即便他面对的
是他的领袖和备受敬仰的罗马皇帝;他明确影射这位皇帝天生喜爱圆形剧场的
盛况和其他娱乐活动(这与缪斯的旨趣格格不入)。的确,这位皇帝对他这位富
有诗才的、机智的朋友能引导其趣味、塑造其作风很是感激(如上文第220页所
说),而且也确实取得了良好的效果,对他的利益大有好处。甚至是谄媚的宫廷
历史学家狄翁(Dion)也叙述了这位皇帝如何受到其朋友米西纳斯的坦诚相待,
他骂皇帝"你这个屠夫,醒醒吧!"但他让皇帝被迫撤免嗜杀的执政官,放弃了那
些血腥的娱乐。但是贺拉斯,从他的性格和处境来看,被迫采用一种较为雅致和
隐晦的文法,无论是面对皇帝还是宠臣。"狡黠的贺拉斯给他的朋友带来笑声,
但却揭露一切的恶行,直率地拷问人们的内心。"佩尔西乌斯:《讽刺诗集》,1.
116—117。见第三卷第249页注。

到那么快乐。①

那些没有学问,不了解人类广阔的历史或革命,风尚的变迁,以及高雅、机智和艺术的兴衰的人们,很容易到处都把现今这个时代作为他们的标准,想象不到任何野蛮残忍的东西,只能想象到与他们自己时代的风尚背道而驰的事情。还有一些假冒的鉴赏家,如果在凯撒第一次入侵以来就在我们不列颠兴旺发达,作为一种古怪的批评家,他们必定要谴责那些胆敢批评我们服饰上的缺陷,嘲笑蓝色的面颊和花花绿绿的皮肤②——这些东西在我们的祖先那里很流行——的人。这必然是那些跟赶潮流的批评家做出的判断。但是,一个真正的自然主义者或者人文主义者,知道人是动物,能辨别其在社会中的发展和进化程度,在他眼中,我们英国人显然与凯撒统治下的罗马人一样地野蛮愚昧,就像在希腊人眼中,在穆米乌斯(Mumius)③率领下入侵希腊的罗马人自身也是野蛮愚昧的。

受过宫廷教育的高贵才子们,其门第背景使他们不可能更深入地理解古代生活,然而却念念不忘为数不多的几个古代王国的不同风尚,那时候,骑士精神享有盛誉。那时的女性们不仅是战斗演习和军事操练的观众,而且也是真实武艺和血腥决斗的欣赏者。她们正襟危坐,仿佛是这些勇猛打斗的裁判和法官。她们是神圣的保护人,胜利者向她们宣誓,凭借勇敢的竞技,公正和正义的优雅决断来赢得她们的芳心。这种风气在我们当中也还没有完全消失,相反,甚至在这个时候,这些迷恋类似殷勤的美丽女士仍然在鼓动着我们。这种文明的许多骚乱便主要由她们而起,她们依然是神秘的摄人魂魄的星宿,吸引着我们,尤其是现下的闲雅绅士们还在面向她们许愿。正因如此,我们宫廷中的某位情郎,当朋友们

---

① 见第三卷第 256 页。
② 指的是纹身。——译注
③ 古罗马执政官,公元前 147 年击败希腊亚该亚同盟,并将希腊的艺术珍品运回罗马。——译注

问他说,他一贯是勇敢而理智的名流,但为什么要答应一个纨绔子弟的挑战,他不由自主地说出了这个事实,他承认,"作为男人,要坚定地相信自己的判断力:在这美妙的夜晚,在这位尊贵的女士面前,他又能如何表现自己呢?"

这就是各不相同的民族精神,同一个民族在不同时代、不同季节也有不同的民族精神。古代人也是如此,有些人总是很体贴女性的娇弱,①不忍心让她们在男人们的游戏或者任何类型的戏剧演出面前表现出她们的羞怯。与此相反,另一些人则把她们带进圆形剧场,与她们一同观赏最残酷的场面。

我们的作家或诗人尽可以抱怨我们民族的这种精神曾如此风行,但很明显,我们并不都是像他们声称的那样野蛮怪诞。我们并不是天生就生活在恶劣的环境中;如果这些绅士能在创作中运用大师们的技艺的话,我们也能拥有高雅的音乐才华。他们有能力培养我们较好的那些取向,也可以从某些迹象发现,他们的听众愿意接受更高贵的对象,体味更优美的风尚,而不是让他们极度放任自己,选择他们通常喜欢的那些取向。

近些年来,我们做出了一些值得赞赏的努力,而且也在培养正

274

275

---

① "然而,希腊人认为有失体面的事情,在我们的习俗中倒受到尊重。为什么罗马人羞于将妻子带到宴会上呢? 或者,谁家的女眷在房间中被人看到,而不成为人们谈论的焦点呢? 在希腊就不同:因为女人是不允许参加宴会的,除非是亲属间的宴会,她只能呆在里屋,也就是所谓的'闺房(gynaeconitis)',只有与她关系亲密的男子才能进入。"科尔奈利乌斯·奈波斯:《外族将军录》(Cornelius Nepos, *On the Great Generals of Foreign Nations*),序言,6—7。也见伊良:《杂集》(Aelian, *Miscellany*),10.1,以及鲍桑尼亚(Pausanias)描述的法律(《希腊志》,5.6.7—8)(虽然伊良的描述有更详细的细节):"因此,埃利亚的法律规定,进入奥林匹克运动会,或者在禁行日渡过亚勒腓河的女人,若被发现,要被从悬崖上扔下。不过,他们说,除了一个叫卡里帕提拉或费勒尼斯的女人之外,没有其他人曾被逮捕。这个女人在他丈夫死后,扮作男人,带着他的儿子比斯多鲁斯进了运动会,假称是她儿子的教练;当她儿子获胜的时候,她跳过了用来隔开教练的栏索,脱掉了斗篷。于是,人们发现她是个女人。考虑到其父亲、丈夫和儿子——他们都在奥林匹克运动会上得过奖——的名声,法官释放了她。但从此之后就通过一项法律,教练也必须裸体进入运动会。"

确的写作文法上取得了些许成功,无论是崇高的还是平易的风格;除此之外,在更早的年代,我们民族也有一种崇尚道德和教化的正确倾向。我们古老的戏剧诗人①也证明我们具备良好的鉴赏力和健康的品味。尽管他还带着未经雕琢的粗野,风格不雅,充斥着陈旧的警句和机智,缺乏条理和连贯,在这种写作文法应有的所有魅力和光彩上都有所欠缺,但由于有正义的道德,有许多贴切的描写,不少人物都具备质朴、自然的气质,因而他不需要凭借任何放荡淫邪的诱惑,便能给读者带来快乐,满足读者的鉴赏力。他那部剧作②,几乎打动了所有英国人的心,也许是我们舞台上演出最多 276 的戏剧,始终都给人以道德上的教益;那个人物对单单一个偶然事件和灾难所发出的一系列深刻反省,让人禁不住感到战栗,深表同情。可以恰当地说,如果我没有误解的话,这出戏剧只有一个人物或主角。它没有表达对女性的爱慕或诌媚,没有怨天尤人,没有拿腔作调的英雄气概;没有现代悲剧引以为圭臬的狂暴和温柔的怪异混杂,也没有可以制造爱情和荣誉之间的纠葛。

总而言之,在史诗和戏剧这两种重要的诗歌类型上,我们可以看到,属于其本质的道德精神盛行不衰:因为我们最认可的英雄诗,③没有纤弱的语言,也没有新异的机智,仅有的是坚实的思想、坚定的理性、高贵的情感和贯穿始终的道德教育、忠诚和美德,使其深受欢迎;我们可以从中正确地推断,它并不像我们诗人那种拙劣手笔和败坏文风,为的是迎合公众的鉴赏力,并不是为了公众的鉴赏力,这些正需要得到矫正。

这样,我们最终又回到了我们古老的关于忠告的文章上面,即 277 研究自我和内在交谈(self-study and inward converse)这种重要的预备训练,我们发现这正是我们时代的作家们所缺乏的。他们应该在头脑的工作和锻炼中增添内心的智慧,以将和谐和美融入他们

---

① 莎士比亚。
② 悲剧《哈姆雷特》。
③ 弥尔顿的《失乐园》。

的作品中。他们作品的构思和脉络可能是自然而率真的,但他们首先应该解决自身内在的问题。而且,在领会了这一点之后,他们就可以在自己天才的辅助下、凭借对艺术的正确运用,可以轻易地引导他们的读者,并确立一种良好的趣味。

一切都取决于他们自己。我们已经考察了他们的种种其他托词。我们已经脱离了那些大人物,脱离了他们所设想的那些保护人。我们已经证明,批评家不仅是无害的,而且是非常有益的一类人。至于读者,我们已经发现他们也许没有当初认为的那么坏。

在把他们最后的托词也拆穿之后,剩下就是对我们的作家做出
278 判决了。我们并不是谴责他们缺乏机智或幻想,而是缺乏判断力和正确性,而这些只有通过实实在在的勤奋刻苦,通过对他们自己不怀偏见的非难,才能获得。他们缺乏的是规矩(manners)。[①] 只有一种得当的道德情操才能让我们熟知秩序和比例,并给我们的情感赋予正确的音调和旋律。

诗人必然要从哲学家那里借鉴些东西,才能成为一般的道德论题的大师。他至少必须特别真诚,在其诗作的方方面面都表现为美德的朋友。善良和贤明对他的诗作无所损伤。民众尽管是堕落的,但从根本上说仍然愿意听从这样的指导:"时常,一出戏因为有许多光辉的思想,人物刻画又非常恰当,纵使它没有什么魅力,没有力量,没有技巧,但比起内容贫乏、(在语言上)徒然响亮而毫无意义的诗作,更能使观众喜爱,更使他们流连忘返。"[②]

第三章

第一节

279 人们认为,在一个作家将其新作公布于众时,能得到的最高赞

---

① 见本卷第 208、337 页,350—351 页注;也见第三卷第 247—249、273、282 页。
② 贺拉斯:《诗艺》,319—322。(引自中文版《诗艺》,第 154 页。——译注)

誉就是听到:"他无疑可以百尺竿头,更进一步。"并且当人们发现这种赞誉真正被欣然接受时,他可以想象到其中包含着某些奇妙的"夸张"的表扬。因为依照现代的高雅风尚的格调来说,这种赞誉大大地违背通常的真相,即这个赞誉所给予的称颂足以配得上任何一般层次的功绩。众所周知,试图在著书立说上有所建树的绅士,是不愿意在这种仪式上发表任何贬损之词的。因而,人们会很惊奇地发现他们对一种形式上的赞誉也十分满足,而这个赞誉不过是一个空洞的肯定,即"他们在某种意义上已经脱胎换骨,是比他们通常的水平变得更坏或更好了"。因为,如果最卑劣的作家比平常变得更加地卑劣,或者说,好到了极点或坏到了极点,那么可以恰当地说,他超越了自己。

　　我们同样发现,人们向显贵和君王们表达赞誉时,最常用的不过是一种朴实的话语,这种话语在多数场合下常常是正确的,并且也是符合事实的,即"他们真实地表现了自己,符合他们的天才和性格"。必须承认,这个赞誉听起来不错。没有人怀疑这一点。因为,什么人在自己的想象中会不把某些价值和功劳归于真实的和本来的自我呢?人们把这些价值和功劳与他联系在一起,禁不住要问:"他是谁呢?"这就是所有人面对道德的美和完满时所表现出的自然感情,必然会设身处地这样假设:"相比于其他的同类,他们天生就具备某些可敬可贵的品质,他们真正的、真实的、天生的自我,正如他应该的那样,于社会是真正有益的,对于社会的价值和高尚品质来说是真正可敬的。"因此,他们断言,如果有人肯定地告诉他们说,他们没有做任何有辱自己身份的事情,或者在某些具体事情上他们有超常表现,那么,他们就算得到了最高的赞誉。

　　因此,每一个人都确信一个事实,即存在一个更好的自我,这个自我值得崇拜或尊敬。不幸的是,很少有人教导我们如何从一种与其表象或幻象不同的角度来认识它,从而领会这个自我。我们的神圣宗教的大部分内容都只适合于最缺乏才智的人来接受,人们不能指望这类思辨能得到广泛的提高。只要有人暗示我们自己有一个自我,比通常所假设的作为我们行为的根据和基础的自

280

281

我更高贵，这就足够了。如人们通俗地认为，在那个时候，自我利益得到了实现。虽然另一方面，有一些最神圣的人物作为我们的榜样，他们极其蔑视所有这种自私的意图，为了他人利益不求回报而情愿受难，为了高尚而可贵的东西愿意放弃生命和肉体。[①] 但是，圣经中同样依照一般人的想象以及当时通行的天文学和自然科学体系来看待天体现象，道德现象也是根据通俗的偏见和关于利益和自我之善的通常观念，被毫不犹豫地接受下来。我们真正的和真实的自我有时候被假设为是野心勃勃的自我，贪恋权力和荣誉，有时候被设想为幼稚的自我，耽于虚荣的炫耀，为着华屋美舍、宝石金银、锦衣绣服、皇冠宝座，等等炫目之美而甘于卑躬屈膝，而且另一个世界或者物华天宝的城市就是用这些东西描绘出来的。

必须承认，即使到了那个时候，当一种更伟大、更纯洁的光芒照耀天选民族的时候，[②] 他们仍然显现出天生的阴郁，在经历了巨大的困难，在受到上天的长期训导和教诲之后，他们才认识了自己，或者明白自己的真正兴趣。[③] 无疑，这个民族非常质朴，当最好的教义由于无人理会而得不到传播，最忠实的门徒一心只想着填饱肚子的时候，他们往往从食欲意义上解释每一句圣言，认为构成自我的东西不过是那副臭皮囊。他们在道德上的趣味，必然适于得出这种对于他们自己的异乎寻常的评价。这也难怪，这个所有人类中最自私、最无信和最乖张的民族不知道那个更善良、更高贵的自我为何物。所以，人们必定承认，为了纪念他们神圣的立法者、爱国者和导师，他们的善良和高贵超过了所有人，因为他们能一如既往真正地爱自己的民族和同胞，对于那些自私自利、令人厌恶的人，他们也给予慷慨无私的关怀。

但是，无论宗教本来的效果或作用是什么，人们知道，哲学的

---

① 《出埃及记》32：31—32，以及《罗马书》9：1—3。

② 指古希伯来人或犹太人。——译注

③ 见本卷第29页；第三卷第53—56页及以下，第115页及以下。

职责就在于自我教育,使我们保持自我同一(self-same),调节支配我们的想象、情感和性情,以使我们通过那些直露的外表之外的其他特征理解自己,认识自己。因为我们之所以是我们自己,凭借的不一定是单纯的容貌。当我们的面貌或身体发生变化的时候,我们自己却没有发生变化。但是,如果有些东西完全变质和转化,我们也因此在实质上变化和丧失。

284

如果我们身边的一位亲密朋友,游历了东方最遥远的地域和南方最炎热的地方,历经千辛万苦,终于回到我们身边,整个人的形象都发生了变化,若非与他交谈一段时间,我们几乎无法辨认他还是同一个人;这种事情并不非常奇怪,我们也并不会因此而十分担心。但是,如果一个有着相似的面孔和形象的朋友回到我们身边时,思想和性情都变得奇怪而陌生,情感、爱好和观念都与从前完全不同;说实在的,这会让我们倍感惊诧,让我们担心,我们会说,这是另一个人了,不再是我们从前熟悉的那个朋友。事实上,我们不应该尝试把这样一个人变回我们熟悉的样子,虽然他有时还记得从前与我们交往的模糊痕迹或印象。

如果一个人的性格任何时候都发生这些剧烈的变化,虽然不是彻底的变化;如果一个知名人物的情感或性情与以前发生明显的改变,那我们便要从"哲学"①上寻找答案。我们不会控告少年罪犯在道义上的缺失或薄弱。但我们却经常怀疑自己在这方面有问题,当我们发现我们的作风变化无常,看到我们不能保持同一个自我,也不能坚持同一个目标,并是经常自相矛盾,而对这矛盾的两极却怀着同样的情感和激情。当我们从人人可见的慷慨大度转变为同样明显的吝啬小气,从好逸恶劳变得勤勤恳恳,或者由一种尖酸刻薄、一本正经的性格突然间变得多情或忠诚;我们便承认自己有缺陷,指责自己缺乏哲学,感叹"我们确实都不是真正地了解我们自己"。因此,我们认识到哲学的任务及其特有的对象,至少从

285

_____

① Philosophy,这里主要指人生观或操守;在夏夫兹博里眼中,哲学的任务就是认识自我,哲学的缘起就在于自我认识的意向。——译注

目前来看,我们虽然不敢妄称自己是有所造诣的哲学家,但我们承认,"我们或多或少在哲学上有些自发的才智或领悟,因此我们也或多或少是真正的人,生活中的友谊、交往和交流也或多或少有赖于这个真正的人"。

的确,这门科学的果实是最美妙的,品尝之后,人们会发现这果实不仅美味,而且对人类也大有裨益。但是,当我们被吸引到这种沉思当中,把眼睛转向我们所比作的树的时候,也难怪我们忽略了园丁,认为栽培技术不过是一个微不足道的秘密。人们说,"葡萄既不是采摘自荆棘,也不长有尖刺。"现在,如果文学的园地上杂草遍地,荆棘丛生,那极有可能是象征某些著名学派的哲学园里的植物。① 要指望这样一个树干上能萌发出风尚或悟性的枝芽来,那最荒唐不过了。它确实自称与风尚有些关系,正如其区别于精神的本质、实体和特性,而且也与理性有一些关系,正如它描写的是运用于理证艺术的某些手段的形态和形式。但是,如果最精明强干之人千百年来都一起致力于寻找一种方法,以搅乱理性,侮辱人类的悟性,那么,他们最大的成功也许就是建立一门伪科学。

我曾认识一位巡游于世界各地的狂热主义者,曾在一个地方经历过一次惊险的精神冒险,那个地方的人严肃认真地对待先知的使命,他告诉我,他在那里被当做囚犯监禁数月,不见天日。在被禁止写作和交谈的时候,这个人机智地发明了一种非常适合自己的消遣,因而非常有效地保护了自己的健康和尊严。人们也许认为,这里的时机和环境最适合我们经常提到的那种独白实践;尤其是因为这个囚犯就是我们今天通常称作哲学家的人,是奥秘科学的大师帕拉塞尔苏斯(Paracelsus)②的追随者。但是,至于道德科学,或者与自我交流相关的任何东西,他却只是个初学者。因此,他运用一种不同的方法来发明他的消遣。他不是仿效音乐家的方

---

① 见本卷第 333—335,及第三卷第 184—186 页。
② 帕拉塞尔苏斯,1490—1541,德国医生,以柏拉图主义为原则,建立了一种神秘的医学理论。——译注

式来调节他天生的嗓音,以唱出悦耳动听的声音,而是设想和塑造所有清晰的声调,越独特越好。他使劲地提高自己的声调,尝试喉咙和嘴巴的各种不同的结构和形状,以发出这些声音。这些声音或低沉,或高亢,或嘶哑,变着法儿来施展他的发音器官,他努力发现字母表当中的哪些字母搭配起来最好,或者还能发明什么新字母,以标出那些尚未被人发现的语音变形。例如他发现,字母"A"是最纯正的符号,是原始的、纯粹的元音,因而被置于字母表顺序的首位。他将自己的下腭与上腭拉开到最大的距离,并且用手指撑住口腔,防止两侧的收缩,经过实验,他发现在这种情形下,除了这个原始的符号所指示的声音之外,人类的舌头不可能发出其他的语音变形。元音"O"则是口腔呈圆形而发出的,恰如这个字母本身所贴切地描绘。元音"U"则由双唇平行突出而发出。其他的元音和辅音是由口腔另外的各种碰击方式,以及主动的舌头与被动的齿龈或上腭相互作用而发出的。我们这个囚犯的这些深入思考和长期实践的结果是一篇哲学论文,是在他重获自由时写成的。凭着他这门与生俱来的学问以及关于声音的基础知识,他将自己看做是语音和语言方面的唯一大师。但是,无论谁请他改善自己的发音,教给他们悦耳的或正确的口音或讲话的方式,我相信他们将发现自己被骗了。

288

289

我并不是要谴责这门思辨的发音科学没有用处。毫无疑问,他在其他科学中占有一席之地,并且可能对语法学是有帮助的,正如语法学对于修辞学,以及其他的演说和写作艺术是有帮助的。基于数学的那些有益的艺术和科学,证明了数学的严整性及其对人类的益处,虽然占星家、星象学家及其他诸如此类的人也乐于封自己为数学家。至于形而上学,还有学院中为逻辑学或伦理学研究而教授的东西,我也愿意将其看做哲学,如果有确切的事实证明它能净化我们的精神,提升我们的悟性,或改良我们的风俗。但是,如果有人建议我们把定义物质的和非物质的实体,辨析这些实体的性质和模式,作为我们发现自己本性的正确方式,我便要怀疑这样一种研究更加地虚妄和迷惑,因为它的抱负过于宏大。

290

对三角形和圆形的研究与对心灵的研究毫不相干。同时,学生也并不认为他的智慧,或关于他自己或人类的知识,有所增益。他想要的只是与从前一样保持健康的头脑。他的确认为自己恢复了健康,如果他的头脑有幸没有缺陷的话。要在人性或世界的知识上获取其他方面的才智,或有所进步,他得仰仗其他的学习和实践。这便是数学家的诚实和理智。但是,对于妄图完整地探究自己更高级的才能,考察自己的悟性的权限和原则的哲学家来说,如果他的哲学实际上与他所面对的事实风马牛不相及,如果其哲学走错了方向,无法实现我们真正的目标或利益,那么这种哲学比单纯的无知或愚蠢还要坏。变得愚蠢的捷径就是构造一种体系。失去理智的最可靠的方法就是装点这种体系。某些东西越像是智慧,如果它很明显不是智慧本身的话,它就越是与智慧背道而驰。

291

人们会期待这些生理学家和研究模式和实体的人们自己的悟性会很高,而且能用这些学问来造福他人,他们的情感和情操也应该高于他人。意识到自己被允许进入自然的神秘之处和人心的内在根源,人们会认为这些绅士自己的内心应该变得高尚,以使自己与凡夫俗子们区别开来。但是,如果他们关于这个世界的机制和他们自己的构造的虚假知识,不能对任何人带来有益的东西,我不知道这样一种哲学还有什么用处,只能是拒绝更优秀的知识,摆出一副权威的嘴脸,傲慢自负。

一个学者,尤其是作家,用自然哲学的理路来摆弄"观念(ideas)",从表面上描绘情感,他无疑想象自己因此而更聪明,更知晓自己的性格和人类的本质。但他被自己的计算误导了,一般来说,经验使我们相信,没有人比那些知名的聪明人更无能,更不能控制自己的情感,更不能摆脱迷信和莫名的恐惧,更不能避免明白的欺骗和迷惑。这本不足为怪。在某种程度上,思想预示着实践。无需严密的推论就能说明这一点。只需我们所熟悉的独白方法稍助一臂之力,便可有所收效;并且,我们也可以用一种更有趣的方法来解决这个问题,那就是让这种极为思辨的哲学面对一种与我们的亲朋好友、相识知己有关的更实际的问题。

292

由此来看，如果暂且放开他①，让我主要说说我自己的问题，并且也趁此机会运用我所揭示的那种自我对话实践，这对我的读者来说并非没有好处。因此，人们希望他不要认为这种实践缺乏教养，如果我对他轻慢以待。而且，如果我无意间旧病复发，就像得了某种疯癫，喋喋不休地劝诫自己，他也不必因为这种随意的言语，甚至是责骂而感到生气，因为责骂他的人自以为可以对他说真话。

293

如果一位游客偶然间走进了一家钟表店，想了解一下钟表，打问钟表的每一个零件是由什么金属或物质制造的，用什么上色，或者是什么让钟表发声，但不去询问这种器具的真正用处，或者是通过怎样的运动实现其目的，怎么才能造得最好；很明显，这样一个人对这种器具的真正本质知之甚少。如果一位哲学家以同样的方式研究人性，只是发现每一种情感作用于身体的效果是什么，它们会导致相貌发生哪些变化，它们以什么独特的方式影响四肢和肌肉，这可能使他有资格给解剖学家或画家以忠告，但不是给人类或他自己忠告：因为据此来看，他考虑的不是他的对象的真正的运动或活力，也不把人当做真正的人，并作为一个行动的人来思考，而是把人当做了一架钟表或普通的机器。

正如一位现代哲学家告诉我："恐惧这种情感决定了精气从肌肉传至膝盖，而膝盖则立即准备做出运动，通过将腿无比迅捷地抬起，使身体逃离危险。"②——这真是一架完美的装置！不过，膝盖哆嗦是否是懦弱逃跑的征兆，牙齿打颤是否是勇敢反抗的征兆，我不想做定论，在所有的研究对象中，我没有发现任何与自己利害相关的东西。我可以确定的是，通过这种最为精细的思辨，我不能学会如何消除恐惧，或者鼓起勇气。然而，我可以肯定，这正是恐惧的本质，如同其他情感一样，它会受到观念的促动，受到习俗和习

294

---

① 指前文所述研究语音学的那个人。——译注
② 见笛卡尔关于情感的论文。（夏夫兹博里指的是笛卡尔的《论灵魂的情感》，发表于 1649 年。——译注）

惯的影响,因而表现出增长和衰减。

这些情感支配着我,并随着其他情感的变化而变化,所以它们影响着我们的性格,并使我在我自己和他人眼中与众不同。因而通过正确地反省我自己的动作(因为动作受感情的引导,而感情又极大地依赖于意见和幻想),我们必定可以找到矫正和提高我的性格的途径。通过考察情感的各种倾向、转换、变形和内在循环,我无疑可以更好地理解一个人的心理,更好地评判他人和自我。如果不能从调节和控制一个生命的行为所依赖的情感运行中获得某些好处,这样一种研究就不可能取得任何进展。

例如,如果迷信是一种最让人痛苦的恐惧,那么在这种情况下,关键不是去研究血液或精气在哪个部位分离,或在哪个地方聚合。因为这个研究不能使我理解迷信,也不由我来决定去调节或改变这种情感。但是,如果人们认为迷信这种恐惧的根源来自观念,而其对象也得到了完全的探索和考察,那么这种情感本身必定就消失了,因为我越来越多地发现其中的骗局。

同理,如果虚荣也源于观念,而且我也认识到人们是如何感知到虚荣的,来自什么样的空想的优势和无足轻重的根据;如果我想到虚荣既有极度的高涨,也有相反的低落,那么我必然会从这种失调的情绪中解脱出来。"你是否渴望人的赞扬?这里定有一剂良药……这里有些符咒和辟邪物,可缓解你的痛苦,消除你的大部分疾病。"①

愤怒、雄心、爱情、欲望及其他情感也是同样,从中我形成了关于我的兴趣的不同看法。因为这些情感发生着转变,我的兴趣也随之转变,我来回操纵着它们,东突西撞,驶向我的航道和港口。愤怒中的人与恋爱中的人有着不同的幸福。此时变得贪婪的人,与他之前慷慨时关于满足的看法也不相同。甚至心情愉悦的人与情绪恶劣或稍有烦恼的人,对于性情和利益也有不同的想法。因此,我对自己的性情的检视和对情感的研究,必定与对自己的观念

---

① 贺拉斯:《书札》,1.1.34—36。

的探究和细查,对自己的能力和目的的切实考量,是一道展开的。[①]
所以,研究人的感情必定会引导我得到关于人性和自我的知识。

这就是哲学,其本性决定它优于其他一切科学或知识。这确实不能称之为自负或虚伪,因为它是我能发现自负和虚伪的唯一手段。这也不是说它依仗其家系或传统,管制着辩论和"虚浮的话"。[②] 如其他哲学意义,它不是依靠玄奥精微的思辨得到其名望的,而是凭借独到的方法,依靠其对所有其他思辨的优越,对所有其他科学和事务的统辖,给予每一门科学以尺度、确定生活中每一件事情的应有价值,来获得其名望的。凭借这门科学,宗教本身得以被评价,精神得以被探索,预言得以被证实,奇迹得以被明辨:这 298 唯一的尺度和标准来自于道德的正直,来自于对正确合理的感情的洞悉。因为,如果树木是通过其果实被人认识的,那我首先需要做的必定是辨别果实的真正的味道,提升我的味觉,得到一种正确的品味。[③] 所以,要让我根据道德来评价权威,而道德的法则又被认为仅仅依赖于权威和意志,这实际上就等于让闭着眼睛看东西,不拿尺子量东西,不用算术算东西。

因此,评判其自身及其之外的所有东西的哲学,发现她自己的领地和主宰;凭借教我如何认识我们自己以及属于我的的东西的特权,她教我如何分辨她本人与其相像者,展现给我她那直接的和真实的自我。她为所有次等的科学规定合理的等级,让某些科学测定音调,另一些标出音节,其他一些权衡空白,规定间距和宽幅:但她自己保留着适当的权威和主导,维护其地位和古代所称的"生 299 活的导师,德行的审查者"[④]的尊名,以及自古以来就属于她的一切称号,那时,她值得被演说家称颂:"你是法律的发现者,你是道德和纪律的导师,……遵照你的训导而快乐生活的一天胜过浑浑噩

---

① 见《论美德》,即本书第四篇论文。
② 见《歌罗西书》,2:8;《提多书》,3:9;《提摩太前书》,1:4,1:6,6:20。
③ 见本卷第107页。
④ 原文为拉丁文:"Vitae Dux, Virtutis Indagatrix",语出卢克莱修《物性论》(2.172)和西塞罗《图斯库兰讨论集》(5.5)。——译注

噩的一生。"①她是最美的情人！但很容易被认错！因为有许多婢女也满身珠翠，而且有些还比她的衣着装饰更耀眼。

事实上，我们所谓的哲学思辨中，有多少华而不实的研究，有多少一本正经的消遣！"观念的形成，观念的复合、比较，一致与不一致"！这些东西如何才能面目可亲，或者让纯正的、真正的哲学更加迷人呢？那就跟我来吧。让我以这种方式来进行哲学思考；如果我真的能因此变得明智的话。让我检查我的"空间观念和实体观念"；让我洞悉物质及其"情状"；如果这就等于洞悉我自己；如果这能提升我的"理解"，开阔我的心灵的话。如果这样，我就立刻心满意足。因而让我仔细观察这里发生了什么，我能在其中发现
300 有什么联结和一贯，一致或不一致："根据我当下的观念，亦即此刻我赞同的观念，我下一刻是否会继续赞同呢；假如我赞同的话，我怎么样或依照什么方式才能摆脱它们；如何确知我的观念，并使我的意见、爱好和判断保持一致。"如果这些问题没有得到解决，如果我一直还是那个我，所有这类精巧的推理的目的是什么呢？我为什么要敬佩我的哲学家，或者学着变成这样一个哲学家呢？②

今天有些事物支配着我，结果就导致我有了这样的观念："这真是个美好的世界啊！一切都那么灿烂！每一件事物都赏心悦目！人群、交谈、聚会、社交，夫复何求？"第二天，失望、迷惘、屈辱接踵而来。接着发生什么呢？"唉，可悲的人类啊！不幸的生活啊！谁能耐得住寂寞？谁能为这个世界写点什么或做点什么呢？"哲学家！你的观念在哪里呢？说了这么多，真理、确定性、真实性到底在哪里呢？如果有的话，它们肯定一直在这里。只有在这里，我才保留着一些恰当的特性和适当的观念；如果我不能利用这些
301 哲学教给我的东西得到更多，那么这种哲学就是骗人的和虚妄的。不管它还有什么其他的优点，它都与我无关，与人类无关，除了自

---

① 西塞罗：《图斯库兰讨论集》，5.2.5。
② 夏夫兹博里这一段及以下戏仿了洛克在《人类理解论》中的一些概念和术语，译者也参照了关文运的译文。——译注

负有某些知识,从一种假设的进步中得到一点虚假的信心,还能怎样触动"心灵"呢?

接着再问。我对于世界、快乐、财富、名誉、生活的观念是什么呢? 我对人类及其活动的评价如何呢? 我会形成什么样的情操呢? 什么样的意见? 什么样的准则? 如果什么也得不到,我为什么费心去思辨我的观念呢? 例如,知道我对于空间形成什么样的观念,对我有意义吗? 一位德高望重的现代哲学家说:"切分一个任意大小的物体,如果其内部没有空余的空间,这个空间至少等同于此物体能被切分出的最小部分,其部分将不可能在表面的界限内运动。"①——

这就是原子主义者或伊壁鸠鲁主义者所要证明的真空。另一方面,实在主义者(Plenitudinarian)则让液体发挥作用,并加入了实质和广袤的观念。

某个人说:"我对此有清晰的观念。"

另一个人说:"我也能确定这一点。"

我却说:"如果所有的物质都没有确定性又如何呢?"

302

数学家由此产生了分歧,而机械学则还在按照这种或那种假设继续前行。我很满意,我的心灵也在继续活动:因为无论是哪个假设都无所谓。

"哲学家! 让我听听那些对我有点意义的东西吧。让我听听对生活有点意义的东西吧;什么是正确的看法;我该支持哪种看法;如果我的看法不正确;正当生命即将结束,到了风烛残年,'真是虚度光阴!'世人们咒骂,同时又抱怨,'生命短暂易逝!'如果人们发现生命不甜美,为什么又说如此短暂呢? 我为什么两头都抱怨呢? 难道空虚仅仅是空虚,而不是幸福吗? 难道说不幸过去得太快吗?"

这才是我要考虑的重要问题,值得我去考察。另一方面,如果

----

① 这些是上文所引那位作家的话。(即洛克,这段话源自《人类理解论》第 2 卷,第 13 章,第 22 节,夏夫兹博里只是概述了这一节内容。——译注)

我在这个地方不能发现我的观念的一致或不一致,如果我不能得到任何确定的东西,其余的东西对我又有何用呢?我如何得到我的观念,或者如何复合这些观念,哪些是简单的,哪些是复杂的,这对我有意义吗?如果我对生活有一个正确的观念,但是,也许我对这个观念不以为然,并要从心里驱走它,即"在为朋友或国家效力的光荣时刻,我也许很容易就牺牲了";告诉我,我如何才能保持这种观念,或者至少说,我如何才能安全地摆脱这个观念,以让我不再因此而烦恼,也不要使我做无谓的冒险。告诉我,我如何才能得到这样一种关于价值和美德的"意见";是什么让它在某个时候如此激动,另一些时候却荡然无存;这些动荡和起伏是如何发生的;"是因为其他观念怎样的变化、复合、干扰而发生的"。如果这就是"哲学艺术"的主题,那我乐意研究它,并接受这种研究。如果它与此无关,那我就没必要关注这种学问,也不想更多知道我如何形成或复合这些由词语标示的观念,一如我不想知道,我的舌头或上腭怎样或通过什么动作才发出那些清晰的声音,即使没有这样的科学或思辨,我也完全能把话说得很好。

第二节

不过,为了不致我的读者受累,我也趁此机会放开这些问题,倘若他是个粗鲁的读者,他会在此提出强烈的反对。他也许会问:"一个自我娱乐的作者为什么不自己保留作品,非要让它公开出来或面见世人呢。"

对此,我只需说,为了让作品公开出来或面见世人,我不愿意设想那些可敬的反对者会从中得到什么。的确,我也记得我认识的人当中有某些从事文字生意的商业冒险者,他们与代理书商打交道的时候,也明显被牵涉到与世人的交往中。他们不失时机地用序言和献词的形式,直接引诱公众,基于这个原因,为了得到支持和保护,他们与朋友均摊利益。他们竟敢借用伟人的名望;当然他得到了许可,并以为人们会非常看重这些东西。人们很容易想象到,这样一些受到保护和公认的作家,他们的辛劳如果没有得到公众的关注,总会感到些许失望。但就我自己而言,公众怎么看待我的消遣;或者他们以何种方式熟悉我为自娱而写作的东西;或者通过忠告我那些如此绝望的相识,这都与我无关。

　　我那些朋友们,在翻看这些忠告的时候,应该比看我自己的手稿时保持更平和的性情。很幸运,我的字迹还很清楚,这免掉了我再次誊写的麻烦,而且这也让我很容易供应足够多的工整的复本给我自己和朋友们。的确,我没有禁止我的抄写员为了获利而复制这些文本。我写的东西也不值得被当做什么神秘的东西。如果它们值得人们购买,那也算购买者做了大善事。我不参与这些交易,虽然我也偶然提供货品。

305

　　所以,我没有那些为出版而写作的作家聪明。我也没有感觉到时时躺在出版社这架文字机器之下有什么额外的好处,甚至还是件危险的事情。我不知道这机器对于教会或政府能产生什么魔法。我也想象不到,这架机器为什么让学者或知名的文化人感到惶恐;他们的秘密和财源就只靠这个文字制造业。给文化人一些利益,也约束一下出版社,在我看来是个两难的事情。我并不认为作品的质量会被写作的方式改变,或者快速而精美的抄写,以及使复本"千篇一律"有什么坏处。① 我不能理解,为什么不允许人用钢笔或鹅毛笔来写作呢,或者,一个作家穿件新礼服,为什么要比穿着针织长筒袜时的才能发生更大的变化,这也不过是件针织品嘛。

306

　　对我的读者,以及偶然还提到的一两个朋友,就说这么多吧。既然说到了道德,而且也不由自主地谈到了自我检视这个棘手的问题,我自然而然地想起来现代人对这种哲学的极其精密细致的要求。早年间,给肠胃不调的人服用的某些药剂也有着相同的性质,它们怎么让人大倒胃口,我不敢多做评析。但是,哲学所用到的那些文法中,无论有哪种与《教理问答》有一点相似,我确信,哲学本身最终是非常富有魅力的。我们年轻时候,这样一种自我质

----

① 这指的是印刷机的复制。——译注

307 疑的巧妙方法,使我们在成年时候更加反感劝诫性的学科。而且,我们信仰中那些玄而又玄的条目就是运用这种方法小心翼翼地渗透到稚嫩的心灵中的,然而,这种预期哲学的特色可以使与理性类似的活动,以及心灵的内在修习,在更成熟的年龄,变得更加艰难,遭遇更多波折。

度过了积累学识的少年时代,在关于我们自己的和他人的更为高级的自然、本质、精神实体、人格等问题上得到教导之后,我们必定需要经历一个艰苦的阶段;我们步入了更成熟的年龄,去再一次反省和温习这个课程。由于有那么多摆脱不掉的疑问和关键命题,在我们明确了我们是谁、是什么之后,我们很难去轻松地从另一个角度研究我们真实的自我和目标,用以理解我们兴趣的判断力,我们关于利益和幸福的意见:那个必然是决定我的品行、检验主导我们的生活原则的因素。

我们能经得起重新审视这些秘密吗? 在我们从世界学习了我们的课程之后,我们还愿意开始接受新的教育吗?

我以为很难。凭借这后一个学校的课程,根据我在与精英们的
308 交流中获得的见识,我应该随时地问自己,"是什么在支配我?"我会马上回答,"我的利益。"

"但是,是什么利益? 它如何支配我?"

"通过意见和爱好(fancy)①。"

"那么,我所爱好的每一样东西都是我的利益吗? 或者,我的爱好可能是错误的吗?"

"也许。"

"如果我所爱好的利益是错误的,我的追求或目标能正确吗?"

"很难。"

"如果我知道不正确,那我可以设想我能恰巧在现实中实现目标吗?"

---

① 从下文看,fancy一词可作"欲念"理解,下文有些地方也作如此翻译。——译注

因而，看起来我的主要兴趣必定是实现一个目标，并确切地知道我的幸福和利益所在。

"除了我的快乐，还能在哪里呢，因为我的利益和幸福必定永远是令我快乐的：令我快乐的东西难道不就是我的利益和幸福吗？"

"非常正确！那就让爱好来支配你，利益就是令我们快乐的东西。因为如果令我们快乐的东西就是我们的幸福，因为它令我们快乐；任何东西都可以是我们的利益或幸福。[①] 一切都会称心如意。在这个时候我们孜孜以求的幸福，到了另一个时候我们可能就置之不理。没有人能懂得真正的幸福。据此，可以说没有人理解自己的利益。"

我们看到，这便是那些奇怪的纷争！——但是，让我们更坦诚地面对自己，并坦率承认，快乐并不是幸福的标准；因为当我们仅仅跟随快乐的时候，我们会变得厌腻，从这种快乐转向另一种快乐：这时还在诅咒，那时又全心称赞；一旦我们跟随情感和单纯的性情，我们从不能公平地评价幸福。

例如，当一位恋人专注于享乐的观念或爱好时，如果他新的恋情得意的话，就梦想着最大的幸福。——他成功了，却没找到梦寐以求的欢乐，只能给自己许诺在下一次恋情中得到这样的欢乐。——恋情又来了，他还是和从前一样的失望，但还存有信念。——最终厌倦了这样的游戏，偃旗息鼓，发誓从此以后不再献殷勤、搞奸情，开始厌恶礼法，悲叹快乐难求。——新的恋情又引诱他，又开始心神不宁、烦躁不安。——被人嘲笑借酒浇愁，淫靡无度，他摆脱了酗酒，鄙视花天酒地，树立起勃勃雄心。他成为了商人，去寻求功名利禄。——"变幻莫测的海神，我怎么能缚住他？"[②]

309

---

① 见第二卷第 227 页，及第三卷第 200 页。
② 贺拉斯：《书札》，1.1.90。

310   以免使我自己陷入这种困境,让我看看我是否能控制我的爱好,如果可能的话,将其固定在有好处的事情上。——当我在道德问题上施展我的理性的时候,当我将感情投入到友爱和善的行动的时候,我发现我能真正享受到快乐。因此,如果存在这样一种快乐,为什么不能放纵这快乐呢? 或者,如果越是放纵,就越快乐,那有什么害处呢? 如果我很懒散,沉溺于轻靡的快乐;我知道其中的害处,也能预见到乏味的生活。如果我荒淫无度,我也知道这害处,也能想象到酒色之徒的下场。如果我以贪婪为乐,我知道结果便是守财奴。但是,我以真诚为乐,我不知道沉溺于这种情感会有什么其他结果,只能变得更加善良,越来越多享受社交的快乐。另一方面,如果这种真诚的快乐由于狡诈、淫荡而丧失,那就再也没有任何的满足;因为善良品质和友善感情即使在放荡之徒那里也必不可少。①

311   因而,如果我唯一能够自由地尽情享受的快乐是那种真诚的、道德的快乐,如果理智的和社交的享受本身是如此持久,对幸福来说是如此关键,我为什么不能将其他的快乐融入其中,而要去寻求其他快乐,那些快乐有害于这个基础,它们相互之间也没有关联?

在这个基础上,让我尝试我如何能够承受爱好的侵扰,坚守我的道德堡垒,抵御由堕落的兴趣和一个错误的自我发起的攻击。当这种快乐的观念破灭的时候,我问自己:

"从前我如此坚守这个观念,难道是什么地方不对吗?"

"不是。"

"那么,驱除这个观念,我就能高兴。"

"但是,既然坚持我现在这样的观念,我才无怨无悔地追求这样的东西。"

"那么看看什么是最高尚的观念吧:或者因为追求这种观念而遭受痛苦,直到这观念被驱走,或者满足了这种追求,这不仅巩固了这种观念,而且让它感染一切观念!"

---

① 见第二卷第 127 页。

事实上，难道每一种爱好不都这样易逝吗，如果允许单一个爱好主导其他爱好？而且，如果所有奇思怪想一拥而入，无一被拒绝，这样一个机体必然会遭遇什么结果呢？这种管理手段除了导致最放纵靡乱的性格，还能怎么样呢？相反，除了一种截然对立的习惯和品行将我们提升到一种高尚的或稳定的高度，哪里还有心灵的力量，哪里还有自制；如果快乐的观念，爱好的诱惑，情欲和欲望的强烈诉求，没有被经常抑制，想象也没有得到适当的压制和约束？

因此，省察我们观念的方法看起来并不是一种迂腐的实践。在这样质疑欲念夫人（lady-fancys）的时候，我们没有粗鲁无礼——她们衣着华丽，极其妩媚，以诱惑人们赞成她们的理由，通过迎合人们的低级欲望和堕落的自我——她们就是向这个自我来提出请求的，来赢得判决。

说实话，从这些来看，她们极具魅惑。她们从不强求我们，虽然她们始终凝视着我们，无论我们走到哪里，她们都能与我们相遇。她们懂得如何装扮自己的容貌，不用掀起面纱，抛头露面，不会让我们厌腻，或者让我们仔细端详她们的面孔。她们绝不会唐突冒失，常常与我们保持一段距离，让我们亦步亦趋；她们犹抱琵琶半遮面，时不时也暗送秋波，仿佛极力隐藏其真身。

这些妖妇中最危险的一个，现身于萧瑟的丛林中，凄恻哀怨；常常目光流转，轻挥双手，以至于人们不能不为她所动，直到她的意图被人领会，其骗局被人识破。她的这番神态借自魔法女神墨尔波墨。她本身并非那么楚楚动人。远非如此。她的伎俩是让自己令人生畏，这样，她的姐妹们便借用她的手段变得更加迷人。而且，如果凭借其悲凄忧郁的面容，她能令我们相信死亡（她就代表着死亡）是如此可怕，那么她就代表着整个轻浮、放荡和淫欲的欲念家族（fantastic tribe）的胜利。柔弱怯懦继而占得优势。当其目的和真实身份不为人所知，人们唯恐与其失之交臂的时候，人们对最低贱的生活方式便趋之若鹜。我们越是留恋生命，就越是无力享受生命。由于怀着这种热望，人们贪婪吞咽生命中的渣滓糟粕。

312

313

314

肮脏的快乐观念被人看重。德行、勇气、慷慨,以及所有更高贵的观念和真正的善的情操、纯洁的快乐都隐而不显,在恐惧女皇面前烟消云散。

有一类反对哲学家的人(counter-philosophers),非常乐于推崇这种"幻象"(Phantom),利用她来影响我们的悟性,只要有机会混淆视听。邪恶的诗人们也在拿这个幽灵为自己所用,虽然其做法有所不同。凭借这个悲剧女演员的帮助,他们用艳丽的想象赢得了附庸风雅的听众,让埃拉托(Erato)①和其他调皮的缪斯们大肆渲染纵荡淫逸。死亡的凄凉景象激发了最低俗的快乐。废墟和鬼魂、坟墓和黑纱,烘托着淫荡的场面。对那个不可见的过度的痛恨使人们对旺盛的精力和声色之欲倍加珍爱。

"放纵你内心的自我吧:让我们享受我们的快乐,属于你的只有生命,你将化为灰烬、幽灵和虚名。"②

这也就难怪,纵荡会得到这种丑陋的幽灵般的幻念(spectre-opinion)的滋养。她用这个形似稚童的妖怪来满足自己的兴趣,就像母亲搂抱自己的婴儿,被追求者紧紧搂抱,因为这追求者感到害怕,惶惶不可终日。她怂恿他及时行乐,遵照她最好的生活尺度。而且她成功了。谁不愿让生命匆匆而过,当生命中高贵的快乐已然失去,或被对死亡的恐惧玷污?伴随这种恐惧的极度自私和吝啬,必定要使我们的享受日渐稀少,在一定意义上也不能增添感官满足,而这些正是我们通常衡量自己的个人地位和财富方面的幸福的标准。

不过,看哪! 一个可爱的形象来帮助我们,是高贵的缪斯和美丽的卡利俄珀(Calliope)③带来的! 她给我们展示什么是真正的美,那些让生活变得完满,赋予生活最高快乐的音符是什么。她凝视着美德,教给我们如何评价生活,体验那最勇敢的精神。她还让她

---

① 希腊神话中司抒情诗的女神。——译注
② 佩尔西乌斯:《讽刺诗集》,5.151—152。
③ 希腊神话中司辩论和史诗的女神。——译注

的姐妹克利俄（Clio）①和乌拉尼亚（Urania）②一起来协助她。从克利俄那里，她借到了历史和远古中珍贵的东西，来与悲凄的幽灵对质，告诉人们，最幸福和最自由的民族中的那些英雄名人们如何蔑视那个骗人的妖妇。从乌拉尼亚那里，她借来了哲学中最崇高的东西，以解释自然的法则、宇宙的秩序，为我们描绘这可爱的自然和宇宙中的正义。她告诉我们，合理地服从这些法则和秩序，我们就能最幸福；幸福生活的程度无关乎我们度过多少时日、吃过多少美味珍馐，而是来自往昔健康的生活，尽好自己的本分，然后洒脱地离开这个世界，一如我们来到这个世界。

这样，我们站在了美德的一边，成为最高贵的缪斯们中间的一员。凡这些姐妹们视为可敬的东西，都将助我们一臂之力。那些更为欢乐的夫人们，当完美地发挥其艺术，并激励某些更优秀的天才创造这类诗歌，也会得到她们的帮助。这便是古代人更高贵的 317 抒情诗，也是后来更为雅致的喜剧。塔利亚（Thalias）、波吕许墨尼亚（Polyhymnia）、忒耳西科瑞（Terpsychore）、欧忒耳珀（Euterpe），③都愿意加入她们的行列，都喜爱诗歌，对那些宣扬混乱无序的诗歌感到惋惜。她们不会被塞壬欺骗去为恶，而是乐于陪伴她们年长的姐妹们，为人类生活中最和谐的、如缪斯一般的、神圣的部分增添优雅和诱人的魅力。这些夫人和那些更为英武的夫人们之间仅有的区别在于，她们更容易被歪曲，扮作淫邪的面容。身负天才或精通诗艺的人，怎么会让史诗或悲剧的缪斯去扮演皮条客，或者屈服于柔弱怯懦呢？悲剧和英雄传说并不是责难死亡、灾难或艰辛。在这里，并不是单纯的生命得到了提升，或者其价值被夸大。相反，生命经历着苦难，面临着情感的动荡，人们称赞坚毅的品质；荣誉得到了彰显，对死亡的蔑视被看做是高尚而幸福的灵魂的独特标志；苟且偷生才是卑鄙小人的最真实的性格。"死亡真的如此让 318

---

① 希腊神话中司历史的女神。——译注
② 希腊神话中司天文的女神。——译注
③ 分别是希腊神话中司喜剧、圣歌、舞蹈和音乐的女神。——译注

人悲伤吗?"①

人们想不到,我们如何轻松地面对幸福和善的魅惑幻影和虚假观念,当这个不幸和灾祸这个可怕的幽灵以这种方式被埋葬,被真诚的魔法所驱散,以至于不能与其他媚人的形象沆瀣一气。这就是那门奥秘科学或一种反-巫术(counter-necromancy),它激起的不是惊悚和恐怖,而只是友善和仁慈,驱走了所有的骗人幻象。他无疑会被看做是能量巨大的巫师,能与这类神灵相沟通。——但是,且慢!——让我们真正做个实验,画一个有魔法的圆圈。让我们看看,当魔头被降服的时候,这个小鬼如何现身。——

看哪! 慵懒的女巫出现了,一副雍容华贵的样子。她承诺给我们最甜蜜的生活,引诱我们与她同床共枕;她嘱咐我们不要经历那危险的尝试,阻止我们投身于行动当中。

"到了那时,雄心所许诺的、爱情所给予的快乐在哪里呢? 如何能享受寻欢作乐的生活呢? 因为沉闷无趣而失去的快乐难道不算是快乐吗?"

"但是,懒惰就是最大的快乐。"

"去生活,不要感受!"

"去感受无忧无虑的生活。"

"那有什么幸福呢?"

"活着就是幸福。"

"这就是真正的生活? 生活就是沉睡? 这就是我一心想要度过的生活吗?"

这就是那个幻想家族要丑化的。一场内战爆发了。反复无常的夫人们中间的多数站在理性的一般,并反对萎靡的塞壬。雄心为受到的安逸的待遇而感到羞愧。自负和虚荣得意洋洋。甚至是奢侈自己,一副高雅风流的派头,也非难其背叛的姐妹,将其看做是真正的快乐的外行人。——"走开,你这令人昏昏欲睡的妖怪! 别再烦我了。我已经不相信你的姐妹关系,生活和幸福就在于行

---

① 维吉尔:《埃涅阿斯纪》,12.640。

动和劳作中。"

"但是，这里又有一个忙碌的形象在引诱我们；她积极、勤勉、警惕，鄙视辛勤劳作。她一副贞洁的严肃表情，但又面带焦虑不安。她在抱怨什么呢？她看到了什么，如此惊讶诧异？钱袋！金库！闪闪发光的财宝堆积如山！" 320

"那是什么！为了奢侈吗？这些都是为她准备的吗？那你是她的朋友（不详的欲念！），你这番辛苦是为了她？"

"不是，只是为了不备之需。"

"但是，告诉我，如果谈不上奢华，你也不是已经很富足了吗？"

"防止饥馑之灾总不是件坏事。"

"除了饥饿，不还有死亡吗？就没有别的途径逃避生活吗？锁上这扇门，其他的门就安全了？贪婪，说啊！（你这最空虚的幻影）你不是在为屈辱的怯懦帮闲吗？我还能为你做些什么呢？你这低贱的寄生虫！我已经赶走了你的保护人，对她的威胁不屑一顾。"

我与欲念和意见这样争论，并探寻想象的材料和铸造者。[①] 因为，欲望和渴望是在这里组装起来的。从此它们获得了专利权，并流通开来。如果我能在此阻止其危害，并杜绝假货，我就安全了。

"观念！稍等，让我来盘问一下，你什么时候、受谁的雇佣？你是雄心的随从？或者你只承诺给人以快乐？说吧！为了你，我须牺牲什么？是荣誉？真理？还是勇气？你需要什么样的贿赂？说 321 说那个讨人喜欢的东西，但不愿夸大其词，照实说，不要添油加醋，也不要有所保留。是财富？是名誉？是称号？还是一位女人？嘿，欲念！不要成群结队，不要蜂拥而来，不要让我眼花缭乱。让我细细检查一下你的价值和意义。不要让幸福满满累积。因为，如果一个一个地来，那你就毫无贡献；如果一起涌来，你只能分散我的注意。"

正当我这样正式地描写一段独白的时候，我禁不住要反省我的作品。而且，当我用一种平常的眼光审视这种文法时，我发现，在

---

① 见第三卷第198—199页及以下。

这种时刻,比我在急迫得到作品这个结果时,我更容易让自己获得乐趣。

"什么! 我就那样想入非非吗? 我必须要沉迷于幻象吗? 和幽灵鬼魅搏斗吗?"

"肯定是这样,要不然,这些鬼魅将事先就伴在我身边,伺机击败我的悟性。"

"什么! 像疯子一样以不同的人跟自己说话,装出各种不同的性格!"

322 "无疑是这样,否则人们早发现谁是真的疯子,坚决改变性格,而不知道如何改善这个性格。"

的确,这是确定无疑的;只要我们拥有一个心灵,只要我们有嗜好和感觉,所有的欲念都将蠢蠢欲动;无论是群居还是独处,它们必然严阵以待,跃跃欲试。它们必定有自己的领地。问题是,它们是否将其全部据为己有,或者是否愿意承认有某些控制者或治理者。如果都不是,我担心,这将导致疯狂。只有这样,才能被称为疯狂或丧失理性。因为,如果任由欲念评判一切,她就必定当仁不让。每一件事情都是正确的,如果每一件事情都是这样,那是因为我想让它们这样。

"房屋转动,景物也就随之转动。"

"不,但我的头确实在转动:我感到头晕眼花;就是这样。欲念劝我如此这般;但我很清醒。"

因此,正是凭借欲念的控制者或矫正者,我才免于发疯。否则,当我头晕的时候,便是房屋在转动。当仅仅是我的情感或情绪变化的时候,是事物发生了变化——我必须这样假设。

"但我神志不清,迷迷糊糊。"

"是谁告诉这些的呢?"

323 "除了那个矫正者还有谁呢? 因为有他我才神志清醒,没有了他我就不再是我自己。"

每一个不是完全地茫然失措的人,必定要将其欲念置于这种纪律和管制之下。这种纪律越是严格,这个人就越理智,越清醒。这种纪律越宽松,他就必定越是耽于幻想,越接近疯狂。这个活动永远没有停滞的时候。在这场竞赛中,我必然是胜者或败者。或者让我的欲念支配我,或者让我支配它。如果我纵容它,它却不纵容我。我们之间不会停战,始终兵戈相见。某一方必然会胜出,赢得支配权。因为,如果任由欲念为所欲为,统治权必然要归属于它们。到了那时,这种状态与疯狂还有什么区别呢?

因此,这里的问题与一个家庭或家族遇到的问题是一样的,"谁来规定法则? 或者谁是主人?"从说话中就能看出来。看看谁底气十足,颐指气使;谁在说话,谁在质问;或者谁在听,谁在被质问。因为,如果仆人担起了前一种角色,那他们就是主人,人们将发现,这个家庭的规矩自然就形成于这些情形中。

因而在我自己的事务当中,在我职权和管辖范围内,情况又会怎样呢? 我的欲念是什么样的状态呢? 是它们支配我? 还是我自己做主来约束它们? 是我来说话、质问、训斥? 还是我听话,受训斥,俯首帖耳,惟命是从? 如果我让欲念做主,放弃我的意见,听她指挥,由她来决定我的幸福和不幸,那我会怎样呢?[①]

一个身处平原之上的人,想象自己面前就是万丈悬崖,巨石临顶,担心那是青天白日里的滚滚乌云,叫道,"大火啊! 洪水啊! 地震啦! 打雷啦!"当一切都平静下来的时候,他还会胡言乱语吗? 但是,如果一个人挨了一棍子之后眼冒金星,经过了舟船颠簸之后回到岸上还在头晕脑胀,或者怒火之后耳边还是轰隆作响,他还能轻易从这些惊惧中恢复过来,并因此摆脱疯狂。

眼睛的机能失常可能使我眼前出现一些奇怪的形象:如果得了白内障或有异物进入了眼睛,苍蝇、飞虫和无数其他东西仿佛在我眼前来回飞舞。但是,纵使我感官的疾病再多,我也并不会因此就疯癫;我也不会失去自制力,因为与此同时还有一个人格心智正常,有能力质疑表象,纠正想象。

有一些观念和明显的惊惧侵扰我,但我不采信它们呈现的任何

324

325

---

① 见第三卷第 199 页及以下。

东西。我了解它们的来历，并给予它们应有的回应。欲念与我并不完全是一体的。这种不一致使我成为我自己。相反，当我与她之间没有争执，没有论辩，将她如此这般描述的东西认作就是幸福和不幸，善和恶，到那时，我必然对她同声相应，叫道，"悬崖啊！大火啊！地狱啊！天堂啊！"①——

> 戈壁沙滩、鸟语花香，
> 牛奶的海洋、琥珀满船！

326　　　有一个希腊国王与亚历山大一样疯狂，一心梦想着征服世界，有人聪明地教给他劝诫他的"女主人"②的方法；闲暇的时候，一位谨慎的朋友旁敲侧击地问他的计划和最终的目标，并向他暗示那位谄媚的夫人为他提议的好处。这个故事非常值得留意。所有用以反对这位国王的计谋都是精心策划地询问："下一步呢？"欲念夫人并没有意识到针对她的圈套，只是一步一步地让她和盘托出。首先，她说国王的意图只是得到一片土地，这片土地就像蛊在他面前的一个海岬一样，看起来在冒犯他的荣耀。下一步是邻近的一个美丽而富庶的岛屿，不由得要让人去征服。再下一步是对面的海岸。再接下来就是那片广阔海域两边的大陆。到了那时便能君临大海和陆地，这一切都唾手可得，顺理成章。

　　　这位朋友继续问道："然后呢？当我们变得那么幸福，也实现了最大的愿望的时候，我们又要做什么呢？"

　　　"那时候我们不就坐享太平，把酒言欢。"

　　　"唉，阁下！我们现在又何尝不能如此呢？我的心情和美酒就变得更美了？我们会安全，更逍遥吗？这些攻伐可能会让你失去

---

① 地狱、天堂两词的原文为：Cerberrus、Elyzium，前者为希腊神话中守卫冥府的三头狗，后者为英雄和好人死后进入的极乐世界或乐土，这里简译为地狱和天堂。——译注
② Lady Governess，这里指国王心中的欲念。——译注

什么,那是可想而知的。不管哪条路会让你成为胜者,你明白,你的欲念并不像看起来那么多。"

与此同时,欲念也在陈述自己的观点:因为她绝对地控制着国王,并且很少亲自与别人交谈,不在众人面前接受非难。国王有些生气了,岔开了话题,厌恶人们亵渎他那至高无上的王后;他一心不二地让她左右自己的想法,倾其全力开始征伐。胜利的消息传到了他耳中。桂冠花环在他眼前闪耀。——这些东西除了幻觉和梦境还能是什么呢?除了十足的假象还能是什么呢?除了"狂舞的世界、喧闹的幻影"还有什么呢?

牛奶的海洋,琥珀满船!

很容易拿这个英雄的事迹与我们自己做个比较,并且可以看到,在相反的生活环境中,爱情、雄心,和淫靡的欲念家族(还有另外一种阴郁忧愁的幽灵们)支配着我们的心灵。也很容易观察到,它们如何影响着我们,当我们拒绝事先附和它们,并不断地训诫那个得寸进尺的女巫。而我们所提出的忠告以及独白的方法正依赖于此。也许这不能使我们变得更明智或更幸福,但我肯定,这必然能帮助我们变得更机智,更高雅。它胜过任何其他科学的地方在于,它必定能教我们了解性情和情感的趋向,风尚的演变,性格的正直,事物的真相;当正确地理解这些东西的时候,我们也就可以按照其本性来描绘它们。一个优秀作家的技巧和艺术正依赖于此。所以,如果好的作品就在于为德行提供合理的根据,那么显而易见,一个想要让其艺术有一点价值的作家们必须要承认,这种自我检视的实践和内在对话的方法当中存在某些有价值的东西。

至于这些文章的作者(正如现代作家喜欢这样谦称),就他而言,他很乐意采纳这种实践,这不是为了他自己的利益,因为他没有考虑到作家那种崇高的职能和地位。在这一点上,人们或可允许他模仿最杰出的天才和罗马最优雅的那位诗人。而且,虽然他无比愚钝,但还有幸学到这位诗人的一点点机智,他也坚信他可以

329　学到这位诗人的真诚和随和。"当我的书榻或柱廊接受我,我不会令自己失望:'这是更高尚的事业;如果我这样做了,我将生活得更美好,所以我的朋友也乐于和我见面。'……这些就是面对自己的沉思。"①

第三节

　　行文至此,该是我们实践这种方法的时候了,我们须回过头看看过去发生的事情。采纳此方法的观察者一般在此处"重述要点"(recapitulation),而其他艺术家却用致歉或辩辞来代替这种实践。因为序言这种预先提示的手法已人尽皆知,不能再让作家营造一330　种出奇效果:序言正变成"开脱"的代名词。一般而言,作家在这个预备部分最是畏首畏尾,另一方面也因此变得啰里啰嗦。所以他就利用他那推论或快刀斩乱麻,草草收尾,努力用最婉转的文法来让读者顺从这些错误:对于这些错误,他本应避免,而不是修修补补。

　　通行的做法已使这些优雅的内容不可或缺,让作者欲罢不能。他也主要是凭借这种策略与读者建立私人交情,奢谈他自己的东西,这种做法看似真诚,却不可能让他摆脱自私的观点或者对于他自己的德行的自负。这种自认懒惰、轻率、随意,或者其他种种使作家困窘的恶习的方式,显出一种独特的优雅机敏;如果作品本身已经如此完美,以至于不给悔过者们留下放大自己过失的机会的话,这仿佛还是一种遗憾。因为从这各种各样的过失当中,他发现了讨好读者的话题,而读者无疑不会因为一个忏悔的作家表

---

① 贺拉斯:《讽刺诗集》,1.4.133—138。又说:"所以我对自己说了这样的话,并力图默默铭记:'如果没有足够的水让你止渴,你会告诉医生;因为你得到的越多,你的欲望就越多,难道你不敢对别人这样说吗?……你并不贪婪。很好!那又怎样呢?你的心能摆脱永无止境的野心吗?能摆脱对死亡的恐惧?能摆脱怒气吗?'"贺拉斯:《书札》,2.2.145—148,2.2.205—207。

现出的谦卑而有什么提高;而且,基于此①,他也乐得原谅作家,与作家一道表现得优雅和善。

在这个殷勤献媚的领域中,我们很容易就发现这种谦逊是如何风行。那些希望凭借德行有所成就的人,他们的抱负很可能要落空了。忏悔的恋人,将一切都归功于美丽女性的恩惠,因为很少考虑他是否应该得到回报,他反而更快地得到了回报。由于人们普遍认为德行就是傲慢,并觉得它带着某种自信和从容,而情人对此却很不满意。仿佛,合理的要求便是不要搭理这位女恩人那纯洁的优雅和善意,否则的话,当她施舍其恩惠的时候,她自己就表现得高高在上,要人们死心塌地地服从,而她又师出无名。

所以,我们这个时代对女性的某种爱慕,没有被指责为任何的亵渎或偶像崇拜,根据通俗之见,这种爱慕可被用来为这些殷勤的崇拜者们模仿真正的宗教和献身的做法辩护。自谦这种方法也许被认为是接近圣坛的最佳途径:②而背德则被看做是得到报偿的唯一基础。但是,我们在天堂或女性那里所能得到的东西,我想,不应该被当做迎合世人的先例。无论什么样的顺从都是因为我们所谓的读者这个群体;如果刻苦勤奋使我们的作品臻于完善,并让他们根据作品本身的价值来做出评判,那人们就可以说,我们对他们表现出了足够的尊重。

所有的艺术家在努力完善自己作品的时候,无论多么艰难,甚或绝望,但如果他没有"完善这个观念"来给他指明目标,他的创作无疑是残缺而低劣的。虽然他的本意是要愉悦世人,但他必须在某种程度上高于世人,并以最高的优雅、自然的美和韵律的完善为鹄的;对于这些,旁人只知其然而不知其所以然,美其名曰"妙不可言",意即难以领会或我不知道其为何,而且以为这是一种魅力或魔力,艺术家本人也无法阐明。

---

① 即,既然作家已表现得很谦卑,读者也不便再多做追究,还不如与作家一同表现得优雅和善一些。——译注
② 见本卷第 38 页。

333   但我发现，这正是我不由得要自责的地方。我无法容忍自己总是因为效仿众所周知的艺术家、作曲名家、权威的画家、雕塑家，以及其他的鉴赏家同辈们的法则，而深感愧疚。但是，令我十分满意的是，道理站在我这边，纵使惯例与我截然相对，我也宁愿经常光顾这些低级的学院，寻求真理和自然，而不是去人们公认有高级艺术和科学的地方。

　　我确信，要成为一个鉴赏家（既然这会使一个绅士受益无穷）能让一个人更富有美德和良好的判断力，而不是成为我们今天所334 谓的"学者"（Scholar）。① 因为，比起精巧的诡辩和迂腐的学术来，原始质朴的、未经雕琢的自然是判断力的更出色的向导。"他

---

① 根据现代的学问，也如当前的科学分类，我们那些聪颖而高贵的年轻人的确可能由于兼备学者的才能和真正的绅士和有教养的人的才能，因而在合理而自由的教育上获得绝对的优势。体操学院对公众很有用，也是形成一种文雅而开明的性格的关键，但很不幸被人忽视了。在某些偏僻的修道院和封闭的小修道院，我不知道确切在哪里，文学实际上是被禁止的，正如我们的诗人所说，文学被局限于社交，以及鄙俗的"胡子男孩会众"（mean fellowship of bearded boys，"胡子男孩"看起来是某个俱乐部的名称，这应该指的是下面所说的不学无术的时尚界。——译注）当中。富有生气的艺术和科学与哲学绝缘，哲学就必然最终变得乏味无趣，迂腐无用，与世界和人类的实际知识和习俗背道而驰。因此，我们的年轻人在这两条迥然不同的道路之间仿佛只有一个选择；或者是学究和学院学术，这条路隐藏在古代文献的糟粕和最腐朽的内容里面，或者是不学无术的时尚界，这条路的目标仅仅在于形成雅致绅士的性格，并沾染现代语言和国外文艺的浮华习气。前一条路前景恐怖，危险重重，无法通行。因此人们普遍觉察到对于博学之士的反感，因为这些人误入歧途，使人遭遇这种困境，仿佛是进入了迷宫和神秘的地方。就像荷马或色诺芬在野蛮的年代没有被充分地认识，到了成熟的时代，无论是在某个都市和整个世界，还是在学院或乡下小镇，也不会被人们研究！或者，好像普鲁塔克、塔利或者贺拉斯不能陪伴一个年轻人旅行，身居宫廷，甚或（如果恰好如此的话）进入军营！这并非没有先例。人们总是有充裕的闲暇阅读意大利和法国作家的众多现代译本和糟糕的原作，而这些作家自己却只是为消遣而阅读。的确，法国人可以吹嘘某些正统的作家有合理的品味，这种品味很纯正，没有掺杂的造作和虚假的东西，即虚假的柔美或虚假的崇高，华丽的音韵或荒谬的情节。他们的天才是以古人的正宗典范的基础上形成的，也情愿承认自己借鉴了伟大的名家。但是其他人却汲取了另一种源泉，尤其是意大利作家，倒不如说他们辱没了真正的学术和学问，只能被那些无缘领略高贵的古人、见识更优秀更自然的趣味的人们所欣赏。见本卷第 286 页，及第二卷第 184—186 页。

们也知道自己什么也不知道"这句话也曾被富有明辨和自由思想的人用于某些文学和科学的学派所确立的逻辑、原则和知识的形式和基本原理。即便是不愿承认这句话在理的人也十分理解这种做法。结果会违背他们的动机。源于这种环境的那些悟性的倾向和形态,生成了在这种情形下被判断的对象的清晰观念。理所当然,在这样一种错误的教育经历之后,需要"生活"(the world)这所卓越的学校加以纠正和弥补。人们发现,绅士们的纯粹娱乐也要比学究们的精深研究更有启发。在调教年轻人的过程中,我们被迫采纳前者,将其作为专属于后者的习气的一种解毒剂。如果这种形式主义者获取了任命作家的某种专利权,我们必定会看到今天这样的作品,这样的作品让我们丢弃所有的书籍,至少是丢弃我们这个处于顺从屈服的体制之下的民族所出产的书籍。 335

不管这能证明什么,都不会存在关于人及其风俗的作品,如果作家没有必要理解诗歌和道德的真理、情操的美、性格的崇高,并怀想着赋予每一个动作以迷人魅力的自然的优雅的典范或榜样的话。如果他天生没有眼睛或耳朵以感知这些内在的韵律,他就不可能更精准地判断构成一部合理的作品的外在比例和匀称。① 336

如果我们曾使自己确信那自明的东西,即"在事物的每一种本性中,必定存在一种正确的和错误的趣味的基础,正如它也是内在性格和特征的基础,以及外在容貌、举止行为的基础"②,我们将不会为对后一类对象的无知和错误的判断力而感到羞愧。甚至在仅仅是模仿外在的优雅的美的艺术中,我们也不仅承认有一种趣味,而且还将这种趣味当做高雅修养的一部分,以能在众多虚假的礼俗和败坏的作风中发现真实的和自然的礼俗和作风, 337

---

① 见本卷第 208 页。
② 见第三卷第 164 页,第 179 页及以下。

而这正表现了真正的美和"维纳斯"。① 就像道德上的美惠女神②和维纳斯,是在性格的情绪和人的各种感情中显露出来的,被写作艺术家模仿。如果他不认识这位维纳斯、这些女神,也没有被这种内在的美和得体所打动,这将不利于他描绘生活,也不能将这美和得体融入到他已了然于胸的虚构对象中。因为,在这种前提下,他甚至不能表现德行和美德,或揭露丑陋和污秽。③ 他也从不能按照公正原则和正确的比例来确定善恶的界限,或者分辨各个不同的性格。他的构思必定是有缺陷的,描写也必定是混乱的,其中的标准是模糊的,尺度是无用的。这样一个构思者感受不到这些比例,意识不到这种卓越或这些完美,因而没有能力描绘一个完善的性格,或者说是符合艺术的东西,即"按照生活中形形色色、纷繁复杂的性格来表现这种完美的效果和力量"。④ 所以,对内在韵律的感觉、对社交美德的认识和实践、对道德的优雅的熟稔和喜爱,对于一个值得人们欣赏的艺术家和缪斯的真正宠儿的声誉来说是至关重要的。因此艺术和美德是互敬互爱的朋友,由此,鉴赏家的学问和关于美德本身的学问在某种程度上说完全是一回事。

渴望成为富有修养和高雅的性格的人,很注意根据正确的完美典范来培养他在艺术上的判断力。如果他旅居罗马,他会去研究什么是真正的建筑、最优秀的雕塑遗迹、拉斐尔或卡拉乔的最优秀的画作。初看起来,这些作品无论多么陈旧、粗糙或黯淡,他都决心一遍一遍地观察,直到让自己能品出味道,发现其中隐含的优雅和完美。他小心翼翼地将目光从那些华丽艳俗的,带有虚假趣味的东西上挪开。他只倾听那种蕴含最高超的手法和真正和谐的

338

---

① 见本卷第 138 页及以下,第三卷第 182—186 页注。

② "美惠女神"原文为"Grace",意为"优雅",用复数时指希腊神话中的美惠三女神,即宙斯的三个女儿 Aglaia、Euphrosyne 和 Thalia。——译注

③ 见本卷第 208 页。

④ 见第三卷第 260—263 页注。

音乐。

我们希望自己在生活和风尚方面也具有同样正确的趣味。凡俗之人当中，有谁确信内在性格存在差异，偏好优劣有别，但却无意使自己的性格和偏好成为最出色的呢？如果谦恭和仁爱是一种趣味，如果残忍、傲慢、放荡也同样是一种趣味，有谁在认识到这些之后却不愿意选择以和蔼可亲的典范来塑造自己，而宁愿选择丑恶堕落的榜样呢？有谁会不努力提高这方面的本性，以及其他艺术和学问上的趣味或判断力呢？因为，在这每一个方面，本性所接受的外力仅被用来纠正自己。如果我们自己没有造就一种天生的良好趣味，那我们为什么不去努力培养它，并使它成为天生的呢？——

"我喜欢！我爱好！我羡慕！"

"怎么喜欢呢？"

"出于偶然，或者一时兴起。"

"不。但我学着去爱好，去羡慕，去喜欢，因为这些对象本身值得我这样，并让我有所收获。否则，我这一刻喜欢，下一时刻就不喜欢了。如果我的选择和判断只根据单一个法则，即我喜欢，那我将厌倦我的追求，在经历之后也不能发现有什么乐趣。怪诞丑恶的形象也常常令人喜爱。人们发现残酷的场面和暴行也令人喜爱，而且在某种情绪中比其他任何东西都让人快乐。但这种快乐是正确的吗？如果它在眼前，我就应该追逐它吗？而不是与它抗争，或者竭力防止它在我情绪中滋长或盛行？——遇到一种更温柔妩媚的快乐又怎么办呢？——娇弱也让我快乐。印度人的形象、日本的作品、珐琅器在我眼前闪耀。艳俗的色彩和炫目的画面诱惑着我。法国或弗兰德斯的风格，乍看起来，我也很喜欢，因而我满足自己的喜好。但继之而来的是什么呢？——我不会永远丧失良好的品味吗？我怎么还可能去欣赏意大利大师或者幸运地师法自然和古人的名家创造的美呢？朝三暮四，仅凭一时兴趣，我将不能实现我的目的，获得我所想要的乐趣。艺术本身是严肃的，它有严

339

340

341 格的法则。① 而且，如果我期待知识偶然地或在玩乐时降临到头上，那我将大大地失望，并且也表明我自己充其量不过是个假冒的鉴赏家，或者纯粹是个学究。"

因而，我们这里再一次以前文所述的独白这种方式方法展示了我们的道德科学。对于矫正性情和培养趣味来说，我们的阅读如

342 果属于正确的类型，则必定大有助益。无论我们与什么样的同伴相处，或者我们与之交流或通信的人的性格如何高雅随和，如果我们所阅读的作家是另一种类型，我们将发现自己的品位与他们亦

---

① 所以，普林尼［在《自然史》第35篇］对当时正在衰落的绘画艺术的品格有着高明的论断，表明艺术的严肃不仅表现在法则、风格、意匠上，也表现在杰出大师的性格和活力上，不仅表现在结果上，甚至也表现在艺术所运用的材料上，也就是这个职业所用的色彩、装饰和特殊细节。"安替都托斯是欧弗拉诺的学生，……勤勉但不多产，他用色很简朴；玛罗涅亚的阿泰尼奥堪比尼西亚斯，但远胜过后者，他是科林斯的格劳西奥的学生，其色彩较为暗淡，但暗淡中又透出活泼，所以其画作显示了其学识……如果不是英年早逝，无人能与他比肩，……亚里斯多劳斯，即鲍西亚斯的儿子和学生，属于那种非常严谨的画家……往后我们看到阿姆利乌斯，是一位严谨且严肃的画家……他一天只画一两个钟头，但非常认真，甚至在画架面前也总是穿着长袍。"普林尼宣称这门高贵的艺术之衰亡的一个重要征兆就是，与自由丧失之后的所有其他正在衰败的艺术一样，在他看来已后继无人；我指的是罗马宫廷的骄奢淫逸，以及政府和君权变革之后自然地导致的趣味和风格的变化。这位卓越、博学而高雅的批评家为我们指出，这种虚假的趣味源于宫廷本身，也就是这个地方的豪华壮阔，富丽堂皇和矫揉造作。因此，那时普遍流行的雕塑和建筑，除了其用料昂贵之外，一无可取。贵重的巨石和金属，光彩夺目的石料，以及其他各种艳丽的材质，对艺术是有害的，但总是供不应求；这些东西做完必备的材料，被硬塞到优秀的大师手中。只是为了迎合宫廷要求的美和华丽的外表，所有优美的图案、合理的设计和作品的真实性开始遭到轻视。更多心思被耗费在不相连属的局部、绚丽夺目的色彩、豪华的细节或装饰上面：阿佩利斯等伟大的名家也没有用过这些东西，他们才是严肃地、真诚地、忠实地对待他们的艺术的。我们的批评家称这种新的色调是"炫耀的"。材料过于奢华，画家难以提供，而是由雇用画家的人订购或提供的。我们的批评家称其他的色调是"质朴的"。因而他说，"人们讲究的是价钱，而不是生命和艺术。"他指出，与此相反，阿佩利斯谨慎地用昏暗的清漆掩盖炫耀的色彩。此前他也说到阿佩利斯的某些精美作品，"它们只用四种色彩来绘制。"古人把朴素看得如此重要而珍贵，其生活和艺术所表现出的真正典雅的遗迹也是如此，而在那里，［朴素］这位情人却一度被冷落或侮辱！见本卷第144页注，第222页。

步亦趋。从这方面来说,我们作为学者更为不幸,如果我们选错了学习对象。由于这个原因,我不认为,一个博览群书的人就是阅读过许多作家的人(who reads many authors),因为他效仿的坏榜样要多于好榜样,尽学了些夸夸其谈、败坏的趣味和乖张的思想,而没有得到充实的理智和正确的想象。

  但是,虽然大量的阅读会让我们的趣味面临这种危险,但我们在选择对象的时候仿佛一点也不谨慎。我们见到什么读什么。我们年轻时第一次遇到的东西,到我们年老的时候,就作为严肃的学习和审慎的研究之用。确实,我们当中有很多人很严肃,以至于在我们的整个余生中都保持着年轻人的这种锻炼。在这篇论文的开头,已对这种正在锻炼的作家们做过描述。① 锻炼的方式叫做"冥想"(meditation),即一种非常庄重而深刻的冥想,我们甚至不敢彻底考察我们必须要冥想的对象。这是一种作为任务的阅读(task-reading),其中不允许有趣味。哪怕我们只是浅尝辄止,这种阅读也足以给我们严肃的性情以充分的锻炼,并且打消我们作进一步研究和充实的沉思的欲望。其余的东西便是休憩、娱乐、嬉戏和幻想。我们抵触任何的法则,也就是说,认为这种阅读不利于我们在娱乐当中关注真理或自然,然而,离开了真理和自然,没有什么东西是真正令人愉悦,给人乐趣的,也很少有什么教益或启发。由于在一种错误的严肃阅读中带着某种厌恶,我们就醉心于那种最荒唐的东西。② 我们的榜样越是远离道德的或有益的东西,我们就越能从中找到自由和满足。我们不在乎自己的楷模多么怪诞或野蛮,眼前的形象多么扭曲或怪异,或者我们在历史、传奇或小说中所发觉或看到的情节多么虚假。这样我们就变得耳不聪目不明。如果野蛮的习俗、原始的风尚、印度的战争或乌有之国(terra incognita)的奇迹占据了我们的闲暇,也是充斥我们图书馆的主要内容,我们的品味或趣味也就必定变得野蛮。

---

① 见本卷第 161、165 页。
② 见本卷第 71—72 页。

343

344

　　这就是我们今天看到的我们先辈们写骑士的书,我不知道我们那些勇敢的先辈们能从他们关于英雄、巨龙和圣乔治的故事中得到什么信仰。但是,对于我们从其他阅读方式中得到的信仰以及趣味来说,我必须承认,我一想到这信仰或趣味就感到惊诧。

345　　这绝对不是形成许多绅士的趣味和判断力的那种"怀疑",我们听说他们被指责为无神论者,因为他们试图用一种近来人们都闻所未闻的方式来进行哲学探讨。就我而言,我曾认为这类人普遍比一般人更轻信,虽然是另一种方式的轻信。除了从与这类人的交谈中观察到的东西之外,我还能拿出很多被咒骂的作家,如果说他们缺乏一种真正的以色列人的信仰,也可以拿中国人或印度人的信仰加以补充。如果他们在叙利亚或巴勒斯坦的信仰上有所不足,他们还有充足的美洲的或日本的信仰。由修士和传教士、海盗和叛教者、船长和可靠的旅行者写成的印加人或易洛魁人的历史,被认为是可信的记录,而且与这类鉴赏家的记录一样被奉为权威。虽然基督教的奇迹没有很好地让他们满意,但他们从摩尔人和异教国家那里的异兆中得到了最大的满足。当他们听到关于这些奇怪的人和风俗的解释时,比听到关于最文明的民族的社会、政府和生活的最高雅、最优美的故事还要高兴。

346　　这同样的趣味使我们喜欢土耳其的历史胜过希腊或罗马的历史,喜欢阿里奥斯托胜过维吉尔,喜欢传奇或小说胜过《伊利亚特》。我们不关心我们作家的性格或天才,也不想探知他对事实的判断力多么出众,或者他的谎言编造得多么精巧。因为叙述拙劣的事实虽然是最真实、最可信的,但实际上是最糟糕的欺骗;纯粹的谎言,如果编造得合理,更能比其他方式教给我们事情的真相。①但是,拿我们既不知道其如何说谎,也不知道其如何讲述真相的作家来娱乐自己,我想这种趣味并不值得羡慕。然而,我们却对所有漫不经心的冒险家的旅行见闻录心醉神迷,以至于他的性格或天

---

① 最伟大的批评家这样说最伟大的诗人,对其推崇备至,"荷马比其他人更懂得如何说谎。"亚里士多德:《诗学》,24.18。见第三卷第 260 页注。

才，无论其他什么东西，只要翻上一两页，我们便对他的经历兴趣盎然。还没等他在泰晤士河河口登上船，或是将其行李提前送到格雷夫森德或将航标放到诺尔，我们就开始翘首期盼了。[①] 为了旅行更远，他造访欧洲的一些地方；我们耐心倾听他经过的客栈餐馆、客轮渡船、阴雨晴空，还有作家的食谱、身体状况，他在陆地海上亲身经历的危险不测。这样，我们与他一同怀着渴求和希望，直到他开始描写那些巨鱼和野兽，展开他那宏大的行动场面。告别了骇人的野兽，又遇到了更凶残的野人。因为，在这类作家当中，他永远是最完美的，是第一等的，能讲述最离奇古怪的事情。

347

我们故去的悲剧诗人[②]仿佛已经发现了这种怪癖。他用一个摩尔人英雄来迎合我们的趣味，这个英雄历经奇遇，也极会讲故事！但是，这位诗人将其中最吸引人的部分讲给女人听。有哪位旅行记的热心读者或者研究奇异知识的学生能拒绝同情这位漂亮的女士呢，她爱上了这位非凡的摩尔人；尤其是要考虑到这样一位恋人优雅地讲述最骇人听闻的冒险，用最奇特的故事来满足那种好奇的兴趣；这位英勇的旅行者说，这个故事中有：

348

> ……巨大的洞穴和荒凉的沙漠……，
> 这就是我的故事的开头……
> 吃人恶魔，相互残杀，
> 食人生番，还有些怪物，
> 头长在腋下。这些奇闻

[①] 格雷夫森德(Gravesend)位于伦敦东部泰晤士河畔，被称为伦敦港之门；诺尔(Nore)是泰晤士河中的一个沙岛。当时有人从此出发进行冒险航行，以获得公众关注，或出售游记和见闻录盈利。——译注

[②] 莎士比亚。

　　正是苔丝狄蒙娜①所热衷。②

　　说真的，这真是个悲惨的故事！人们觉得它不适合吸引柔弱的女性。确实，这位诗人强烈谴责了她的爱好，要她（可怜的女士）在最后为此付出惨痛代价。但是，在他所用的希腊文名字中，他为什么要为这位女士选一个意指"迷信"的名字呢，我想不通；除非如诗人们有时也是先知，他用这个阴森恐怖的典型来为我们形象地指出，在他一百年后，这个岛屿上的女性受了其他怪诞故事的引诱，迷上了讲故事的人的风度，而且因此改变了她们天生对英俊正直、彬彬有礼的骑士的喜爱，转而迷恋那些神秘邪恶的巫师，就如传言说，"［巫师］溜进房间，掠走了无助的女人"。

349　　不消说，迷信这种情感与那些故事之间有一种非常重要的密切关系。喜欢奇怪故事，搜罗怪异事物，与对超自然的事物的癖好非常相似，例如人们所谓的奇异的东西和预示灾难的征兆。一旦触到不寻常的景象或传言，心灵同样有预感。命运、定数或者天庭的震怒，如有人描绘的那样，是通过怪诞的产物、恐怖的事实或令人惊骇的事件预示出来的。因此，讲述者或讲故事的人本身也凭借阴郁的举止、适当的表情和声调，在普通人眼中显得很是庄重、令人生畏，而这些普通人从小就迷恋这些东西。娇弱的处女失去了自然的温柔，沉溺于这种悲剧的情感中，她们也很容易受到这种情感的感染，尤其是当讲述者这个角色声情并茂、手舞足蹈的时候。无数的苔丝狄蒙娜感到身临其境，心甘情愿离开她们的父母、亲戚、同乡、家乡，与这个灾难深重的部落的英雄同命运共生死。

　　但是，无论诗人预言在往后年代的绅士、贵妇或普通民众中会
350有怎样怪异的热情或迷信的情感，可以肯定的是，就书本来说，这

---

① Desdemona，莎士比亚《奥赛罗》中奥赛罗的妻子。——译注
② 出自《奥赛罗》第一幕，第三场，引文有所删减。梁实秋的译文为："于是我又有机会讲起庞大的山窟和荒凉的沙漠，顶可摩天的粗野的崇岩峻岭，以及相互吞食的生番，和那些肩上没有头的民族。德斯底蒙娜便非常喜欢听这些故事；但是家事总是把她叫走。"——译注

同样的摩尔人式的癖好——从其单纯的字面意义上说,在当下这个时代已大行其道。妖怪以及魔窟从来没有这样大受欢迎;因而我们经常可以看到哲学家或智者,到那些"荒凉的沙漠"搜集故事,就像最愚蠢的女人或最无知的男孩一样熟悉这些故事。

人们会设想,我们那些自称研究道德的哲学作家,①在宣扬

351

---

① 提到人们常说的哲学、学术及其姐妹艺术效仿已然蜕变的古代典范对于这个话题的言论,人们也许应该听听最伟大、最博学的现代人关于这个题目的自白:"当然,他们会赞同明智的古人,即诗与最严谨的哲学是最亲密的伙伴。我们看到,他们瞧不起某些琐碎的论辩、强词夺理的玩笑、幼稚的诡辩、人云亦云的逻辑推理当中对性格的关注——这才是真正的哲学,甚至欧弗拉德斯和特米斯修斯(Euphrades and Themistius)也在他们的那个时代抱怨这些东西,因而也就抛弃了最高超的智慧!当然,佩尔西乌斯的滔滔雄辩或深奥的学识会吸引某些人,对这些人来说,坚守古时的野蛮,因对古代遗迹完全无知而沾沾自喜,要比死扣文献更为可取;这些文献曾被同样的愚蠢所扼杀,但它们就在我们先辈的活生生的记忆中,得助于不朽之神的恩惠,它们被从人类遗忘的角落重见天日,为了我们在子孙后代面前的威望而被再次夺回并要求占有它们。……的确,阿利安写道,这位明智的古人埃皮克泰图斯,指责有些人不敬神,他们在研究哲学时藐视表达的力量,视其为末端,因为一位神圣之人(苏格拉底——译注)说过,'不虔诚的人的一个标志就是侮辱来自神的祝福。'看看德国的哲学!听听这金玉良言!杰出的哲学家辛涅西阿斯(Synesius)的预言一样令人难忘,惨痛的事件证实了这预言,而这些事件是他很早以前就透露了的,那时他看到研究的主导原则被他的同代人破坏了。在驳斥有人将幼稚的胡说和诡辩带入到最神圣的神学研究中,而将可靠的学识丢弃的时候,他提出了这个有如神谕的看法,他说:'这些人很危险,他们将坠入空洞的深渊,将会堕落。'为什么没人相信这神谕呢!但是,哥特人和阿兰人的入侵确实为科学的女王及其他科学在后来的堕落提供了机会;不过这种堕落的更准确、更真实的原因是自由学科的研究原则和学识的被破坏,以及对所有更优秀的文献的无知。……然而,伟人们并不是为了这个目的才将美德的训诫和楷模留传给后代,让他们牢牢铭记,所以,与这种空虚的耳目之悦或夸耀无用之学相反对,我们可以认识到它们是为了什么;倒不如说,他们经过永不休止的辛劳,激励我们去挖掘正确和可敬之物的种子,并将其贯彻到行动中;我们先天就继承了这些种子,尽管这些种子被邪恶所覆盖,但却没有完全被毁灭,为了等待更优秀的文明的到来,它们隐藏在我们的灵魂中,就像埋藏在土沟里面。为了这个目的,许多人深入考察哲学家用作道德训练的书籍。许多的希腊语和拉丁语诗人也有相同的目标,但采取了不同的道路。诗人的类型(数不胜数)几乎与导向这个目标的支路和岔口一样多。"伊萨克·卡索邦所编辑和评注的佩尔西乌斯的《讽刺诗集》的序言,aiii-av。参见本卷第 190—191 页及以下,(转下页)

352 美德、表现人类文雅和善的行为上应该远胜过纯粹的诗人。人们也会设想,如果他们把目光投向偏远的国家(他们特别喜欢谈论这些地方),他们就应该探寻那里朴素的风尚和纯洁的品行,人们常常听说纯粹的野蛮人的这些风尚和品行;从前这些东西在与我们交往的过程中被玷污了,通过可悲的榜样学会了所有的背信弃义、残暴无道。了解到我们自己中间这种奇怪的堕落的原因,被迫思考,我们如何背离自然,背离众望所归的纯朴风尚,尤其是背离一个由宗教加以促进和启蒙的民族,这对我们是大有好处的。因为谁不会发自内心地期待基督徒,而非伊斯兰教徒或纯粹的异教徒,有更多的正义、忠诚、节制和真诚呢?但是,我们现代的道德家们绝不会谴责任何违背伦常的恶习或腐败的风尚,无论是国内的还是国外的,甚而至于将恶习本身描绘为一种自然的美德;并且依照这些最恶劣的榜样给我们描述说,"所有的行为本质上都是冷漠的,它们本身没有好或坏的标记或特征,仅是通过习俗、法律或任意的裁决而被区分开来"。真是不可思议的哲学!出自粗俗卑劣

353 的渣滓,伟大的古人鄙视它,所有脚踏实地或者有所见识的人都反对它;但是,在这些年代里,这种哲学歪曲正典,错误百出,被道德哲学的虔诚和不虔诚的初学者们效仿和采纳。

如果一个音乐方面的作家向艺术学生和爱好者们演讲,宣称,"和声的旋律或法则就是幻想或热情,一时兴趣或时尚",人们大概不会认真听取或严肃对待。因为和声之为和声是天然的,不管人们怎么荒谬地欣赏音乐。匀称和比例也同样来自自然,无论人们对于建筑、雕塑或任何设计艺术的喜好如何粗野,或者其时尚多么怪诞。在与生活和风尚有关的地方也同样如此。美德有着同样固定的标准。相同的旋律、和声和比例存在于道德中,也能在人类的性格和感情中发现,艺术和科学的正确基础就奠立于其上,它们高于任何其他的人类实践和认知。

(接上页)第 207—208、286、298—299 页,第 333 页及以下,第 338 页及以下。也见第三卷第 61 页,第 78—79 页及以下,第 239—241 页注。

因而我认为，一个作家极有必要领会这些。因为，事物是固执 　354
的，不会成为我们所想象的样子，或者随时尚的变化而变化，它们
按其本然而存在。不管这个作家是诗人、哲学家，或者其他什么类
型，事实上他也只不过是自然的模仿者。他的风格可以因他所生
活的境遇或其所处的时代或民族的不同而不同，他的举止，他的衣
着，他的外貌也可以变化。但是，如果他的描写不正确，或者他的
构思与自然相悖，其作品当被人们全面评析的时候就显得是荒谬
的。因为自然是不能被嘲弄的。对于她的偏见从不会持久。她的
意旨和本能是强大的，她的情操是与生俱来的。她在外部有一个
强大的党派，正如在我们内部也有一个强大的党派；当有人对她表
示出任何的轻蔑，她就立刻加以申斥，并对其对手的趣味和判断力
加以强烈报复。

凡深信自然的这种特权的哲学家、批评家或作家，都心甘情愿
阅读能创作自己趣味的伟大作品；如果他不是这样的人，没有根据
自然的正确标准来精心构造这样的作品，他就应该怀疑自己的趣
味。他能凭借回忆轻易发现自己是否是这样做的。因为习俗和时 　355
尚极具诱惑；他也必定千方百计抵制它们，以获得正确的趣味，这
样的趣味对于一个意欲追随自然的人来说是必要的。但是，如果
他不记得有这样的冲突，[①]那么这无疑证明周围的人没有让他的趣
味区别于凡俗之人。基于这个原因，他应该马上采纳这篇文章推
荐给他的这种有益的实践。他应该调动心灵中最得力的干将，聚
集其机智和判断力的最精锐的军队，来正式攻克"心脏"的领地：下
定决心拒绝求和，也不接受任何条件，直到他进入到最内部的领
域，直达帝国的王座。没有条约能糊弄他，没有利益能诱使他撤
离。所有其他的打算都先搁在一旁，所有其他的秘密都先放弃，直
到这场必不可免的战役结束，听到了这些内在冲突的消息；借此，
他至少能对自己有所洞察，对自己的先天才能有所知晓。

这里也许有人会想，虽然我们已经就如何在先天性格和礼俗

---

① 即自然与习俗、时尚的冲突。

356　中,培养一种趣味提供了特定的忠告,不过,当我们对于超自然的事情保持沉默,也不去考虑圣经为我们讲述的风尚和性格的时候,我们在行动上还是不完善的。但如果我们考虑到人类的智慧不能给那些人类自己感知不到,只有神才能规定并促成的事物颁布法则,这种反对也就立刻消失了。

出于这个原因,任何诗人或聪明的作家想要依照我们的神圣文人为楷模来塑造自己的性格都是徒劳的。[①] 并且,无论自信的批评家对于这种英雄诗的结构做了什么改进,我都敢大胆预言,这样的成功都不会符合预期。

人们必定承认,在我们的神圣历史中,我们拥有领袖、征服者、民族的创立者、信使和爱国者,即使从人的角度来看,他们都不输于古人所赞美的人当中的佼佼者。约书亚或摩西也比不上或超不过《埃涅阿斯纪》的故事讲的人物。但是,由于这些神圣领袖们的
357　功绩如此辉煌,真正的英雄诗很难模仿他们。依照人们普遍所持有的英勇和慷慨的观念,人们很难赋予他们中多数人以优雅风度,以使他们变得从本性上让人类喜欢。

虽然作为虔诚的基督徒,我们曾诚心努力使自己远离纯粹的异教徒和不信教者的兴趣;虽然我们也曾以选民的名义付出艰辛来坚定自己的勇气,对抗充斥着虚假宗教和信仰的邻近民族,然而,我们还是发现自己对与自己体貌相同的造物心存偏见,这使我们在看到借人类之手对这些异族人和崇拜者施行的惩罚的时候心怀
358　不满。处于这种心灵状态中,我们很难容忍异教徒被当做异教徒,有信仰的人成为神的震怒的执行者。我们心中存在某种扭曲的仁慈,让我们打心里抗拒神圣的使命,虽然这使命曾得到明白的启示。最优秀的诗人的机智不足以接受约书亚的战争或摩西在埃人的支持下隐退。缪斯的艺术也不可能使那位忠诚的英雄在人类眼中和蔼可亲,虽然他受神的宠爱。这就是"人心",它们很难与那

---

① 见第三卷第 240—241 页注。

颗唯一能效仿全能者的心①息息相通。

因此显而易见,圣经中描写的风俗、品行和性格是神学家们自己而非其他作家的主题。这些东西在哲学中是无法理解的事情,它们超出了纯粹的作为人类的历史学家、政治家或道德家的极限,它们太过神圣,以致无法服从诗人的想象,当诗人们仅仅受到其世俗的情人和缪斯的感发的时候。

我无意于严格评析我们的伟大诗人②的表现,他如此虔诚地歌唱人类的堕落。天堂中的战争以及人类由以繁衍的最初的夫妻所经历的灾难这些事情所受的启示是如此深奥,与神话如此接近,以至于很容易负担诗人认为是恰当的形象解释或离奇的曲解。但是,如果他敢于进一步深入到天选后裔中的族长、圣妇(holy matrons)、男女英雄的生活和性格,如果他能根据圣经所述,运用神圣机器(sacred machine)③,也就是神的显现和干预来支撑其诗篇中的情节,他将很快发现他所称的正统的缪斯的虚弱,并证明那些神圣的典范如何无法为人类所模仿,或者无法被提升到威严或崇高的层次,只能保留其原初的样子。

异教的神学或神系学(Theogony)可以容纳这样的曲解和形象的表达,只要适合于每一个哲学家或诗人的偏好和判断力。但是,我们信仰的纯洁性却不允许这样的篡改。基督教神学,神的出生、成长、家世和个性是只能由受启示者或受圣命者确定的秘密;天国已委派他们来保卫和宣传圣经。未从上天接受启示或未从人间接受任命的人不得多管闲事,根据既定法律来考证神圣的仪式和典籍。如果作了这样的尝试,我们就可能发现,我们的思考越是深入,得到的满足就越少。既然敢于摆脱法律的权威和指导,我们就很容易走向异端和错误,若是我们只能依靠其编撰者和登记者的诚实、正直和公正,来保证我们的神圣象征物的权威。除了他们自

359

360

---

① 指耶稣。——译注
② 弥尔顿。——译注
③ 这个说法是化用古希腊戏剧中"机械降神"。——译注

己的许可或创作之外,我们没有其他的历史来证实他们正直和公正的程度。但有好事的人们翻检这些典籍,甚至准备搜罗不利于这一系列人间的后继者的名声和地位的证据。而且得当地阅读这些历史的人们,也倾向于只是根据后来的教会法院和现代的宗教集会,来判断古代宗教会议的组织结构。

361 　　除此之外,当我们悲观地想到这种争论所导致的动荡,以及基于对有关这些秘密的一篇文章的细致辨析而引起的流血冲突、饿殍遍野、帝国毁灭的时候,任何诗人或高雅的作家如果将这些事情作为其主题,想着从中获得快乐或愉悦,都会被认为是徒劳的。

　　但是,尽管对这种深奥的秘密和宗教责任的解释权,被指派为神圣阶层的专属职权,然而人们仍然认为其他作家保留其古老的寓教于乐的特权也是合法的。诗人被允许虚构,哲学家被允许构建体系。如果在宗教方面取得专利权的人被委派提出一切关于风尚或交往的教导和忠告,这将让人类遭受不幸。这个舞台如布道坛一样,都可以用来给人以教导。机智和幽默的风格,如同庄重严肃的风格一样,都是有用的;正如浅白的推理和高妙的启示一样都是有用的。主要的问题是明确职权,为各自设定合理的界限。而362 且,正因为如此,我们才努力为现代作家指出,以合理的形式作出这种划分的必要性。

　　如果既定法律规定宗教不被允许有如纹章学一样的特权,我想这有些困难。各行各业的人都同意,特定的人们可以在自己的能力范围内运用他们认为合适的方式来设计或绘画,但他们必须根据公众的指导来雕刻。他们的狮子或熊必须按照这门学问确定的形象来描绘,他们的持盾者(supporters)和饰章(crests),必须按照他们聪明而勇敢的先辈为他们争得的东西来刻画。无论这些动物的形体是否符合自然的正确比例。不同的或相反的形式结合在一个徽章上也无所谓。画家或诗人否定的东西却能得到掌礼官的许可。博物学家可以运用他们独有的才能研究事物的真实存在和自然真相,但他们绝不会质疑公认的形式。美人鱼和鹰首狮身兽是我们先辈创造的奇迹,并通过以上所述的可靠的传说和画像传给了我们。我们不应该挑剔萨拉森人①的容貌特征,这些特征是由我们能征善战的祖先在圣战中记载下来的;我们也不应该贸然质疑一条龙的形态或大小,我们民族的战士的历史,一种崇高地位的建立,以及这个王国的尊严就依赖于它。

但是,杰出的传令官(heralds)②克拉伦修科斯、嘉德和其余那些的不列颠的荣耀和古风的传承者们是那么可敬,人们希望,在一个更文明的年代里,如我们现在的太平盛世,他们不要像从前那样滥用其特权。既然这些特权已经因为法律或成俗,不再属于他们曾享有的权力,人们认为,他们将不再蔑视官吏和世俗权力,重新搭建自己的舞台和升降机,采用世俗战争的方式,让我们进行马上拼刺和比武,并再一次煽动挑衅和致命的打斗,曾经主要是他们的风气支配和推动了这些打斗。

结论:使我们有资格获得给予忠告这个高贵特权的唯一方法,首先是我们自己要适当谦虚地接受忠告;在此,公众已经凭借其威信屈尊惠赠我们忠告。并且,如果我们的个人能力使我们有足够的决心来自我批评,依照上文所描述的独白方式来质疑我们浮夸的想象、高涨的欲望和虚伪的情操,那么,自然而然——因为我们变得更明智了,我们将变得不再那么狂妄,使自己的性格容纳质朴、谦逊和真正的仁爱,这些对于所有友善的忠告和劝诫能有所收效都是至关重要。一种真诚的内在哲学(home-phylosophy)必定会教会我们在内心进行这种健康的实践、高雅的阅读,与优秀的人的交往将无往而不利。

---

① Saracens,罗马帝国时期叙利亚周边的游牧民族,后来也指十字军东征时期的穆斯林。——译注
② 古代传令官佩有其主人的特定武器作为官职的标志,也监督武器的设计和制造,后来演变成纹章官和司礼官。——译注

第二卷

论美德和功德①

把玩笑放在一旁,让我们谈些正经事情吧。

贺拉斯:《讽刺诗集》,1.1.27。

初版于 1699 年

第一编

第一章

第一节

    在许多方面,宗教和美德都紧密相连,以至于被认为是一对不   5
可分离的伙伴。而且,我们也愿意相信它们是统一的,以至于我们   6

---

① 原文题目为:A Inquiry Concerning Virtue or Merit,相对而言,virtue 指内在性格的
品质,而 merit 则多指外在行为的品质,译者将 merit 译为功德或德行,功德侧重
于宗教意义,而德行侧重于世俗意义。

很难允许将它们分开谈论或思考。然而,也许有人问,既然如此,人们的实践是否与我们的推测相符合。确实,我们有时会遇见与这种普遍假设相反的例子。我们知道有这么一种人,他们表面上对宗教充满热情,却缺少人类的共同情感,表现得极其堕落败坏。另一些人对宗教很少关心,因而被当作无神论者,但人们却看到他们履行道德准则,在很多时候都表现出对人类的关心和感情,使人不得不承认他们的美德。总之,我们只是发现有如此重要的道德原则,在与人们交往时候,我们很少满足于只关注他们有多少宗教热情,还要打听他们更多的品行。如果有人告诉我们说,一个人很虔诚,我们仍然会问,"他的道德又如何呢?"但是,如果首先听到他秉持真诚的道德原则,天性公正、性情善良,我们就很少再想到另一个问题,"他是否虔诚笃信?"

7　　　这让我们有机会研究,"就自身来说,真诚和美德究竟是什么,它们在多大程度上受宗教的影响:即宗教在多大程度上意味着美德,以及,一个无神论者不可能是高尚的,这种说法是否正确"。

这里,人们没有正当理由质疑解释事情的方法是否有悖常理,因为中心问题还没有被考察过,而且这是个如此微妙和危险的探索。人类的宗教由于近来一些作家的肆无忌惮而岌岌可危,由于这个原因而到处引发很多猜忌,以至于无论一个作家如何赞成宗教,他也不会得到什么信任,如果他完全不认可其他原则的价值的话。另一方面,机智谐趣的人,他们最高兴的娱乐就是揭露宗教虚弱的一方面,极其害怕被卷入任何关于宗教的严肃思想,以至于他们认为一个人采用自由作家的风格,同时仍然关注自然宗教的原

8　　则,有行为不当之过。他们不想给出任何理由,正如他们也不接受任何理由,并且,他们决心要把他们对手的道德视为邪恶的,正如他们的对手也可能把他们的道德视为邪恶。看起来,他们双方都互不相让。要说服某一方说宗教中有任何美德,是非常困难的,正如说服另一方说离开他们的特定群体而能有任何美德,也是非常困难的。所以,在双方之间,一个作家如果胆敢贬低某一方的观点而为宗教和道德的美德辩护,那必定是徒劳无功,所以只有分配给

每一方以适当的领域和地位,才能防止他们因诽谤而制造仇敌。

不管怎样,如果我们试图提出了一点新的看法,或在这种研究面对的领域内有效地解释所有事情,那就有必要对事情有更深的了解,并通过以下某些简短的概述来表明双方关于神的观念的根源,无论是自然的或反常的。而且,如果我们有幸能避开我们哲学中这个棘手的部分,那么余下的部分,人们希望,证明起来会更加明白而轻松。

第二节

在事物整体中,或者在宇宙中,或者一切都符合一个好的①秩 9
序,并最大程度地依从一个总体的利益;或者是另外一种情形,还可以被更好地组织,更明智地规划,以更有利于万物或整体的总体利益。

如果凡存在的每一个事物都符合一个好的秩序、为着最好的状态而存在,那么,必然地,在宇宙中就没有真正的坏的事物,没有对整体来说是坏的事物。

因而,凡有这样的事物,不曾更好,或不曾被更好地安排,它就是完全好的。在这个世界的秩序中,凡被称为坏的事物,必定意味着,它在本性上还可能被更好地设计(design)②或安排。因为,否则的话,它就是完美的,就是其应该是的样子。

因此,凡是真正地坏的事物,或是因为设计(这就是说,运用知识和智力),或者,在这种缺陷当中,是由于意外和纯粹的机缘而导致或产生的。

如果在宇宙中有事物因设计而是坏的,那么,那种安排所有事 10

---

① "好的",原文为"good",根据语境也译作"善的"或"善",同样,原文中"ill"一词也根据语境译作"坏的"或"恶的"、"恶"。——译注
② 下文也视上下文译作"意图"。——译注

187

物的东西,本身就不是一个好的设计原则。① 因为,这个设计原则或者本身就是败坏的,或者万物中还有其他一些相反地运作的设计原则,这些设计原则是坏的。

如果宇宙中有任何的恶,是出于纯粹的机缘,那么一个设计原则或神灵,或好或坏,都不是所有事物的原因。所以,如果假设有一个设计原则,仅仅是善的原因,但不能阻止源自机缘或坏的设计的恶,那么也就可以假设,实际上不存在这样一种优越的好的意图或神灵,只存在无能的有缺陷的意图或神灵:因为,不去纠正或完全排斥出于机缘的或源于一个相反的坏的设计的恶,那必定是源于无能或者恶的意志。

凡在任何程度上都优越于世界,或凭借其辨识力和心灵统治自然的东西,就是人们普遍同意称之为"神"的东西。如果存在好几个这样优越的神,那它们就是这么许多的神:但是,如果那个单一的神,或者那多个优越者,本性上并不必然是好的,那么它们倒不如被称为"魔鬼"。

因而,一个人相信每一个事物都是为了其最好,而被一个必然是好的和永恒的设计原则或神统治、安排或管理的,那这个人就是一个完全的有神论者。

一个人相信不存在一个设计原则或神,万物没有任何原因、尺度或法则,只是源于机缘,因此,在自然中,无论是整体的利益,还是任何个体的利益,都不能说是被设计、贯彻或引导的,那这个人就是完全的无神论者。

一个人相信,不是只有一个至高的设计原则或神,而且有两个、三个或更多个(尽管其本性是好的),这个人就是一个多神论者。

一个人相信,这统治的神灵或多个神,并不是绝对和必然地好的,其目标也不是为了变成最好,而只能根据单纯的意志或喜好而

---

① "原则",原文为 principle,也有"神"的意思,或可译作"神意",或者读者可以这样理解。——译注

行动,这个人就是一个鬼神论者(daemonist)。

很少人的思想是始终一致的,或者根据一个确定的假设思考万物和宇宙的构造或体制的原因这样深奥复杂的问题。因为很明显,最笃信的人,甚至他们自称如此,有时他们的信仰也很难支持他们相信有一个至高的智慧,他们经常会冒险贬抑一种天意,[①]不认为宇宙的治理是公正的。 12

因此,这仅仅能被看做是一个人的意见,只对他来说是惯常的,大多数情况下都会这样。所以,很难确定地断言,某个人是一个无神论者。因为,除非他的整个思想,在所有时候,在所有情况下,都坚决反对假设或想象事物中有设计,否则他便不是一个完全的无神论者。同理,如果一个人的思想不是在所有时候都坚决反对想象事物中有机缘、运气或坏的设计,那他就不是完全的有神论者。但是,如果有人更多地相信机缘和混乱,而非事物中有设计,那么,从主导他思想或在他思想中占优势的东西来看,他就会被更多地看做一个无神论者,而非有神论者。假如他更多地相信坏的设计原则,而非好的设计原则,是占主导地位的,恰当地说,他就是一个鬼神论者,并且,从他的判断的最大倾向来看,这样的称谓也是正确的。 13

鬼神论、多神论、无神论和有神论,所有这些也许是混杂在一起的。[②] 无疑,宗教中有完全的鬼神论者,因为我们知道,所有崇拜

---

① "天意"原文为 Providence,亦有"上帝"之意。——译注

② 如下:1.有神论和鬼神论(有首脑神灵或主宰存在,因为是恶和善的原因,在信仰者的意识中而被区分为有好的和坏的本性,或者,另一方面,有两个不同和相反的原则存在,一个是所有善的制造者,另一个是所有恶的制造者)。2.鬼神论和多神论(不只有一个,而是有多个堕落的神灵统治着,这个观念可被叫做多鬼神论)。3.有神论和无神论(没有排斥机缘,但神和机缘共治)。4.鬼神论和无神论(一个邪恶的魔鬼和机缘共治)。5.多神论和无神论(有多个神灵和机缘共治)。6.有神论(与鬼神论相对立,指称优越的神的善)和多神论(有多个而不是一个主导的神灵,但都是善的,具有同一样的意志和理性)。7.同一个有神论或多神论和鬼神论(同一个神系或有关联的神,与一个相反的原则或与多个相反的原则或统治神灵共治)。8.鬼神论和无神论(在上一种的基础上,加上机缘)。

魔鬼或恶魔的民族,他们供奉魔鬼,为魔鬼做祷告和祈祷,实际上只是因为他们害怕魔鬼。而且我们也清楚地知道,在有些宗教中,有些人全不知有上帝,只知道有一个专横、凶暴的东西,带来灾祸,制造不幸,实际上同样是要用它取代他家中的那个魔鬼或恶魔。

因为存在这么几种关于一种优越力量的意见,因为也许有某些人在这个问题上没有固定的意见,或者是由于怀疑主义、思想的浅陋,或者是由于判断力上的混乱,所以,我们要思考的是,这些意见,或者缺乏确定的意见,如何可能与美德和功德相一致,或如何能与一种真诚豁达的性格相共存。

第二章

第一节

当我们反省艺术或自然的任何通常的结构或构造,考虑到,如果没有关于整体的充分知识,要解释其中一个特定的部分是如何的困难,我们便不必惊奇,发现自己在关于自然本身的构造和结构的许多事情上都茫然无知。至于许多事物,甚至是所有的生物,[①]指向自然中的何种目的,或者它们服从于何种目标,任何人都难以正确地断定。但是,许多生物中的许多比例和各部分的不同形状,究竟是服务于何种目的,我们借助于研究和观察,是可以很确切地证明的。

我们知道,每一种生物都有各自的善和他自己的利益,对此,自然已通过赋予他[②]的所有优势,让他在自己构造所能及的范围内去追求。我们也知道,每一个生物实际上都有一种正常的和反常的状态,正常的状态本身是进步的,也是他热情地追求的。因而,

---

① 生物一词原文为 creature,应按照较宽泛的意义来理解,可指包括人在内的一切动物,夏夫兹博里在这篇论文中主要要用来指人。——译注
② 原文用的是"him",而非"it",所以这里译为"他"。——译注

既然每一个生物都有某种利益或善,那就必定也有某个目的,他构造中的每一个要素都与这个目的相适应。如果,他的欲望、情感或感情中的每一种要素都不利于这个目的,而是相反,我们就必然认为这个目的对于他是恶的。在此情形下,他对于他自己就是恶的,正如他对于他那个类中的其他生物也是恶的,当所有这种欲望或情感使他对他们有害的时候。既然,根据任何理性生物的自然构造,如果其欲望的失常使他对其他生物是恶的,那对他自己也是恶的;同时,如果感情上同样的失常,使他在某种意义上是善的,也会使他对其他生物也是善的,因此,他是因这种善而对其他生物是有用的,这种善于他是一种真正的善和优势。因此,人们会发现,美德和利益终究是一致的。

16

在我们这个《研究》的后面部分,我们将对此做专门的思考。我们首先的意图是明白,如果我们能清楚地确定我们冠以"善"或"美德"之名的东西的性质是什么。

如果有历史学家或旅行者向我们描绘某种生物,他的孤独倾向超过了我们所听说的所有生物,他没有任何的伴侣或同伴,他对任何与他自己类似的东西都不怀好感或者产生爱慕,他对任何外在于他或者超出他自身所及的东西都毫无情感或者毫无关心,我们也许会毫不犹豫地说,"这无疑是一种悲哀的生物,在这种孤僻而抑郁的状态中,他可能过着一种非常寂寞的生活"。但是如果我们确信,虽然表面上看起来如此,但这种生物自己还是非常愉快,过得很高兴,不在任何东西上求取自己的利益,我们可能会承认,"这种生物不是怪物,对它自己来说其构造也不很荒谬。不过,毕竟我们很难被说服,这是一种好的生物。"

17

然而,如果有人按捺不住要反对我们说:"即使这样,这种生物自身仍然是完美的,因而可被认为是好的,他为什么必须要与他人共处呢?"确实,在这种意义上,我们不得不承认,"他是一种完美的生物,如果他只绝对地、完全地就其自身来被理解的话,与宇宙中的任何其他事物都毫无关联"。因为,如果自然中有某个地方存在一种系统,其中这种活的生物被认为是其中一部分,那么他绝对不能被认作是好的,既然他很明显是这样一个部分,对他所属的这个系统或整体只是有害无益。

因而,如果在这个或其他任何动物的结构中,有些东西指向他自身之外,因此他很明显与他之外的某些其他存在或自然有关系,那么这个动物无疑会被认为是其他某些系统中的一部分。例如,如果一种动物有雄性的构造,它就表现出与雌性的关系。而且,雄性与雌性的各自的构造,无疑要有一个与它们之外的事物的存在和秩序的结合关系。所以,这些生物都被认为是另一个系统的部分:这个系统是由活的生物的构成的特定种族或族类,这些生物有着某种共同本性,或者是凭借一起生活并为了生存和安全相互合作而构成秩序或组织来获得给养的。

同理,如果一个动物物种有利于某些其他物种的存活和健康,那么这整个的物种就只是某些其他系统的一部分。

例如,对蜘蛛的存在来说苍蝇是绝对必要的。后面这种昆虫漫不经心的飞行、脆弱的体格和柔弱的身躯,使其成为,也决定其成为前者的猎物,前者性格凶狠,时刻警惕,机敏狡诈,适合于成为劫掠和诱捕的角色。网和翅膀对双方都是适宜的。这些动物各自的构造中都存在与对方的明显的和恰如其分的关系,就像在我们的身体中,四肢和器官存在一种关系,或者像树的枝干和叶子,我们发现有一种相互关系,而且它们都共同地与树根和树干存在着关系。

同理,苍蝇对其他生物的存在来说是必要的,无论是禽类还是鱼类。其他种类和物种的相互依存也是这样,如同它们是某种系统的一部分,而且包含在万物的同一个秩序中。

所以,存在着一种所有动物的系统:一种动物结构或组织,根据这种秩序或组织,动物的活动得以被协调和安排。

如果动物的整个系统,与植物的整个系统,以及这个低等世界中的其他事物,都恰当地包含在一个星球或地球的完整系统中;与此同时,如果这个星球或地球本身与更远的某些事物也显得有一种依存关系,例如,或者依存于太阳、星系,或者依存于同类的行

星,那么,它实际上只是某些其他系统的一部分。而且,如果人们
承认,有一个以同样方式存在的所有事物和全体自然的系统,那
么,没有具体的存在或系统,就其存在于宇宙的整一中来说,既不
是好的也不是坏的:因为,如果它微不足道,也没有用处,那它就是
一个错误或缺陷,因而在普遍的系统中就是坏的。

因此,如果任何存在完全地、真正地是坏的,那它对于宇宙系
统来说也必定是坏的,因而宇宙系统也是坏的或有缺陷的。但是,
如果一个个别系统的恶对其他系统来是善,如果它还造成普遍系
统的善(正如当一种生物依赖其他生物的毁灭而生存,一个事物产
生自另一事物的腐败,或者一个行星系统或者漩涡可以吞没另一
个),那么,那个个别系统的恶本身并没有真正的恶,只不过像在如
此构造的一个系统或身体内,智齿的疼痛一样,若没有疼痛的契
机,身体就会因其缺陷遭受更大的痛苦。

所以,我们不能说任何存在完全地或绝对地是坏的,除非我们
能够确定地说明和肯定,我们所说的"坏"是指,在其他系统中,或
对于任何其他的秩序或组织而言无处不"好"。

但是,如果世界上有整个的动物物种对其他物种是有害的,我
们或许可以公平地说,这是一个坏的物种,正如它在动物系统内是
坏的。同时,如果任何动物物种(如在人类中),一个人本性上对于
其他人是有害的,就此而言,他可以被正确地定义为一个坏人。

然而,我们并不是说,一个人是坏人是因为他身上有鼠疫斑,
或者是因为他会突然发作,使他对自己造成伤害。另一方面,我们
也不会说他是一个好人,当他的双手被缚住,不能实施其蓄意的危
害的时候,或者(同样的道理)当他因为害怕迫近的惩罚,或因为受
到某些外在奖赏的的引诱,而放弃完成其坏的目的。

所以,在一个理智的生物来说,完全没有通过任何感情
(Affection)①而变得成熟,是不会对那种生物的本性的善或恶造成

① 译者通常把 affection 译作感情,把 passion 译作情感,但在本书中两者没有严格的
区别。——译注

影响的；只有当与他有关的系统的善或恶，是触动其情感或感情的直接对象时，他才能被假定为是好的。

22　　因此，只有凭借感情，一个生物才被认为是好的或坏的，自然的或反常的；我们的任务便是考察哪些感情是好的和自然的，哪些又是坏的和反常的。

第二节

　　首先，我们可以观察到，如果一种感情指向被认为是个体的善，但这种善并非现实的，而是想象的，那么，这种情感就因为是多余的，减弱了其他必要的且善良的感情的力量，所以其本身是邪恶的和坏的，甚至对于生物的个体利益或幸福来说也是如此。

　　如果可以假设，在一个生物中，有一种情感指向自我的善，事实上在其自然的限度内也是如此，有利于他的个体利益，但同时却与公共的善不一致，这仍然可被称作是一种邪恶的感情。而且，基于这个假设，一个生物对于其社会或公众而言不是真正地好的和

23　自然的，对他自身也必然是坏的和反常的。① 但是，如果当这种感情过度时，只是因此而对社会有害，当它是适度的、被适当控制和缓和，那它对社会就不是有害的，因而这种过度的感情是真正邪恶的，而适度的感情则不是。所以，如果人们发现任何生物中，有一种超乎平常的自我关心，或超乎平常地关注个体的善，而这种善与这个物种或公众的利益不一致，那么，它无论如何也会被看做是一种坏的和邪恶的感情。这便是我们通常所谓的自私，在我们所能发现的任何生物中，都不会被赞成。

　　另一方面，如果这种面向个体的或自我的善的感情，无论被看做多么自私，却实际上不仅与公共利益相一致，而且在某种程度上有利于公共利益；如果它或者是为了整个物种的、每一个个体都应共享的善才是这样，那么它就远不是坏的，或者无论如何也不能被

---

① 见本卷第 79 页及以下，第 163—164 页及以下。

谴责,以至于人们必定认为它对于构成一个生物的善来说是绝对必要的。因为,如果缺乏这种指向自我保存的感情,就有害于这个物种,那么一个生物就会因为这个缺陷,正如因为缺乏其他自然感情样,是坏的和反常的。如果有人看到一个人对面前的悬崖毫不在意,也不会分辨与其健康和生存相关的食物、营养、衣服等事物,那他就无疑会承认这一点了。看到有人有一种使其厌恶与女性交往的倾向,因此其性情上的疾病(并不仅仅是体质上的缺陷)使其不适合于其物种或种类的繁衍,人们也会肯定这一点。

24

因而,面向自我的善的感情,可以是好的感情,也可以是坏的感情。因为,如果这种个体感情过于强烈(就如过分爱惜生命而不能让一个生物有任何慷慨的行为)而无疑是邪恶的,同时,如果这个生物因这种感情的驱动而是邪恶的,那么,当被这种感情驱动时,他就是被邪恶地驱动的,并且在任何程度上都只能是邪恶的。因而,如果由于急切而热烈地爱惜生物,一个生物偶然地被诱导去行善(正如他也可能因此作恶),他也不会因他所行之善而是一个好的生物,正如一个人不会因为单纯为了酬金或薪俸而找一个适当的理由,或找一个好的理由,而是一个更真诚或善良的人。

因此,出于纯粹指向自我的善的感情,碰巧做出无论什么对整体有利的事,都不意味着这个生物本身的善,就如这种情感本身不是好的。在任何情况下,尽管他曾经如此行善,如果终究只是那种自私感情在驱动他,他本身仍然是邪恶的。如果指向自我的善的情感,尽管是适度的,是他那样做的真实动机,那么任何这样的生物都不能被认为是善的,因为是利于他的种类的自然感情恰好让他那么做了。

25

确实,一个有邪恶倾向的生物,无论他能找到什么外在的帮助或支持,促使他行善,他自身中都不会有善出现,直至他的情性被大大地改变,以至于他最终想急切地受某种感情的引导,直接地而非偶然地,让他趋善避恶。

例如,如果这些生物中有一个被假设本性上是顺服的、和善的,为人类所喜爱,却一反其自然习性,变得凶恶而残忍,我们立刻

26 就觉察到其情性失常,认为这个生物是反常的、退化的。如果在随后的时间里,这同一个生物,或者是有好运气,或者是得到适当控制,不再凶恶,变得顺服、和善和驯良,就像其同类中的其他生物那样,人们就承认,这个生物恢复了本性,变成了好的和自然的。现在假设,这个生物确实是一种顺服、和善的牲畜,但只是因为害怕主人才这样,一旦放开,他那种主要的情感就立刻爆发出来,那么他的和善就不是其真正的习性,但他真实的原本的本性或自然习性仍然如故,这个生物仍然像原来一样坏。

因而,在一个生物中,没有什么东西是真正地善的或恶的,除了来自其自然习性的那些东西。"一个善良的生物是这样,他凭借感情的自然习性或倾向,首先且直接地,而非间接地和偶然地,趋善避恶;而一个恶的生物则截然相反,即缺乏正确的感情,只有足够的外力才使他直接趋善避恶,或者因其他的感情而直接趋恶避善。"

27 整体而言,当所有的感情或情感都如上所述那样,适宜于公共的善或类属的善,那么这种自然习性就完全是好的。如果相反,缺乏任何必要的情感,或者如果只有某种多余的、或虚弱的、或倒不如说是负面的、或与主要目的相反的情感,那么这种自然习性,以及这个生物本身,在某种程度上就是堕落的和坏的。

无需提及嫉妒、怨恨、固执或其他诸如此类的有害情感,也无需说明它们如何是坏的,并造成一个坏的生物。但是,也许有必要谈谈,甚至是友善和爱等最自然的情感(正如所有生物都是它的后代),如果是过度的,超出了某个程度,也无疑是邪恶的。因为如此过度的温柔毁坏了爱的作用,过分的怜悯使我们无力伸出援手。因而,过度的母爱被认为是一种恶劣的溺爱,过度的怜悯被认为是矫情和虚弱,过度的惜命被认为是卑下和懦弱,过度的不惜命则被认为是轻率,完全不惜命或者相反(即一种导致自我毁灭的情感),则是一种疯狂和绝对的堕落。

第三节

28 但是,根据所谓纯粹的善来行动,做所有理智生物能力范围之

196

内的事情,这些被称作美德或价值,只有人才具备。

在一个能够形成事物的普遍概念的生物那里,不仅是呈现于感官的外在存在,而且还有行为本身,怜悯、友善、感激,及其与此相反的情感,都通过反省而被带到心灵面前,成为对象。所以,凭借这种反省的感官就产生了另一种面向这些感情本身的感情,这些感情已经被感受到,现在却成为一种新的喜爱或嫌恶的对象。

像通常的物体或感官的共同对象一样,精神的或道德的对象也是同样的情形。这后一类存在的呈现于我们眼睛的形状、运动、色彩和比例,必然会根据其各个部分不同的尺度、次序和布局,产生一种美或丑(deformity)。举止和行为也是如此,当呈现于我们的悟性(understanding)面前时,根据对象的匀称或杂乱,必定会被发现有一种明显的差异。 29

心灵,也是其他心灵的观者或听者,不能没有自己的眼睛和耳朵,也能够判别比例,分辨声音,体察它面前的每一种情绪或思想。它不会让任何东西逃脱其审查。它感受到感情当中的柔和和粗糙、合宜和乖张,并发现一种污秽和纯洁,一种和谐和嘈杂,这里都是现实而真实的,正如在所有的音乐的韵律,或在可见事物的外在形式或表象当中一样。它也不能抑制它的赞赏和欣喜,它的厌恶和轻蔑,无论这些对象属于这个人或其他人。① 所以,要否认对于事物中的崇高和美的感官,对于任何恰当地思考这种事情的人来说,显得完全是一种虚伪。②

既然,在这种可感知的对象那里,形体、色彩和声音的形象或意象,在我们眼前永远在活动,甚至在我们熟睡的时候也作用于我们的感官;因此,在道德的或悟性的对象那里也一样,事物的形式或意象,无论在何时,对于心灵同样是活跃的和强烈的,甚至是在实在的对象本身不在眼前的时候。 30

---

① 见本卷第 415、418—419 页及以下。
② 第一卷第 90—93 页,第三卷第 32 页及以下。

在风俗的这些漂浮不定特征或情景当中,心灵必然也为自己把它们设想出来,并时刻铭记它们,人心不可能保持中立,而总是要以这种方式或那种方式参与进去。心灵自身不管如何地虚伪或堕落,它仍然会根据优美和得体,发现这种感情和另一种感情、这种情绪与那种情绪、这种举止与那种举止、这种情操与那种情操之间的差异,并因此在一种无关利害的事情上,必定在某种程度上赞成自然的和真诚的东西,谴责虚伪和堕落的东西。

因此,生物在不同的生活阶段的各种活动、嗜好、情感、倾向,以及因此而来的行为举止,以各种不同的观点或角度呈现给心灵,而心灵则很轻易地分辨出对于物种或公众的善和恶。在这里,人心遇到了新的考验或锻炼,它必定恰当、合理地喜爱公正和正确的东西,不满相反的东西,或者堕落地喜爱坏的东西,不满有价值的和好的东西。

只有在这种情况下,我们称某些生物为可敬的或高尚的,当它能形成一种公共利益的观念,并获得何为道德上是好的或坏的、可赞的或可耻的、正确的或错误的东西的思辨或学问。因为,通常我们可以称一匹坏马是邪恶的,但我们从不会说,有一匹善的马,也不会说任何纯粹的兽类是傻瓜或笨蛋,尽管可以说它原先有良好的本性,以致可以说它是可嘉的或善良的。

所以,如果一个生物是慷慨的、友善的、忠诚的、仁善的,然则,如果他不能反省他自己的作为,或看到其他生物的所为,以至于能把可敬或真诚的观念或概念作为他的感情的对象,那么他还没有所谓善良的性格。正因为此,他才能有关于对或错的意识,有对于他通过正确、合理和好的感情或相反的感情而所做之事的体会或判断。

凡通过不合理的感情所做的事,都是不公正的、刻毒的和错误的。如果这感情是合理的、健康的和好的,而这感情的对象有利于社会,并以相同的方式得到贯彻或发挥作用,这必定就构成我们所谓行为的公正和正确。因为,错误就是造成伤害的行为(因为这样的话,一个本想杀敌的孝子,由于失误或阴差阳错恰好杀了他的父亲,他就是做了错事),但是,当任何事情都是由于考虑不周或不合理的感情做出的(就像一个儿子对于父亲的安危,或者在他需要帮助的时候漠不关心,反倒更关心一个无关紧要的人),这在本质上就是错误的。

感官上的任何弱点或缺陷都不会是不公或错误的起因,如果心灵自身的对象任何情况下都不是荒谬地构成的,也绝不是不合理的,而是适当的、正确的,值得人们去思考和体验。因为,如果我们假设有一个人,他的理性和感情都是健康的完好的,然而身体的构造或体格却存在缺陷,以至于自然对象,通过其感官器官,就像通过扭曲的玻璃,被错误地传输和呈现,人们很快就观察到,就这个人来说,由于他的失败不在于其主要的或首要的器官,所以他自身不能被看做是罪恶的或不公的。

在与观念、信仰或意见相关的事情上情况则不同。因为判断力 33
或信仰上的放纵,以至于在某些国家,甚至是猴子、猫、鳄鱼及其他丑恶或有害的动物也被奉为神圣,乃至被当做神崇拜,对于有这种宗教或信仰的国家的人来说,去保护农民所喜爱的猫,看起来是正确的,而那些没有同样宗教观念的人,把这些猫看做敌人,却仍然转而信仰它,这无疑是错误,是信仰者的邪恶。并且,基于这种信仰的所有行为,将是不公的、邪恶的和堕落的行为。

由此,无论导致这种对任何对象的价值和意义的错误认识和错误理解的原因是什么,以致削弱了一种恰当的,或产生了任何不当的、歪曲的或非社交的感情,必定是错误的起因。因此,喜爱或敬爱貌似可敬实则邪恶之人的人,本身也是堕落的和邪恶的。这种堕落的开始可在许多情形中发现:当一个人因为负有勇于尝试之名而成为雄心勃勃之人,一个征服者或海盗因为敢于冒险,使另一 34
个人对其不义而残忍、该遭憎恶的性格产生尊重和钦佩:此时,这个听者就变得堕落,当他暗自赞赏他所听到的恶时。但另一方面,一个人因为相信另一个人有自己不具备的美德而敬爱和尊重那个人,但那个人纯粹是在伪装,那么这个人也不会因此而是邪恶的或堕落的。

　　因而,事实上的错误若不是邪恶感情的原因或标志,那就也不是恶的原因。但是,如果这个错误是不公的感情的原因,在每一个理智的或理性的生命那里,它必定是邪恶行为的原因。

　　但是,在许多场合中,甚至是最有明断的人也无法做到这种正确的事实,犹豫不决,那么这个轻微的错误并不会败坏一个高尚或可敬之人的德性。但是,或是因为迷信,或是因为坏的习俗,这就是感情的选择和运用上的严重错误,这时,这些错误或者在本质上很严重,或非常顽固和频发,以至于这个生物不能很好地正常生存,没有适当的感情与人类社会和文明生活和谐相处,因而就丧失美德的表现。

35　　所以,我们就发现价值和美德在多大程度上依赖于一种关于对和错的知识,依赖于理性的运用,以确保感情的正确抒发,这样,支撑人类或社会的那种自然情感中的任何可耻的、可恶的或反常的东西,就不会以任何理由,或者由于任何道义或宗教的原则或观念,在任何时候作为值得尊重的对象而被触发或施行。因为,这样一种原则必定完全是邪恶的,并且,根据这种原则而起的行为也肯定是恶行和不义。因此,如果有任何东西以神意,或以人类当下或未来之福的伪装和借口,教导人们背义负信或残暴不仁;如果有任何东西教导人们因爱而检举其朋友,或者虐待体育竞赛的失败者,或者实施人祭,或者因宗教热情而在他们的神面前自虐、绝食或自残,或者将野蛮残暴当做友善可亲;因其为习俗而被赞扬,或因其为宗教而被支持,那么这不是,也从来不是任何类型的或任何意义

36　上的美德,而必定永远是可怕的邪恶;尽管有些风尚、法律、习俗或宗教本身就是坏的和邪恶的,但这也从不能改变价值和美德的永恒尺度和不变本质。

第四节

　　整体而言,对于那些只能被感性对象打动的生物来说,他们因自身怀着的感性的感情(sensible affections),而是好的或高尚的。

但在能构想道德之善的理性对象的生物那里却是另一种情形。因为在这种生物个体当中,感性的感情本来是极为不当的,然而,如果这感性的感情因另一些理性的感情而被抑制,显而易见,其习性在主要方面仍然是好的,因而这样的人会被所有人恰当地看做是高尚的。

不仅于此,如果有人天性躁动、易怒、怯懦、多情,但却能抑制这些情感,而且不管这些情感有冲动之力,还是坚持美德,在这种情况下,我们通常说,这种美德更伟大,并且表示称赞。可是,如果约束这个人,并强使其作出貌似高尚之举的不是对于善或美德本身的感情,而是仅为了个人之利,那么,正如前文所述,他事实上并不更高尚。但仍然明显的是,如果是主动地,而非由于外在的约束,一种易怒的脾性得到抑制,或者一种激动的脾性得到克制,以至于任何外力都不能迫使这样一个人做出任何残忍或不忠的行为,这个人虽然其心性受到如此强烈的诱惑,如果他能抵制这种诱惑和偏好,我们就要比通常更加称赞其美德。与此同时,没有人会说,邪恶能是美德的一个成分,或者无论如何都是成就一种高尚性格所必需的。

因此,在这种情况中仿佛存在某些难题,但也仅此而已。如果习性的某个部分中本包含一些坏的情感或感情,而在另一个部分中,趋向于道德的善的感情却能控制相反的感情,这是人们所能想到的最有效的证据,即是说,美德的一种强烈的动因扎根于人性深处,并表现自身为自然的习性。反之,如果坏的情感不活跃的时候,一个人的确可能更容易高尚,这即是说,他可能使自己遵循美德的已知法则,而不像另一个人那样有那么多的高尚秉性。然而,如果另一个人天生有强烈的美德的秉性,最终克服了人们认为他所遇到的相反的阻碍,那他确实没有丧失任何的美德,相反,他丧失的仅是习性中邪恶的东西,保留了更完整的美德,并在更高的层次上拥有了美德。

因此,理性生物在不同程度上都享有美德,至少因此而被称作理性的,即使是那些缺乏健全的和稳固的理性的人也是如此,虽然唯有理性才能构成一种合理的感情、一种一贯而稳定的意志和决心。也因此，人们发现邪恶和美德以不同的方式混杂在一起，在人类的不同性格中分别占据主位。因为，从我们的研究中可以明显看到，在面对感性对象，或是精神对象时，习性或情感无论多么地恶劣；任何生物无论变得多么躁动、狂怒、淫荡或残忍；心灵多么邪恶，或根据多么坏的法则或原则来判断；然而，如果存在某些面向哪怕极细微的精神对象、道德的善的极细微的表现的情愫或有利倾向（正如，如果存在任何像友善、感恩、慷慨、同情等情感），他就还留存有某些高尚的东西，而且这种生物也不完全是邪恶的和反常的。

39　　　　因此，一个不懂得任何忠诚和荣誉的暴徒，拒绝接纳他的同伴，反而背叛他们，甘愿忍受折磨和死亡，无疑具备某种美德的原则，无论他如何可能误用这个原则。不愿担当处死其同伙的执法官的罪犯，而是选择与他们一同被处死的罪犯，也同样如此。

　　　　简言之，正如任何人看起来都难以宣称，"他是一个绝对的无神论者"，同样，任何人都难以宣称，"他是完全堕落的和邪恶的"，很少有人，即使是最可恶的恶棍，不具备某种不完全意义上的美德。一句众所周知的谚语讲得最为正确："很难说一个人完全是个坏人，也很难说他完全是个好人！"因为只要还留有某种好的感情，也就必定还有某种善或美德。

　　　　因而，当我们思考过美德本身是什么之后，现在，我们可以思考，正如上文所提示，美德与关于神的观念有何关系。

第三章

第一节

40　　　　如前所述，美德的本质存在于，一个理性生物面对正确或错误的道德对象时的正确的情性或者适当的情感；这样一个生物中，没有什么能将美德的原则排除，或使其失效，除非

1. 或者消除对于正确和错误的自然的和正确的感官①；

2. 或者建立一种对于正确和错误的错误的感官；

3. 或者通过相反的感情致使正确的感官变成相反的感官。

在另一方面，没有什么能辅助或提升美德的原则，除非通过抑制和控制其他的感情，以某种方式培育或促进对于正确和错误的感官，或者使其保持原本的、纯正的状态，或者，如果能这样的话，使人听从这种感官。 41

因而，我们要去思考，上述各种关于神的观念，如何可能在这些情形中发挥作用，或如何产生这三种效果。

1. 关于第一种情形，消除对于正确和错误的自然的感官。

肯定没有人会把这句话理解为，消除物种或社会中何为好或坏的观念。因为，对于这样一种好和坏，所有理性生物都能感觉到。人人都了解和承认一种公共利益，并意识到什么会打动其同胞或群体。因而，当我们说一个生物"完全丧失了关于正确和错误的感官"时，我们就假设，他能知道他的物种的善和恶，与此同时却不关心，也感觉不到关乎某个人的道德行为的卓越或卑劣。所以，人们认为，除非仅仅与一种个人的和范围狭窄的自我之善有关，这样一个生物不会喜爱或憎恶某种礼教，不会赞赏或热爱道德上好的东西，也不会憎恨道德上坏的东西，尽管它如此反常或丑恶。 42

事实上，任何理性生物都知道，当他故意地冒犯或者伤害某人时，他就在看到他的每一个生物心中导致了一种对于类似伤害的担心和恐惧，继而导致一种愤恨和憎恶。所以，冒犯者必定会意识到，他受到来自每一个人的态度的影响，在某种程度上说，好像他已经冒犯了所有人。

因此，每个人都知道冒犯和伤害应受惩罚，而公正的行为（因而被称为功德）应受奖赏和赞扬。对此，甚至是凶残的生物也必定有一种感官。所以，如果这种意义上的正确和错误还有更深的含

---

① "感官"，原文为"sense"，可译为感觉、意识等，为不使其内涵变得狭窄，这里保留其本义。——译注

义,如果说在现实中存在这种绝对邪恶的生物所不具有的感官的话,它必定存在于一种对不公和错误的真切的反感和厌恶中,存在于对公正和正确的(为了这公正和正确本身,因其自身的自然的美和价值)真切的喜爱或热爱中。

43　　无法设想,一个纯粹的感性生物的天性本就是如此邪恶和反常,以至于一见到感性对象,他便对其同类恶意相加,从不会表现出同情、友爱、友善或社交的感情。也无法设想,一个理性生物初次见到理性对象,心灵中接受到正义、慷慨、感恩或其他美德的时候,不喜爱这些美德,或厌恶相反的恶行,而是对呈现于他面前的这类对象无动于衷。确实,一个灵魂可以没有感官,也对于它所知晓的东西不加赞赏。因而,在具备了一种以新的方式感知和赞美的能力时,它必定会发现行为、心灵和性情当中的美和丑,一如它必定发现形象、声音或色彩当中的美和丑。如果道德行动中没有真正的友善或丑恶,至少还有一种充满力量的假象的友善或丑恶。虽然这些事物本身不存在于自然之中,但对于它的想象或幻想却只能从自然中而来。除了艺术和勇敢的尝试,通过长久的实践和

44　沉思,没有任何东西能克服这种自然的障碍,或心灵中支持这种道德鉴别的自然先见。[1]

　　因而,在我们来说,对于正确和错误的感官,与自然感情本身一样,都是先天的,是我们的天性和构造中的第一原则,没有诡辩的观念、信仰或信念能将其抹除或破坏。那种原始而纯粹的自然的东西,除了相反的习惯和习俗(一种第二自然),没有什么东西可将其取代。并且,这种感情是灵魂或人的感情官能中最早形成的一种原始感情,除了相反的感情频繁地阻碍和控制,没有什么能对其施加作用,以致将其部分地削弱或整个地消除。

　　显而易见,在与我们身体的结构和秩序相关的东西当中,某些奇特的面貌和表情,或者是我们天生就有的,并且是我们身体构造的产物,或者是偶然产生的和后天习惯形成的,它们不可能被我们

---

[1]　本卷第412、420—421页。

径直否认,或被我们相反的意志所强力克制。只有一些特殊的手段、艺术和规约的干涉、密切的注意和经常的强制,才能造成这样一种变化。而且即便这样,我们也发现,本性也很难被控制,而是处于沉默之中,在第一时间就准备反抗。心灵中的自然感情和预期的幻想,更是如此。这种感情不可能被立即消除,或者不凭借许多外力和暴力就消除,或者使其偏离自然倾向,即使是通过世界上最荒谬的信仰或观念也不能。

因而,在这种情形下,有神论,或无神论,或鬼神论,或者任何宗教的或非宗教的信仰,都不能直接地,而是通过由某些这样的信仰偶然激起的相反的或有效的感情的干预来间接地发挥作用的;我们会在最后一种情况中考虑这种效果,那时,我们要考察其他感情与这种关乎正确和错误的自然的和道德的感情之间的一致或不一致。

第二节

2. 关于第二种情况,即,对于正确和错误的错误感知或虚假想象。

这种情况只能源于与自然相反的习俗和教育的力量,正如在有些国家发现的那样,在那里,根据习俗或政治体制,某些本质上愚蠢而古怪的行为常常得到嘉奖,并被赋予荣誉。因此,一个人强迫自己,可能会吃敌人的肉,这不仅不合他的胃口,而且是违背他的本性,但却认为这是正确的和可嘉的,正如认为这对他的群体有很大贡献,并可以提高其民族的名声,散播其民族的恐怖。

不过,来说说与神相关的观念,以及它们在这种地方会有什么影响。至于无神论,它仿佛直接影响人们确立一种虚假的正确和错误。因为,尽管一个人由于习俗,或由于行为放纵,可能赞成无神论,一下子丢掉了许多自然的"道德感官",然而,无神论本身看似不是混淆公正、高贵和可敬与相反品质的原因。例如,人们永远都不会认为吃人肉或兽交本身是好的和优秀的。但是可以肯定,

47   通过败坏的宗教或迷信,许多本身最可怕的、非自然的和非人道的事情,结果却被看做是优秀的、好的和可敬的。

    这本不必惊奇。因为,无论在哪里,本身可憎和可鄙的事情被宗教假设为至高的神的意愿或愿望而加以提倡,如果在信仰者眼中,这些事情因此无论如何也不那么坏或可憎,那么,这个神必定担负恶名,并被看做是一种本性上是坏的和可憎的东西,无论它如何通过怀疑和恐惧而被引诱和教唆。但总体而言,这是宗教强迫我们去想象这样的。这种宗教在任何地方都将此与崇拜和敬仰一道规定为光荣和荣誉。因而,无论何时,这种宗教教导人们敬爱和赞美一个明显地邪恶的神,它就是教导人们敬爱和赞美那种邪恶,并致使人们将这本身是恐怖的和可恶的东西看做是好的和悦人的。

    例如,如果朱庇特是那个被敬仰和崇拜的神,同时,如果关于他的故事将他描述为好色的,极度放纵其欲望,那么可以肯定,他

48 的崇拜者由于相信这个故事字字句句都是真实的,当然也必定被教导去更加喜爱那些好色而放荡的作为。如果有一种宗教教导人们敬爱和喜爱一个神,这个神的性格是专横的、易怒的,容易愤怒、生气、狂怒、报复,而且一旦被冒犯,就要向那些未曾冒犯他的人也实施报复;同时,如果这个神还有狡诈的性格,在凡人中鼓励欺骗和背叛;他垂青少数一些人,只因为微末的原因,便残忍对待其他人,很明显,这样一种宗教,如果得到强力推行,必定会使人甚至赞赏和尊崇这类恶行,并滋生一种相应的倾向,也就是一种褊狭的、仇恨的和狡诈的性情。因为,即使是穷凶极恶之人的暴戾凶残,也必定在许多时候让人羡慕,这些人认为,这些品行与最高的荣誉和敬意一样值得赞美和欣赏。

    人们必定会认同,如果对这样一个神的迷信或崇拜中,没有任何超出常规的东西,那么,除此之外,就没有任何东西仅仅来自榜样、习俗、强制或恐惧;如果在根本上不存在真正的热心,不存在必然的尊重或敬爱,那么信仰者关于正确和错误的观念就不会受到

49 如此的误导。如果在遵行他所设想的这个神的教训,或在做他认

为必然能让他的神满意的事情时,他仅仅是因为恐惧而被迫,并且违背他的意愿,去做他内心所憎恶的野蛮残忍的事情,那么只要他还有对于正确和错误的理解或意识,并且遵守常理,他就会意识到他的神的性格中的恶,无论他在判断或思考这些事情的时候是多么谨慎,以致能在这个问题上形成任何明确的或直接的观念。但是,如果在不知不觉当中,就像他在他的宗教信仰和崇拜习惯中一贯所做的那样,他越来越赞同他所信仰的神的恶毒、专横、褊狭或仇恨,那么他对这些品质本身的顺从很快便相应地增强,而且,那些最残忍、最不义和最野蛮的行径,由于这个榜样的力量,也常常被他看做不仅是合理的和正当的,而且还是神圣的,值得效仿的。

因为,无论谁认为存在一个神,并且敢于公开相信他是正义和好的,他必定认为如正义和不义、真实和虚假,正确和错误这样的东西是自足地存在的,据此他断言神是正义的、正直的和真诚的。如果神的单纯的意愿、旨意或法律,被认为绝对地构成了正确和错误,那么后面这些话就是毫无意义的。因为这样的话,如果矛盾的每一方都被这种至高的力量确定为真理,它们也就会因此而变成真实的。因此,如果一个人注定要为另一个人的过失而受难,那么这个判决就会是正当的和公正的。因此,同理,如果任意地、没有任何理由,某些生物注定要忍受永远的恶,而另一些人则永远享受善,这同样会被看做是一种正当而公正的判决。但是,在这样一个基础上,说某些事情正义或不义,就等于什么也没说,或者毫无意义。

因此,事情看起来是这样的,只要一个至高的存在被真正地奉献、诚心地崇拜,而这个存在的故事或品质被描述为是真正地、真实地正义的和好的,那么继之而来的必然是信仰者的正直的丧失、思想的迷乱、其性情和性格的堕落。他的真诚必然会被其热情取代,同时,他因此被影响成为堕落的,继而其崇拜也是邪恶的。

对此,我们仅需补充说,由于神的邪恶性格伤害人们的感情,并扰乱、损害正确和错误的感官,因此,另一方面,只有信仰一个曾经也永远被表现为最严格的正义、最高的善和价值的真正的楷模

50

51

和榜样的神,才能更有效地确立起对于正确和错误的正确理解和健全的判断或意识。对于神圣天意和恩惠的这种观点,如果推广到所有人,并表现为对于整体的一种始终善良的感情,必定要促使我们力所能及地根据一种类似的原则和感情来行动。而且,一旦将我们族类的或公众的善作为我们的目的或目标,我们就不可能被以任何方式误导向对正确或错误的谬误理解或感知。

因而,对于这第二种情况,宗教(取决于其表现出的类型)既有大善,也有大害;而无神论则既没有明确的善,也没有明确的害。因为,不管它如何是人们丧失对于正确和错误的良好而充分的感官的间接诱因,仅仅作为一种无神论,它不会是一种谬误的感官的原因;只有一般源自迷信和轻信的谬误的宗教和虚幻的意见才能产生这样的作用。

第三节

3. 关于最后一种情况,由其他感情造成的正确和错误的自然感官的对立面。

很明显,如果没有受到面向一种想象的个体利益的稳定感情的阻碍,也没有受到某些突然的、强烈的和有效的情感(如情欲或愤怒)的阻碍,因而没有什么东西抑制对于正确和错误的感官,只是抑制了对于个人利益本身的感官,甚至推翻了对于有利于自我利益的东西的最熟悉的和明显的意见,那么一个怀有任何程度的这种感官或好的感情的生物,必定要根据这种感官或感情来行动。

但是,我们这里的任务不是要考察这种败坏由以发生或增长的几种途径或方法。我们要思考的仅仅是,关于一个神的意见如何能有这样或那样的作用。

一个能运用反省能力的生物,可能对道德行为有喜爱和厌恶之感,并因此在对神有任何确定的观念之前就有一种关于正确和错误的感官,这个看法很难被质疑;有一种事情很难预料,或者说只是有可能,即一个像人这样的生物从其童年开始慢慢地、逐渐地获得某种程度的理性和反省,在一开始的时候就要对神的存在这样的问题进行这些思索或更为艰深的反省。

让我们假设有一个生物,缺乏理性,也不能反省,虽然有着许多良好的品质和感情,例如对其同类的爱、勇敢、感激或同情。可以肯定,如果赋予这个生物以反省的能力,它就立刻会赞成感激、友善和同情;被这种社交的情感的表现所吸引,并认为没有什么比这更令人愉悦,或没有什么比相反的情感更加可恶,那么,这就是有美德的潜力,也有关于正确和错误的感官。

因而在此之前,一个生物能够对于神这样的对象有某种朴素的或明确的观念,人们可以认为他对于正确和错误具有一种领会或感觉,并拥有不同程度的美德和恶习;我们根据经验得知,有些人生活在这样的地方、这样的习俗,从未对宗教有过任何严肃的思考,不过,他们在真诚和价值这样的品德方面非常与众不同;有些人天生就是谦逊、和蔼、友善的,因而喜爱和蔼友善的行为,另一些人天生就高傲、粗鲁、残忍,因而倾向于赞赏暴力行为和纯粹的强权。 54

既然如此,对一个神的信念,人们如何受到这信念的影响,我们首先可以考虑,基于什么原因,人们愿意服从,并依照这样一个至高的存在来行动。必然是这样,或者是这个存在的权力使人们预想他导致某些不利或好处;或者是由于他的卓越和价值,即认为他是自然地完满的,值得去模仿和效仿。

正如第一种情况,如果存在对于一个神的信念或设想,这个神 55
仅被认为是强于他所创造的生物,并利用特定的奖赏或惩罚来强使这个生物服从他的绝对意志;并且,如果是出于这个原因,即通过对奖赏的希望或对惩罚的恐惧,这个生物被唆使去行其所厌恶的善,或克制去行其毫不反感的恶,那么在这种情况下(如上文所述),就不存在任何的美德或善。这个生物虽然行了善,但他本质上并没有什么优长,就如他依其自然习性来行动,即没有处于任何的忧虑和恐惧之下。在这样被改造的生物,并不比一只被紧缚的老虎所表现出的温顺和善,或处于皮鞭惩戒之下的猴子所表现出的天真和顺从,有更多的正直、虔诚或圣洁。因为无论这些动物或处于同样情形下的人,在诱导之下表现得如何顺服善良,亦即既不是受自己意志的支配,也不是受其意愿的促使,仅仅是敬畏在支配他,强使其服从,这种服从都只是奴性的,由此所做的任何事情也仅仅是奴性的。这种顺从或服从的程度越高,其奴性就越大,无论其服从的对象是谁。因为无论这样一个生物有一个好的或坏的主人,他本性上的奴性既不会更多也不会更少。如果其主人或长官是如此地优秀或卓越,然而在这种情形下通过这个单独的原则或动机带来了更大程度的顺从,那么这仅仅是更低级、更卑贱的奴性,并意味着这个生物更大程度的卑鄙和低贱,如上文所揭示,这个生物便有着如此有力的自爱情感,其本性上就是如此邪恶和残缺。

关于第二种情况。如果存在对于一个神的信念或设想,这个神被认为是可敬的、善良的,并因此受到赞美和尊敬;除了权力和知识之外,人们相信他的本性是最卓越的,让他受到所有人的喜爱;并且,如果这个至高无上的、强大的存在被这表现,如他在故事中被描写的那样,他极为尊重善良和卓越的事情,关心所有人的幸福,喜爱善行和对整体的爱;这样一个楷模必定会(如上文所解释)引发和促进对于美德的感情,并有助于驯服和抑制所有其他面向个体的感情。

这种善并不仅仅是通过楷模而实现的。因为,在有神论的信仰是充分而完满的地方,必定存在一种关于至高存在的监管身份、生活的见证者和旁观者的稳固观念,他能意识到宇宙中所有被触动和被激发的东西:所以,在内心的最深处或在最孤寂的独处中,必定还有一个被认为是属于我们自己的监管者,他孤独的现身必定比世上最庄严的集会更为重要。显而易见,在这样一种现身中,因为对有罪的行为的羞耻感必定是最明显的,所以对于善行的荣耀感也必定是最明显的,即便处于世人的不公正的谴责之下。并且,在这种情况下,人们很容易看到,一种完满的有神论如何必然有益于美德,而无神论存在如何大的缺陷。

对于未来的惩罚的恐惧和对未来的奖赏的希望能为这种信念增添什么东西，可以进一步有益于美德，现在我们就来具体地思考这个问题。与此同时，我们可以从上文所说的内容中得出很多东西，即这种恐惧或希望本身都不可能被叫做善的感情，而这种感情被认为是所有真正地善的行为的动机和源泉。如上文所暗示，这种恐惧或希望实际上也并不与美德或善相一致；如果这种恐惧或希望对于所有的道德行为都是至关重要的，或者是任何行为的一种重要动机，对于这样的行为来说，只有某种更善良的感情才应该是一种充分的原因。

58

另外，人们也可能认为，在这种具有宗教性质的准则当中，自然地支配我们的自爱这个原则，由于没有得到任何节制或约束，反而因为主体中面向更广泛的自我利益的情感的释放日盛一日，人们有理由担心这种倾向会扩张到整个生活中。因为，如果这种习惯在每一件具体事情上都导致对自我之善和个人利益的更密切的关注，那么它必然要在不知不觉间销蚀面向公众之善或社会利益的感情，并带来某种狭隘的情绪，这种情绪（如某些人声称）在几乎每一种宗教教派中的虔诚者和狂热者身上都可以发现。

人们必定承认这一点，即如果这就是真正的虔诚，为了上帝而爱上帝，那么过分热切地关心从他那里得到个人的善，必定就是虔诚的减退。因为，既然上帝是作为个人之善的原因被热爱的，那他只不过是被邪恶的生物作为获得快乐的工具或手段而被热爱的。这种面向个人之善的感情越是强烈，留给面向善本身的感情或者面向任何因其自身而值得被热爱和赞赏的好的和可贵的对象的感情空间就越少；上帝就是因此而被普遍承认的，或者至少是被大多数文明的或有教养的崇拜者承认的。

59

从这个方面来看，对于生命的强烈的渴望和热爱也可以被证明是虔诚的一种障碍，也是美德和公共之爱的一种障碍。因为任何人的这种感情越是强烈，他就越不能真正地放弃某些东西，或顺从神的法则和秩序。而且，如果他所谓的放弃仅仅取决于对无限的回报或奖赏的期待，那么他会发现，在这里与在其他的利益交易中一样,没有价值或美德;他所谓的放弃的意思只是这样,即"他放弃当下的生活和快乐,条件是能获得他自己认为的更有价值的东西,也就是永远生活在最高的快乐和享受中"。

60　　但是,虽然美德的原则会因为自私情感的增强而遭受上文所说的损害,但另一方面可以肯定的是,对未来的惩罚的恐惧和对未来的奖赏的希望这个原则,无论被看做是多么势利或卑鄙,但在许多情形下,对美德来说是一种重大的优势、保障和支持。

我们已经考虑到,虽然人心中被植入了一种关于正确和错误的真实的感官,一种面向族类或社会的真实的好的感情,然而,由于愤怒、情欲或任何其他具有相反作用的情感的侵害,这种好的感情经常被压制和征服。因而,如果心灵没有什么东西能使这些坏的情感遭到反感,并使它们受到认真的反对,那么很明显,一种好的倾向必定立刻遭到损害,性格将逐渐变得更坏。但是,如果宗教介入进来,确立这样一种信念,即这类坏的情感与其导致的行为一样,都是神所谴责的对象,那么可以肯定,这种信念必定是对恶行
61　　的一种合理纠正,并在某种特定意义上是有利于美德的。因为,这样一种信念必定被认为会让心灵冷静下来,使这个人变得更加平静,让他更仔细地观察那种好的和善良的原则,这样做只需要他集中注意,全心全意与这个原则为伍。

而且,正如对于未来的奖赏和惩罚的信念可以给那些由于坏的习惯而疏离美德的人提供支持,因此,当由于坏的意见和错误的思想,心灵自身背离真诚的生活方式,甚至堕落到羡慕并有意选择一种邪恶的生活方式的时候,这种信念在这种情况下就可以被证明是唯一的缓解和保障。

例如,一个人在其性情中有着很多善良和天生的正直的品质,但同时也有许多柔弱或娇弱的品质,不能使他遭受贫穷、彷徨和逆境;如果因为时运不济,他遇到了了这些考验,这必定给他的性情平添些许乖戾和厌弃,使他极度反感他错误地认为是其灾难或不幸
62　　的原因的东西。如果他自己的思想或者其他人恶毒的阿谀奉承,让他经常想到,"他的真诚就是其灾难的诱因,如果他摆脱了美德

212

和真诚的束缚,他就可以变得更幸福";很明显,他对这些好的品质的尊重必定要相应地日渐减少,因为其性情变得越发焦躁,暗自抱怨。但是,如果他抵制这种思想,考虑到,"这真诚会给他带来如果不是当下的,至少也是未来的好处,可弥补让他感到后悔的个人之善的丧失",那么对他的善良性情和真诚节操的这种伤害就能被避免,他对于真诚和美德的热爱或喜爱仍一如从前。

同样的道理,在善良和高尚的东西不被关心或热爱,反遭厌恶的地方(例如慈悲和宽恕被轻视,而报复却被看重和热衷),如果还进一步想到,"由于其奖赏,比之报复,慈悲被看做是自我的更大的幸福和享受的原因",那么对于慈悲和温和的喜爱就会得到精心培养,而相反的情感则受到压制。并且,节制、谦逊、正直、仁慈和其他好的感情,无论在最初如何被轻视,最终却因其自身而被尊重,相反的感情则被扬弃;当奖赏或惩罚未被如此看重的时候,好的和正确的东西也能被喜爱并被贯彻。 63

因此,在文明的国家或公众中间,我们看到一种公正的治理,对赏罚的公平合理的分配是最有效的;不仅是通过约束邪恶的东西,使赏罚对社会有用,而且也通过使美德明显地成为每一个人的利益,以消除对美德的所有偏见,让人们欣然接受美德,引导人们走上一条永不后悔的道路。因此,一个民族摆脱了野蛮或残暴的法则,因法律而得到开化,经过长期的合法合理的治理而变得高尚;如果他们突然间陷入了不义和专断的权力的乱政之下,他们反而会因此而被激发出更强大的美德,以抵制这种暴乱和腐败。并且,即使在有些地方,由于盛行的暴政长期持续的作乱,这样一个民族最终完全处于折磨之下,美德那散落的种子也仍然保留着生机,在乱施奖惩的强大暴力将其推入到卑屈顺服的惯于被奴役的状态之前,这些种子甚至还开花结果。 64

但是,尽管一个政府能正确地分配正义是美德的一个关键原因,但我们必然观察到,主要是榜样在影响着人们,并塑造着一个民族的性格和倾向。因为在某种意义上说,一种公正的治理必然伴随着统治者的美德。否则这种治理不会取得什么效果,也不会长久。但是,在有完善而稳固的治理的地方,美德和法律也必然受到尊重和热爱。所以,奖惩的效用并不都来自它们引起的恐惧和期待,一如其并不源于对美德的自然的尊重和对恶德的憎恶,这效用是被这两种情形下人们共同表达的赞同和憎恨唤醒和激发出来的。因为,在公众处死最大的恶人时,我们普遍看到,他们罪行的丑恶和可憎,他们因这罪行而在众人面前感到的羞愧,更多地增加了他们自己而非其他人的悲惨;我们也看到,并非直接的痛苦或死亡本身在受害者或旁观者心中激起诸多荣耀,因为这种可耻的死亡是因对公众犯罪和对正义和人道的违犯而招致的。

而且,如赏罚在公众中的情形,它们同样也在个人家庭中发挥着作用。因为奴隶和唯利是图的仆人,由于惩罚而受到约束,惟命是从,但不会因此而变得善良或真诚。然而,这家庭里面的主人对其子女施以适当的奖赏和温和的惩罚,教给他们何为善,并通过这样的帮助在美德方面指导他们,但子女们在以后却以另外的基础行动,没有考虑到惩罚或贿赂。因而,这就是我们所谓的自由教育和自由贡献:相反的牺牲和服从,无论是面对上帝还是人,都是不自由的,不配任何的荣誉和赞扬。

然而,就宗教而言,人们必定认为,如果对于奖赏的希望被理解为是对高尚的享受,或者在另一种生活中①实践和履行的对美德的热爱和追求,那么这种期待或希望绝不会贬损美德,因而是我们更诚挚地、为美德自身而热爱美德的明证。这个原则也不能被叫做自私,因为,如果对美德的热爱不是纯粹的自私,那么为了美德而热爱和贪恋生命也不能被看做是自私。但是,如果贪恋生命只是因为对死亡的天生的强烈嫌恶,如果只是源于对除美德之外的其他东西的热爱,或是因为不愿放弃除美德之外的其他东西,那么贪恋生命便不再是真正的美德的任何征兆或标志了。

因此,一个只是为了生命本身,而完全不是为了美德而热爱生命的人,可以因为对生命的允诺和希望,以及对死亡或其他不幸的

---

① In another life,应指来世。——译注

恐惧而被诱导去实践美德,甚至会出于对他所从事的事情的热爱而努力成为真正高尚的人。然而,这种努力并不能被视为一种美德。因为,尽管他打算成为高尚的人:他之所以不能变得高尚,是因为他仅仅是出于对奖赏的热爱而打算或立志变得高尚。但是,只要他最后喜爱道德上善的东西,并为了这种善本身而喜欢或喜爱这种善,因为这喜欢或喜爱本身就是善的和令人愉悦的,那么他在某种程度上就是善的和高尚的,而不必等到他变得高尚。

这就是属于源自对个人的善或兴趣的反省的美德的优势或劣势。因为,虽然自私的习惯和许许多多的怀有利害的观点,并不能提升真正的功德或美德,然而,为了留住美德,人们觉得应该让真正的利益和自我享受之间不发生抵牾。 67

因此,无论谁由于坚定的信念或一贯的看法而认为,从主要方面看,美德带来幸福,而恶习招致不幸,这样的说法会保证和帮助他具备必要的美德。或者,虽然他没有这样的想法,也不相信美德能带来实际利害——无论是对于他自己的本性和素质,还是对于人类生活的条件;然而,如果他相信有某些至高的力量影响人类当下生活,并以真诚和高尚的名义干预不敬的和不公的行为,无论如何,这将帮助他保持对美德的尊重,否则这种尊重就会大大地减少。或者,如果他仍然不很相信当下生活中有天意的干预,但却相信上帝在未来会对恶习和美德给予奖赏和惩罚,那么他仍然保持着同样的优势和保证,当他的信念是稳固的,而非游移不定、迟疑不决的时候。 68

因为人们必定会观察到,一种期待或依赖如此地神奇而强烈,必定自然地要远离其他低级的依赖和激励。在要求极大的奖赏,而且强烈地预想这些奖赏的地方,其他常见的和自然的对于善的动机就容易被忽略,并因为不被倚重而消失。当心灵如此执着于追求一种巨大的好处和自我利益,如此狭隘地专注于我们自身的时候,其他的利害很难被考虑那么多。基于这个原因,所有其他面向朋友、亲属或人类的感情,因其是世俗的而常常少被关注,并且对于我们灵魂的益处来说也显得不太重要。人们很少考虑到源于生命的这种高尚职责的直接满足，以至于许多虔诚的人惯于狂热地谴责因善而来的现世的好处，所有因美德而来的自然的福利，与此同时还要夸大邪恶生活带来的相反的幸福，声称："除非为了未来的奖赏和对未来的惩罚的恐惧，他们将立即放弃所有的善，并随意地允许自己变得极为邪恶和放荡。"由此可见，从某些方面来说，对美德最为致命的便是对于未来赏罚的虚弱的和模糊的信念。[①] 因为人们所强调的只是这一点，即，如果这个根据失效了，人们的道德便不再有更多的支持或保证，因此美德便被取代和背叛。

现在再说无神论：虽然就其对因美德而来的幸福的不当判断明显是有缺陷的，乃至彻底错误，但它确实并不必然是任何不当判断的原因。若不是绝对地同意有神论的假设，人们就会看到并得到由美德而来的好处，并在心灵中确立起有关美德的崇高观念。然而，人们必定承认，无神论的自然倾向是非常不同的。

在某种程度上说，要树立关于因美德而来的幸福的伟大观念，而不热烈地感受到来自对美德慷慨的赞美和热爱的满足，是可能的；除非体验到这样一种热爱，没有什么能使这种满足变得可信。因而，有关"美德之中的幸福"这种观念的首要基础和支撑，必定来自对这种慷慨的道德感情，以及对这种感情的能量和力量的知晓和强烈感受。但是，确定无疑的是，假设在这个世界本身中没有善和美，在任何最高的存在那里没有善良感情的榜样或先例，这就不能有力地加强道德感情，并有力地支撑对于善和美德的纯洁的爱。倒不如说，这样一种信念必然会阻断人们对于任何可亲的、可贵的东西的感情，反而去压抑赞赏自然的美或事物秩序中符合正确的设计、和谐和比例等东西的倾向和习惯。因为，一个认为宇宙自身就是一个混乱格局的人，怎能热爱或赞美宇宙中富有秩序的东西呢？当这个整体自身被认为缺乏完满，仅是一个无比广袤的畸形之物的时候，人们怎么会去崇敬或尊重各部分中的个别的和从属

---

① 见第一卷第 97 页及以下。

的美呢？

　　还有什么比生活在一个四分五裂的宇宙中更令人感伤的呢？从那里，人们只能推测到许多的灾祸，那里没有任何美好或可爱的东西，在凝视它的时候人们得不到任何满足，除了蔑视、憎恨或厌弃之外，没有任何其他的情感。这样一种观念会渐渐地让人心情沮丧，不仅不能激起对美德的热爱，反而还加速削弱和毁灭美德的原则，即自然的和天然的感情。

71

　　总而言之，无论谁怀有一种关于上帝的坚定信念，对于上帝，他不仅称其为善，而且在现实中也相信上帝就是真实的善，真正配得上最严格意义上的仁慈和善良的性格，这样一个相信来世的奖赏或惩罚的人，必定相信这奖赏和惩罚与现实的善和功德、现实的恶和卑鄙紧密相连，而非与偶然的品质或机缘紧密相连；从这个方面来说，它们并不能被叫做真正的奖赏或惩罚，而是任意地施与生物的幸福和不幸。这些就是来世的信念的条件，它们能适当地影响信仰者。而且，在这些条件下，并凭借这种信念，人们也许还保留着自己的美德和正直，即便他们对人性怀着最悲观的看法，也就是，由于不利的环境或不当的信条，他们产生了这种可悲的观念，即美德是幸福生活的敌人。

　　然而，这种观念并不能被认为与理智的有神论相一致。因为无论未来生活或来世的赏罚被判定为什么，作为一个理智的有神论者，相信有自然中存在一个至高无上的主宰的心灵，以其最完满的善以及智慧和力量支配着万物，他必定相信美德自然地是好的和有益的。因为，还有什么能比美德即为所有生物的天生罪恶，恶习即为自然的幸福这种假设，更明白地意指万物的普遍构造中有一种不义的法则，有一种瑕疵和缺陷呢？

72

　　最终来说，在高于无神论的有神论的信念中，我们会考虑到美德有更大的优势。这个命题初看起来可能显得过于艰深，被看做是一种过于玄虚的命题。但是，经过了上面的考察之后，这个问题也许能得到更明白的解释。

　　根据上文所证明的观点，没有任何生物，由于其怀有的爱或恨

73 不适于他自己的个人的善或不适于其所属的系统的善，就在某种程度上必然是坏的。因为，在两种情形下，这种感情都是坏的和邪恶的。如果一个理性生物所怀有的恨是他抵御任何异常的不幸，并为他预警灾难的来临所必要的，那么这种恨就是正常的和健康的。但是，如果不幸发生之后，他的恨仍在持续，陷于这种情感不可自拔，亦即对这种偶然事件愤愤不平，抱怨自己的命运或时运的时候，那么人们就承认这种恨无论对当下还是对未来都是邪恶的，因为它使人的性情发生了波动，扰乱了美德和善所依赖的平静的感情。另一方面，默默地忍受这灾难，并能在受这灾难的重压之下振作起来的心灵，也立即被直接认为是高尚的，坚持着美德。因此，据那些排斥一种普遍的心灵的人来看，人们必定承认，万物运行中所发生的事情没有什么值得我们赞美、热爱，或者抱怨和痛恨。然而，正如在思量"原子和机缘"（atoms and chance）所产生的东西时并不能得到什么满足，因而在极为不幸的情形中，在悲惨和

74 塞舛的境遇中，很难避免一种自然而然的痛恨和怨怒，这样的情感因为想象到事物如此反常的秩序而被激起并持续下去。但是，在另一种假设中（即彻底的有神论的假设），人们认为，"无论这个世界的秩序会导致什么，大体上而言都是正确的和好的。"因此，在这个世界中的万物的进程中，无论什么样的艰难险阻，仿佛都可能迫使所有的理性生物激烈咒骂个人的处境或运气，不过，通过反省，他可以恢复其耐心，并默默接受这处境。不仅如此，当他努力保持这种慷慨的忠诚，坦然面对他那更崇高的国家的法律和统治的时候，他还可以继续进行调节，并且借着这种原则，他欣然接受这种时运。

在任何忍耐的状态之下，这样一种感情必须持之以恒，使我们以最好的态度在为美德本身所承受的困难中坚持下来。而且，正如这种感情必定会让我们在不幸的意外、邪恶的人，以及伤害面前默默承受、无怨无悔，它也必然在我们性情中产生一更大的平静、温和和仁厚，所以，这种感情必定是一种真正的善

75 的感情，拥有了这种感情，一个生物必定变得更加善良和高尚。

因为,无论什么样的诱因或手段使一个理性生物更热情地投入到他的社会职责中,并导致他以超乎寻常的激情和感情施行公共的善或其族类的利益,这无疑是这个人身上那非同寻常的美德的原因。

同样确定无疑的是,对任何种类的秩序、和谐和比例的赞美和热爱,都自然地会改善人的性情,促进社交感情,并大大地有助于美德,美德本身不过是对社会中的秩序和美的热爱。这个世界上最低微的事物,其富有秩序的外观也能打动心灵,吸引人们喜爱它。但是,如果世界本身的秩序显得是正确而优美的,这个秩序必定更加受到人们的赞美和尊重,有利于美德的对于美的优雅情感或热爱,必定会因为施加到如此丰赡壮丽的对象上而变得更加热烈。因为,当人们在静观这样一种神圣的秩序的时候不可能不感到欣喜若狂;[1]因为在科学和自由艺术(liberal arts)共同面对的对象当中,凡是符合正确的和谐和比例的东西,都让那些见识或创造过它们的人如痴如醉。

如果这种神圣情感的对象和范围不是真正地正确的或适当的(有神论的假设被认为是错误的),根据上文所证明的东西,这种情感本身也仍然是自然的和好的,正如其有利于美德和善。但是,从另一方面来说,如果这种情感的对象是真正地适当的和正确的(即有神论的假设是真实的而非虚幻的),那么这种情感也是正确的,并且在每一个理性生物那里都是应有的和必要的。

因此我们可以正确地确定美德与虔诚之间的关系,即只有在虔诚当中,美德才是完整的:因为凡缺少美德的地方,便不会有同样的仁慈、坚定或坚贞,亦即感情的泰然沉着或心灵的始终如一。

所以美德的完美和极致必定属于对于神的信念。

---

[1] 见本卷第 399—400 页及以下,也见第三卷第 30 页及以下。

第二编

第一章

第一节

　　我们已经思考了什么是美德，哪些人具备这种品质。接下来要探讨，人们对美德负有什么义务，或者凭什么理由要接受美德。

　　我们已经发现，一个生物要配得上善良或高尚这个名誉，就必须让他的所有喜好和感情，他的心灵倾向和性情，与他的同类或者他所属并构成其一部分的系统的善协调一致。不仅在面对自己的时候，而且在想到社会和公众的时候，深受他人喜爱，使自己的感情保持正确和纯粹，这就是正直、诚挚或美德。缺少了其中的任何一者，或者走向了反面，便是堕落、腐败和邪恶。

　　我们已经说明，在个别生物的情感和感情当中，始终存在与族类或共同本性的一种关系。这一点已经通过自然感情、血亲关爱、对后代的热情、对繁衍和养育幼小的关心、对同胞和同伴的爱、同情、相互救助等诸如此类的感情，得到了证明。任何人都不会否认，一个生物面向族类的善和共同本性的感情，是他固有的和自然的，正如一个动物或单纯的植物的躯体的器官、组织或肢体，依照众所周知的规则和惯有的生长方式活动一样。这就像胃要消化、肺要呼吸、腺体要分泌汁液，或者其他脏器要发挥其职能一样是自然的，尽管某些障碍有时会使它们的运行失调或停滞。

　　因此，既然一个生物被赋予这样一些面向共同本性或类属的系统的感情，以及关乎个体本性或自我系统的其他感情，那就会发生这样的事情，即这个生物在遵循前一类感情的时候，必然在许多场合下要与后一类感情发生矛盾，并违反这后一类感情。这个族类中的其他生物如何能得以生存呢？或者说，这种根深蒂固的自然感情意味着什么呢,凭借这种自然感情,一个生物才渡过了许多艰难险阻,保护了其后代,维持了其类属的生存?

因而,人们也许会设想,在这两种习性或感情之间存在一种明显的和绝对的对立。可以假定,通过其中一种感情来追求共同利益或公众的善,必定阻碍通过另一种感情来获取个人的善。因为人们理所当然地认为,任何的危险和困境都自然地不利于个体的境况,而那些公共感情的本性必定会经常导致各种各样的最大危险和困境,人们立即就推断,"远离任何的公共感情符合生物的目的。"

我们明确知道,所有社交的爱、友谊、感激等诸如此类慷慨的感情天然地要取代这种自私情感,使我们忘却自我,不顾自己的便利和安全。所以,根据一种众所周知的关于自我利益的推论,我们心中的社交情感有理由被取消。① 这样,任何类型的友善、宽容、温和、同情,一句话,一切的自然感情,都应该被竭力压制,并且,作为纯粹的愚蠢和自然缺陷,应该被抑制和克服;因此,通过这种方式,我们心中便不会再有任何与直接的自我目的相对立的东西,也没有任何东西可以阻止对最狭隘的自我利益的稳固执著的追求。

根据这种不可思议的假设,人们理所当然地认为,"在一个类属或族类的系统中,个别生物的目的是与共同生物的目的直接对立的,个体的目的是与公众整体的目的直接对立的"——这是多么奇怪的组织啊!人们必定承认其中有许多的混乱和困窘,与我们在自然中其他地方所观察到的现象截然不同。这就好像在某些植物或动物的躯体中,其部分或肢体对于自身来说能够保持良好和旺盛的状态,对于其整体来说却是相反的倾向,是一种反常的发育或习性。

我们现在就试图证明,这与实际情况恰恰相反,因此而表明,"通过将道德的正直视为一个生物的不幸,将堕落视为其幸福或好处,被人们描述为宇宙中不当的秩序和组织的东西,实质上恰恰相

---

① 见第一卷第 90 页及以下,第 116—120 页。

反。热衷于公共目的不仅与一个人自己的目标相一致，而且是不可分割的，同时，道德的正直或美德因此必定对每一个生物都是有益的，而邪恶则是有害的和不利的"。

第二节

也许很少有人在考虑到一个生物失去了自然感情，并且缺乏一种交流的或社交的动因的时候，认为这个生物自己是非常幸福的，或者在面对外界，能与其同伴或同类快乐相处。人们普遍认为，这样一个生物，在丧失了社交的享受和任何可被称作仁爱或善良的品质之后，在生活中绝少感到欢乐，在他自己保留的感官快乐中也很少能得到满足。我们知道，这样一个生物来说不仅不可避免地是抑郁的、暴戾的和恶毒的，而且其心灵或性情必然因此缺乏和善、仁慈，必定会走向反面，被一种不同的情感所熏染。这样一种心境必定始终是滋生乖张倾向和委屈抱怨的温床，这些就源于一贯的烦躁、易怒和焦虑情绪。意识到这样一种令所有接近他的人生厌的秉性，必然使心灵被猜疑和嫉妒的阴云所笼罩，为忧虑和恐惧所惊扰，甚至在看起来最平静安全的世道和最丰足的生活中也始终处于惶恐不安之中。

就是作为一种彻底的败坏状态而言，这是人们很容易观察到。哪里存在这种十足的堕落，丧尽了正直、公平、信任、友善或友爱，人们就必然看到并承认随之而来的悲哀。当其到了无可救药的地步时，这种情况必然发生。不幸的是，当它尚未到这个地步的时候，我们并没有视其为堕落，也不考虑它将如何发展。我相信，这种灾难并不一定与不公不义相伴随。如果还没有酿成最大的不幸和悲哀，这仿佛就不算是完全的败坏和野蛮；但是，即便没有造成悲哀和危害，这也算得上是败坏和野蛮！这就等于说这样一种说法也是合理的，即，一个躯体的彻底畸变和残废是其最大的不幸，但仅仅是一个肢体失去功能或者某个单独的器官或部位遇到损伤，就不算是不便或不幸，也不值得关注。

心灵的组成部分和比例，以及它们之间的相互关联和依存，构成灵魂或性情的那些情感的联系和结构，对于那些认为其内部构造是值得研究的人来说，是很容易理解的。可以肯定，这种内在要素本身的秩序或匀称与躯体的秩序或匀称一样是现实的和严格的。然而，显而易见的是，我们当中很少有人愿意成为这样一种解剖学家。也没有人会为对于这样一个问题的极度无知感到羞耻。因为，虽然人们普遍承认最大的悲惨和不幸就来自倾向或性情；虽然人们承认性情在不断变化，而且事实上也随着不同诱因的改变而改变，对我们造成了很大的不利，但至于这种事情是如何发生的，我们却没有研究。我们从不想费心透彻思考，我们的内在构造是通过何种途径或方法遭到损伤或伤害的。治疗身体的外科医生所谈论的"连续体切断术（solutio continui）"从未被其他类型的外科医生所运用。这门科学还不懂"整体"和"部分"这样的概念。我们不知道感情的损伤、放纵错误情感，或者释放固有的和自然的习性或好的倾向的结果是什么。我们也想不到一个个别的行为如何能对整个心灵产生如此突然的影响，因而使这个人成为直接的受害者。我们宁愿认为，一个可以违背其信仰，做出他从前不曾知道的卑劣之事，沉迷于淫乱或邪恶之中，但却不会对自己产生任何损害，或者这样的邪恶行为会自然地带来任何悲惨。

因此我们经常听人说，"这个人确实作了恶，但他再坏又怎么样呢？"然而提到十足的残忍、恶毒、怨愤的本性时，我们确实会说，"这样一种本性对他自己来说是一种麻烦和折磨"；我们也赞同，"由于某种性情或情感，并且仅仅是出于某种情性，一个人可能是可悲的，尽管他的外在境遇如此幸运"。这些不同的判断足以证明，我们并不习惯于始终如一地思考这些道德问题，而且，我们在这方面的概念极其混乱，并自相矛盾。

如果心灵或情性的肌理在我们面前如实显现；如果我们发现，若非在某种程度上导致那种纵荡的状态——这种状态的极致被承认是如此地可悲，人们就不可能丧失任何一种善良的或平和的感情，或者沾染任何败坏的或躁动的感情；所以，人们必定承认，因为

84

85

人们不会去施行那些败坏的、不道德的、不义的行为,如果情性或情感不是遭到一种新的侵袭和破坏,或者这种侵袭和破坏变本加厉的话;任何作恶的人或背弃其诚实、善良或道义而行动的人,比起那些甘愿服毒或自残形体的人来,必然是更残忍地对待自己。

86

第三节

上文已经表明,可以正确地讲,没有动物不是凭借感情或情感来行动的,这是动物固有的习性。因为,一个生物击打自身或他者而突发痉挛,这只表明其为一个简单的机械装置、一架机器,或者一架钟表在运动,而不是动物的运动。

因此,由任何这种动物所引起或激发的东西,只是通过某些感情或情感来完成的,例如恐惧、爱或恨。

而且,正如一种较弱的感情不可能压制一种较强的感情,所以,在感情或情感最为强烈,并且由其力量或数量而形成最巨大的合力的地方,这个动物必定要产生一种倾向,根据这种力量对比,它必定被这情感所支配并行动起来。

必然影响和支配动物的感情或情感有:

87

1. 自然感情,导致公众的善;

2. 或者是自我感情,仅导致个体的善;

3. 或者两者都不是,并不导致公众的或个体的善,而是恰恰相反;因而可被叫做非自然感情①。

所以,依据这些感情所处的状态,一种生物必定是善良或邪恶的,好的或者坏的。

最后一种感情显然是完全地邪恶的。前两者依其不同程度可以是邪恶或善良的。

说自然感情过于强烈或自我感情过于虚弱,这种说法也许显得很奇怪。但是要排除这个困难,我们必须要记住上文所阐述的问

———————

① Unnatural affections,也可译作"反常的感情"。——译注

题,即"在具体情况下,自然感情可能是过度的,达到一种反常的程度"。就如同情过于泛滥以至于违背了自身的目的,并妨碍了必要的帮助和救济,或者对后代的爱表现得过于迫切以至于伤害了父母,也因此伤害了后代自己。并且,虽然称某些极端的自然的和友善的感情是反常的和邪恶的,仿佛有些苛刻,然而,确定无疑的是,只要这类感情中的单一种好的感情过于强烈,便会有害于其余的感情,并在某种程度上有损于那些感情的效力和自然作用。因为一个怀有这种过度情感的生物必定对某一种感情投入过多,而对具有同样品质的其他感情(它们对于其目的来说同样是自然的和有用的)投入太少。这必然就是偏袒和不公的起因,只有一种义务或自然职责被热切追求,而其他的职责或义务却被忽视了,而这些其他职责或义务应该与那种职责或义务结合在一起,而且应该得到承担,甚至被优先考虑。

从其他方面来看,这一点也应该是真实的;因为宗教本身被称作是一种情感,不是自私的而是更高贵的情感,这种情感甚至也被扭曲到超出了其自然的范围,并且可以说被抬高到了过于崇高的程度。因为,宗教的目的是让我们变得更完善,并使我们实现所有的道德义务和职责;如果由于过度沉浸到虔诚的陶醉和冥想,我们反而无能为力,而且无法承担世俗生活的真实义务和职能,那我们可以说,这时的宗教在我们心中过于强烈了。因为,如果崇拜的对象被认为是正确的,信仰也被认为是正统的,我们如何能将这种宗教称作是迷信呢?这只是过度的热情,在这种情况下,它如此令人迷狂,以至于让虔诚的人更加疏忽于世俗的生活,更不关心人类的低级的和现世的利益。

因而在个别情况中,一方面,公众感情可能过于高涨,另一方面,个体感情也可能过于虚弱。因为,如果一个生物漠视自我,意识不到危险;或者,如果他缺乏任何有利于保存、供养或保护自己的这样一种程度的情感,这种情况,根据自然的意图和目的来看,必定被看做是有害的。自然自身以明显的方法发现了这一点,并规定了运行法则。无疑,她给予整个动物的偶然的关怀和关心,必

88

89

定与她对这个动物的单一个部位或肢体的关心至少是同等的。她已赋予动物以各个不同的构成部位,我们看到有固有的感情,适合于它们的利益和安全;所以,甚至在我们意识不到的时候,这些部位也在为了其自身的利益和存活而自我保护。因此,自然状态下的眼睛总是小心机警地自动闭合而不为我们所知,如果缺乏这个功能,无论我们如何有意地保护我们的眼睛,我们也不能凭借自己的观察或预见做到这一点。因而,在灵魂或性情的主要方面缺乏那些维护整个构造的主要感情,必定是一种邪恶和缺陷,其严重性如在任何低级的和从属的方面缺乏生而具有的自我保护的感情一样。

所以,面向个体的善的感情对于善来说是必需的和关键的。因为尽管没有生物会仅仅因为拥有这些感情而被称作是善良的或高尚的,然而,因为如果缺乏这些感情,公共的善或系统的善就是不可能的,那么结果便是,一个真正地缺乏这些感情的生物,实际上也就是缺乏某些程度的善和天然的正直,因而可被看做是邪恶的和残缺的。

正因如此,我们才责备一个生物说,他太善良了;他面向他人的感情是如此热心和热情,以至于使其越出了其职责;或者他不是由于这种过于热心的情感,而是由于另一种过于冷漠的情感,或由于缺乏某些自我情感来将自己约束在应有的界限内,因而实际上越出了其职责。

这里也许有人会反对说,怀有过于强烈的自然感情(这里的自我感情也是过度的)或者怀有残缺的的或虚弱的自我情感(这里的自然情感也是虚弱的),有时也许是一个生物行为真诚,道德上中庸的唯一原因。因为这样的话,一个过分漠视自己生物的人,怀着最低程度的自然情感所做的事情,也许却都是源于最高程度的社交的爱或热诚的友谊。而且,这样的话,另一方面,一个过于怯懦的生物,因为具有过度的自然情感,却会做出只有最大勇气的激发才能做出的事情来。

对此,人们可以回答说,无论何时我们指责某些情感过于强烈,或抱怨某些情感过于虚弱,我们都必定是根据一个特定的生物或族类的某种构造或机体来说的。因为,如果一种指向任何正确目的的情感,由于强烈而更加有用和奏效;如果我们确信这情感的强度不是任何内在躁动的原因,也不是这种情感本身与其他情感之间不平衡的原因,那么这种情感无论多么强烈,也不能因此而被谴责为邪恶的。但是,如果让所有的情感都与这种情感同等地强烈,超出了这个生物的构造所能承受的限度,所以只有某些情感才能被提升到这个高度,而其他情感却不是也不可能被激发到同等的程度,那么那些强烈的情感,虽然是更好的情感,却可被称作是过度的。因为,既然这些情感与其他情感处于不平衡的状态,并在总体的感情中导致了一种不利的比重,它们必然是不和谐的行为的诱因,并易于使与其相伴随的情感导致一种错误的道德实践。 92

不过,让我们用低于我们的物种的例子来更具体地说明"情感的机制"(economy of the passions)是什么意思。① 对于有些生物,自然并未赋予其抵御侵害的能力或手段,也不能凭借任何东西使自己变得强大以应对这些伤害或侵犯,它们就有必要具备超常的恐惧,而很少或没有仇恨使它们奋起反抗或延缓其逃跑。因为它们的安危便有赖于此,为此它们的恐惧情感是有用的,以便让感官保持警觉,集中精力准备逃跑。 93

因此,胆怯以及一种惯常的强烈的恐惧情感,是符合这个特定生物的机体的,无论是对于他自己,或是对于其族类中的其他生物都是这样。另一方面,可以说勇敢是与其机体相违背的,因而是有害的。甚至在这同一个族类中,根据不同的性别、年龄和发育阶段,自然也为其规定了不同的情感。食草为生的群居的较温顺的生物,与脱离群体结对生活的、更为凶猛的生物就有所不同,后者自然地适合于它们的掠食生活。然而,在这里我们也发现,即使是在前一种不善攻击的生物中,也有一种与其体格和力量相应的勇敢。在面临危险,整个兽群都逃跑的时候,落单的公牛仍昂首抵抗

---

① 见本卷第 131 页,307—309 页及以下,也见第三卷第 216、217 页及以下。

熊或其他入侵的野兽或捕食者，让自己意识到自己有强壮的体格。我们看到，甚至是母牛也天生具备某种程度的武装以抵御侵犯，因而不会在一般的危险面前逃跑。至于雌马鹿或雌羚羊，或者任何其他任何不善攻击、无以自保的生物，当敌人逼近时舍弃幼仔，为了安全而逃走，也绝不是反常的或邪恶的。但对于那些有能力反抗，并天生善于攻击的生物来说，如果它们是最可怜的虫类，例如蜜蜂或黄蜂，当其生命遇到危险的时候，自然要狂怒起来，反击所有的敌人或入侵者。因为，凭借这种生物的众所周知的情感，其物种得了保护，人们通过经验发现，这种生物虽然无力抵御伤害，但却自愿地使其生命面临入侵者的肆虐，为其同类免遭伤害而牺牲。而且，对于所有其他生物来说，人在这个意义上是最为坚强的，因为，如果他认为这牺牲是合理的和值得尊敬的，他也许会为了他自己或为了其国家的事业而报复任何生者的侵害，并且舍弃自己的生命（如果他有如此坚定的决心的话），要报复另一个国家的统治者，无论其防卫多么严密。这种性质的榜样往往被用以约束那些掌权者不要为所欲为，置百姓以绝境。

　　总而言之，可以恰当地说，动物构造中的感情或情感与乐器的琴弦是一样的。虽然这些琴弦存在着非常合理的比例，但如果它们被绷紧得超过了一定程度，乐器就难以承受：鲁特琴或七弦琴如果被损坏，其应有的效果就消失了。另一方面，如果有些琴弦松紧适度，而其他琴弦却没有被调好，那么这件乐器仍然是失调的，其部件不能发挥作用。各个生物物种就像不同类型的乐器，甚至在同一个生物物种当中（正如在同一种乐器上面），一个生物与另一个也不是完全相似，同一种的琴弦也不一定互相搭配。同等程度的力度能拉紧一件乐器，并使每一根琴弦适于奏出正确的和声和混音，但用到另一件乐器上就会绷断琴弦，甚至毁坏乐器。所以，有着最敏锐的感官、最容易被苦乐感染的人，需要其他感情的最强烈的影响或力量，例如温柔、爱、友善、同情，以能在内心保持一种正确的平衡，并使他们坚守其责任，正确地履行其职责；而另一些人，感情冷漠或情趣低俗，不需要同样的平和或相应的感情，天生不能感受到这些如此细腻的温柔和令人喜爱的感情。

有人会认为,这样研究情感的不同协调关系,以及使人们变得各不相同的[情感的]种种混合和结合关系,是件非常愉快的事情。因为,正如人类的性情得到了最大的改善,最严重的腐败和堕落也出现在人类当中。在我们周围的其他动物物种当中,人们发现其情感和感情普遍存在一种精确的协调、一致和匀称;抚育后代,治理群落,莫不如此;它们不会出卖自己,不会荒淫无度。有些较小的生物,犹如生活在城市中(像蜜蜂和蚂蚁),生活始终保持着秩序和和谐;它们也不会违背那些促使它们致力于共同利益的感情。甚至是那些掠食生物,离群索居,但我们看到,它们之间保持着一种联系,恰恰适合于它们物种的幸福。而人类,尽管有宗教的辅助和法律的指导,却常常违背自然;并且通过宗教本身这种手段,表现出更为野蛮残忍的行为来。人类划分边界,制造分歧,规定观念,经受最严厉的惩罚,相互憎恨,厌恶其同类中的大多数。所以,人们很难在任何宗教中发现具有人道法则的人类社会。这也就难怪,在这样的社会中很难找到一个遵循自然生活的人,像人一样生活的人。

不过,既然说明了一种情感过于高涨或过于消沉意味着什么,也说明了,怀有任何过于高涨的自然情感或任何过于消沉的自我感情,虽然常被称赞为美德,但严格地说却是一种恶习和缺陷;我们现在来看更为纯粹和绝对的恶习,只要具备其中一种便可被认作是恶习,亦即:

1. 或者当公共感情虚弱或不足的时候;

2. 或者当个体的和自我的感情过于强烈的时候;

3. 或者有一种感情全非上述这两种感情,也不趋向于促进公共的或个体的系统。

除非具备这些感情,否则任何生物都不能被称作是邪恶或高尚的。所以,如果我们已经证明,受到如此邪恶的影响的实际上并不是一个生物的目的,而是恰恰相反,那么应该说我们也已经证明,"只有其目的才是完全地善良的和高尚的";因为当他的感情处于

96

97

98

健康和正常的状态时,如我们描述的那样,他的行为和品行不可能不是正常的、善良的和高尚的。

因而,我们的任务是证明:

1. 具备面向公共的善的强烈而有力的自然的、仁慈的或慷慨的感情,就意味着具有自我享受的首要手段和能力,并且缺乏这些感情就意味着某种悲惨和罪恶。

2. 个体的或自我的感情过于强烈,或者超出了对于仁慈的和自然的感情的从属地位,也是悲惨的。

3. 并且,怀有反常的感情(既非建立在类属的或公共的目的的基础上,也非建立在个别的人或生物自身的目的的基础上),是最大程度的悲惨。

第二章

第一节

99   我们先来证明这一点,即"具备自然感情(例如我们在爱、知足、善意和对同类或族类的同情中发现的那样),就意味着具有自我享受的首要手段和能力,并且缺乏这些感情就意味着某种悲惨和罪恶"。

我们首先要探讨,我们所谓的快乐或满足指什么,一般来说,幸福就由此而来。根据一般的区分,它们或者是肉体上的快乐或满足,或者是心灵上的。

多数人承认后一种满足是最大的满足,并可以这样来证明:只
100 要心灵敬重任何行为或品行的价值,它就感受到这种价值的最强烈的印象,并且面对这个对象的情感激动到了最高的程度;与此同时,它不再看重肉体上的痛苦和快乐,并不会因任何威逼利诱而转移其目标。因此我们看到印度人、野蛮人、罪犯,甚至是罪大恶极的恶棍,为了某个帮派或群体,或者是由于心怀荣誉或侠义、复仇或报答的观念或道义,欣然接受任何苦难,不惧刑罚和死亡。反

之,另一方面,如果一个人身处安乐之境,被感官的诱惑所围绕,继而纵情享乐,不过,一旦他内心稍感不适,一旦他想到内在的烦恼和迷乱,感到精神上的苦恼和焦躁,他的享受就立刻停止了,感官的快乐就消失了,得到这种快乐的任何途径都失效了,因导致不安和厌烦而被丢弃。

因此,既然人们承认心灵的快乐要高于肉体的快乐,结果便是,"任何能在灵智的存在物(intelligent being)心中制造一种持续不断的精神享受或心灵的快乐的东西,比起那些能同样给他制造持续的感官享受或肉体快乐的东西来,对于他的幸福更为重要"。 101

可见,精神享受或者实际上就是直接表现出来的自然感情,或者在某种意义上来自这种自然感情,不过是这种自然感情的结果。

如果是这样,那么结论便是,自然感情是恰当地被植入一个理性生物的,是为他带来持续不断的精神享受的唯一途径,是为他带来某种确定而充实的幸福的唯一途径。

现在,首先来解释,"自然感情在多大程度上本身就是最大的快乐和享受"。我认为,人类对处于一种生动的爱、感激、慷慨、同情、互助或任何其他的社交的或友爱的感情之中的心灵已经有所领会,无需再向他证明这一点。对人性一无所知的人也能意识到心灵所知觉到的快乐,当心灵被这种慷慨的作风感动的时候。我们发现,独处与聚会、通常的群聚与朋友的聚会之间的区别;我们大多数的快乐都与相互交往有关,这些快乐有赖于当下的或想象中的社会;这些都是有利于我们的充分证据。 102

社交的快乐在多大程度上要优于任何其他的快乐,可以从一些可见的标志和结果上得知。与这种欢乐相伴的外在面貌特征,以及标记和符号,都表现出一种强烈、更纯净、更祥和的快乐,胜于因饥渴和其他热切欲望得到满足而来的快乐。不过,从这种感情比之于其他所有感情的普遍和强烈上,人们可以更具体地认识到其优越性。一旦它表现出某些好处,它就会抑制和平息其他的快乐。任何纯粹的感官乐趣都不能与之匹敌。无论让谁来评判这些快乐,他都会偏向前者。但是,要能够评判这两种快乐,就必须有感觉它们的感官。诚实的人的确能判别感官的快乐,并了解其最大的力量。因为他的趣味或感官并不更迟钝,而是恰恰相反,由于他的节制,由于他能适度地控制欲望,所以他的趣味或感官更敏锐,更清晰。但是,淫邪放荡的人却绝不是社交的快乐的好的评判者,他本性上对这种快乐完全是陌生的。

这并不是反对说,许多人有善良的感情,虽然真实地表现出来,但却没有足够的力量。因为,如果善良的感情并没有达到自然的程度,那就等于它实际上不是善良的,或者从来不是善良的。任何粗暴的生物,越少具有这种善良的感情,人们就更怀疑这种感情能随时爆发出来,就像它在最邪恶的生物身上有时所表现出来的那样。并且,如果这种感情只是在个别的情形中仅仅爆发过一次,那么这很明显地表明,如果这种感情曾被深切地经历过或了解过,那它就会在任何时候都会爆发。

因此,友善感情的吸引力要胜过所有其他的快乐,因为它有使人远离其他各种欲望或偏好的能力。并且,在对后代的爱以及各种其他事例中也是这样,人们发现这种吸引力强烈地作用于性情——如人们在其他诱惑当中经历的那样,使性情只受到单单这一种情感的影响,这种情感保持为主要的快乐,并能克制其他的快乐。

在科学或学术上稍有涉猎的人,不会不知道机械学的原理,但却发现,当他的心灵要在这方面有所发现的时候——虽然只是猜测性的真理,他感受到了一种优于感官快乐的快乐和乐趣。当我们曾深入地探索这种沉思的乐趣的时候,我们会发现这乐趣与生物的所有个人目的都毫无关系,也不以个人生活中的任何自我利益或好处为目标。这种赞美、喜悦或爱,完全转向外在的、与我们自己无关的东西。并且,虽然这种反省的喜悦或快乐来自对曾经知觉到的这种快乐的注意,可被解释为一种自我情感或怀有私利的考虑,然而,这原初的满足却只是来自对外在事物的真理、比例、秩序和匀称的爱。如果这是事实,这种情感实际上应该与自然感情是同等的。因为它的对象不在个人生活的范围内;它或者必须被看做是多余的和反常的(因为不以自然中任何事物的好处或利益

232

为目的），或者必须被认为是其真正所是的东西，即"在沉思这些韵律、和谐、比例和谐音时产生的自然的喜悦，这些东西维系着普遍的自然，并且对于每一个具体的物种或事物法则的构造和形式来说都是必不可少的"[①]。

但是，这种思考的快乐，无论它多么重要和可贵，或者无论它如何优于任何单纯的感官意向，然而必定远不及高尚的意向，以及仁慈和善良的行为；它们与灵魂中最愉快的感情并存，包含着心灵对发自善良性情和真诚喜好的行为的令人快乐的赞同和赞许。因为，世界上还有什么比对美的、协调的、适宜的行为的思考、静观或沉思更美妙的事情呢？或者，在与我们相关的事情当中，还有哪些意识和回忆能让人感到更充实、更持久的愉悦呢？

我们可以观察到，两性之爱这种情感，连同一种粗俗的感情，中间混杂着一种宽容和友爱，对于后一种感情的感觉或感受实际上要优于对于前一种感情的感觉或感受，因为人们常常借着这种感情，而且为了被爱之人，再大的困难也能被克服，甚至死亡本身也坦然面对，在所不惜。这样一种期待的根据在哪里呢？肯定不在今世，也不在这个世界上，因为死亡会终结一切。但也不会在来世，不在其他的世界上，因为，谁曾想为情人们那种受难的美德提供一个天堂或未来的补偿呢？

此外，我们也可以观察到有利于这种自然感情的东西，那就是，不仅是当喜悦和快活伴随这感情的时候，这感情才带来一种高于感官享受的享受。尽管自然感情中内含的那些烦恼被认为完全不是快乐，但这自然感情仍然产生一种高于沉溺于感官的快乐的知足和满足。而且，在连续不断的温柔和友善的感情得以持续的地方，即使伴有害怕、恐惧、忧愁、悲伤，灵魂中的情绪仍然是令人愉悦的。我们甚至为美德中的这种忧郁感到快乐。在这里，美在困境之中，在重重苦难之中绵延不绝。所以，如果仅仅是凭借幻觉，像在悲剧当中，这种情感在我们心中被巧妙地激发起来，那么

105

106

107

[①] 见第三卷第 30 页。

我们更愿选择这种娱乐,而非同样持续的其他娱乐。我们在自己心中发现,以这种令人悲痛的方式触动我们的情感,为了德行和品德而激发这种情感,释放我们的社交感情和对人的同情,是最令人愉悦的;它们让我们在思想和情操中得到一种比在感官和通常的欲望中所能得到的更大的享受。这种方式表明,"精神享受在多大程度上实际上就是自然感情本身。"

下一步我们要解释,"精神享受作为自然感情的自然结果,如何始于自然感情。"我们首先可以考虑,爱或友善的感情作为精神的快乐,"是一种因交往而来的有益的享受。如其一向所是,人们是通过反省或通过参与到他人的幸福而感知到它的"。并且,"对于现实的爱的愉快的意识,值得他人去尊重或赞许"。

108 凡是本性并不穷凶极恶的人都可轻易理解,一部分的幸福在多大程度上源自精神享受。人们会考虑,有多少快乐是与他人分享满足和喜悦的快乐,是从朋友和同伴当中接受到的快乐,并在一定程度上是从我们周围的人的快乐和幸福得来的快乐,来自对这种幸福的描摹和叙述,来自甚至是不同于我们的生物的表情、举止、发音和声调,我们无论如何都能分辨出它们的喜悦和满足的符号。这些同情的快乐是如此隐秘,它们如此广泛地渗透于我们的整个生活中,以至于很少有像满足或知足这样的东西不是主要由它们构成的。

关于社交的爱的其他结果,即对于应有的友善或敬重的意识;人们不难知觉到,精神快乐中的这种益处有多大,这种益处又如何构成了那些最为骄奢淫逸的人的主要享受。我们当中最自私的人,为什么天生就利用一种品德来不断诱使我们感到满足,并利用我们对应得的赞赏和敬重的幻想来讨好我们呢?因为尽管是幻想,我们还是试图相信其为事实,尽力让我们自己高兴,想着我们

109 有某种德行,确信自己至少应该得到某些人的好感,而我们也与这些人更为亲密熟稔。

哪个暴君、强盗或者公然破坏社会法律的人没有一个同伴,没有自己的亲属或他们所谓的朋友构成的特定团伙呢?他怎么不会

与团伙中的成员分享他的好处,因为这些成员的幸福而感到高兴,把他们的喜悦和满足当做自己的喜悦和满足?世上又有哪个人不会感到亲近之人的对他的奉承或友好呢?我们几乎所有的行为都涉及到对友情的这种慰藉性的希望和期待。这种希望和期待贯穿于我们的整个生活中,甚至与我们多数的恶掺杂在一起。虚荣、野心和奢侈都包含着这种希望和期待,而且我们生活中其他的不当行为也与此有关。甚至是那种淫荡的爱情也多半由这个源泉而生。与通常的其他事情一样,快乐也是以这种同样的方式被评价的,可以恰当地说,生活中几乎所有的快乐都出自从这个源泉的两条支脉,即共享或分担他人的快乐,和相信会得到他人的好感。因此,在绝大多数的幸福当中,几乎没有一点不是源于社交的爱,并直接依赖于自然的和友善的感情。

110

既然有这样的原因,就必定有相应的结果。因而,无论自然感情或社交的爱是完善的或不完善的,满足和幸福都有赖于它们。

不过,以免有人凭空想象,一种低级的自然感情或对自然感情的不完善的偏颇认识,会取代一种完全的、纯粹的、真正的道德感情;以免有人认为,些许社交的倾向就足以产生社会中的快乐,并给我们带来分担和共享的欢乐——这是我们幸福的关键;我们可以首先考虑到,不顾及整个社会或整体的褊狭的感情或部分的社交的爱,本身是一种自相矛盾的东西,而且是一种绝对的悖论。面向我们之外事物的任何感情,如果不是面向族群或同类的自然感情,那它完全就是其他感情,完全不是社交的感情,而且有害于对社交的乐趣;如果它真的是自然感情,只是针对社会中的一部分人或一个族类中的某些成员,而非施与这个族类或社会本身,那就只能将

111

其解释为最奇怪、最任性或者最反复无常的情感。因此,觉察到这种感情的人,也能觉察到它不能产生任何德行或价值。偶然怀有这种易变的感情的人,无论如何也不能确信它能持久或具有什么感染力。因为它在理性中没有基础或固定的地位,所以必定很容易消失,毫无理由地发生变化。这样一种变化无常的情感依赖于一时冲动和性情,经常在恨与爱、嫌恶与偏爱之间游移不定,必然

会频繁引起烦躁和厌腻,削弱在友谊和社交中直接得到的快乐,并最终泯灭对于友谊和交往的意愿。反之,另一方面,完整的感情(由此才有正直)只为自身而存在,是均衡的、合理的,所以是不可分裂的、坚实的、持久的。而且,在褊狭或邪恶的友谊当中,由于毫无法则或秩序,心灵每经一次反省就必然使之有所减损,并削弱其中的乐趣;而正直,也就是对面向整个人类的正确行为的意识,让每一种具体的友爱感情都产生美好的反省,并使友谊以上文所提到的共享或分担的方式带来更大的乐趣。

112

其次,由于褊狭的感情只能从与他人的同情或分担中得到短暂而微弱的乐趣,所以它也不能从人类幸福的另一个主要分支——即对来自他人的实际的或应得的赞誉的意识——当中得到很多乐趣。这种赞誉来自哪里呢? 如果这种感情如此不稳定和不确定,那么其价值也当然必定是微不足道的。一种纯粹是随意的偏爱或任性的喜好能应得什么信任呢? 一种友谊没有道德法则作为其基础,只是随心所欲地针对某些个别的人或者一小部分人,而将社会和整体排除在外,能获得谁的信赖呢?

113

另外,人们认为有一种事情是不可能的,即那些不以美德作为赞誉或爱的标准的人,会将他们的感情施与他们能够长时间地敬重或爱的对象。在他们所爱的朋友当中,他们很难找到可以发自内心地为之高兴的人,或者很难发现有谁所回赠的爱或敬重是可以由衷地珍视和喜欢的。这些快乐也不可能是健康的或永恒的,它们得自一种自我炫耀,来自对于他人的赞誉和爱的虚假信念,而这些他人也并不能表达任何诚挚的赞誉或爱。因此,这表明,在这个意义上,怀有狭隘的或褊狭的感情的人在多大程度上必定是失败者,必定缺乏精神享受当中的第二个主要内容。

与此同时,完整的感情却有着所有相反的优势。它是平静的、持久的,有着自身充分的根据,永远令人满足、令人快乐。它从最优秀的人那里赢得赞扬和爱,并且在不带任何利害的情形中,也赢得最邪恶的人的赞扬和爱。我们可以公平地说,它始终感觉到来自整个社会,来自所有灵智的生物,和来自所有其他灵智之原型的应有的爱和赞许。而且,如果自然中存在这样的原型,我们可以补充说,根据上文所说的有神论的理解,与这种完整的感情所伴随的满足是丰满的、高贵的,与终极目的是相称的,这个终极目的包含着所有的完善。因为,如上文所证明,这就是美德的结果。而且,具有这种完整的感情或心灵的正直,就是遵循自然和至高智慧的要求和法则来生活。这就是道德、正义、虔诚和自然宗教。 114

但是,以免这个论证因一些生僻的术语和措词而显得过于学究气,我们可以试着说得更明白一些。

那么,让人们好好想一下他在个人的隐居、沉思、研究,以及在与自己的对话中感到的快乐,或者在与他人在一起时感到的欢乐、欣悦和娱乐,他会发现,这些快乐全部有赖于一种轻松的性情,远离各种艰难困苦,而且,心灵或理性保持镇定平和,以能够自由地进行反观和内省。此时,这样一种心灵,这样一种性情,适宜于而且也能够享受上文所提到的快乐,人们必定承认这是一种自然的和良好的感情。

说到性情,我们可以这样来思考。在官运发达或财源广进的境遇中,嗜好和欲望并不总是得到满足,喜好和心情并不总是合意的。欲念几乎每一时刻都遭到某些阻碍或挫折,有些是意外来自 115 外界的,有些则是来自内心的,阻止沉溺其中的感情的放纵。这些欲念并不一定能通过放纵来得到满足。并且,当生活仅仅被幻念所引导的时候,就为矛盾和躁动提供了有利的环境。最强壮的身体平常也遇到疲惫、烦躁和厌倦,最健康的人的心情或精神也有感到烦乱的时候,每一种体质都有偶然的失调,我们知道,这些事情在很多场合都会滋生不安和烦乱。而且,这必定马上就进而演变成一种习气,此时,没有什么能妨碍其进展,阻止其支配性情。唯一能抵制恶劣性情的便是自然的和友善的感情。因为我们可以观察到,当反省中的心灵决心要随时压制性情中已出现的这种躁动,并真心诚意地开展这种改造工作的时候,它只能通过将某些友爱亲切的温和感觉,某些仁慈、友情、知足或爱的生动言行引入到这种偏执的性情中,去缓和和转化那种相反的焦躁不安的言行。

116　　也许有人会说,对于我们面对的这些情形,宗教感情或虔诚可作为一种充分的和适当的纠正措施,那我们可以回答说,这要取决于人们有幸能体验到的宗教感情的类型。因为,如果它是快乐而欢畅的那种感情,那么它本身就属于自然感情;如果它是抑郁或恐怖的那种感情,如果它带有与果敢、慷慨、无畏或自由思想相反的感情,那么运用这种感情便不能有所收效,而且这个纠正措施无疑比那种焦躁不安还要糟糕。① 对于我们的责任的最严肃的反省,和对于在威逼利诱之下所得到的乐趣的思考,完全无助于让我们在这种场合下平静下来。我们对于这个问题的想法越是抑郁,我们的性情就越糟糕,在遭遇逆境和考验的时候更容易这样。如果只有凭借强制,或者通过困境或强加的畏惧,才能让人具有不同的态度,或承认不同的准则,那么这种做法最终还是一样的。人们在表情上平静下来,但内心却毫无改变。或者这种恶劣的情感在当时有所收敛,没有付诸行动,但仍然不会得到克制,或者至少会在随

117　　后的场合中被削弱。所以,在这样一种心态中,无论会有什么样的虔诚,都不可能适时地保持一种平和的精神或良好的性情,因而结果只能有很少的、微弱的精神享受。

　　另一方面,如果有人反对说,虽然在忧郁的环境下,恶劣的性情可能会兴起,但兴旺发达的时候,在时运顺利的时候,便可能不能产生那种乖戾的性情,并使其心生厌弃;我们可以考虑到,最放任纵容的状态很容易因某种失望或小小的苦恼,便导致最大的烦躁。并且,如果恼怒很容易就被激起,愤怒、羞辱、仇恨的情感在意志和情绪最放纵的状态中是最强烈的,那么就更需要有友善的感情来避免性情变得野蛮残暴。暴君和骄横无度的统治者的例子,可以充分地证明和展示这一点。

　　现在来看我们思考的另一个内容,即与镇静平和的心灵或理性

118　　有关的内容;基于何种理由,人们认为这种幸福归功于自然感情,我们也许可以根据这种方式来分析我们自己的情况。人们会承

---

① 见第一卷第 32—33 页,也见第三卷第 115—116,124—128 页。

认,像人这样的生物,通过不同程度的反省,进一步得到了我们所谓的理性和悟性,必定在运用其理证能力的过程中,自然而然地将心灵自身所经历的东西以及感情或意志所体验到的东西,简言之,一切与他在同类和社会中表现出的性格、行为或品行相关的东西,再次在心灵中加以反省。或者,如果他自己不惯于这样做,也还有他人随时提醒他这样做,并以这种批评的方式唤醒他的记忆。我们所有人都有足够的往事来帮助我们进行这种反省。最得意的人也不能免除这个自我审视的任务。甚至是让前景显得一片光明的奉承恭维也使我们更加留意这一点,并诱使我们获得这种习惯。一个人越是自负,他就越会反躬内省,并依照某种方式专注于这种内在考察。而且,当一种对我们自己的真正的关注不能迫使我们进行这种内省的时候,我们就开始虚假地关注他人,同时,对名望的追逐也引发一种警惕性的嫉妒,并很容易让我们反省自己的性格和行止。

无论我以何种方式思考这个问题,我们都将发现,每一种理智的或反省的生物在本性上都被迫经受对他自己的心灵和行为的反观,并且被迫将他自己和时刻经历的内在活动鲜活地呈现给自己,在他的心灵中来回复现。正如对于丧失自然感情的人来说,没有什么东西比这更让他痛苦了,因而,对于真诚地保留着这种感情的人来说,也没有什么东西比这更令人欣喜了。 119

有两样东西,对理性的生物来说必定是极其令人不悦和痛苦的,即"他在心灵中反省到任何他明知为本质上可憎可恶的行为或举止;或者反省到任何他明知是有害于自己的兴趣或幸福的愚蠢的行为或举止"。

只有前者才能被正当地称作"良心"(conscience),无论在道德意义上还是宗教意义上。因为对神怀有敬畏和恐惧,本身并不意味着良心。没有人会因为惧怕恶鬼、妖术、魔法或任何来自不义的、任性的或残忍的本性的东西,而被认为具有良心。因而,由于某些无可争议的可耻的和罪恶的行为而惧怕上帝,不过是惧怕一种邪恶的本性,而非神圣的本性。对地狱的恐惧,或对神的各式各 120

样的畏惧,也并不意味着良心,除非是对错误的、可憎的、道德上丑恶的和有罪的行为感到一种忧惧。并且,如果事实确是如此,那么良心必定就会产生效果,并必然担心由此而来的惩罚,即便并不是明显受到威胁。

宗教的良心意味着道德的或自然的良心。尽管前者被认为伴随着对神圣的惩罚的恐惧,然而,它因为担心任何行为在道德上的缺陷和丑恶而有其效力,只不过,这种担心源于神圣的显灵,和对这样一种假设的存在①的自然的崇拜。因为,在神圣的显灵面前,对罪恶或邪恶的羞耻感必然有其效力,这并不依赖于对这样一个存在的威势及其对未来生活的特定的赏罚的分配的更进一步的担心。

121 　　我们已经说过,没有一个生物会在故意地、恶意地作恶的同时不感觉到自己应受惩罚。而且,就这一点而言,可以说每一个理智的生物都有良心。因为所有的人类和所有灵智的生物都必定永远赞同,"他们知道自己应从每一个人那里得到的东西,必然就是所有人有所畏惧和期待的东西。"怀疑和不恰当的担心就因此而生,并伴随着对人和神的畏惧。但是,除此之外,在每一个理性的生物心中还有更多的良心,即,来自对于那种可耻的和背理的事情的丑恶的感觉,以及随之而来的一种对于遭人厌恶和反感的事情的羞耻或后悔。

很少有人或任何的生物,在意识到这样的罪恶时无动于衷,在意识到寡廉鲜耻或穷凶极恶的事情时毫无感触。如果真有这样的人或生物,那么显而易见,他必定对于道德的善或恶是完全冷漠的。如果事实上他就是这样的,人们便承认,他绝对没有自然感情;如果没有自然感情,那么也就得不到上文所说的社交快乐或精神享受;而是相反,他必定受到了各种可怕的、反常的和恶劣的感情的支配。所以,缺乏良心或对于罪恶或不义之令人可恶的感觉,那是生活中最可悲的事情;但是,只要还保留着良心或这样一种感

---

① 指神。——译注

觉,那么,无论做了什么违背这良心的事情,如我们已经说明,必然
会因为反省而常常感到羞耻、痛苦和不悦。

　　一个人一时冲动杀了自己的同伴,看到自己的所作所为时立即
后悔不已。他的报复变成了怜悯,转而痛恨自己。这个改变不过
是由于对象的力量。由于这个原因,他经受着悲痛,他不断回想起
这件事情;对于这件事情,他始终感到一种难过的回忆和不快的意
识。如果,另一方面,我们假设他不感到后悔或遭受任何真正的顾
虑或羞耻,那么,他或者对这个罪行和侵害的丑恶毫无感觉,没有
自然感情,因而感觉不到内心的幸福或平静;或者如果他对于道德
的价值或善具有感觉,这种感觉也必定是一种纠结不清的、自相矛
盾的感觉。他一定是在追求一种飘忽不定的观念,崇拜某种虚假
的美德,把某些不合理的和荒谬的东西当做高贵的、庄严的或可贵
的东西来热爱。可想而知,这必定让他备受煎熬。因为,这样一种
幻觉绝不可能呈现为任何确定的形式。这种虚幻不实的名誉绝不
可能固定于一种形态。对这种名誉的追求只能让他烦恼困惑。除
了真正的美德(如我们已经说明)没有什么东西能为敬重、赞许或
美好的良心确定标准。而且,受着虚假的宗教或流行的习俗引导
的人,已经习惯于敬重或赞赏虚假的美德,必定会由于这样一种变
幻不定的敬重以及始终与之相伴的败坏道德,最终丧失所有的良
心,也因此感到极度的悲哀;或者,如果他还保留着一些良心,这种
良心也必定不能令人满意,或者不能得到满足。因为,一个残忍的
狂热者或盲信者、刽子手、杀人犯、亡命之徒、强盗或其他较少程度
的恶人,在与所有人的交往中不忠不义,背弃自然感情,他们不可
能有什么固定的道义,也不可能有任何真正的标准和尺度来表达
对人的敬重,或有任何充实的理由来对任何的道德行为给予赞许。
因此,他越是看重名誉或焕发热情,他就会让自己的本性越加邪
恶,他的性格也越加可鄙。他越是把某些本身在道德上败坏邪恶
的行为或习惯当做伟大的和光荣的加以热爱或赞美,就越多地招
致他人的抵触和非难。因为,没有什么比这一点更加确定无疑的
了,即"任何自然感情都不可能遭人抵触,任何对反常感情的助长

都在某种程度上有害于自然感情";必然的结论是,"由于反常感情的促动,内在的缺陷越大,在反省时就感到越大的不快,越会滋生虚假的荣誉、虚假的宗教或迷信"。

所以,所有这些违背公正道德,以及通过一种虚假的良心或错误的荣誉感而导致残暴不仁的观念或品质,其作用只能是让一个人更加受到真正的良心的谴责,感到羞耻和自责。凭借假冒的权威,哪怕是仅做一件恶事的人,也没有任何理由自我满足;为什么到后来不再做更多的恶事,他也许甚至痛恨想到这样的事情。这就是一个心灵只要违背自然良心,在做道德上丑恶和可耻的事情的时候,必然要给自己的责难,虽然这些坏事有某些榜样或先例或者权贵的训谕和命令作为理由。

125　　现在来看良心的另一方面的内容,即对在无论任何时候所做的、有害于某人真正利益或幸福的不合理的和愚蠢的行为的回忆;只要还能感觉到因罪恶和不义而来的道德上的丑恶,这种令人不快的反省就必定随之而来,并发挥作用。因为即使没有感觉到单纯的道德上的丑恶,也必定还能感觉到这种丑恶要遭到上帝和人的责罚。或者,即使从来也想不到或怀疑任何至高的权能,但也会考虑到,对于道德上的善恶的无动于衷意味着完全缺乏自然感情,并且这种缺乏是无法掩饰的;很明显,一个有着这种邪僻性格的人必定要忍受缺失他人的友谊、信任和信赖之苦,他的兴趣和外在的幸福也因此遭到损失。当他心怀后悔和嫉妒地发现,更善良的人与他人共处所必需的更有利和更适宜的条件的时候,他一定会感觉到这种不利。因此,即使在缺失自然感情的地方,也仍然可以确126　　定,由于缺乏这种感情而必然导致的败坏道德,必定就是因这种良心而产生的烦恼,这种良心就是对于轻率的、违背真正的兴趣和利益的行为的感觉。

由上所述,我们可以很容易得出这样的结论,即我们的幸福在多大程度上依赖于自然的和善良的感情。因为,如果首要的幸福来自精神的快乐,而首要的精神快乐,如我们所描述,又源自自然感情,那么,"具备自然感情,就是具备获得自我享受和生活中最大的财富和幸福的首要手段和能力"。

现在来说肉体的快乐和属于纯粹的感官的满足；显而易见，除非借助于社交的和自然的感情，它们不可能发挥作用，或者提供任何有价值的享受。

对于某些人来说，活得好就是吃好喝好。当我们与他们同声相应，赞赏他们那种"及时行乐"（live fast）的生活方式的时候，我想，我们只是随便恭维这些"活得好的人"。好像最放纵的人付出最多但享受最少；因为，如果我们对幸福的解释是正确的，那么，生活最大的享受就是像这些人一样，匆匆而过，很少给自己体味生活的自由。

但是，因为绝大部分的纵欲都以味觉为基础，同时，因为科学也明显依赖于味觉，所以人们可以正确地推测，炫耀雅致的生活，效仿和学习如何在这种奢华的生活艺术上出类拔萃，在培养这样一种高雅的味觉观念的时候备受推崇，正如人们在寻欢作乐的人当中发现的那样。因为，如果宴饮、聚会、车马、餐具以及其他的各种考究的细节都被撤掉了，那就没有什么值得享受的快乐了，即使在最放荡的人眼中也是这样。

放荡这个概念本身（即纵情于极度的快乐和奢华）明显与交往或交际有关。它可以被称作一种过度或暴饮暴食，但是，当这种过度是单独一个人的行为，远离所有的交往或交际，那就很难被称作那种放荡了。而且，以这种方式自虐的人常被叫做酒鬼，但绝不是放荡者。以卖淫为生的交际名媛，甚至是最普通的女人都清楚地知道，她们以其色相所取悦的人必然相信有相互的满足，并且给予的快乐并不比接受的快乐要少。而且，如果把这种想象完全取消了，那么更下流的人也不会不觉察到，除此之外的快乐不值一提。

当一个人独处，甚至在心灵和思想上也完全与属于社交的事情隔绝，还有谁能充分地或长久地享受任何东西呢？在这种条件下，谁会不立刻就对感官的放纵感到厌腻呢？谁会不马上就对这种快乐感到不舒服呢，无论这种快乐多么精致；直到他找到传递这种快乐的途径，通过交流至少与某一个人分享这种快乐？人们可以想一下自己喜欢什么,可以认为自己就是如此自私,或者顺从最狭隘的信念——他们会因这种信念而约束本性——的指导纵欲无度,但是其本性还是要爆发出来;并且在煎熬、焦躁和烦乱的状态下,这种[本性]扭曲的恶劣后果,这种取向的荒谬,由这种怪诞可恶的尝试而来的惩罚会清清楚楚地展现出来。

因此,不仅是心灵的快乐,甚至是肉体的快乐也依赖于自然的感情;只要缺乏这种自然感情,这些快乐便失去效果,而且还会在某种程度上转变为烦躁和厌恶。这些自然地带来满足和愉悦的感觉反倒产生不满和乏味,并在情性中滋生一种厌倦的焦虑。我们可以在那些得不到交流的或友谊的快乐的人身上所明显表现出来的反复无常、喜新厌旧的倾向上觉察到这一点。被滥用的"好伙伴"(good fellowship)一词仿佛具有某些更恒定和确定的意义。交际可以调动情绪,在爱情中也是如此。某种温柔和慷慨的感情会焕发情感,否则这种情感便总是变动不居。最完满的美本身也不能持久或固定不变。而且,没有其他基础的爱情只能依赖这种外在的美,因此很快便转变成厌弃。厌腻、嫌恶和欲望的躁动始终伴随着那些热切地追寻快乐的人。能最充分地享受快乐的,是那些尽力控制自己的情感的人。这样他就会知道,任何作用于感官的东西,如果不依赖于某些友情的或社交的内容,不与友善的或自然的感情相关联和交融,就绝不可能给人快乐和满足。

不过,在结束这篇关于社交的或自然的感情的文章之前,我们可以对这种感情做一下总体的概括,形成一个完整的面貌,以证明,它能在人内心中达成何种平衡,如果缺少了它或被受到轻视,将会导致怎样的结果。①

对与人类的构造相关的东西稍有了解的人不会不知道,不去活动、运动和劳作,身体就会衰弱,感到憋闷,其摄入的营养会导致疾病;精力如果不向外发泄出来,就会耗费内在的机体;本性也是如

---

① 见本卷第 93、98 页。

此,[如不向外发散出来,]就要反噬自身。① 同样的道理,有知觉的和有生命的机体,即灵魂或心灵,如果缺乏适当的和自然的锻炼,就会滞涩、患病。其思想和情感因为违反自然规律,离开了其应有的对象,就会不利于自身,并造成最大程度的烦躁和乖僻。

在不会运用理性和反省的(至少不会像人那样)野兽和其他生物那里,②在本性上已经被规定,因为要每日搜寻食物,其精力或被用到生存的活动上,或被用到传宗接代的事情上,几乎没有空闲的时候,它们必然会根据自身所适宜的、和其机体所需要活跃程度来找到充分释放其情感的机会。如果有任何一个生物被免除掉其自然的劳苦,所需之物应有尽有,人们便可看的,在其生活环境变得如此丰富的时候,其情绪和情感也得到相应的增长。如果它在任何时候都能超越天赋能力,更轻松容易地获得食宿之需,那么,由于丧失了其自然的有利倾向,它就要在其他方面付出更多。

这不需要特别的事例来加以证明。只要稍懂自然历史的人,或了解各种生物品种及其生存和繁衍的方式的人,都可以轻易理解同一类生物在野生的和家养的之间的区别。后者获得了新的习性,脱离了其原初的本性。它们甚至丧失了这个物种的共同本能和一般的智力,而且当它们继续生活在这种娇惯的状态中时,便再也不能重新获得这些东西;只有被转移到野外的时候,它们才能重新获得其自然感情和这个物种的机敏。它们学习如何融入到更紧密的同伴中,更加关心自己的后代。它们会预防季节更替,利用自然赋予的每一种条件来抵御外来的和敌对的物种,供养和维持它们这个特殊的物种。并且,正如它们会因此变得忙碌劳累,也会变得井然有序。它们的怪癖恶习会让它们抛弃那些懒惰松懈。

---

① 方括号内的文字为译者所加。——译注
② 见本卷第92—93、307—309页,也见第三卷第111、216—217页。

133　　　在人类这里,有些人迫于匮乏而终日劳作,而另一些人则依靠下人的辛苦劳动丰衣足食。在优越清闲的这类人当中,如果没有合适的恰当的职业弥补平常的劳动和苦工所缺少的东西;如果不从事任何工作,以在社会生活中确立十分正当的目的(如文学、科学、艺术、农业、公务、经济,等等),那就忽视了所有的责任或目标;慵懒闲散、无所事事必然伴随着一种最为松懈纵荡的生活,这必定导致情感的彻底混乱,进而陷入到淫乱无度的状态中。

　　我们看到大都市中极度的奢侈淫靡,正如其长久以来就是帝国之都。我们看到各种罪恶花样迭出,无数的人们坐享富贵、骄奢淫逸。另一面则是自幼就惯于从事踏实正当职业的人们。我们在身处偏远贫寒的外省人、小镇上的居民和勤劳的老百姓身上看到了

134 这一点;在那里,人们很难遇到流行于宫廷王府当中和闲散奢侈的牧师身上的那些淫乱无道的现象。

　　此时,如果我们提出的关于"内在构造"的看法是真实而恰当的;如果自然真的是通过一种恰当的秩序和规则来推动情感和感情的,就像推动她所创造的肢体和器官那样;如果自然是这样构造这种内在机体的,对这种机体来说,锻炼是最为关键的,而这种锻炼对社交的或自然的感情来说又是最为关键的;那么由此可以推断,如果这种锻炼被取消或减弱,那么这种内在机体就必然会患病并受损。假设好逸恶劳、漠不关心或麻木不仁被当做一种艺术来钻研,或者被精心培育,那么,因此而受到束缚的情感就要冲出牢笼,以这样或那样的方式来获得它们的自由,并找到充分发泄的地方。它们肯定会为自己创造一种异常的和反常的锻炼,背离自然的和健康的锻炼。因此,在有序和自然的感情的领域内,必然要滋生出新奇的和反常的东西来,所有内在的知性和机制都要被破坏。

　　对于动物的构造和结构持有一种非常残缺的观念的人肯定会

135 设想,像自然感情这样重要的原则,这样固有的机制,若非心灵的性情和情绪发生内在的毁灭或颠覆,是不可能丧失或损伤的。

　　凡是稍微熟悉这种精神建筑学的人都会发现这种内在组织非常协调,其整体非常精巧,以至于单一种情感的范围太广,或延续

时间过长,几乎必然会造成不可恢复的毁灭和灾变。他会在常见的狂躁和烦乱这些事例中发现这一点;那时的心灵长时间地沉溺于一件事情上(无论是成功还是灾难),在这件事情的重压之下消沉下去,这也证明,感情上的适当平衡和均势是多么必要。他将发现,在每一种不同种类和性别的生物身上,情感都表现出不同的和独特的秩序、格局或系统,与不同的生活秩序、每一种情感所承担的不同机能和功能相适应。正如其运行方式和效果各不相同,每一个系统中的动机和原因也不同。内部的运作适应着外部的行为和表现。所以,在习性或感情被移除、误置或改变的地方,在属于一个物种的东西与属于另一个物种的东西相混淆的地方,必然要产生内在的混乱和骚动。

通过比较较完善和不完善的本性,我们便可轻易发现所有这些现象,比如由于遭受内在的破坏,这些本性自出生起,在其最初的形态以及最内部的母体中,就是不完善的。我们知道有些怪物身上发生的现象,例如不同的种类和性别的混杂。内在机体发生畸变或扭曲的生物同样也是怪物。正常的动物,当丧失其固有的本能,与同类隔绝,抛弃其后代,误用自然所赋予它们的机能或能力时,也表现为反常的或怪异的。因此,对于人类来说,丧失了作为一个人所固有的、与其特征和天资相称的感觉和感情,必定是多么地可怜!一种比其他生物更依赖于群落的生物,如果丧失了有助于其物种和群体的好处和利益的自然感情,必定是多么不幸!事实上,这就是人类天然拥有的感情,与其他生物相比,他很明显无法忍受独居。最明白不过的事实是,每一个人天生就具有使其倾向于寻求其同类的亲密和友爱的社交感情。只有在这里,他才释放其情感,他才放任其欲望,这种欲望是不能通过努力或内在的歪曲所遏制的;或者如果这欲望受到了遏制,它必然导致心灵的悲伤、沮丧和抑郁。因为,凡是不合群和有意逃避社交或与世人交往的人,必然是乖僻暴戾的。另一方面,由于强制或偶然原因受到拘束的人,会在自己兴趣中发现这种束缚带来的不良后果。这种倾向如果被压制,就滋生不满,相反当其自由地、充分地表现时,则会

136

137

产生一种欣然活泼的喜悦；正如我们尤其可以看到，在独处一段时间、长期离群索居之后，内心就放开了，心灵也解脱了，把心中的秘密向挚友倾诉。

我们还可以看到，在那些最高贵的人那里，甚至国王、皇帝和那些其地位超越于一般的人类交往之上的人那里，还有那些假装远离其他人的人那里，这些现象表现得更明显。但是，他们也是看人下菜碟。确实，较明智和善良的人常常与他人保持一定的距离，仿佛不适宜于表现他们的亲切或秘密的信任。但是，为了弥补这一点，他们私底下也亲近其他人，这些人虽然无甚德行，或许还是最卑鄙可耻的人，然而却足以被当做假想的友谊，变成表面上的亲信。这就是大人物们的仁慈所施与的对象。我们看到，他们经常为这些人感到焦虑和痛苦：他们只能对这些人放松地吐露心事，他们只能与这些人坦诚地、自由地、慷慨地、亲密地、深入地交流他们的权力和显贵带来的快乐；他们为这种交流活动本身感到快慰，没有之外的意图或目的，而他们对于权术的兴趣却常常与此截然相反。但是，在既没有对人类的爱，也没有对亲信的渴求的地方，那种专横的性情必然要显出其本来面貌，使生活中到处充满嫉恨、残忍和猜疑，而这些都源于缺乏交往、没有友情的大人物的孤独忧郁的状态。我们不需要再从历史上或当下寻找具体的例证来支持这种看法。

由此可见，自然感情是如何有力，如何融入我们内心，并扎根于我们的本性中；如何与我们的其他情感交织在一起，对于我们感情的正常的运动和发展来说如何重要，我们的幸福和自我享受就紧密依赖这样的感情。

这样，我们就已经证明，一方面，拥有自然的和善良的感情就是拥有自我享受的首要途径和能力，因此另一方面，缺乏这种感情就是某种悲哀和不幸。

第二节

我们现在要证明的是，具有过于强烈或猛烈的自我情感，生物就陷入悲惨。

依照一般方法，为了证明这一点，我们必须列举那些与生物的个体兴趣或各自机体相关的那些类似感情：例如爱惜生命、厌恶伤害、对食物和繁衍的渴望或情欲、对舒适的兴趣或欲望——借此我们获得丰足的给养、对赞扬和荣誉的竞争和热望、好逸恶劳，这些都是与个体系统有关的感情，并构成了所有我们所谓的私心和自爱。

140

这些感情如果是适度的，在一定范围之内，那么它们既对社交生活无害，也不妨碍美德，但是，如果到了极端的程度，它们便变成了怯懦、仇恨、放荡、贪婪、虚荣、野心、惰怠，凡此种种，都被认为对人类社会是邪恶的和有害的。正如我们三番五次对它们评析，我们现在来思考，它们如何有害于个人，成为个人以及公众的不利条件。

如果所有这些自我情感，对于生物的好处和幸福是与自然感情相反对的，并被允许去抵消自然感情，那么对于生命的欲望和热爱便有了最好的借口。但是人们或许发现，即使承认这个借口，也没有情感可以是更大的混乱和悲惨的起因。

有一点是确定无疑的，或被人们普遍承认的，即"生命有时候甚至是一种不幸和悲惨"。强迫陷入极端地不幸和悲惨的生物延续这样的生命，被认为是最残忍的事情。并且，虽然宗教禁止任何人成为自己的解脱者，然而，如果恰逢幸运，死亡自然降临，人们会热烈欢迎。而且，由于这个原因，最亲近的朋友和亲属常常为至爱之人的解脱而感到高兴，尽管他自己非常软弱，极力逃避死亡，想方设法延续自己碌碌无为的生命。

141

由于生命常常表现为一种不幸和悲惨；而且由于它要走向衰弱不堪的老年，自然地变得如此；此外也由于生命被如此看重，要用它并不相配的代价来交换它，所以显而易见的结论是，情感本身（亦即对生命的热爱和对死亡的痛恨或恐惧）如果超过了某种程度，在某些生物的性情中比重过大，必然要导致这个生物违背自己的目的，在某些时候使他变成了自己的敌人，而且使他必不可免地

142

要这样做。

但是，尽管人们承认一个生物的兴趣和利益就在于，通过任何的途径和手段，在任何环境中，或以任何代价，保存生命，然而，这种情感一直保持强烈的程度，会不利于其兴趣。因为，事实上这种方式是无效的，绝不可能实现其目的。我们没有必要再举出各种各样的例证。一种过度的恐惧始终会给他带来危险，而不是让他避免危险，还有什么比这更显而易见的呢？当被这样一种情感所猛烈地驱迫的时候，任何生物都不可能保持头脑清醒，理智地行动。在一切突发事件面前，勇气和决心能挽救生命，而懦弱则使我们失去保证安全的手段，不仅会剥夺我们的防御能力，而且甚至会使我们面临毁灭，并使我们遭遇原先从未伤害过我们的灾祸。

但是，如果这种情感所导致的结果并不像我们描绘的这样有害，人们也必定承认，这种情感本身仍然是令人痛苦的；如果感受到懦弱，并且被极度惧怕死亡的人的性格所固有的那些幻觉和恐怖所困扰是一种痛苦的话。因为不仅仅是当危险和意外发生的时候，这种恐惧才能会让人倍感压抑、心神不宁。这种恐惧一旦爆发，就绝不停息，即使在最安全地幽居静处的时候也一样。每一个对象都刺激思维完全沉溺其中。在别人毫不留意的时候，它便发作，并且随时潜入到最愉快的生活中，以腐蚀毒害所有的乐趣和满足。人们可以肯定地断言，仅凭这种情感，许多的生命，如果从内部细致观察的话，都将被发现是彻底悲惨的，虽然有其他一些因素使其表面上显得是幸福的。但是，当我们在这幸福之外再加上这样一种对生存的贪恋，当我们考虑到，由于这种贪恋，我们被迫去做那些自己始终厌恶的事情，逐渐脱离自己的自然品行，陷入到更大的惶惑困窘之中；那么可以肯定，没有人会如此虚伪，不承认这种境遇当中的生命变成了一桩无利可图的交易，享受不到丝毫的自由和满足。因为，如果每一样高贵可敬的东西，甚至是生命中首要的乐趣、幸福和利益，也为了生命本身的目的而被抛弃，那不是这样一种交易又是什么呢？

所以很明显，"怀有过于强烈的，超出适当程度的对生命的欲

143

144

望和热爱这种感情，是违背一个生物的目的的，也与其幸福和利益相对立"。

还有一种情感，与恐惧截然不同，而且在一定程度上同样有助于保护我们，有利于我们的安全。正如这种情感在促使我们躲避危险是有用的，因而在增强我们抵御危险的能力，使我们击退伤害，抵抗侵犯的时候也是有用的。确实，依照严格意义上的美德，以及明智高尚的人对感情的恰当控制，促使人行动的这种作用力不能算作是正确意义上的情感或冲动。一个勇敢的人可以是谨慎的，但不感到真实的恐惧。一个冷静的人可以去抵抗或惩恶，而不感到愤怒。但是，在一般人身上，必然存在真实的情感的某些混合；不过大体而言，这种情感会消除和缓和另一种情感。所以，在一定程度上，"愤怒"也就成为必要的。只有凭借这种情感，一个侵犯另一他者的生物才免于被判处死刑，当他留意其同类如何同情他的这个企图，并根据这个即将实施的行动的信号知道。①如果这个伤害再严重一点，那就不能求得原谅，或免于惩罚。此外，在受到侵犯和敌视之后，正是这种情感激发一个生物加以反抗，并促使他以其人之道还治其人之身。所以，随着怒气和绝望的增强，一个生物便变得越发可怕，当被刺激到最大的极限时，便得到一种前所未有的、经过最大的挑衅才能激发出来的力量和胆量。因而，这种感情的直接目的确实是造成他者的不幸或惩罚，但它很明显也是为着自我系统，即动物性自我的优势和利益的感情；而且，在其他方面也促进着这个族类的幸福和兴趣。但是，我们无需解释愤怒如何会造成危害和自我毁灭，如果我们就这个词的通常意义来理解的话：也就是说，如果它是这样一种一经挑衅便变得鲁莽和猛烈的情感，或者深深植根于其内心，引发一种难以缓和的报复心，并急不可耐地加以实施的话。确实不必奇怪，如果在放纵这种报复心的过程中得到的慰藉和满足，不过是减轻最剧烈的痛苦和缓解

145

146

① 意思是，他知道自己会受到惩罚，但从他人的惩罚行为中看到，他人是同情他的。——译注

最沉重、最压抑的惨痛感觉,那么,纯粹的报复心便会造成危害,并受到深切痛恶的影响。一旦这种痛苦因希望另一个体不幸的欲望得到满足而得到片刻的消除或缓和,就会让这个生物感到一种美妙的舒畅和难以抑制的愉悦快乐的感觉。然而,事实上这本身就是一种折磨。因为,但凡经历过这种折磨之痛的人都很清楚,一种突然的中止或暂缓对他具有怎样的作用。在这期间,倔强、固执这些荒诞的愉快,以及一种恶毒狠辣的倾向不受羁绊地释放出来。因为这是一种对不断再生的愤怒的不断的缓解。在其他的性格当中,这种情感并不如此突然地或轻易地爆发,但一经激起,便并不容易被止息。蛰伏的狂怒、报复心,一旦被激起,并达到其顶点,便不达目的誓不甘休;同时,这个目的一旦达到,就会平息静止;我们先前的痛楚和当下的痛苦让人难以忍耐,这使我们随之而来的慰藉和平静变得更加畅快。当然,如果在恋人当中,在谈情说爱的语言当中,炽热爱情的成功被称作是痛苦的舒缓,这另样的成功更应该被这么描述,即,前一种痛苦无论多么温柔甜蜜,这后一种痛苦确实毫无快乐可言:它也不可能被看做是完全彻底的不幸,亦即一种令人气恼、厌恶的感受,其中不混杂任何温柔、和缓或适意的东西。

这里也没有必要提到这种情感对于我们的心灵或肉体、我们个人的生活条件或处境的不利后果。这些具体细节会让我们感到过于沉闷。这些细节是道德方面的问题,通常与宗教掺杂一起,被夸张地描述,并且在公众面前不断重复,以让人们感到厌腻。以上所说的东西也许足以把这个问题讲得很明白,即"囿于我们所讲的这种情感,事实上是非常不幸的",并且,"这种习性本身是最糟糕的疾病,与悲惨紧密相连"。

现在来谈谈奢侈以及世人们所谓的快乐。如果这种观点是正确的(我们已经证明其错误),即最重要的享受是那种纯粹的感官享受,此外,感官的享受存在于始终能够根据其程度和性质产生一种适当的和可靠的快乐的外在事物当中,那么结果便是,获得幸福的可靠途径是大量地占有这些对象,幸福和快乐就与它们密切相关。但是,不管我们所应用的"好生活(good living)"这个概念如何流行,人们都很难发现,我们内在的机能如何可以跟得上这些丰富的外在财富的供应。而且,如果由内而生的自然倾向和取向并不能同步跟上,那么这些由外而生的成倍增长的、唾手可得的对象也是无用。

在那些由于贪食而长期感到恶心厌食的人身上,人们可以观察到,即便如此,他们还是始终渴望满足口腹之欲。但是,这种欲望是虚假的和反常的,正如因发热或因习惯性的酗酒遭遇克制而产生的口渴这种欲望一样。因此,自然欲望以通常方式得到的满足大大地超过那些对最精细考究的奢侈的沉迷。穷奢极欲的人自己也经常感觉到这一点。自幼养尊处优、从不让欲望片刻延缓的人曾经历过,当生活发生新的变化,回到正常的轨道上来,或者像在一段旅行或一天的运动期间,由于不得不克制和锻炼,偶然体验到一段朴素的餐饭的美味,他们会坦率承认,只有在这时,他们才感受到一顿饭所能带来的最大的满足和愉快。 149

另一方面,习惯于忙碌生活和健康锻炼的人经常说到,一旦品尝过这种更朴素、更正常的饮食,在生活随后发生变化的时候会为他们失去的东西感到惋惜,并且,相比之前状态中的满足,轻视来自奢侈精致的快乐。显而易见,由于纵容本性、强化欲望、刺激感官,自然感觉的敏锐性丧失了。而且,虽然由于恶习或不利习性,欲望的同样主体每天都更加热情高涨,但享受到的满足却越来越少。尽管自制的渴望与日俱增,但放纵的快乐却实际上越来越少。不断袭来的乏味或厌恶成为最有害、最可憎的感觉。所品尝到的 150
东西几乎都不能完全摆脱一种餍足的感觉和堕落的欲望所带来的这种不良品味。所以,这样一种生活状态不但不能提供稳定持续的乐趣,实际上这种状态本身就是一种病态和虚弱,是对快乐的一种腐蚀,破坏着每一种自然的和适意的感觉。这种说法绝对不会是真实的,即"在这样放纵的过程中,我们能最好地享受生命,或最充分地品味生命"。

我们无需再解释,这样一种放纵的结果,因为导致许多疾病而对肉体多么有害，由于造成愚蠢糊涂而对心灵多么有害。

这种结果对于"兴趣"的影响也是非常明白的。由于这样一种衰弱而毫无节制的状态会增长我们的渴望，因而它必定使我们更加依赖他人。我们的个人条件无论多么富足或优越，也不很容易给我们以满足。我们必定要发明各种途径和手段来克制这样一种须臾不离的奢侈，是这种奢侈迫使我们为财富而牺牲荣誉，陷入到极端靡乱放荡的作风。因而，我们由于过度和无节制而对自己造成的伤害是显而易见的，当因为这种虚弱以及无力自制，我们做了我们自己也声称有害于自己的事情的时候。但是，这些是自身就很明白的事情。而且，即使我们没有说这么多，人们也能轻易地推断，"奢侈、淫乱和放荡是违背真正的兴趣的，是违背对生活的真正享受的"。

还有一种奢侈甚于我们刚才所提到的奢侈，而且严格地讲几乎不能被称作是自我情感，因为这种奢侈的唯一目的是为了族类的利益和发展。但是，既然所有其他的社交感情只是与一种精神快乐相结合，并源于纯粹的友善和爱，那么这种奢侈还不仅于此，并且与一种感官快乐相结合。大自然对各种物种的生存表现出了这种关心和关怀，因而，由于某种匮乏和这些物种本性上的必需之物，这些关心和关怀便与这些物种的繁衍有关。现在，我们要考虑的是，动物感觉到这种超过自然的和正常的程度的匮乏，是否是符合其目的或幸福的。

既然讲了这么多关于自然的和反常的欲望的问题，此时就无需多讲了。如果人们承认，所有其他的快乐当中都包含有一种程度的欲望，这种欲望一旦过度就有害于这个生物，即使他能享受到快乐；不能认为这种热烈的欲望没有确定的限度或适当的边界。我们有时也可以体验到其他类型的热切的感觉，我们发现，如果被约束在某种程度内，它们就是令人快乐的和适意的，但如果越发强烈，就会变得使人压抑、无法忍受。搔痒引发的笑若是过度就会变成一种痛苦，尽管还保留着同样的愉悦和快乐的特征。这种特殊的"瘙痒"根据其症状来看属于一种失调，尽管有些人并不讨厌这种感觉,而是发现其非常舒服愉快;然而,较有教养的人,甚至是那些以快乐为主要目标和最高的幸福的人,却并不这么认为。

此时,如果在每一种纯粹的快乐感觉当中都有某种瘙痒或某种程度的热望,这种热望由于进一步发展几乎变成了纯粹的狂怒;如果这种瘙痒实在停不下来,并限制在某种情感范围之内,那么,我们的标准在哪里呢,或者如何来使我们自己符合自然——超出了自然,事物便没有了尺度或准则? 这样,我们便从常见的生物的自然状态中,从没有被不良的教育玷污的人身上了解到自然。 153

任何人有幸得到培养,过着自然的生活,习惯于勤勉刻苦、冷静克制,抵触任何过度放纵的事情,人们就发现他可以自如地控制这种欲望和倾向。这些欲望和倾向也不会因此而不能给他带来各种快乐。相反,因为它们更为合理,更为健康,也没有因过度和泛滥而受到损害,它们必定会给他带来适度的满足。所以,如果这些感觉可以用实验的方法加以比较,也就是拿自然而合度地生活的人的一种高尚的品行,与随意而放荡地生活的人的品行比较,那么,人们无疑会支持前者——不去考虑后果怎样,只是就感官本身的快乐来评价。

至于这种恶习对于健康强壮的肉体会有什么后果,这里无需再提。至于它对心灵的伤害,虽然少有人注意,但却比对肉体的伤害更大。一事无成、虚度光阴、矫情造作、好逸恶劳,由于心灵上的松懈萎靡而使各种情感纵乱无行;稍作反省,这些后果便显而易见。 154

这种放纵无度对于个人兴趣、社会和整个人类有什么不利,相反的节制和自控又有哪些好处,也不用明说。众所周知,没有什么比受制于这样一种情感更让人感到屈辱了。相比于其他情感,它予取予求,让人委曲求全。它如何耗尽我们本性中的质朴和坦率,我们性格中的忠诚和信义,只要人们愿意反省就很容易理解。由此可见,"情感的放纵和过度必然要导致身心紊乱和不幸"。

现在来看那种被认为特别功利的情感,其目的是占有钱财以及我们所谓的世俗生活中的财产或财富;如果对这种目的的关注是适度的,在合理的程度上,如果它并不伴随有热切的索取,也不引 155

起任何强烈的欲望,那么其中就没有与美德不相容的东西,甚至对社会也是适宜的和有利的。公众的和个人的生活之所以能凭借奋斗而得到发展,也有赖于这种感情的刺激。但是,如果它最后变成了一种实际的情感,那么它给公众带来的伤害和灾祸,比对个人本身的伤害和灾祸还要大。这样一个人实际上是一个自我压迫者,他给自己的痛苦比给整个人类的痛苦还要重。

156　　一种贪得无厌的性情如何是可悲的,当然无需解释。谁会不知道,只要少量的世俗财物便足以满足一个人的消耗和便利;如果将花费在豪华奢侈之上的精力、聪明和心思的一半放在厉行俭省,追求节制和自然的生活上面,他的需求能缩减多少? 如果节制实际上如此有益,节制的习惯及其效果是如此快乐和高兴,如我们先前说明的那样,那么,另一方面,我们便无需谈及永无止境的贪婪热切的欲望,由于背离了本性——超出本性欲望便失去界限——会导致怎样的悲惨。如果超出了这个界限,我们又在哪里停止呢? 我们如何去确定一种事情是完全地反常和不合理的呢? 或者,在贪得无厌、诛求无度的时候,我们能为想象或漫无边际的幻想设定怎样的方法和规则呢?

　　因此,贪婪急切的心灵那种人所共知的躁动不安的状态,无论占有多少财富,都得不到彻底的或真正的满足,在这种情形中,它永无餍足。因为,除了顺从自然的和正确的欲求,不可能存在任何真正的享受。如果欲望由于贪婪和野心仍旧肆无忌惮,永不满足

157 于其所得,我们就不愿意称其为对财富或荣誉的享受。但是,反对这种贪婪的恶习的意见可以一直说下去,并且,用我们通常的话来说,"贪婪的性情和可悲的性情,实际上是同一个意思"。

　　人们也处处在说另外一些汲汲热望的性情,这种性情超过了坦诚的竞争或对赞誉的热爱,而且甚至也超过了虚荣和自负。这就是那种陷入过分的自尊和野心的情感。现在,如果我们已经思考了与一种适度的倾向和平和的心灵相伴的闲适、幸福和安稳,这种倾向或心灵很容易自我克制,适宜于社会中的每一种处境,能使自己适应任何合理的遭遇,那么,初看之下,这种倾向或心灵便会给

我们带来一种适意的和可爱的性格。这样的话,人们也不需要再去回想适度的优点和好处或者过度的欲望的危害和自我伤害,以及对个人优势的疯狂痴迷的危害,例如名声、荣誉、优越、名望或来自普通人的畏惧、敬仰和赞赏。

同样明显的是,这种欲望一旦被激起,就变得非常狂躁,难以 158
控制,与之相对的厌恶和恐惧也变得非常强烈、猛烈,因而性情也变得多疑、嫉妒、挑剔,只愿听赞誉之词,不愿听逆耳之言。因此可以下这样的结论,"未来生活的安宁稳定,当下生活的平静、满足和舒适,又会因这种争强好胜的热切情感,以及对荣誉和体面的狂热的、无法控制的欲望而丧失"。

人们经常把某种性情与对我们刚才所说的那些东西的急切热烈的追求相对立。这并不是因为这种性情实际上排除了这种贪婪或奢求的情感,而是因为它抑制了这种情感的作用并防止其转变为公开的行为。因为它迎合心灵,并使其变得软弱,因而使其过分热爱安逸懒散,导致那些高尚的目标无法实现,同时也将追求财富和荣誉的艰苦辛劳的过程呈现为无法克服的困难。虽然喜欢舒 159
适、爱好平和安静,对我们来说,像爱睡觉一样是自然的和有用的,但过分地好逸恶劳必定像身体的虚弱无力一样是心灵当中的一种疾病。

运动和锻炼对于身体是多么必要,我们可以从惯于运动和疏于运动的机体之间的区别上判断出来,也可以从劳动和适当锻炼所造就的健康气色与沉湎于懒散惰怠的体格之间的区别判断出来。懒惰的习惯不仅对于身体是毁灭性的。萎靡之症也削弱着人们对活泼健康的感官的所有享受,而且还传染了心灵,在心灵中,这种疾病传播得更加厉害。因为,不管怎样身体还可以抵挡一阵,而心灵的失调如果积重难返的话,就不可能再避开直接的痛苦和紊乱。这种习惯会引起一种烦闷和焦虑,而这烦闷和焦虑又感染了整个性情,并将这种违背自然的休息状态转变为一种令人不快的行为、 160
恶劣抑郁的脾气;对此,我们上文已经说了很多,在那里,我们考虑了感情中缺乏适当平衡的结果。

可以确定的是,正如身体一样,如果没有劳动或合乎自然的锻炼,缺乏适当活动的精力将损害体质,并以一种破坏性的方式来寻求释放;灵魂或心灵也是如此,如不加以锻炼,会因缺乏适当的运动和活动而变得萎靡,思想和感情应有的行动方式就要受到阻塞,并丧失自然的活力,引发躁动,同时激起一种恶性的渴望和令人痛苦的兴奋。性情也因此在情感上变得更加虚弱,更不能达到真正的适度,并且就像晒干的木材一样,一遇火星便燃烧起来。

至于"兴趣"在多大程度上受到牵连;一个人如果由于这种习惯而置身其中,一旦要行动起来,其状态对于生活中的所有细节和事务会多么糟糕;当他自己身处困境,也无他人协助之时,如何必然易于受到任何不便因素的干扰;相比其他最需要社会帮助的人来说,由于更不依靠或鼓励自己,他更不适合社会的各种职责和义务;所有这些都是非常明显的。所以,显而易见的是,"具有这种贪图安逸的偏颇倾向,这种惰怠、软弱、矫情的性情,排斥劳动和忙碌,就是面临一种不可避免的危害和挥之不去的灾祸。"

至此,我们已经思考了自我情感,以及当它们超出适度界限时的后果。正因这些感情是自利的,我们看到,它们经常变得与我们的真正兴趣相违背。它们陷我们于最大的不幸和苦恼,造成一种放荡卑鄙的性格。正如它们变得专横傲慢,因而也是使一个生物相应地变得卑贱低俗的诱因。它们是我们所谓自私的根源,也导致我们刚才所说的那种卑劣倾向。其间人们可以看到,没有什么东西本身就如此地悲惨,或者其后果如此地恶劣,以至于使性情那么虚弱,受制于情感,而且也由此而变得极其屈辱。

此外同样明显的是,这种自私在我们内心增强的同时,自然地伴随着言行举止上的某种狡诈虚伪。同时,我们本性中的正直坦率、我们心灵中的自由从容也必然因此而丧失,一切的信任和自信也因此被抛弃,而猜疑、嫉妒和怨恨却滋生蔓延。每一天都有一种狭隘的目的和兴趣在我们心中变得越发强烈,而高尚的意图和动机却遭排斥;而且,我们越是意识到自己日渐脱离社会和同胞,我们对于将自己与他人紧密结合的团结情感的观念就越加暗淡。在这样的条件下,我们必然试图按捺和压制自己的自然的和善良的感情;正如我们已经说明的那样,因为这些感情要把我们导向社会利益,反对我们钟爱的个人利益和兴趣。

因而,如果这些自私的情感除了是其他的恶的原因之外,还是必然使我们丧失自然感情,那么(通过我们先前所证明的结论),非常明显的是,"它们必定使我们丧失生活中的首要享受,并在我们心中激起那种可怕的、反常的情感,以及那种导致最大悲惨和最卑屈的生活状态的野蛮性情";这正是我们要解释的东西。

163

第三节

因而,我们最后所讨论的这种情感,既不带来公众的利益,也不带来个体的利益,既对整体的族类没有好处,也对个别的生物没有好处。与社交的和自然的感情相反,我们称之为反常的感情。

这种感情是那种在见到他人遭受折磨时的反常的和不人道的愉悦,是那种在目睹困苦、灾难、血腥、屠杀和杀戮时的奇怪的喜悦和快乐。这曾经是支配着许多暴君和野蛮民族的情感,在某种程度上属于这样一种性情,即抛弃了端正的品行,无法使我们在心中保持对人类的适当尊重、避免严酷残忍的滋长。只有在文明和温和的风尚还有一席之地的地方,这种情感便不会潜入。相比于其他的道德败坏,这种文明和风尚就是我们所谓的"良好教养"这种本性,它拒绝惨无人道或者残暴的快乐。带着残忍的愉悦去观看敌人的惨状可能源于极度的愤怒、仇恨、恐惧和其他强烈的自我情感;但是,因其他与我们没有关系的生物、我们自己族类或另一族类的本国人或外国人(无论见过与否)遭受虐待和痛苦而感到高兴;以食人尸体,以看到奄奄一息的挣扎为乐;这些都不能根据上文所说的自私或个人利益来解释,而是完全、绝对地反常的,因为这种情感是可怕的、卑鄙的。

164

有另一种感情与这种感情有着密切的关系,那就是因为他人所受的伤害而感到一种淫邪的和嬉闹的愉悦,是一种放荡的恶作剧,是为破坏而得到的快乐;在儿童中间,这种情感不会被约束,通常反而被鼓励,所以就难怪世界各地的人都很不幸会感到其结果。因为,也许所有人都很难解释儿童在襁褓之中就曾对混乱和破坏感到愉悦;如果不像后来在其他的破坏活动中找到乐趣,在家庭、朋友和公众本身当中造成同样的不幸的话。不过,正如我们上文所解释,这种情感在本性中没有任何基础。

165

恶毒、怨恨或恶意,因为并不基于自我关怀,其中没有愤怒或嫉妒的对象,也没有任何东西挑起或引发对另一人作恶的欲望,所以是那一类情感。

嫉妒,如果起因于另一个生物的绝没有妨碍到我们自己的成功或幸福,也是同一类情感。

在这些情感中,还有一种对人类和社会的恨,我们知道这种情感彻底支配着某些人,因而获得了一个独特的名称。[①] 这种情感的大部分发生在长期处于孤僻状态的人身上,或者是那些由于恶劣的本性、恶劣的教养的人,他们讨厌和善与文明的风尚,总是看到或遇到带有攻击性的陌生人。人类的面貌本身对他们来说就是一种滋扰,因而总是一见到人类就心生恨意。有时候,这种恶劣性情在一定程度上是民族性的,不过为那些较为野蛮的民族所特有,因而粗野风尚和残暴的一种鲜明特征。这种性情与那种高尚的感情截然对立,这种高尚感情在古代语言中被称作"友好"(hospitality),亦即对人类的广泛的爱和对陌生人的救助。[②]

166

我们还可以列举一些相似的反常情感,它们都源于迷信(如上文所述)和野蛮国家的风俗;所有这些情感本身都非常可怖和可憎,因而无需证明其如何卑劣。

我们还可以举出其他一些情感,例如异于我们的类属或物种当中的反常的情欲,以及我们自己物种的性爱欲望的其他反常状态。但是,对于欲望的这些堕落,在我们已经讨论了较为自然的情感的

---

① 即"厌恶人类"(misanthropy)。
② 见第三卷第 153—154 页注。

论题之后,这里无需再作补充了。

只有这些才是我们严格意义上称作"反常的"、"不当的"感情或情感,它们没有带来单独的或个体的善的趋向。确实,其他感情或情感具有这种趋向,但却是过度的和极端的,超出了任何一般的自我情感的共同倾向,而且与所有社交的和自然的感情截然对立、格格不入,因而通常被称作,并可被正确地视为是反常的和古怪的。

167

所有这些可被看做是这样一种无以复加的骄傲或野心,这样一种傲慢和专横,以至于不愿看到世界上有任何优秀的、自由的、繁荣的东西;这样一种愤怒,以至于宁愿为了自身而牺牲任何东西,这样一种仇恨,以至于非有最大的残忍就无法抑制和满足;这样一种偏执和敌意,千方百计要宣泄出来,要控制一切事物,以至于要将自己的怨怒甚至施加于应该同情怜悯的对象之上。

背信弃义、忘恩负义,从最严格的意义上说,不过是一种消极的邪恶,它们本身没有真正的情感,不包含憎恶或偏好,只是源于一般而言的感情的缺陷、病态或堕落。但是,如果这些邪恶在一种性格中变得显著起来,并且在某种程度上发自偏好和取向;如果它们变得非常冲动、活跃,以至于无需环境的逼迫就自发地显露出来,那么很明显(如上文所阐释),它们便沾染了纯粹的反常情感中的某些东西,而且源自于恶毒、嫉妒和偏执。

168

有人也许反对说,这些情感纵然是反常的,仍然带着一些快乐,这种快乐不论如何野蛮,仍然是一种可从骄傲或专横、仇恨、恶毒或过度的残忍当中发现的快乐和满足。现在,如果自然中的任何东西都可能感觉到一种由纯粹的惨痛和折磨而来的野蛮的或恶意的喜悦,那么我们就可以将这种满足称作快乐或愉悦;但这明显是悖谬的。去爱、善待,具备社交的或自然的感情、知足和善意,就是感觉到直接的满足和真正的满意。这本身是原始的喜悦,不依赖于之前的痛苦或不悦,并且产生的只是满足。另一方面,敌意、憎恨和怨恨是原始的悲惨和折磨,只有当这种反常的欲望在被某些东西满足的那一刻,它们才能产生另一种快乐或满足。因而,无

169

论这种快乐显得多么强烈,再多也只是意味着那种状态所导致的悲惨。因为,正如身体上的巨大疼痛会因为短暂的缓和而产生最大的快乐(如上文所说明),心灵上最为剧烈和痛苦的折磨,在那些尚未知道有真正的享受的人看来,会由于某一刻的缓解而带来最大的精神享受。

性格最温和、性情最善良的人偶尔也非常熟悉那些苦恼,在心情不好的时候,哪怕是一点诱因也很容易引发这种苦恼。从这些关于狂躁和恶劣情绪的较为稀少的经验中,他们深刻地了解到并承认所经历的这些不适的时刻,当性情不再那么苦涩或烦恼的时候。因而,那些不知道生活中还有更美好的时光的人必然会遭遇什么结果呢,同时,对于那些一生中大部分时间都处于这种良好心情中的人来说,谁会为一种无可救药的乖戾、一种根深蒂固的恶意和积怨而感到烦躁不安呢? 他对于所有充满挫折的、窘迫的偶然事件的感觉必然是多么生动? 失望的打击、遭受侮辱的刺痛、对于各种冒犯的不可遏制的憎恶所引起的悲痛,必定是多么巨大? 我们也不必惊讶,对于那些感到如此焦躁和压抑的人来说,由于将其情感沉溺于争执和仇恨,因而,从那些狂怒暴躁的举动中得到片刻的平静和缓解,仿佛是一种极大的愉悦。

现在来谈谈,这种反常的状态对于兴趣和生活中的通常处境的影响;在何种条件下,一个因此而丧失所有我们所谓的本性的人,能被认为在人类社会中生存下去;他如何感受到自己处于这个社会当中;他对自己对于他人的倾向有何感觉,对他人对于自己的倾向有何感觉;这些是很容易想象到的。

对于那些没有意识到这种应有的感情或爱,相反只能意识到每一个人类灵魂的恶意和憎恨的人来说,他能得到什么享受或安宁呢? 这必然会给惊恐和绝望提供什么根据呢? 这又会给对人类和至高力量的恐惧和持续的担心提供什么基础呢? 那种忧郁是如何地无以复加,这忧郁一旦被激起,没有任何来自友爱的温柔的或令人快乐的东西能予以缓解或转化? 这样一个生物,只有他转向自己,不论以何种方式来看待世界,四周的每一样东西都必定显得阴

森可怖,每一样东西都充满敌意,要加害于个别的和单独的生命, 171
这个生命隔绝于万物,与自然中其余的事物处于战争状态。

最后,一个心灵就这样变成了一片荒野,在那里,一切都被荒
弃,所有美好可爱的东西都被移除,除了野蛮丑陋的东西,一切都
不能持久。现在,如果一个人被从自己的国家放逐,移居到一个陌
生的地方,或者说这个地方的一切东西都孤独凄凉,令人难以忍
受;那么感受到这种内在的放逐,真正地离群索居,并这样生活在
荒漠之中,处于最可怕的孤独状态——即使身在社会之中——又会
怎样?生活在与万物的抵触状态,与宇宙的秩序和体制的对立状
态,又会怎样呢?

由此可见,与这种因丧失自然感情而导致的状态相伴随的最大
的不幸,并且,"怀有那些可怕的、怪异的和反常的感情,就是最大 172
程度的悲惨"。

结论

至此,我们已经努力证明了当初提出的命题。而且,根据一般
的和公认意义上的恶习和邪恶,没有人能是败坏的或邪恶的,
除非,

1. 由于自然感情的缺乏或虚弱;

2. 或者由于强烈的自私;

3. 或者由于显而易见的反常。

必然的结论是,如果每一个条件对于生物都是有害的和破坏性
的,他最悲惨的状态就源于此;"败坏或邪恶就是悲惨和不幸"。

另一方面,由美德而来的幸福和善已被证明来自相反的其他感
情的作用,也就是顺应自然和这个物种或种类的机制。我们曾详 173
细列举了所有的细节,由此而来(通过加减法),幸福的总数或总量
或得到增加或得到减少。并且,如果在这张道德运算表中没有特
殊的题目,被运算的主题可以说与算术或数学一样地清楚。因为,

可以让我们彻底采取怀疑主义,如果可以的话,让我们怀疑与我们有关的每一样东西,但我们不能怀疑我们内心所经历的东西。我们熟知自己的情感和感情。它们都是确定的,无论其对象是什么,它们施加到何种事物上。这些外在对象是什么状态,对我们来说没有意义;无论它们是现实的,还是虚幻的;我们醒着还是在梦中。因为不好的梦同样会扰乱人心。而且,一个好梦(如果生活就是如此的话)也能让人感到自在和幸福。因而,在生活这场梦中,我们的论证具有同样的效力,我们的[内心]平衡和节制仍然有效,我们对于美德的义务在每一方面都是一样的。

174   总而言之,我以为,我们所谓精神快乐优于感官快乐,甚至伴随着善良感情的、加以适度和正确地运用的感官快乐,也要优于不以任何友善或温情的东西加以约束或支撑的感官快乐,这些言论都是确定无疑的。

我们所说的心灵以及构成性情和灵魂那些情感的和谐结构和构造,同样是确定无疑的,心灵的幸福或悲惨就直接源于此。我们已经说明,在这种构造当中,由于各种感情的必然联系和平衡,任何一个要素的损害都将立即导致其他要素以及整体自身的混乱和毁灭;那些使人邪恶的情感本身就是一种折磨和疾病,由此而做的一切都是有意为恶,都必定是出于败坏的意识;相应地,因为行动本身是败坏的,必定要损害和腐蚀社交的享受,并破坏友善感情的能力和值得回报以这种感情的意识。所以,我们不能快乐或幸福地与他人相处,也不能从相互的友善或对他人的想象的爱当中感到满足,然而我们绝大多数的快乐都基于此。

如果这就是道德过失的事实,如果这种状态就源于对本性的违
175   背,同样是最为可怕的、压抑的和悲惨的,那么由此可见,"屈服于或满足于任何败坏或邪恶的事情,就是对兴趣的违背,并导致最大的恶",并且,"另一方面,凡有助于美德或树立正确感情和正直的事情,就是对兴趣的提升,并带来最重要的和最充实的幸福和享受"。

因此,这就是支配一切的、并且是自然中基本的和首要的智

慧,它使这个事实符合个体的性情和每一个人的善,促进整体的善;即使一个生物不再提升他实际上缺乏的东西,不再提升自己的幸福和福利。由于这个原因,他就是自己的敌人:他对自己没有任何的好处或用处,也不能扩大社会和他所属的整体的善。所以,美德在所有的卓越和美当中是最重要的和最可爱的,是人类生活的支柱和装饰,支撑着社会,维系着团结、友谊和人之间的交往;凭借美德,国家和个人家庭得以繁荣幸福;缺乏这美德,一切美好的、辉煌的、伟大的和可敬的东西必然要衰败,直至毁灭;这种有益于整个社会和人类整体的独一无二的品质,同样地是每一个个体生物的幸福和善;只有凭借这种品质,人才是幸福的,失去了它就是悲惨的。

176

　　所以,美德即为幸福,恶习即为不幸。

道德家,一部哲学狂想曲, 关于自然和道德问题的对话的记述

在学院的树荫中探索真理

贺拉斯:《书札》,2.2.45.

初版于 1709 年

第一章

第一节

菲勒克勒斯对贝拉蒙:

181　　贝拉蒙,一个凡人,如果从未对你的性格有所耳闻,怎能想到,一个担得起最重大的事务的天才,成长于宫廷和军营,却突然转向

182 了哲学和学院呢?谁又能相信,像你一样身处上流社会、德高望重,却与学术界也交往密切,而且对这样一个与整个人类和时代风气格格不入的民族的事情也深感兴趣?

真的,我相信,在教养良好的人当中,你是唯一一位喜欢在这

么一个有着高尚同伴的圈子里探讨哲学的,就像我们昨天遇到的
那些人,当时我们和你一起坐在公园的长椅上。你是怎么把那些
事情和这些问题协调起来的呢,真让人百思不得其解。我只能这
么推断,或者是你对哲学怀有一种不可思议的热情,为哲学放弃了
许多美妙的东西,或者是那些美妙的东西当中有些不可思议的作
用,让你在哲学中间寻找些调剂。

　　无论是哪种情况,我都无法理解你;作为一个爱好者,越是保
持淡漠,结果就不致太坏,就我个人而言,我就是这么认为的。跟
你说啊,对美和智慧的崇拜最好是适度些。我也主张,最好是谨慎
地投入进去,以保证能全身而退,而且还能像对待世上所有有趣的
娱乐和消遣那样保持一种强烈的迷恋。因为我想,这些都是人们
不情愿抛弃的东西,①为的是他们所谓的"鉴赏家"的绅士们所持的
一种奇幻浮躁的情感。

183

　　我把这个称呼用到你那种爱好者和哲学家身上。不管爱好的
对象是什么,无论是诗歌、音乐、哲学,或是美人。所有不同程度地
迷恋这些东西的人,处境都一样。我告诉过你,你可以通过他们的
表情,他们的惊叹,他们的冥思苦想,他们的似睡似醒,他们的固执
一点、不问他事,看出来这一点。——这样的征兆真是令人担
忧啊!

　　但是这些警告都拦不住你。贝拉蒙,因为你是一个喜欢冒险的
人,危险只能激发你的活力,而不能让你气馁。此时,把我们的哲
学冒险记录下来同样让你感到满足。必须巨细无遗,并且总结成
一个完整的故事;将那次不合时宜的对话留作纪念,仿佛与追求风
流快乐的流行风潮背道而驰。

　　的确,我必须承认,在每一次聚会中都谈论政治,并把关于国
家事务的谈话与那些消遣娱乐交织在一起,这种做法在我们民族
很流行。然而,我们肯定不会赞成哲学中有这种随意。我们也不
把政治看做是她的领域,或与她有什么相干。我们现代人就这样

184

---

① 即"有趣的娱乐和消遣"。——译注

辱没她,且剥夺了她的首要权利。

贝拉蒙,你肯定允许我这样为哲学而惋惜,因为你迫使我正当其声誉一落千丈的时候委身于她。在这个世界中,她不再活跃,也难再有任何优势去登上公众的舞台。我们已将她(可怜的夫人!)囚禁在学院和密室中,让她卑屈地干着矿工一样的工作。经验主义者和卖弄学问的诡辩家就是她主要的学生。经院式的三段论和长生之药是她成果中的精华。她早已不再像在古代那样培养政治家,那时候,公共事务上的杰出之士都受过她的恩惠。如果还有那么几个人是她的相识,偶尔也来到她的隐居之所,也像是地位显赫的门徒去见他的主人和导师,"背地里,深更半夜"。①

185　即使哲学的声誉被贬得如此之低,但如果人们承认道德从属于她,那就不可否认,政治也必定从属于她。因为,要理解人所共有的风尚和习俗,我们就有必要研究个别的人,了解这个生物原本的样子,也就是研究进入社交之前的他,正如在他对国家感兴趣或融入到某个城市或群体之前。最常见的做法是讨论处于联合状态和国家关系中的人,因为他自出生或被抚养的那一刻起就参与到了这个或那个社会中。然而,将其看做一个公民或世界上普通的一员,追溯其更早的家世,并观察其在自然本身当中目的和构造,有时仿佛必然被看做是某些纠缠不清或过于精细的思辨。

作为道德研究中的这种普遍的畏缩不前的理由,有人可能会一本正经地宣称,主要运用这种方法来探讨这些问题的人们,在这样做的时候却使更好的方法为人所耻笑。唯有经院哲学家们才有权操心这些问题,这种状况反而使他们的派头作风成为了讨论的主题。有一些正式的规定领域,我们估计,其中充斥着以这些较严肃的主题为旗号的言论和教导。在真正的聚会中,我们却不允许有186　这样的事情。只要一提这些事情,我们就感到厌恶,甚至气愤。如果碰上了学术,我们就视其为卖弄,如果碰上了道德,我们就视其

---

① 应该是指《约翰福音》中所说犹太人的高官尼哥底母:"有一个法利赛人,名叫尼哥底母,是犹太人的官。这人夜里来见耶稣"。见《约翰福音》3:2。——译注

为说教。

但人们必定承认这就是我们现代的对话的缺点,由于这样谨小慎微,这些对话失去了学问和健全理性的强有力的帮助。甚至是女性——为了迎合她们,我们才假装如此屈尊纡贵——也会因此而鄙视我们,嘲笑我们学习她们特有的娇弱。效仿她们的做派,显得柔媚一点,那并不是恭维她们。我们的感觉、语言和着装,以及我们的腔调和身体,还保留着些男性特征和自然的粗糙,借此,我们的性别得以被区分。无论我们装作多么高雅,也只是一种造作,而非真正文雅的言谈,或使言谈变得雅致。

任何文艺作品都不能被看做是完美的,如果赋予其血肉和比例的手法失去了力量和胆识。画家们说,一幅好作品,除了色彩和衣饰之外,还必须有健康的肌肉。任何具有重要意义的写作或谈话也必定如此,如果没有坚实的理性,没有古代遗风,没有充实内容,也没有人们的真实经历,也没有可被称作"知识"的东西,也许只剩下一些荒谬的习气,让它显出一副油腔滑调的样子,这样的作品看起来只能是软弱无力的。 187

这让我想到了一个寻思已久的原因,亦即为什么我们现代人在论文和随笔上甚为丰产,但对话作品却凤毛麟角;迄今为止,人们发现对话是经营较为严肃的题目的最高雅、最优秀的手法了。[1] 事实上,把那么多出色的思想汇聚在一场谈话当中,因而使其在一个小时的过程中保持内容充实、思路流畅,直到某一个题目得到合理的考察;这会是极其令人厌弃的,是贻误世人。

违背自然和真理的面貌去绘画、构形或描写,无论是画家还是诗人都不允许这样任意妄为。哲学家也没有这样的特权,尤其是在他自己的案例中。如果他将其哲学表现得像是在交谈中力压群雄,如果他在辩论中取得胜利,并让自己的智慧在世人中独领风骚,那么他很容易遭到戏谑,而且可能被当做无稽之谈。 188

据说有一头狮子,与人类很有礼貌地会面,当人类不用事实,

---

[1] 见第一卷,第193—197页及以下;第三卷第290页及以下。

而只是创作几个人类战胜狮子的形象画面的时候,它很聪明,拒绝承认人在力量上胜过它。这头野兽发现这些艺术杰作全是人类的捏造;由此来看,它有充分理由去申诉。如果它真的见过像人类用艺术手法所表现的这种战斗,这样的形象还可能打动它。但是,如果它既没有看到也没有感受到这些活着的对手能在战场上与它一决高下,那么,古代关于赫拉克勒斯、忒修斯或其他征服野兽者的雕像就丝毫不能震撼它。

因此,我们用不着奇怪,这类运用对话手法的表现道德的绘画早已过时了,而且我们在今天再也看不到这些哲学上的肖像手法了。因为,这些原型在哪里呢？或者,即便你(贝拉蒙)或我恰巧碰上这样一个原型,并因为看见这个活着的人而得意洋洋,又能怎样呢？你能想象照着它作一幅好画吗？

189　　你也知道,在我给你展示的这种学院派的哲学当中,有一种质疑和怀疑的方法不再适合我们这个时代的天才了。人们喜欢随时拉帮结派。他们不能忍受悬念。刨根问底让他们头疼。好像不论什么时候敢于顺从理性的潮流,他们就臆想自己会被淹死。他们看起来要逃之夭夭,但又知道无处可逃,因而随时准备抓住手边的树枝。他们宁愿往后就爬在这棵树上——尽管也岌岌可危,也不愿相信自己有力气浮出水面。那些抓住某个假设的人感到很满足,虽然这假设不堪一击。他能立刻回答任何的反对意见,并且能几个术语来轻而易举地解释一切事情。

这也就难怪,炼金术士的哲学会在这个时代如此盛行,因为它许诺给人们这样的奇迹,而且它只需要动手而不是动脑。我们异想天开要成为造物主,至少是有一种强烈的欲望想要知道自然创造一切的诀窍或秘密。我们余下的哲学家们的目标仅在于思索这

190　　种诀窍,而我们的炼金术士们则立志要付诸实践。事实上,他们已经在考虑如何用自然未曾提供的材料来创造人。每一个派别都有其秘诀。只要你掌握了它,你就是自然的主人;你会参透她的所有现象,你会看到她的所有意图,而且能解释她的一切规律。如果需要,你还可以是她的实验室,并为她效劳。人们至少可以设想,现

代每一个派别的追随者都有此幻想。照此来看,他们都是阿基米德的追随者,而且能用更容易的条件创造一个世界。

总而言之,我们有充分的理由如此浅薄,也因此在哲学上如此独断专横。我们太懒惰,也太矫情,还有那么一点懦弱,以至于不敢怀疑。这种习惯到了极致就变成了我们的风俗。它与我们的堕落和迷信一拍即合。无论我们喜爱那种习惯,都能得到它的保护。如果为了宗教,我们主张我们的信仰所依赖的某种假设,那么我们也迷信地小心翼翼,不致放肆地对待宗教。如果由于我们败坏的道德,我们与宗教决裂了,我们还是同样地小心翼翼;我们必定会说,"不能这样",而且会说,"这是不言而喻的,否则谁知道呢? 不知道,就是屈从!"

所以,我们需要知道一切,但尽力不去深究任何东西。因而,所有的哲学怎么都显得那么别扭呢? 它们不依赖稳固的假设,也不给我们描绘任何诱人的体系,只谈论可能性、悬而未决的判断、研究、探索,小心谨慎地避免被坑蒙拐骗。这就是学院的纪律,从前的年轻人就接受这种纪律的训练;那个时候,不仅是骑术和军事技能有公共的训练场所,而且哲学上也有著名的摔角手。① 理性和机智有自己的学院,并经受这种考验,不仅是以远离生活的正式方式,而且还要在更高尚的生活中接受公开的考验,作为较文雅的人们的一种锻炼。这就是最伟大的人们,在公共事务的间歇,在身处最高贵的地位和职业的时候,在生命的最后时刻,仍然不耻于进行这种实践。此后,对话的手法以及辩论和推理的耐心,在我们的交谈中,在这个时代,荡然无存。

贝拉蒙,想一想,我们的画像能证明什么呢,尤其是将其置于你很不幸所选择的那种视野中来观察。因为,谁还能以今天这样的欢悦、机智和幽默来面对哲学呢? ——不过,如果这对你的声誉有利,那我也满意了。这是你自己的规划。你与哲学很不相配。因而,既然任由你自己去追求这种成功,我就开始这个毫无前途的

191

192

---

① 见第三卷第 333 页及注。

工作,这是我的厄运,而且是你指派给我的;而且,我几乎不敢请求缪斯的帮助,纵然我不得不在这个事业中展示我的诗才。

第二节

"哦,可怜的人类啊!——不幸的自然,在你的杰作中犯此大错!——这致命的缺陷源于何处呢?我们应将其归咎于何种机缘或命运呢?或者,我们是否应该提醒诗人们,当他们吟唱你的悲剧的时候,普罗米修斯!你带着从天上盗来的火,混合了污秽的土,模仿天堂的样子,并且歪曲不朽者的面貌,创造了这不伦不类的人;这可怜的凡人,是他自己的祸害,也是一切祸害的根源。"

贝拉蒙,你在说什么,这么慷慨激昂,现在来回想一下?或者,难道你忘了吗,就是在这个浪漫的情调中,你背弃了人类,曾几何时,所有一切都那么宜人,人类自己(我认为)也从未显得那么美好?

但是,你并非抱怨整个造物,也并非不幻想一切都美。碧绿的田野、辽阔的远景、辉煌的天际,还有绚烂的天空,都笼罩在一轮落日之下,魅力四溢,令你流连忘返。贝拉蒙,在此你允许我尽情地赞美,与此同时,你却不能容忍我谈论近在我们身边的美,我觉得这些美更容易引起我们这个时代的人的赞美。你即便再严肃,也不能让我对此缄默不语。我要继续为"美人"的事业辩护,而且要将她们的魅力提升到其他自然的美之上。如果你从这样的反对中有所获益,去表明自然的美是多么渺小,我所赞美的东西中的艺术是多么伟大,我便要竭尽全力去辩护;而且如果要追求美,那就要时刻注视这片土地,只要还有这样美丽的土地。

想一想,你的天才是多么喜爱诗意,我惊讶地发现你突然开始厌恶我们现代的诗人和"言情"作家(galante writers);我给你引述他们,说他们比那些赞颂美人及其天资的古人更有威望。但你却对此不以为然。事实上,你也承认近来某些才子所观察到的事情是真实的,即"那种言情故事(gallantry)是现代的产物"。而且你认

272

为，尽管如此，这也不是对古人的不敬，古人也很好地领会真理和自然，承认这种言情故事荒谬之极。

因而，我拿这面盾牌来防御是徒劳的。当我以美人的名义以这种虚幻的方式为通常所说的优美的东西的优势辩护的时候，我的理由没有多少用处。你抨击"言情故事"的城堡，嘲讽"荣誉的要塞"，而且还带着属于它的那些文雅的风度和礼节。你甚至诅咒我们钟爱的"小说（novels）"，也就是女性们自己写得那些极尽甜美、自然的作品。总而言之，你毫不留情地谴责这一整套机智是虚假的、怪诞的、粗俗的，违背了自然，而且纯粹是骑士精神或侠义作风遗留的糟粕；这种骑士精神本身你也是喜欢的，比起取代其位置、当下流行的那些东西来，它还有一种较好的趣味。因为，每当言情故事中透露的这种秘事传播英勇骑士的幻想的时候；每当美人们被邀请为见证，而且还在某种意义上参与到了武艺展示，深入到战斗的每一个要塞中，为铁骑长矛和英勇气概所动情的时候，你认为，有这些东西作为基础，向她们表达忠诚和爱慕，让她们作为机智和风度的裁判，并让男人们拜倒在她们的意旨之下，并不会显得完全荒诞不经。但是，在没有女圣徒被宗教权威所崇拜的国家，要把女性们奉若神明，将其抬高到自然所指定的地位之上，并且以她们自己时时抱怨的那种自然的爱情来敬爱她们，这既粗鲁、愚蠢，也是亵渎神明。

在道德方面，你说，人们很惊讶地发现，如放荡这种轻浮的宫廷习气已然盛行于世。你不知道，这样一种面向男男女女的奉承谄媚的说话方式意味着什么；除非它本来就是要让人们变得庸俗，使每一个女性都认识到，公众赋予了她们一种权利，并且，美是一种十分广泛而神圣的东西，以至于不能被当做一种财产，不能被某个人独占。

与此同时，我们的同伴开始离开我们。你曾严厉谴责的上流人士也一哄而散，唯恐避之不及。我注意到，在夜晚徐徐而来的事物更令你愉悦，因为它们带来了孤独；月亮和星星开始闪烁，事实上它们是唯一适合像你这种性情的人的伙伴。到了此时，你才开始

195

196

得意地谈论所有层次的美,只是除了人以外。我从未听到过像你这样对天上星体的秩序、行星及其卫星的轨道的优美的描绘。而且,是你们对我们现在身处其中的轨道上的那些美丽的尘世星体只字不提;是你们,贝拉蒙,忽略了这个剧院的光辉,满心陶醉地注视着这个外来者,欢欣鼓舞地沉浸于未知世界的崭新的哲学场景。当你初次燃起想象之火的时候,在这里,我却希望邀请你与我一起来更冷静地分析这个世界的其他部分,即你自己的同类;我对你说过,你对这些同类心怀厌恶,以至于让人相信你是一个十足的泰门(Timon),或者仇恨人类者。

"哦,菲勒克勒斯",你提高了声调说,而且情绪有些激动,"那你能想象我是那种性格吗?或者说,你真的认为我就是泰门,身为人,也意识到自己的本性,但却没有一点仁慈,以至于感觉不到作为一个人的感情?或者说,既然能感觉到对于自己同类的自然的感情,但却轻视他们的美德,并且对感动他们或他们深切关心的东西无动于衷?我就不热爱自己的国家?或者说,你发现我确实不能做一个朋友?为什么要有其他关系呢?私人友谊的纽带又是什么呢,如果这友谊对人类不能带来什么便利?如果没有什么好处,自然中还有什么凝聚力呢?哦,菲勒克勒斯!相信我,当我说我感觉到友谊是一个纽带,并体验到它在我内心的力量。不要以为我情愿抛掉我的责任,也不要把我看得那么堕落或不近人情,以至于我虽有人的形,也有人的心,但却能抛弃爱、同情、友善,不愿善待人类。——但是,哦,人人都背信弃义,目无纲常!所有人都堕落!——难道你没有发现,甚至现在,当这一片空间都充满着朋友,一切都显得多么和平安宁。——公众聚会多么富有吸引力!宫廷和高雅的地方一派和谐!每一个人都喜形于色!所有人的言行举止都那么谦恭仁慈!有哪种能够反省的生物,如果这样看待我们人类,而没有看到更多,能不相信我们的地球是个天堂?有哪些外来者(假如是某个邻近行星上的居民),当他旅行到这里,审视事物的这种外在面貌,会关心隐藏在这面具之下的东西吗?——不过,让他呆上一阵子。允许他有充分的空闲,直到他得到更近的观察,并且跟随我们分散各处的人群深入到他们各自的居所,他就用能力从这个新的视角来观察他们。——在这里,他可以看到内阁中的那些大人物,这些人在一个小时前还身处公众之中,显得是这样的朋友,而现在却诡诈密谋如何让别的人完蛋,也让这个国家毁灭,以作为其野心的牺牲品。在这里,他也可以看到较为温和的人,他们没有野心,只有爱。然而,菲勒克勒斯,有谁会这么想呢?" 199

说到这些,你也许还记得,我发现自己的情绪有些轻浮,而且还大声笑了起来;如果我不是坦诚地告诉你真实的原因的话,我几乎不能指望你会原谅我这样。这不是因为对你所说的东西毫无感触。我只是猜想有更特殊的原因刺激了你,当时你避开那种野心勃勃的人不谈,而是义愤填膺地抨击情感软弱的人。起初,我觉得你有满腹牢骚,但现在我断定你是心怀爱意,而且很不幸陷入太深,因而有理由抱怨他们信仰不贞。我想,"这一点触动了贝拉蒙。这就是残败的世界:这就是他所悲叹的堕落和混乱!"

在我恳请你原谅我粗鲁的笑声之后——然而这也有幸能让你的性情发生某些改变,我自然而然地沉浸到对这普遍的不幸的本质和原因的冷静分析当中:"是由于什么意外,什么巧合;是因为什么不可避免的必然,什么目的或允诺,这不幸才突然降临这个世界;或者,一旦降临,就要持续存在下去。"稍有理性的人便很容易 200
理解这种研究,①但我发现,这个研究很难支持你那透彻的判断和洞察。而且,这无意间让我们对自然展开精细的批评,对于自然,你尖锐地责难她有许多因其自身失误而致的荒谬之处,这些荒谬之处与人类及其独特的地位有关。

我愿劝告你要更平等地对待自然,更宽容她的缺陷。我的看法是,不平并不像你所指出的那样完全集中在一个地方,每一个事物都分担了苦难。快乐和痛苦、美和丑、善与恶,在我看来,在任何地方都交织在一起;而且我认为,它们相互之间形成了一种巧妙的混合,整体上是非常适当的。我猜想,这就像在某些物类丰富的地

---

① 即《论美德与功德》。

方,花朵和土地很奇妙地结合在一起,产生如此怪异的效果和相互对立的色彩,模样上看起来很古怪,但却非常自然,而且就单独一个事物来看也不错。

201 但你还是有些极端。没有什么东西能为创造(creation)①中的这个部分,即人类的缺陷或瑕疵开脱;尽管其余的一切都很美好,毫无瑕疵。按照你的解释,暴风骤雨也有自身的美,除了人类心中涌起的那种暴风骤雨。仅仅是因为终有一死者这个族类,你便要责怪自然。我现在知道了,你为什么对普罗米修斯的故事如此着迷。你想为人类找个奸细,而且你受此诱惑而希望这个故事能得到现代神学的证实;既然那至高的力量没有参与或插手这个残缺的创造,你就可以肆无忌惮地抨击这个创造,而不必被视为渎神。

然而,我告诉你,这不过是古代宗教诗人的苍白托词而已。用普罗米修斯这样的人物可以很容易回应所有的反对意见,比如,"为什么人类起初便如此愚蠢而叛逆呢? 他为什么那么自负,有如此的野心和奇怪的欲望呢? 他和他的后代为什么要承担那么多的谴责和诅咒呢?"——普罗米修斯便是起因。造型艺术家用他那不幸的手揭开了一切。他们说,"是他的诡计,还有他本人应为此负

202 责。"他们把这个诡计看做是一场公平的游戏,如果他们能赢得先手,把这邪恶的起因推得更远一点的话。如果人类问一个问题,他便讲给他们一个传说,并让他们满意而归。他们认为,除了少数几个哲学家之外,没有人这么多管闲事,得寸进尺,或者再问第二个问题。

我继续说道,事实上,人们想不到这样的传说除了能骗骗小孩子还能有什么用处;而且,比起坚实的理性来,空洞的许诺更容易将多数人打发走。我们不应该轻易嘲笑印度的哲学家;那里的人们问,世界这个巨大的框架是用什么来支撑的,他们回答说,用大象。——这头大象是怎么做到的呢?——问得聪明! 不过用不着

---

① 希腊神话中说普罗米修斯用水和泥土创造了人,但也还有其他一些造人的传说。——译注

回答。只是在这里，我们的印度哲学家才应该受到指责。他们应该满足于拿大象来解决问题，不必再多问。但他们反而又拿出了一只乌龟；他们觉得乌龟的背足够地宽阔。所以，这只乌龟必须担负新的重量，这样，事情比先前更糟了。

我告诉你，异教徒关于普罗米修斯的故事与印度人的故事差不多：只有异教徒的神话学家才这么明智，他们只走第一招。单单一个普罗米修斯就足以解脱朱庇特的负担了。他们很巧妙地把朱庇特作为一个旁观者。看起来，朱庇特下定决心要保持中立，看看这个引人注目的实验会有什么结果，看看这个危险的人类铸造者（Man-moulder）怎么收场，看看自己的干预又有什么后果。——精彩的解释，可以让异教的百姓们满足了！但你想到，一个哲学家能从其中汲取到什么呢？你立刻说，"因为神可能阻止普罗米修斯的创造，也可能阻止不了。如果他们能阻止，那他们就应该为这些后果负责，如果他们阻止不了，那他们就不再是神了，既然他们受到这样的限制和束缚。普罗米修斯是机缘、命运、可塑的自然的代名词，还是一个邪恶的魔鬼，无论他指的是什么，他都背叛了全能之神。"

你承认，像"造人"这样一种冒险的事情应该由那些少有先见之明和统帅能力的人来承担，既不明智也不合理。但你坚持他们有先见之明。你承认造人的神已经了解到这些后果，当他们展开自己的工作的时候；同时你否认，要是他们料到这样的后果事情就会变好，尽管他们知道结局如何。"这个计划得到了执行，总还是好事；无论人类会变成什么样子，或者说，无论这样一种创造会给这个悲惨的种族的大多数带来多大的困难。因为，你认为，上天的所为必然是最佳选择。所以，尽管人有这样的悲惨和罪恶，其中也必定能产生出某些善来，这善会脱颖而出，做出完美的矫正。"

我真想不到你肯知错，随后我便发现你为此感到不安。因为，我在这里是站在你自己的立场上反对你的，并且把人类所有的丑恶和堕落置于与你先前相同的视野中加以观察，我要让这种现象来告诉你，哪些地方会产生好处或善，或者说，从你对生活的悲观

203

204

描绘中能得到什么卓越的东西或美。这是否不必然是一种非常强烈的哲学信念，这种信念能够说服人们说，你所观察的阴暗的那一部分生活只是一个美好整体的一些必要的阴影，也可算作是创造之美的一部分；或者，你是否能够把那个准则看做是符合上天的呢，我敢保证你不会让所有人都同意这一点，"恶乃善之所依。"

我说，这让我想起了我们现代的普罗米修斯们，也就是那些江湖医生的作风，他们在我们这个尘世舞台上表演各种各样的奇迹。他们能创造疾病，也能制造争执，以便让自己治疗和修复。但是，我们能将这种做法转嫁给上天吗？我们胆敢把这种江湖骗子看做神，把这样的病人看出是可怜的自然？"这就是自然之病弱的原因吗，或者她（可怜的无辜者！）又要生什么其他的病，犯什么样的错？如果她原本是健康的，或者在被创造之初就很强壮，那她将一直如此。神把她遗弃，或者留给她一种缺陷，然后再花大力气去弥补，误把受害者当做自己的作品，这有损神的声誉。"

我打算让荷马来见证朱庇特制造的诸多祸害，萨耳珀冬制造的死亡，还有命运三女神在上天常常制造的磨难。但我看到，这种推论让你不快。到现在，我明白地发现自己的怀疑主义倾向。而且，在这里不仅有宗教反对我，而且还为我对先前所辩护的言情故事的解释遭受谴责。在你对我的指责当中把这两者混为一谈，当你看到我毫无信仰的时候：之前我还为女性们的目标找借口，为情们的道德辩护，而现在却准备对她们大加斥责。你说，这是我在辩论中一贯采取的手段：无论是哪个理由，我都乐意接受，我从不在意在争辩中获胜，无论是什么结果，我都一笑了之；甚至在我说服了别人的时候，却好像并没有说服自己。

贝拉蒙，我向你承认，在你提出的指责中有很多正确的东西。因为我最喜欢自由自在；不过，所有能最为自由自在地理证、从不生气或激动的哲学家，像人们称之为怀疑主义者的那些人，你承认，他们从不能自由自在。我觉得这类哲学最有趣、最惬意，让心灵的锻炼任意驰骋。我认为，另一类哲学却艰深晦涩，"总是被限制在一条道路上，总是瞄准一个目的地，谨守人们信口而言的'真理'：这个点，无论从哪个方面来看都是游移不定的"。除此之外，我们的做法没有伤害任何人。在任何情况下，我都是第一个遵守的人；至于宗教，我绝不比其他人更多亵渎，更不会坚持错误的教义。我从不自满，因而不去触犯我精神上的和学术上的主上。我绝不会偏袒我自己的悟性，也不会将理性抬高到信仰之上，或者坚持武断的人所称的"演证"（demonstration），更不敢质疑宗教中的神圣神迹。我继续说道，为了向你说明，我们这类人如何从不可能违背天主教和国教的信仰，请你想一想，其他人声称自己亲眼看见宗教中有他们最需要的东西，而我们，就我们自己而言，只敢赞同我们的精神导师。我们也不敢对那些导师妄加评判，只是服从他们，因为他们是正义的主上指派给我们的。总而言之，你们理性主义者，事事都听从理性，声称知道一切事情，但又不相信任何事情：而我们什么也不知道，但相信任何事情。

207

我说到这里停了下来，反过来，你只是不动声色地问我，"带着那种精巧的怀疑主义，我是否不能够在行动上的真诚与伪善做出更多区分，正如我不能区分推理上的真理与谬误，正确和错误？"

208

我不敢问你这个问题的用意所在。我害怕自己把这个问题看得太简单，而且，由于我从当下流行的谈话中学来的这种散漫的言谈方式，我已经允许你怀疑我有那种最糟糕的怀疑主义，不放过任何事情，推翻所有的原则，无论是道德上的，还是宗教上的。

我说，我的贝拉蒙，请你原谅我，我知道我冒犯了你，虽然不是无缘无故。但是，如果我努力用一种众所周知的怀疑主义的特权来弥补我这种怀疑主义的无礼行为，并且激烈主张我至今仍在反对的理由，又能怎样呢？不要以为我好高骛远，竟敢捍卫受启示的宗教或基督教信仰中的神圣神迹，我配不上这个任务，否则便是亵渎这个话题。我谈的只是哲学，而且我的梦想只是力图用我所能从中调动起来的东西，以反对无神论的主要观点，并重建我在有神论体系中不够严谨的观点。

209

你说，你的计划有望使我接受你那种我一开始并不信赖的名誉。因为，当我从狭隘的意义上理解启示的时候，我对有神论的动机或者自然神论这个名字非常反感，所以我仍然认为，严格地讲，一切的根源都在于有神论，而且，要成为一个忠实的基督徒，就有必要首先成为一个虔诚的有神论者。因为只有有神论才能抵御多神论或无神论。[①] 我也没有耐心去分辨受人非难并与基督教相对立的自然神论者这个名字——这个名字是最傲慢的。"好像我们的宗教是一种魔法，并不依赖对一个单一的至高存在的信仰。或者，好像对这样一个存在的坚定的和理智的、基于哲学基础的信仰便无法让人信仰更多东西。"对那些天生就不相信启示的人，或者那些出于虚荣而对这种启示满不在乎的人来说，这真是个精妙的推定！

210 　　你继续说，但让我听听，你是否是真心诚意要发展有利于作为所有宗教的基础的那种观念，或者说，你是否一如从前，只是打算拿这个话题来作为消遣？"菲勒克勒斯，不管你有什么想法，我都决心要迫使你说个一清二楚。你不能借口说这种严肃的话题不合时宜。这个时代一片灯红酒绿。我们的伙伴已远离这个领域。而且，像这样一个深沉而肃穆的夜晚，正适合这样最深刻的沉思或最严肃的谈话。"

　　贝拉蒙，你这样继续催促我，直到我随后不得不沉浸到哲学的迷狂之中。

第三节

　　那时你发现，我认真地说，我也可以变得严肃起来，而且可能一直严肃下去。你刚才过分的严肃，在这样一个不恰当的时间，可能迫使我为了反对你那抑郁的性情而走向另一个极端。但我对你

211 发现的那种抑郁有更合理的看法；并且，尽管你乐于赋予其这种幽默色彩，我还是确信，它与我那时归之于它的所有其他怪诞的起因，有一种不同的基础。"毫无疑问，爱是最根本的，但这种爱是一

---

① 关于多神论（鬼神论）或无神论，参见本节第 13 页。

种更高贵的爱,而不是通常的美所激起的爱。"——

此时,我接过话头,提高了声音,模仿你教给我的那种庄重的语气。我继续说道,"你既然无所不知,对各个层次和等级的美和独特形式的所有神秘魅力都了如指掌、深有体验,所以便将它们上升到更普遍的高度,并且以一种更广阔的胸怀和更包容的心态去寻求那最高的美。不会迷恋漂亮的脸庞或者人体的协调比例,你静观生活本身,更愿意领悟赋予其光彩、使其和蔼可亲的心灵。"

"这种单一的美带来的享受也不足以使这样一个雄心勃勃的灵魂感到满足。它探索如何容纳更多的美,并通过怎样的联合来构成一个美的社会。它体察的是社群、友谊、交往、责任,并思考如何通过个别心灵的和谐来构成普遍的和谐,确保公共福利。" 212

"甚至某一个人类社群的公共的善也不能使它满足,它自己构造一个更高贵的对象,并带着更广泛的友爱去寻求整个人类的善。它欣悦地思索着理性,以及这种美好的交流和丰赡的利益建立于其上的那些秩序。法律、体制、世俗的和宗教的仪式,一切能使粗野人类变得文明高雅的东西,社交、艺术、哲学、道德、美德,人类社会的繁荣、人性的完善,所有这些都是它所展望的美妙前景,这就是吸引着它的美的魅力。因为忠诚于它的故土和高贵的祖国,它才追求这秩序和完善,畅想着最好的未来,希望找到一个正义而贤明的政体。"

"因为,如果没有一个普遍的心灵的统领,这所有的希望都虚幻无凭;由于没有这样一个至高的性灵和天意的关怀,这个散乱的宇宙必将被诅咒去经受无尽的灾难;为此,这个慷慨的心灵才努力去发现整体利益得以被确保、事物的美和普遍秩序得以被幸运地维持的疗治良方。" 213

"贝拉蒙,这就是你的灵魂所受的劳苦,这就是它的抑郁的原因;如果不能成功地得到这最高的美,它便身陷阴霾,不见光明。妖孽不仅生于利比亚的沙漠,也生于更为复杂的人心,并且,它们那可怕的面貌让人想到自然的丑陋。人们诅咒她昏庸无能(人们认为她如此)、倒行逆施,人间的政府饱受责难,神黯然退却。"

"人们提出很多看法来回答自然为什么犯错，她如何软弱无能，背叛那位永不犯错的工匠。但我否认她犯错，而且当她的造物看起来极其荒唐或悖谬的时候，我仍然断言，甚至在此时她也是明智、慎重的，就像她最好的作品所表现得那样。因为，并不是当看到各种势力相互纠结干扰的时候，人们才抱怨世界的秩序，或憎恶万物的面貌；在不同类型的、相互对立的、呈现不同运动的万物中，自然让低级的服从高级的。只有在相反的情形下，也就是从下到上的秩序，我们才赞美建立在矛盾之上的世界的美：此时，从这种多样而差异的原则中，一种普遍的协调被确立起来。"①

"所以，在陆地上的形态所构成的所有秩序中，需要一种屈从、一种牺牲，万物相互服从。植物的死亡维持了动物的生存，动物的尸体分解又滋养了土地，养育了植物界。无数的昆虫都被高级的鸟类和野兽消化，而这些鸟类和野兽又被人类降服，人类反过来也服从于其他万物，把他的躯体交给其余的事物作为牺牲。而且，如果在自然万物中不存在高下有别的现象，而利益的牺牲又显得如此公正，世界上所有低级的种类都从属于高级的种类不是更为合理吗！贝拉蒙，当太阳那昏暗的光线让位于这些更明亮的星座的时候，那个世界甚至此时也让你痴迷，而且任你沉思这个广阔的系统。"

"这就是那些不应该也不能服从于任何低等事物的法则。中心的力量将永恒的天体掌控在适当的平衡和运动中，这些力量必不能被控制去拯救一种短暂易逝的物种，解救悬崖边上的幼畜，这幼畜脆弱的体格无论如何被保护，也必然不久就自我毁灭。周围的气体、内部的水气、邻近的流星，或者所有其他东西，都对地球发挥滋养和保护作用，必然遵循自然规律运行：其他的构成要素必然服从于这个永世长存的星球的习性和构造。"

"因而我们不必惊奇，由于地震、风暴、肆虐的瘟疫、地下或地上的烈火洪水，各种动物常常遭受折磨，整个物种都可能毁于一

---

① 见第三卷第 263—264 页，注释中所引古人论"世界"的话。

旦；但这些都不足为奇，当疾病侵袭生殖系统，雌性动物的器官在 216
生育时受到创伤和堵塞的时候，如果由于外部的惊扰或内在有害
物质的伤害，某些特殊的动物在成长初期就发生畸变。单单这样
的情况就会产生畸形：自然仍然一如既往地运行，不会颠倒或错
乱；如果颠倒或错乱也不是由于虚弱或懈怠，只能被一个更优越的
对手和另一个自然的正义的征服力量所击败。"

"我们也不必惊奇，内在的形式，亦即灵魂和性情也偶尔带有
这种畸形，并常常影响与其对应的器官。谁会奇怪感官的病变，或
者拘禁于这样羸弱的肉体之内并依赖于这样扭曲的器官的心灵也
会堕落呢？"

"这就是你所需要的解答，也就是自然表面上的瑕疵。这里的
一切都是自然的和合理的。这种合理是主要的，所有腐败衰朽的
自然都因其腐败衰朽而只能屈服于某些更合理的自然，所有的一 217
切都服从于那个最合理、最崇高的自然，这个自然是永不腐败衰
朽的。"

还没等我说完，你就禁不住发出了惊叹，问我是怎么了，我突
然间改变了自己的性格，沉浸于思考之中；你觉得这些思想必定在
我心中酝酿已久，因为我在说出它们的时候，喜爱之情溢于言表。

我说，哦，贝拉蒙！我真是很幸运在那天遇见了你，当时我刚
从乡下一个朋友那里回来，他的谈话在脑海中萦绕一两天了，他的
话真是与你不谋而合。你会真的认为我已经治好了我的怀疑主义
和反复无常，遇到任何话题都不会旧病复发，尤其是这些如此严肃
的话题。

你说，确实是，我巴不得那个时候就遇到你，或者说，你朋友给
你的那些美妙而严肃的印象没有中断，一直延续到此刻。

我对你说，贝拉蒙，不管那些印象是什么样的，我还没有忘记， 218
偶尔回想起来也并不难，如果我不担心回想起来的话。

你说，担心！我的菲勒克勒斯，求你告诉我，为谁担心呢？为
我还是你自己？

我回答说，都有吧。虽然我的怀疑主义好像痊愈了，但我想是

被更糟的东西治好的,是一种十足的狂热主义。你还没有听说过
有讨人喜欢的狂热主义者。

你说,如果他是我的朋友,那我就很难这么随便地对待他了。
也许我也不该把你随口一说的那个词断定是狂热主义。我很怀疑
你伤害了他。在我更详细地听到那次严肃的谈话之前我是不会满
意的,因为这次谈话,你就指责他是狂热主义者。

我说,我必须承认,他绝没有平常的狂热主义者那种粗鲁的神
态。这种神态完全是平静、温和、和善的。其风度更接近你常常
为之倾心的古代诗人的那种令人愉快的狂喜,而不是现代狂热分
子的那种暴躁孤僻;也就是那些刻板粗暴的绅士们,他们像流氓
对待情人那样保卫宗教,而且由于崇拜那些不允许别人审查、他
们自己也不公平对待的东西,他们同时也毫不在乎我们怎么看待
他们的夫人的优点和自己的品性。不过,我这里要为它申辩,其
中没有任何虚伪或矫饰的地方。一切都是公平、公开、真实的,就
是自然本身一样。他只钟爱自然,他只歌颂自然。而且,如果说
某个人有一位自然的情人,那我的朋友肯定就是这样一个人,他
完全被这位情人迷住了。但我发现,所有地方的爱情都是一样。
尽管这里被爱的对象非常美丽,它所唤起的情感也非常高贵,但
我认为,自由是最美妙的:而像我这样的人,从未想要投入到哪怕
是最短暂的爱情中,我告诉你,我更是担心这种爱情会让我那可
怜的朋友无法自拔,使他变得好像是彻头彻尾的狂热主义者,只
不过不是性情恶劣的那种。因为有一点是他独一无二的,即"虽
然他绝对是个狂热主义者,但绝不是个盲从者。他总是和颜悦色
地倾听任何东西,当我把他的思想全当做虚幻不实的东西的时
候,而且当我像个怀疑主义者拆解他的体系的时候,他也仍然宽
容我。"

这就是那种令你喜不自胜的性格和仪容,以至于你不允许我下
个定论。我发现,如果不概述一下我与朋友那两天在乡下隐居处
的谈话,你是不会满意的。我一再地提醒你,"你还不知道这种哲
学情感的危险,也没有考虑到你可能作茧自缚,而且把我当做始作

俑者。我早已深陷其中了,而你却自甘冒险,把我推得更深"。

我所能说的东西对你产生不了任何影响。但是今天晚上不必谈得太多,我答应你,为了你,我来当个作家,简略回忆一下谈论哲学的那两个时日;就从我们两人最后一天的事情开始,你看到,我将此当做了我的故事的引子。

到了镇上天色就不早了,在我们最后的同伴离开的几个小时后,你给我安排了住宿,然后我们互道晚安。

第二章

第一节

菲勒克勒斯对贝拉蒙:

经过了昨日那么一天,当我第二天早晨醒来的时候,我本以为 221
自己很难再积极地、不停歇地继续投入到同样的哲学探讨方式,这种情况比之前更困难。因为现在没有那些合意的同伴让我一如既往。贝拉蒙,你的谈话一直支持着我,现在却要结束了。我现在孑然一人,幽居斗室之内,不得不独自沉思,处于像面对最艰难的问题的作家和历史学家一样的困境之中。

但我想,在某种意义上说是天助我也。因为,像荷马教导我们 222
那样,如果梦是从朱庇特的王位传送而来的,那我可以断定,我有整整一夜都在做一个真正的美梦;回想起来,这个梦让我朝思暮想的东西宛若眼前。

我发现自己对一个遥远的国家心驰神往,那里的乡间风光绚丽多彩。离海不远有一座山,山顶遍被古老的树木,山脚下河水流淌,往前有秀丽的平原,一直延伸到海边,没入天际。

无须多想,我便认出这个地方就是我与特奥克勒斯在第二天谈话的那个乡村。我环顾四周,想找到我的朋友,叫道,特奥克勒斯!突然就醒来了。但梦中的景象是如此鲜活,人物、言语和举止都历历在目,难以置信我是受了哲学的启发,让我在此刻一试我的历史

285

学的灵感，就像罗马的圣贤受了他的爱格利亚（Aegeria）①的召唤。因为我正在希望得到特奥克勒斯的帮助，他深爱着缪斯，而且我想，他也得到缪斯的垂青。

223　　　因此，让我们复现原初那个乡间的场景，去见那位英雄般的天才，也是我对于这些深邃的论题的最初思想的同伴和导师：第一天清晨，我发现他与自己心爱的曼图亚的缪斯（Mantuan Muse）②一起漫步在田野上；因为他家中的人告诉我，他像往常一样出去读书了。一看见我，他就放下书本向我亲切走来。相互拥抱之后，我急不可耐地想知道他在读什么，于是问道，"是不是私密的东西，不许我看"。

　　因此他给我看了他的书本，表情很和蔼，此时他才说了实话，他说，菲勒克勒斯，难道你不想看看比这还要神秘的书？

　　我承认我想看，因为我觉得他的性格属于喜欢沉思冥想的那种。

　　他说，你认为若不喜欢沉思，人们还能欣赏这些神圣的诗人吗？

　　我说，确实我从来不认为，要读维吉尔或者贺拉斯就需要沉思冥想，远离尘世。

　　他说，你所提到的这两位不能被认为十分相像，虽然他们是朋
224　友，而且是同等优秀的诗人。不过，来一起读他们吧，你也喜欢这样，我愿意听听你的感受，不管你的意见是否适合读他们，因为他们写的就是他们自己。我肯定，从这一点来看，他们志同道合，都喜爱隐居：为了你所谓的"沉思冥想"这样一种生活和习惯，他们情愿牺牲最高的利益、快乐和宫廷的宠幸。但我要斗胆为隐居多说几句："不仅是最好的作家，而且最好的聚会，也都需要这样的调剂。"若非具备某种节制和独立思考，人们就不能正确地享受社交。

①　罗马神话中的一处泉水中的女神，是国王努玛·蓬庇利乌斯的妻子。努玛死后，她逃到阿里喀亚山谷中的树林中，此处也成为她的圣地。——译注
②　指维吉尔，出生在意大利曼图亚附近的地方。——译注

如果没有偶尔隐居的帮助，一切都会变得乏味、沉闷、无趣。菲勒克勒斯，说说看，你自己是不是也经常发现是这样？你是否认为那些恋人们懂得他们所爱之人的兴趣，出于彼此的善意，他们不能片刻分离？或者说，你想想，他们是否会成为体贴的朋友，在这种情况下选择生活在一起？世界还有什么乐趣（那个鱼龙混杂的庸俗世界），如果没有一点独处的时间，一刻也不离开生活的陈规惯例，也就是那个充满喧嚣夸耀的沉闷圈子，迫使疲惫的人们逃避所有贫乏的消遣？ 225

我说，特奥克勒斯，按照你的标准，生活中就不会有幸福或善这样一回事情，因为每一种享受都很快就腻味，变得令人难受，要通过其他东西来消遣，而这东西重又被另一些东西取代，以至无穷。我保证，如果独处用作对世界上其他东西的一种补偿或消遣，那就没有任何东西能作为独处的消遣；这需要除此之外的更多东西。而且这样的话，就没有任何好东西能是恒定的或持久的。幸福是一种非同寻常的东西，只有彷徨徘徊才能得到。

他回答说，哦，菲勒克勒斯，我很高兴发现你在追求幸福和善，不管你怎么彷徨徘徊。不，虽然你怀疑有这种东西，不过，如果你能推理，也就足够了，那还有希望。但是，看看，你不知不觉就沉浸其中了！因为，如果你毁掉了所有的善，因为你所能想到的一切当中，没有什么能始终保持为善，那么你就将其当做一个准则（在我看来有理由这么说），即"只有持久的东西才是善的"。

我说，我承认，我所知道的所有世俗的满足都是不持久的。能带来这种满足的东西总是变动不居：这善本身无论是什么，都要同 226时依赖心情和运气。因为机遇经常可以保留，但时间却不能。年龄、习性的变化、其他思想、一种不同的情感、新的抱负、生活的新转变，或者交往，至少这些都事关命运，其中之一便足以毁掉享受。虽然对象不变，但兴趣总在变，因而那短暂的善就消失了。但我很想知道，你能告诉我生活中总有些东西有一种恒定不变的本性，不会落入让人餍足和嫌恶的命运。

他回答说，我发现通常的善的概念不能满足你。在别人毫不犹豫的地方,你却能提出怀疑。因为几乎所有人都对这个题目进行教条式的哲学探讨。不过最肯定的是,"我们真正的善就是快乐"。

我说,如果他们能告诉我们是"哪个或哪种[快乐]",并确定就是这一种和特殊的这一类,必定保持为一样的,任何时候都同样地有效,那么我可能会感到满意。但是,当意志和快乐成为同义语的时候,当给我们快乐的所有事物都被叫做"快乐",而我们仅仅选择或偏爱给自己快乐的东西的时候,再说"快乐就是我们的善"就没有意义了。因为这就等于说,"我们选择我们认为合适的东西","我们为使我们愉悦或快乐的东西感到快乐"。[①] 问题是,"我是否恰当地感到快乐,并选择我们应该做的事情?"因为如果感到快乐就像小孩得到小玩具,或者任何触动他们那脆弱感官的东西,我们就不能在内心中真诚地羡慕他们的享受,或者想象他们拥有了非同寻常的善。然而我知道,他们对快乐的敏感和与我们自己是一样的。就感觉的鲜活和灵敏来说,纯粹的动物当中有很多要强过我们,这种看法也同样是确实的。而且,至于人类所感到的某些低级的和龌龊的快乐,如果他们也孜孜以求,视之为瑰宝,那我绝不会称其为快乐或善。

他说,那你是否会对感到快乐并为其享受的东西感到满足的人的直接感受和经验发表什么意见吗?

我说(我仍然带着特奥克勒斯在我心中激起的那种反对教条主义者的快乐论的热情),肯定会。因为,世上有哪种污秽的生物不夸赞自己的享受呢?难道那些最偏执、最恶毒的生物就不会这么做吗?难道最大的恶意和残忍不是天生的吗?过一种好吃懒做的生活不就是某些人最大的愿望吗?你肯定用不着让我列举有品位的人所偏爱的,并认作是自己最重要的快乐和愉悦的那些特殊的感觉吧。有些人甚至把疾病也看做是有益的、值得珍惜,仅仅是因为某种刺激感觉的灼热感的缓解会带来快乐。还有一些人与这些荒唐的享乐主义者很像,他们故意用些刺激物激发反常的饥渴欲

---

① 见第一卷第 308 页;第三卷第 200 页。

望,以便再饱餐一顿,然后再准备催吐剂当做最后的甜点;不久又去重新开始这样的盛宴。我知道有句话是众所周知的,"趣味本不同,无须再争辩"。我也记得有这样的箴言被放在图画上面,正适合这种看法。一只苍蝇正在舔舐一块脓包。这食物不管怎么肮脏,却天然适合这种动物。这件事情没有什么荒唐的。但你会给我说有野蛮残忍的人也享用这些东西,并以此为乐,你会告诉我有自甘堕落的酒鬼或滥施淫威的暴君以此为座右铭,因此就不许我发表什么意见;我真想不到他的享受有什么好,我也不可能认为一个下流的坏蛋,灵魂卑鄙低贱,但运气极佳,可以得到任何真正的享受。

229

特奥克勒斯回答说,凭着你驳斥这错误假说的热情,人们可能猜测你有一种正确的假说,并可能认为终究有善这么一种东西。

我说,我可以坦率承认,存在某些接近于善的东西,而且比另一种东西更像是善。但至于什么是真正的善,我还在追寻,直到你有更好的看法告诉我。我只知道,"或者所有的快乐都是善,或者只有某些快乐才是善"。如果所有的快乐都是善,那么所有的纵欲必定是可贵的和可取的。如果只有某些快乐才是善,那么我们就要去追问,是哪种快乐;而且要去发现,如果我们能发现的话,一种快乐与另一种快乐的区别是什么:它让这种快乐无足轻重、低下卑劣,另一种却是珍贵的、可嘉的。而且,凭借这个标志,这个特征是否有这样一种东西,我们必须定义为善? 同时,并不根据快乐本身,即使这个快乐可以非常强烈,但却不值一提。也没有人能真正地判别任何直接的感觉的价值,除非首先判断他自己的心灵的状态。因为,我们在这种心灵状态视之为幸福的东西,到了另一种状态下却是相反。因而,必要思考哪种状态才是最合理的,"我们如何获得那种视角,借此可以最清楚地分辨两者,并且如何将我们自己置于那种不怀偏见的位置上,由此使我们最适合做出判定"。

230

他回答说,哦,菲勒克勒斯,如果这是你的真实态度,如果是你的耿直让你在这件事情上毫无保留,而且去探究那种低贱之人自认为是确定无疑的东西,那么,这种态度来自一种高尚的思想格

调,比你所熟知的现代怀疑主义者的思想格调更高尚。① 因为,如果我没有误解的话,今天已没有人再那么专断,或者随意地选择

231 善。自称细察过其他根据的人最容易将这个世界上最大的骗子,亦即他们自己的情感当做根据。如他们所认为,既然挣脱了宗教上那些表面的约束,他们就任凭自己肆无忌惮地运用这个自由,跟随自己意志的最初冲动,附和所有已有先入之见的癖好的最初要求或判断,以及所有对于善的最初的意见或幻想。② 所以,他们得到的唯一好处便是永远被蒙蔽,他的自由就是在自己最重要的选择上被欺骗。我想,有人会肯定地说,"最大的傻瓜就是自我欺骗的人,在他最关心的事情上确定地认为他知道自己思考最少、最无知"。那种虽然无知但知道自己无知的人,乃是最明智的。公平地讲,时下这些智者的确没有意识到自己的昏聩和荒谬。因为当他

232 们严肃地反省自己过去的追求和抱负时,经常坦率承认,"在余生之中,他们不知道自己是否能够从一而终,或者说他们的癖好、性情或情感是否会在今后把他们引向对一种截然相反的快乐的追求,责难自己之前享受过的东西"——多么透彻的反省啊!

他继续说道,将心灵的满足,以及理性和判断力的享受归于快乐的名下,不过是含糊其辞,很明显把这个词通常的涵义变得模糊了。他们没有与我们好好交流,用他们的哲学语言讲,我们承认这些都是快乐;而在平常的时候,在一般的生活习惯中,人们很少认为是这样。潜心研究问题的数学家、苦读诗书的学究、克服艰难困苦的艺术家,人们都不会说他们"顺应快乐"。享乐之人也绝不会承认他们属于自己的行列。这些满足纯粹是精神上的,仅依赖思想的运动;根据我们现代的享乐主义者的理解,它们无论如何都过于雅致,他们沉溺于一种更为实在的快乐。一心想着这种可见的、

233 实在的善的人,对精神的和理智的善毫无兴趣。但他们有时也以这后一种善自夸,并夸大从前一种善而来的污名。只有这样,他们

---

① 见第一卷第 81 页。

② 见第一卷第 320 页及以下。

才采纳后一种善,虽然其用处也就到此为止。因为显而易见的是,当这种人以快乐的名义推崇心灵的享受时,当他们夸赞这个词,并将所有精神的善或优越也纳入其中时,他们到后来也只能忍受这个词又落入到其原本的和平常的意义上;由此而言,他们只是用这个词来转移视线。当快乐遭到质疑和抨击的时候,理性和美德就被召唤来作支援,并将快乐作为其主要的构成部分。这样便产生了一种复杂难解的形态,其中包含了人类生活中所有慷慨、真诚和美的东西。但是,一旦这抨击过去,反对被化解,危险也消失,快乐又返回其从前的形态,它甚至仍然是快乐,与枯燥平淡的理性毫无瓜葛;根据其本性以及人们通常对它的理解,理性就是这样的。因为,如果这种理智的享受被纳入善的概念,它又怎么能容纳作用与其相反的感官享受呢? 可以肯定地说,对于心灵及其享受,单纯的 234 快乐的热望和兴奋就像疼痛给人的烦扰苦恼一样令人不安。如果两者都使心灵抛开其偏见,剥夺其从自然的锻炼和实践中获得的满足,那么这种情形下的心灵必然或者因理性或者因快乐而遭受痛苦。如果不这样做,那双方都不会遭到伤害。

我打断他说,顺便说一句,我是真的对这个问题感到困惑,即"快乐是否真的就是善";我也不会是这样一个怀疑主义者,以至于怀疑"痛苦是否真的是恶"。

他回答说,所有令人痛苦的东西只能是恶。但对某个人来说是痛苦的东西,到了另一个人那里却未必带来很多麻烦;运动家、士兵和其他坚强的人都可以作证。不,我们都知道,对于某个人来说是痛苦的东西,在另一个人看来却是快乐,反过来也一样:因为人们对这些感觉的看法总在变化,在很多时候还把两者混淆。从某些方面来看,甚至是自然本身也将它们混杂一起,而且像某个聪明的人曾说,"把两个极端相互巧妙地结合,以至于完全地合而为一, 235 那就不可分辨了吗?"①

---

① 根据上下文来看,这句话应该出自洛克,但找不到具体的出处;洛克认为苦乐的感觉因内外环境不同可以是相对的,同时也认为所有的复杂观念都可以被分解还原为个别的简单观念。——译注

我说，总而言之，如果快乐和痛苦是这样可以转化和混合的，如果根据你的解释，"当下快乐的东西，由于稍微过度一点，就转变成痛苦，如果再过度一点，就因为突然的中止和某种自然的延续，而产生最大的快乐；如果说某些快乐对某些人来说是痛苦，而某些痛苦对另一些人来说是快乐的话"。如果没有误解，所有这些都是有利于我的意见的，并且表明，你不能把任何东西指定代表善。因为，如果快乐并非善，那就没有东西是善了。同时，如果痛苦就是恶（我理所当然要认为是这样），那我们便可狡黠地作恶；不过再没有人会坚持更大的善了。所以我们可以正当地怀疑，"生活本身是否并非是纯粹的不幸"；因为我们从不能从中有所收获，倒实实在在地是失败者，而且每时每刻都可能是失败者。因此，我们英国的女诗人①对于善所说的话应该是正确的、恰当的，即"不来这个世上就是善"。——我们能在生活中指望的所有善的东西都是这样，我们甚

236 至可以"恳求自然的宽恕，把它的礼物交还给她，不要等它来召唤"。我们为什么不能这样呢？或者说，我们活下去还有什么好处呢？

他说，这个质问真是恰中肯綮。不过，如果事实令人生疑，为什么就这样匆忙打发掉呢？确实，我的菲勒克勒斯，这明显越过你那怀疑主义的界限了。我们必须专断一些，以做个了结。这个决定关乎生，也关乎死。"来世可能是什么样子，又不是什么。"现在我们需要确定，我们这里不关心任何来世的事情，我们必须透彻地理解现世与我们有关或吸引我们的那些东西。我们必须真正地了解我们自己，我们的这个自己在哪里。我们必须排除前世，而且要给出更好的理由为什么我们不操心出生之前的事情，而不是仅仅说，"因为我们记不得，也没有意识到。"因为在很多事情上，我们都关心目的，但对这个目的我们现在没有任何记忆或意识。因此，一次又一次，我们刚刚要永生，但却由于种种原因恰恰相反。一切都在我们这里循环。一天接着一天，我们不再是自我同一的物质或

237 物质体系。我们不知道，什么样的轮回才是来世；因为甚至是现

---

① 也许是埃芙拉·贝恩（Aphra Behn, 1640 - 1689）。——译注

在,我们也是轮回地生活的,死去又活来。我们讨好自己说,我们的所求终究会有个确定的形态或形式,但这也无济于事。我们不知道,其中最初吸引我们的东西是什么,也不知道我们如何坚守不放,而且在这由转瞬即逝的微粒的集合物①当中继续操劳不息。我们也不知道,在其他地方或其他什么东西当中,我们不得不做些什么;也说不清楚机缘或天意在来世会如何处置我们。而且,如果真的有天意,我们还有更多理由去考虑我们如何担得起处置自己的任务。如此翻来覆去,这必然要让人变成最大的怀疑主义者。而且,虽然他承认生活没有当下的善或享受,然而,在尝试改变生活之前,他必须有把握能改善自己的处境。但是,菲勒克勒斯,甚至到现在我们还没有在这一点上达成共识,即"在现世生活中,是否不存在真正的善这种东西"。

我说,聪明的特奥克勒斯,你可是我的导师啊!请告诉我,"善是什么,或者在哪里,哪种善才能带来始终如一的知足和满意"。因为,尽管在某些情况下,在某些对象上,心灵可能会如此执著,情感如此活跃,以至于连肉体上的折磨或痛苦都不能令其改变;不过,这种情况很少发生,也不可能持久:因为如果没有任何痛苦或挫折,情感便立刻释放出来,心灵也不再那么执著,厌倦了重复的性情再也感觉不到乐趣,只能追新逐奇。

特奥克勒斯说,听我说!因为,虽然我不能立刻告诉你我所谓善的本质,但我很乐意向你指出,你自己身上就有这种东西,你将承认这些善在本质上比你迄今所想到的任何东西都更稳固、持久。我的朋友!告诉我,你是否曾厌倦为你所爱的人行善?你什么时候发现帮助朋友让你不快乐?或者说,当你第一次体尝到这种慷慨的快乐,长此以往,你是否会感到这快乐并没有比现在少一些?菲勒克勒斯,相信我,这种快乐比任何其他快乐都更加败坏。任何灵魂都不可能行善,除非它带着更多的乐趣情愿再做同样的事情。人们不会表现出爱、感激或慷慨,除非感到更大的喜悦,这喜悦使

238

239

---

① 应指物质世界和肉体。——译注

实践者喜爱美好的行为。菲勒克勒斯,回答我,你是美的法官,对于快乐有着这么优秀的趣味,你还羡慕如友谊这样美好的东西吗?或者如慷慨的行为这么迷人的东西? 因此,如果整个生活实际上都是一种持续的友谊,且被塑造成这样始终如一的行为,它会成为什么样子? 这肯定就是你要找的那种稳固、持久的善。或者,除此之外,你还会寻找其他东西吗?

我说,或许不会了,但可以肯定地说,我们从不会超出这些去寻找像喀迈拉(Chimera)①那样的东西,如果你的这种善并不完全虚幻的话。因为,虽然诗人可以捏造这样的情节,以敷衍成一出戏剧,但我却难以设想这高尚的友谊能被培养得延续一生。我也想象不到哪里有这样一种崇高的、英雄般的情感。

他说,有什么友谊能如此崇高吗,就像面对人类的友谊那样?你认为对普遍的朋友的爱和对某人的国家的爱毫无意义吗? 或者说,没有这样一种广泛的感情和对社会的责任感,这种特殊的友谊能延续下去吗? 比如说(如果可能的话)你是一位朋友,但却恨你的国家;比如说,你忠诚于同伴的兴趣,但在社会的兴趣面前却是虚伪的。你能相信自己吗? 或者说,你会把这个名称丢在一旁,拒绝被称作朋友,因为你与人类绝交了?

我说,总有些东西是人类应该遵守的,我认为称自己是朋友的人也不会有什么争议。确实,我几乎不能将从不把别人当朋友、别人也不把他当朋友的人称为是人。但那种真正地表现自己为朋友的人足以成为人;对于社会来说,他也是合格的。他可能拒绝某种个别的友谊,但他担得起朋友这个名字,而且是人的朋友;虽然这并不是严格意义上的朋友,或者根据你那种崇高的道德意义来说,是人类的朋友。说实话,对于这种友谊来说,更加明智的人也许会认为这友谊不仅仅是一般地豪迈,而且如你所主张的那样,甚至是英雄般的友谊;但作为我而言,我在人类身上看不到什么优点,对于公众的看法也截然不同,因而我不指望自己从对人类或公众的

---

① 希腊神话中长着狮头、羊身、蛇尾,且能喷火的妖怪。——译注

爱当中得到什么满足。

那你会把慷慨和感激算作是友谊和善心的表现吗？

无疑会啊，因为它们是最主要的表现。

那么，假设受惠之人发现施惠之人身上尽是缺点，这些缺点会 241
让后者拒绝前者的感激吗？

一点也不会。

或者说，这会让感激这个行为显得不那么令人喜爱吗？

我认为恰恰相反。因为，当其他的回报途径都受到阻碍的时候，我仍然很高兴能把宽容其作为一个朋友的缺点当做自己向恩人表达感激的可靠方式。

那么慷慨呢，恳请你告诉我，它是否只被施与那些值得我们为之行善的人呢？它是否只是面向一个好邻居或好亲戚、好父亲、好孩子或好兄弟呢？或者说，本性、理性和人道是否更合理地教导我们，善待父亲，因为他是父亲，善待孩子，因为他是孩子；对于人类生活中的所有关系都是如此？

我说，最后一种是最正确的。

他回答说，哦，菲勒克勒斯，那么你想一想，当你因为人性弱点就反对对人类的爱，并且因为公众遭遇不幸似乎就要蔑视公众的时候，你说的那些话是什么意思。看看这种态度与你在其他地方承认并践行的那种人道是否一致。因为，哪里才有慷慨呢，如果这里没有的话？如果不是面向这种对象，我们又在哪里表现友谊呢？如果不是面对人类以及那个让我们如此深地受惠的社会，我们应 242
该对什么表示忠诚或感激呢？有什么过失或污点能为这种疏忽开脱呢，或者一个怀着感激之心的人在给予表示感激的回报中得到满足会不断地减少吗？你会仅仅出于良好的教养以及天生的性情，乐于表达礼貌、谦恭、体贴，寻找同情的对象，并且会在有能力甚至为陌生人效劳的时候感到快乐吗？在你到国外冒险或在国内遇到陌生人的时候，你会以一种最热情、最友好、最亲切的态度去帮助、支援和救济身处困难之中的人吗？比起这些偶遇之人来，你的国家，或者往远一点说，难道你的同类不需要你的友善，或者不值得你去关怀吗？——哦，菲勒克勒斯！你还不知道善心的广泛和力量，也不知道一个深知善心的全部力量的灵魂能有多么勇敢吧；这个灵魂公正地散播这种力量，在自身当中树立一种平等的、正义的和普遍的友谊！

243　　他刚说完这些话，一个仆人过来通知我们说有一群朋友来了，他们要与我们一同进餐，正等着我们呢。于是我们就往家走去。我对特奥克勒斯说，一起走吧，我担心自己永远都不能这样交个好朋友或热爱者。对于某个男性或女性的简单的自然之爱，我觉得自己能很好地接纳，但这种复杂的广泛的爱却超出了我的能力。我能爱某个人，但不能爱一类人。对我来说，这个东西太神秘，太玄妙了。总而言之，我无法爱自己对其没有可见的物质意象的东西。

　　什么！特奥克勒斯回答说，你只能这么去爱？可是我知道你在了解其本人很久之前就钦佩和喜爱一个朋友。或者说，当贝拉蒙的性格吸引你投入到长期交往中的时候——这在你后来熟悉他本人之前，就没有发挥一点作用吗？

　　我说，我必须承认，这当然是事实。而现在，我想，我理解你那个秘密了，也觉察到自己必须对其有所准备：因为，同样的道理，就像我第一次喜爱贝拉蒙的时候，我也被迫要形成一种物质对象，并且一想到他的时候，我心里就始终具有这样一种清晰的、明确的意象；所以在当前这个情况下我必须努力唤起这种意象：如果凭借你

244　的帮助，我可以树立这样的意象或幻象的话，正如可以再现你让我喜爱的这个古怪的存在。

　　他说，我以为你可以对自然或人类有着同样的迷恋，就像古老的罗马人那样，尽管他们有些缺点，但我知道你还是喜爱他们，尤其是那个被叫做"人中神灵"的优美青年的肖像。[①] 因为我记得，在观察古代人遗留下来的片段的时候，人就是这样被描绘的，你觉得其中没有什么不合适的东西。

―――――――――――

① 罗马人会把某些地方或某些社会阶层塑造成年轻男子的形象，可被称作"守护神"。——译注

我回答说，的确，如果这个神灵可能在我心灵中留下如你所说的这样一种形象，无论它代表人类还是自然，它都可能有其作用，而且我也能成为像你所说的那种"情人"（Lover）：但更奇特的是，如果你能这样唤起这个神灵，并且让我想象到这个神灵，那它就能"觉察到我的爱，并能予以回应"。因为否则的话，我就只能成为一个坏的"情人"，尽管热爱的是世界上最完满的美。

特奥克勒斯说，好吧，我接受这个称谓；同时，如果你许诺去爱的话，我会努力为你展示我称其为最完满的、并最值得去爱的那种美；而且必然能得到回应。——到明天，当东方的太阳（如诗人所描写），用他第一束光芒照耀远处那座小山的时候，如果你乐意同我在你看到的那片树林里漫步，我们将在林中宁芙女神（Silvan Nymphs）①的帮助下追逐我们的那些爱：并且，既然首先要祈求这个地方的神灵，我们将试图获得对那至高的神灵和最高的美的哪怕是隐约模糊的观察。只要你能加以沉思，我将保证，所有那些无论是自然的还是人类的令人厌恶的特征和丑陋都将在一刹那间消失，并让你成为我所希望的那种"情人"。——但现在，说到这里就够了！——让我们去见我们的同伴吧，再让我们谈谈适合于我们的朋友和餐桌的话题。

245

第二节

贝拉蒙，你看，这就是我对你说过的那种狂热主义的根源，而且在我看来（我也告诉过你），这更加危险，因为这非常古怪，不同寻常。但我觉察到，好奇心驱使着你，就像我之前也是这样。因为，我必须承认，在经过了这第一次交谈之后，我所期待的只是第二天的到来，以及已经约好的林中散步。

246

晚餐上，我们只有不多的几个朋友，好一阵子，我们只是聊一些逸闻趣事和无关紧要的事情；而我脑子里一直琢磨着其他的问

① Nymph，古希腊和古罗马神话中居住于山林或水中的女神。——译注

题,很高兴抓住了人们偶然提到的关于友谊的一些话头,于是说道,说真的,在我看来,虽然我曾认为自己了解友谊,事实上在一生中都把自己算作是个好朋友,然而到现在,我说服自己相信我不过是个初学者:因为特奥克勒斯几乎要让我确信,"要成为某一个人的朋友,就有必要首先成为人类的朋友"。但如何才能使自己配得上这样一种友谊,我觉得这太难了。

事实上,特奥克勒斯说,在这么说的时候,你已经给了我们展示了你那不偏不倚的性格。如果你说的是宫廷中的大人物,或者也许就是一个宫廷本身里面的友谊,并抱怨说,"要你在那里获得成功,或者说要你对那里流行的友谊感兴趣是如何困难",那么我们可以站在你的立场上断定,那里没有值得你去遵守的关系。但是,"从公众那里得到善意",并"被正当地称作人类的朋友",需要的不过是保持善良和高尚,就某个人自己的目的来说,这些关系是他天生就渴望的。

我说,那为什么甚至这些良好的关系也不被人认可,除非是在更进一步的关系中,它们几乎不被人接纳(如果我可以这样说的话)?因为美德本身被认为不过是桩亏本买卖:而且我知道很少有人,甚至是信教的和虔诚的人,拥护它,只是像小孩儿吃药一样,棍棒和糖果才是有用的药引子。

特奥克勒斯回答说,他们确实就像小孩儿,应该这么被对待,需要用些暴力或劝导才会做那些有利于他们健康和幸福的事情。但是恳请你告诉我,是什么样的不利环境使美德这么难以流传呢?在其他事情上,难道你不是认为自己用这种方法才让我们现代的享乐主义者们远离珍馐美酒吗,而且也许你也害怕被引诱总是吃这些粗茶淡饭,除了一两道清淡食物之外再没其他东西了?

我反对说,这是污蔑我。我从来没有想要吃他餐桌上之外的东西;顺便说一句,这顿饭(我以为)更像是伊壁鸠鲁吃的饭,[①]而不是

---

① 据埃里安的《杂录》,伊壁鸠鲁说自己只过"面包和水"的生活,好比宙斯终日寻欢作乐。——译注

像今天那些颠倒黑白冒用其名声的人吃的饭。因为,如果有人采纳他的意见的话,世界上最大的快乐就源于节制和适度。

特奥克勒斯回答说,如果最单纯地研究快乐的人,甚至是伊壁鸠鲁自己赞成节制的方式,与其现代的信徒们有很大的不同;如果他能大胆地说,"享用着这座简陋的菜园所供的食物,甚至比快乐之神也毫无逊色";我们如何能说这部分美德需要在某些关系中才能被领会呢? 如果直接厉行节制是无害的,其结果怎么能有害呢? 节制会削弱心灵的活力,损耗肉体,并使心灵或肉体不愿进行它们本来的活动,也就是"理性或感官的享受,或者世俗生活的享受和职能"? 或者说,某个人因为面对其朋友或人类,他的处境就不利于他进行这样的活动吗? 这种意义上的绅士,"由于使自己和别人感到压抑,所有人都避之不及,由于是一个让人讨厌的朋友,是社交和良好风尚的腐蚀者",就会让人觉得很可怜吗? ——如果他食欲旺盛,对于我们所说的快乐也有很强烈的兴趣,我们就会认为他得到众人的信赖,并看他是否可能会因这种克制的品质而有所收获,或者说他是否可能更靠得住,并被认为更加纯洁? 我们会把他看做战争当中或处于围攻中的士兵,并亲身劝告他们,我们如何能得到最好的防御,如果我们也曾担负像这样一个士兵的职责?"哪个长官会为士兵着想呢,哪个士兵会为长官着想呢,或者说哪支军队会为他们的国家着想呢?"——作为同路的旅行者,你认为我们的绅士怎么样呢? 作为一个适度的人,他不是个好的选择吗?"与一个一旦轮到他值守或遇到困境时就表现得最贪婪,首先急于保护自己,只顾自己的安逸享受的人为伴",确实让人感觉更放心、更愉快吗? ——我不知道,在涉及到美的时候又该怎么说。也许那些多情的公子哥儿和精于享乐的人们已经把自己的心灵和性情变得如此精致,以至于虽然他们习惯于放纵,但有时宁愿放弃自己的享受,也不愿背弃荣誉、信仰或正义。——最终而言,这种沉着冷静的性格不会有什么美德或优点。"无趣的节制之人比优雅的奢侈之人更不值得信赖。这后一类绅士也更容易得到清白、年轻和财富。他会表现得像个好的执行人、好的受托人、好的监护人,正如

249

250

他也是个好的朋友。托付给他的家庭很安全,不可能因为这个诚实的享乐者发生什么不光彩的事情。"

特奥克勒斯讲这些话的时候很严肃,这种严肃使得这些话让人感觉更舒服,也使我们的其他同伴在推崇节制生活这个话题上说了很多好话。我们的晚餐到这里就结束了,依照惯例,有人把酒摆在了我们面前;到此为止,我还没有发现我们有放荡的迹象。每一个人都随意喝着,不讲客套或分配定量,也不来回干杯或祝酒;另一套道德规则当中的喜好社交的人的那种风气无疑会对此大加谴责,认为这是不懂规矩,败坏交情。

251　　　我说,我承认自己绝不认为节制这种性格那么让人讨厌。对于这部分美德,我想用不着拿什么其他词汇来称赞,只要提到它有利于遏制放纵和过度的欲望。

特奥克勒斯说,你的进步多大啊!你还能在抵制贪婪和野心的同时,在财产和名誉方面继续保持这种节制吗?——不仅如此,说实话,在这条航道上,可以说你已经踏上了征程。你已经穿过了海峡,将要抵达对岸。在美德这个问题上不要再踌躇不前,除非你自称是个懦夫,或者说认定天生是个懦夫是幸福的。因为,如果你在面对生命的时候也保持节制,并认为生命并非如此伟大的一项事业,无论多活几年还是少活几年,而是满足于你已经度过的岁月,因所遇到的全心全意的款待而成为一个心怀感激的过客,这难道不就是生命的全部吗?这不就是美德的圆满吗?在心灵的这种性情中,还有什么能阻止我们为自己塑造一种我们乐意为之的崇高252　　　性格呢?善良、慷慨或者伟大,不是自然而然地从这样一种适度的节制中表现出来吗?一旦具备了这种简单质朴的美德,还有什么更高洁的美德不会随之而来呢?看一看,当心灵这个国度凭借这位立法者的健全法律获得其自由的时候,它能够带来什么!菲勒克勒斯,你如此敬仰公民自由,赋予其无数的魅力和优越,那么,你能想象那原始的天赋自由就不带有魅力或美吗,是这种自由让我们摆脱了许多天生的暴君,赋予我们属于自己的特权,并使我们自己变得独立自主?我以为,一笔财产对我们来说至多不过是些保护我们的土地或收益的物质。

　　他说(仍然带着他那严肃的神情),我觉得,人们可以为"德行这位夫人"画一幅像,表现出与她的姐妹"政治"一样多的优势;对于政治这位夫人,你非常仰慕,这样向我们描绘:"她身着亚马逊的服饰,风度英姿飒爽,从容果敢;法律是她的卫士,手持形同护盾的律版,环绕在她周围;富饶、贸易、繁荣,头戴羊角,作为她的侍从;在随从长队中,有艺术和科学,像是她的儿女,载歌载舞。"——这幅画像的其余部分也很容易想象:"她降伏了暴政,以及欲望和情感的倒行逆施。"——但是,她的姐妹又会是怎样的凯旋啊!暴虐情感的恶魔屈服于她!"狂躁的野心、情欲、反叛、乱政,还有它们那些在人类心中兴风作浪的帮凶,也都束手就擒。同时,当财富这个谄媚王后(the queen of flatteries),还有暴动、死亡那个国王,都葬身车轮的时候,人们自然而然看到正直、宽厚、正义、荣誉,以及所有与我们的伙伴自由夫人(Lady Liberty)相随的慷慨的团队!她就像新生的女神,为她母亲的战车增光添彩,她为谦恭的节制所生,由美德来抚育;她就像神的父母(古老而可敬的西布莉①),端庄地驾驭着被缰绳所缚的、躁动不安的雄狮,头上戴着如塔楼般的饰冠:象征着防御的力量和心灵的强大。"②

　　我发现,通过这幅图画,特奥克勒斯让同伴们感到很有意思,根据这幅草图,他们开始按照古人的方式围绕这个主题提出设想,一直说到古人们已经详细描绘过的普罗迪卡斯(Prudicus)和赛贝斯(Cebes)。③

　　我说,先生们,你们所做的描绘无疑是最出色的,但是,当你们一厢情愿将美德看得如此辉煌壮丽的时候,我要给你们看看另一

253

254

---

① Cybele,古代小亚细亚人崇高的自然女神,等同于希腊神话中的 Rhea(瑞亚,多产女神,宙斯、波塞冬、哈德斯、得墨忒耳、赫拉和赫斯提亚的母亲,故称众神之母)。——译注
② 这幅图可见第二卷开头的插图,也可参考第三卷《论历史画或 Tablature》中关于赫克勒斯的故事。——译注
③ 普罗迪卡斯,与苏格拉底同时代的智者;赛贝斯是苏格拉底的学生。——译注

类真实的图画,其中我们将发现这种截然相反的胜利,"美德自身反过来成了俘虏,并且被一个骄傲的征服者击败,饱受屈辱,被夺走了所有的荣耀,颜面尽失,以至于难以保留真正的美的容貌……"

我正准备进一步说下去,但因为有两位客人的激烈反对,我不能再说了;他们抗议说,绝不可能认可这样可恶的图画:其中一位(是那种一本正经的绅士,近年来小有名气)严肃地看着我,带着几分愤怒说:"之前他一直觉得我很有前途,尽管注意到我思想上的散漫,也常听人说我强烈热爱自由,但他很遗憾地发现我的自由原则到头来膨胀成一种偏离所有原则的自由。"他自顾自地说着:"他认为,除了坚守原则的自由思想家,①没有人会赞成这样描绘美德,只有无神论者才敢放肆到这种地步。"

特奥克勒斯这会儿沉默不语,虽然他看到我对这位反对者不屑一顾,但我还是一直盯着他看,期待能听到他说点什么。最后他深深叹了口气说道,哦,菲勒克勒斯,在为你的理由辩护上,你真是占了上风啊!即使是最坏的理由,你也知道怎么用巧辩之士的蛮横手段占得优势!——站在我的立场上,我可不敢像我那可敬的朋友们那样做,"只有无神论者才这样欺辱美德,这么无耻地描绘美德"——不——还有些游手好闲之徒给美德的伤害更大,尽管花言巧语。

他转向客人继续说道,像菲勒克勒斯信誓旦旦地宣称的那样,有种种理由让美德成为一种牺牲品,这个看法无疑让你很难接受。你觉得这种看法毫无来由。你也许指望,在这场颠倒的胜利中会有某些外来的征服者得意洋洋,比如像邪恶自身或快乐、机智、似是而非的哲学,或者真理或自然的错误形象。你一点也没有意识到,反对美德的那个残忍的敌人正是宗教自身!你会想到,虽然并无恶意,也不是居心叵测,但美德确实被那些极力夸大人心之堕落的人如此对待;而且在暴露人的美德的虚假时,他们声称是在颂扬

---

① Libertine,也有怀疑主义者的意思。——译注

宗教。有多少宗教作家,有多少神圣演说家这样口诛笔伐,抨击美德属于宗教的继母或冤家对头!"不许污蔑道德;自然无欲无求;理性是敌人;共同的正义是愚蠢;美德就是悲惨。如果能选择的话,谁会不邪恶呢? 若非必须,谁会自制呢? 或者说,要不是为了来世,谁会重视美德呢?"①——

这位年老的绅士打断他说,的确,如果这就是宗教的胜利,美德就是其最大的敌人,我相信这个敌人肯定会服膺于它,而且我还是那个看法(菲勒克勒斯也会认可),也就是,以美德为代价来热情地赞颂宗教,这并不标志着宗教的脆弱。

我说,也许是这样。不过,你到时会承认,世上有许多这样的狂热分子。而且,特奥克勒斯,你也听说人们承认,在这种"热情"与你所说的"无神论"之间也存在某种默契。——但是,让我们听他把话说完,也许他很宽宏大量,可以为我们阐明他如何看待我们的大部分宗教作家及其对抗他们共同的敌人——无神论者的方法。这个问题也许需要更好的说明。因为众所周知,无神论的主要反对者们是根据相互对立的原则来写作的,以便在某种程度上驳倒自己。他们中间有些人热情地支持美德,在这一点上是实在论者(realists)。可以说,另一些人只是名义上的道德家,将美德仅仅看做是意志的创造物或者是一种习俗的名称。自然哲学也是如此:有些人采纳一种假说,而另一些人采纳另一种假说。我很高兴曾揭示这个真实的基础,并发现反对他们的其他对手以及无神论者的那些人,因而正确地断言美德和宗教的共同目标。 257

贝拉蒙,在这里,我有自己的打算。因为,我渐渐地吸引特奥克勒斯全心投入到这些论题上,这些论题可作为我们即将在第二天早晨展开的论题的一个前奏;我都有点急不可耐了。如果他的思辨最终是合理的,我知道,这之前的谈话可以帮助我领会他的思辨;如果他的思辨仅仅是博取一笑而已,这也能帮助我更愿意与他们相处。 258

———————

① 见第三卷第 110 页。

接下来是他对作家们的批评,这些批评渐渐地转变成了一场持续的谈话。所以,如果这场谈话发生在大学里面,特奥克勒斯也许会被认为是某些正襟危坐的神学教授或伦理学导师,在他的学生面前宣讲午后课程。

第三节

他说,这样的管理者不给对手在这个问题上有任何还手之力,如果能得益于他们,无疑是件幸运的事情。我希望在宗教这项事业上,我们有理由这样夸耀。但是,因为甚至在最高尚的事业上也有拙劣的写作,所以我倾向于认为,这样一种伟大的宗教至少会遇到与其他宗教同样的危险;因为为这种宗教辩护的人们一般都粗心大意,所以他们更不怕针对自己本人的责难和批评。他们的对手高枕无忧,对他们的立场不理不睬。他们可以安全地诱使对手进入到一个不能公然露面的地方。他的武器是隐蔽的,并常常能够在不触犯其维护者的情况下实现其目标,同时也没有直接的攻击能夺走他们想象的胜利。他们为自己而征服,期待因自己的热情而受到赞扬,无论这项事业自身如何在他们手中遭受凌辱。

我打断他说,那么,也许那个看似热心于宗教的人曾说的话是十分真实的,亦即,"除了手持死刑逮捕证的神职人员,没有人能用写作有效地反对无神论者"。

他回答说,如果这是真正的写作,那么所有的辩论或推理就可以寿终正寝了。凡在暴力成为必要的地方,理性就无用武之地。但另一方面,如果需要有理性,那么暴力就必定被置于一旁:因为不存在理性的强制,只能凭借理性。因此,如果还能完全以理性来对待无神论者,那么他们也会像其他人一样被以理性相待,因为事实上没有其他方法能说服他们。

我说,这看上去是合理的和正确的:但我担心多数虔诚的人都容易为了更简明的方法而失去耐心。并且,尽管不依赖理性的暴力会被认为有些冷酷,然而你那不依赖暴力的理性的途径,我觉得也少有人赞同。

特奥克勒斯回答说,这也许不该是些烦人的聒噪之言。"无神论者"这个词语或名称,由于被用来描述两种截然不同的性格——一种人绝对地否认,另一种人仅仅是怀疑,也许会引发某些困扰。现在,怀疑的人也许哀叹自己的不幸,并希望得到确定的答案。否认的人鲁莽专横,提出意见反对人类的兴趣和社交的存在。人们很容易看到,这些人当中的某一个,对官员和法律保持着一种应有的尊重,尽管其他人不是如此;由于他让其他人感到讨厌,因而受到惩罚。但前一类人如何受到人们的惩罚,那就很难说了;除非官员对心灵以及行为举止都具有支配权,并有权力对人们的内心和隐秘思想进行审讯。

我说,我明白你的意思。而且,根据你对两类被称作无神论者的人的解释,就应该有两种写作手法来反对他们,这两种手法应该恰当地分开运用,而不能混为一谈。你把纯粹的恐吓排除在外,并且将哲学家和官员的作品分别对待;并理所当然地认为,存在着较为谨慎、冷静的无信仰者,不服从官员的调遣,只有更深沉、文雅的哲学才能感染他们。因而我必须承认,官员的语言与哲学的语言大相径庭。哲学风格是最不适合官员的权威的,官员的风格也最缺乏哲学意味。两者的混杂必定是两败俱伤。因此,在我们眼前的这项事业上,"如果有人说有除官员之外的人写得很好,那么(根据你的解释)他的作品肯定像哲学那样,有着自由的辩论,公平对待其对手"。

他回答说,可以这么说。还有什么更公平的呢?

没有了。但所有人都持同样的意见吗?这种写作方法可以从中得到正确的实践吗?

毫无疑问。而且,我们可以举出很多古代人的例子作为证据。这种哲学写作方法所采用的自由从没有被认为有害于宗教,或者不利于民众:因为我们发现,那个高尚而虔诚的民族中的伟大人物无论在写作还是交谈中,这已经成为一种习惯做法;甚至是在圣坛主持仪式、身为公众信仰的守卫者的官员们也参与这种自由的

261

262

辩论。

　　我说，特奥克勒斯，请原谅我，冒昧说一句，这与我们当前的论题无关。我们要考虑的是基督教的时代，就如我们现下这个时代。你知道那些胆敢为公平伸张的作家的共同下场。那个写作《宇宙的知性体系》①的虔诚而博学的人又怎么样呢？我承认，思考这个问题很让人愉快，即，虽然世人们满意的不是他的能力和学识，而是他对神的事业的真诚，但人们也谴责他让无神论者占得上风，仅仅是因为无神论者公平地陈述了自己以及对手的理由。而且，在其他这类作品当中，你应该记得有某个《研究》②（如你所称）是如何被人接受的，受到了怎样的抨击。

263

　　特奥克勒斯说，我很遗憾，情况的确如此。但是，通过为因哲学上的自由而受到不公正责难的这位朋友的辩护，你现在也确实找到了一条强使我与你一起讨论这个话题的途径。

　　我对特奥克勒斯和同伴们承认，这正是我的目的，也正是出于这个原因，我才亲自谴责这位作家，"也是我这里真正要控告的人，就如我对其他故作镇定的作家的控告，他们那漫不经心、慢条斯理的推理同样地亵渎，对神和未来生活的问题毫无热情。"

　　特奥克勒斯回答说，而我却是另一种看法，宁愿选择这种慢条斯理的推理，并且努力为我的朋友洗清这个污名，如果你有足够的耐心听我顺着这个思路把事情说完的话。

　　我们各自为阵，于是他开始了。

264

　　在许多倾心为宗教辩护的作家当中，在我看来，绝大多数或是为了宣扬基督教信仰的真理，或是为了反驳所谓基督教教会的革新这样一些特殊的学说。人们认为，世界上很少有人在宗教的基础和原则上疏忽怠慢：我们确实发现，有意专注于这样一些基础和原则的人不多。他们或许觉得这是一种低贱的工作，不值得在这种人人深恶痛绝的问题上心平气和地争论。但是，我们的宗教要

_____

① 作者为拉尔夫·卡德沃思（Ralph Cudworth），发表于 1678 年。——译注
② 即《论美德和功德》。——译注

求我们善待所有人,所以我们也就责无旁贷地要关怀那些我们看来是罪孽深重的人,以及那些我们据经验发现是无可救药的人。他们也许不该被漠视;其人数无论多么稀少,却被认为在不断增长,那些并不可鄙的人也是如此。所以,人们应该思考,"我们的时代和国家是否还同样有救,这种救治措施一直在被尝试;或者说,某些其他措施也许更有效,它们适用于宗教上不太严格的时代和较少屈从于权威的地方"。

这可能足以促使一个作家想到与这些被愚弄的人进行理辩的方法,在他看来,这种方法比不断的斥责和辱骂对他的利益可能更奏效,通常人们就是通过斥责和辱骂来反驳他的论据的。人们也很自然地想到,一种截然不同的方法也会被尝试,运用这种方法,一个作家可以为那些更受欢迎、更有优势,因而显得不怀偏见,并愿意公正无私地考察一切事情的人提供理由。因为对这样一些人来说,人们担心事情总是表现为这个样子,即"未经质疑的便是未经证实的:同时在任何时候未经完全的中立态度考察的论题,便是未经正确的考察,也不能被正确地相信"。而且在仅以《试论》或《研究》之名提供的这类论文当中,他们并未找到那种必要的不怀偏见和不偏不倚:如果不准备去信服这样一种考察的任何结果以及由此而来的推理过程,这位作家就会采纳之前那种片面的结果,并痛恨任何另外的结论。

因而,处于不同环境中的其他人也许发现,对这些人的人品和原则百般憎恶是必要的,也形成了他们的性格。相反,我们的作家的性格不仅超越了外行,尽量公平地对这样一类人表现出礼貌和好感;而且竭尽所能带着一种完全中立的态度进行争论,甚至在"神"这样的论题上也是如此。他自己试图避免任何确切的结论,而是任由他人从自己的原则出发得出结论:因为他持有这样一个首要的目标和意图,即"首先,如何让这些人遵守美德的原则,借此移除源自人的罪恶和情感的这些最大的障碍(如果不仅仅是障碍的话),人们便可以公开讨论宗教"。

基于这个原因,他努力给美德确立某些原则,借此,他就可以

265

266

267

与那些不愿承认上帝和来世的人展开争论。如果不能很好地做到这一点，他便认为自己一事无成。因为，如何才能让那些不知何为善的人理解至高的善呢？或者说，当美德的价值和优点还不为人所知的时候，人们如何能相信美德值得加以回报呢？当我们要证明善行的功德和神的命令的时候，我们必定是朝错误的目标出发的。——这就是我们的朋友力图纠正的东西。因为，就美德而言，作为一个你后来所称的实在论者，他要努力说明，"美德确实本身就是客观的，存在于事物的本性之中①：不是任意的或人为的（如果我可以这么说的话），不是外在地构成的，或者说依赖于习俗、幻想或意志，甚至也不依赖于绝不能支配美德的最高意志本身；美德必然是善的，因而为善所支配，而且永远与善一致"。尽管他把美德作为自己的首要论题，并在某种程度上独立于宗教，但我猜想他最终可以如神学家一样高尚，正如他是一个道德家。

我不愿意将以下这一点上升为一条法则，即"那些宣扬美德的人也是在宣扬神，不能不满怀感情地为宗教的原则辩护"；不过，对此我要斗胆宣称："凡真诚地辩护美德、同时在道德上是个实在论者的人，必定在某种程度上处于同样的推理模式，表明其在神学上也是十足的实在论者。"

我必须承认，所有的感情——不过主要是在哲学当中——我认为都是不可原谅的。而你，菲勒克勒斯，绝不宽恕不当的推理，也不容忍任何谬误的或自相矛盾的假说，我敢说，你非常坦率，以至于批驳我们现代的有神论，质疑那些在哲学上标新立异但却从不能为其正名的人。

称赞我为真正的伊壁鸠鲁，将他的神抬升到想象的高空，而且因为使其脱离万物的宇宙和自然，而使其徒留其名。这是一种坦率、单纯的处理方式，因为每一个进行哲学探讨的人都可以轻易理解。

---

① virtue 一词也有"效用"的意思，此处意思是人有美德就如事物有效用，是客观的事实。——译注

菲勒克勒斯,你所偏爱的那些哲学家也同样是坦率的。如果有怀疑主义者质问,"离开哲学,也得不到启示的帮助,是否能创立一种真正的神学呢",那么他不过在嘉美权威和公认的宗教。他骗不了深入推理的人,因为凡能深入推理的人都能轻易地考虑到,如果这样的话,神学就绝不可能具有基础。因为我们知道,启示本身是建立在承认有神圣的存在这个基础上的,而证明启示所假设的东西则只能是哲学的职权。

因而,对于那些将成为建造者并承担这种证明职责的人来说,奠定这样一个不足以支撑这个结构的基础,在我看来是一种最不公平的方法。在其他情形下,毁根基、挖地道是光明正大的战争,但在哲学论争当中却不允许地下工作或者通过地道围攻。最不体面的方式是颐指气使,以及运用"最高的自然、无需的存在和神"这样一些庄严的术语,如果自始至终它们既不指"天意",也不包含心灵的秩序或体制这种意思。因为如果人们理解这些东西,也承认真正的神,这概念便不是干瘪空洞的;不过这样的结论必然源于这个概念,因而必定促使我们行动,并为我们最强烈的感情找到释放的途径。很显然,宗教的所有责任都由此而来,而且毫无例外都支持启示所确立的那些伟大准则。

现在,不管我们的朋友是否是后一类货真价实的神学家,你都会从他假说的结论中获益匪浅。你会发现,不论是否没有以单纯的思辨告终,它都导向实践:而你最终会真正地满意,当你看到这样一种结构被建立起来,大部分世人都必定视其为一种崇高的宗教,对另一些人来说,这不过是一种狂热。

菲勒克勒斯,请你告诉我,神学中是否存在某些东西,你觉得比神圣的爱这个概念,也就是那种脱离任何世俗的、肉体的或低俗的东西的爱,更有狂热的色彩吗?这种爱是简单的、单纯的、纯粹的,其对象仅仅是哪个存在自身的卓越,除了它那独一无二的成果之外,它不允许人们想到其他的幸福。现在,我敢推测你会将这种爱看做我朋友绝不是反宗教的一个坚实证据,如果人们证明他赞成这个观念,并将神学的这个要点与甚至是那些反对宗教的人所

269

270

271　　熟悉的论据区分开来。

　　　　因而,根据他的假说,为了预防起见,他首先会向你声明,虽然对上帝的非功利的爱是最卓越的原则,然而他深知,由于某些虔诚的好心人的盲目热情,这种爱已经延伸得太远了,也许甚至演变为狂念和狂热,就如古代教会中的神秘主义者一样,后来这些时代便追随着他们。另一方面,存在一些反对这种虔诚的神秘主义的做法,正如他们自称是他们所谓的狂热主义的敌人,他们深入地驳斥了所有迷狂的表现,以至于在一定程度上放弃了虔诚;而且,他们实际上已经对他们所谓的理智的宗教不再有什么热情、感情或温情,以至于怀疑自己有任何的真诚。因为他会告诉你,尽管对纯粹的政治作家来说,自然会把他在宗教方面的重要论据置于缺乏对未来的赏罚这种信念的基础上,然而,如果你接受他的看法,那么这将是宗教,尤其是基督教的真诚的一个非常不利的标志,亦即将这个信念降低为一种不能容纳爱的其他原则的哲学,只是把所有

272　的那种爱当做是狂热,因为这种爱的目标全在于所谓的非功利性,或者说只为了上帝或美德本身而宣扬对上帝或美的爱。

　　　　因此,根据我的朋友的解释,我们这里有两种人,以截然对立的极端方式使宗教面临其对手的侮辱。因为,一方面,要为那种高高在上的、虔诚的神秘主义者热心赞成的爱辩护是很困难的,所以,另一方面,依靠这些冷漠之人的原则去维护宗教摆脱唯利是图和奴性习气的罪名也是艰难的任务。因为谁会否认出于强制,或者仅仅为了利益而敬爱上帝不是奴性和唯利是图呢?对那个至高的存在或优越者的忠诚而宽容的敬爱,难道不是"来自对所敬爱的人的尊重和爱,来自一种责任感或感激之情,以及对这种尽职尽责的、知恩图报的品质的爱,因为这种品质是善良可亲的?"而且,这样一种坦白对宗教有什么伤害呢?或者说,出于对未来赏罚的信念而承认,"由此而来的敬爱并不等于心甘情愿的敬爱,相反是虚

273　伪的,是一种卑屈的爱",这算是诋毁吗?服从正当的法则应该获得这样那样的回报——如果不是更好的方式,也至少是以这种不太完善的方式——难道这不是为了人类和世界的幸福吗?而且,这难

道不是说明，"尽管这种出于恐惧的敬爱被认为是非常卑下或低贱的，然而宗教仍然是一种磨炼，是灵魂通往完满的进步，因而赏罚动机是必要的，对我们来说是最重要的；直到我们能接受更崇高的教导，把我们从这种奴性的状态引领到心怀喜爱和热爱的敬爱？"

根据我们朋友的意见，这就是我们所有人应该追求的，以力求达到这样的境界，即"是对象的卓越，而非赏罚，才应该是我们的动机：但是，如果由于我们本性的堕落，人们发现前一种动机不足以唤起美德，那么就应该拿后一种动机作为辅助，而且绝不应该被低估或忽视"。

既然这个原则得到了确立，宗教如何还能再背负唯利是图的骂名呢？但我们知道宗教经常因此而被指责。"人们说，敬神有利可图：被虔诚地敬爱的上帝也不是一无所获。"——这因此是一种谴责吗？人们不是承认可以有一种更好的敬爱，一种更慷慨的爱吗？——够了，更多的就不需要了。根据这个基础，我们的朋友以为，为宗教辩护是很容易的，甚至为那种最虔诚的品质辩护也是很容易的，这种品质被认为是信仰中一个大大的悖论。因为，如果自然中存在一种像喜爱和热爱那种的敬爱，那么仅需要考虑的就是对象，也就是说，是否真的存在我们假设的那个至高的存在。因为，如果事物中存在神圣的卓越，如果自然中有一个至高的心灵或神，那么我就得到一个完美的对象，它包容着所有美好或卓越的东西。并且，相比于其他对象，这个对象必然是最可爱的、最迷人的，给人以最高的满足和享受。现在，世界中有这样一个重要的对象，这个独一无二的世界（如果我可以这样说的话）便是由其巧妙而完美的秩序而生成的。这个秩序，如果真是完美的，那就排除了所有真实的恶。而这正是我们的作者真心坚持的主张，为此，他竭力解释，那些难解的现象和不祥的迹象，乃是出自这个美德看似遭遇不公命运的世界中的神意的安排。

确实是，这虽然表面上于美德非常不利，而是有利于恶习，但由此而来的对神的反对也可被轻易消除，并且一切又重新建立在对未来生活的假设上。对一个基督徒或相信这一重要观点的人来

274

275

说,这足以扫除笼罩在天意之上的乌云了。因为他不需要为美德
在现世的命运感到焦虑,他确信有来世。但是对于我们这里所遭
遇的人来说,情况恰恰相反。他们对天意困惑不解,因而希望在世
界上找到它。世间生活不断加剧的混乱,以及对社会和人性的最
悲观的描写,很难让他们看到这一点。让他们根据这种特征来解
读天意是非常困难的。由于地上万物的这种丑陋面目,他们并不
看好所有天上的东西。通过他们所看到的这些结果,他们很容易
判断其原因;而且通过美德的命运来推断天意。但是,一旦相信眼
前事物存在有秩序和一种天意,但也许很快就对未来生活感到满
意。因为,如果美德本身会带来很大回报,而恶习则得到巨大的惩
罚,我们就有了继续生活下去的坚实理由。分配正义的明确基础
276 和现实的适当秩序可以引导我们设想未来的景象。我们领会到一
个更大的计划,并轻易想通当下的事物为何并不完美,但在未来的
阶段它们会得到完善。因为,如果人类的善恶在今生便显露无遗,
如果善从未遇到任何抵抗,也不遭受任何挫折,美德还能在哪里遇
到考验、胜利或荣誉呢?美德的舞台在哪里,何时会获得其名声
呢?哪里还有节制或克己呢?哪里还有忍耐、仁慈和豁达呢?它
们何时能产生呢?除了艰辛,功德从何而来呢?美德哪能不经历
冲突,不遭遇内在和外在的敌人呢?

　　不过,正因在这个世界遭遇如此多的困难,美德的力量才越是
强大。即使面临这样的困难,她也不会被抛弃或穷途末路。她有
足够的力量鼓起勇气,尽管不超出我们所愿:只要我们能有幸在此
看到她,我们便对她怀着更大的希望。她当下的命运足以表明天
意已经站在她一边。而且,因为此时的她已有这样的准备,甚至在
277 今生得到这样的幸福和优势,天意的眷顾如何能必定进一步延续
到未来生活和完满的来世呢?

　　根据我们朋友的意见,对质疑启示的人来说,这就是有利于未
来生活的地方。这一点必然会使启示成为可能,并保证人们初步
了解它,亦即对于神和天意的信念。我们在当前事物的秩序中所
看到的东西,必定证明有天意。我们必须为秩序而奋斗,这一职责

与美德休戚相关。并不是所有事情都必须等到来世。因为在一个无序的状态中,对万物当下的关怀都被放弃了,恶习得不到控制,美德被漠视,这代表一种彻底的混沌,迫使我们因于无神论者所钟爱的原子、机缘和混乱。

因此,在神的事业中,还有什么比夸大这种无序和美德的不幸(如某些狂躁的人所为),让它成为现世人们的不幸选择更坏的事情呢?那些打算通过让人们贬损这种选择而设想一个更好的世界的人大错特错了。因为,凭借这种方式来向信仰不坚定的人抨击美德,会让他们不再相信神,却相信有一个未来生活。人们也不会真的以为,任何人对美德及其带来的幸福具有最高尚的观念,便较少倾向于相信未来生活。相反,人们始终发现,偏向恶习的人始终不愿听到未来的生活,因此,热爱美德的人最愿意支持使美德大放光彩,其事业辉煌壮丽的观念。

正因如此,在古代人当中,使那么许多最贤明的人相信这个尚未向他们揭示的伟大动机完全是对那些伟人、社会的创立者和维护者、立法者、爱国者、拯救者、英雄的美德的爱,他们所渴望的这些人身上的美德将永垂不朽。在今天,没有任何东西能比对友谊的爱使这个信念在善良、高尚的人中间更具吸引力,这种爱在他们心中产生一种至死也不分离的愿望,在来世也可以享受这同一个幸福的社会。那么,一个作家怎么可能仅仅因为赞颂美德而被视为是未来生活的敌人呢?我们的朋友怎么能因为辩护上帝和幸福所依赖的原则而被判定背弃宗教呢?对此,他只是说,而且这也是全部的话:"通过将未来生活建立在美德的废墟上,整个宗教和神的事业都被背叛了;通过使赏罚成为虔诚的首要动机,尤其是基督教被推翻了,其最重要的原则,即爱,也被拒绝和遗弃。"

总而言之,我们可以公正且委婉地断言,当我们的作家公平地研究那些原则不牢靠的人的时候,他的意图是要引导他们理解人类和人的生活的机制,以能让他们意识到万物中的秩序,因而认识到最高的智慧、善和美;既然他们如今成为了改宗者,当他们拥护我们宗教的戒律,并使自己配得上这宗教的圣洁品格的时候,他们

278

279

便可以准备好接受我们宗教教导给他们的那种神圣的爱。

他继续说道,这样,我替我的朋友做了辩护,也许这可以向你
280 说明他是个很好的道德家,而且我希望,他也不是宗教的敌人。但
是,如果你发现他的性格仍然不似我担保的那样虔敬,那我也想不
到还能用什么浅白的话语让你满意。如果我试图更进一步,我可
以更深入地探讨精神方面的事情,并不得不根据他的神学体系做
一些新式的布道。这些诚挚的东西几乎成了说教,然而,我希望你
原谅我刚才的表现。

第三节

他刚刚说完这些话,就有一些客人到了,他们在下午剩下的时
间里进行了其他的谈话。不过这些谈话结束的时候,我们的不速
之客也都走了(除了那位年老的绅士和他那位与我们一起用餐的
朋友),我们又一次要求他开始他的布道,而且一再恳求他用他的
神学风格来进行布道。

他抱怨说,这是在为难他:他说,正如你们看到同伴们经常为
难知名的歌唱家,并不是出于对音乐的喜爱,而是为了满足一种恶
意的好奇心,而这一般都以非难和厌恶而告终。
281 我们告诉他,无论是什么,我们都一定要坚持这样。而且,我
向我们的同伴保证,如果他们真心支持我这样强求他,我们就可以
轻松得逞。

他说,那好,作为报复,我会服从这个条件,也就是,因为我要
维持神学家和传教士的职责,那就要菲勒克勒斯也付出些代价,他
要担任不信教者的角色,并支持接受说教的人。

那位年老的绅士说,当然,你分配给他的角色真是恰如其分,
我确信他会轻而易举地胜任的。我倒希望你抽空让他记住自己本
来的性格。他总是在挑刺,随心所欲地打断你的谈话。因而,既然
我们现在已经通过对话获得了足够的乐趣,我希望你能严格遵守
布道的规范,并且"不要再理会前面所争论或提议的东西"。

我对这些条件很满意,并告诉特奥克勒斯我愿意按照他的目的来做,此外,如果我真是他指派给我的那种不信教者,我也没什么不高兴的,因为我相信我会被他彻底说服,如果他肯同意这样做的话。

于是,特奥克勒斯提议我们应该出去走走;夜色很优美,他觉得,清新的空气比在房间内更适合这样的谈话。

因此我们便在田野上开始了晚间散步,这时,劳累的农夫也休息了。我们不由自主地赞美起了田园生活,聊了一会儿庄稼和土地的情况。我们的朋友开始赞叹这里的树木真是枝繁叶茂。在对一些药草的性质作了简单的了解之后,我很幸运能说说他们极力赞许的这些话题,特奥克勒斯立刻转向我,说,"哦,我聪明的朋友!在其他方面,谁的理性能如此明澈、精确;凭借对自然万物及其活动的细节的洞察和准确判断,你怎么可能对事物整体的结构以及自然的秩序和构造没有更好的判断呢? 有谁能比你更优秀,能准确地说明每一种植物和动物躯体的结构,揭示每一个部位和器官的职能,并辨别它们的作用、目的和优势呢? 因而,你怎么能在这个整体上表现得像个拙劣的自然科学家,对这个世界和自然的解剖学知之甚少,以至于不能分辨各部分之间的同样的关系,宇宙中同样的一贯和一致!"

"也许有些人的思维很混乱,心理也很不正常,自然而然是到处挑刺,猜想这个广阔的构造里面有成千上万的矛盾和缺陷。我们可以推测全体自然的全部目的或性情不是让每一个单独的个体无懈可击,毫无瑕疵。它的意图不是要留给我们某种十全十美的形态;就像我们这些为固执的思想困扰的心灵所设想的那样。但是你,我的朋友,握持一个更高贵的心灵。你意识到心中有更美好的秩序,也能看到自己内心和无数的造物当中存在匠心和精妙。对这样的东西,你能回答说,即使有那么许多秩序,但整体上却没有秩序? 你能使自己相信或认为,在各部分以不同方式结合并内在协调的地方,整体自身却没有统一或连贯;在低级的和个别的种类常常如此完善的地方,全体事物缺乏完善,能被看做是最怪诞、最粗糙和最残缺的吗?"

282

283

284

"奇哉怪也！自然本身当中应该存在秩序和完善的观念，而自然自身却缺乏这秩序和完善！源自自然的存在物应该如此完善，以至于其构造却是残缺的，而且也十分聪明，以至于可以通过它们由以被创造的智慧来进行修正！"

"确实，没有什么东西比关于秩序和比例的观念或意识更牢固地印在我们心灵中，或者更紧密地与我们的灵魂交织在一起。由此就产生了韵律，以及那些建立在这些秩序和比例的营造和运用之上的动人艺术的一切感染力。和声和噪音、抑扬顿挫和佶屈聱牙之间存在多大差别啊！整齐有序的运动与杂乱无章的运动的差别是多么大啊！宏伟建筑的规则均衡的构筑与沙石乱堆的差别有多大！规整的物体与残云浊雾的差别有多大！"

"正如这种差别会被一种显而易见的内在感觉直接地知觉到，所以在理性当中也有着同样的原因；也就是说，凡具有秩序、同样地具有设计的统一性和整体的一致性的事物，都是由各部分构成的一个整体，或者说自身是一个完整的系统。例如一棵树与其所有的枝干，一个动物与其所有的肢体，一栋建筑与其外在和内在的装饰。还有其他什么事物，甚至是一个曲调或和声，或者一曲杰出的音乐作品，不是成比例的声音构成的某种系统呢？"

"现在，在我们所谓的这个宇宙中，任何特殊的系统都具备某种完善，所有单独的部分内在里都有其比例、统一或形式，然而，如果它们并没有都统一为一个总体的系统，①而是各自分离，就像散

---

① 见洛克《人类理解论》，4.6.11。"在我看来，那些信奉精神上更伟大的东西的古人似乎已经看到了超出我们敏锐的智力所能知觉的东西。他们说，天上地下的所有事物都是一体的，并通过一种独特的力量和自然的一致性凝聚在一起。因为，如果与其部分割裂，没有任何一类事物能够持存下去，其他部分立刻也不能持存和永存。"西塞罗：《论演说家》，3.5.20。"你所看到的一切，也就是构成神界和人间的一切，都是一体的；我们只是一个伟大躯体的肢体。"塞内卡：《书札》，95.52。"我们的同胞关系就是石拱门，若不是相互依靠，就会坍塌；因此，它实际上是相互支撑的。"塞内卡：《书札》，95.93。"如果没有土地、大海、空气、天空和美德，神能居住在哪里呢？你看到的一切，打动你的一切，都是朱庇特。"卢坎：《内战记》，9.578—580。

落的沙子或流云,或破碎的波浪,那么这个整体便没有一贯性,就不能推断出秩序和比例,因而也没有规划或设计。但是,如果这些部分没有一个是独立的,而是看起来都是统一的,那么这个整体就是一个完整的系统,符合一个简单的、一贯的和一致的设计。"

"那么,这就是我们所坚持的主要论题:人或者其他动物,无论从内在方面还是外在方面来看,都不能是一个由部分构成的完整系统,除非他这个种类与外面有更广泛的联系。所以,他的种类这个系统甚至与动物系统,与这个世界(我们的地球),也与更大的世界、与这个宇宙都存在广泛联系。"

"这个世界当中的所有东西都是统一的。正如枝干与树是统一的,树与滋养它的土地、空气和水也是直接地统一的。正如肥沃的泥土适宜于树,橡树或榆树那粗壮挺立的树干适宜于葡萄或常春藤的盘绕的枝条,因而这些树的叶子、种子和果实也适宜于各种动物:这些树和动物又相互适宜,同时也适宜于它们生长于其中的自然环境,在某种程度上,它们就像附属物一样适宜于、结合于这种环境;正如翅膀为空气而生,鳍为水而生,足为陆地而生,并通过一种更为精巧的构造和肌理的其他相应的内在部分相互适宜。所以,在静观地球上所有事物的时候,我们必须将其视为一体,就像附着于一个共同的树干一样。对于更大的世界的系统也是一样。看那相互依存的事物!看那太阳与这个生生不息的地球,地球与太阳的其他行星的相互关系!看这个整体的秩序、统一和一贯!你会知道(我聪明的朋友),经过这番考察,你不得不承认宇宙系统和事物的连贯组合是建立在充分的证据上的,能让公平正确地思考自然杰作的人信服。只有深入地考察了这个整体景象,凭借这样众多而有力的相互依存、相互关联的事例——从最微小的存在到最遥远的天体,人们才会相信有这样显而易见的一个统一体。"

"现在,在这个强大的统一体当中,如果存在这样不易发现的各部分的相互关系,如果事物的效能和用处因此而不能到处显现,那也用不着奇怪,因为这不过是必然发生的事情:否则最高的智慧也不能规划它们。因为,在相互关联的无限的事物当中,一个不能

287

288

无限地观察的心灵便完全看不到任何事物；而且因为每一个细节都与所有事物存在关系，所以这个心灵就不能在它没有彻底领会的世界中，领会所有事物的完善而确实的关系。"

"对于被肢解的动物、植物或花朵也可以做同样的思考，在这里，不仅是解剖学家，对自然历史不甚熟悉的人也看到众多部分与整体之间存在关系；甚至稍加观察便可发现：但像你这样的人，我的朋友，熟知自然的作品，对动物界和植物界也有充分的知识，无需求教他人便可断定所有这些部分之间的相互关系及其各自的用处。"

"但是，如果你愿意更深入地思考，并考虑到我们如何不仅满足于对事物的这种观察，而且还要赞叹其条理清晰，那么可以想象，那些对航海以及海洋或水流的性质一无所知的人，当他发现自己登上舰船，停泊于海上，远离所有的陆地风景，同时天气又风平浪静，他看到这个笨重的机器稳固地停靠在这茫茫大海之上，并想到这舰船底下的基础和上面的绳索、桅杆和风帆，他是多么惊讶。他怎么能将看到这个整体的规整结构，所有事物都相互依赖，下面的房间、宿舍的用处，以及对于水手和货物的便利？但是，如果他不知道所有这些东西的目的或意图，他就能断定这些桅杆和绳索毫无用处，甚至是累赘，而且因此就非难这种构造，鄙视设计者吗？哦，我的朋友！不要这样掩藏我们的无知，只是想一想我们身居何处，在一个什么样的宇宙当中。想一想这个庞大机器的诸多部分，我们对它们知之甚少，也不可能知道其目的和用处；当我们不去留意那最高的旗帜，反而只是观察某些下层甲板，而且处于这个物体的黑暗房间，甚至紧盯着这个把手，以及这艘船上最简陋的位置。"

"既然认识到这种统一、一贯的构架，并承认这种普遍的系统，我们就必然承认有一个普遍的心灵，凡聪颖的人都不会否认，除非是出于对宇宙及其中心的无序的想象。因为世界上的任何人都可以假设，当他身处远离人类的沙漠中，在那里听到有完美的音乐和声，或者看到富有秩序和比例的规则建筑渐渐从地面升起，他会确信，那里终究没有设计，没有思想的秘密源泉，没有活跃的心灵吗？

他会因为自己没有看到工匠就否认有工艺,并假设所有这些整齐而完善的系统是由于风的随意吹动或沙子的翻滚而构成的,统一为恰当的匀称和协调的秩序吗?"

"那么,是什么扰乱了我们对自然的印象,以至于打破心灵的设计和安排的统一性,否则这种统一性是如此地明显?我们所能从天上或地下看到的所有东西,都证明了秩序和完善,因而为像你那样熟悉科学和学术的心灵的沉思提供了最高贵的对象。一切都赏心悦目,除非是涉及到人及其所处的各不相同的环境。只是在这里才产生了灾难和不幸,因此导致了这种美妙机制的毁灭。一切都因此而消亡;宇宙的整个秩序在其他地方是如此牢固完整,不可动摇,在这里却被颠覆,因这一印象而灰飞烟灭;在这种印象中,我们把所有事物都归功于我们自己,将整体的目的服从于如此微小的一个部分的幸福和目的。"

"但是,你抱怨人不平等的地位,抱怨他对于野兽的微弱优势,又能怎样呢?一个与野兽几乎相同的生命能提出什么要求呢,或者说除了少有人遵循的智慧和美德,谁的价值很少超过它们?人可以是高尚的,而且正因如此,他才是幸福的。他的价值就是回报。因为美德,他才被赋予幸福,也只有在美德当中,他才获得其应得的幸福。但是,如果甚至美德本身也被置之不顾,而恶习却猖獗,被竞相效仿;如果(正如你假设)这就是实际情况,那么所有的秩序都实际上都被推翻,最高的智慧也丧失:道德世界无疑会因此而满目疮痍。"

"那么,在你宣布这个判决之前,你是否考虑到美德和恶习在现世生活中的状况,因而确定地说,何时、在何种程度上、在何种特殊情况下、受到何种环境的影响,这个人或那个人是好的或坏的?像你这样对艺术和自然的肌理和构成了如指掌的人,是否考虑到心灵的肌理、灵魂的构成、所有情感和感情的关联和构造,因而能知道各个要素的秩序和平衡,这要素是如何得到提升或受到损害,当它自然地保持其健康状态的时候有什么影响,当处于堕落和扭曲状态的时候,它会变成什么样子?我的朋友!当这些得到深入

292

293

考察和理解的时候,我们如何来判断美德的影响和恶习的力量?或者说它们如何导致我们的幸福或灾祸?"

"因而这就是我们首先要做的那个研究。但有谁能将此当做他应该做的呢?如果我们有幸生来就有好的本性,如果有一种自然的教育为我们塑造了一种慷慨的性情和倾向,恰当的欲望和可贵的取向,对我们来说这非常好,而且我们的确是这样认为的。但是有谁会努力培养这些品行,或者促进他的这种幸福呢?在这个必然要遭遇巨大的艰难的世界上,在我们知道诚实的本性如此容易堕落的地方,有谁会想到改善自己,甚或保持自己的那份幸福呢?与我们相关的所有其他事情都得到精心的维护,其中需要某些艺术或者经营,而上面这一点却是与我们最切近的东西,我们的幸福也依赖于此,但惟独这一点却听天由命:性情是唯一没有得到把握的东西,但它却决定着其他所有东西。"

"到此,我们研究了什么东西有利于、适合于我们欲望,但还没有考察什么样的欲望有利于、适合于我们。我们研究有什么东西取决于兴趣、取向、流行、时尚,但对于研究取决于自然的东西来说,这些看起来完全是无关宏旨,缘木求鱼。人们密切关注欧洲各国贸易、兵力的均势,但很少有人听说过欧洲人的情感的均势,或者想到要保持这些势力的均衡。少有人熟悉这个领域或精通这些问题。但如果我们做得更好(正如这个研究会让我们做到这一点),那我们将看到这里以及自然中其他地方的美和端庄,同时道德世界的秩序也与自然世界的秩序并驾齐驱。借此,美德的美得以显现,并且(如我们已经说明)最高的和至高无上的美,亦即所有美好的或可爱的东西的原型也将得以显现。"

"但是,免得我最终也显得像个狂热主义者,我决定只表达我的感受,并用古代文献学家的话来结束这个哲学布道,你一向尊重哲学文献学家。他说,'因为神性本身无疑是美妙的,并且是最为光彩夺目的美;尽管并不是美的物体,但是物体的美的源泉;它不是美的原野,但原野由此才成为美的。河流的美、大海的美、星空的美,都源于此,正如源于永恒不朽的源泉。事物因为分有了这种美,因而是美丽的、绚烂的、令人陶醉的:正如它们如果失去了这种美,就是丑陋的、衰朽的、残败的'。①"

特奥克勒斯讲完的时候,我们的两位同伴连连称赞。我正准备再称赞一番,但他立刻阻止了我,说道,如果我不表扬他,反而违背自己性格,批评他这长篇演说中间的某些部分,他会觉得受了屈辱。

我回答说,果真如此的话,首先让我惊讶的是,你没有运用通常用来证明神存在的许多论据,你只是运用了单单一个论据。我期待从你那里听到惯常所言的第一原因、第一存在和运动的开端: 也就是,关于非物质实体的观念有多么清晰,如何才能明确显示,物质在某个时候必然被创造出来。但是,你对所有这些都只字不提。至于人们所说的"一种物质的、不能思考的实体从不能产生一种非物质的、能思考的实体",我愿意认可;但在这种条件下,即"无永远产生于无"这个伟大准则,对于我和我的对手都是非常有效的;这样的话,我猜测,如果世界一直在持续,他就不知道如何给物质指定一个开端,或者说如何表明毁灭物质是可能的。聪慧的人,只要他愿意,就能以最雄辩的方式向我们描绘,"物质应该有无数的形态,永远在结合、分离、变化和变形,自身从不能让人形成一个单一的判断,从不能产生任何像感觉或知识的东西"。他们的论据可以很好地反对像德谟克利特、伊壁鸠鲁,或者更早的或较晚的原子论者。但是,通过考察经院哲学家便可以反对他们:当这两种实体被彻底分离,并被分别看做是不同的类型的时候,谈论非物质的实体便有充分的道理和有效的论据,"随你怎么改变它、净化它、提升它、升华它、扭曲它,或者像他们所说的那样用思维拷问它,你绝不能从其中创造或抽取出相反的实体来"。这种毫无价值的物质的贫瘠的渣滓不能来自简单而纯洁的非物质的思想,正如思想或理性的高贵精神不能提取自沉重的物质这种粗糙的实体。随便经院哲学家怎么利用这个论据都可以。

296

297

---

① 语出马克西姆斯·泰留斯的《演说集》。——译注

我继续说道,但站在你的立场上,正如你提出这个问题,这无关第一的或最先的东西,而是与暂时的和现存的东西有关。"因为,如果神真的是现存的,如果有很好的标志显示当下存在一个普遍的心灵,那就很容易得出,永远存在一个普遍的心灵。"——这就是你的论据。——你有事实根据(如果我可以这样说的话),并且能证明事物确实处于这样一种状态和条件下,如果是这样,那就没什么可争议的了。你的"统一体"(Union)是你的主要证据。然而,你如何能证明这一点呢?你能给出什么样的证明呢?除了空洞的可能性,你还能提出什么呢?你什么也没有证明,因而,如果这个

298   统一的构架就是神存在的主要论据,如你默认,看起来你倒不如说证明了"这个事实本身是不可能被证明的。因为你说,一个狭隘的心灵怎么能看到所有事物呢?"——可是,如果它实际上看不到全部,那它就看不到任何东西。这个可被证明的部分依然没有被证明。因为,即使承认处于我们视野或知识之内的全部都是有序的、统一的,如你所假设,这个强大的全部也仅仅是一个点,相比于其余的部分来说,几乎是无。"我们会说,这仅仅是一个孤立的边缘世界(by-world),在这个广阔的荒野中,除此之外也许还有成千上万个世界,恐怖而丑陋,而我们的这个世界则是规整而匀称的。在万物生生灭灭的时间过程中,唯有这个奇怪的世界偶然间进出,被塑造成某种形式(在无数的机缘中,有什么不可能发生呢?)但对于其余的物种来说,它特立独行。古老的混沌之父(如诗人们所称)在这些荒凉的空间中主宰一切,维护着他的黑暗王国。他逼近我们的前线,或许某一天发起猛烈的攻击,夺回他失去的权力,征服叛乱之地,重新把我们带回到原始的混乱无序之中。"

299   我总结我的谈话说,特奥克勒斯,这就是我斗胆对你的哲学提出的全部反对意见。的确,我猜想你可能给了我们更大的余地,但你自己却蜷缩在狭窄的界限里。所以,说实话,我觉得你的神学远不像我们一般的神学家的神学那样公平或开放。确实,他们在语言上要求很严格,但在实质上却很宽松。他们几乎不能容忍自我责难,不允许直接质疑神,但反过来,他们始终在戏弄自然,允许它

因其缺陷而遭受怀疑。她可以随便犯错，而我们也可以随便指责。他们认为，神不对自然负责，自然只为自己负责。但你更严格，在这一点上更苛刻。你本来没有必要使自然遭受这种论辩，又自己来为她的荣誉极力辩护，以至于我都不知道自己敢不敢质疑她。

特奥克勒斯回答说，不要为此烦恼，放心去非难自然吧，不要管结果怎么样。这只是我的假说所能提供的东西。如果我的辩护不正确，我的朋友们也不必愤慨。毫无疑问，他们有更坚实的论据证明神的存在，而且还能很好地运用那些形而上学的武器，对这些武器你仿佛并不太了解。只要他们觉得合适，我会让他们与你在这个战场上展开交锋。对于我自己的论据，如果能对这个辩护发挥什么作用，那也只能被看做是遥远的后防线或外围工事，也许很容易就被攻破，但对阵地中心并不构成任何威胁。 300

我说，尽管你自愿让我对自然展开正式攻击，我却选择在除人之外的论题上避开她。请你告诉我，在这种最高贵的造物上，在她所关心的最重要的东西上，她怎么会显得如此虚弱无能，而对于纯粹的兽类和没有理性的物种上，她却表现出如此强大的力量，焕发出如此坚强的活力？为什么在更容易遭遇灾病、比野生生物更短命的脆弱的人身上，她很快就耗尽了气力？这些野生生物生活安稳，能抵御来自季节和天气的任何伤害，不需要技艺的帮助，但却能无忧无虑地生活，不受劳作之苦，无需负担匮乏的人类生活的那些累赘的装备。幼有所养，老当益壮，有更敏锐的感官，先天的聪 301
明，付出很少的食物和给养便能得到其利益、快乐和休养；它们以天为檐，以地为寝，自然提供了防护和武装。自然也给其他的生物妥帖的安排。所以它们如此强壮、坚韧、活跃。为什么人就不是这样呢？——

特奥克勒斯说，你的规劝是不是仓促了一点？我想，你既然正在兴头上，这规劝很容易继续下去，而且你并不想让其他生物有些许优势，你也不妨为所有生物着想一下，并且抱怨，"作为人，他绝不应该占尽自然所赋予的所有优势和特权"。不仅仅是问，人为什么赤身裸体，为什么没有铁蹄，为什么速度比不上野兽？还要问，

"他为什么没有翱翔天空的翅膀,没有畅游水里的鳍,等等,否则的话,他便能占有每一种环境,主宰一切?"

我说,并非如此。这不是在抬高人类! 他仿佛天生就是"一切"的主人,对这一点,我不愿认可。

302 　他回答说,承认这些这就足够了。因为,如果我们允许他屈从次位,如果不是自然服从于人,而是人服从于自然,那么人必须有自知之明,服从于自然环境,而不是让自然环境服从于人。很少有自然环境是完全适合于人的,甚至没有一种是完美地适合于他的。如果被留在空中,他就会一头栽下来,因为他没有被赋予翅膀。到了水中,他立刻就下沉。到了火中,他立刻就化为灰烬。埋在地下,他立刻就窒息。——

我说,至于他在其他自然环境中有什么其他的天生的领地,我倒不太为他操心;因为他凭借技艺甚至能超越自然所赋予其他生物的优势;但就天空来说,我想如果自然能允许他长有翅膀就太好了。

特奥克勒斯回答说,那他又能借此得到什么呢? 要知道形态上的改变必然会引发什么结果。看看那些长有翅膀的生物,整个结构是否都服从于这个目的,其他的优势都为单单这一种运动做出
303 　牺牲。对这种生物的解剖表明,在一定程度上说,整个结构都是翅膀:躯干的主体由两片奇大的肌肉构成,这些肌肉耗尽了其他肌肉的力量,并垄断(如果我可以这样说的话)这个构造的整个资源。所以空中的物种可以作出如此迅捷而激烈的运动,这种运动是其他运动无法比拟的,也远胜过它们在其他方面所用的力量:它们身体的这些部位构造成如此优越的比例,以至于在某种程度上使其他部位萎缩。而人的结构却有截然不同的法则,如果被加装了飞行装置,其他的肢体难道不是必定不堪重负,而且多余出来的部位也必定相互吞并吗? 你觉得在这样的分配中大脑会怎么样呢? 难道不会成为受害者吗? 或者说,你会让它继续保持同样高的地位,并将所有其他部分的主要营养都吸引过来?

我打断他说,特奥克勒斯,我理解你的意思。大脑当然是个很大的受害者,如果它长得太大的话;我发现,思考的人们,尤其是哲

学家和鉴赏家，为了他们所谓的另一种意义上的才能和能力，他们
必定满足于一种不太突出的身体优势。他们机体中的这类才能仿
佛与其他类型的才能不能协调。但是为了公平起见，来让我们看
看相反的例子，我猜测，这个时代的麦洛（Milo）们，①也就是身体强
壮而敏捷的人，也是相同的情况。不用提平常的运动家，例如摔跤
手、跳高运动员、跑步运动员、猎手，我们怎么看那些有着雅致教养
的绅士们，我们的骑手、击剑者、舞蹈家、网球手等人呢？在这里，
身体肯定是受害者：如果大脑是另一种可怕的贪食者，身体及身体
的才能仿佛就会在这类人身上产生报复。

304

　　他说，如果人与人之间存在这种状况，那么人与截然不同的生
物之间又如何呢？如果说这种平衡是如此精巧，以至于甚至在有
着相同结构和秩序的生物中间，最微小的东西便会破坏它，那么如
果改变这个秩序本身并在结构中做出某些实质的修改，又必然会
产生什么致命的结果呢？因而，想一下我们非难这些以及类似情
形的本性会怎么样。"有人说，自然为什么没有把我构造得像马一
样强壮呢？为什么不像这种野性的生物一样吃苦耐劳、精力充沛
呢？或者说为什么不像其他生物那样敏捷活跃呢？"——然而，如
果身体被附加了超常的力量、灵活和技能，甚至在我们自己这个物
种当中，看看会发生什么事情！所以，对于一个非常迷恋如麦洛一
般强健的体魄的人来说，我想，最好是，而且也是对他说实话，劝他
再问一问，"我为什么没有被正好构造成这样一种野兽呢？"因为那
样的话就更相称些。

305

　　我说，我确实倾向于认为，人的优越之处在于他与野兽有所不
同，正因为这些不同的东西，我们才更成为真正的人，在本性上追
求人的品质，而让野兽保留它自己的品质。但我看到，在这个情况
下，自然确实让我们备受屈辱，她赋予我们如此纤弱的体质，如此
脆弱的结构，竟不可思议地支撑着人在思想和理性上的优越性，但
对于其他目的来说却是极其匮乏、无用的。这好像就是她的用意

――――――――――

① 古希腊著名运动员。——译注

所在,即"阻止我们荒唐地追求那些与我们的特征不符的东西"。

特奥克勒斯说,我明白你不是那种怯懦的辩论者,害怕不利于自己意见或信念的任何异议,急切地维护自己的论据,以至于丝毫不承认另一方面的论据。你的机智能让你自己享受辩论中发生的任何东西,而且你也很乐意改进对手所提出的支持他自己的假设的东西。这确实是一种比今天普遍盛行的习惯更公平的习惯。不过,这仅仅适合你自己的性格。而且,如果我不担心在哲学辩论的过程中有恭维的嫌疑的话,我也许会告诉你,在我看来,你那种与偏执的怀疑主义者截然相反的怀疑主义的得体的作风应该是什么,偏执的怀疑主义者不仅丧失了哲学品格的公正,也很难保持绅士或高尚同伴的公正。——不过还是让我们回到我们的论争中来吧。——

他继续说道,这就是自然那令人惊叹的安排,她不仅使材料或物质适应形态和形式,甚至使形态和形式本身适应环境、位置、范围或区域,而且也使感情、欲望、感觉相互适应,适应物质、形式、行动以及所有要素:"一切都恰到好处,保持着节约和适当的储备;丝毫没有浪费,但又充分地丰富;从不在一个事物上付出过多的精力,而是准确地删减多余的东西,为每一种事物的首要方面补充力量。"思想和理性不就是人的首要方面吗? 他不是为这些东西留有储备吗? 不是为其机能中的这个部分保存精力吗? 或者说,他会拿相同的材料或物质、相同的装置或器官以相同的方式用于不同的目的,做到事半功倍吗? ——绝对不能。那么,他能指望用一条细小血管里的一滴血来供养本性中的这一小部分区域? 他何不尊重其本性,这种本性为了他最大的利益,用这种恰当的储备为他安排了这样的命运(如果他知道并能运用这种储备的话,那这种储备对他来说的确是恰当的!)凭借这种命运,他能比其他生物更好地利用各种器官? 作为人,而非野兽,他因此而保持着自己的理性?

我说,但野兽有着人所没有的本能。①

---

① 见本卷第 92—93、131—132 页,第三卷第 216—217 页及以下。

他说,是的,它们确实有知觉、感觉和预先感觉(Pre-sensation)
(如果我可以用这个词的话),而人却丝毫没有。① 它们的雌性,在
刚刚怀孕但没有生育之前,对自己即将面临的状况有着清楚的预
期或预先感觉,知道如何以及在什么时候能得到什么给养。它们
能在许多事情上占得优势呢? 它们在顷刻之间又能领会到多少东
西呢? 四季交替、领地、气候、处境、方位、形势、它们住所的基础、
资源、建筑构造、它们后代的食物、照料,一句话,它们的整个哺育
体系,以及所有这一切,在它们随后生活的任何时候都像原初尚未
经历的时候一样完善。而且,"你说,人类为什么就不是这样呢?"
不仅如此,相反我还会问,"为什么这样呢? 哪里有这种需要或用
处呢? 哪里有这种必要? 人为什么要有这样的聪敏呢? 他们难道
不是有另一种更好的东西吗? 他们不是有理性和推理能力吗? 难
道这不会给他们指导吗? 还需要什么其他东西呢? 哪里还有这种
精细的安排呢,哪里有这种储备呢?"

他继续说道,多数其他物种的后代一生下来就能自立,很敏
感,很活跃,知道躲避危险,寻找有利的东西;而人类的婴儿却最无
能、最虚弱、最娇嫩。为什么它没有得到这样的安排? 这样一个物
种缺少了什么? 或者说,人在有了如此大的优势的同时,这种缺陷
有什么更大的坏处吗? 这种缺陷不是促使他更加坚定地进入社
会,迫使他承认他是有意地而非出于偶然才被构造成理智的和社
交的,若非处于友善的交流和交往这种自然状态中,他就不能长大
或生存下去? 夫妻感情,对父母的自然感情,对官员的义务,对共
同的城市、团体或国家的爱,以及生活中其他的义务和社会职责,
不都是由此而来,建立在这些缺乏之上吗? 作为这么多好处的缘
由,还有什么比这种缺点更幸运的呢? 还有什么比这样一种被如
此丰富地弥补和由如此多的乐趣所补偿的缺陷更美好的呢? 现
在,如果甚至处于这些缺乏之中的人类,还有人仿佛对主张一种独
立的权利不感到羞耻,并否认自己天生就是社会性的,他们还有什

308

309

---

① 见本卷第 412 页。

么羞耻心呢，如果自然在另外的方面补足了这些缺陷的话？他们还会想到什么义务或责任呢？他们对父母、官员和自己国家或同类还有什么尊重或崇敬吗？他们那富足和自足的状态不会更容易

310　使他们丢弃本性，否认他们之被创造的目的和创造者吗？

当特奥克勒斯就自然展开争论的时候，那位年老的绅士——我的对手——看到我受到反驳（他以为这样），同时我的观点也受到挑战，表现出了极大的满足。因为他宁愿相信这些就恰恰是我刚才在谈话中作为反对意见的观点。他力图用从经院哲学家和老百姓平常谈论的话题中拿来的诸多事例来加强这个论点。他补充说，"我最好还是公开表明我的态度；因为他确信我极力主张的那个原则，即自然状态就是一种战争状态。"①

我回答说，你自己承认自然状态是没有政府或公共法则的状态。

我承认。

那么这是一种共享状态或社会吗？

不，因为当人们第一次进入社会的时候，是从自然状态进入到一个建立在契约之上的新的状态。

那么，前一种状态也还不错？

如果它完全不可忍受的话，那就从不会有这样的状态。我们也不能恰当地称其为一种状态，因为这种状态一刻也不能保持或持续下去。

311　因此，如果人能离开社会而生存，同时，如果他在自然状态下实际上就是这么生活的，人们怎么能说"他天生就是合群的"？

这位年老的绅士看起来被我的质疑激怒了。但他控制住了自己，回应说，"从其自然倾向来看，人的确可能不会，也许②被迫去联合，但倒不如说是由于某些特殊的环境。"

我说，那么，他的本性仿佛并不很好，因为没有自然感情或友

---

① 见第一卷第 109 页及以下。
② 这几个词用来表达这位年老绅士激动的情绪。——译注

善的倾向,而是违背其意志,被强迫进入到一种社会状态:这并非由于外在事物的匮乏(因你已经承认他能活得下去),而可能主要是源于他自身以及他那种有害的习性和信念带来的困扰。确实也难怪有天生不合群的生物天生就制造不幸和麻烦。如果根据其本性,它们能离开社会而生活,厌恶相互交往,那么它们在任何时候都不可能珍惜对方的性命。如果性情阴郁,不会为爱而相聚,那它们就可能不只是为利益而争斗了。所以,从你自己的推理来看,"自然状态必定差不多与战争状态无异"。

312

从他的脸色上能看得出,他正准备尖刻地回击我,这个时候特奥克勒斯插话了,因为是他挑起了这场论辩,所以他希望更公平地探讨问题,以让他自己结束这种论辩。他对年老的绅士说,你明白当菲勒克勒斯诱使你承认自然状态与社会状态全然不同的时候用的是什么样的计谋。但让我们反过来质疑他,然后看看他是否能向我们证明,"人类状态天生就不是社会性的"。

年老的绅士说,那我们所谓的自然状态是什么呢?

特奥克勒斯说,那不是某些人所想象的人类的不完善的、未开化的处境;如果自然中曾存在这种状态的话,那么它从不可能延续,或能被忍受,或足以支持人类。这样一种处境的确不能被恰当地称作为一种状态。就如说到一个婴儿刚刚来到这个世界,并且就在出生的这一刻,我怎么能异想天开称这为一种状态,这合适吗?

313

我说,不太合适。

因而,这正是我们所假设人在进入社会,并成为真正的人这样一种生物之前的一种状态。这是人粗糙的雏形,是自然的试验或最初的努力,是正在诞生的一个物种,是一个尚未成型的种类;不是在其自然状态中,而是遭到侵害,仍然躁动不安,直到达到其自然的完善。

特奥克勒斯说(对年老绅士更详细地阐述),所以这个事实必定是成立的,即便是根据这个假设,即"人曾有这样一种处境或状态,那时他们单打独斗,互不相识,因而也没有任何语言或艺术形式"。但是,说"这就是他们的自然状态,像这样各自生活",那肯定是荒谬不然的。因为你一旦将这种生物的面向社会及其同类的情绪或感情剥夺掉,也就等于立刻剥夺了他的任何其他情绪或感情。然而,你可以有能力随意剥夺他的任何东西,你甚至可以拆解他当下这个躯体的所有部位和肢体,但你可以这样改变他,并称其为"人"吗? 不过,这总比你剥夺掉他的自然感情,将他与他的所有同类隔绝,把他像某些独居的虫子一样封闭在一个壳子里面,还仍然要称其为人要好些。这样,你就可以把人的卵子或胚胎叫做人了。比起这个所谓的"人"的虚幻的生物来,孵育蝴蝶的昆虫更应该被叫做飞虫,尽管没有翅膀。因为,虽然他的外在形体是人形的,但他的情感、欲望和器官必定全然不同了。他的整个内在品质必定被颠倒,以使他适应这样一种幽闭的状况和单独的生存方式。

314

315

他继续说道,让我们解释得更详细些:我们可以考察一下这种所谓的自然状态,它如何和在何种基础上可以成立。"因为人必定或者来自永生(Eternity),或者不是。如果是来自永生,那就没有初始的或原始的状态,没有自然状态,只有我们眼下所看到的这个样子。如果不是来自永生,他便或者是一蹴而就的(因此现在就是他一开始的样子),或者是经历了几个阶段和处境,逐步地成为他最终固定的样子,并且已经持续了很多代。"

比如,我们可以假设,像古老的诗人们所杜撰,他来自一棵大肚子橡树,那么他或许更像是曼德拉草,而不是人。① 我们可以假设他最初的生命像那种人称敏感的植物一样长。但是,当这棵母橡树某个时候分娩,而且这虚假的生产由于某些奇怪的意外或诡计长大成型的时候,四肢于是完全舒展开来,感觉器官也开始发挥作用。"这里长出一只耳朵,那里冒出一只眼睛。也许还有一条尾巴。很难确定为什么自然最初会被指责生出这些多余的东西。看起来,这些东西被及时抛弃了,很幸运最后留下来一个好看的样

---

① 曼德拉草(mandrake),根系粗大且有分叉,有些很像人形,传说其根被拔起时会发出尖叫声。——译注

子,而且(真是个奇迹!)恰好就是它们应该是的样子。"

当然,这是对人类最初生活的最低俗的看法。因为,如果是天意,而非机缘造就了人,那我们关于他的社交本性的论据就更充分了。但是,既然承认他的起源如我们所描述,也如某类哲学家可能所主张的那样,那么在这整件事情上自然都没有意图,没有目的或计划。所以,我不知道在这种情况下有什么东西可被称作"自然的",有什么样的状态能被叫做"自然状态",或"符合自然",那真是无以计数。

然而,让我们再根据他们的假说继续思考,哪种状态能被我们最恰当地称作是自然自身的状态。"她出于偶然,经过了许多变化和机缘,才创造成一种生物,这种生物最初来自物质的粗野种子,发展成它现在所是的样子,其间停滞了许多代。"我要问,在这个长期的过程当中(因为我假设有无限长),"这个自然状态是从什么地方开始的呢?"这种生物必定经历了许多变化,在他这样成长的时候,每一种变化都是自然的,不管是什么样的变化。所以,那里或者存在上百种不同的自然状态,或者只有一种,如果只有一种,那这种状态只能是自然的完善状态,是成长得最完整的状态。在这里,她停了下来,实现了其目的,这必定就是她的状态,否则就没有任何其他状态。

那么你觉得她可能停留在社会之前的那种孤独状态吗?她能保存和繁衍像现在这个没有交谊或共享的物种吗?看看在我们自己这个种类中有没有这样的事实。因为,对于在外形上与我们十分相似的生物来说,如果他们的体格与我们几无相似,如果他们内在里有着一种不同的构造,如果他们的皮肤和毛孔有着不同形态或变得坚硬了,如果他们身体上有不同的附属物,有另一种性情,与此自然伴随有另一种习惯或感情,那他们就并不真正是我们这个种类。另一方面,如果他们的体格与我们的一样,他们先天部位或内在机能与我们的一样强大,身体构造与我们的一样脆弱,如果他们有记忆,有感觉,有感情,与我们一样运用各个器官,那么很明显,他们不会出于好意而脱离社会,也不可能离开社会而保存

316

317

自己。

我的朋友！我们还应该记得刚刚谈过的东西，也就是菲勒克勒斯自己提出的人对于其他生物在身体上的虚弱和匮乏的生存状态。[①]"他有漫长而无助的婴儿时期，他有脆弱而裸露的身体，因而更容易成为猎物，而不是依靠猎食其他生物生活。"不过他也不能像那些食草动物那样生存。他必须有比野生草木更好的给养和更多样的食物，必须有比荒凉天地更好的住所衣服。他还必须有多少其他的便利呢？两性需要有怎样的联合和更紧密的交往才能抚养哺育其幼弱的后代？人肯定不会拒绝这样的社会，这社会对于每一种被捕食的野兽来说都是固有的、自然的。而且，我们能在赋予人这样的社会品质的同时没有更多要求吗？他成双成对，爱护和陪伴他的伴侣和后代，同时却仍然完全地野蛮，不会说话，没有储藏、建筑的艺术和其他生活策略，这些对于他就像对于海狸或蚂蚁、蜜蜂一样肯定是自然的，这可能吗？因而，一旦开始这样生活，他在哪里能脱离这社会呢？因为早在社会形成的时候，他就开始这样生活，并发展成为家庭，这是显而易见的。难道这不是必然发展成为部落？这部落又发展成为民族？或者说，尽管只是保持为部落，但却并不是为了相互防护和共同利益的社会？总之，如果繁衍是自然的，如果自然感情和对后代的关爱和抚育是自然的，人以及具有如今这样的面貌和体格的生物处于这种情形中，那么结论便是，"社会对于他也是自然的"，并且"没有了社会和共享，他绝不能，也永远不能生存下去"。

他说（仍然面对那两位同伴），总的说来，我可以代表菲勒克勒斯斗胆补充一句话：因为博学之士热衷于这个概念，而且喜欢谈论这个空想的自然状态，我认为，这种做法要多恶劣就有多恶劣。任由它是一种战争状态，充斥着争斗和不公。因为它是非社交的，即便它无论怎么不便，无论怎么可怕。说得好听一点，它很有诱惑力，诱惑人们都成为隐士。至少人们可以将其看得比现在的政府

---

① 见本卷第 300 页。

坏上许多倍。我们越是惧怕无政府状态,我们自己就越是好国民,更重视我们生活于其中的法律和体制,据此我们可以免遭这样一种反常状态的粗暴侵害。在这一点上,我真心赞成那些变革人性的人,他们让人性与政府或社会偏离和分裂,处于巨龙、巨鲸以及我不知为何物的饕餮巨兽等怪物的威胁之下。然而,他们也确实很恰当地表达自己的重要准则。因为,当有人认为狼在狼面前也是友好善而体贴的动物时,要轻蔑地说,"人对人就是狼",显得有些荒谬。雄性雌性亲密结合起来关爱照顾幼仔,而且这种联合还要在它们之间延续下去。它们相互嚎叫,结伴而行,无论是追捕猎杀其猎物,或者聚集一起发现保存完好的尸体。甚至是贪婪的同类也并非缺乏共同感情,群集一起来帮助受难的同伙。因此,这个著名的判词的含义必定是(如果毕竟还有点含义的话),"人在本性上对待人,就像狼对待较驯良的动物一样",例如对待一只羊。但这没有什么意义,就像告诉我们说,"人有不同的种族和特征,并不是所有人都有狼的本性,至少有一半天生是善良温和的"。因此这个判词名不副实。因为,如果不违背自然,也不与自然历史、事实和事物的明白规律存在矛盾,当我们甚至要从其中努力得出站得住脚的意义的时候,那就不可能赞同这个歪曲的命题。——但这就是人类!而且,甚至在这里人性得到了如其本然的展现,或者并不完美,或者完全地成功,尽管得到了正确的培养,也有恰当而正当的原则的支撑。因而,只是在这里,也就是在哲学当中,正如在人们通常的交谈中[才有这样的事情]。正如人们喜爱群聚,否则就不能享受到任何幸福,所以他们令人难以置信地迷恋于讽刺的方式。同时,正如一种措词巧妙但言辞凿凿的的恶意责难很容易被人们看做是精巧的机智,所以一种语出惊人的不怀好意的准则,也很容易被当做是真正的哲学。

320

321

第五节

说话间,傍晚过去了,夜晚来临,我们结束了散步返回家中。

在那夜的晚餐和随后歇息的过程中,特奥克勒斯很少说话。这时的谈话主要由那两位同伴来主持,他们把话题转向了一种新的哲学,我的贝拉蒙,你会原谅我把这段谈话匆匆略过。

322   其间说了很多关于鬼怪和幽灵的事情,而且还旁征博引,最耸人听闻的解释却令我们的朋友心醉神迷,他们争先恐后,耸人听闻,不断让对方感到惊讶。没有什么比这些稀奇古怪的事情更吸引他们了,也没有什么能比这些让人毛骨悚然的东西更让他们心情舒畅了。总之,凡是合理的、明白的、容易的东西都淡然无趣,谈到的尽是些违背常理、颠三倒四、乱七八糟的东西。畸形婴儿、天灾人祸、魔法妖术、战争骚乱是我们的主要娱乐。也许有人觉得,在天意与自然之间的对抗中间,后一位夫人被描绘得过于平庸,在她的丑陋的衬托下,前一位夫人光彩照人。公平地说,我必须承认,我认为我们的朋友们的意图是发自内心地虔诚的。但宗教的这幅尊容并不能让我心仪。我并不是担心自己因此而变得狂热或迷信。如果我变得永远狂热或迷信,那我发现这狂热或迷信更像是效仿特奥克勒斯的风格。古代遗迹和教堂墓地并不像高山平

323 原、葱郁的树林那样令我陶醉,我更愿意听到那里的民风民俗。我更愿意相信特奥克勒斯所引述的那些诗意小说的真实性,而不是他的朋友们讲的那些阴森恐怖的故事,这些故事过于夸张,非常老套,一副盛气凌人的样子,对真实性不屑一顾。

    贝拉蒙,你可以想象到,我那总是受你责备的怀疑主义依然很顽固,[①]也必然让我们的同伴感到不安,尤其是早先时候与我们产生冲突的那位严肃的绅士。他忍了我一会儿,终于失去了耐心,他说,只有过于自负的人才会与世人的常识为敌,否认众所周知的事情。

    我说,我绝不是这样的人。你也从没有听过我否认任何事情,尽管我质疑了很多事情。如果我不下判断,那是因为我不像其他人那么自满。我知道有些人很在意自己的每一种幻觉,以至于相

---

① 见第三卷第 71—75 页及以下,第 241—244 页,以及第 316—317 页及以下。

信自己的每一个梦都是真的。而我从不会听信于自己睡梦中的幻 324
境,因而有时候甚至倾向于质疑自己清醒时的想法,并检查"这些
想法是否并不是梦",因为人们有时候就是白日做梦。你会承认,
人们在把梦当做现实的时候感到很高兴,说实话,人们对真实的热
爱远远不及对新奇刺激的热爱,以及出头露面、受人尊崇的欲望。
然而,我还是如此宽厚仁慈,以至于认为这个世界上更多地是无害
的错觉而非有意的欺骗,而且认为那些招摇撞骗的人一开始就很
得意能有自欺的能力,由此,他们也自以为还有一点良知,所以也
更加成功,因为他们能更自然地、更逼真地扮演自己的角色。这并
不是什么难解之谜,因为做梦的人有时也很幸运把梦境当做真实
的,而我们却认为,在有些时候,那从未被梦想的东西,或被描述为
真实的东西,往后却被常常谈论它的人相信。

他回答说,所以,这样的话,这个世界上最大的骗子也可能被
认作是真诚的。

我说,就他主要的骗术来说,他也许是真诚的,尽管有些以宗 325
教为借口的奸计有时也利用了一种被认为是高尚而健全的信念。
而且,我很自然地认为是这样,以至于在所有宗教中,除了真正的
宗教,在我看来,最大的热情最是容易被欺骗。因为既然意图和目
的是真理,所以人们便不习惯三思而行,或者在手段的选择上斟酌
几分。不管这是不是真的,我都有近些年来的经验为证,在此期
间,人们很难发现欺骗和热情、偏执和虚伪竟能集合在同一个性格
当中。

他回答说,是又怎么样呢,总之我很遗憾发现你有这样一种怀
疑的性情。

我说,你心存正义,能同情我是个受害者,不能享受他人所享
受的那种快乐。因为,对人来说,有什么比听到和讲述奇怪离奇的
事情更快乐的呢,或者说更快得到这样的快乐,或更长久地保持这
种快乐?喜爱惊奇,并让别人惊奇,是多么美妙的事情啊!小孩子 326
的乐趣就是听令他们胆颤心惊的故事,以及奇特的古代故事中老
人的声音。我们生来就惊奇于每一样东西,当我们对平常东西的

惊奇消失,就寻找那些让我们惊奇的新东西。最后一幕便是向可能相信我们的人讲述我们自己的奇遇。在所有这些奇遇中,如果确有其事,又适当地添油加醋,那就最好不过了。

他回答说,如果你有这种适当的信仰,以能相信任何奇迹,那也很好。

我说,如果我适当地信服圣经,因而对于从前的奇迹有一种正确的信仰,那么,不管我如何怀疑现在的奇迹,也就无所谓了。只是在这里,我才被警告自己如此轻信,被禁止去相信甚至是最伟大的奇迹,这些奇迹与人们从前教导给我的东西截然相反。而且我已经很好地适应了这个禁令,因而能够安全地保持同样的信仰,并承诺再不相信不该相信的东西。[①]

但这个承诺可靠吗?

如果不可靠,而我的信念又不是完全掌握在自己手中,我怎么能为其负责呢?我可以为我的自由意志发出的行为受公正的惩罚,但如果我不是自由的,那我因为我的信仰而受到指责,这公正吗?如果轻信和不轻信只是判断力上的缺陷,即使是最善意的人都可能在某一方面犯错,而一个很坏的人,由于天资过人能更好地判断事情的迹象,那你怎么能惩罚犯错的人呢,除非你要惩罚"软弱",并且说,人为其不幸而非过错而受难是正当的?

他说,我倾向于认为,可将那些少数为其怀疑而受罚的人称为他们自身软弱的受害者。

我回答说,纵然承认天真和软弱更多是轻信者的特征,而非怀疑者的特征,然而我却没有发现,即使这样,我们仍然容易因我们的软弱而受害,若是绝顶聪明则不至如此。因为,如果我们不能掌控自己的信念,我们怎么能提防那些虚假的先知和骗人的奇迹呢,我们已被告诫要警惕这些奇迹?我们怎么能预防异端和虚假宗教呢?轻信使我们面临所有这种欺骗,而且在今天,这种欺骗事实上也控制着处于错误盲目的迷信之中的异教和伊斯兰教世界。因

---

① 以下所讨论的是 17 世纪以来欧洲兴起的迷信风潮。——译注

而，或者是错误的信仰不应该受惩罚，因为我们不能在坚持己见的时候信仰；或者，如果我们能够信仰，那我们为什么不能总是允许错误的信仰呢？现在，就即将到来的奇迹而言，保证从不错误地信仰的最稳妥的方式，就是从不信仰任何东西。因为既然满足于我们宗教因以往奇迹而具有的真实性，以至于不需要他人要求我们确证，那么新的信仰就可能常常对我们有害，从不能给我们任何好处。因此，作为一个有信仰的基督徒的最真实的标志就是不去追随即将到来的异兆或奇迹，所以，在基督教中，那种从不为这种奇迹所动、抵制一切奇迹的人是最安全的。因为，如果奇迹有利于他的信仰，那也是多余的，他不需要这奇迹；如果不利于他的信仰，那就随它怎么伟大好了，他一点也无所谓，或者视其为与其他骗局无异，尽管它来自天使。所以，即使你严厉指责我的那种怀疑，我仍然认为自己是更虔诚、更正统的基督徒。至少我确信自己会比你更虔诚和正统，由于你的轻信，你可能被并非来自天使的奇迹所欺骗。既然有了这种防备措施，你就不太可能会时时相信各个不同的教派的奇迹了，我们知道这些教派都自称拥有奇迹。因此我确信，最好的准则还是通常人们所遵循的那个准则，即"不再有奇迹了"；我也准备证明我自己的意见最能经得起推敲，对基督教来说也是最适合的。

　　随着对这个问题的进一步辩论，我们的两个同伴之间也产生了分歧。因为那位年老的绅士，即我的对手坚持说，"在当前这个时候，放弃奇迹对无神论者是大大地有利的"。而年轻一点的绅士，即他的同伴则质问说，"不管承认这些奇迹是否大大不利于狂热主义者和分裂派教徒，有利于国立教会，（他认为）这两种情况对于宗教和国家来说都是最大的危险"。因而他决心从今往后要谨慎检查现时代这些奇迹，就如他之前热切地追随这些奇迹一样。他非常欣慰地告诉我们，他以前那种状态真是太冒险了，常常与那些始终疯狂关切新的奇观或异象、突然降临的启示或预言的人结交。他认为这真是不折不扣的狂热。他经历过许多这种虚幻的追求，而且再也不会像以前那样与搜寻鬼魂的人、女巫发现者、地狱故事

329

330

和恶魔行迹的记录者们鬼鬼祟祟地厮混在一起了。他觉得人们不需要来自地狱的这种密报，以证明天堂的伟大和神的存在了。而且，他终于开始发现在这些事情上劳神费力的荒谬了：仿佛天意就依赖于这些东西，如果这些疯狂的功绩遭受质疑，宗教也将面临生死考验。他意识到有很多善良的基督徒本身也坚定支持这些作为：虽然他不可避免地对此感到疑惑，但现在他开始思考和反省了。

他说，见不到圣经的异教徒可能会求助于奇迹；上帝也许认可他们的神谕和奇观，作为一种不完善的启示。由于他们的铁石心肠和愚钝悟性，犹太人也得到这个许可，当他们故事地寻求神迹奇事的时候。但是，作为基督徒，有着更圣洁、更真实的启示，有更明白的神谕、更合理的法律和更通俗的圣经，这圣经有自身的效力，也得到很好的证实，因而不容置疑。他继续说道，而且，如果要我点明奇迹可能终止的确切时间，我猜那是圣经开始和被完成的时候。

那位严肃的绅士回答说，这毕竟是猜想，而且这个猜想对于你自称其本身已得到很好证实的圣经来说，也是很危险的。人类的证实代表的是过去结束的奇迹，久已被遗忘，必不能与当下的奇迹一较高下；对于这些奇迹，我坚持认为，世界上从不缺乏关于神的存在的足够证据。如果现今不存在奇迹，世人们就倾向于认为，从来就没有任何奇迹。当下必能为过去之可信作证。这就是"上帝为自己作证，而不是人为上帝作证"。因为，如果在宗教当中，世人没有来自他们信仰中的天堂的证据，谁又能为他们作证呢？

年轻的绅士说，至于什么能使人的见闻可信，这是另一个问题。但是，对于纯粹的奇迹，我觉得不应该说它们会"为上帝或人类作证"。因为谁来为这些奇迹本身作证呢？同时，即便它们永远都如此可靠又怎么样呢？我们怎么能保证它们不是鬼怪的伎俩呢？有什么能证明它们不是魔法捏造出来的呢？总之，"如果这些异兆代表的是仅仅是神力（powers），而不是善，谁又会依赖任何天上或地下的事情呢？"

那位严肃的同伴回答说，在你这位新的怀疑主义导师（他指着我)的指导下,你进步不小啊,以至于将所有奇迹都当做无用的东西丢掉了?

我看见这位年轻的绅士在他朋友的粗野言辞面前有点畏缩,而他的朋友还在一个劲儿地谩骂。我打断说,这样的话,我倒要替这位年轻的绅士说话了,因为你把他看做了我们的学生。我看到,出于谦逊,他不愿意对刚才那彬彬有礼的谈话纠缠不休,如果他允许的话,我倒愿意勉力而为。

这位年轻的绅士同意了;我继续表达他想为我们的信仰首先建立一个合理而正确的基础的美好愿望,因而我就从人们批评这个愿望没有得到直接相关的奇迹的支持这一点上来进行证明。我说,他会做到这一点的,因为他说明我们已有来自死者的证词,以有效地支持我们的神圣神谕,这些死者的性格和生活,可为他们从上帝那里为我们带来的信息的真实性负责。不过,这绝不是要"为上帝作证",像那位狂热的绅士急切想要表达的那样。因为这既非人力所及,也非奇迹所能做到。上帝也不能为自己作证,或者仅仅这样来向人们宣示自己的存在,即"向人的理性来显示自身,诉诸人的判断力,并将自己的所作所为任由人们非难和冷静的思考"。我坚称,对宇宙奇迹法则和体制的沉思,是建立对神的合理信仰的唯一途径。因为,即使有来各方面的无数奇迹困扰理智,让颤抖的灵魂无法有片刻喘息,又怎么样呢? 即使天空突然开裂,所有的奇观蜂拥而至,人们听到灵异的声音,看到天书,又怎么样呢? 这些也不过表明"有某些神力能做到这些";但是"是什么神力呢,是一个还是多个,是高级的还是低级的,是凡俗的还是不朽的,是明智的还是愚蠢的,是正义的还是不义的,是好的还是坏的":这些仍然是个谜,就如所有这些神力所宣称的真实意图,其可靠性或确定性仍然是个谜。它们的言语也不能根据它们自己的情况来理解。它们的确可以让人类丧失发言权,但不会说服人类,因为"神力从不能作为善的证据,而善也只是真理的保证"。① 只有凭借着善,真理

333

334

_____

① 见第一卷第 94 页,及第三卷第 114 页。

才能成立。凭借着善,高级的神力才能赢得信赖。它们必须允许
自己的作品经受考察,其行为经受批评:因此,也正因此,它们才得
到信任;"当通过不断重复的事迹,它们的善行得到证实,它们真
诚、真实的性格得到确立。"因此,这个宇宙的法则及其体制在人面
前表现出恰当和一致,它们向人讲述一个"正义的元一"(Just
One)①,向人揭示并见证神:因而在人心中奠定这个最初的信仰的
基础,使人适应"一个继生的元一(a subsequent One)"。② 于是,人
能倾听历史的启示,因而有能力(并非到了那时)接受来自上天的
任何信息或神奇的征兆,从中他预先知晓一切正义和真实的东西。
但是,并不是奇迹的力量,也不是任何超越其理性之外的神力能使
他知晓并领会。

335　　我继续说道,但现在,既然我很长时间里都只是个辩护者,我
决心要拿起进攻的武器,反过来做一个攻击者,假如特奥克勒斯并
不介意我从他的假说中借用些根据的话。

　　我的反对者回答说,不管你从他那里借用什么根据,你也肯定
是歪曲它;而且,既然这根据经过了你的手,你最好注意到,你是要
针对他,而非我。

　　我说,那我就斗胆一试吧,虽然我坚持认为,你所依赖的大部
分准则只能背弃你的目标。因为当你千方百计搅乱自己的时候,
当你上天入地搜寻奇观,研究如何将每一种东西都视为奇迹的时
候,你实际上是为这个世界带来混乱,打破其一致性,并破坏唯一
的无限而完美的原则由此被人所知的秩序的整一性。持续不断的
冲突、动荡、破坏,法则被违背,秩序变动不居,表明自然中并没有
掌控机制,或者有许多无法控制和驯服的力量。我们眼前若不是
336　无神论者所谓的混沌和原子,便是多神论者所称的魔法和鬼怪。
然而,这就是某意欲坚持只有一个神的人,最热情地宣称的宇宙的
纷乱无序的系统。这就是事物的面貌,这些就是他们描绘神性时

---

① 在下文中,为了可读性,One 一词也视情况译作"一"、"一体"或"整一"。——译注
② 见第一卷第298页,及本卷第269页。

所提出的特征。说到这里，我们那位更加好奇和天真的年轻人被深深吸引住了，除非他们能看到这种令人困惑、使人惊愕的景象之外还有其他东西。仿佛无神论便是最自然的推理，这种推理可以从万物那规整有序的状态中得出！但是，在将自然搅得七零八落之后，如果（正如经常如此）这位惊讶的学生恰好能恢复理智，并审慎地依照自然的规律进行探索，发现不容他置疑的秩序、一致性和一贯性，那么他当然会被迫转向无神论：而这仅仅是由于他从那种颠倒错乱的系统那里接受的印象，教导他从混乱中寻找神，在一个支离破碎的世界中发现天意。

他回答说，同时，当你运用你刚才提出的系统，将所有事物都整理成为如你所愿的一致的、清晰的、规整的和简单的模样，我推测，你会指引你的学生在机械装置中发现神；这就是说，在某种自我控制的物质构成的精致系统中发现神。除了纯粹的机器，你们自然主义者还能把世界塑造成什么样子呢？ ³³⁷

我回答说，的确是这样，如果你允许机器也有一个心灵的话。因为在这种情况下，这不是一个自我控制的机器，而是有上帝控制的机器。

他说，那你凭什么标志说服我们呢？有什么迹象表明这架哑巴机器听命于上帝呢？

我回答说，眼前的事实就足够了。它不可能表现出更强烈的生命和冷静思想的迹象。拿我自己这种机器与这个最伟大的机器比较，看看它们的法则、运作和运动是否预示着如此完美的一种生命，或者如此高超的智慧。一者是规整的、稳定的、持久的，而另一者则是杂乱的、变动的、易变的。在一者当中，有着智慧、决断力的标志，在另一种当中，却只有反复无常、奇思怪想的标志；一者显现出判断力，另一者则只有幻想；一者显现出意志，另一种则是任性；一种表现出真实性、确定性和知识，另一者则表现出错误、愚蠢和疯癫。——不过，就算人们确信存在上述能思考和行动的某些东西，看起来我们还是愿意要后一类标志，因为我们认为除了像我们自己的东西之外，没有什么其他东西有思考或智力。我们厌倦了 ³³⁸

事物有序而规则的运动。各种周期,固定的法则,恰当而有规律的循环,不能触动我们,也不能赢得我们的赞赏。我们必须遇到难解之谜、奇观,以及令人惊奇和恐惧的东西! 由于和谐、秩序、协调,我们成了无神论者;由于芜杂纷乱,我们才确信有神存在!"世界是纯粹的意外,如果它按部就班地运行的话;否则就是智慧的结果,如果它颠倒错乱的话!"

所以,当我努力反驳我的对手,并说明他的原则有利于无神论的时候,我承担起了一个十足的有神论者的角色。那位激动的绅士发起了猛烈的攻击,而我们却继续温和地辩论,一直持续到深夜。不过,特奥克勒斯充当了调解人,到最后我们都回去休息了,所有人都保持着平静和友善。然而,当我听到我们的同伴第二天一早就要离去,只留下特奥克勒斯陪我的时候,我一点也高兴不起来。

贝拉蒙,这时已是早晨,我真是期盼已久了。你所期待的,却可能是我十分担心的。人们会觉得你的好奇心已得到了足够的满足。但谁能想到,在详述了过去两天的事情之后,你还有耐心听后面更富哲学意味的事情? ——但你已经答应我,现在,无论如何你也必须听完接下来的事情。

339

第三章

第一节

菲勒克勒斯对贝拉蒙:

340

听到屋里有人说话,我就醒来了,正如我所料,那时已经快天亮了。我问人发生了什么事,他们告诉我说特奥克勒斯刚才与他的朋友道别了,之后他就出去晨练了,不过(他们觉得)他一会儿就回来,为此他还留了话,说任何人都不许烦扰我休息。

听到这样的话还不算烦扰吗。我赶紧起床,看到天已经大亮;一座小山就离院子不远,我不一会儿就到了那里,赶上了特奥克勒斯,抱怨他不太友好。我告诉他说,我绝不是那种娇气的朋友,别把我当成女人一样;而且我对他的礼貌或交往也没有表现出反感,以至于认为我更愿意贪图安逸,而不愿干正事,或者与老朋友探讨学问。他只好答应我以后要与我们一起分享他那严肃的思想,因为他看到我决心要跟他呆在一起进行这种"锻炼"。

特奥克勒斯说,难道你忘了昨天说好的与林中女神在此时约会吗?

我说,当然没有了,你看,我不是准时来到约定的地方吗。但我没想到你居然撇下我自己来了。

特奥克勒斯说,不仅如此,你还希望在适当的时候与我一起成为[女神的]情人,因为你已经开始嫉妒了。我还以为这些女神不能在你心中激起什么情感呢?

我说,确实是,对于你所提的女神,我目前还知之甚少。我的嫉妒和爱只针对你。我担心你是存心躲避我。但现在,我又一次拥有了你,我倒不想着什么女神能在这里让我感到高兴,除非她可能要加入反对你的力量,就像你那心爱的诗人让女神艾格尔(Aegle)联合两位青年强迫神塞勒努斯(Silenus)为他们歌唱。①

特奥克勒斯回答说,我相信你的勇敢,所以,如果你有如你所说的这样美丽的同伴,你就不会把实践花费在哲学探险上面了。——但你会指望我仿效你所提的诗人说到的神,吟唱"万物来自原子,秩序生于混乱,统一、和谐和协调源于混沌独有的力量和盲目的机缘"? 这歌曲的确适用于神。因为还有什么比这样一种醉酒状态中的创造,更符合他那爱开玩笑的性格呢,他常常喜欢创造生命而自娱?但是甚至这首歌曲对夜晚中的放荡来说还是太悦耳了。但神醒来的时候,我们的诗人也用这歌曲歌唱黎明:因为人

341

342

---

① Aegle 是古希腊神话中的花园仙子,生活于水中,是帕诺普斯(Panopeus)的女儿,有一说认为美林女神便是狄俄尼索斯和她所生。Silenus 是森林之神,一说是一个长着马耳的老人,掌握很多秘密,维吉尔在他的《牧歌集》中说有两个牧羊人在艾格尔的帮助下抓住他,让他说出秘密。所以,这句话中所说的"诗人"指的是维吉尔。——译注

们很难让我们相信这种和谐的旋律能来自完全混乱的心灵。但我们必须倾听我们的诗人借某些更清醒的半神（Demi-God）或英雄之口来说话。那时他为我们展现出万物的一种不同的原则，并赋予占据优势的思想以一种更恰当的优先地位。他让心灵一开始就统治肉体，而非肉体统治心灵；因为这是一种无穷无尽的混乱，而且必将使所有事物如今还处于一种混乱状态，甚至永远地混乱，如果事物曾经如此的话。但是

> 活跃的心灵，已然灌注所有空间，
> 与强大的物质相互统一融合；
> 于是就有了人类和兽类……①

菲勒克勒斯，在这里我们看到了我们那主宰的神灵（sovereign Genius），如果我们能取悦这个地方的神灵（比你的塞勒努斯更纯洁、更冷静），让他赐予我们自然的更真实的歌声，教给我们一些神圣的赞歌，并让我们感受到居于这些寂静的休憩之所的神性。

我说，我的特奥克勒斯，那就请你快点举行典礼或仪式吧，一刻也不要停。因为，我觉得自己也发现，还没做好准备，某个神就靠近我们了，而且已经打动了你。我们正来到树神们（Hamadryads）的这片神圣的树林，从前人们说树神能透露神谕。我们身处这座小山最美的地方，太阳也已经升起，撤去了黑夜的帷幕，山下平原那开阔的自然景色就展现在我们眼前。来吧，我知道现在你心里充满了那些曾在这个幽静之所与你相遇的神圣思想。把它们响亮地表达出来吧，你可以当自己还像是独自一个人，就当我不在跟前。

正当我说这些话的时候，他把目光从我身上移开，独自默想了片刻；于是他伸手指着周围的事物，开始歌唱。

---

① 见维吉尔《埃涅阿斯纪》6.726—728："心灵贯注着全部物质世界的每一个局部，与它融合为一体，并推动它运行。从这元气和心灵产生出人类和兽类……"（杨周翰译，南京：译林出版社，1999年，第165页）——译注

"田野森林啊，我摆脱劳碌俗世的避难之地，你们用那宁静的庇护之所收容我，能让我隐居，独自沉思。——碧绿的平原啊，我是多么荣幸能向你致敬！——我这里问候你们，所有赐予人幸福的房舍，熟稔的土地，给人愉悦的景色！这片大地那庄严的美，还有你们，乡间所有的力量和魅力！——最幸福的凡人们的居所都受了你们的祝福，他们在这里平静祥和，享受着并不令人艳羡但却是神圣的生活，与此同时，有了这幸运的宁静，它为人类提供了幸福的休憩和闲暇，人类能用以沉思，探索自己和他人的本性，可以在这里思考万物的根源，而且身处这多姿多彩的自然景色之中，人类可以更切近地观察她的作品。"

"啊，光荣的自然！至善至美！爱着万物，也为万物所爱，一切都那么神圣！谁的面容能如此端庄，洋溢着无尽的优雅；谁的探索能带来如此的智慧，谁的沉思能带来如此的欢悦；谁能信手挥洒出比艺术所能呈现的更壮阔的景象，更高贵的奇观！哦，伟大的自然！天意的聪明化身！特许的创造者！或者你就是赋予特权的神，至高的造物主！我只祈求于你，我只崇拜你。有了你，这个僻静之所，这个地方，在乡间的这些思索才显得庄重；受着思想的和声的启发，尽管无法言表，音律不正，但我仍歌唱自然在万物中创造的秩序，赞颂你处处焕发出的美，赞颂所有美和完善的源泉和原则。" 345

"你广阔无限，深不可测，无法穷尽。所有思想都迷失在你的浩瀚无垠之中，幻想折断了翅膀，疲惫的想象无可奈何，在这大海中找不到海岸和界限，在这最广袤的地域中，它飞不出边境，永远不能到达其边缘。——在这样无数次尝试之后，在这广阔的天穹来回奔突之后，我重又返回自身，惊叹于这如此狭隘的存在的意义和那巨大的存在的丰富，我再不敢注视这惊人的深渊，探测神的深邃。"—— 346

"哦，主宰的心灵（Sovereign Mind）！① 因为你，我才成为我，具

---

① 大写的"Mind"也有神或上帝的意思，也可译作"灵"。——译注

有灵性和理智;因为我的本性的独特尊严就在于认识和静观你,所以请允许我自由施展你赋予我的这些才能。请宽恕我这样胆大妄为接近你。当我这样斗胆踏入广阔自然的迷宫,在你的作品中追寻你的时候,并不是虚荣的好奇,不是幼稚的自负,也不是妄自尊大要拯救你,激发我有这样的想法,让你辅佐我,带领我进行这样的探索。"——

　　说到这里,他稍停了片刻,仿佛被从梦中惊醒,然后又说,菲勒克勒斯,现在请你告诉我,我在激情迸发的时候看起来怎么样?是不是好像一种理智的疯狂,就像诗人们被赋予的那种迷狂?或者说纯粹是狂言乱语?

347　　我说,但愿你能更热烈地投入到你的迷狂中,像开始那样继续下去,忽视我的存在。因为我正发现你教给我的那种自然中的奇迹,正想知道你那超凡入圣的能工巧匠的技艺。但是,如果你就此停住,我就享受不到这令人喜悦的美景了。而且我已经开始发现,想象如你所描述的这样一个普遍的神灵有多么困难。

　　他说,想象这宇宙是一个完整的事物有什么困难呢?难道人们在目睹眼前事物的时候只能设想宇宙就像是连接在一起的碎片吗?

　　即便承认是这样,接下来又如何呢?

　　只有这样,人们才能这样谈论这个世界,"它完全是一体的",应该有一些事物属于它,将它构成一体。

　　怎么构成一体呢?

　　不就是像你在所有事物上观察到的那样嘛。就拿我们眼前的事物来说,我知道,在你看来,这片广袤的树林中树木各不相同;而这棵橡树,因而是同类中最高贵的,因为其本身与这树林中的其他树木不同,它有无数铺展开来的枝条(好像是许多不同的树木)形348　成自己的树林,但我认为,它仍然是一棵树,是自身同一的一棵树。现在,作为一个十足的挑剔者,而非一个纯粹的怀疑主义者,你会告诉我说,如果有一团蜡或者任何其他物质,被浇铸成与这棵树有完全相同的形状和颜色的一个东西,而且如果可能的话,被锻造成同一种实体,它能是同样性质或种类的一棵真实的树;我会与你一起做这件事,不再推理。但是,如果你合理地向我提问,并希望我给你一个满意的答案,即,我认为构成树或者任何其他植物的这个"一"或"同一性"的东西是什么,或者说,它凭什么与蜡制成的形象,或者如云朵中或海边的沙子上面偶然形成的形象相区别,那么我会告诉你,蜡、沙子、云朵都不能被我们的手或想象力捏合在一起,能使其内部有真正的联系,或者有某种本性使相似的各部分之间相互连通,而不是一盘散沙。但是,我确信,"无论哪里存在这样相互感应(sympathizing)的各部分,正如我们这里在真实的树上面所看到的,无论哪里,在一个共同的目的当中有这样一种明白的协调关系,去维持、滋养和繁殖这样优美的一种形式,我们都必定会说,有一种特殊的本性属于这个形式,而且这同一种类的其他形式都有同一的本性"。正因如此,我们眼前的树才是真正的树,它生存、繁茂,它仍然是同一棵树;甚至由于生长和形体的变化,其中没有一个细节保持同一,它也仍然是同一棵树。 349

我说,这样来看,你确实已经找到了使这些森林居所变成非常可爱的地方的方法。因为,根据你的解释,除了每一个地方的活着的神灵之外,树林也是富有活力的,而且毫无疑问他们有自己的树神以及泉水、小河中必然属于它们的宁芙女神:就我所能理解的程度而言,这些也都是非物质的和不朽的实体。

特奥克勒斯回答说,说"它们属于这些树"而不是"这些树属于它们",那我们就是对它们不敬了。不过说到它们是否不朽,那还要靠它们自己。我只知道,由于它们的持存,它们以及其他自然事物的不朽仅仅依赖于这个世界所依赖的那种本性:这就是说,每一个其他的神灵也必须顺服于那唯一的善良的神灵(One good Genius),对于这个神灵,我愿意劝说你相信,根据我们当下的说话方式,它属于这个世界。

他继续说道,可以让这些树尽其所能赋予自己以人格,让我们 350
考察一下你我之间的人格这种东西,菲勒克勒斯,我们同时也思考一下,你如何是你,我如何是我。因为我们这些形体的各部分当中存在一种交感(sympathy),不像菲狄亚斯或普拉克西泰利斯塑造的大理石像;我相信,理智会告诉我们是这样。可是,我们自己的"大理石"或"材质"(也就是构成我们的那种东西,不管是什么),只需七年,或者说最多也就是两个七年也就灰飞烟灭了,最平庸的原子主义者也能告诉我们这些。现在请你告诉我,那个同一的"一"究竟在哪里呢,假如它就寓存于这材质本身当中,或者这材质的任何一部分当中?因为,当这材质完全散尽,一点不剩的时候,我们仍然与从前一样还是我们自己。

我回答说,你们哲学家是怎么回事,也许难以确定,但我敢肯定,对于其他人来说,很少有人在半个七年之后还仍然是他们自己。一个人只要有一两天能保持完全同一就很幸运了。一年时间所造成的变化那真是无以计量。

他说,确实是这样;但是,虽然在一个人身上,尤其是在那种其不利恶习使其常常自相矛盾的人身上,可能是这样,不过当他因那些恶习遭遇苦难或遭受惩罚的时候,他就会发现自己仍然是完全同一的,如果我没有说错的话。而你,菲勒克勒斯,尽管自以为不懂哲学,但真正来说是背弃了皮浪主义①的;当你感觉到我宣扬的神灵的力量的时候,最终会承认这种神圣的假说,而且在思想上有了这种新转变的时候,会承认我们所有的原则和观念都发生了彻底的变化;不过,你还会是同一个菲勒克勒斯,而且如果你能接受我的判断的话,你会比现在变得更好,我依旧喜爱和尊重"他"。②所以你看,在这个"你"和"我"身上存在一种奇怪的单纯性,因而当身体的一个原子、一种情感或一个想法都不能保持同一的时候,"他们"③应该仍然是完全同一的。而且由于无力从某些自我同一的物质或物质粒子中(当其他一切都发生改变的时候,这些东西被认为还属于我们)分辨出存在的这种同一性或相同性,这种单纯性

① 皮浪,公元前4世纪到公元前3世纪古希腊哲学家,怀疑主义的鼻祖。——译注
② 这个"他"指改变之后的菲勒克勒斯。——译注
③ 这个"他们"指这句话中的"你"和"我"。——译注

就更加被轻视,正如那物质自身实际上不能保持这种单纯性。因为我敢辩驳说,你会承认,比起你所承认的纯粹物质的东西的同一来说,这个"你"和"我"更有理由是我们的单纯的、个别的"一";除非你放弃怀疑主义的倾向,否则你会青睐原子的概念,以能发现这个概念是非常清楚而确定的,就如"你就是你自己"一样清楚而确定。

352

　　特奥克勒斯继续说,但是不管[原子]被认为是一种什么样的非混合的物质(顶多是一种难以被知觉的东西),不过,一旦被混合,并以确定数量的这些部分组合起来,粘合拼接成为像我们这样的躯体以及类似的东西的时候,如果它还能在我们面前呈现为无数个别的、并分有这种单纯原则的形式,由此这些形式是真正一体的,它们生存、活动,而且有一种特有的"本性"或"精神",应对它们自己的安危,那么这个时候我们怎么能忽视这个整体中的本性或精神,否认这个世界的伟大而普遍的元一呢?我们怎么能这样不通情理,背弃神圣的自然,即我们共同的父母,拒绝承认这个普遍的、至高无上的神灵呢?

　　我说,如果不能被辨认,在以适当形式显现时也没有被崇敬,至高无上者便无需被特意领会。我们甚至有理由假定,当它们自己保持不可见的状态,或者深藏不露的时候,它们过于强横了,令我们不快。至于我们以我们宗教的一般方式关注这些不可见的力量,我们还有可见的至高无上者为我们负责。我们合法的上级教导我们服从什么,如何表现我们的崇拜。而且我们有义务服从他们,追随他们的榜样。但是用哲学的方式,我无法保证自己能如此衷心地认可一个有争议的名号。无论如何,你至少必须允许人们理解这个争议,并知晓被描述的这些力量的本质。难道人们不可以询问,"它们属于什么实体?是物质的还是非物质的?"

353

　　特奥克勒斯回答说,从另一方面说,人们不也可以询问,"你把什么实体,或者说这两种实体中的哪一种,算作你真正的和固有的自我"。或者说,你不可以不是实体吗,而只是权且称自己是一种模式或偶然结果?

我说，确实，正如我的生命就是偶然结果，或者是那种随机的性情统治着这个生命，我终究对如此真实或实在的自我一无所知。因此，如果存在你所谓的"实体"这种东西，我就理所当然认为我是354　一体的。但是关于与这个问题相关的更多的事情，你知道我的怀疑主义原则，我以哪种方式都无法确定。

他回答说，我的菲勒克勒斯，那么允许我在这方面运用同样的怀疑主义的特权，因为它与我们面前的事情无关，也就是我们以何种方式确定，或者说我们是否能在这一点上得到确定的结论。因为，即使非常困难，你还可以感觉到，怀疑主义的原则同样反对你自己的存在，正如反对我正试图让你相信的东西。你随便可以提出任何一方面的反对意见，而你的难题可以有力地反对这样一个至高的存在的方式。但是在你做了所有这一切之后，你自己将面临同样的难题，而且仍然不知道该如何面对你的自我。当你这么长时间对模式和实体的这些形而上学的问题展开辩论，并用哲学方法从每一种假说的困难得出这样的结论，"自然中不能存在这一一个'普遍的一'"，你必然从同样的推理得出结论，"不存在像你自己这样的'特殊的一'"。但实际上存在后一种"一"，即你自己的心灵，希望这能让你满意。同时，对于这个心灵，人们足可以说，"它355　是影响肉体的某种东西，而且在它之下有某些被动的东西，并服从于它，这就是说，它不仅有肉体或纯粹的物质作为其对象，而且在某些方面说，它自己以及从它而来的东西也是其对象，也就是说，它主管和掌控着自己的想象、外表和喜好，纠正、影响和塑造这些东西，正如它发现善，尽可能修饰和完善肉体和悟性的这种复合秩序"。我知道，世界上某些地方存在这样一个心灵和统治角色。可以让皮浪在其同道的帮助下反驳我，如果他愿意的话。我们自己有一些悟性和思想，尽管我们没有注意到它们。每一个人都为自己的目的而做最好的理解和思考，他们是为他们的自我，而我却是为了另一个自我。请你告诉我，谁替大全理解和思考呢？——没有人这样吗？什么都没有思考吗？——也许你认为这个世界是纯粹的肉体，是一团经过改造的物质。因而人的肉体只是这个肉体的一部分。人的想象、感觉、领悟都被包含在这个肉体之中，并是它固有的，由它而产生，并重归于它，尽管这个肉体仿佛从未梦到过自己！这个世界自身对它培育的心智和智慧一无所知！它对自己的所作所为毫无在意，从未留意过自己本身的用处或目的；它从来没有想象或反省过，没有发现或意识到它着手开始的各种各样的想象和创造，就慷慨地四处施惠！它极其富有、友善，善待每一个他人，毫无保留，所有东西都挥霍一空！——我怎么才能理解这些呢。"怎么能这样呢？有什么必然性吗？——谁颁布这样的法律？——谁这样安排和分配呢？"你说是本性。但什么是本性呢？它是理智？它是一个人？有理性或悟性吗？没有。那么谁理解她呢？或者说谁在意或关心它呢？没有人，没有灵魂：但每一个人都在意或关心自己。

那么来吧。让我们再听听更进一步的问题，难道这个本性不还是一个自我吗？或者请你告诉我，你怎么能是"整一"的呢？有什么标志？或者凭什么成为整一的呢？

"凭借一个将某些部分连接起来的一个原则，这个原则始终在为这些部分的用处和目的而思考和行动。"

那么说说你这个整体系统又是什么东西的一个部分呢？或者说，它不是一个部分，它自身就是一个整体，自足的、独立的，与任何之外的东西都没有关联？如果它确实是一个部分，而且实际上存在关联，那么请你告诉我，除了自然整体之外，它能是什么东西的一个部分呢？那么自然中存在这样一个统一的原则吗？如果存在，你怎么能是一个自我，而自然就不是这样呢？你怎么能拥有某些东西来为自己理解和行动，而自然赋予这种悟性，但却不拥有任何东西来为自己理解，为自己谋划，或者在任何情况下，处于任何困境中，都不能自救（可怜的东西）？总的来看，这个世界就如此不幸吗？是否无论哪里都存在这么许多特殊的悟性这种主动的原则，然而最终不存在为全体思考、行动或理解的东西？没有东西来治理或维护全体？

有一种现代的假说认为没有这样一种东西，因为世界是来自永

356

357

恒的，正如你的看法，而且几乎与你所见略同，即"被塑造的物质，一堆运动的东西，还有一个到处游荡的思想，或者灵性四分五散"。——不，有一种更古老的假说认为，因为世界曾经根本没有任何灵性或思想，"仅仅是物质、混沌、原子的游戏，直到思想偶然间活动起来，编造出一种从未经过设计或构想的和谐"。——真是绝妙的怪念头！——谁能相信它呢。就我自己这个部分而言，谢天谢地，我还掌握着一个心灵，一向用以维持我的身体及其感情、情感、欲望、想象、喜好，还有其他种种东西，大体上保持着和谐和秩序。但我仍然坚信，相比之下这个宇宙的秩序更为完美。如果他乐意，伊壁鸠鲁可以认为自己的秩序更完美；如果不相信在他之上存在神灵或智慧的同时，那么让他告诉我们，是什么机缘赐予他秩序，原子后来如何又变得如此聪明呢。

特奥克勒斯继续说道（更加激动了），总而言之，既然甚至从怀疑主义本身的角度看，也更加证明我自己的存在，同时对于我这个自我，"它是一个真实的自我，是从另一个根本的和原始的自我（这个世界的伟大的元一）延伸和模仿而来的"，我努力与它真正地成为一体，尽我所能与它保持一致。我认为，由于存在一个普遍的物团（mass），存在一个大全的身体，所以，为这个身体而有一个秩序，为这个秩序而有一个心灵：也就是说，每一个"特殊的一"都必然与这个普遍的心灵存在关联；正如以相同的方式作用于身体的相似的物体（就如我们所能理解的物体）是运动和秩序的原型，它同样是单纯的、非混合的、个别的，有着相似的活力、效力和作用；而且如果与普遍的善协力，并根据最善良的意志去支配意志，那么它就更是这样。所以，自然而然"具体的心灵应该通过与这个'普遍的一'一致而寻求自己的幸福，并努力效仿这个'普遍的一'的最高程度的单纯性和卓越"。

我说，我的特奥克勒斯，因此你又一次成为了狂热主义者，那就让我再次聆听那刚才我为之陶醉的圣歌。我已经打消了我的疑虑，开始比以前更专注地想象你所说的这样一种本性（nature），甚至发现自己迷上了它，并希望所有人都应该与它和睦相处。虽然就它常常运行的方式而言,我还是对它百思不得其解。

　　他回答说,我的朋友,不要担心。既然知道每一个特殊的本性都始终确定地做出有利于自己的行为,除非有某些外来因素干扰和阻碍它,或者是从内部压制和腐蚀它,或者是从外部强迫它。病人的本性就是坚持到底,奋力摆脱不平的情绪。甚至是我们周围的这些植物内部,每一个特殊的本性都蠢蠢欲动,并满足自己,如果没有外在因素阻挠它,也没有任何外来事物破坏和伤害它:而且即便有这种情形,它也仍然极力自我恢复。本性的虚弱、扭曲、病变、畸形,以及表面上的反复无常,除了这些还能是什么呢? 认为任何这样的失调都是由特殊本性的错乱,而不是由压制它的某些外部本性的力量而导致的,这样的人必然对本性的所有根源和规律是多么无知? 如果每一个特殊本性都这样始终不渝地忠实于自己,并只做利好于自己和有助于保持正常状态的事情,难道这个"普遍的一"、"大全的本性"不也完全会这样做吗? 或者说,存在随时伤害它的任何外来事物,或迫使其偏离自然轨迹的东西吗? 如果不存在,那么它的所作所为都是为着自己的利益和好处的,是为着所有本性的好处的:有利于所有本性的好处的东西便是正义的和善的。 360

　　我说,我承认是这样。

　　他回答说,那么你到此就应该感到满意了,不仅如此,而且既然知道这本性从哪里来,又致力于何种完善,那你就应该对所发生的一切都感到高兴和喜悦。 361

　　我说,特奥克勒斯,天哪! 你会把我引向什么一种迷信啊! 我一直认为这就是迷信思想的标志,也就是从生活平常的偶然事件中寻找天意,并把自然加于人身上的平常的灾难祸害归因于神圣力量。但现在我发现,我必须把一切都统统归于一个原因,并且透过一副魔镜观察事物,我会看到极恶转变为善,并同样赞叹来自同一双手创造的任何东西——不过不管怎样,我都能理解所有这些。特奥克勒斯,说下去吧,让我站在我的立场上给你些建议:因为你重又激起了我的兴趣,拖延下去也不能让我再次冷静。

他回答说,你会明白,我不愿意趁你头脑发热的时候说服你,也不愿意让你在性情或想象上赞同我。所以我现在还不想再说更多,我决心重新与你回到冷静的理性上来,请问,你是否承认我昨天在那个话题上提出的观点能成立,即"关于一个普遍的统一体,事物之间的一贯性或交感关系"?

我说,你只是说服有那种可能性。既然确信在我们所见的一切事物当中有一种一致性和相通性,那么我认为若不承认所有地方都存在同样的原则是不合理的。

他回答说,的确不合理!因为如果在无形的"残余物"中不存在统一原则,那么我们星球上的事物就几乎不可能是条理的,并保持其秩序。"因无限的东西居于优先地位。"

看起来是这样。

他说,那么告诉我,既然认可这个统一性,你怎么能拒绝承认对剩余观点的论证效力,这个证明确立了一个完善的心灵的统治地位。

我说,你化解恶的表象的方法并不足以被认为是论证。而且,这种创造中看似邪恶或不完善的东西使进一步的结论无效,除非这种东西能被化解。

他说,那你还是不赞同我,如果我主张这些表象必然本来就会存在下去,万物看起来完全是不完善的,即便承认有一种完善的至高心灵的存在?

我赞同。

而且这同样的理由也不成立吗?即"在相互联系的事物构成的无限体中,不能无限地观察的心灵就完全看不到任何东西,因而必然总是把这个无限体看做是不完善的,而这个无限体本身实际上是完善的"。

这个理由仍然成立。

那么这些表象是与我们的假说对立的?

绝不是,因为它们仅仅是表象而已。

那你还能证明它们除了表象还能是其他什么东西吗?因为,如果你不能证明,那你就什么也没有证明。而且你清楚地看到,这有赖于你的证明:因为这些表象不仅符合我们的假说,而且也是这个假说的必然结论。既然这样,要让我证明在一定程度上就等于让我变成无限的。因为除了无限的东西,没有什么东西能看到无限的联系。

我说,我必须承认,这样看来,这个推测完全是有利于你的。然而这仍然不过是个推测。

他说,那就来论证,如果你能忍受,我就进行那种抽象而枯燥的推理。你所说的恶的表现并不一定是在我们面前表现出来的恶。 364

我承认。

因而他们表现出来的样子可能是善的。

是的。

因而事物中也许不存在真正的恶:相反一切都可能完美地促成一个目的?也就是那个普遍的元一的目的。

可能是这样。

如果是这样(这并不奇怪),那又是为什么呢?根据你所承认的大全中的那个伟大的"单元"(Unit)和单纯的"自我原则"(self-principle),"结论便是,它必须这样"。因为凡是在大全中可能的东西,大全的本性或心灵将使其实现大全的善;而且,如果它可能排除恶,它就会排除恶。因而,尽管由于这种表象,恶可能实际上被排除,但也要考虑到,"恶实际上被排除了"。因为纯粹是被动的东西是不能反对这个普遍地能动的原则的。如果有任何能动的东西 365
反对它,那就是另一个原则的。

就算是这样吧。

这是不可能的。因为,如果自然中存在两个或更多的原则,那么它们必然或者一致,或者不一致。如果不一致,那么一切都必然是混乱的,除非其中一个原则居于主导地位。如果一致,那就必然存在某种自然的原因,而且这个自然的原则不能是源于偶然,而是源自某种特殊的设计、筹划或思想:这又使我们重新坚持一个原则,并使其他两个原则居于从属地位。所以,当我们比较这三个观点的时候,即"不存在能动的设计原则;不只有一个能动的设计原则;或者最终有且只有一个能动的设计原则",我们将觉察到,唯一无矛盾的观点是最后一个。而且,因为这些观点中必然只有一个是正确的,我们怎么能确定只有最后一个观点,而且必然如此,才是成立的? 如果要论证,"在这三个观点中,其中有一个必然是正确,既然其他两个明显是错误的,那么第三个必然是正确的"。

366

我说,够了,特奥克勒斯,我没有疑问了。恶意和侥幸(空洞的幻象!)已经屈服于你所确立的无懈可击的智慧了。你成功地完成的冷静的推理,现在可以再次带着你那诗情兴致大发。因而我邀请你再次面对存在的完善,如之前一样向它表白,我们正接近这些森林风景,正是在这里,存在的完善初次给你启示。我现在不再害怕想到这种情形中的魔法或者迷信了,因为你唤起的只是那独一无二的元一的力量,它显得如此鲜活。

特奥克勒斯说,既然你欢迎我这样,那我就继续向守卫之神和启示者(inspirer)表白,我们想象他们就在这里,不过不仅仅是在这里。

"哦,强大的神灵! 赋予生气、给人启示的唯一力量! 这些思想的创造者和主体! 你的伟力无所不在,在万物之中,你是最神秘的。万物的活力的隐秘源泉就从你而来。你用一种不可抗拒的力量,凭借颠扑不破的法律推动它们,这法律为每一个特殊的存在的福祉而颁布,它最适于大全的完善、生命和活力。这生命之源泉泽

367

被万物,无微不至,遍布苍宇,永不枯竭。万物生机盎然,周而复始。短暂的存在者脱去它们虚假的形式,将自己的元身赠予新的来者。几经轮回,它们又重获生命,它们见到光明,同时又匆匆逝去;其他生命也可能是这优美景象的观者,更广大的生命却依然享受着自然的宠爱。她宽厚而伟大,无私奉献,施惠众多。时间和财富都得到充分利用。旧的形式消解,新的形式诞生,构成他们的物质没有被废弃,而是用同样的匠心和技艺加以塑造,甚至是腐败之物,看似自然的废料,低贱可厌,也同样得到新生。被抛弃不过是

通向更美好的状态的途径。我们几乎对此视而不见，漠不关心，但这时我们才对她表达最高的崇敬，我们确信甚至是手段本身也与目的是同等的。我们也不能轻视广布于自然之作品中的完美技艺，因为我们迟钝的眼睛仅凭借机械的技艺，在这些作品当中发现的是一幅被隐藏的奇景；世界中的世界，无限地渺小，虽然其包含的技艺不输于最庞大的世界，孕育着最敏锐的感官也不能发现的奇观，这感官只有与最伟大的技艺或最精确的理性协作，才能领悟或揭示。"

"但是，在试图明白物质的本性，大全本身是如何伟大，或者其构成部分是多么细微的时候，我们去探索庞大体积的物质是无用的。"

"如果在仅仅知道运动的某些法则之后，我们就试图追溯得更远，那我们跟随这运动进入到它所影响的物体之中也是徒劳。我们的迟钝的领悟力使我们归于失败，除了这物体本身之外不能触及到任何东西，经过这种物体的时候，运动就无影无踪了。奇妙的存在（如果我们这样叫它的话），物体永远也容纳它，除非通过丧失这存在的其他物体；而且也永远不会丧失，除非将其传导给他物。甚至空间没有变化，这存在仍然有其效力：运动着的巨大物体努力去推动它，但毫无作用；因为它们表现出来的是一种超出我们理解的能量。"

"我们去追赶虚幻的时间也是徒劳，这时间太过微妙，但对于我们的把握能力来说又过于强大，当它缩小到一个狭小的点上的时候，就逃脱了我们的控制，或者通过膨胀到永恒而戏弄我们浅薄的思想，这是一个我们的能力所不及的对象，因为它是你的存在，哦，你这远古的根源！比时间更古老，然而却永葆青春。"

"我们试图去探测空间的深邃，你那广阔的存在的所在地，也是徒劳；其中没有空间是空洞的，没有空虚不被充实。"

"我们努力去理解感官和思想的那个原则也是徒劳，在我们看来，这个原则看起来更大依赖于运动，然而又与运动截然不同，也与物质自身截然不同，因而我们无法设想思想如何来自这个原则，

368

369

而不是这个原则来自思想。但我承认其为卓越，并承认其为最现实的存在的思想，我们只有凭借意识确知有实存（existence）。其他的一切也许只是梦境和影子。甚至感官所展现的一切都是虚幻的。感官自身依然如故，理性依然延续，而思想却保持其存在的优先性。因此我们在一定程度上意识到那原始地和永恒地存在的思想，我们就由此而来。并且，我们确信存在的实存超越于我们的感官，而至于你的实存（你那作品的伟大典范）就来自你，全部真实而完善之物，你已经亲自更直接地传达给我们，因而在某种意义上就寓存于我们的灵魂中；你就是那原初的灵魂，散布在万物中，赋予万物活力，灌输给大全生气。"

"自然的所有奇观都用以激发和完善其创造者的这个观念。在这里，他鼓励我们去看，甚至与他交流，这在一定意义上正适合我们的弱点。沉思他是多么光荣，他以其最高贵的作品呈现给我们，也就是这个更大的世界的系统！"——

在这里我必须承认，我感到了极大的快慰，因为我发现，正如我们的思考的变化，我们很可能在摆脱一种含混不清的晦涩哲学。我正希望特奥克勒斯接下来可以紧紧扣住自然这个话题，因为他现在来到了我们世界的边界。而且在这里我很愿意欢迎他，如果我觉得冒昧打断他一小会儿也无妨。

他继续说道，用他那种痴醉的语调："在这个晴朗的夜晚，不到一小时之前，我们还看到无数恒星闪耀着，然而仍不能阻止白天的到来？借助于技术，有多少恒星被发现？然而还有许多仍超出我们的发现能力！表面上它们簇拥在一起，但它们之间的距离却是技术也不能计算的，就像它们与我们之间的距离一样。由此我们很容易知道那个存在的广袤，通过这些广袤的空间，它分布了如此无限的物体，每一个这些物体（我们有理由假设）都属于与我们自己的世界一样完整的系统：因为甚至这个明亮的星云中最微小的闪光都可与我们的太阳匹敌；虽然这太阳正光芒四耀，赋予我们新的生命，鼓舞着我们的精神，让我们更切近地感受到神性。"

"神奇的天体啊！生命所需的光源，白昼的来源！——温柔的

火焰,但却多么炽烈,多么活跃! 多么浩瀚,多么广大的物体,然而
都被包容在它自身之中,都被吸引在这行星世界的中心,变成光芒
四射的星团! ——强大的存在! 最明亮的形象,全能之使者! 物质
世界的精华! 韶华不逝,青春永驻! 可爱、美丽、不朽的造物! 是
什么秘诀让你拥有无穷无尽的活力,永不衰竭的光辉;虽然那取之
不尽的光线,用之不竭的燃料,普照、鼓舞着周围的世界?"

372

"环绕他的所有行星,包括我们的地球,有的孑然一身,有的侍
从簇拥,不停地运转,试图受到他那光明和热力的垂幸! 在他面
前,它们谦卑恭顺,作为自己的中心,但它们依然幸福地被另一股
推力驾驭着,维持着天空的秩序,以正确的节奏和准确的尺度永远
地环行。"

"哦,但你是这种运动的创造者和校正者! 哦,至高无上的、独
一无二的推动者,凭借你高超的计谋,旋转的星球被约束着,我们
的世界这个巨大的物体也遵循着不可违抗的轨道! 哦,聪慧的管
理者,权威的首领,自然所有的元素(elements)和力量都受你驱遣!
你是如何推动这些运动的世界的? 在其中灌输了怎样的精神? 为
它们指明了怎样的方向? 或者如何用流动的天空将它们围绕,仿
佛用活跃的风的呼吸来驱动它们,你不知疲倦地经营着这个精妙
而伟大的作品?"

373

"这些系统如此完整,免受致命的干扰。我们这个笨重的球体
每一年都允许在规定的轨道上,每一天都围绕自己的中心旋转:与
此同时,谦恭的月球负担着双重的劳动,每一月都环绕我们这个更
大的天体,陪伴这她的姐妹行星运转,共同围绕着太阳表达着
敬意。"

"然而,这个作为居所的球体,这个人类的收容者,难道比我们
这个系统中同行的流浪者的活动范围更加狭窄。与它自己的太阳
这个广阔的系统相比,它必然显得多么狭窄? 不过,与我们人类的
体形,亦即面貌多变无常、从它借用而来的边角料比较起来,它看
起来是多么巨大的一个物体? 虽然有一种崇高的神圣精神赋予其
生气,因此我们与你——我们上天的父辈、灵魂的中心——血脉相

374 连；我们自己的这些精神与你天生息息相关，就如地上的物体与其本来的中心息息相关。——哦，它们始终如一，永不犯错！——但是，只有你平息这个有形世界的混乱，从躁动不安、充满争斗的元素中孕育出平静的和谐和永远欣欣向荣的创造的协作之美，你甚至能改造灵智存在的这些杂乱运动，在适当的时间、以适当的手法促使它们归于安宁；让它们服务于宇宙的善和完美，即你那至善至美的作品。"——

这时他又停了下来，看着我，好像期待我能说些什么；但他看到我没有说话的意思，而是即兴沉浸在深思之中：他惊讶地说，怎么了，菲勒克勒斯，你这么任由我说下去，一点也不打断，这是什么意思？难道你就这样放弃了你那种谨小慎微的哲学，任凭我随心所欲地漫游在这些虚幻的空间和想象的领域，让我任性的幻想或随便的信仰支配着我？我想让你思考得更深入些，并让你知道，我的菲勒克勒斯，我绝不会信任处于这种狂热情绪中的你，如果我不

375 能指望你稍微控制一下的话。

我从冥想中醒悟过来，说道，我发现你希望我像那位音乐家一样配合你，那是一位古代的演说家，能因势利导，弹奏出动人的音符，以在消沉的时候活泼起来，在狂躁的情绪过于激烈的时候冷静下来。

特奥克勒斯回答说，你猜测得不错，因而我也决定不再继续说下去，除非你答应我，在我过于狂放的时候，能拉一下我的袖子提醒我。

我说，既然这样，那我答应你。

但如果我反而没有达到迷狂状态，我就会变得了无兴致：你会用哪种里拉琴或乐器来使我的热情高涨起来呢？

我告诉他，困难大概不在这一方面。他的情绪非常丰富，而且他的狂热也不可能使他失败。他的主旨和旋律会让他坚持下去。而且有我们周围的乡间风光助兴，我觉得他那符合节律的咏唱（prose）会使最优美的牧歌增色不少。因为，在这样兴致勃勃的时候，听到他在这样一种情感中乞灵于他的"明星"和"元素"让我感

到非常惬意，就像听到多情的牧羊人对着他的羊群诉说，让树林和石头也回响着他爱慕的"她"的名字。——

我继续催促他说，那就开始吧，再来一次，大胆地带领我穿越你的星空。只要遇到危险，不管是哪一方面的危险，我保证一觉察到就会提醒你。

他说，那就让我们先从我们地球上的"元素"开始吧，我们看到远处那边的土地，得到正在下面平原劳动的乡村少年的精心耕作。——

"永不安分的人们真是不幸，最初他们瞧不起这些平和的劳动，如此美妙的悠闲的乡间劳作！是什么样的傲慢或野心让他们对此不屑一顾呢？因此，你们那类人所有致命罪恶、穷奢极欲，蔑视平凡的饮食，从海洋到陆地，掠夺整个地球；还有精明地给自己制造悲惨的人，给自己施加更繁重的劳动，担惊受怕，充满悲苦：不满足于为其衣食而耕种他们这个地球上富饶肥沃的泥土，他们向更深处挖掘，寻找梦想的财富，直至地球的内部。"

"在好奇心的驱使下，我们发现不同性质的矿物，这矿物的朴素不仅展现了神圣的技艺，也展现了自然最复杂的作品。有些矿物表现出令人惊异的变化，有些则坚实牢固，烈火或者最高级的技术也不能使其毁灭或变化。我们凝视的对象是如此多样，以至于甚至是对自然中这些处于阴曹地府的默默无闻的部分的研究本身便是人类中最忙碌的精灵们的头等大事和目标，他们心甘情愿为这些实验付出自己的生命。——但是，地球从这些黑暗洞穴里（她在这里隐藏着她的珍宝）吐出的恶臭气流让这些寻寻觅觅的凡人们在探索过程中性命堪忧。"

"那些能全身而退的人们呼吸一口更清新的空气，看到令人心旷神怡的蓝天白云，徜徉在这富饶的土地上，是多么舒畅啊！当他们凝视着地球的面容，阳光普照，微风轻拂，居民们热情活泼，平静祥和，是多么愉快啊！阳光微风唤醒了沉睡的植物，滋润着倦怠的星球。太阳驱走了浓重的水汽，只为了消除净化那有害的尘埃，带来新鲜的空气，立刻给地球万物灌注了鲜活的生气，重又使地球在

376

377

378

这温柔的气息或丰富的晨露雨水中焕发生机。这清新的空气吹遍坚硬的物质,透入到罅隙滋养着万物:阳光和空气携手并进,让地球母亲生气盎然;虽然始终哺育万物,但她精力依然充沛,她的美丽依然如新,她的面容依然迷人,仿佛刚刚从她的造物主那里获得新生。"

"流淌于这卑贱的尘世杰作之中的水流是多么美丽啊!深湛、清澈、透亮,没有空气那澎湃的气势和磅礴的力量,但也不乏活力。遭受压迫也坚韧不屈,只是随遇而安,避开强力,迂回曲折,因地行止!它润物无声,融化沉重的泥土,解放被缚的物体,让它们相互交融,把充满渴望的世间尘埃①召唤到这土地上;它们欢快地各奔东西,终而紧密地汇合,塑造出我们所见的种种形式。大海深处是多么广阔,这柔弱的元素就蕴藏在那里,太阳和飓风把它们蒸发,让它们升腾为云雾!这云雾转眼间化作甘霖,灌溉干涸的土地,充溢山泉江河,然后又润泽毗邻的草原,让所有的动物欢快畅饮。"

"但我们又到哪里去追溯光明的源头呢?或者说,大海的哪处深藏这广泛地漫射到浩瀚的太空的发光物质?我们应该给火这种热烈的元素分配到哪个领地呢,它那么活跃,无法被囚禁于太阳的界限内,甚至地球的最深处也有它的踪影?大气本身也屈服于它,并作为其在太阳之下的介质。甚至我们的这个太阳,以及那无数的太阳,即闪耀的上天之主人,看起来也从此接受使自身保持永远辉煌的充分养料。太空中那不可见的物体,穿过液态和固态的天体,散布在整个宇宙。它爱抚着冰冷笨重的星球,将温暖直送达其中心。它形成矿物,让植物生长成熟,它在有生命的生物胸中点燃一种柔和的、不可见的、充满活力的火焰;它构造、激活、培育千姿百态的形式;为它们的用度预留,同时也供给炽热易燃的物质,而它们本身也是由这种物质构成的。它在万物之中最慈祥温和,但依照其明确而独特的法律,维系着这种巧妙的和平、和睦。但这些和平一旦被打破,这个无辜的存在便会使其进程失控。由于这致

① 指人类。——译注

命的破坏,它成了可见的、猛烈的火焰,变得狂暴起来,扫荡这些顺从的形式,将一切都转化为它自身,将自己之前塑造的那些现存的体系熔为灰烬。所以——"

这时特奥克勒斯突然停了下来,不出他所料,是我伸手抓着他的衣袖。

他说,哦,菲勒克勒斯,你记性不错。我也发现自己变得太激动了,好像真的置身于这种灼热的元素中。而且,如果你是那种总是像爱的温柔火焰一样思考的人,也许我的话本来可以更神秘些。也许你也曾听说过这种奇迹:"万物如何由此而存在,为什么它们最高尚的目的就是'在这里'被包裹起来,化为无形。"但是在这样高高飞翔的过程中,我的翅膀可能已经燃烧起来了。

我说,的确,你恐怕也预料到伊卡洛斯(Icarus)的命运,因为你飞得太高了。[①] 但这实际上并不是我所担心的。因为你已经摆脱了危险,而且有那种吞噬一切的元素的帮助,你不仅能控制太阳本身,而且能征服阻碍你的一切东西。我恐怕这终究将会导致人们传说的宇宙大火,我们不知道事情会怎么样,还有我们的神灵会到哪里。

他说,菲勒克勒斯!我很高兴看到你能这样关心这件事。但你可以安全地呆在这里,如果你所指的事情是那定期发生的大火的话。因为这时候神灵必然无所不能:在那些创造的间歇,一切形式、一切物种都在神圣心灵的掌控之中,那时一切都是神:一切都是那个"元一",汇聚在它自身之内,而且倒不如说以一种比它们在繁殖为更复杂的样式的时候更单纯、更完满的方式持存下去(正如人们所想象);然后这"元一"变得丰产,展现在形形色色的自然图谱(Map of Nature)中和这个美丽的可见世界中。

我打断他说,但就我而言,我能比在创世之前更清楚地看到展现开来的神性,那时的神性处于一种包罗万象的状态;我希望你能

381

382

---

① 伊卡洛斯,古希腊神话中的人物,他与父亲代达罗斯带着用羽毛和蜡做的翅膀逃离克里特岛时,因为飞得离太阳太近,翅膀被熔化,掉进了海里。——译注

带我更详细地领略这个自然图谱；尤其是如果你从你那高高在上的飞行降落下来，就会愿意安身于地球这个卑微的地方，在这里我能更紧密地陪伴你，不管你把我领到哪里。

他回答说，但你这样会把我局限在这个沉闷的地球上，不过你必须得让我背上同样的幻想的翅膀。否则我怎么能带你从北极到南极，从严寒到酷热的地带经历不同的气候呢？

我说，哦，既然如此，我允许你成为诗人中的珀加索斯（Pegasus）[1]，或者生有飞翼的格里芬（Griffin）[2]，现代一位意大利诗人把这飞翼送给他的英雄[3]，不过现在你不用像他那样飞行到月球，而是仅仅跟随着地球的轨道。

特奥克勒斯回答说，既然这样，那就让我们首先去看看我们图谱中最黑暗、最丑陋的地方吧，看你是否能消受那里的景象。

383

"在那远离太阳的气候里，阳光多么偏斜微弱！那冬季多么漫长荒凉！夜晚多么恐怖，白昼令人难熬！凛冽的寒风狂暴肆虐，无休无止。其他地方的大海漫无边际，但在这里却被囚禁于冰墙之内。大雪覆盖了山峰，填满了山谷。这大雪宽广深厚，铺满了平原，阻塞了缓慢的河流，淹没了丛林，封闭了兽穴和贫苦脆弱的人类的住所！——看哪！他们被困于何处，难抵严寒，也面临猛兽的攻击；这猛兽才是这荒原的主人，在饥饿的迫使下走出光秃的森林。——然而，人类并不气馁（这就是人心的力量），凭借着技艺和聪明，从上天获得恩赐，备足了物资，他们和自己的牲畜等待着渡过难关。因为阳光终会普照，融化冰雪，让翘首期盼的人类重获自

384

由，给他们手段和时间积累储备，抵御来年的严寒。这阳光冲开了坚冰对海洋的束缚，海中怪兽突破漂浮的冰岛，用尖牙利爪击碎冰山；还有一些怪兽像冰岛一样巨大，单用身躯就能抵御人类之外的

---

① 珀加索斯，古希腊神话中生有翅膀的神马，它踏过的地方有泉水涌出，诗人饮后可获得灵感，所以也有诗人的灵感之意。——译注
② 格里芬，古希腊神话中的鹰狮结合的怪兽。——译注
③ 指阿里奥斯托（Ludovico Ariosto, 1516 - 1532）的史诗《疯狂的罗兰》，其中一只狮身鹰首兽载着阿斯托尔弗到达月球。——译注

一切东西；而人类对如此庞大凶猛的生物的优势能让他想到自己理性的特权，促使他谦卑地崇拜这些不可思议的躯体的伟大设计者和他自己的超群智慧的创造者。"

"但先让我们离开这些太阳很少眷顾的萧瑟气候，到那些较为幸运的地域，在那里太阳看起来要和蔼许多，让那里终年都是夏季；这变化有多么巨大呢？他纯净的光芒使视力不佳的凡人们饱受煎熬，被它灼热的光线刺痛。滚烫的地面让他们不敢涉足。他们呼吸的空气如火焰一般，要将他们的五脏六腑燃烧，要将他们的身体熔化。在奄奄一息中，他们寻觅着荫凉，等待凉爽夜晚的到来。但慷慨的造物主也常常赐予他们解暑之方。他撒开云彩的面纱，吹来轻柔的微风，受此恩惠，人类和兽类都勤恳劳作，植物也因雨露恢复生机，很庆幸能忍耐着最炽烈的骄阳。"

385

"这多变的景色又展现出新的奇观。我看到一个富藏宝石，更盛产香料的国度。诱惑着大批陆上生物①登上这条美丽河流的岸边！他们人数众多，武器精良，富有勇气，更有胜过其他野兽的才智！然而，我们看到，这些野兽都被人类驯服，甚至被用来为他们作战，作为同盟和联盟，而非作为奴隶。——不过让我们把目光转向这些更渺小、更奇异的东西，也就是这片广袤平原上的无数吞食树叶的昆虫。它们灵巧的嘴里吐出的丝线是多么闪亮、多么坚韧、多么绵长！除了全智全能者，还有谁能教会它们编织那漂亮柔软的蛹壳，它们在其中隐居蛰伏，但仍然活跃；若非人类的破坏，它们会经历多么惊人的变化，因为人类就用这些脆弱生灵的劳动成果和身体来遮体和装饰，甚至以身着这种无耻的战利品为荣？所有这些食用这片温暖地域的其他树木的形形色色的昆虫，是多么鲜艳璀璨！从高耸挺拔的棕榈到卑微朴实的苔藓，这些茂盛的植物本身又多么美丽！"

386

"我们现在看到的这个幸福的国度，树里面是珍贵的香脂油膏，自然结出了她鲜美的果实。这些巨大的生灵多么驯良温顺，多

---

① Land-Creature，应指人类。——译注

么吃苦耐劳,它们昂起高贵的头颅,满载着穿过这些干涸贫瘠的土地! 它们的形体和性情显然是自然造就的,以让它们臣服于人类,为人类效力: 由此,人类也更应该意识到自己的匮乏和满足这匮乏的神圣馈赠。"

"但是看哪! 在我们不远处,一条友好而富足的河流灌溉滋养着那片沃土,在汇入大海之前,它分成许多支脉,一视同仁,赠与这些毗邻的平原丰富的养料。——这是丰沛多产的自然的美丽形象,她慷慨地赐福于万物,像母亲一样,从她的乳房分泌出富有营养的乳汁给她那欢闹的子女! 还有许多不知名的物种吮吸这涓涓细流: 它们是否这样离开这荒凉的沙漠,在这里满足难耐的饥渴,杂交出怪异的物类;或者是否如人们所说,借着太阳温馨的光热,因发酵的泥沼而生气勃勃,从富饶的河床繁衍出新的形态。——看那里,有赫赫有名的洪水暴君,所到之处都引起惶恐! 突然间它露出狰狞的面目,水陆两栖的劫掠者入侵这片土地,它们涌出水中的洞穴和深深的潜流,来势汹汹,吞没了颤栗的平原。远处而来的居民,惊恐地注视着这庞然大物从这小小的一枚卵中奔涌而出。恐惧中的他们讲述着这怪兽残忍而狡诈的本性: 它们的慈悲面貌下隐藏着怎样的伪善,假仁假义,欺骗了天真的人们,悲天悯人,却滥杀无辜。——这就是这种精神瘟疫的可怕标志,悲惨的迷信! 这土地上的居民,最初的宗教变得冷漠无情,在各种不同的崇拜中挑起相互的仇恨,憎恶对方的神庙。[①] 瘟疫蔓延着,各民族间相互亵渎,战争更加惨烈,因宗教而忘却了人道: 外表恭顺虔诚,内在却野蛮地狂热,制造触目惊心的大屠杀;为了天堂(可怕的借口!)要使这地球荒无人烟。"——

"这里再让我们离开这些怪兽(要是我们能将其制伏就好了!)停止诅咒这可怖却富饶的土地,飞向这些地区的广阔沙漠。一切都看起来荒芜而丑陋,但并不缺乏自身独特的美。狂野同样令人喜爱。我们仿佛与自然生活在一起。我们深入到她内心最深处领

---

① 见第三卷第 59—60 页及以下。(那里更详细地评述了古埃及的宗教。——译注)

略她,在这些原始的荒野中来静观她,能给我们带来比人造的迷宫和豪宅中造作的野景更多的愉悦。这个地方的事物,身披鳞片的毒蛇、凶猛的野兽和有毒的昆虫,不论多么可怕,或者有悖于人类本性,但自身却是美妙的,适于唤起我们对神圣智慧的崇敬,这远胜于我们的鼠目寸光。虽然无法指明这个宇宙中的万物的用处或功效,但我们仍然确信一切的完美和这种安排的合理,所有事物都从属于这安排;因此,表面上丑陋的事物却是和蔼可亲的,看似混乱却也井然,看似腐朽但却有益,毒药(在我们眼中是这样)却是验方良药。"

"但是你看!越过我们头上这广阔的天空,强大的亚特拉斯(Atlas)①昂首而立,在云彩之上铺盖白雪,在山脉的脚下,这个多山的国度高耸似山峰,在沉重而坚固的地基上,巨石层层叠叠,直达苍穹。——看哪!可怜的人类步履蹒跚,行走在悬崖的边缘!向下望去,令人头晕目眩,胆战心惊,甚至感到脚下的地面也岌岌可危;与此同时,他们听到地下洪流的空旷回响,看到眼前的巨石轰然崩塌,倒挂的树木即将坠落。在这里,思想空虚的人们,惊叹于这种事物的新奇,也变得思绪万千,沉思着这地貌持续不断的变迁。刹那之间,他们看到往昔的巨变,事物的面貌变幻无常,甚至看到我们星球的衰败腐朽;他们思考着这星球的年轻时期和初次造化,同时这荒凉的山脉明显的松动和无法弥补的裂隙,向他们表明,这世界本身将要经历壮丽的毁灭,也让他们想到新的纪元。——但在这山腰,一棵粗壮树木那宽广的树荫正是我们疲惫的旅行者的港湾;他正来到曾经苍翠而挺拔的松树、冷杉和高贵的香柏面前,其塔状的树冠直插云霄,在它们面前,其他的树木显得不过像是灌木丛。而且,这里还有一种特别的恐惧抓住了得到庇护的旅行者,他们看到这巨大的树木遮天蔽日,郁郁葱葱,使下方如漆黑的夜晚。微弱昏暗的光线如阴影一样可怕,这些地方死寂无声,树洞中传来的每一次嘶哑的回声都让人屏息静气。这里的空旷让人惊恐万分。死

389

390

① 传说中北非的国王。——译注

367

寂本身看起来蕴含生机,同时一种不知名的力量激荡着心灵,模糊的物体刺激着紧张的感官。神秘的声响亦真亦幻,神那变幻不定的面貌若隐若现,而在这些神圣的树林景色中更加鲜明;所以古人要建立神庙,拥护古代世界的宗教。甚至我们这些性格率真的人也可以从地球诸多美好的地区领会到神性,明白看到那神秘的存在,在我们微弱的目光下,这神秘的存在不过显现为如白云一样的面纱。"——

说到这里他稍停了一会儿,将凝滞的目光眺望远方。他显得更加平静,气定神闲,从这些以及其他迹象中,我清楚地发现我们的描绘要结束了,不管我是否情愿,特奥克勒斯现在都决心离开这崇高的景象:此时清晨过去了,太阳已高高升起。

第二节

他的语气平静下来,说道,菲勒克勒斯,我觉得我们最好离开这个偏僻荒凉的地方,这里我们的幻想令我们狂乱,让我们再回到我们身边的这个地方,回到我们这更加适于谈话的树林里,这种宜人的环境中。在这里没有酷热和严寒折磨我们,也没有悬崖和洪水使我们惊惧。当我们听到唱诗班这样欢快的旋律,发现这些回声也令人惬意,还有助于我们的谈兴的时候,也不需要害怕听到自己的说话声了。

我说,我承认那些异域的宁芙女神(如果她们真的居住在那些神奇的森林里面)的美过于威严,我一点也不喜欢她们。我看到我们熟悉的家乡的女神更加合我的心意。不过尽管如此,我还是对你突然停止的环球旅行难以割舍,只想绕道美洲然后再回到我们的家乡。的确,我会体谅你省去在欧洲的旅行,因为这不会带来什么新奇。我们不仅不打算欣赏它,而且也不愿看到它凡事都带有政治色彩,这些东西对我们的哲学旅程造成很大的干扰。但对于西方地区,我想不到你为什么忽视其中这样显要的话题,除非是金银——我发现你是它们的死敌——让你逃离这片故土。如果这些

国家像古代的斯巴达那样缺乏这些金属,我们也许本可以听说更 393
多秘鲁和墨西哥的事情,而不是亚洲和非洲的所有国家。除了我
们已经经过的地方之外,我们也可以谈谈动物、植物、森林、山脉和
河流。错过伟大的亚马逊,我感到多么遗憾啊! 多么遗憾——

我正要说下去,但看到特奥克勒斯脸上露出了一种别有深意的
微笑,出于好奇我停了下来,问他有什么想法。

他说,没什么,只是这个话题本身——你继续说吧。——我看
你给我的话还没说完。冷峻无私的菲勒克勒斯,也要变成这同样
神秘的美的追求者了。

我说,是啊,特奥克勒斯! 我承认是这样。你那神灵,这个地
方的神灵,那伟大的神灵最终大获全胜。我再也不能抑制我心中
想要见到自然之物的蠢蠢欲动的情感,无论是艺术还是人类自负
或妄想,都不能侵入那原初状态,颠覆这自然之物的秩序。甚至是
粗糙的岩石、古老的洞穴、断流的瀑布,还有所有旷野本身中那所 394
有骇人的魅力,由于更多地反映着自然,也就更加迷人,其宏伟壮
丽超过了豪华花园中那死板的拙劣模仿。——但请你告诉我,除了
像你这样的少数哲学家,迷恋于此,探索森林、河流或海滩,你那些
卑俗平庸的"情人们"又会怎么样呢?

他回答说,不要只谈这些情人们。因为诗人们,所有其他深入
自然的学者,还有效法她的艺术家不也同样如此吗? 总之,缪斯或
美惠女神的情人们实际上不也这样吗?

我说,然而你知道,所有痴迷于这种浪漫生活的人,不是被看
做精神失常就是过度地忧郁和狂热。① 我们总是试图邀请他们走
出这些人迹罕至的地方。而且我必须承认,我也常常发现自己迷
恋这种生活,此时我就会反躬自省;不知是什么魅惑了我,当我深
情地沉浸于这些对象的时候。

他回答说,这也不足为怪,如果我们在追求物体的影子的时候 395
不知所措。因为,如果可以信任推理教给我们的东西,自然中所有

① 见《论狂热的一封信》的结尾。也见本卷第 75 页和第三卷第 30 页及以下。

美的和可爱的东西也仅仅是最初的美的影子。所以每一种真正的爱都取决于心灵,取决于对美的凝神观照,或者是美本身,或者是不完善地体现在感官对象上的美,理智的心灵怎么能停留于此,或者满足于仅仅触动感官的荒唐的享受?

我说,从今往后,我不会再让理性惧怕那些令人抑郁的美了,就如我们刚才提到的地方或者如这些肃然的树林。我也不再回避轻柔音乐的动人韵律,或者远离人类最娇媚的容颜。

他回答说,如果你已经熟知这种新的爱,因而不再去艳羡那种表象的美,除非是为了其原型,而只追求理智的乐趣,那你便有足够的信心了。

396　　我是这样,并敢于恪守原则。然而我不应自以为是,如果你能对你担心我犯的这种错误,解释得更清楚一点的话。

告诉你这一点又能怎么样呢,"荒谬在于在所爱对象之外的地方去寻求乐趣"?

我必须承认,问题仍然有些神秘。

那么想象一下,我的菲勒克勒斯,如果你被远处的大海所吸引,脑子里就想着如何去支配大海,就像某个强大的舰队司令成为大海的主人,这个幻想难道不是很荒谬吗?

老实说,非常荒谬。在这样的癫狂之中,我接下来要做的事情很可能就像威尼斯人那样雇佣些三角帆船参加婚礼仪式,迎娶海湾,我要说这海湾真正归我所有。①

特奥克勒斯回答说,让他们说大海是自己的好了,你会承认这种乐趣与静观大海的美时油然而生的乐趣大有不同。这位总督新郎(bridegroom-doge)乘着他那华丽的礼船游弋在西蒂斯(Thetis)②的怀抱,占有的东西并不比贫穷的牧羊人更多,这牧羊人躺在高悬

397　　的石头上或者海岬上,忘记了吃草的羊群,赞叹着大海的美。——

---

① 相传威尼斯公国的总督每年都要带一支船队到亚得里亚海,在海中投下一枚戒指,说"我们迎娶了你,大海",以宣示其对这片海域的统治权。——译注
② 海神涅柔斯(Nereus)的女儿。——译注

不过还是来说我们身边的事情,把问题说得更通俗些。我的菲勒克勒斯,假如在观看这片乡间土地的时候,就如我们脚下这秀丽的溪谷,为了享受这片风景,你要拥有对这片土地的所有权或支配权。

我回答说,这个贪婪的妄想与其他野心勃勃的妄想一样荒谬。

他说,哦,菲勒克勒斯!我可以把事情拉近一些吗?你还会跟我一起来吗?假如被这些给我们荫凉的树木的美所吸引,你仿佛已经被吸引了,你不会一心想着要品尝它们甜美的果实吧;这些美味让树林中的橡子和浆果如花园里的无花果和桃子一般怡人,在获取这些果实后,你还会像往常一样经常回到这片树林,因为厌腻了这新的美味而寻找树荫带来的享受吧。

我回答说,这种妄想实在是太奢侈了,在我看来,就像前一种妄想一样荒谬。

他说,那你难道不能想到我们当中其他美好的"形式",在这里 398对美的赞赏很容易导致一种不正常的结果?

我说,我确实担心这种赞赏会在这里消失,我也能理解你迫使我最终想到人类中某些有力的形式,这些形式在人心中激起一系列热切的欲望、企求和希望;我承认,这些欲望与你那种对美的理智的、精雅的静观格格不入。这个"活的建筑"的比例,由于如此奇妙,一点也不会激发起专注或静观的状态。越是观赏它们,就越不能从单纯的观赏得到满足:给人满足的东西可以永远有一种如此不相称的作用,或者与其原因漠不相关;你可以尽情地责难,但你必须认可这是自然的。所以,特奥克勒斯,在我看来就是如此,你就是自然的控诉者,因为你诅咒自然的享受。

他说,其实我们绝不会谴责源于自然的快慰。但是,当我们说的这些树木和风景给人的乐趣时,我们由此理解到一种与低等生 399物相去甚远的乐趣,这些生物在这里肆意抢掠,发现其最精美的食物。然而,我们也靠精致的食物为生,并与它们一样感觉到感官的快慰。但是,我的菲勒克勒斯,我们并不认可这就是我们的善之所在,因而也不是我们的乐趣所在。我们是理智的,有着心灵,在我们看来,乐趣应在心灵之中;当被诱使从感官对象中,而不是从真正是它们自己的对象中寻求乐趣时,心灵确实被误用了,错过了其真正的善:如果我没记错的话,在它们自己的对象中,我们才领会到所有真正美好、高贵或优良的东西。

我说,特奥克勒斯,所以我觉察到,在你看来,美和善是"一体而同一的"。①

他说,是这样。这样我们就又回到昨天早晨的谈话的主题上来了。我不知道我是否很好地兑现了要说明真正的善的诺言。②不过,我无疑取得了很大的成功,如果我通过我诗意的迷狂或其他努力,带你进入到对自然和至高的神灵的深切观照中。于是我便证明了神圣的美的力量,并在我们心中形成了一种能够并值得真正享受的"对象"。

我说,哦,特奥克勒斯!我到现在还清楚地记得,昨天早晨当你邀请我欣赏这神秘的美时,你答应我的条件。你确实很好地担起了自己的职责,现在要求我成为一个改宗者。如果在这件事情上貌似有些放肆,我会尽力克制自己,并认为所有健康的爱和崇敬都是狂热:"诗人的迷狂,演说家的狂放,音乐家的狂喜,鉴赏家的痴醉,都不过是狂热!甚至求学本身,对艺术和珍奇之物的爱,旅行家和冒险家的气魄、勇武、战争、英雄,所有这一切,都不过是狂热!"③——够了:我很满意成为这种新的狂热主义者,某种程度上是一种我从前并不知晓的狂热主义者。

特奥克勒斯回答说,我也很满意你称这种爱是我们的狂热,允许它有与之类似的情感的特权。因为人们不也允许在其他对象上,如建筑、绘画、音乐,存在一种美好的、适宜的狂热,一种合理的迷狂和狂喜吗?不也存在一种能知觉到所有其他的优雅和完美的感官吗?把那种狂热带到这里,将其从那些低等的、鄙俗的对象转移到这种原始的、包罗万有的对象上不也非常荒谬吗?看看艺术

---

① 见本卷第 238 页及以下。
② 见本卷第 245 页。
③ 见第一卷第 53—54 页。

或科学的所有其他对象中又是什么情况。任何程度的知晓都是多么困难！要多长时间才能获得真正的趣味！有多少事物一开始令人厌恶，有多少事物令人不适，但最后却被认识，并被认作是最高的美！因为我们并不是立刻就能获得发现这些美的感官。这需要勤劳、辛苦，也需要时间来培养一种自然的天才，它永远灵敏而活泼。但谁曾想到要耕耘这片土壤，或者说想到提升自然所赋予的这种感官或才能？我们对这些事情一如既往地迟钝，稀里糊涂，不知所以，对这种更高级的景色，这些更高贵的肖像视而不见，这又有什么稀奇呢？何种途径才能知晓这些美？学问、科学或学术对于理解所有其他的美都是必要的吗？而对于这种至高无上的美，就不需要技艺或科学吗？在绘画中需要明暗对比，需要神来之笔，常人不明就里，而是妄加挑剔；在音乐中需要变调和不谐和音的巧妙混合：在大全中难道就不需要任何东西来调和这种不和谐吗？

402

我说，我必须承认此前我就是那些常人，从不能欣赏你所说的这种明暗、粗涩或不谐和音。我从来想不到自然中还有这种杰作。我就是这样来随意责难初次见到的东西。但是我觉察到，我现在不得不更深入地追求美，虽然这美晦暗不明：而且，如果这样的话，我敢保证我之前的乐趣是非常浅薄的。看起来，我如今还停留在表面，享受的只是一种肤浅的美，从没有探索美本身，只是了解想当然的美。就像所有轻率无知的人，我理所当然地认为我所喜欢的就是美的，我所乐意的就是我的善。我毫不犹豫地爱我喜好的东西，志在享受我所爱之物，从不烦心去检查这些对象是什么，对他们的选择深信不疑。

403

他说，那让我们开始选择吧。看看这些对象是什么，你钟爱的是哪一种，你的赞赏、爱和尊重有何可敬之处。通过这样，你就会敬重你自己。菲勒克勒斯，这就是这些同伴的价值，只有这样才能发现你的价值。正如这里不是空无一物，亦非完美无缺，你的乐趣也是如此。因此，我们来看看哪里是空无一物，哪里有完美无缺。看看首要的卓越居于何处，美兴盛于何处：在哪里美才是完整的、完善的、持久的，哪里是破碎的、残缺的、短暂的。观照这些凡俗的美和所有貌似卓越的东西和引人注目的东西。看看真正地悦目的、美的和善的东西，或者那些滥竽充数的东西："一团金属，一片土地，一群奴隶，一堆石头，一个具有某种轮廓和比例的人体。"这是最高级的东西吗？美是蕴含在物体当中的，而不是在行动、生命或效力当中吗？

我说，我的特奥克勒斯，且慢，停一下！你这话太玄奥了，我无法理解。如果你真想让我跟上你，那就请你降一下调子，用更通俗的方式来说话。

404

他笑着说，那好吧，无论你对其他的美怀有什么情感，我知道，我的菲勒克勒斯，你不会艳羡任何的财富，认为其中存在什么美，尤其是这未经雕琢的乱石烂铁。但是在勋章、金币、浮雕、雕像，以及制作精良的这类东西当中，你可以发现美，并赞赏这种美。

我说，是的，但并不是因为金属本身。

那么在你眼中金属或者物质不是美的？

不美。

而艺术是美的。

当然。

那艺术就是美。

对。

而且艺术就是那种美化的东西。

不错。

所以那美化的东西而非被美化的东西，是真正地美的。

看起来是这样。

因为那被美化的东西只是由于被增添了某些美化的东西才是美的；同时，由于这美化的东西消失或被抽取掉，它就不美了。

就算是这样吧。

因而对于物体来说，美有时在，有时不在。

我们看到是这样。

物体本身也不是美在或不在的原因。

肯定不是。

所以物体当中不存在美的原则。

绝对不存在。

因为物体绝不是自身的美的原因。

没错。   405

它也不能支配或调节自身。

没错。

它自身既不欲求，也不筹划。

都没错。

因此那欲求或筹划它，调节和决定它的东西必定不就是它之所以美的原则吗？

必然是这样。

那东西必定是什么呢？

我以为是心灵，除此之外还能是什么呢？

他说，那么这就是我先前向你阐述的东西："美、美丽、漂亮从不在物质中，而是在艺术和意匠（design）中，从不在物体自身中，而是在形式或形成力（forming power）中。"美的形式不就表示着，无论什么时候打动你，都吐露出意匠的美？打动人的东西除了意匠还能是什么呢？你赞赏的除了心灵或心灵的作用之外还能是什么呢？只有心灵才赋形（forms）。所有缺乏心灵的东西都是令人生厌的：无形式的物质就是丑（deformity）。

我说，那么根据你的体系，在所有形式中，那些最可爱的，有着最高等级的美的形式，有一种构成其他形式的能力，我想，它们因此才被称作"形成的形式（forming forms）"。到目前为止，我还能很容易地赞同你，并乐意推崇人性的形式，超过人造物上的其他美。   406
在我看来，宫殿、车马、庄园从不能与血肉构成的原始的鲜活形式相媲美。自然的僵死形式，金属和石头，无论在他人眼中多么珍稀艳丽，我都坚决不为其华贵所动，视其为粪土，即使它们价值连城；它们本是用以衬托人的美，却被画蛇添足地用来装点美人。

特奥克勒斯回答说，难道你还没有看到，你已经确立了三个层次或等级的美？

怎么回事呢？

啊哈，首先是僵死的形式，正如你恰当地称呼它们，具有一种样式，是被形成的，或是被人，或是被自然；但它们没有形成力，没有行动或灵性。

是的。

接下来，作为第二种形式，是形成的形式，也就是有灵性、行动和效力的形式。

这也正确。

因而这是双重的美，因为这既是形式（心灵的作用）也是心灵自身：相比于这种形式，第一种形式是低级的、可鄙的，僵死的形式是由此而获得其美的光彩和力量的。因为如果缺乏内在的形式，心灵是丑恶的或残缺的，就像白痴或野人，一个纯粹的物体，即便是人的身体，举止端正，能算什么呢？

407

我说，这我也能理解，但第三个等级的美在哪里呢？

他回答说，耐心些，首先来看看你是否发现了这第二种美的全部力量。你是怎么理解爱的力量的，或者拥有享受的能力的？请你告诉我，当你初次称这些为形成的形式的时候，你是否想到除了僵死的形式外，例如宫殿、金币、铜质的或大理石人像，它们还有什么其他的产物？或者说你是否想到某些接近于生命的东西？

我说，我本可以很容易补充一些，我们的这些形式具有产生其他活的形式的（像它们自身）效能。但我想这种效能是来自它们之上的另一种形式的，称之为它们的效能或艺术并不恰当；如果现实中存在一种高级的艺术或者如艺术家一样的东西，能指挥它们的手，在这种貌似作品的东西中运用它们的工具。

408

他说，很妙的想法！真是无可挑剔。你不知不觉就发现了第三个等级的美，这种美不仅形成了我们所谓的纯粹的形式，甚至形成了形成的形式。因为我们自己就是物质方面的出色的建筑师，能用自己的手把无生命的物体塑造成形式：但那种甚至能塑造心灵本身的东西，在自身中包含了所有由那些心灵塑造的美，因而是所有美的原则、来源和源泉。

看起来是这样。

因此我们的第二个等级的形式显现出的所有美,或者一切由此而生的东西,都显而易见地、主要地、原初地包含在这至高无上的最后一个等级的美当中。

不错。

所以,建筑、音乐和人类所有的发明,都归源于这最后一个等级。

我说,没错,而且所有其他种类的狂热都归源于我们的狂热。时下流行的狂热也源于我们,如果离开了我们便一无所有。我们无疑可被尊为是"原型"(originals)。

特奥克勒斯回答说,因此我们再来说说,建筑、雕塑以及同类 409
事物的那些构造是否是人类形成的最大的美,或者是否还有更大、更好的美?

我回答说,据我所知,没有。

他说,再想想,除了你刚才排除的那些制品,因为它们是另一只手的杰作,还有什么更直接地来自我们,并可被更正确地称作是我们的产物。

我说,我实在一下子想不出来,你肯定更清楚,帮我想想吧。

他回答说,我能怎么帮助你呢?难道你能让我替你意识到什么直接是你自己的,并独一无二地寓于你心中,出自于你?

我说,你指的是我的情操。

他回答说,当然了,与你的情操并存的还有你的决心、节操、决断、行动,诸如此类正派而高贵的东西,所有源于你良好的悟性、理智、学识和意志的东西,我的菲勒克勒斯,还有所有生于你的心或源自你的心灵母体(parent-mind)的东西,这个心灵母体不像其他的父母,它永不衰竭,但是从生产中获得气力和活力。所以你,我 410
的朋友啊!已经通过许多作品证明了它的存在:不要让那个生育的器官因闲置和废弃而痛苦。这就是那些优良的器官,来自自然的神灵,你已通过适当的运用而将其改善。在这里,正如我禁不住要赞美这丰产的神灵和母体之美,我也坚信其后代是且永远是美的。

我告诉他,我接受这个恭维,并希望事情真如他所愿,也就是说,我能名副其实地配得上他的尊重和喜爱。因而我的习作应该按他所说的美变得更美,而且,从今往后我将尽我所能养育精神之子那个可爱的家族,他们幸运地诞生于这样一种高妙的乐趣,诞生于与最美最好之物的婚配。我继续说道,但是,特奥克勒斯,一定是你帮助我生育出心灵,而且,如果这心灵就是那些胎儿的助产士的话;我担心其他胎儿早已夭折。

他回答说,你做得不错,分配给我助产士的职责:因为正如你所说,孕育自身的心灵只有在分娩时才能接受协助。它的受孕来自其本性。所以它永远不会从其他心灵那里受精,而是从最初形成它的那个东西那里受精,如我们已经证明的那样,这个东西是所有精神的美以及其他美的原型。

411

我说,那么你坚持认为这些精神之子,亦即美好、正义和真诚的概念和原则,还有诸如此类的观念,都是先天的?

他说,解剖学家告诉我们,卵子是肉体中的要素,是先天的,在出生之前就已经在胎中形成了。但是,在它出生之前,或之中,或之后,或者后来的某个时候,这些或者其他的要素,感觉器官或感觉本身,是最先在我们体内形成的;这无疑是件值得深思的事情,但并不非常重要。问题是,所说的这些要素是来自艺术还是来自自然?如果完全是来自自然,那么在什么时候形成便不重要:我无意与你争辩,尽管你会否认生命本身是先天的,而是想象它在分娩的那一刻前生成的。但是,我确信生命和伴随着生命的感觉,只要出现,便来自纯粹的自然,而非其他地方。因而,如果你不喜欢"先天的"(innate)这个词,就让我们换个词,如果你愿意,就称其为"本能"(instinct);称其为本能,就是说是自然的培育,排除了艺术、文化或教化。

我说,我同意。

412

他回答说,那就让鉴赏家、解剖学家和学院神学家们做那些绝妙的思辨吧,我们可以无所顾忌地主张,他们也会赞同,所有的器官,尤其是那些生殖器官,是由自然形成的。你是否认为还有一些本能为了这些器官往后的用处而源于自然？或者说是否是学习和经验铸就了这种用处？

我说,说实话,是这样。在这种情况下,印象(impression)或本能是非常鲜明的,因而认为它并非是自然的,显然很荒谬,无论是我们自己这个物种,还是其他生物都是如此:在它们当中,如你教导我的那样,不仅是生育幼仔,而且还有养育它们的各种各样的,几乎是无限多的手段和方法,都是预知的。我们确实可以了解很多这些野生生物的预备性的劳动和技艺,这证明它们有预期的想象、预先知觉(pre-conceptions)或预先感觉(pre-sensations),如果我可以用你昨天教给我的词语的话。①

特奥克勒斯说,我认可你的表述方式,也会尽力向你说明,人类也怀有同样的更高层次的预先构想(pre-conceptions)。

413

我说,那就请你告诉我吧:因为我一点也不能在自己身上找到你所谓的对于美丽和美的预先构想(pre-conceptions),以至于我觉得自己直到此时也还不知道自然中类似于它们的东西。

他说,如果这个早晨,在这些树林里面,这样一个对象(一个美丽鲜活的对象)的全部的美初次闪现在你面前,那你是怎么切身知道人类外在的优雅和美的呢？或者说你会觉得你会无动于衷,没有发现这种形式和其他任何形式之间的区别,如果起初没有人告知你的话？

我回答说,在我刚刚承认这个观点之后,我没有权利辩护这刚才这个观点。

他说,看起来我在你面前也没有什么优势;我离开这眼花缭乱的形式,它有这样一种复杂难辨的美的力量;而且我也很高兴对那些简单的美予以个别的思考,这些简单的美复合起来才造成了这种奇妙的效果。因为你无疑会承认,就物体而言,凡是人们常常所说的美的那种不可言传、莫名其妙的、不可名状,其实都没有神秘

---

① 见本卷第307页。

414 之处，不过是明明白白地属于形象、颜色、运动或声音的东西。先不谈后面三种东西及其依存性的魅力，让我们看看那最简单的东西，即单纯的形象的魅力。我们也不要好高骛远去谈雕塑、建筑，或者那些研究美、创造这些美妙艺术的人们的艺匠。我们只要观察最简单的形象就够了，例如圆球、正方体或者色调。为什么即使是婴儿也在初次见到这些比例的时候也感到快乐呢？人们为什么偏爱球面或球体，圆柱或方尖碑，相比之下，不规则的形象就遭人反感和厌弃呢？

我回答说，我愿意承认某些形象中有一种自然的美，眼睛一看到便立即发现了。①

他说，那么存在一种形象的自然美？难道就不存在行为的自然美？眼睛一见到形象，耳朵一听到声音，美就立刻产生了，优雅和
415 和谐就被人知道并承认。行为一被观察到，人类的感情和情感一被觉察到（它们大多数一被觉察到也就被感受到），一只内在的眼睛就立刻分辨出来，并看到美丽和标致，可亲和可赞，与丑陋、愚蠢、可憎或可鄙截然不同。人们怎会不承认，"这些区别在自然中形成，这种分辨力本身也是自然的，并且只能来自自然？"

我告诉他，如果他所描述的真是这样，那么我觉得人们对于行为举止的鄙俗、可贵、端正和丑陋就不会有什么争议。但目前来看我们始终在人类终结发现这些分歧，其差异主要在于观点上的争议；"有人肯定，有人否定，这个或那个行为是适当的或得体的"。

他回答说，即便这样，行为上还是表现出适当和得体，因为在这种争论当中适当和得体总是被预先假定的：当人们就这些问题争执不下的时候，事实本身始终是公认的。因为人们对于其他的美的判断也有分歧。人们争论说，"什么才是最精美的建筑，最可
416 爱的形体或面容"，但如果没有这些争论，人们就会承认"每一类东西都是各自的美"。对此没有人教导他人，也不用从他人那里学习，而是所有人都认同的。所有人都承认有标准、法则和尺度：但

---

① 见本卷第 28 页。

在将它们运用到事物的时候，就有了混乱，产生了无知，利害和情感导致了干扰。日常生活中也是如此，让人感兴趣和吸引人的好的东西，被认为与人们赞赏和表扬为是真诚的东西有所不同。——但是，菲勒克勒斯，我们对这些是没有异议的，我们已经断言，"美和善就是同一的"①。

我说，之前你不止一次说服我承认这一点。而现在，我的特奥克勒斯，我想我不再相信，也不再确定和坚信。我希望我这最后的努力可以证明你的目标。

特奥克勒斯回答说，除非你自己帮助自己，因为这是必要的，也是得当的。你确实羞于不战而降。自甘信服就是逃避理性，意味着谬误和错觉。但是基于公平的判断，屈服于明白的事实，加深印象，这就是诚心协助理性。而且，人们也因此可以说我们是真诚地说服我们自己。

那么请告诉我怎么才能最好地说服我自己。

他大声说，菲勒克勒斯，振作起来，不要因为我说这句话而生气。只有懦弱才会背叛我们。因为除了懦弱，虚假的羞耻能来自哪里呢？对于自己确信不会为之羞耻的事情而感到羞耻，必定是由于缺乏决心。我们辨别事情的正确或错误，省察何为可嘉，何为可耻：最终做出决断之后，我们不敢面对自己的判断，耻于承认存在有真正可嘉和可耻的事情。装作称赞菲勒克勒斯，也被他称赞的人会说："听我说，不存在真正的可贵或优良这样的东西，其中没有什么可贵或可亲，可憎或可耻。一切都是舆论：是舆论生成美，也毁灭美。事物的优雅或不雅，端庄及其反面，可亲和可恶，邪恶，美德，荣誉，耻辱，所有这一切都只建立在舆论之上。舆论就是法律和尺度。除了纯粹的机缘之外，舆论没有任何法则；机缘改变舆论，正如习俗也在变化：一会儿是这，一会儿是那，根据主导的时尚和教育的支配力量，才被认为是可贵的。"

对这样的人，我们能说什么呢？怎么来向他表明他自己的荒谬

417

418

① 见本卷第 238、245、399 页。

和张狂呢？他会立刻改正吗？或者说我们能对一个不知羞耻的人问"什么叫羞耻"吗？

然而他却加以讥笑，叫嚷说"荒唐"！有什么权利？凭什么名义这样呢？如果我是菲勒克勒斯，我会自我辩护："我荒唐吗？怎么荒唐？什么叫荒唐？所有东西都荒唐，还是没什么东西荒唐？"

这确实很荒唐！

那么只是有些东西荒唐：看起来这个观念是正确的："有荒唐和可耻的事情。"

那我们怎么运用这个观念呢？因为既然被错误地运用了，这观念本身就只能是荒唐的。或者，叫嚷"羞耻"的人会拒绝承认他自己的羞耻吗？他就不会惭愧，在任何场合都不会觉得丢脸？如果是他会这样，那么情况就与纯粹的悲痛或恐惧截然不同。他感到的混乱是来自一种对于本身可耻和可憎、而非其结果有害或危险的事情的感官。因为这个世界上最大的危险绝不会引起羞耻：所有世人的舆论也不会强迫我们感到羞耻，我们自己的意见与这舆论并不苟同。我们也许会担心表现出来的无耻，因而也会假装谦逊。但我们从不会为我们觉得并非真正可耻的和应该为之脸红的事情感到脸红，如果我们对自己的兴趣极其自信，不用担心我们为之感到羞耻的事情会带来什么麻烦。

他继续说道，所以，如果我能够通过预感而为自己辩护，深入地观察人类的生活和在所有情况下影响他们的东西，我就会有充分的证据对自己说，"随便谁在这个意见上反对我，我都会发现他以这种或那种方式预先怀有他试图使我放弃的东西"。他会感到感激或忿恨，骄傲或羞耻吗？无论这东西是什么，他都承认这是一种对于正义和不义，可贵和可鄙的感官。如果他感到感激或期待感激，我就会问"为什么呢？凭什么呢？"如果他感到愤怒，如果他伺机报复，我就会问"怎么报复？在什么情况下报复？为什么报复，报复一块石头，还是报复疯子？"谁会如此疯狂呢？"究竟是为了什么呢？因为一次偶然的伤害？因为妨碍思想或意图的一个意外？"谁会如此不义呢？因此存在正义和不义，有一种自然的假设或预期属于这正义和不义,怨恨和愤怒就因为这种假设或预期而生。还有什么其他原因使最恶劣的人常常视报复为最大的兴趣,甚至超过了生命本身,除非是所有人都天生有一种对于错误的感官,有一种要不惜一切代价实施这错误的欲望?这并不是为了他们自己,因为他们为此付出了生命;而是出于对"想象的错误"的痛恨,出于对正义的爱,这个例子说明,甚至在不义的人心中,这痛恨和爱也超越了对生命本身的爱。

想到骄傲的时候我问道,"为什么骄傲呢?为什么自负呢?对什么骄傲和自负呢?骄傲的人会自轻自贱或者浑然忘我吗?"

不,只会自尊。

如果不假定有真正的荣耀或尊严,又怎么能自尊呢?因为自我评价就设定了自我价值;而且在一个意识到真正的价值的心中,或者没有骄傲,或者有一种正当的和高贵的骄傲。同样的道理,自轻自贱也预设了自我的低贱或缺陷,而且这可以是一种适当的谦逊或不当的谦卑。但肯定的是,凡骄傲的人都必定为某些东西感到骄傲。而且,要知道妄自尊大的人甚至在最背运的时候,在没有明显地值得为之骄傲的对象的时候,也会感到骄傲。但他们却发现自己身上有一种"优点",而其他人则不会这样:他们所称赞的正是这种优点。无论他们身上是否具有他们所想象的优点,这优点仍然是一种价值,是一种荣耀或他们所赞赏的优点;而且只要他们在任何外在对象上看到这种价值,他们就会赞赏。因为正是在此时,也只是在此时,他们在感到谦卑,"当他们看到他人身上有一种更明显的优点的时候,他们自己对这优点是如此尊重和赞赏"。——所以,只有我发现人们愤怒或愤慨,骄傲或羞耻,我就可以肯定:如我一样,他们也设想有一种可嘉和可耻,可恶和可爱。无论他们怎么评价,或怎么误解,这都不会妨碍我感到满足:"这事实是被人普遍地承认的,这就是自然的印记,自然地蕴藏于人心中,任何艺术或反自然的东西都不能将其磨灭或毁灭。"

他继续说道,现在,菲勒克勒斯,你怎么看我的答辩呢?如你所见,这个答辩是基于你深深沉浸于哲学事业这个假设的。但在

421

422

你拥护美,以致将此作为你的善之前,你还有许多困难需要克服。

我说,我的困难并非不可克服。我的嗜好让我坚定地踏上这条道路,因为我已有充分的准备去承认:除了美的乐趣之外没有真正的善。

特奥克勒斯回答说,我也准备好承认,除了善之外没有真正的美的乐趣。

很好!不过反省之后,我害怕我不会对你的让步表示感谢。

怎么了?

因为,如果我离开你的精神道路,自行为美的乐趣进行争论,恐怕你会称这样的乐趣是我的荒谬之处,你之前就是这样。

我无疑会这样。因为除了心灵之外,还有什么应该享受或能够享受呢?或者我们能说肉体在享受吗?

也许是凭借感官的帮助,而不是相反。

那么美是感官的对象了?怎么是呢?通过什么途径?否则感官的帮助在这种情况下便无济于事:而且,如果肉体本身就能享受,感官也不帮助它领会或享受美,那就只有心灵才能够领会或享受美。

423　　我说,确实是,但请你说明为什么美不能是感官的对象?

我也请你告诉我,为什么、在哪里或者在什么事物上,你猜想美是这样的呢?

难道美不是首先刺激感官,并随后在其中唤起我们所谓的爱这种情感?

人们也以同样的方式说,美首先刺激了感官,并随后在其中唤起我们所谓的饥饿这种情感。——你不会这样说。我认为这个想法让你不快。正如美食的快乐是如此强烈,你也不屑于把美这个概念运用到形成美食的美味上面。你应该不会赞同古罗马某些奢侈的人的可笑癖好,他们更喜爱长有美丽羽毛或叫声明亮的鸟做的炖肉。你不会因为关于肉食的这种历史记载而欢欣鼓舞,我相信你越是探究其根源,钻研烹饪学问,得知这肉食在被端上精致奢华的餐桌前所经历的形式和变化,你就越没有胃口。但是,虽然这烹饪手法极其不雅,你还是会承认,这烹饪的材料,例如装饰花园的东西,本身实际上是非常漂亮美丽的。你也不会否认郊野的美或我们身边碧绿山坡上这些花朵的美。然而,尽管这些自然的形式,这鲜艳的草坪或银色的苔藓,绚烂的百里香、野玫瑰或金银花是如此可爱,但并不是它们的美吸引了邻近的羊群,让吃草的小鹿或小羊流连忘返,让进食的兽群喜不自胜:并不是形式,而是形式之下的东西让它们高兴:是芳香吸引着它们,是饥饿驱使着它们;清冽的溪水比浑浊的泥坑更能缓解干渴,使美丽的宁芙女神令人喜爱,否则其形式便无人理会。因为,形式在没有被观赏、判断和详查的时候就没有真正的感染力,只是作为刺激感官、满足肉体官能的偶然标记或标志。我的菲勒克勒斯,你被说服了吗?或者说,即便不把野兽的享受看得更高,你会认为它们有心灵和理性的官能吗?

我告诉他,我不会这样。

他说,因此,如果野兽不能知道和享受美,因为作为野兽,只被赋予感官(肉体的官能),那么自然而然的就是,"凭借这同样的感官或肉体的官能,人不能构想或享受美:相反,他所享受的所有美和善,都更高贵,凭借的是最高贵的东西,即他的心灵和理性的帮助"。这就是他的尊严和最高兴趣:这便是他接受善和幸福的能力。他的才能或无能,他的乐趣的力量或他的虚弱,都只基于此。正如这心灵和理性是健康的、美好的、高贵的、可贵的,其对象、行为和用途也是如此。因为,作为纵乱的心灵,感官的俘虏,面对美的时候,绝不能与有着理性文化的高尚心灵同日而语;诱惑前者的对象,也不能与吸引和感染后者的对象相提并论。而且,当双方都因享受和占有各自对象得到满足的时候,后一对结合不是更美好,并领会享受到高尚和善良的东西?菲勒克勒斯,你至少肯定会承认,但你把一种欢乐置于心灵之外时,这享受本身便没有美的主旨,也没有任何优雅或宜人的外观。但是,当你想到,友谊如何被享受,荣誉、感激、正直、仁慈和所有内在的美如何被享受,社交的快乐、社会本身和所有构成人类的价值和幸福的东西如何被享受

424

425

426 的时候,你必定会承认美在行为中,并认为它值得喜悦的心灵去欣赏和回味,这心灵幸运地意识到这高尚的职责,并意识到它自己在美这一方面的进步和提高。

　　他稍停了一会儿继续说道,菲勒克勒斯,在这样一个伟大的法官面前,在像你自己这样一个精明的赞赏者面前,我不揣冒昧探讨了美。因为,从让我陶醉的自然之美当中清醒过来之后,在陪伴你一起探索美之后——因为在对美的真诚而自然的享受当中,这与我们切身相关,也给我们带来最高的善——我乐意继续冒险追溯下去。同时,如果我们没有虚度时光,也没有漫无目的地游荡在这些荒凉之地无功而返,我们这细致的探索会表明,没有像美这样神圣的东西了:这美不属于肉体,除了在心灵和理性当中,它没有其他的根源或实存;当心灵和理性审视自身,即唯一配得上它自身的对象的时候,美只能被这种更神圣的官能发现和获取。因为,凡缺乏心灵的东西,在心灵的眼睛面前便空无一物。只要拘执于外在的

427 对象,这眼睛就会虚弱无力,黯淡无光;相反,当投入到对类似于其自身的对象的静观中时,它就会光彩四溢,焕发其自然的活力。这便是精进的心灵,轻蔑地掠过其他对象,漠视肉体和平庸的形式(这里只有美的影子),豪迈地走向它的源头,在灵性之物之中领略形式和秩序的原型。哦,菲勒克勒斯!这样我们便得到提升,变成名副其实的艺术家,学习"认识我们自己,认识这个自己是什么,通过提升,这必定可以增进我们的价值和真正的自我兴趣"。因为这种知识不是通过对肉体或外在形式的静观,不是通过对华丽之物的观赏,对财产和荣誉的钻营获得的;作为自我提升的艺术家,通过这样来谋取财富,他不会得到尊重;相反,他(也只有他)是明智而能干的人,轻视这些事物,用一种与石头或大理石不同的物质来建造,并且在他眼中有更正确的典范,通过在他自己心中奠定秩序、和平和谐和的永恒而可靠的基础而真正变成他自己的生命和财富的建筑师。——不过,现在我们该回家了。早晨已经过去了。

428 来吧!我们走吧,离开这些非同寻常的话题,等着我们再次退隐到这些偏远僻静的地方。

特奥克勒斯说着加快了步伐,向山下走去,把我远远落在身后,直到听见我急切地呼喊他。与他并肩走到一起的时候,我请求他能多停留一会儿,不然他执意要赶快离开这片树林,和他沉浸于其中的哲学;无论如何,他会让我慢慢离开他,尽量给我留下最好的印象,等到我再次回来。因为,我已经被说服了,如此坚定地折服于他的信条;我也预料到,当这些地方的美丽,还有他的同伴消失的时候,我很容易故态复萌,屈服于"世人"这种过于强大的魔力。

我继续说道,告诉我,如何才能抵御它,如何才能对抗人类的普遍舆论呢,他们对我们所称的善怀有截然不同的看法?说实话,特奥克勒斯,还有什么能比我们在这件事情上确定的看法与世人们的普遍意见相左,或者格格不入呢?

他回答说,那我们该跟从谁呢?在何为善何为恶这个问题上,我们该采纳谁的判断或意见呢?如果所有人或每一个地方的人都同声相应,在这个问题上相互一致,我就愿意远离哲学,顺从他们;若是相反,我们又为什么不坚持我们选择的东西?——让我们从另一个角度思考一下这个问题所面临的处境吧。 429

第三节

于是我们悠闲地向家走去(都快到中午了),他也继续着他的谈话。

他说,有一个人冒充英雄,把亲历战争、纵横疆场看做最好的生活;另一个人嘲笑他想入非非,视其为十足的狂妄和愚蠢,他欣赏自己的机智和谨慎,视冒险为耻辱。一个人勤勉刻苦,要使自己造就商人的性格;另一个人则相反,视其为傲慢无礼,为世人所不齿;他愿意放荡不羁,锦衣玉食,尽情享受,此为他最高的善。一个人把财富只看做满足口腹之欲的工具;另一个人则讨厌这些,喜爱万众瞩目。一个人钟情于音乐绘画,奇珍异宝,雕梁画栋;另一个人则羡慕宫殿花园,高楼广厦;又有人对此毫无"兴味"(gusto),认 430

为这些人所谓的鉴赏家都是装疯卖傻。有人视挥霍为疯狂，只有富有才是善。有人沉湎游戏，有人喜绫罗绸缎，好骏马香车，也有人醉心于纹章家谱，封号血统。有人痴迷风流韵事，有人甘为忠心朋友，也有人嬉笑怒骂，插科打诨；有人喜欢热衷体育运动，惯于乡下生活，有人流连于宫廷，也有人爱好旅行，领略异域风光，也有人迷恋诗词歌赋，时兴的学问。——所有这些人都选择了不同的道路。所有人都竞相指摘，互不入眼。时不时，他们也鄙视自己，不再妄自尊大，正如他们的性情也变化，他们的情感飘忽不定。——

431　我该关心什么呢？我担心谁的指责呢？或者说，我最终该听从谁的教导呢？

如果我问，"金银满仓，而闲置无用，财富还是善吗？"有人回答说是，其他人则否认。

"那它们用在何处才能是善的呢？"

言人人殊，莫衷一是。

"因而财富本身并不是善（你们多数人都这样宣称），而且，因为对于它们如何才能成为善，你们也都争执不下，我为什么就不能坚持自己的意见，即它们本身并不是善，也不直接是善的原因或手段？"

如果有人完全鄙视名声，如果在觊觎名声的人当中，有人因这样而渴望它，因那样而鄙视他，有人与某些人一起觅求它，也与另一些人一同鄙视它：我为什么就不能说，"我不也不知道为什么名声能被叫做一种善？"

如果在那些渴求快乐的人当中，赞赏这种快乐的人要优于赞赏另一种快乐的人，我为什么不能说，"我不知道哪种快乐能被称作善，或者快乐本身如何能被称作善？"

432　如果在那些极其热切地留恋生命的当中，对这个人来说生命是惬意的、美妙的，对另一个人来说却是可鄙的、低贱的，我为什么不能说，"我不知道生命本身能被认为是一种善？"

与此同时，我清楚地知道，"高度赞扬这些东西的必然结果便是成为奴隶，因而是可悲的"。但是，菲勒克勒斯，也许你也还不熟

388

悉这种奇怪的推理。

我说，比你所想象的要好些。我感觉到这位美貌的夫人，亦即你所赞颂的美，将会再次露面：而且我也很容易再次认识到，"自由"那美丽的容颜，在你昨天为那位美丽的夫人所描绘的画像中我曾见识过一次。[①] 我能向你保证，我会将她想象得尽量高洁：同时也发现，如果没有她的帮助让一个人超越这些看似根本的善，并让他更自如平和地面对生命，面对命运，要享受这两者，几乎是不可能的事情。焦虑、烦恼和担忧与日俱增，在这种不幸的依赖状态中，必然要使人阿谀奉承，奴颜婢膝。谄媚权贵，忍受屈辱，巴结逢迎，卑琐地放弃理智和骨气，在深谙这样一种伟大，领会谄媚的普遍路数，知道如何去掌握起伏的命运的人面前，所有这些都必须以从容的气度和高尚的风貌被勇敢地承受和化解。我无需再提怨恨、猜忌和嫉妒——

他打断我说，你确实无需再提。但是，在发现你像我一样意识到这种不幸的状态和内心的苦恼之后（不管它有什么外在的表现），为何只有你必定发现相反状态的幸福呢？难道你不记得我们关于自然的定论？还有什么比跟随她更称心如意的事情呢？或者说，难道不是由于摆脱了我们的情感和低俗兴趣，我们才能顺应宇宙的美好秩序，与自然相和谐，与上帝和人友好相处吗？

他继续说道，让我们比较一下各种状态的优势，权衡一下两者的善：一方面，我们发现有恍惚不定的善，依赖于运气、时代、机遇和性情；另一方面，有自身确定的善，建立在对那些不确定之物的轻蔑之上。果敢的自由、慷慨、宽厚不是一种善吗？难道我们不可以把来自始终如一的生活和作风，和谐的感情，远离无耻或罪恶，铭记人类、社会、国家和朋友的价值和德行——所有这些都只依赖于美德——的自我享受看做幸福吗？服从理性的心灵，仁善的、符合所有自然感情的情性，忠贞的友谊，表里如一的坦诚、仁慈和善良，以及恒久的泰然、平和和镇定（如果我可以使用这样一些哲学

433

434

---

① 见本卷第 252 页，也见第三卷第 201 页，第 307 页及以下。

术语的话），难道这些不永远是不折不扣的善吗？人们会随随便便地憎恶、厌倦这些东西吗？与这些东西相伴随的某些特殊的时代、地方、环境必然会使它们令人愉悦吗？这些都是变动不居的吗？这些东西会因为被人深切地喜爱或追求而导致烦恼或悲惨吗？这些东西无论何时都会被高估吗？或者进一步说，除了我们自己，还有什么能让我们远离这些东西，或者阻止我们享受这些东西吗？"它已将我们的幸福和善置于我们自己能够触手可及的事物当中"，这不是对上帝的最高赞美吗？

我说，如果这样，我们便不该以任何理由谴责上帝。但是人，他们天生就偏爱其他那些变动不居的善，我担心他们很难获得这种良好的情性。总之，如果我们可以信赖常言所谓，"所有善都只是如我们所好。是妄想造成了善。一切都只是意见和喜好"。

他说，那我们为什么要在某些时候付诸行动呢？为什么选择或偏爱某个东西呢？我猜测，你会告诉我，是因为我们喜好它，或者臆想有善在其中。

因此我们会顺从当下对善的喜好、意见或想象？如果是这样，那么我们就必然此一时彼一时，我们自己始终变化无常。但是，如果我们不去听从所有相似的喜好或意见，如果人们承认，"有些喜好是真实的，有些则是虚假的"，那我们就会审查每一种喜好，而且存在某些据以去判断和决定的法则。是某个人的喜好把一座美丽的神庙付诸一炬，以获得永不磨灭的记忆或名声。[①] 是另一个人的喜好征服世界，为的是同样的或与之相似的理由。如果这真是这种人的善，我们为什么还会为他感到吃惊呢？如果这喜好是错误的，那就说明白它错在哪里，或者为什么这个动机并不像他臆想的那样于他有利？因此，要么"那就他所臆想的每一个人的善，因为他喜好它，并且失去它就感到不安"；或者相反，"有一种人的本性

[①] 一个名叫埃洛斯特拉图斯（Erostratus，或写作 Eratostratus）的人于公元前 356 年烧毁了以弗所的狄安娜神庙，以让后人牢记自己的名字。亚历山大大帝就出生于这一年。——译注

得到满足的状态,只有这样才是他的善"。如果人的本性得到满足,并保持安心的状态才是他的善,那他就是一个傻瓜,诚心顺从这种状态,视其为自己的善,而有人即使不处于这种状态也能感到满足和安心。同样的道理,将此视为其恶而一心要逃避的人也是傻瓜,因为有人可以忍受这样,而且也保持自在、安心。这样看来,一个人可以不烧掉一座神庙(像埃洛斯特拉图斯)却可以保持安心。或者,尽管他不去征服世界(如亚历山大),他也可以自在安 **437** 然:正如他满可以失去权力、财富或名望带来的优势,如果他的喜好并不妨碍他这样做的话。总之,我们会发现,"在缺乏任何一种通常所谓的善的情况下,一个人可以感到安心":正如相反的情况,"他可以拥有全部的善,但仍然感到不安,一点也感觉不到更幸福"。如果这样,结论便是,"幸福来自内心,而非外界"。一种良好的喜好是关键。所以,你明白我与你是一致的,即"意见是重中之重。①——不过,菲勒克勒斯,是什么吸引了你?你好像突然陷入了深思"。

我说,说实话吧,我在思考我会遇到什么情况呢,如果我按照你的意思,最终成为哲学家的话。

特奥克勒斯回答说,这个转变确实有些不同寻常。但是,不要担心。并没有那么危险。而且日常的经验也告诉我们,人们完全不会因为谈论或写作哲学而很快变成哲学家的。 **438**

我说,但是,这个称号就是一种耻辱。"白痴"这个词曾经是哲学家的反面,但如今却恰恰指的就是哲学家本身。

他回答说,然而我们通常所做的事情不就是哲学探讨吗?如果根据我们的理解,哲学就是对幸福的研究,每一个人不都是以这种或那种方式,深刻或肤浅地探讨哲学吗?对于我们的主要兴趣的每一次深入思考,对我们的趣味的每一次改正,生活中的每一次选择和偏爱,不都是哲学探讨吗?因为,"如果人们不承认幸福来自自我,来自内心,那么幸福便单单来自外在事物,或者同时来自自

---

① 见第一卷第307、320、324页及以下;第三卷第196、199页及以下。

我和外在事物"。如果幸福只是来自外在事物,那它便向我们表明,"所有人的幸福都与此成比例,拥有外在事物的人都不会由于自己的过错而不幸"。

但仿佛任何人都不敢确信这一点:所有人都承认相反的情况。

因此,"如果幸福部分地来自自我,部分地来自外在事物,那么每一方都必须被考虑到,而且一种确定的评价被建立在对内在事物的关注上,而这个内在事物仅依赖于自我"。如果是这样,同时我也考虑到,"人们如何选择,选择哪些,何时,在何种情况下,这些选择才是适时的或不合时宜的;这些选择何时才恰当地发生,何时才能得到回报":归根到底,这不仅是哲学探讨吗?

不过,甚至这也足以使人跳出平常的思维,给人们的职责和整个生活带来不利的变化。

不错!因为这也会得到思考和充分的衡量。因而,这依然是哲学;"去探讨人们在什么地方,在哪个方面最可能是失败者;这本身就是最大的收获,最有利的交易";因为现世生活中的每一件事情都是通过交易来进行的。有失必有得。恩宠需要殷勤;兴趣源于引诱;荣耀来自磨难;财富得自劳作;学问和成就出自研究和实践。安宁、悠闲、懒散也要付出其他的代价。也许有人觉得它们呼之即来。因为"这有什么困难呢?又有什么害处呢?"这只是损失些名与利。这只会影响一点名誉,少得些权益。如果事情真这么简单,那就无所谓了。你看的,这件事情上需要有些耐心。人们必须忍受寂寞,甚至是微贱和耻辱。——这就是条件。所有,每一件事都有其条件。权力和要职需要某种代价,快乐需要另一种代价,而自由和真诚有信仰其他的代价。像其他东西一样,高尚的心灵也必须付出代价。

但我们一定要小心,我们也许为它付出太多。

那么来吧,让我们核算一下。"心灵价值几何?谁会为它大方地做出预算?或者说人们会为它承担什么损失?"

如果我舍弃它,或者打些折扣,也不能换取任何东西。我们必定要为我的自由,为我的内在品质确定价格。在我们所谓的价值当中存在某种东西,在真诚和正气当中存在某种东西。平和的感情、慷慨的思想和坚定的理性都是珍贵的财产,不能轻易放弃。我首先要考虑到,"什么与它们等价? 我是否能在任由这些'内心的商行(inward concerns)'随意运行的时候从中获利呢,或者我是否不可以通过适应国内行情,而非通过在国外获益,并且偶尔结识几个显要的朋友以多多增加我的财产或地位,来保护财富呢?"我该走哪条路呢? 先设定好范围。给我个明确的说法,"我该走多远,为什么不能更远?"什么是中等的财富、殷实的生活,人们通常所说的那些其他的等级又是什么? 我的怒气怎么才能平息? 或者说,我可以承受多高的等级呢? 我的爱该有多深? 在多大程度上应该让位于野心? 在多大程度上应该让位于其他欲望? 或者说,我需要一切都任其自然? 情感可以摇摆不定,不能让它们专于一处,而是贪得无厌? 或者说,如果某些专注是必要的,那就说明白,"专注于这个事物多少,专注于其他事物多少?"在多大程度上顺从欲望,在多大程度上顺从外在事物? 给我尺度和法则。看看这是不是哲学探讨? 每一个人是情愿还是不情愿,有意还是无意,直接还是间接地,不是在哲学探讨?"差别在哪里呢? 哪种方式才是最好的?"

这就是问题所在。我就是我让你权衡和研究的地方。

"但你说这个研究有些麻烦,因而我最好还是不去研究。"

谁告诉你是这样呢?"你说,你必定要服从你的理性的力量。"

那么告诉我,你是否适当地培养了你自己的理性,使其完善,为它付出必要的努力,让它在这个问题上经受磨炼? 或者说,它不经磨炼的时候,与它经过充分磨炼或富有经验的时候,一样能恰当地做出清晰的决断? 请你想一想,在数学方面,谁有更好的理性,更值得信赖? 是经验丰富者的理性,还是未经实践者的理性? 在战争、政治或社会事务方面,谁有更好的理性? 在商业、法律和医学方面,谁的理性更可靠? ——我还会问,在道德和生活方面,又是谁的理性更好? 观察生活,并努力凭借某些法则来形成理性的人,难道不会被看做是生活中最好的法官? 或者说,不费心调查生活,以及只是偶然无意地进行哲学探讨的人,确实会被认为在生活

441

442

方面最为聪明？

他总结自己的谈话，说道，所以，菲勒克勒斯，哲学就这样得到确立。因为每一个人都必定对他自己的幸福展开推理；"他的善是什么，他的恶是什么"。问题仅仅在于，"谁的推理最完善？"因为，甚至是拒斥这种推理或思考职责的人，也会根据某种理由，根据某种信条，即"这就是最好的"，进行推理。

443   这时，我们已经不知不觉到了家。我们的哲学探讨结束了，又回到了平常的生活中。

第三卷

第三卷

关于前面论文和其他关键问题的杂感

理所应当,只美德和她的朋友才欢迎它。

贺拉斯:《讽刺诗集》,2.1.70.

初版于 1714 年

杂感一

第一章

杂感文体的本质、产生和定型。随后的问题。作者的意图。

那位宽厚而谦恭的作家的灵魂,愿你平安,为了其作家同仁们的共同裨益,你引入了这种灵活的杂感式写作方式!必须承认,因为这种轻快的手法已得到确立,因此文艺(wit)①的收获日益丰硕,耕耘者在数量上也超过了往昔。写作艺术当中才华出众之辈都清

2

---

① wit 一词译者也酌情译作机智、巧智和智慧。——译注

楚地知道,孕育机智是很容易的,但用确当的言辞传达机智却是最难的。当批评兴起,规则和秩序被认为是一篇文章的中心要素的时候,没有什么比早先为作家规定的条件更严格或者严厉的了。合式的作品、正统而正确的诗篇这些概念,让文艺这个领域的冒险家畏缩不前,创作中严格的法则和规范让自由的精灵和奋进的天才不堪重负。它就像一付重轭架在我们先辈的肩上,但是,对我们来说,我们已然将其置于一旁。实际上,既然对庶出和嫡生的不公平的区别已被彻底废除,人们头脑中自然而合法地流露出来的产物也带着同样的权利面见世人,那么文艺,仅仅是文艺,也应该被友善地接纳,不必经受类别上的检查或者形式上的责难。

3   众所周知,这种杂感的写作方式,已经幸运地收获成效。它已使每一片土地都硕果累累。曾经隐藏在人们胸中的各种文艺的种子破土而出,孕育出了无数精妙的幻想和想象,原来那粗劣和贫瘠的母土曾束缚着它们,至少说不允许它们钻出地面。在每一片土地上、在每一处荆棘或者丘陵上,我们已收获了鲜美的果实和芬芳的鲜花,就如在古代那座最肥沃、得到最精心照料的花园里一样。可怜的是那些古代的园主,他们不知如何去迎合庸俗之人那粗鄙的趣味,难以献给世人以智慧的愉悦,烹饪出文学和知识的美味佳肴。

必定有这样一些时候,作家这个名声备受世人赞美。在文章或诗歌上辛勤劳作,能幸运地有所收获,被认为是具有悟性和理智的标志。这个任务是艰巨的,但也是光荣的。在历史发展过程中,形势如何急转直下,这就不好说了。最初的作家,也许数量很少,因其技艺而备受尊敬,甚至到了被人妒忌的境地。意识到自己在这方面的不幸,也可能是被某些流行的风气所激发,他们放弃了规整结构和精巧的写作手法,以迎合那些在这种困境中失掉作家之名的文人(wits)。看来,文人们的根基有必要更厚实些。将更多的手法纳入作品是很明智的。杂感或者通常所谓的随笔这种文体最受人欢迎,用这种文体,哪怕是最糊涂的头脑,如果有点新奇想法,再添点老生常谈的学问,也能与才思最敏捷的人一较高下。

　　为了更清楚地解释文学上的这种变革如何产生深远影响,拿我们的写作艺术家与制作衣料或丝绸的工匠做个对比也许没什么不妥当。因为人们认为,在这些工作中主要的一项技术就是编织一种风格或样式,颜色要协调搭配,各种形象和图案也要错落有致,能将整体上和谐的作品展示在人眼前。根据这种方法,每一个作品实际上都是一种创造。因为模仿过去的东西毫无意义。若是赝品,人们一眼便能识破。另一方面,要创造性地创作,每次都有新样式,是件很艰巨的事情,最优秀的工匠才能胜任。

　　于是人们发明了一种方法来搅乱整齐规则的样式,于是就有了拼接布料(patchwork)。学问的边角料,还有机智的种种零碎儿,凑到一起,就拼合出各式各样稀奇古怪的样式来。如果它们偶尔能焕出点光彩,散发些俗艳,杂感这种文体就名正言顺了,其杂乱的形式和结构也有人追捧。人们的眼光原先被规则所吸引,紧紧遵循着尺度和严格的比例,欣欣然被这种方式牵走了,开始放荡不羁,在奇光异彩和杂乱无章的东西中乐不思蜀。与此同时,习俗不仅容忍了这种放纵,而且还大加赞赏,给予其无上荣誉。这种乖戾任性,打着新奇可爱的幌子,将优雅和柔美取而代之。思想的正确与中肯被放在一边,因为太过压抑,令人痛苦,让喜欢轻松愉快、更善交际的风流人物和现代文人不堪忍受。

　　在后来的时代里,因为人们认为将文艺和智慧这两个领域划分开来、将愉悦与实用区别开来要更合适些,很明显这种区分更符合前者特有的兴趣,而不是我们所谓"杂感"这种表现手法。因为种种乖戾奇诡的东西必定会为那些不求甚解的人带来不少乐趣。凡与自然背道而驰的地方,必无思想或沉思的容身之地。极力远离自然就是某些喜作诡异形象的画家的至高境界。要在他们的作品中寻找些逼真的东西就是吹毛求疵。自然一贯无异于玉中之瑕。浑然一体、精妙构思、意蕴深邃,就是违背他们的目的,就是要破坏他们作品中的精神和天才。

　　我曾进过法国的剧院,还记得我发现在每一出严肃庄重的悲剧结束时,总要接上一出滑稽的闹剧或者杂剧,他们称之为"小段子"

7　(little piece)。确实，我们还可以将一些更异样的东西搬到我们自己的舞台上。因为，我们认为这是轻松活泼的东西，正好用这些"小段子"或闹剧来和每一幕中的主体情节或者故事相互调剂。这似乎是一个不二选择，因为我们的悲剧比法国的悲剧更昏暗、更血腥，因而也更需要直接从笑话和滑稽的巧智中借些调剂之物，这些东西与其所对立的东西紧密混杂在一起，可以创造出一种最绝妙的戏剧杂拼（theatrical miscellany）来，我们的诗人称之为悲喜剧（tragicomedy）。

　　我本可以谈得更深入些，用我们严肃的神学家们的著作、我们议员们的演讲、我们民族的博学之士的其他一些典型事例来说明问题：杂感文体在当今极受推崇。但是，因为我下文的主要意图是简要论述一位英国作家近期创作的诗歌，我想，围绕这个话题已经说得够多了，在我来看，借用这种风靡一时的杂感趣味并不会让人认为我有什么不恰当或荒唐的地方。在我充当这个新式作家的批评家或者阐释者的时候，运用这种方法，我可以更好地纠正他那晦

8　涩之处，给他掺入更多些当今流行的格调和手法，尤其是在与最后两篇文章的主题和风格有关的地方——这两篇文章在第二卷里。因为，这两篇文章带有更规范和正式的风格，容易让喜爱风趣的读者有压抑之感；也像悲剧一样的盛气凌人，需要有上文提到的"小段子"或者闹剧给予必要的调剂。

　　不能因为我的杂感是根据已发表的一些文章写成，就剥夺我的杂感作家这个名号。作为根据和基础的作品本身无甚紧要，根据现代的规范，严格来说，它们既不是精华也不算糟粕，既不是开头也不能当作结尾。另外，我不会将自己局限在这些文章的重点内容上，而是应该像我随后的杂感，不时地从我拟定的主题上叉开，在我觉得适当的时候，随意背离或者绕行，正如我这散漫的随笔一样。

第二章

9　　关于对话作品：答复、回应。神学论辩，或者教会中从事写作

的好斗分子。哲学家与闹市。针锋相对的作家们。比赛组织者。足球。我们作者与书商的对话。

　　写作艺术至今所取得的成就中，没有一个能达到论战，或者回应和辩驳手法那样的高度。说实话，在古代，人们将多数机智都用在了其他事业上。如果作家写得不好，就会遭到鄙视；如果写得好，就会得这个或那个派别的赞扬。因为在学问和哲学中必然存在一些派别，这样那样的派系。每个人都支持他们所喜欢的那一派，可以自由听取每一方为自己所做的辩护，没有必要发表檄文反对虚假的诡辩或者危险的推论。针对单篇文章所做的回应被认为毫无用处。人们认为，帮助一个读者仔细评判每一篇发表的文章，那并不是恭维他。不管那时存在哪些派系，每一派都不会过于狂热，以至于将人身攻击这种趣味强加给读者，而这种趣味只会出现在不同派别的人之间的论战中。 10

　　人身攻击这种做法古已有之，但那时写作辩论的手法尚未形成一门艺术，相互争论的作家之间的恩怨纠葛也没有成为学术界中的主要消遣。但是现在，我们在这方面却兴致很高，以至于学者的作品在能被我们恰当地称之为成熟，并引发争论之前，是不可能真正风行的。当回应和反驳出现的时候，我们的好奇心就被激发起来：此时，我们才第一次聚精会神地关注它们。

　　譬如，可以让某个狂热的神学家和我们信仰的热情拥护者，选择宗教中某些不可思议的奇迹为题发表作品，这些奇迹又被某些可恶的异端领袖反驳过，一旦遭到激烈反驳，这位神学家就会援引正统观念，以最高超的雄辩和最精深的学问来维护真正的信仰。 11
若非如此，他也可以讳莫如深，让书商们饱受折磨，使所有对教会历史以及基督教信仰那古老的纯洁性怀着敬仰的人后悔不迭。

　　但是，假设在对已故的对手进行口诛笔伐的过程中，我们的博士又激发起了某些活着的对手，这个对手同样具有自己正统的根据，便开始非难他的解释，批驳其反对者所发表的每一篇文章。从此以后，这些著述就焕发了生气，公众开始倾听，书商也打起了精神，并且，如果有更多人参与讨论这个话题，相互的应答就更加尖锐,各个学术派别之间的辩论也更加热烈,这样,一个辩论赛场就搭起来了,读者也蜂拥而至。每一个人都跃跃欲试,为他这一方鼓劲。"这一会我胜了!""这个人,我喜欢!""打得好,支持我们吧!""再来,打得棒!""他们居然打平了!""下一回合打赢他!""真是个刺激的游戏!"当参战者们暂时撤退,人人都得胜而归的时候,听人们的赞美和祝贺吧!胜者得到怎样的欢呼啊!看他的支持者在敬
礼,甚至他那谦虚的羞怯不安也大受称赞!

12

"不,绅士们!高贵的绅士们!你们真这么想么?你们对我真诚么?我尊重我的对手了么?"

"没有人如此惨败过。你为什么就一下子杀了他呢。"

"哦,先生!您过奖了。"

"他再也爬不起来了。"

"您真这么想么?"

"要不,如果他能爬起来,那就有幸还能看到你怎么收拾他。"

这就是凯旋。这就是赤身肉搏。作家严阵以待,读者们也兴致勃勃,当号角向簇拥的人群吹响的时候,这些好斗的枪手开始为民众奉献一场角头式的娱乐。

前面文章的作者,既然自称是能敏锐地揭露荒谬之事的检察官,就必定能观察到是什么阻碍他无心投入辩论。因为,如果第一篇文章(并非有意为之),亦即一封私人信件,在作者看来不值得公
13　众去注意,却以抄本方式广为阅读,随后又将其付梓,然而,对它最尖锐的批驳仿佛也不能激发我们的作者作出回应。人们所能听到的回应只是:"他认为无论谁催促他出版一本书去回应那篇浅薄的文章,必定会给予作者非常高的褒扬,或者给公众以非常坏的评价。"

必须承认,值得一些聪明之人劳神费力去在公众场合批驳的任何作家,作为一个作家而言,他会觉得这是真正值得庆贺的事情。可以假设,在写作时他必定发挥了些聪明才智。但是如果他的原作毫无出众之处,那么他的批驳者面临的任务可就并不光荣。他肯定会随便雇佣些情愿替他作无聊回应的人,嘲讽一下本就是滑

稽可笑之类的东西,欺骗世人去读一下第二本书,以弥补前一本书的鲁莽草率。

不过,既然人们理所当然地认为,一篇低劣之作可以当做出色回应的缘由,再去答辩这回应就必定是荒唐可笑了,无论我们怎么看待这个答辩。因为,或者作家在原初的作品中已经得到了真正的反驳,或者就不值得反驳。如果得到了反驳,他为什么要辩护呢?如果没有被反驳,他又为什么要感到烦忧呢?或者,假定世人们出于好奇,乐于看到一个学究被更有智慧的人取笑,那么争论的双方本来就不匹配,这种乐趣又能延续多久呢?若干年之后,这些好辩的作品又会变成什么样子呢?那些最优秀的作家所奉献的有分量的论辩曾给世人们带来快意,但在最年轻的学者的记忆之中还有什么印象呢?少数两部独创的作品可能流传了下来;但是,随后的辩护、回应、答辩、回复,从此就全为糕点师傅效劳了。①当那些问题第一次引发争论时,人们还可能兴趣盎然,但到现在,他们又重归平静了。他们嘲笑着,讽刺着;他们煽风点火,不怀好意地从中取乐。但是,笑话从此结束了。没有人再去探究其中的机智在哪里,那些著名的责难和讽喻有何深意,虽然它们曾给读者带来绝妙乐趣。有些著名的哲学家和神学家,满足于嘲笑别人,写些机巧的猥亵之词,取悦那些聚集在咖啡馆、书店,或者更低俗的书报摊上的人们。

人们肯定承认,就此而言,这些论辩作品对各个层次的书商们来说并非无利可图,这些学术混战每进一步,他们都无疑获利不少。最让他们兴奋,或者能让他们做笔好买卖的,莫过于富足的神学家们和严肃的哲学家们捉对厮杀,你来我往,唇枪舌剑,直到由于双方都遭受长期折磨,最终气喘吁吁,筋疲力尽。"所以我认识一个精明的玻璃工,到生意萧条的时候,就拿个足球扔到大街上,给精力充沛的少年里面那些争强好胜的小头头们玩。滚圆的皮球被踢得飞来飞去,打碎了窗户、窗架、灯笼等所有不结实的玻璃物

14

15

---

① 言外之意是被糕点师做包裹纸了。——译注

件。邻里街坊到处都是破碎声、吵闹声,玻璃渣子满地都是。直到
16 这个惹是生非的祸害家伙被拳打脚踢,裂了口子,干瘪了,飞不起
来了,少年们也就打不起精神来了。"

这就是我们的作家让他的秘书大加奉承的绝好时机(因为这样
他就可以召集书商或者印刷商),他的第一本书就是这样出名的。[①]
乐于助人的工匠时常为他推荐许多好书,有《评论》、《反驳》这样令
人激动的题目,并向他保证,这就是人们对他那篇小文章的回应。

"先生",他说,"您又有活儿干了! 先生,这是一个牧师。正儿
八经的牧师。可是个有名的作家。您不想做个答复么,先生? 哦,
我的天哪,人们正等着看呢。"

"可惜,恐怕要让他们失望了!"

"先生,有一打纸就够了! 您现在就可以动手。"

"我得谢谢您啰?"

"纸已经准备好了,还有一封不错的信。相信我。您就瞧好儿
吧,先生!"

"行了。不过听我说,A 先生,我尊敬的书信大战的策划者、经
17 纪人! 在您将大炮架起来、或者让我投入战斗之前,恳请您告诉
我,这是否会引起敌人的注意。等等他的第二版吧,如果明年或者
一两年之后能出来的话,朋友们就知道存在这么一本书,我想那时
就可能是考虑做个回应的时候了。"

第三章

关于狂热的一封信。外国的批评家们。关于一般的书信以及
书信体裁。致大师们的演说。作家与骑手。现代的盛装舞步。对
杂感写作方式的进一步阐释。

虽然我们的作家非常坚定,不想关注自己国家的某些狂热者们
所写的反对他的尖锐作品,不过,也许只是出于好奇,他想观察一

---

① 见本卷第 136 页。

下外国人和更公正的批评家们在反驳他那篇小文章时会说些什 18
么,他很惊奇,这篇小文章在国内出版不久就已经被翻译成了别国
文字。我们的作家首先看到的批评出现在巴黎的《博学者杂志》
上,①尽管这封信的作者表露出对天主教和法国政治的极大反感,
必须承认,这些报刊作家们对他的态度倒也足够公正,虽然他们也
竭尽所能来反对这部作品,尤其是责难其不合规范和体例。②

　　而新教作家们,由于生活在自由的国度,可以不受约束地表达
他们的感受,他们的赞誉让他受宠若惊。③ 早先,承蒙翻译者的厚 19
爱,他被介绍给国外的同仁,尤其是在这封信的末尾部分提到,这
封信的作者,就其地位和处境而言,不过是那位高贵勋爵门下一个
卑微的食客而已,这封信也是献给这位勋爵的。④ 并且,事实上,这
信的原件的语气已经充分显露了这一点,因而我毫不奇怪,如果作
者身份并不明确的话,翻译者确认了这种庇护和依赖的关系。

　　但是,不管我们作者自身的境遇如何,或者其身份如何,上文
所提到的前一些批评家们还是应该对他那位伟大朋友的身份给予
公正的评价。人们至少应该注意到,这里描写的确实是一位真正
伟大的人物,而且语言和风格上也很有分寸。但是,有些人既没有
察觉到这点,也没有真正理解这封信,因而也算不上是合格的批评
家,他们从没有正确看待它,也就没有能力判断一篇文章的心境或
情绪。

　　假造书信已然成为作家们的一种普遍习惯,将私人信件错当成
了公开演说,这也就难怪其他报刊作家和批评家,还有巴黎的绅士 20
们,将这些细节看作形式问题而予以忽略。然而,这种成见并没有
误导新教阵营中的一位重要批评家,他提到《关于狂热的一封信》
时,将其当做真实的一封信,正如事实上也是这样,它不是写给公

---

① 1709 年 3 月第 25 期。
② "他的作品,仿佛是想到哪儿就写到哪儿。"
③ 《精选文库》第 19 卷(1709 年)。
④ 指的是约翰·拜伦·萨默斯(John Baron Somers)。

众的严格的、正式的论文。①

　　学着用现代语言来欣赏优雅和机智的人们必定会承认，我们不能体会巴尔扎克②或者伏尔泰③所写的最精美的书信的意味，如果我们完全不顾这些书信的真实接受者的身份的话。但是，如果我们总是惦记着这些人物和书信仅仅是虚构，我们从中得到的乐趣就会大打折扣。如果把塔利（Tally）④最好的书信也以这种狭隘的眼光来看待的话，它们当然也会让人觉得索然无味。如果人们设想不存在真实的布鲁特斯（Brutus）、真实的阿提卡（Atticus），⑤那也就没有真实的西塞罗。要是这位优雅的作家消失了，同样这种雄辩的罗马人写给他那杰出朋友的信中的那番苦心和艺术也要消失了。能让这位伟大的作家感到自豪或快乐的篇章莫过于此，在这里，他努力抛掉哲学家和演说家的那副面孔，但其修辞和哲学却得到了充分展示。能欣赏贺拉斯的书信和讽刺作品的人——这些比纯粹的学究趣味还要高雅——必然能理解，正是因为隐藏了规范和方法，这种写作方式才创造了作品中最优美的东西。他们将会承认，在一定程度上，一个读者如果不赞赏奥古斯都（Augustus）、米西纳斯（Maecenas）、弗洛鲁斯（Florus）或者特雷波修斯（Trebatius）等人的性格，⑥就不能体会那些致于那个时代的王公大臣和显贵们的讽刺作品或者信札。甚至是高雅的古代人也要求讽刺的或杂感的创作方式，与最规范的诗文一样符合法则。但是这种艺术就是要打破所有这些标记或形式，赋予作品以一种即兴创作的风格，让艺

---

① "读它的人可以明白看到，作者并没有作精心的设计，也没有条分缕析地运用材料，因为这是一封书信，而不是论文。"（《精选文库》1709 年第 19 卷）在这本含有其他作品的合集当中，如果这封书信被冠以论文之名，那是书商的问题。作为作者来说，他没有什么其他的意图。
② Jean Louis de Balzac(1594—1654)，法国作家。——译注
③ Vincent Voiture(1598—1648)，法国作家。——译注
④ 西塞罗的英文译名，其全名为 Marcus Tullius Cicero。
⑤ 皆为古罗马诗人。——译注
⑥ 米西纳斯是古罗马著名的文艺资助人；弗洛鲁斯是古罗马将领，贺拉斯的朋友；特雷波修斯是古罗马法官，为西塞罗和贺拉斯的朋友。——译注

术效果显得自然天成。这一点无需多说。我们作者自己在《给一
位作家的忠告》一文中已经说了很多了,其中尤其解释了这种简朴
风格,与那种学究气的、形式化的或者拘泥于法则的风格进行了对
照区别。①

　　如果将"书信"这个名称不恰当地运用到仅只为公众而写的作
品上,或者运用到训练作者机智的习作或范文这类作品上,情形就
大不相同了。许多希腊文和拉丁文书信就是这样,它们出自古代
的智者、语法学家或者修辞学家之手,在其中我们能发现书信的真
正特征,通信双方的真实风格和风貌,这些书信有时被人模仿,但
有时却不被人留意,甚至连历史真实性也无从考证。我们甚至可
以认为塞尼卡给他朋友卢西流斯的书信也经历了相同的遭遇。②

----

23

① 见第一卷第 233、257、258 页。
② 我们责难的并非这位伟人的人格、性格或天才,而是其风格和手法。我们赞赏其
高贵气质和杰出功绩。我们承认他是爱国者和忠臣,但不认可他是作家。在众
多名人当中,首先是他赞赏我们这里所说的这种虚假风格和手法。事实上,人们
可以称他为罗马雄辩术的败坏者。文法上放荡不羁自然根源于风俗上的放荡不
羁,而这又是政府更迭和罗马宫廷的奢华淫靡的结果,甚至可以追溯到克劳迪亚
斯或尼禄之前的时代。给语言立规矩和给特权立规矩一样都是不可能的。就像
在当今社会,普通人可以取得的最高成就也就是将也已形成的普遍专制稍加匡
正。对此,我必须补充说,在所有的城市、公国或小国家,在个人独断专权,宫廷
权力而非法律或宪法统治国家的地方,忠臣良将想要施行仁政是难上加难。这
样一个能适当影响专横暴君的大臣,无疑值得拥戴和赞誉。但在我们上面提到
的情况当中,普遍的独裁已经不可动摇,牵涉到整个社会的利益的地方,他必定
会被尊为守护天使,作为首相,他能用短短几年时间就将那些贼臣逆子改造成忠
臣良将。这位大臣就是阿格里皮娜和尼禄(前者是后者的母亲。——译注)时代
的塞内卡。他因此而得到古代毫不容情的讽刺诗人的赞誉,这位诗人在个人生
活中都禁不住要夸赞他的慷慨和忠诚:"无人再奢望像塞内卡那样善待朋友,像庞
索、加图那样慷慨:曾几何时,人们把奉献看得比封侯加爵更伟大。"(尤维纳利
斯,《讽刺诗集》,5.108—111)"谁人会丧失理智,愿作尼禄,而不是塞内卡。"(尤
维纳利斯,《讽刺诗集》,8.211—212)先前,我也试图如此评价这位罗马作家的品
格,但这比其他任何博览群书之人的判断更加错误,如果我还没有错到这种地步
的话。人们误以为他有些哲学才智,但他从未涉猎于此,不像智者或私人教师那样
钻研这些东西。他的经历非常广泛。喜欢哲学的朝臣与喜欢入朝的哲学(转下页)

24　或者说，假设这位贤明的朝臣真的写过这样的书信，也曾将许多优美的书信，认真地署上名字，盖上封印，寄给远在乡下的朋友；就书信本身来看，符合正式规范（如果真有什么规范的话），然而，在开头进行了些许尝试之后，作者就将他的通信者丢在一边了，将所有的世人都当做了他的读者或者门生。这样，他迷上了杂感写作的这种散漫方式，时时处处说着些冠冕堂皇的事情，盲无目的，只是随文字牵着他走（因为他始终在玩弄文字），其中也不少机智，但是

25　支离破碎，不成体统，没有个主题，既没有开头，也没有过渡或者结尾。一百二十四封书信，只要你乐意，你可以分成五百封或者也可以折成一半。比如，一封长信，你可以分成五六封。一封短的，你也可以贴到另一封上，然后再贴到又一封上，有多少都能凑到一起。整部作品也是同样，如此，其生命和精神才得以保存。不仅是所有的书信或者其中的一页，你可以随意改动、编排；几乎每一段落、每一个句子都是孤立的，都可以相互分离、相互调换、推后、靠前，或者重新编排，随你怎么都可以。

　　这就是我们这个时代的人极力赞赏和模仿的写作方式，好像再也想不到有其他典范。事实上，我们对每一种写作模式或风格之间的区别一无所知。所有东西都是千篇一律，步调一致。人们会想，没有什么比这种整齐划一的步调更枯燥乏味的了。有人告诉我，通常所说的盛装舞步会让出色的骑手很不耐烦，但随笔作家的

26　这种跷跷板①更是让聪明的读者忍无可忍。真正善于写作合范诗文的作家就像一位优秀的旅行家，会精心地安排自己的行程，要考虑到自己的盘缠，预先计划好歇脚的驿站，修整多长时间，什么时

（接上页）家毫无相同之处。既然塞内卡本是朝臣，是演说家之子，也受过相同的教育，因其才智和天才而被赏识，他的文风和辩才之所以被人推崇，并不是因为他在哲学和古籍上的学识。事实上，他并不精通这些。总之，他机智超群、才思敏捷，是能臣、忠臣。对于他的偏见源于全民公敌，即放纵无行的罗马人，愚蠢褊狭的历史学家和宫廷弄臣，迪昂·卡修斯，时值无道乱世，四方离乱（人们可以在他作品中明显看到），道德沦丧，学术荒废。

① 跷跷板（seesaw）意指随笔作家散漫的风格。——译注

候到达目的地,所以出发的时候也就等于到达了目的地。他并不会一开始就快马加鞭或者日夜兼程,而是悠闲地将马牵出马厩,踩蹬上马,如果路途平坦、天公作美,则可以整理装备,飞奔疾驰,过了这一段再做修整。正如沿途有高原牧场或者绿荫小巷,他就会放慢速度,让马儿也休息休息,这样就不至于弄得自己气喘吁吁,急急忙忙赶往最后一家旅馆。但是,快马加鞭这条策略在现代作家中间非常流行。灵感突如其来,把你一下子荡出去,一下子又拉回来。当行不行,当止不止。无论高山或者低谷,天堑或者通途,闹市还是乡间——都是一种步调,毫无变化。当一个作家坐下来写作的时候,他知道心无杂念,只等灵感迸发,然后将每一段内容安排妥帖,或者如他们平常所说,要通畅无阻。以这种方式,人们肯定会赞赏他的作品很"通透"。如果他信马由缰,任由想象驰骋,他也许总是想着他的新作将会得到什么样的名声,不管他愿意将其称作《书信》、《随笔》、《杂感》或者其他什么东西。当所有东西——除了前言、献辞和书名页——都安排妥当之后,这一点最终还有由书商来决定。"谁知道能造成一堆粪便,还是普里阿普斯(Priapus)[1]的雕像……那时我就变成了神。"[2]

27

杂感二

第一章

28

对狂热的评论。对狂热的辩护、赞颂。在正事与娱乐中的作用。恐惧、爱所产生的效果。狂热的变异:崇高品质;崇高的美德;公众热情;宗教;迷信;迫害;殉教。对女性痴迷陶醉的活力。古代僧侣的记述。宗教战争。对下一章的提示。

---

[1] 生殖之神。——译注
[2] 贺拉斯:《讽刺诗集》,1.8.2—3。

现实当中是否真的存在影响我们心灵的魔法、星相、魔鬼或者
异象,许多人觉得是可疑的。有人持反对意见,企图根据我们情感
的自然运动和外在事物的普遍规律来解释这些现象。就我而言,
我目前只想理解存在于我们所谓"狂热"之中的魔法或魔力,因为,
在粗略接触了此类问题之后,我发现我不能避而不谈。

对我们作者的《一封信》①稍作反思之后,我认为可以不用理会
这个问题了,直到我读到他的下一篇文章时,才发现这个问题一直
萦绕于怀。我清楚地觉察到,我目前还没有深切体会到我们作者
所描述的那种性情,或对那种情感有所感悟,他告诉我们,这种情
感又是如此易于传染,其本性极其魅惑。但是我发现,我初次思考
时所忽略的东西,当我第二次思考时又不知不觉间浮现出来了。
所以,凭借经验我相信我们作者所说的话是真的,即"我们所有人
都对这条原则有所知晓"。② 实际上我也发现,有许多事情都让我
感觉到这一点,所以,如果我小心谨慎,思前想后,而不是一蹴而
就,就这个问题写些像这样的东西,那我也有更充分的理由请求人
们原谅我,因为有我们作者的例子在先。

的确,我听说,在读对于"躁郁"这种情感的一些论文和解释
时,那种吹毛求疵和刻意挑剔的读者本身也很容易产生那种情感。
并且,这也许就是我们的作者自己为什么不愿意紧紧抓住这个问
题不放,或者着急为我们对狂热下确切定义的原因(他仿佛在那封
信的结尾提示过③)。然而,这又让我们禁不住——与我们的作者
一道——根据那些最隐晦的研究,甚至是那些批评本身——这是我
们稍后要探讨的东西④——当中推测,"在节律、和声、比例和各种
美当中存在一种力量,这种力量自然会吸引我们的心灵,激发我们
想象对伟大神圣之物的观念或者信念"。

---

① 即《关于狂热的一封信》。
② 见第一卷第 54 页。
③ 见第一卷第 55 页。
④ 见第二卷第 75、105、400 页。

　　不管这个论题本身是什么，我们还是在对它的思考中不禁感到喜悦。它以某种非同寻常的东西鼓舞着我们，让我们超越自己。没有这种想象或信念，这个世界就是一片黯淡，生命就是一场无聊的游戏。我们就是行尸走肉。动物性的机能也许还按自身的规律运行着，但却无所追求、无所牵挂。那勇敢的情操、优美的想象、美妙的情感，它们以这种美为凤愿，却都被人抛弃，只能让我们满足自己那最低贱、最粗鄙的欲望，以求获得一种庸庸碌碌、无所事事的懒散生活。

31

　　情人、豪杰、勇士或者学者们，所能得到的欢悦少的可怜（正如我们的作者在别的地方所暗示①），如果在他们所思慕和热情追求的美当中，无关乎更伟大或辉煌的东西，而只是单纯从他们追求的具体对象产生的东西。事实上，我不知道我们为什么要追求生活中的那么许多快乐，如果不是为了属于这种特殊的情感的趣味或品味，以及支撑它的信念和想象的话。如果没有这种趣味，我们甚至不能赞美诗歌或者绘画、花园或者宫殿、迷人的形象和娇美的面容。爱自身将会成为本性中最低俗的东西，如果谨遵这种反狂热（anti-enthusiastic）诗人的方法来期待和对待爱的话："把聚集的体液洒向每一个人。"②

32

　　这种假说如何能容得下英雄气概或者高尚品质，人们很容易想象的到。缪斯们自己在这种哲学蓝图面前也必定会神情冷漠。甚至是诗人中的巨擘，若顺从这套哲学也会成为最乏味的作家。③ 根据这种哲学体系，我们的拉丁诗人④也不会获得什么荣誉，他是这种非-高雅（un-polite）哲学的伟大信徒，竟敢于运用缪斯的艺术来不公正地称颂这样一种体系。但是，尽管他持有这种哲学，却到处

---

① 见第二卷第 400 页。

② 卢克莱修：《物性论》，4.1065。（中文版为："把那在你体内收集了的精子射给不同的肉体。"方书春译，第 248 页。——译注）

③ "荷马的作品里处处都有神，有王，有统帅，到处都是神，神的话和神的诡计。"马克西姆斯·泰留斯：《演说集》，26.8。

④ 指卢克莱修，如前文第一卷第 52 页。

都转而赞美自然,为自然而感到喜悦。宇宙万物的美让他欣喜若
狂,甚至是当他指责宇宙的秩序,并抛弃自宇宙被古代语言命名以
来就存在的美的原理。①

这就是我们作者的主张,②当从公开的敌人那里引用论述狂
热的话,并表明他们与狂热之伟大的忏悔者和辩护者一样,也能达
到狂热的境地。他远不是在贬斥狂热,或者否认自己心中也有狂
热,因而,简单说来,他将这种情感看做是世界上最自然的东西,其
对象是世界上最正义的东西。他甚至将美德本身也理解为是一种
高贵的狂热,是受他所设想的事物本性中那种严格的尺度的正确
引导和约制的。

他似乎断定,存在一些富有精神的形象或现象非常引人注目,
有一种力量来影响着我们的本性,以至于当它们显形的时候,会压
制所有相反的观念或信念、所有与之对立的情感、感觉或者单纯的
肉体情欲。③因为他将美德本身看作是这种东西中最有价值的部
分,在他看来,当人们观看或欣赏它们的时候,美德就是最自然、最
感人的东西。爱情中那高贵的一面也是从这里生发出来的。而纯
洁的友谊中高贵的那一部分则直接是这种美德本身。将自己生命
献给君王或者国家的人,献给自己爱人的人,还有以神为典范和榜
样的英雄、情人、殉教者(无论是虚构的还是真实的),根据我们作
者的观点,所有这些人都同样地受着这种情感的激励,事实上,他

---

① κόσμος,mundus[希腊文和拉丁文的"宇宙"]。因此有人规劝:"但怎么可能在大
全中无秩序,而在你之中却存在某种秩序呢?"(马可·奥勒留:《沉思录》,4.27,
中文版见,《沉思录》,何怀宏译,北京:生活·读书·新知三联书店,2002年,第
36页。——译注)另一部经典也说了同样的话:"从语源学来说,你可正确地称这
个整体为一个秩序,而非混乱。"(亚里士多德:《宇宙论》,卷六,399a.14。中文
版仿佛没有将这一行直译,为:"于是,一致的晋奉以真确的尊号,曰:'秩序优良
的总体。'"见《天象论·宇宙论》,吴寿彭译,北京:商务印书馆,1999年,第287
页。——译注)下文所述可参见第264页注。
② 即上文所说:"在节律、和声、比例和各种美当中存在一种力量,这种力量自然会
吸引我们的心灵,激发我们想象对伟大神圣之物的观念或者信念。"——译注
③ 见第一卷第138、139页;第二卷第104、105、106页。

412

们自己就是一种不同的狂热主义者。

　　依他的假设,全心的真诚也不过是这种热情或情感,有力地影响着礼教的形态和表现,崇高的品行。其他人可能会选择不同的形式,坚持不同的形态,正如所有人都各取所好。① 真正地真诚的人,无论其表现得如何平易或朴素,追求的是最高尚的美德,亦即真诚本身,而非外在形式或匀称的体态,他们坚持内在品格的真诚、心灵的和谐和优雅、情感的美妙,只有这些才能形成真正的社交生活的风度和举止。

　　上文所述的隐晦哲学却别具一格,它否认事物整体的秩序或者和谐,所以,按照正确的推断可以得出这样一个正确的结论,即它也反对人们崇拜,或者陶醉于所有被称为美的东西。根据这种哲学教给人们的生存之道,人们必须承认,爱情、野心、虚荣、奢靡的罪恶,以及事物的炫丽、华贵、精致的表象②给人造成的纷扰,必须也要在形式上矫枉过正。 35

　　不必惊奇,在这些哲学家看来,宗教本身也应该算在罪恶和纷扰之列,需要我们用这种方式去铲除。如果其他低级对象的宏伟和优美的表象也会纷扰人心,理所当然,那些重要对象宏伟和优美就必然如此,乃是傲慢的根源。同时,如果对象并非自然所生,那么基于这些对象之上的观念和情感,严格来说也不能被看做是自然的,这样的话,所有的崇拜就都消失了,狂热也完结了。但是,如果自然地存在这样一种情感,很明显宗教本身就是这种情感,因而对人来说也是自然的。 36

　　如果没有某种宗教崇拜,我们就不能完全崇敬什么事物。因为这种情感如此接近于恐惧,而且还会生出某种外表相似的震颤或者惊恐,这震颤或惊恐又很容易转化成感情③,这样,所有的狂热宗

---

① 见第二卷第 429、430 页。
② "表象",原文为 ideas,哲学上通常翻译为"观念",但在这里应该侧重指事物的外表,这里翻译为"表象"较恰当。——译注
③ 夏夫兹博里的意思应该是说,震颤和惊恐原本是暂时的情绪,但也会转化成较稳固的感情(affection)。——译注

教迷狂都是恐惧的产物:"是恐惧首先在这个世界上创造了神。"①但是,显而易见,这种原始情感却是另一种情况,事实上,即使是最激烈地反对宗教的人也承认,并且,正如我们作者所观察到的,那些坚信"尽管这种神和美的观念是虚幻的,但却在一定程度上也是固有的,或者说人们天生就如此,无论如何也无法避免"的人也承认是这样。

不过,正如所有感情都可能过度,需要判断力和辨识力来加以
37 调节和控制,所以这些强烈而高贵的感情,能促使人们行动,既是正务也是娱乐的引导者,因而就需要给它套上缰绳,紧紧勒住它。所有名副其实的道德家都认识到了这种情感,尽管只有最明智者告诫人们要遏制它,催促人们去思考它,告诉那些初学哲学的人们不要轻率地陷入到崇拜、迷醉或者迷狂之中,即便是面对他们认为是最崇高和最神圣的对象。他们清楚地知道年轻人们起初对哲学和知识的动机、嗜好和热情主要是一时兴趣。② 然而,如果他们明确认识到,这研习的过程中——正如在平常生活中,那喷涌的观念和飞腾的想象成为了诸多炽烈情感的动力,尤其是在宗教方面,崇拜的习惯和冥思的愉悦由于陷入太深,就很容易变成极端的盲信,或者堕落成为可悲的迷信。

总而言之,据我们的作者来看,狂热本身是一种自然而真实的
38 情感,其对象仅仅是那高尚和真诚的东西。③ 诚然,他也承认,这情感容易误入歧途。并且,通过我们所知的现代的事例——也许比古代的事例更能说明问题,宗教中由爱而生的狂热是受了许多稀奇古怪的东西的影响,而那些由恐惧而生的狂热则是受了许多丑恶恐怖的迷信的影响。无论是我们已改革过的教会,还是天主教的

---

① 斯塔提乌斯:《底比斯战记》,3.661.
② 所以斯塔吉拉人说:"古今来人们开始哲理探索,都应起于对自然万物的惊异。"亚里士多德:《形而上学》,1.2.10.(中文版见,《形而上学》,吴寿彭译,北京:商务印书馆,1959年,第5页。亚里士多德出生于马其顿的斯塔吉拉,故夏夫兹博里称其为斯塔吉拉人。——译注)
③ τὸ καλὸν καὶ ἀγαθόν[美和善]。

教会都充斥着很多神秘主义者和狂热者。无数虚妄的圣恩涌入了寂静派教徒、虔信派教徒以及那些赞成狂热崇拜的人胸中，激起的迷狂，正如他们之中的改宗者所承认，有一种异常令人愉悦的东西，与恋人们通常感觉到的东西有共同之处。并且，有许多人评论说，女圣徒们曾经是这种温和派宗教的推动者。在前述这种虚妄的圣恩和多情的热诚的作用之中，或者在那些男性或女性圣徒们的记述之中，在这些虔诚的陶醉中，究竟有哪些真实之处，我要请读者自己来详查：假如他能发现可靠的记述，足以使自己相信，这种多情的宗派中的狂热的危险倾向。

事实上，还有许多更庸俗的形态，如由恐惧、忧郁、惊恐、怀疑、绝望的狂热。而且，当情感更多转向惊惧恐怖的一面而非和蔼愉悦的一面，它多半导致我们所谓的迷信，而非狂热。此外，我必须承认，我们一般形容宗教热情的词汇多半与这些狂念相混同。爱和崇敬这样的迷醉情绪也多半与恐惧和惊恐这些较低程度的崇拜相伴随。实际上，这些热情的爆发如同疟疾的时热时冷的发作一样，也因神时时不同的表现或面貌而变化，由于崇拜者各自不同的性情，这些热情的爆发或者来自外在的引导，或来自内在的感染。[①] 神的面貌很少确定不变，因而也就不会激发一模一样的崇拜情绪。因而，宗教崇拜控制着多数爱[这种情感]，通常也包括最深切的恐惧。并非所有宗教都如此可怖，以至于在描述神的时候不允许人的崇拜和崇敬。无论神是以人形或幽灵而被崇拜，其崇拜者都会受某种崇敬和热爱的感染。或者，在对神的崇拜中，如果实际上没有真实的或完全的崇敬，那也会有某种不可思议的欢喜或陶醉被激发起来。

这种情感是所有的狂热的崇拜者都体验到的。如果这种冲动不被引导，甚至放任自流，那么其本质上就是狂暴而蛊惑的。它瓦解了心灵的自然结构，扭曲了心灵正常的状态或进程。在这种情形之下，情绪任由所有情感控制，而心灵如果在这种状态下还能行

39

40

---

① 参见本卷第130页。

动或思考时,就会因其对象的所谓神圣而赞成骚乱,辩护野蛮的行为。每一种梦幻和疯狂都被当做启示,每一种感情都被看做是狂热。处于这种信念之中,狂热者们不再自我约束,而是在激情的海洋里随波逐流,没有一种一贯的崇拜情绪,时而爱,时而恨;亲密团结,又激烈痛恶;诅咒又祝福、歌颂又哀悼、欢喜雀跃又恐惧颤栗、热情拥抱又相互厮杀,在千百种变幻无常的情感的冲动下制造和忍受着殉难。①

一般的异端宗教,尤其是在其较晚的时代,被用最优美的神庙装点,并由慷慨的罗马元老院和后来的皇帝粉饰得更加金碧辉煌,真是盛况空前,而且还得到由那些宏伟庄严的和我们所谓的奥古斯都式的②外在事物激发起来的狂热的支持。另一方面也有埃及和叙利亚的宗教,更多地深藏于神秘而隐秘的仪式中,而较少依赖世俗官员,也较少用优雅或宏伟的艺术装饰,最终演变成了一种更为孱弱、肤浅和鄙俗的迷信:"观测天象、禁止食肉、对教义、法律的资格、神的等级争论不休。"③

"两者都存在一种极端的疯狂,因为每一个地方都憎恶邻邦的神,相信只有自己崇拜的对象才能被当做神。"④

此外,历史也告诉我们,埃及有某种非常特殊的法典,总是能发挥一种非常特殊的作用,对那个国家或对一般的人类社会来说

---

① 这不禁让我想起了我们教会中一位杰出的牧师引用的一段关于殉难精神的历史,看起来这段历史为许多狂热者的主张和信念提供了可靠的事实。根据我们这位牧师的记载和他自己的思考,这段历史如下:"两个圣方济各会修士为了证明萨伏那洛拉是个异教徒而纵身火中,但又有一个多明我会修士为了证明萨伏那洛拉不是异教徒,而且还得到了真正的启示,也跳入火中。恰在此时,萨伏那洛拉开始布道,但却没有明确支持哪一方,也不敢冒险尝试这种新式火验法。假设四个人都走入火中并死于其中,那将能证明什么呢? 对这种狂热的蠢货来说,他是或不是异教徒,更多或更少是异教徒呢? 如果我们要下个结论,许多教派所依赖的众多主张都比不上这种火验法。"见泰勒主教《论预言自由》的献辞。参见《关于狂热的一封信》,第一卷第 26 页及以下。
② 见本卷第 90、91 页。
③ 见第二卷第 387—388 页。
④ 尤维纳利斯:《讽刺诗集》,15.35—38。

毫无益处。我们清楚地知道,对于任何公共行政或地方行政来说,最有害的莫过于某个特殊职业的强权,不管什么行业,最危险的莫过于产品过剩,或者让贸易者或交易商超过其自然比例或公共需求。在这个迷信发源地①,有一种古老的传统,那就是某种工匠的儿子法定必须要继承其父的职业。② 这样,一个祭司的儿子天生就是祭司,世世代代都将如此。不过,这个国家与其他国家一样,一座神庙并不只有一个祭司或女祭司,因为有无数的神和神庙,那就是有无数的祭司。③ 宗教的创立也是没有限制的,对于某一个崇拜仪式或神庙来说,既然许多圣命都得以保留,它们就都能从政府得到费用。

43

44

不管其他家族或职业如何,对于祭司来说,必须要根据这条法规繁衍尽可能多的后代。如此容易地掌控世界,凭借才智而非武力来获利,利用情感来操纵人类的理智,权倾个人家庭和公共会议,征服征服者,控制各级官员,并且其统治权不需要像其他官员或权威那样担心他人的嫉恨,这种处境实在令人艳羡。想想这些从业者的安逸生活和稳定地位,免受任何劳役和灾害,天生拥有神圣职位,还能自由支配财富、威望、地产和妇女,这就难怪这样的职业要繁衍众多了。

---

① 指埃及。——译注
② 埃及人有七个部族,即祭司、勇士,……他们都不能从事手工业,只能参与与战争有关的行动,这是从其父亲那里从小就继承来的角色。(希罗多德,《历史》,2.37)
③ "整个国家的人被分成三个等级,祭司的地位是最高的。祭司因其对神的虔诚和丰富的知识而享有最高的权威。他们要用其收入为埃及收集贡品,供养仆役,并满足自己的开支。因为埃及人认为改变神的崇拜仪式不合法,而必须在同一个阶层的人当中一直传承下去,而且服侍神的人都必须得到食物供给。对一个祭司来说,因为整体利益而陪伴在法老身边终生侍奉,在某些事情上还拥有法老之权,有些时候则是法老的同僚、顾问和老师。他们通过天文学和研究牺牲者来预测未来,并且凭借圣书提供历史上有用的教训。在希腊,一个男人或女人只能保留一个祭司职位,但在埃及,好几个祭司都参加贡献和仪式,他们把自己的生活方式传给他们的孩子。他们被免掉税务,享受着仅次于法老的地位和尊严。"(狄奥多罗斯·西库鲁斯:《历史丛书》,1.73.1—5)

在埃及，这样一类人无需投资就能获得丰饶的土地和广袤的领地。一代人或一个部族，一旦被列为神圣，滚滚财源或宗教资历就唾手可得了。除了凌驾于法律之上的那种独一无二的特权之外，这个礼物也算丰厚了，"他们一劳永逸，对他们这个阶层来说，坐享其成是合法的，正如往后也不能另谋他途"①。

当然，除了通过血脉繁衍这条方法外，这个阶层的人们也因其他原因与日俱增，既然志愿者可被随意准入，且无定额限制，也就不难想象这项技术或职业的发展是如此迅猛，因此也便得到世俗官员的认可，被授予土地和权力，被封给无尽的财富或领地，以控制和影响迷信的那一部分人。

此外，埃及的迷信还有其他宗教都不具备的自然原因。考虑到这个国家和这片土地本身就是自然界的某种奇迹，这个国家也就不乏奇迹。尼罗河的定期泛滥把人们困在故土，过着孤独懒散的生活；泥沼中散发的毒害气体、河流带来的肮脏残骸暴晒于太阳之下；有数不尽的流星和异象，他们也有大量空闲对此观测和研究；加之土地年年被淹没，迫使他们往返迁徙，发展天文学和其他科学，而他们的祭司恰恰专擅于此；也许所有这些因素都可被看做是这片丰饶土地上的迷信和祭司与日俱增的额外原因。

然而我想，政治算术（Political Arithmetic）在无论任何国家都无疑是准确的，"迷信的数量（如果我可以这样说的话）与祭司、先知、占卜者、预言家，或者依靠主持宗教事务过活或获益的人的数量几乎是成比例的"。因为如果这些交易员数量庞大，他们就能强买强卖。而且世俗官员出手慷慨，很容易就会把这些本来数量可观的人群纠集起来，所以，如果加上其他的原因，这些人的数量居高不下，远超过合理的限度，他们很快就让人民心生不满，这必然迫使对此种弊端有所意识的官员开始谨慎地改革。

在那些起于人类的弱点和缺点的其他必需行业中，例如法律和医学，我们可以观察到，"只要宽厚仁善的官员稍加促进，人们就发

① 见本卷第 79 页。

现从业者的数量,以及这个行业的问题就骤然增长"。新的难题出现了,新的辩论也出现了。契约和法律文书数量众多且冗余;各类假说、方法和措施花样翻新,各种药方①层出不穷。随着时间的推移,在埃及人的宗教领域中必然而自然发生的事情是可想而知的。

毫不奇怪,我们发现古代埃及祭司的财富②和权力日渐壮大,几乎到了吞没整个国家和君权的程度。更糟糕的情形还发生在本有机会成为大帝国的波斯王朝,在那里,僧侣集团独霸专权。既然波斯或巴比伦的僧侣集团效仿埃及的榜样,尽管在仪式和庆典上也许有所不同,但我们还是可以从波斯僧侣的历史,以及很早以前埃及在卡尔迪亚及其相邻王国建立的古代殖民地的记载中,清楚地看到这一情形。无论是埃塞俄比亚效仿埃及,还是埃及效仿埃塞俄比亚(双方都各执一词),③但有充分事实表明,埃塞俄比亚帝国曾与埃及处于同样的境况:国家曾被笼罩在土地集团的专权之下。④ 确实无疑的是,"主权领土统治权必须自然地根据财产而

48

49

① "药方"原文为拉丁文 materia medica。——译注
② 占到整个国家财富的三分之一。"但是因为伊希斯希望以利益诱使祭司崇拜其死去的丈夫俄赛里斯(Osiris,地狱的冥神和鬼判——译注),她曾许诺祭司们以三分之一的土地,以使他们将其收入用于神圣事务和贡献。"(狄奥多罗斯·西库鲁斯:《历史丛书》,1.73.1—5。可见女人迷信的显著后果:也见上文所引同一历史学家的其他段落,见本卷第43页注)
③ 见希罗多德:《历史》,2.30,104,110;也见狄奥多罗斯·西库鲁斯:《历史丛书》,3.3。
④ "这些祭司在他们的品级中有着很高的权威,主持麦罗埃的神的仪式和礼拜,传话给国王,只要他们觉得恰当的时候,国王就必须死。他们说这是神谕所示,并说有死之人违抗不朽之神的话是错误的。"(狄奥多罗斯·西库鲁斯:《历史丛书》,3.6.1—2)有关其国王就记述了这么多,关于这些问题,稍前也有提及:"其中一个扈从被控告身上有死神之标志。于是被告之人回家后自杀了。"(狄奥多罗斯·西库鲁斯:《历史丛书》,3.5.2)毫无疑问,这就是今天人们所谓的绝对服从和滥用祭司之权。"在之前的时代里,国王不仅受武力威胁,也受迷信之蛊惑,服从于祭司。但是托勒密二世统治时代的埃塞俄比亚国王俄甲美纳斯熟悉希腊哲学,第一次敢于蔑视其命令。身负国王之勇气,他带兵进入禁区,那里矗立着埃塞俄比亚人的金色神庙,他杀死了所有祭司,废弃了古俗,重新确立了他自己认可的仪式。"(狄奥多罗斯·西库鲁斯:《历史丛书》,3.6.3—4)

定"。依我所见,像埃及和亚洲地区任何存在这种祭司的国家或君主政体,都不能抵御不断壮大的僧侣集团的侵蚀。在无知和粗俗之人当中从来就少不了迷信,而聪明能干的人则能利用这种人性缺陷获得遗产和领地。凭借这些权限,[迷信]这个财源是取之不竭的。新的崇拜模式、新的奇迹、新的英雄、圣徒、圣人(这些都被用作获取神圣赠物的缘由)都会以宗教谕言的名义轻易塑造起来,而世俗官员也认可这些积累起来的赠物为合法,而且不会限制这个神圣团体的人数和财产。

同时,我们发现,在我们所说的古代僧侣国家的早期,有人认为,为了强化崇拜而扩大神的体系是有利可图的,他们通过神秘血统、献祭仪式,或者封某些人为圣徒来扩充受启示的崇拜对象,并在他们的宗教中树立新的圣人。随着时间推移,他们也许会增加神的数量,到一定时候,神的数量就会无穷无尽。在后来的时代里,神性显现为什么样的怪异的形象、物种和形式,那是众所周知的。不管是动物还是植物,都会被用来彰显神性。

"啊!圣洁的民族,这样一些神为了谁才生长在花园里!"①

这样一个宗教集团如此庞大的民族,也难怪会在外国寻找信众,为了这项繁荣的事业在海外建立殖民地,派遣传教士远征。②这样一个狂热的民族,自古受其特定水土和气候的影响,长期处于一种特定的政治中,得到艺术和自然的培养,掌握了充分的宗教学说和教理,最终要把他们的各种习俗和仪式、他们那些特殊崇拜仪式和宗派团体的显著标记,散播到遥远的世界——不过也主要是他们的邻邦和属国。

---

① 尤维纳利斯:《讽刺诗集》,15.10。
② "埃及人说,有许多殖民地已经从埃及分布到整个世界。被认为是尼普顿和利比亚之子的柏鲁斯去巴比伦建立殖民地。他在幼发拉底河岸边建立自己的城市之后,仿照埃及的方式设立祭司,免其税务和公役。巴比伦把这些祭司叫做迦勒底人,像埃及的祭司、科学家和天文学家一样观测星象。"(狄奥多罗斯·西库鲁斯:《历史丛书》,1.28.1.以及 1.81.6)

历史告诉我们，即使是埃及这个国家在军事力量虚弱之时，其宗教和教理也仍然受到尊崇。它吸引世界各地的异族人来这里观览奇迹。其肥沃的土地也促使邻国的民众和散居在各个部落中的流浪民族，到访这里寻求结盟，与这里的人开展各种各样的商业贸易。毫无疑问，依靠这里的人求得生计的异族人也会接受他们的宗教习俗和教义。

52

在以色列人被迫来到埃及，并向这些个强大王朝或低地国家请求收留之前，神圣族长亚伯拉罕也已经出于同样的原因被迫臣服。①亚伯拉罕以同样的方式接近埃及宫廷。他是第一个受到热情接待的人，并被赠予丰厚礼物；但后来就备受欺辱，失去国王的宠幸，终于忍痛离开这个王国，从此功成身退。像他的后代一样，他没有再被强行召回。确定无疑的是，即使这个在自己家族或部落中首次创立割礼这种神圣仪式的神圣族长，没有参照埃及人的任何政治和宗教，但他在收到关于割礼的任何神谕或启示之前，就曾是埃及的一个客人和居民（历史学家认为割礼早就是埃及的一种民族习俗）。②这位尊敬的客人不仅向埃及人学习了宗教方面的知识，还向这个母国学习了神秘科学，而且人们推测，他还学习了司法占星学和其他一些知识；就像他的后继者学习了其他关于预言和神迹的技艺，这些技艺专属于这个国家的巫师或祭司。③

53

---

① 《创世记》12：10 及以下。

② "在亚伯拉罕入埃及时并没有被施割礼，在他返回的二十多年之后也没有这样……在摩西在世期间，他的后代也未被施割礼。因此，约书亚打磨石头，以色列人将儿子们的包皮前端割去。神视这个做法为合理，而且说，今天我已解除埃及对你们的羞辱。"（参见《约书亚书》5：3,9）"所以，对于埃及人和犹太人来说，未受割礼是耻辱，而非犹太人的耻辱。在埃及人中间，割礼仪式久已存在，他们也乐于施行这种其他民族不施行的做法。"（希罗多德：《历史》,2.91,未在中文版中找到相应的话）"他们至少是世界上仅有的割除包皮的民族，当然还要加上那些向他们学样的人。"（希罗多德：《历史》,2.36,中文版见第 125—126 页）

③ 据马舍姆《标准历史》中朱利乌斯·菲尔米库斯·马特努斯（Julius Firmicus Maternus,古罗马作家和占星学家。——译注）所说。

的确，人们不禁注意到，在往后的时代里，整个希伯来种族都很奇怪地忠顺和依附于埃及民族。尽管他们自古就以其伟大族长之名而受虐待，尽管后来被奴役，被当做最卑贱的奴隶，尽管两次遭驱逐或被迫逃离这个水深火热之地，然而就在他们最后一次撤离的时候，就当他们循着显身的神行进，且得到上天给养和接连而至的奇迹的支持之时，他们还是坚定地恪守他们残暴主人的风俗、宗教、仪式、饮食、习俗、法律和体制，以至于忍不住要再次归顺。①伟大的首领和立法者们也不能阻止他们永远忠于他们长期习惯的同一种崇拜仪式。②

54

55   至于上帝在何种程度上通过赐予他们他自己也不赞同的法律

---

① 据《圣经》所示，事实上他们的撤离很难说是自愿的。并且对于其他民族的历史学家来说，他们试图断言这个民族实际上是因患麻风病而被从埃及驱逐的，对于这一点，犹太人的法律也有很大的参考价值。"大多数的作者都同意这样一种说法：过去当埃及发生一种使人身体变得极其难看的流行病的时候，国王波科里斯到阿蒙神那里请示神托，问是否有什么应对的办法。神托要他清洗他的王国，并把这个民族迁移到别的国土上去，因为诸神憎恨这个民族。于是希伯来人就被搜寻出来，集合到一处……只有一个叫摩西的人告诫他们，……"（塔西佗：《历史》，5.3。中文见，塔西佗：《历史》，王以铸、崔妙因译，北京：商务印书馆，1982年，第333页）"当埃及人为皮肤病受苦时，他们听了神谕的忠告，把染病的摩西从埃及边境驱走，因此瘟疫就不再扩散。他被当做被流放者的头领，秘密偷走了埃及人的圣物。当埃及人试图用武力夺回圣物时，遭到暴风雨的阻挠，返了回去。"查士丁：《腓利史概要》，36.2.12—13。我们发现马舍姆显然是引用了曼涅托的话："阿梅诺菲斯法老渴望面见神，就像先前的法老何露斯一样，并接到了神谕，说他如果把肮脏的麻风病从这个国家清除掉，他就能见神。"马舍姆：《标准历史》，第52页。

② 见上文所引（第52页，马舍姆的注释），在约书亚时代，犹太人在中断了一代人之后重新施行割礼：这一行为因上述原因而得到上帝的赞同，亦即"这使得他们解脱了埃及人对他们的责难，或者使他们在那个民族眼中不再可恶和不敬。"参照与摩西本人相关的这段话，见《出埃及记》4：18,25,26，还有《使徒行传》7：30,34。这段话与埃及人有关，摩西在八十四岁时返回埃及，他好像给他的孩子们行了割礼，并解除了这个民族施加的责难，然而他的妻子西坡拉对他责难说割礼是一种血腥的行为，看起来她被迫亲见了割礼，因此而害怕他丈夫，而不是害怕上帝。

（正如预言者所说），①以满足这个民族的顽固习俗和愚蠢性情，我无意细究。我只是从前文所述贸然推断："从远古时期始，埃及人的风俗、舆论、仪式和习惯便强烈影响了一代又一代的希伯来人（他们的客人和臣民），而且无疑对其本性产生了更强大的影响。"

埃及人的迷信无论看起来多么过分，但可以肯定的是他们的学说和智慧享有盛誉，因为连《圣经》都有记述，甚至对摩西本人也有影响，"他［摩西］吸纳了这个民族的智慧"②，众所周知，主要是关于他们的祭司和巫师方面的智慧。

在这个伟大的希伯来人立法者在这些圣人中接受教育之前，一个自幼就进入埃及宫廷的希伯来奴隶在这方面的智慧已日渐惊

<hr>

① 《以西结书》20：25，《使徒行传》15：10。关于犹太人接受埃及人的习俗，可见我们时代的斯宾塞："当时，所接受的古老规范盛行起来，以使希伯来人的思想与上帝的律法和献祭仪式一致，同时消除摩西改革中的恶意，尤为恰当的是，上帝接受了流行于先前时代的某些仪式，将其并入他自己的神圣礼制中，而摩西设定的律法也采纳了这些被同化的仪式中的某些方面。以色列人肯定就是如此出生和成长的，只是在最近才离开埃及，上帝认为有必要（也可以说是出于仁慈）恢复他们先前的礼制，并把他自己的律法融入到他们的习俗和规范中。因为他们自小就习惯于埃及人的习俗，多年来遵行这种仪式。……希伯来人不仅适应了埃及人的风俗，而且也适应了他们的固执……就像任何来自某些地方和国家的人都有其特有的性格和习俗，所以自然也塑造了希伯来人这个种族，使他们的习性区别于世界上其他地方的居民：甚至在不名誉的事情上也任性、执拗而顽固……既然古希伯来人有如此粗鄙而野蛮的风俗，人们的性格也需要上帝允许他们有长期以来就习惯的礼制和由于他们自己的缺陷而形成的法律允许的奴役状态。（正如提奥多鲁斯所说）上帝制定了适宜于他们的礼制……希伯来这个种族极为迷信而且几乎没有任何著述。这个种族如何沉溺于迷信，你们可以从上帝强加给他们的律法上看到，好像他们能抵御迷信。而且，顽固的迷信就是一个魔鬼，尤其是它还从盲目无知那里沾染了一种新的残忍和固执。人们确实很容易相信最近才摆脱了奴役的以色列人未接受文明艺术的教化，只能欣赏埃及人的砖块和大蒜。因此，上帝对野蛮的和十足地迷信的民族负有责任，他有必要治愈那些虚弱之人的反复无常，运用某些智谋（而不是劝说）来使他们恢复理智。没有比迷信更让人恐惧的东西了，对无知的人来说尤其如此，需要用更高超的手段可克服。"约翰·斯宾塞：《论希伯来人的礼法，及对它们的解释》（1685），第627—629页。
② "摩西学了埃及人一切的学问，说话行事都有才能。"《使徒行传》：7：2。也见《出埃及记》：7：11,22；8：7。也见查士丁：《腓利史概要》，36.2。

人,甚至超过了埃及主要的先知、预言者和释谕者。[①] 历经奋斗,他成为了国王的首相,国王也听从他的意见,从某种意义上说,他获得了所有的财富,因而获得了那片土地的绝对统治权。但是,这些国教祭司在当时的权力究竟达到了多高程度,在这里可以推测;"国王(用现代语言来称呼)也不敢插手教会的土地",由于拥有土地的神职阶层的干预,这次大革命毫无收获,他们甚至不接受购买和交换的方式;首相自己也通过婚姻的方式与他们结成利益同盟。在这一方面,他为希伯来国家的伟大创立者所效仿,在他创立希伯来的宗教和国家之前,他就把自己比作邻近民族的祭司[②]和进入埃及的商人。[③] 不过,在他求教于异国的祭司,即他极为敬重的养父之前,[④]他尚未功德圆满。

不过,还是回到我们思考的主题上来,即祭司学术或职能的广泛扩张。由上所述可见,尽管根据古代法典,祭司职务是世袭的,占卜、预言和巫术的技术也与这个民族的神圣团体之外的人群相互交流,巫师的智慧、奇迹的力量,以及他们对梦和幻境的阐释和管理神圣事务的艺术也会被教给居住他们之中的外族人。

从这些思考中还可以看出,宗教职业是如何轻而易举地广泛传播到世界各地,而无数从业者中那些较贫困的人们,会自然而然地为他们自己及其继承者千方百计获取财富或俸禄。

针对这种情况,一般的算术会为我们证明,"祭司与俗人之间的比例与日俱增,因而每一个祭司的所求和所需也会日渐匮乏"。而且执政者根据埃及法规已辞去神圣事务中的职位和权利,因此不能再随意控制这些事务或监控不断增长的从业者的数量。控制

---

① 见《创世记》39 及以下。"约瑟是兄弟中最年幼的,兄弟们都忌惮他的聪慧,把他诱骗卖给了外国商人。商人们把他带到埃及,他在那里很快就学会了巫术,获得了堪与法老比肩的荣耀。"查士丁:《腓利史概要》,36.2,6—7。

②《出埃及记》3:1、18:1 及以下。

③ 这些人就是米甸人,见《创世记》37:28,36。

④《出埃及记》18:17—24。(摩西的养父是杰忒罗[Jethro],一个米甸人祭司。——译注)

人们精神生活的家族转而掠食他人,在缺乏其他牺牲品的时候,甚至像大鱼吃小鱼一样同类相残,因而牺牲品只限于极小的人群。那么,崇拜者又能通过何种方法来增强其狂热,巩固其特权呢?只能"疯狂竞争,以此一崇拜取代彼一崇拜,以此一信仰取代彼一信仰,把狂热的情绪转变为神圣的恐怖、宗教仇恨,以及崇拜者之间的相互争执"。

　　因此,仪式和习惯极尽细分,各地区和民族四分五裂,以图在各种族间造成最强烈的仇恨。因为,当种种其他仇恨得以缓和最猛烈的愤怒之时,我们发现宗教的敌意仍在像最初那样延续,即使不被挑衅和有意攻击。如果一个人反对和憎恶上帝,就被认定为异教徒和亵渎者,因为虔诚的模仿而被敌对的崇拜者憎恶,而这些崇拜者的敌意必定随着其宗教狂热的增强而增强。

　　从此,敌对者兴建神庙以反对其他的神庙,招募改宗者以反对其他改宗者。他们的本意是,通过公然蔑视另一个神来表达对这一个神最狂热的崇拜。神的姓氏和称号被当做暗语。未佩戴标记,答不上暗语的人就得遭受打击。"打倒他!杀了他!他就可以进天堂",就像我们今天的诗人在他的美洲悲剧里所说的那样。①

　　即使把哲学引入宗教也不能压制狂热,反而会点燃狂热,我们会在下一章详细讨论这个问题,如果我们还有机会回到这个问题的话——这是有可能的。我们感觉到,这个问题会不期而至。因而,在这里我们只要注意到对于神圣的古代学者来说显而易见的事情就够了,从古代各学派充满争议的学术和诡辩术开始(真正的科学、哲学和艺术在他们那个时代末期的时候已经非常渊博了),同样充满争议的各类宗教问题就涌现出来,可靠的学术标准也确定下来,由此各个宗教派别卷入其中,相互攻讦,相互间的敌意比起之前因其他原因或论辩而起的敌意来更加尖锐。因此宗教大屠杀也开始了,并日盛一日,神庙被拆除,圣器被毁坏,圣礼被践踏侮辱,辱之人反受其辱。疯狂和混乱盛行于世,就像诗人以疯狂的英

60

61

62

_____

① 约翰·德莱顿:《印度皇帝》,5.2.9。

雄之口犀利地描述的那样：其时，甚至在天国，骚乱和无知当道——难见曙光：

> 难觅一丝星光，
> 神与神黑暗中砰然相撞。①

63

第二章

神学家和著名作家对宗教狂热的评判。对怀疑主义的反思。一个怀疑主义者基督徒。受启示者对于他们自己的启示的评判。知识和信仰。续宗教史。攻击性的和防御性的狂热。危险中的教会。宗教迫害。罗马教会的政策。

我自己对于宗教狂热不得不说的一些话，就到此结束。作为另一位作家的辩护者，也许我可以引述其他人关于同一主题的评论，特别是当我注意到某些最受我们尊重的作家们和最杰出的神学家们，无意间流露出的一些看法的时候。

在我们作者看来，下面这种主张多少会被认为有些鲁莽，即，
64 "即使是无神论自身也不能完全避免狂热，实际上也已经存在一些狂热的无神论者，在某些时候，这个领域所表现出的殉难精神甚至也发生在其他领域"②。现在，除了前一章所提及的内容，以及通过瓦尼尼（Vanini）③等人和其他本着类似精神的殉道者们的例子所切实证明的内容之外，我们还可以听到一位在国内外都享有极高声望的优秀而博学的神学家，在描述了一个狂热的无神论者和一个受无神论启示的人之后，说到这样一种人，"他们同样是狂热者，不

---

① 德莱顿、纳撒尼尔·李：《俄狄浦斯》，4.1.625—6。

② 即《论狂热的一封信》。

③ 瓦尼尼（1585—1619），意大利自由思想家，徒步旅行西欧之后，在法国被当做无神论者审判并被烧死。——译注

管这个词与神这类东西有什么更独特的关联,所有无神论者都是自然这个瞎眼女神的狂热崇拜者"①。

他又说:"所有无神论者都带着某种疯狂,或可被称作灵魂恐惧症(Pneumatophobia),这使得他们对神灵或非物质实体有一种不合理的但却是极端的痛恶,同时他们的行为中也带有一种轻度狂躁(Hylomania),因此疯狂地钟情物质,虔诚地崇拜它,把它当做唯一的守护神。"②

迷狂的力量是什么呢,是通过躁郁、陶醉、喜爱,还是其他自然原因来发挥作用?我们教会中另一位博学的神学家在一篇关于宗教狂热的演说中借用亚里士多德的例子指出:"有一个叙拉古诗人,如果心烦意乱就写不出诗歌。"③但他说,与宗教狂热者相比,一般的诗人有所不同:"诗人是诙谐的狂热者,而狂热者则是态度认真的诗人。"

这位博士说,"对于一个躁郁者来说,当他觉得崇拜和狂热像

65

66

---

① 卡德沃思博士:《论关于宇宙的知识体系》(伦敦,1678 年),第 134 页。

② 卡德沃思博士:《论关于宇宙的知识体系》,第 135 页。在这里,这位善良的博士运用嘲讽的手法来反对那位过度惊恐的反迷信的绅士,对此,我们作者在他的第二篇论文中进行了详细论述(第一卷第 85—86 页,第 88—89 页)。的确,这就是恐惧的本质,就像其他情感一样,如果过度就反害自身,并妨碍我们做本来对自己有利的事情。迷信本身只是某种恐惧,使我们耽于对神圣力量的愤怒或不满之中,无法使我们认清那些神圣力量究竟为何物,或者认清什么样的行为才最适合于这种具有非凡理智和卓越秉性的生命。如果这种恐惧来自诸多具有迷信色彩的庸俗的幻觉,那么这种恐惧的进程就开始变化,自然而然地带着同样的暴烈转向相反的方向。对于宗教对象的极端情感转变为厌恶。同时,对欺骗的某种痛恨和畏惧引发了一种巨大的恐慌,甚至像欺骗自身之前引发的恐慌一样巨大。此种情景下,心灵很容易在这一方面或那一方面失去理智。显而易见,这些失常状态与我们的理性格格不入,使我们丧失正确的判断力和理解力。如果在任何情况下我们都害怕被说服,我们怎么能信赖或运用自己的理性呢?如果总是惯于带着畏惧、厌恶、偏爱、盲信,唯独不能公正无私地辨别舆论,探求真理,我们怎么能成为自己的主人呢?

③ 莫尔博士:《论狂热》,第 11、19、20 节及以下。(这里的莫尔博士指剑桥柏拉图学派的亨利·莫尔,这本书的全名是《狂热的胜利:简论狂热的本质、原因、类型和治疗》,初版于 1662 年。——译注)

一阵狂风一样袭击他的时候,他就感到有一种强力的诱惑,他的心充满热情,他头脑中显出清晰可辨的画像,他的口中滔滔不绝,以致使一般的听众感到震惊。[①] 我以为,如果他觉得这是神的精神以超自然的方式注入他心中,这可是一种狡猾的诱惑,然而,所有过度的狂热和热情,以及滔滔言语,最容易汇聚成忧郁的力量,这就是一种自然的陶醉。"[②]

67 这位博学的博士之后用逍遥派哲学深刻阐释了这种狂热的陶醉,细致描绘了"躁郁的气和烟[③]如何像酒的效果一样"[④]。

人们可以由此推测,早期基督教的恶意敌对者并不熟悉这种哲学,他们强词夺理反对各种语言描述的这种神圣精神的强大力量,并将其归于"新式酒的作用"[⑤]。

但我们这位虔诚而热情的博士似乎走得太远了。因为,他除了说到无神论者心中的幻想的狂热力量之外,[⑥]还把躁郁称作一种执着的宗教情结,并断言:"精神上的优雅并不来自上帝,只能来自这种纯粹自然情性,根据其特征和作用来看,不仅仅是与这种自然性情相似,而且有时还有过之而无不及。"[⑦]而且,在谈到预言的狂热,[⑧]并像我们作者那样[⑨]确定了合法的粗野狂热之后,他还主张

68 有,并辩护圣洁和诚挚的灵魂的虔诚狂热,且同样视其为躁郁。[⑩]

他承认:"灵魂可能会沉溺于幻想,以致其自由的官能丧失作

---

① 从这位博学的神学家给我们描述的狂热来看,他深谙情感的社会性或流行性特征,与我们作者在他的《关于狂热的一封信》一文中对群众和听众本身的影响和力量的描述不谋而合(见第一卷第15—16页,第44—45页),一旦点燃并付诸行动,这种迷狂热情就有传导性的力量和惊人速度。

② 莫尔博士:《论狂热》,第16节。

③ "气和烟"原文为 vapous and fumes,它们还有幻想或空想的意思。

④ 莫尔博士:《论狂热》,第20、22、23、26节。

⑤ 《使徒行传》2:13。

⑥ 莫尔博士:《论狂热》,第1节。

⑦ 同上书,第15节。

⑧ 同上书,第30、57节。

⑨ 见第一卷第53页。

⑩ 莫尔博士:《论狂热》,第63节。

用,想象的这种巨大力量不仅导致对疯狂的内在领悟力的信赖,而且会让我们确信本不存在的外在对象的显现。"他补充说:"习惯和教育逐渐慢慢发挥的作用,狂乱的幻想可能在一刹那间就完成。"在提到迷狂和迷狂的幻想中存在的躁郁的力量的同时,他说道,"在想象自身中呈现的东西就像在白天里那样鲜明,灵魂的知觉就像在清醒时一样强烈而活跃"①。

博士由此推断:"知觉的力量并不是真理的确定基础。"

如果说这种话的不是我们教会中这位可敬的神父,他也许必定准备好承担怀疑主义的指责了。

培根勋爵的处境要幸运的多,他以一种严肃的方式谈论宗教情 69
感这种迷信或狂热(他也称之为恐慌)的根源,认为这个根源来自人的形成过程、体格或自然构造上的缺陷,但他得以避免被人称作无神论者或怀疑主义者。② 由此可以看出,《关于狂热的一封信》的作者与这位作家在关于宗教热情的目的和根源的观点上有多大差 70
别。总体而言,从我们作者的随后其他几篇文章看,我们敢肯定,"他不是一个怀疑主义者(按照这个词的通俗意义),正如他也不是一个伊壁鸠鲁主义者(epicurean)或无神论者"。他的哲学足以证明这一点,对于严肃的事情,他未敢贸然指点,特别是尽量不去提及我们宗教中的神迹或圣器。

对于通常而言的启示,如果我没有误解我们作者的意思的话,

---

① 莫尔博士:《论狂热》,第 28 节。

② "自然赋予所有生物以恐惧和害怕,以作为其生命和存在的保护者,使它们避免和抵御有害之物的攻击。然而这同一个自然不知道如何把恐惧和害怕控制在合理界限内,而是把虚假和无谓的警告与有益的警告混杂在一起,以致所有生物,尤其是人类,专注于无端的恐惧(如果他们能够看到自己内部的话),特别是那些普通民众,也就是那些奋力求生并在困苦焦躁之时被迷信(实际上不过是恐慌)十分困扰的人们。"(弗朗西斯·培根:《论学术的进展》,2.13)我敢说,《关于狂热的一封信》的作者并不企求批评者们的包容,如果他引用这位著名作家的话来发表自己的看法的话。根据伊壁鸠鲁自己的主张,这位作家所谓的"自然事物"所指的完全就是"四处散播的自然",在最初的设计、创作,或事物的原始结构上的随意性错误。这位作家随即引述并赞同伊壁鸠鲁的主张。

他声称相信,既然那些人自己从不可能通过梦境、幻象、异象或其他超自然的方式经历任何通灵,那么他们也不可能亲见任何神迹、奇观或奇迹。他注意到,现今人们伪称这么许多东西都显现于世间,并努力将它们描绘得活灵活现,与《圣经》中记录的东西精确相似。他的确认为现代的奇迹和通灵这些笑料纯属无稽之谈。对于现今时代关于这类事情的谬论,在他看来完全是招摇撞骗。但对之前时代的记载,他仿佛为尊重先辈而不下定论。他不敢说他自己创立了一套确定无疑的观点,纵然他对古籍,对宗教典籍和圣传的性质烂熟于心,但他在所有场合都真心诚意地服从合乎官方法律认可的观念。① 如果这还不足以使他摆脱怀疑主义的责难,就我所见,②他也必须甘愿承受这种责难。

说实话,我常常奇怪怀疑主义者这个简单的称号会引发如此的纷扰。就这个词原初的和直白的意思而言,不过是指"人们对所有事物都不敢确定的一种心态"。③ 那些对所有事情都表示确定,或自以为知道的人——无论是对还是错,则被称为教条主义者。在这两种状态或态度之间,不可能有中间地带。对于那些说"他确定无疑地相信他所相信的事情"的人来说,不管是信口开河还是实事求是,也只能说"他坚定地相信,但并不确定"。所以,只要有人没有意识到启示,对任何奇迹或神迹都不甚了了,那么他就只能是个怀疑主义者。世间最好的基督徒,如果对他所相信的这些情节缺乏确知的手段而只能依靠历史和传说,那就最多只能算作是个怀疑主义的基督徒。他所怀有的也不过是一种基于史实的合理明断的信仰,能接受思辨和语言文献方面的各种批评。

如果他试图深究原典,根据自己的辨识和知性来求证自己的判断,他自然会发现事实确实如此。另一方面,如果他不是批评家,对原典也不甚精通,那么显而易见他对自己的判断就没有独创性

① 见第一卷第 360—362 页及以下,及本卷第 103、231、315—316 页。
② for ought I see,克莱因版为 for anything I see。——译注
③ 见第二卷第 205—206、323 页,及本卷第 317—318 页。

的判断力,只能求助于那些有机会考证事实,而且对这些宗教记载 73
做出公正不倚的判断的人的观点。他的信仰并不是基于古代的事
实或人物,也不是基于古代的典籍和原始的记录者,也不是基于这
些记载的整理者或保管者,因为他没有能力分辨这些东西。他只能
信赖现代人或由现代人构成的团体,公众或他自己只能把对这些记
述的判断和对圣典和真实历史的评价的权利,交给这些人或团体。

　　人们纵使在这些重要的学术问题上看似自信或武断,他在现实
中仍然不会是教条主义者,无论如何也不会摆脱某种怀疑主义。
他必定知道自己仍有能力怀疑,抑或因为害怕怀疑而努力驱赶对
立的想法,即使他极力不去纠缠这个事情,也仍不会得到解脱。当
我们怀有某种念头时,我们远不能如此确信,我们也的确不能完全
确信,不过,只有当我们无能为力之时,才发现我们必然是如此,无
论我们是否愿意。实际上,即使是最崇高的绝对信仰也不过是一
种消极的怀疑主义,"是一种决心要去考查、回想、思考或聆听那种 74
信仰的偏见,对这种信仰,我们曾经信奉而后却担心丧失"。

　　如果让我效仿我们的作者,斗胆去不时地探查我们圣贤的品
格,在信仰这个问题上我会考察伟大的基督教皈依者是如何的公
正而宽厚,博学的使徒们是如何在圣典中表现他们自己的。即使
他自己就拥有从上天而来的原初的证言和启示,使他皈依此宗教,
尽管他在自身之中就体验到了外在的奇迹和内在的感应,但在很
多情况下,他只能满足于怀疑的言语,对于神的显灵疑惑不定。在
他对于此类事情的解释中,他自己就是见证人,可想而知,他只能
谈他自己的亲身经历和所见所闻,他只是说:"他认识那个人,但不
能说出是在肉体内还是肉体外,只能将其追溯到十四年前写作时
所知的第三层天。"①在另一卷书中,这同一个受启示的作家为他的
弟子们颁布戒律,把他由神授命而写的东西与他根据自己的判断 75

---

① 《哥林多后书》12:2—4。(和合本中如此说:"我认得一个在基督里的人,他前十
　　四年被提到第三层天上去。或在身内,我不知道,或在身外,我也不知道,只有神
　　知道。"——译注)

和个人观点而传授的东西区别开来，话里不敢肯定任何东西，在信仰问题上丝毫不显得是绝对标准的导师。并且在随后几篇文章当中，他很犹疑如何去确定地判断或断定"他是根据启示还是其他什么来写作的"。他只是"觉得他有一股精神"。他"不确定"，也不会让我们在如此微妙的事情上依赖他能有肯定或确定的判断。

我们的宗教的神圣创立者们和受启示的作家们，看起来不需要以他们自己原创的作品和启示表达如此绝对的赞同或如此盲目的信仰，就像后来未通灵的学者们那样，没有得到神圣证言或支持他们的任何神迹的帮助，也不需要绝对的赞同，而是代表他们自己的注解和阐释。据说最早的，也是最坏的异教徒们是那些被称作诺斯替教徒的人，他们因肆意伪称对信仰的最高秘密拥有确定的知识和理解而得名。如果最危险的思想就是这种武断而专横的思想，那么最稳妥的思想则应当是怀疑而温和的思想。

我们的神圣宗教是最明显的，在其最初的体制中，与所有哲学和艰深的思考都很不相同，以至于在某种程度上仿佛与这些东西大相径庭。一个人可能不仅在富有争议的学术观点或派别上是一个怀疑主义者，甚至对这些观点或派别一无所知，但在其宗教、信仰和崇拜上则是毫不迟疑的。

我们知道，古代高雅的异教徒当中，这些不同的宗教和哲学派别是各有信众，互不干涉。如果在某些野蛮的民族中，哲学家和牧师合而为一，可想而知，产生自这种奇特结缘的所有奥义都是秘不外宣的。如果原初的教派在所有方面都遵守必要的崇拜行为和仪式，因而保留着对于传统和神庙崇拜的尊重和崇敬，这对牧师哲学家（priest-philosopher）来说就很满足了。后来没有人采信改宗者或崇拜者的哲学信仰。他的观点由他自己决定，他可以根据他所空想的其他学派或宗派来进行哲学思考。即使在犹太人自身当中，信奉唯物主义和否认灵魂不死的撒都该教派也被认作是伪善者，他们来自毕达哥拉斯、柏拉图或希腊后来的哲学家的学派，学着根据非物质实体和灵魂天然不朽来进行推理。

到罗马帝国兴盛起来，普遍推行暴政和压迫，再看到这个世界的智慧和理智、勇气、理性、科学和各门艺术如此迅速地衰败，也就不足为怪了。即使是罗马人自己，在较早时安享和平而长久的美好时代之后，也开始在重轭之下呻吟，而他们自己就是罪魁祸首。其他地处僻远的民族和强大城市能不早已更加痛恨这种暴政，厌恶在一人之下遭受共同的奴役，形同奴隶吗？

　　无疑，在这个时代，在这样的形势下，人们能期待有一个神圣的拯救者应该是很幸运的，从东方各地和朱迪亚境内而来，有一种说法广为传播，说这个拯救者即将到来，他携带上天之强力足以捣碎那个尘世之势力难以匹敌的帝国。如果多数人像最初的基督徒们那样显然地误解天意，在世俗意义上理解救世主再次降临并突然统治这个世界的承诺，那就没有什么能让他们更好地领会福音的忠告。 78

　　与此同时，因为不幸和无知的增加，迷信势必盛行。罗马的皇帝们，因为变得越发野蛮，也就变得越发迷信。土地和税赋日益丰富，还有异教牧师的数量也日益增长。一旦时机成熟，亦即由一个皈依基督教的皇帝推行，异教的教会土地，及其不断增长的权力，最终转移到了基督教神职阶层的手中，这也就毫无奇怪，这些财富 79 和权威会使他们的势力大增，腐败横行，从他们自己遗留下来的相关账目，我们也可见一斑。①

----

① 这些土地是如何富饶和广袤，尤其是在帝国后期，可以从女灶神维斯太的位次、太阳神庙的税收（如在黑利阿巴卢斯在位期间），以及其他皇帝的捐赠看到。但可以让我们更清楚地认识到这些财富的是，在后来越加迷信的异教时代的约束法或永久管业法规的废止，因为这些法律，人们从前避免随意暴露不动产，否则就会被充作宗教用途，但异教教会却因此保留下来，它就像无底深渊侵吞了全部土地和财产。"根据元老院的法令和皇帝的命令，教会被允许确立为狄迪马的阿波罗、以弗所的黛安娜、神的母亲……的继承人。"（Ulpianus post Cod. Theodos, p. 92）这与现代"把我们的灵魂立为我们的继承人"的做法和表述是大致相同的，把从人们那里随意夺取而来的东西奉献给神，而把不动产以这种方式在这个世界里保留下来，正如在另一个世界里从其中获取暴利。古代讽刺诗人的谴责至今如在耳旁。如此计算收益不是对宗教的蔑视。在我们这个时代，如 （转下页）

80　　当久已开始衰落的古代哲学家的学派连同基督教神职阶层一道解体时,当他们的诡辩派教师成为宗教导师的时候,宗教和哲学的这种反常联合就算完成,两者的竞赛很快便产生了怪异的结果。神的奇异外形、神庙和圣器,从前被埃及各教派用以相互争斗,现在转变成为哲学形式和鬼怪幽灵,就像各种旗帜和标语一样在相互对抗中招摇过市,在这一派别反对另一派别的过程中粉墨登场。在从前的时代,上述那些野蛮民族是这些宗教运动中唯一的勇士,而今整个世界都卷入其中;不仅仅鹳鸟和鳄鱼,其他象征物也树立起来;诡辩的杂交物、晦涩的观念、生造的词语、错乱的语法、荒谬的思想,还有成千上万的学术团伙所造的怪物蠢蠢欲动,成为俗辈们相互攻讦和辩论的主题。

81　　从此第一次有了盲信(bigotry)这种风气,它以空前狂暴的方式出现,比古代世界中的任何宗教派别、形式或结合体都更难做到平和或适度。此前,神秘之事被倍加珍视,不容俗人看见,现在也被公开出来,招揽观众,由于无法被人类理解和领悟,只得以恐怖加强,以强制和暴力推行。正是犹太人的传统和犹太神秘哲学注定要这样。人们自然地深入思考和探寻的论题,被确立为必须绝对赞同的论题。对神圣之物的寓言性的和神话学的描述被彻底颠倒,人们进行判断和阐释的自由被剥夺。没有可供探寻、研究或沉思的领域,也没有挣脱武断风气的避难所。每个角落都被占领,每个人的命运都被预先指定。一切都被归结为条款和命题。①

82　　因此有一种哲学的狂热大行于世。盲信作为一种迷信之前还不为人所知,如今却为人们钟爱,让人们以一种新的猜忌相敌对。②每天都有芜杂鄙俗之语出现,怪诞的定义被发明和强加,新的信仰体系不时被确立,其中充斥的强烈敌意到了无以复加的地步。所

（接上页）果有人问说,"主教,请告诉我,金子在圣地之内有何用?"(佩尔西乌斯:《讽刺诗集》,2.69)他会被看成是傻子。见本卷第90、125页和88页注。

① 见本卷第332—334页注释,也见前文第61页。

② 明白"盲信"这个词的意义和实质的人,可以试着将其翻译为古代语言,他会发现这个词所指的是一种多么特殊的情感,如何与纯粹的狂热或迷信的倾向相区别。

以,狂热或热情通常是人类在他们独特的崇拜中表现出来的,充其量只是防御性的,而今却普遍演变成攻击性的那一种。

　　也许人们希望我从遥远的古代回到较晚近的时代,我应该把这个问题说得比通常更明白条理。也许有人反对我文风散漫,没有真凭实据,没有依照我在这一章开头时宣称的方式来引经据典。但是,因为我们杂感作家们,尤其是对于评论别的作家的人来说,有更大的特权去变化、中断和离题,我会继续在这个方面故作神秘,仅限于运用注视中的故事来做自我解释,仿佛这样更适合我们作者的目的和当前的论题。

　　从《圣经》中可以看出,古代以弗所的崇拜者,无论他们表面上　　83
如何热情或狂热,也只是为了他们的神庙而表现出一种防御性的热情,①一旦他们严肃地思考,这种热情便会陷入危险。神圣使徒们即将撤退之前在那个城市发生的骚乱,②就是我们作者所谓宗教恐慌的鲜明例子。因为人们并不是盲信者,其热情也远非攻击性的,然而当他们确立的教堂遭受质疑时,我们就看到他们的热情以何种方式发作起来,"对于两所房屋的尺寸,人们异口同声,说'大哉,以弗所人的亚底米啊!'"③与此同时,参加集会的人们也是稀里　　84
糊涂,"大半不知道是为什么聚集"④,因而也就不理解他们的教堂为什么会面临危险。⑤ 但狂热已经爆发,对于教堂的一种恐慌的惧

――――――――――

① 对于了解古希腊艺术和工艺的人来说这座神庙的宏伟和优美享有盛誉。在我看来显而易见的是,我们那博学而高雅的使徒虽然在《以弗所书》中极力反对机械论的宗教精神,但依照他那尽人皆知的品行,他还是通过给其改宗者们的建筑风格的书信,迎合以弗所人的性情和他们的狂热这种自然秉性,信中始终不离建筑这个话题,说他们的神庙威严、整饬而优美,可谓是一个杰作。"并且被建造在使徒和先知的根基上,有基督耶稣自己为房角石,各房靠他联络得合式,渐渐成为主的圣殿。你们也靠他同被建造,成为神藉着圣灵居住的所在。"(《以弗所书》2:20—2,及3:17—18和4:16,29)
② 见《使徒行传》19:23。
③ 见《使徒行传》19:28,34。("亚底米"即"雅典娜"。――译注)
④《使徒行传》19:32。
⑤ "church in danger",安娜统治期间高教会派的一句口号。――译注

怕冲击着群众。这种惧怕演变成了一种普遍的愤怒或传染病式的暴怒，正如我们的作者所言，这种惧怕"通过人们的表情，或者通过交往或同情"而相互传染。①

众所周知，除了这些动机之外，还有一种神秘的根源助长这种狂热。某些相关宗派和因利益紧密联合在一起的工匠，被秘密召集起来并被告知："众位，你们知道我们是依靠这生意发财。这保罗不单在以弗所，也几乎在亚细亚全地，引诱迷惑许多人，说：'人手所作的，不是神。'这是你们所看见、所听见的。这样，不独我们这事业被人蔑视，就是大女神亚底米的庙也要被人轻忽。"②

对于我们作者称赞的那种执政学问或政策来说，③最中肯和明智的，最令人欣慰的莫过于城市中的市政文书或书记（town-clerk or recorder）的品行了，正如《圣经》中对他的描述。我必须承认他把这种调停的技艺用得有些过头了。他敢向民众保证，"所有人都同意对伟大女神的古老崇拜和由朱庇特传下来的圣像传统"，"这些是不争的事实"，并说"新的宗派既不是要毁掉他们的教堂，也不是要亵渎或诽谤他们的女神"。④

毫无疑问，这是明目张胆地夸大事实，在后来发生的事情也证明了这一点。也许有人怀疑这个书记自己就是个反对者，或者至少是个临时的顺从者，⑤他可以完全为新宗派负责，并保证先有教会免受损害，在未来也安然无虞。这时，骚乱平息了，神庙也暂时

---

① 见第一卷第 15 页。

②《使徒行传》19：25—27。（这一段与夏夫兹博里所引的圣经的话有些微区别。——译注）

③ 见第一卷第 16 页以下。

④《以弗所书》中说："那城里的书记安抚了众人，就说：'以弗所人哪，谁不知道以弗所人的城是看守大亚底米的庙，和从宙斯那里落下来的像呢？这事既是驳不倒的，你们就当安静，不可造次。你们把这些人带来，他们并没有偷窃庙中之物，也没有谤讟我们的女神。'"《以弗所书》19：35 及以下。——译注

⑤ Dissenter 和 Conformist 这两个词又特指英国的"不从国教者"和"信奉国教者"。——译注

保住了。新宗派默认了他们的主张。他们认可书记的辩护。于是,异教教会的那种仅仅是防御性的热情消退了,而新的信仰者也不再受迫害。

看起来,到目前为止,宗教迫害没有在整个世界公然横行。只要不给公开确立的东西带来扰乱,人们就足以安宁了。但是,只要攻击性的热情在某个派别中出现,其余的派别就必然被迫成为攻击者。凡见过或经历过这种褊狭情绪的人便不能再继续容忍。[①]

[①] 所以在凯撒统治期间,当人们随意地相互攻讦,不仅基督徒和异教徒之间,而且基督徒与基督徒之间也以最野蛮的方式恶意相向时,论战就应运而生了。早期基督徒反对古老的异教教会(当时已被确定)的偶像崇拜的热情,可能被粗通那个时代历史的人理解。我们现代人以高尚的基督徒的名义(如这种性格被一般理解的那样),让这些不幸的人毁灭,就像判偶像崇拜为有罪,会被看做是愚昧或怯懦。偶像崇拜者这个名称就足以成为对这个人的侮辱,更是对这样一个错误信仰者的崇拜侮辱的借口。基督徒这个词在通常的语言中是用来指人的,以与野兽相对,完全没有为可怜的异教徒或无信仰者留下中间地带,他们被比作更野蛮的兽类,本应遭屠杀,它的神和神庙应被拆毁夷平。即使在心情最好的时候,我们也并不能控制这种激情。我们看到,赢得巨大成功和喝彩的法国诗人也居然在公共舞台上展示这种原始的热情:
　　我们不要再浪费时间。贡品业已备齐。
　　让我们迎合真神的兴趣。
　　让我们践踏这荒谬的雷霆,
　　荒唐之极的人们竟以朽木将其点燃。
　　让我们照亮这致命的黑暗。让
　　我们打碎铁石的神像。
　　让我们停止这神圣的狂热,让上帝凯旋而归,
　　让他治理异类的世界。
　　　　　　　　　　　　——高乃依:《波利耶克特》,第二幕,第六节
　　我本不应该提到这些,但我突然想到有些人竟对我们坐着在其《关于狂热的一封信》中所述的异教和基督徒迫害的实例肆意曲解,在这篇文章中我们作者提到了皇帝凯撒。皇帝的高尚和威仪从他最伟大的敌人,甚至是那些夸耀他随时随地都忍受无礼冒犯乃至险些被他的基督徒士兵残忍暗杀的、身为基督教之耻辱的人口中说出才最确实。就这样一些作者来说,我还需要引述他们的原话和圣徒一样的语句吗?这些东西显得面目可憎,尤其是在我们这里正写的杂感这种文体当中。但是引述那位优雅而睿智的皇帝的书信作为其性情和天才的表现,作为其在这种情形中的原则和心情的表现,也许并非不恰当。　　(转下页)

87　　以恶对人者也想象别人会以恶对己。所以相互灭除便成为每一个宗教社会的唯一目的,而且几乎是公开的主张。

88　　　在此险境中,人们所能抱有的最好的愿望,就是这些不共戴天的教徒形成的相互竞争的教派最终会有一派力压群雄,以至于凭

89　借广泛而绝对的力量被确定为正统,从而把这种主张切实变为天主教的主张,在他们看来天主教最有权力拥有这个称谓。因此只

（接上页）　　朱利安给布斯特伦的信

　　确实,我原以为加利利人的领袖会感激我而非他,是他先于我统治这个帝国。因为在他统治的时代,许多加利利人遭受流放、迫害和囚禁。在他们的宗教中许多人被当做异教徒被屠杀,在萨摩撒他、塞奇库姆、帕夫拉戈尼亚、比提尼亚、加拉提亚和其他很多国家皆是如此,整个城市成为废墟。在我统治期间却反其道而行之。流放者被召回,囚犯的财产权被恢复。但是他们的狂暴和骚动到了无以复加的地步,不再允许特权者们相互倾轧,或者迫害他们自己的宗派成员或法定教会的信奉者,他们内心充满暴怒,无所不用其极,不放弃任何机会去激起骚乱和暴动。他们对真正的虔诚毫不关心,无视法律和习俗,无论这些法律和习俗如何宽厚仁慈。因为我们依然信心坚定,不允许他们中任何一个人随便接近我们的祭坛……至于单纯的人民,他们的确看起来被他们中间的牧师怂恿去暴动反叛,这些牧师很愤怒地发现自己被从前的权势和严苛的法律所利用……他们不再担任官员或民间法官,也不再施行权威来左右人们的意志,不再排挤他人的亲属,侵吞他人的遗产,不再巧立名目,中饱私囊……出于这个原因,我曾想凭借公共法令警告人们不要再挑起骚乱,不要在他们的煽动性的牧师周围聚集喧闹,违抗地方官员,这些官员已饱受侮辱,面临被暴民乱石砸死的危险。他们可能是随意集会,簇拥在其首领周围,举行宗教仪式,领受教义,听从教导而虔诚祈祷,但是,一旦受到煽动,被要求细心聆听或表示赞同,如果他们通过这种方式被秘密发动起来举行反叛暴动,他们就身处危险之中……因而要安居乐业,不要恶意相抗,相互敌视。你们别出心裁误导人民,你们要担心了! 忠诚于古老而法定教会的你们,不要再伤害你们的邻人和同胞,他们已迷失心智,被领入歧途,这是因为愚昧无知,而非蓄意作恶! 只有通过对话和理智,而不是中伤、侮辱或暴力,人们才能求得真相,避免罪恶。因此我一而再再而三地命令和警告那些狂热的信徒,绝不要再伤害、骚扰或冒犯加利利人民了。(《凯撒书信集》,第59封信)

　　因此,这位宽怀温和的皇帝,我们的确还称其为异教徒,但恰当地说不是叛教者,因为他在年轻时出入不同的学院和大学,由异教的和基督教的导师所培养,当到成年时,他很不幸选择了前者,信奉自己国家和先辈的宗教。可参看这位皇帝给阿塔比乌斯的信(第七封信),和给西比留斯的信(第四十三封信),还有给亚历山大大帝的信(第十封信)。见第一卷第25页。

有凭借屠杀和灭绝的力量,借助于精神力量而实现的和平信仰和   90
文明团结才能顺利回归人间。

　　最后,我应该考察一下精明的罗马基督教和曾经的天主教教
会,是如何依靠他们改宗的皇帝①确立正在成长的神职集团的。他
们明智地对待人类各种不同的迷信和狂热,并体验其不同的类型
和力量。他们知道如何在他们的政治模式和有利的神学体系中,
理解人类情感中所有这些表面上的矛盾。他们知道如何从高深的
哲学思辨角度和粗俗无知者的最庸俗的观念,来利用迷信和狂热。
他们明白,根据对神圣实体的较朴素的观点来看,②精神领域中的
狂热,外在比例、宏伟构制、典礼仪式、游行队伍、唱诗班,以及吸引
人们耳目的其他和谐形式所表现出的狂热最是千差万别。③　基于
此,他们甚至增加后一类形式,以更为华丽的庙宇、雕像、绘画、祭
服、长袍、法冠、紫袍和教堂装饰来展示宗教。靠着这些武器,他们   91
能征服凯旋的哥特人,④当他们的凯撒击败哥特人时确保自己也是
一个匈奴王(an Attila)。

　　事实是,这不过是一种庸俗的狂热,主要由炫耀和虚礼煽动起
来,由圣杯、烛台、长袍和假面舞加以粉饰。然而,我们仍可以相
信,这些东西在那个时代绝不会被认为包含有任何的虔诚,因为在
这样的情形中,这种仪容有利于唤起我们心中的虔诚,我们一点都
不迷信,而是被列入高雅世界的行列。在这方面,明智的教士们当
然胜出一筹,他们很高兴自己另有一番心境,不会轻易被这种外在
的虚华所迷惑,他们指定另一种性格和态度的改宗者为另一种宗   92

---

① 见第一卷第 133 页,本卷第 78—79 页。
② 见第二卷第 270—271 页。
③ 见本卷第 41 页。
④ 当这个获胜的强盗全速进军罗马时,当时的罗马教皇圣利奥身着庄重盛装出来
　 接见他。这个哥特人被这付外表所震惊,全军上下惶惶不安,听从牧师,立刻撤
　 兵,声称在所有主教祭当中,这是他所见过的最为非凡的。主教威胁他,如果
　 他再不撤兵,就以死相逼。这样重要的遭遇还发生在梵蒂冈的圣彼得教堂和罗
　 马的其他地方,许多精美的雕塑、绘画和肖像都为纪念奇迹而作。(如拉斐尔的
　 壁画《击退匈奴王》中"纥留多如"一节,1513 年绘于梵蒂冈。——译注)

教,这些改宗者被允许根据一种十分不同的原则,通过沉思和神圣之爱的内在方式信仰。

他们绝不会妒忌单纯的狂热或者迷狂形式的崇拜,所以允许他们的奥秘派用极为如痴如醉的写作风格。在某种程度上说,他们逼迫奥秘派废弃所有的外在崇拜,压制外在仪式,直至更有教养的教徒坚持下来,因而可以或明白或隐晦地劝阻人们举行粗俗的俗成仪式。于是他们要审查所谓过分的狂热,这种狂热确实有害于他们的神职集团。①

如果我们从盲信或迷信的角度来看待现今的幻觉、预言、灵梦、符咒、奇迹、招魂等等东西,它们都应该永世长存,但是另一方面,对真诚的作家来说,它们倒以一种文明的方式提供随便质疑修道院里面表演的、或由他们的托钵僧或巡回传教士和幽灵一般的僧侣到处卖弄的这些精神性的技艺。

这就是古代的神职集团,就其第一原则,就其采取的策略,及其整个制度和习俗的一贯性来说,确实在某些方面显得是威严庄重的,即使有时被人们视而不见。这些就是精神上的征服者,他们就像开国大帝,白手起家建立起一个几乎覆盖整个世界的君主专制。因此就难怪遍布各地的神职集团机构、罗马的城市和宫廷对外族人和后起的其他教会影响深远。也难怪这会让后来的研究者深感吃惊,或者对所有僧侣政府都深恶痛绝,或者相反去仰慕它,甚至盼望与古代这种母教会联合或重聚。

实际上,在这样一种精神强权之下,其权力无论如何武断专横,都比在小规模的集权政府和某些新近的觊觎王位者②的冒牌政体下,更加难让人忍受。前者还顾忌起码的体面,③而后者却只剩

① 可以参考莫里诺斯,还有可嘉可敬的、机智的费内隆神父,即现任的坎布雷主教的例子。(Miguel de Molinos, c. 1640—1697,是西班牙的一个牧师,领导了著名的寂静主义宗教改革。他的神秘信条暗示得道的实践者可以摆脱教会的帮助。——译注)
② 在英国尤指詹姆斯二世的儿子和孙子。——译注
③ 见本卷第 110 页。

下赤裸裸的权威,将其与继承来的权利绑接一起,这必然变得面目可憎。有时他们也努力做出独立于地方政权的样子,有时也对政府装扮以同样的权势、高贵和显赫,以及华丽的崇拜仪式,但明眼人却能辨出真伪,"哦,你这小丑,你这卑贱的畜生!"[1]

第三章

　　幽默在宗教中的作用。我们作者的关于机智和嘲讽的自由的论文中的主张的论据。论热情。精神上的外科医生、刽子手和凌辱者。人祭的根源。宗教的欢乐。从外部原因看宗教的各个方面。 95

　　杂感作家、随笔作家、散论作家、时评作家、沉思录作家,以及其他非正规文体的作家当中的杰出之辈,会因自己的独特优势而为这些文体辩护,说它们"顺应了各种不同的情理"。处在我们这样一种环境中,他们的借口无疑是非常合理的。我们岛国居民总以反复无常闻名,尤以我们的天气变幻不定为人所知。因此如果我们在文学方面的趣味与我们气候的特性相契合,依我们看来,一个作家必定因其文体而更具价值,因为他能够通过从这一极端向另一极端的突然变化和转换,带给读者令人愉快的惊奇。 96

　　如果不是因为这种品味的普遍流行,以及对使人兴趣盎然、倍感新奇的天才的明显偏爱,这些杂感的作者大概不敢以这些复杂多变、枝蔓横生的作品取悦读者。毫无疑问,如果我们想到我们面前的作品的开头和过程,我们应该发现其中有足够多的变化。从这种公开宣称的轻佻率意,我们又一下子跳入了一种并不适合于开篇方式的严肃庄重。我们曾掌控一段冒险历程,现在却看起来突遭暴风巨浪。我们该享受一段宁静时光了,不必去飓风中四处扬帆,以便回到背风岸头的平静水面上休整船桨。

　　我们可把哲学家、雄辩家和诗人比作最好的舰船,带领我们深

---

[1] 贺拉斯:《书札》,1.19.19。

97　　入广袤大海,傲视迎面而来的汹涌波涛。而我们随笔作家却是一艘小快艇或大木船,颠簸轻泛,不时间歇调整航向。我们前方没有巨大障碍,也不能确定是否抵达目标。我们只依靠星辰或罗盘,担不起重要的航程,只适合在夏日里天气晴朗的时候沿着岸边小路游荡。

　　因而对我们来说,已经完成"狂热"这条旅途就让我们很高兴了,接着让我们的作者进入第二篇文章,①现在我们终于能转移到让人感到更愉快的思考当中,这个题目自然而然要回到我们更熟悉的风格上来。机智和幽默是我们当前这篇文章明确要对待的题目,这个题目不适合用生硬的语言和刻板的推理来讨论。现在,我们也许最好是把严肃的细密论证放一边,闲聊一番,这样一反规规矩矩的做派,也很容易带来非同寻常的快意。我们知道,过于讲究

98 医学经常使人们痛恨"健康"这个名词,因此过度的耳提面命和郑重忠告早已使人对故作高深的智慧和学问的那副神情甚为反感,尤其是当高深到所有人的推理艺术都难以企及,甚至以崇高的施与者之名蔑视理性本身的时候。

　　然而,因为有人可能反对我们是一种形式主义者,说"我们除了能在形式上证明之外证明不了任何东西",那我们这一次也可以满足他们的要求,正儿八经地说说我们的事情,根据正确的法则和方法,以精确的方式分析我们的问题。

　　所以,我们的目的是要为一个作者辩护,他被人指摘将机智和幽默的方法引入宗教方面的探讨显得太过冒昧,我们要努力澄清的是:

　　第一,机智和幽默可以使宗教变得稳固,有利于促进真正的信仰;

　　第二,机智和幽默被宗教的神圣创立者用作促进宗教的适当方法;

99　　第三,虽然宗教导师面色凝重、心情苦涩,我们还是可以正当

---

① 即《共同感,论机智和幽默的自由,给朋友的一封信》。

地说宗教基本上是机智而幽默的。

　　我年轻时候最初交识的人们当中,我尤其记得有一个由三四个开朗的绅士组成的俱乐部,他们长期交往,很少独享快乐和趣事。他们一度旅行探险,到了一个国家,有人确定无疑地告诉他们说,在那里找不到任何乐趣,而且道路艰险难行。其中一个绅士仿佛对此毫不在意,轻蔑地说,虽然是无心:"对他们来说,应付这种险境的最好手段,就是使自己保持好心情,尽情欣赏眼前的一切东西。"另一位绅士立刻心领神会,但是却缄口不言,不再关心人们的建议。

　　到了那处凄凉之地,他们一路前行,没有一丝怨言,很明显,如果他们旅行遇上一段坦途,景色也不算荒芜,会不禁发出溢美之词,浮想联翩、诗兴大发,就像真是宜人美景。 100

　　日落时分,我们的绅士安顿下来,其中一位尝了尝酒水菜肴,啧啧称好,其他几位也立即附和,对他们自己的品味又是一番嘉美。

　　他们面前的食物实在是味糙色差。有些肉"有益健康",有些"味道鲜美",还有一些"颇具异国风味"。每一道菜都因烹饪配方而独有滋味,酒水在他们口中也各有特色,被形容得格调不凡。总之,我们的绅士们一顿大嚼,不惜赞美之词,很明显他们是强打精神,相信自己得到了款待。

　　与此同时,他们的仆人却大不相同,感觉还保持正常,站出来 101 说,"他们的主人肯定是神志不清了。他们怎么能狼吞虎咽,吃得如此香甜呢?"

　　如果我面对的是一个不怀好意的读者,他可能会试图从我朋友的这个故事中推断说,我是小题大做,诱导人们承认他们自己乐意的观点或信念。但人们肯定不会认为真正具有判断力和理智的人们会出此下策,贬低自己的判断力,歪曲自己的理性。他们必定会预见到这种企图,如果这种企图稍有得逞,那么这将证明的不仅仅是他们的趣味、嗜好或正常的理智的无比堕落了。

　　然而,我必须承认,这是我的想象,即若有适合的环境,并且对他们的利益、性情或情感施以引逗,那么他们将会落入圈套,背离自己理智也并非不可能,而且还要想方设法地劝导自己,易于和乐于相信这个圈套的其他人也背离正常的理智。

如果许多具体事情都由偏爱和癖好主导,那事情往往是我们自己在强制自己,这种情况并不少见,特别是在我们认为理所当然的事情和于我们利害攸关的事情上。如今,人们必然怀着很大的利害和兴趣去想象由权威确定的事情,因为在不信仰的问题上别无选择,只能做个伪君子或被认为亵渎神明。甚至在由人们自己做主的事情上,人们依然热心于信仰,并急于努力说服自己相信任何吹嘘浮夸的虚假真理。

人们真是经常这样做了:正如在其他事情上,也表现得和许多宗教信仰或观念一样,不管多么荒诞无稽;我们知道一代又一代人就是依赖奇迹生活的,并号称这是来自上天的指示。这些指示已被普遍笃信,并被热情珍视为最伟大的真理和最确定的启示。孰料会形成这样的结合呢,子虚乌有之事竟能盛行不衰,支配着人们的理智。它们难道不是同声相应,以至于蒙蔽欺骗,这不是表明"因为心地善良和热心信仰,人们实际上是十分精于骗术的"。

可以肯定的是,在一个国家中,如果信仰通过继承流传下来,舆论被法律确定下来,俗人就没有机会改变其信念,或认真思考自己对宗教信仰的选择。如果一个政府宁愿关注人们的舆论,并通过其绝对权威来强加任何具体的信仰,那就没有比这更荒谬怪诞的事情了,想来也是不会取得多大成功的。我们可以发现这种做法深深影响了某些国家,凭借稳定的政策和严明的赏罚制度,还有特殊法庭的协助来实现其目的;特定的司法体系、特定的法官和官员、特有的审讯制度,以及某些完善的严苛制度,不仅是做做样子、权当游戏,而且正如某些猥琐之人所提议,还要恰当而正确地予以推行,因为这是严格顺从、立誓信教的崇拜方式的统一性这些目的所绝对需要的。

但是,如果这就是以我们曾描述的方式有效传播的真理,那么这种方式的本质无论如何也不能算作是传播者的荣耀,也不是信众教徒们的功德。依此根据，必定只有伊斯兰教、多神教、犹太教或者其他什么信仰才是最真实的。一个正统的基督教徒，根据这条准则倒是一个不折不扣的伊斯兰教徒，或者误入歧途的异教徒了，如果他恰巧出生在另一个地方的话。

因此，只有在允许相互比较、调查研究，允许真正的宗教宽容的地方，才有理性的信仰。既然如此，我就敢说："无论是哪种信仰，一旦得到统治者的支持和赞同，就有足够的优势，即便没有武力或权势的帮助，也能得到更多偏爱，对其他信仰施以不公平的待遇。"如果信仰在任何条件下都与真理和理性相和谐，它必将得到人类的喜爱，就像人类也渴求真理和理性一样。无论属于信仰的思辨或奥秘存在多少难解之处，贤能之辈都尽力避而不谈。正如我们的作者所言，他们会在最大程度上相信自己的理性，并激发自己去信仰，以图变得更加平易合群，与更高尚的人的趣味相投、性情相合，让自己值得信赖。他们将此视为自己的宗教责任和献身目标。

这样，良好的性情便油然而生了，我们旅行中的朋友的友善性格轻而易举就转变为宗教，与在一个宽容温和、施行仁政的政府治理下确立起来的信仰的发生是同一个道理，无论这种信仰是如何神奇或怪异。

事实上，所有人都知道所谓异端不过是心态上的顽固，而非心智上的缺陷。照此来看，一个真诚而善意的人绝不可能是一个分裂主义者或异教徒，愿意不惜触犯众怒而背离他的民族对理性的崇拜。

被心胸狭窄的审查者纠缠，为惩罚或严刑峻法所胁迫，被定名为危险分子和怀疑主义者，被巧立名目地蓄意诬蔑、戴枷示众，这些足以激起人们的恶劣性情，可能会逼迫人们走向分裂，即使人们一开始并没有这样的企图。但是宗教中善良性情的好处是如此之多，它甚至能抚慰人们投入信仰，在这样的信仰中，人们从不会产生或感受到如前所述的偏执。

思考了这么多之后，我们必然会得出这样的结论："政策上的

105

106

荒谬,或者人性的失常和败坏,到了极致就是一种遮遮掩掩、隐蔽不显的迫害。"它只能让人烦闷成怒,激起恶劣的性情,形成尖刻的态度,让旁人愤慨,从而在人们心中播下分裂的种子。悍然无情的迫害倒让人没有机会精神郁结、性情恶劣。这样的迫害即刻发生,它斩草除根、流放屠杀,像果断的外科手术一样,迟手慢脚只能遗留后患,给病人留下永久的痛楚。

如果真有一种恰当的方式表达这种让人怀疑的最神圣的真理,那就只能依靠威逼,公然恐吓人们去相信这个真理。这是一群胆大妄为之徒,知道自己高高在上,无所畏惧。那最弱小的凡人尽管自知被蒙骗,却不敢坚持己见。而且很少有人对人性茫然无知,全然不知与同类的共同之处,以至于不理解"款待他人,必有所图"。

在通常所争辩的问题上,带着愤怒情绪的争辩者总是有理变无理。一个乡下人曾梦想能听听大学里的博士用拉丁语辩论。他被问道从中能得到什么乐趣,如果他不可能知道哪方有理的话。这个乡下人回答说:"这话不假,我就是想看看谁先把谁激怒。"人性本身把这个经验告诉了这个乡下人:"论据更充分的人会保持从容和悦的性情,而那些不能用理性来支持自己理由的人自然要心态失衡,进而恼羞成怒。"

假设两个旅行者同意在众人面前各自讲讲他们的遭遇,一个人很诚实,但武断固执,另一个人虽然不太诚实,但和蔼可亲,尽管后一个绅士的叙述可能是奇谈怪论,却要比讲得振振有词、激情四溢,迫切维护真理的另一个人,更快获得信任,更容易被人接受。

在信仰问题上,良好性情是顺从或认同的主要原因,这一点可以由我们通常称之为批评家的那些人的作风得到证明。人们都知道,这是预防性情恶劣、脾气古怪的绅士们的好办法。世人都需要良好的性情,在他们受到乖戾之情困扰时。并且我也必须承认,如今世人们普遍有这种古怪念头是有道理的,即尽管所有批评家可能都不一定愤世嫉俗,但所有愤世嫉俗之人——或者天生如此,或者不良习惯使然——都必定都喜欢批评和讽刺。当人们自己保持随和心情时,也会使他人也变得随和,并且能随时顺从情理之常,人们也会认为这可以使整个人类平心静气、和谐相处。他们努力不去制造困难和烦扰。在宗教领域内,当世人们无忧无虑时,很少会想去享受恶意的思想或猜测。但是,如果受到毫无根据的控告和怀疑,遭到毫无来由的谩骂、尖酸刻薄的论辩,听到有关于宗教的毫无休止的争吵,人们自然而然就转变成了批评家,开始质疑任何事情。讽刺这种风气带着恶劣的情绪,人们的情感因此变得反常,丧失了良好性情,因而就要去埋怨非难、来回纠缠,没有什么事情是正常的、免受争议的。

这些就是怀疑主义者和吹毛求疵者,他们引发了这样的喧闹。同时很明显的是,这喧闹本身通常与恐吓和暴力相结合,又多半会引发怀疑的风气,让这些吹毛求疵、性情恶劣的批评家们成倍增长。单纯的胁迫,如果没有施行实际的迫害,只能挑拨怒气,让人愤慨。手握肉体和精神双重武器的掌权者,可以随心所欲滥施淫威。① 但是如果执政者们决心要为保护自己的职权而收起束棒,② 解散兵戎,那么妄图统治精神的人再要颐指气使便是徒劳了。当他们的力量足以让执政者放弃权位,充当他们的狱卒和打手的时候,他们便只能挥舞刀枪了。

如果有人恰巧读到这些话,由于作者热情主张宗教自由和相互宽容的观念而心生憎恶,希望他能对自己心烦意乱、性情恶劣的原因反复深思。如果他肯降尊纡贵仔细省察自己,他将发现,自己并不是受到了对于宗教和真理的热情的触动。因为,如果他恰好在一个民族当中不是个顺从者,也无望让自己的崇拜方式成为主流,他将发现自己所遵奉的信条并无荒谬之处。无可争辩的事实是,任何一种地位低下的教派或宗教,尽管从前曾迫害异类,然而它一旦自己遭受迫害就会重新诉诸温和的原则,赞同我们在宗教中保持谦和、友善和良好性情的主张。所以,这些虔诚而热情的读者对我表示憎恶或愤慨的内在原因只是这样:"由于献身于某个已获得

110

111

---

① 见本卷第 94 页。
② 束棒(fasces)为古罗马行政官职的权力象征。——译注

既得利益,或因与某种特定信仰相连而有望占得优势的教派,作为一个热心党派的人,他必然心怀嫉妒来看待每一种不顺从的观念,并为他认为有助于压制其发展的那些手段辩护。"他知道,如果在宗教事务上有的人信仰错误,那就是置他于险境。如果有某种观念受到谴责,那必然将是邪恶的。然而,我们的绅士们将很容易发现,如果他躬身内省,他就不会那么热切地关注人们的品行是否安全,也不会那么激烈地憎恨他们的罪恶,如果人们的确没有妨碍到他什么的话。由此他可以轻易想到:"他在这种情境中感到的情感,并非来自纯粹的热情,而是来自私人利益和世俗的竞争。"

用名副其实的修辞学家的话来说,我们现在来看第二个题目,而且我们应该将其再分为第一层和第二层,不过这种刻意雕琢的方式后来就不流行了。

我们的先辈有一个习俗,也许可以最早追溯到我们那殷勤友好的亚瑟王,招待客人必得用完整而结实的东西。是一只完整的野猪,或是做菜用的壮牛。动物的形体被保存得完完整整,若要分割也非得用指定的刀手;此人孔武有力,技艺精湛细腻,身形端正,风姿卓然,动作潇洒,顷刻间客人各分得一份佳肴。往后,人们在饮食上不再讲究繁文缛节,各自切取食物。分餐这种雅致风尚再无用武之地,而且人们又引进了一些烹饪技术,从此,餐桌上的这门解剖技艺就绝迹了。烩肉和炖肉成了主要的菜系,所有食材都被剁碎,杂乱无形,任何一部分都无法被精确分割开来。

时尚真是个娇蛮的情妇,因为她唯我独尊,分肉之法和大块肉食如今风光尽失,即便在演说和写作中也少有记载,以至于我们的宗教牧师自己也改变了为我们分发精神食粮的方式。他们放弃了实质性的事务,将各种机构整合成各种角色和更次要的角色,并且为了迎合时尚,他们也采用熟练的炖煮和杂烩这种更为合人胃口的方法。只有学识浅薄、语言鄙俗的演说家才会在乡野村夫面前东拉西扯。高雅的宫廷牧师却用杂感这种体裁劝导人们,羞于在爱慕时尚的群众面前谈论杂七杂八的东西。

因而,作为一个纯粹的杂感作家或随笔作家,假如我忘记了自

112

113

己的出发点,写得没头没尾,全无章法,事情也并没有那么荒谬可笑。因为总担心读者会指责我辞藻华丽,思想贫乏,所以我要努力满足我的读者,把我所提出的方法梳理一番,要是读者们还能记得这种方法为何物的话。或者若是不记得也不打紧,他倒可以放心阅读眼前的文字,不必更费心思。

114

　　让我们现在就开始吧。在坚持或倡导现已通行和固定的宗教信仰时,无论运用何种手段或方法,显而易见的是,其最初的起点必须已经建立在人天生的谦和和善良性情的基础上,这样的信仰才能赢得人们的信任和信心。唯独恐怖,尽管有奇迹和异兆的协助,仍不可能唤起真诚的信仰和上帝恩准的教导者及精神领袖所需要的绝对信赖。对新的宗教原则的真正服从所需要的友爱和热爱,必须依赖于宗教创立者身上的一种或真或假的善良。① 无论何种进取的精神怎么激励他,无论何种野蛮的热情或压制异己的信条怎么打击他,一旦这种热情或信条得到权威和权力,这种善良就将显露出来;无论如何,教义的最初显灵,必然让我们看到快乐、友爱、亲善、谦恭和温和等令人愉快的情景。

115

　　从这一方面来看,根据许多教派的习惯做法,宗教可与求爱相提并论,女性们总是处处矫情。在恋情刚刚萌发之时,如果这些纯洁的尤物是第一次被追求,她们满耳朵听到的都只是温柔的誓言、屈从、殷勤和爱慕。但过不了多久,当被这种顺从谦卑的表面征服之后,她们就一反常态,自己变得顺从起来,她们听到的是不同的语调,被教导说所谓顺从和殷勤并不是她们当初想象的那个意思。上帝之爱和兄弟般的爱是多么动人的声音。但有人会渴望除了广泛的仁善和兄弟般的爱之外,还要有刀剑、炮火、绞刑架、棍棒,并且只要心狠手辣地使用这些措施,就能提升宗教牧师们在尘世间的伟大和个别灵魂的特殊影响,他们所热切关心的也就是这些吗?

　　我们的作者已经观察到:"犹太人天生就是个十分阴郁的民

---

① 见第一卷第 94 页,第二卷第 334 页。

116　族。"显而易见,他们在宗教中,如在其他任何事情上一样,对世间的任何人都不能保持良好的性情。不然的话,他们那神圣的立法者和拯救者,尽管被称作是世间最温顺之人,①多年间行善积德以博取他们的爱戴和同情,但在后来却对他们不再亲密,不惜以血腥杀戮来让他们铭记其宗教义务。② 然而我们可以看到,如果最早的犹太各诸侯和德高望重的国王们,诚心听从他们伟大的创立者的教导,那么不仅是音乐,而且甚至是戏剧和舞蹈都体现着神圣的任命和神授的权利。这个民族最早的国王,尽管性情忧郁,但却能把音乐与自己的精神修行相参合,甚至在那种极度狂热或邪气笼罩的年代里也仍将音乐作为一种改良措施;③他这种修行方法与他改

117　宗之后所运用的预言术在何种程度上相似,④我们的作者不敢妄下断言。但可以肯定的是,这位国王的继任者衷心拥护轻松愉快的信仰方式,并以身作则将其作为他的民族的宗教体制的基本原则。他所表演的歌曲和舞蹈在金殿游行队伍中引人注目,⑤这表明他并不以表现欢悦或幽默的性情为耻,⑥在这样的场合中,即使最底层的牧师或民众也参与其中。⑦

118　　　　除了《圣经》中散落记载的许多歌曲之外,《诗篇》、《约伯记》、

---

① 《民数记》12:3。(指摩西。——译注)

② 《出埃及记》32:27,民数记:16:41。

③ 《撒母耳记上》18:10,19:9。(指扫罗。——译注)

④ 《撒母耳记上》19:23—24。

⑤ 《撒母耳记下》6:5、14、16。

⑥ 《撒母耳记下》6:21—2。

⑦ 这些舞蹈者虽然不是赤身裸体,但仿佛衣着不多,要说到端庄稳重,那他们差不多就是一丝不挂了,他们欢呼雀跃、癫狂乱舞的样子也说明他们什么也没穿,因为这样才与他们的样子相符。好奇的读者可以考察他们的宗教迷狂和裸舞与裸体游行中的预言的关系(《撒母耳记上》19:23,24),在游行中,国王、牧师和民众在一起预言,国王本人就处于裸体游行的队伍中。看起来,即使在他登上王位之前,他就热衷于这种散乱、癫狂的游行中的预言方式,我们发现,他还参与了军队的军事舞蹈,行进中伴有笛子和鼓,还有索尔特里琴、竖琴、短号、铃鼓,以及其他各式乐器。见《撒母耳记上》10:5、19,23、24;《撒母耳记下》6:5,又参见第一卷第45页。

《箴言》、《雅歌》和其他各篇,都是通俗的诗歌,充满了幽默的形象和谐趣的机智,这可以充分显示受启示的作者们是乐于运用幽默和娱乐的,以作为推动宗教和强化固有信仰的恰当手段。

当犹太人的社会生活让人忍无可忍,一切都将变成完全的征服和囚禁,他们的宗教作家和预言家的风格也与较早年代截然不同,那个年代正是他们的公共福利蒸蒸日上之时,也是君主政体如日中天之时,他们的王侯们自己就预言传道,能言善辩的国王就属于神圣作家。我们仍然可以确信的是,所有的先知不管如何阴郁惆怅或性情恶劣,上帝都不会助长这种风气。先知约拿就是明证,圣经对他的性格予以了逼真的描绘。

这位先知这样心浮气躁的性情不像个成年人,倒像个倔强的少 119 年学童,有人可能说上帝作为一个仁善的教导者,愿意迁就这样的人,可以宽容他的怒气,风趣地揭露他那幼稚的倔强脾气,从而让他自己认识到自己的性格。

他那仁慈的主说:"你起来!往尼尼微大城去。"①"没有这样的事啊",我们的先知对自己说,但还是出海去了他施国。他像个男童一样善意地戏弄懒惰的人,想躲在一个出其不意的地方。但是他的老师眼力很好,看得很远。主在海上追上了我们的先知,我们的先知正要在风暴中做礼拜,他寄宿到一条鱼的腹中。有变节者发现他被困在海中,无比艰难。他敢于苦修,变得愈加高尚,他祈祷、悟道,猛烈斥责那虚伪的自负。②

先知有一次得到垂青,他争取到尼尼微去预告灾祸。③ 他预告了,尼尼微人后悔了。主宽恕了他们,而先知感到愤怒。

"主啊,难道我没有预见到结果会是这样吗?当我在家乡静享 120 安逸时,我不是说过这些话吗?除此之外我还有什么要逃避的吗?好像我一点都不知道如何不能信任那些决心随时要宽容他们的

---

① 《约拿书》1:2。
② 《约拿书》2:8。
③ 《约拿书》3。

人,还有那些后悔他们所作所为的人。不!赐死于我吧!拿走我的生命,就现在。这是我最好的结果了,如果让我再预言一次的话。"①

"你这样发怒合乎理吗?你自己想想。来吧!因为你需要离开这个城市,去远处看这里将发生什么,去拿比你那棚更好的防护来遮蔽炽热的太阳,它会让你感到不舒服。拿这个高高的植物当荫凉遮住你的头,凉快一下,然后再缓解你的悲痛。"②

121 当万能之主宽容先知时,他的性情愈加善良,过了愉快的一夜。但次日黎明,虫子来了,还有东风,凉棚被毁,太阳暴晒着,先知头上像先前一样热。这时恶劣的情绪又来了,先知照旧立场坚定。"还是让我死吧,比这样活着好。死,唯有一死才能使我安心。别让我活了。不!说也无用。"③

上帝再一次告诫他,但暴躁的先知听不进去,并粗鲁地回答。"他发怒了,他应该发怒,而且他至死也要发怒。"④但万能之主对他示以极大的怜悯,让他明白阴郁执拗的情绪是如何愚蠢,并语气温柔、神情和蔼地规劝他要温和,保持良好的性情,同时也对城中的人和兽明确表示关心和体贴,比先知对人类的关心、对听从其布道而皈依的门徒的关心更多。⑤

122 在《圣经》的较早部分,也就是太初之时,我们知道了人类的起源,其中到处都是这种熟悉风格、这种通俗平易的交谈,以及上帝

---

① 《约拿书》4:1、2、3。(《圣经》和合本中这一段为:"耶和华啊,我在本国的时候岂不是这样说吗?我知道你是有恩典、有怜悯的神,不轻易发怒,有丰盛的慈爱,并且后悔不降所说的灾,所以我急速逃往他施去。耶和华啊,现在求你取我的命吧!因为我死了比活着还好。"——译注)

② 《约拿书》4:4—6。(《圣经》和合本中这一段为:"耶和华神安排一棵蓖麻,使其发生高过约拿,影儿遮住他的头,救他脱离苦楚;约拿因这棵蓖麻大大喜乐。"——译注)

③ 《约拿书》4:7、8。(《圣经》和合本中这一句为:"我死了比活着还好。"——译注)

④ 《约拿书》4:9。(《圣经》和合本中这一句为:"我发怒以致于死,都合乎理!"——译注)

⑤ 见这位先知的最后一节。

与人之间的对话,①我还可以加上人与兽之间的对话,②还有更离奇的上帝与撒旦之间的对话。③

尽管这些话需要被理解为寓言或被理解为比喻或传说,但我肯定这些记述、描绘、叙述、表达和措词本身很多时候是令人愉悦和诙谐幽默的。但为了不至于错误地阐释,我还是应该试着恰当地理解这些话(无疑,善良的基督徒们,还有我们教会中博学卓越的神学家们已经这样做了),我最好避免再进一步去评析或批评。

关于我们的救世主的风格,他最严肃的斥责或慷慨激昂的演说中,以及他在辩驳、责难、寓言叙述或比喻、明喻、比较和其他较为温和的谴责方式中所表现出的辛辣、幽默和机智,都不会太激烈和威严。他对其门徒的训诫和规定的作风,他通常用来传达其教训和规矩的和悦形象,甚至他创造的(尤其是最初的④)奇迹本身也带有某种明显的喜庆、活泼,以及善良的性情,我想这些故事在吟诵的时候必然是寓教于乐的。 123

既然我在这里肯定,谐趣和幽默在犹太人和基督徒的宗教中是实实在在地存在的,我也不怀疑,别人也会认可,这些在古代的异教习俗中也一样是存在的,最初的创立者和后来的改革者费尽心思用它们来使宗教令人愉快,并纠正宗教所蒙受的阴郁和消沉。这些都是狂热的不同形态,我们已在前文详述。

我想,我们作者在别处已经说明这些创立者都是真正的音乐家,是诗歌、音乐和娱乐艺术的倡导者,在一定程度上,这些艺术与宗教是相互交融的,除此之外,我想没有再好的原因了。因为,在我看来显而易见的是,在所有宗教的初创时期,各民族都还是野蛮蒙昧的,曾倾向于最愚昧的迷信,而迷信与其他的恐惧之情导致了 124

---

① 《创世记》3:9 及以下。
② 《民数记》22:28 及以下。
③ 《约伯记》1、2;以及《历代志下》18:18—19。
④ 《约翰福音》2:11。

125　人祭现象，这个现象的性质可以从《圣经》中窥见一斑。① 我们还可以从其他历史中看到更详细的记载。

　　人们都知道很大一部分古老的异教崇拜是包含在戏剧、诗歌和舞蹈中的。尽管有些较为阴郁和迷信的修士通过装神弄鬼、谄媚奉承的低贱手段接近他们的神，表达他们对于神圣自然的低俗思想，然而众所周知，在那些年代猥琐谄媚的崇拜方式会被较贤明之人蔑视，也常被怀疑为阴险狡诈。②

126
127　　品行高尚之人进入神庙的神情仪态是如何与众不同，看看普鲁塔克，而非像许多其他作家，在他论迷信的杰出论文③和在另一

---

① 《创世记》22（指亚伯拉罕拿以撒献祭。——译注），《士师记》11：30 及以下（耶弗他拿他的女儿献祭。——译注）。这些地方与亚伯拉罕和耶弗他有关，这里引用是为了说明这样一个看法，即这些远古的勇士据说以这种恐怖的暴行为乐，这在巴勒斯坦及其邻国的居民中很常见。看起来即使是这些希伯来王对这种令人痛苦的启示并不十分惊奇。在这种场合下他也丝毫没有想到上帝的训诫，而在另一次他对上帝宽容那个冷漠、残忍、不敬、乱伦的城市难以释怀。（《创世记》18：23）可以见约翰·马舍姆的引述：“从这些事实可以合理地得出这样的结论，亚伯拉罕所受的考验不是一个新的情节，并不是晚近时候才创作的，而是为了符合迦南人先前的习俗而选摘的。”还可见博学的凯博尔关于耶弗他的论文：“在遵守这一誓言的命令时，耶弗他直接把他的女儿献祭，这就是说以她的死来完成他所许诺的誓言。”（见《士师记》11：39）

② “你不会是商人的祷告者，……不是任何人都情愿将牢骚和流言从我们的神庙中消除……你是怎么看朱庇特的呢？你想让他取代谁呢？你想用多少钱贿赂上帝的耳朵？……哦，匍匐在地的灵魂，在你心中没有神圣之物！将我们的道德带进神庙，以我们堕落的肉体来猜测上帝，这有何益处？”（佩尔西乌斯：《讽刺诗集》，2.3 6.7—7,18—19,29—30,61—63）“如果我的桅杆在非洲的狂风中倒下，那也不是因为我逃避那可怜的祷告者。”（贺拉斯：《歌集》，3.29.57—9）见第一卷第133页，又见本卷第79页注。

③ 他对日趋堕落的同胞说：“可怜的希腊人，他们的迷信很容易便迎合野蛮民族的口味，把宗教变得肮脏污秽，为人不耻，让人痛惜，信徒们神情卑怯、诚惶诚恐、丑陋不堪，行为猥琐、体态拘谨、表情扭曲、声调凄惶、言语含糊、故作愁苦、卑躬屈膝，种种丑态，不一而足……对于我们希腊人，这真是耻辱……我知道这些都是来自古人对音乐和公共合唱队规定的法律，我们在表演时应该神态端庄、表情岸然昂扬，以免有些歌唱者形成古怪扭曲的习惯。而且难道我们不应该在更直接地崇拜神的时候保持大方的仪态和昂扬的表情吗？或者相反，当我们在神庙中谨慎遵守其他规矩礼仪的时候，我们就能够忽视语气、措词和仪表方面（转下页）

篇论伊壁鸠鲁派无神论者的论文①中是如何直率地指证的,其中明

(接上页)的礼仪,反而声嘶力竭、卑躬屈膝、行为下流,违背我们先辈传承下来、涤除了野蛮蒙昧习气的神圣宗教和民族信仰的尊严和威仪吗?"(普鲁塔克:《论迷信》)

　　普鲁塔克这里提到的歌唱者的"昂扬的表情"和"大方的仪态",即 στόμα δίκαιον,在他的《亚西比德》中给予了生动描绘,这位历史学家说,那位英勇的青年第一次给雅典人带来更高雅的格调,完全弃用了雅典人之前非常钟爱的笛子。原因是"这种管乐器让演奏者看起来神态鄙俗,相貌表情怯懦难看。"关于迷信思想的真实形态或困境,我们的作者是这样描述的:"那可怜无助的心灵有时乐于保持欢喜和快活。但是由于这种宗教就是如此,因而容不下无拘无束的欢乐喜悦。公众的感恩只能是个人的哀痛。叹息和忧愁伴随着它的赞美。恐惧和战栗玷污了最善良的友爱。当它要给神庙披上最漂亮的衣装时,也只能让人忧郁,使显得苍白凄凉。当它崇拜之时,它却战栗不安。它以虚弱无力的声音发誓,带着热切的希望、心愿和激情,却只能表现在混乱不堪的外形中,它只得通过行动表白。毕达哥拉斯的观念毫无意义,他竟敢断言,当我们接近神时,我们的感觉是最好的,我们的面貌是最宜人的。因为那时,也是最重要的原因,迷信之人表现出最为卑鄙可耻的心灵状态,和最卑贱的姿态和举止,接近神性力量的神圣之光时却好像进入虎穴龙潭。我们应该控告无神论为不敬,在我看来这是极好的事情,但迷信却免遭指责。那否认神圣力量的人应该被指为不敬吗?难道那些认为神圣之物就是迷信之人所相信和描绘的样子的人不应该被视为更不敬吗?对我来说,我宁愿成为辱骂我的人……"(普鲁塔克:《论迷信》)见第一卷第41页注。我们的作者在随后一段话中说得最明白了:"无神论者不相信存在神;而狂热的教徒或迷信的信教者却希望根本没有神。如果他相信有神,就是与他的意愿相悖的:他不敢不信,也不敢质疑。但是一旦他能安全摆脱压抑他的恐惧,就像坦塔鲁斯之石悬在他头顶要把他压扁一样,他会同样很乐意抛弃奴役的思想,欣然接受无神论者的心态和观念,以作为自己最快乐的释放。无神论者不会迷信,但迷信者却曾甘愿做无神论者,尽管其思想是虚弱的,且无法相信神圣之物能是他们乐意认为的样子。"见第一卷第35—36、40—41页。

① 在谈到异教教会和他自己的时代的宗教时,他承认"庸俗的情绪真是无可救药。当然,许多更善良的人都会被发现将这种情绪与他们的崇敬混为一谈,并珍视他们宗教崇拜中的某种惊恐或恐惧的情绪,这可能会让他们产生迷信的性格;但是这种弊端每每被伴随宗教崇拜的满足、希望、欢乐和愉悦所冲和。他说:"那些最显而易见的证据清楚地表明了这一点,因为神庙之内的社会交往或公共集会,以及节日本身,还有所有其他令人快乐的聚会、游行或娱乐,都不会比我们在圣洁的崇拜以及这崇拜中的神圣献祭和礼拜所目睹和参与的活动更令人愉悦或快活。在这种场合下,我们的心情和情绪不像面见世俗的权贵、令人生畏的王者和暴君那样。在这里,我们不会看到自己奴颜婢膝,惶恐不安。只有当神(转下页)

白无误地描绘了良好的性情,高雅的古代人视其为虔诚和真正的宗教。

129　　既然我以为我已经足够严肃认真地辩护了与严肃认真截然相反的东西。我已经非常郑重地祈求欢乐和良好的性情。我已经激烈抨击了学术语言中学究作风及与之相对的礼仪中的繁文缛节。我现在已经有些急不可耐要挣脱教条的束缚,并要合理施行我的特权,即我曾主张的主题散漫、风格多变的杂感式的写作方式,这与我当下的任务和角色是相符的。

　　同时,我可能会被谴责回避了我的第三个题目。但是如果讲究条理的读者对此很挑剔,那他自己可以回头过去看看,而且如果他能够从我的第二个题目中把第三个题目提炼出来,他就会原谅我这种只随性情而不拘形式的写法所做的预先提示。我的确想要大量引述最杰出和博学的神学家们的话,以便于陈述我们这一章中的后一个题目,借更高尚的权威来表明,我们的宗教在主要方面还

130　　是具备良好性情的。但在稍作思考之后,我还是凭自己来论述这个简短的题目,即最好不要全部引述,而是部分引述。既然我正确地引述了前人关于我们宗教中阴郁一面和欢快一面所说的话,我发现我的论述毫无疑问还是均衡的,那么结论便是这样:一般来说,一个神学家多数时候是具有良好性情的,我们会发现宗教在本质上是最甜美、最使人开朗的事情,但在另一些时候,也同样很经常,我们会发现事情有截然不同的一面。

　　因此,我们可以选择喜悦或谦卑、欢乐或沮丧,相应地,我们的精神导师自己也会受到感染,①而且这或许对我们的道德和利益都有好处,由于这些相互矛盾和变化不定的言论,我们也变得更加柔和顺从。如果我们地位低下、心情沮丧,就把我们抬高一点,如果

　　(接上页)被看作是最邻近的,恐惧和惊骇才能被彻底根除,在这里我们会发现人们可以自由自在地享受快乐,去娱乐,去游戏、欢笑、幽默和取乐,乐不思蜀。"(普鲁塔克:《伊壁鸠鲁实际上使幸福生活不可能》)
① 见本卷第 39 页。

我们地位很高、情绪高涨,那就让我们沉静下来。这就是戒律。这就是权威和命令。如果宗教总是保持一副面孔,千篇一律,我们可能就司空见惯,熟视无睹。我们可能认为自己对它了然于胸,确知其真正的特征和性质。由此我们可以不受其鬼怪般的宗教导师的影响,也较少倾向于服从那些以命令和权威的方式向我们描述宗教,他们仿佛认为这种方式是最恰当和便利的。

因而我唐突地,并且要以怀疑的姿态,给我的最后一个题目做个总结,请读者参考我在前一个题目当中已经说明的问题,即,"我们的宗教在主要方面是富有机趣和良好性情的",这种说法是如何不太可能。

然而,这可能是我们擅自推测的结论,我们的宗教在某些方面无疑还是幽默的和愉悦的,对它较为阴暗的描述许多时候是言过其实,因而令人抑郁,以至于这些描述很容易激起一种与描述者的意图截然相反的情感。

杂感三

第一章

对论文作者的进一步评述。他的体例和设计。他对智慧之传承、文学和哲学的发展的评论。论修辞、叙述和感情。同胞和国家。古老的英格兰。热爱土地的人。鉴赏家和哲学家。一种趣味。

按照现代的惯例,既然我自称是一个杂感作家或随笔作家,并声明了我的特权,可以随心所欲以各种不同的方法去论述各种不同主题,只要我觉得合适,就可以运用各种体例,或者也可置之不理;我会讨论其他作品的所用的体例和方法,不过我自己的作品却会保持随意,不受其拘束。在此,我将不揣冒昧去考察我们作者的文章目前所用的方法和体例,正如在这个合集当中所编排的这样。

尽管我们作者在第一篇文章中采用了怀疑主义的傲慢姿态,但

457

我还是不禁猜度,即使在那里,他也从根本上证明自己是一个十足的教条主义者,而且清楚地表明了他有自己独特的观点、信念或信仰与任何的皈依者或信徒一样的强烈。尽管他可能佯装攻击其他的假说和体系,但他还是有自己的一套东西保留下来,并主张某种属于他自己的计划或体系,因而他目前也仅有少数几个同道或追随者。

在这一点上,我以为他的编排在很多地方都效仿追求完美的建筑师的比例,也许是那些被叫做架个屋顶,扶正斜墙,或者在哪里添个房间的建筑师,对自己这小试牛刀之作不甚满意,但自认为能指正古旧建筑的不便之处,要设计新式的建筑,并渴望在建筑学和机械学的关键方面一试身手。

134　　毫无疑问,关于学术和哲学,拆毁工作比建设装潢更有快意,给人更多娱乐。在前一项工作上,许多人出奇地成功,而在后一项工作上却惨遭失败。我们会发现无数工程师都能挖坑道、掘地基、搞破坏,还显得异常心灵手巧,唯独有一人可以建一座要塞,或给城堡铺设炮床。尽管在真实的战争中怀有同情之前,会让破坏活动显得不那么令人愉快,但可以肯定的是,在文字战场上,用体系、假说、信条在哲学领域开掘坑道,清除堡垒,却完全是另一番景象,自然地最是令人欢欣鼓舞。

让我们假设我们作者同样很好地考虑到了这一点。我们已经跟他一起清楚地看过了第一篇和第二篇文章,现在又来到第三篇,也就是我们这里看到的。我想,他如今一直在运用他的"基蚀法"(Sapping Method),和颜悦色阐明了幽默这个题目。但他只是在很
135　少几个地方略微提示①我们要更进一步,或者尝试要建立某种规划

---

① 即《关于狂热的一封信》,见第一卷第 41、43—44、49 页,以及第 27—28 页关于前人的指示,以及《共同感》,第一卷第 81 页,第 116 页,以及《独白》,第一卷第294—297 页,这些地方提及了《论美德和功德》,和之前论述过的关于感情的理论体系和谱系学,还有对考察系统方法的实践和表面上的学究作风的辩护。之后又对《道德家》中的研究做了辩护,见第二卷第 263—264 页。关于这些合编论文的线索和关联更具体还可见本卷第 189—191、284 页。

或模式,由此可见,他有意要获得真正的建筑师的资格。即使在第三篇文章里面,他还保持着同样的怀疑主义的姿态,他通过规划或假说所提出的东西还是很模糊的,未曾清楚说明,只是闪烁其词,喃喃自语,或者假装独白。他所发现的形式和方法的确染有杂感的随意风格,以至于被认为是调侃,而不十分严肃认真。他在后一篇文章①中发现自己显然就是一个纯粹的教条主义者,一个形式主义者,一个讲究条理的人,信守他的假说,其观点也如此死板,不禁让人想到大学里面一些刻板拘谨的教授。

当我们跟他站在同一立场上,去探讨这样一些严肃高深的题目时,他所合理辩护的东西显得尤为可疑。同时,因为他自己的情况在关于忠告的那篇文章中说得很明白,我愿支持他的,并以我这种杂感方式再给那些有名之辈一些忠告,不管他们是哲学家、鉴赏家或者优雅的绅士;我把我们作者本人也理解为一个接受忠告的人,我自己(如果时机适当的话)也要效仿他那种自我规劝和私自对话的方式。

但首先还是让我们看看我们作者的第三篇文章吧,他这里对一般作家以及艺术的兴起和发展的思考,可作为他的哲学的一个入口或导论,②其中我们可以看到他以这种方法提出忠告的某些原因。必须承认,尽管在人类早期就有身负卓越天才的圣人,在宗教和政治方面为了人类的伟大利益和发展确立了法则,然而哲学本身作为一门名副其实的学科和尽人皆知的职业,如我们的作者所表明,在其他各门艺术出现之前是绝不可能发达的,并且在某种程度上,其他艺术是领先于哲学的。因为哲学是最高贵和最有价值的,所以它最后才成型。它用了很长时间才使自己完全脱去诡辩家的造作之气或诗人的狂热之风,最后显现出自己那真实、质朴和公正的美。

读者也许会完全原谅我们的作者到处引经据典,他知道在现代

136

137

---

① 即《论美德和功德》。
② 见第一卷第236—239及以下。

人当中有很多人文学科和文学方面的严肃学者,对这方面的研究困惑不解,他们的观点相互矛盾,而且也不符合明白无误的事实。智慧的血脉流传确然能在自然领域清楚看到,正如我们作者也努力从历史和现实两方面来加以阐明。希腊民族在高雅艺术和科学方面是我们的先辈,所以,事实上它自己也是原创的。因为无论是埃及人、腓尼基人、色雷斯人,或是其他蛮族,都偶然在农业、建筑、航海或文学方面提出这个或那个特殊发明,它们也提出某种崇拜仪式,赋予神某个名号,发明某种乐器,举行某个节日、比赛或舞蹈,因为学界对这些问题尚有争议,但显而易见且毋庸置疑的是,艺术和科学是在希腊形成的。只是在那里,音乐、诗歌和其他艺术才获得某种特定形态,被区分为几种等级和层次。无论是哪种艺术的繁荣,或形成某种规范,或臻于完美,都要归功于希腊,并被这个唯一高雅的、最文明的民族熟练掌握并完善起来。

如果我们考虑到这个民族那种幸运的体制,他们所取得的成就便不足为怪了。尽管由不同的民族组成,这些民族的法律和政体千差万别,地处海上或内陆,散布在相隔遥远的岛屿,然而都是英才济济,通过同一种语言联合起来,因友善、开放和自由的精神充满活力,尽管几次战争让他们之间怀有敌意,却也让他们建立勇敢的议会和权力机构,因此形成了同盟议会、奥林匹克、科林斯及其他竞技运动会,自然而然,他们相互变得愈加优雅而高尚。正因如此,他们那优美丰富的语言获得了适当的标准,只是方言上存在差异,这尤其使他们的诗歌变得更加动人。以同样的方式,其他艺术也有了标准。有些被设为精华;有些体裁得到确定并被分类;每一种艺术的表演者和名家受到赞誉和尊崇;最后,即使是批评家本身也被承认并被授为各门艺术的行家。从音乐、诗歌、修辞,到朴素的历史散文,还有雕刻、雕塑、绘画和建筑等整个造型艺术,每一件作品都像缪斯一般优美而精致,被奖赏以最高的荣誉,也被竞相效仿。所以,纵然希腊人把艺术品出口到其他民族,却没有受其他民族的影响。最遭人非难的就是粗糙鄙俗形式下的原始物质。因而这个民族显然在艺术上是原创的,因为他们所有高贵的学问和科

学都应运而生①（正如我们的作者经常引述的杰出大师们关于某些
类型的诗歌的言论），都是源自对自然的提炼，源自事物的必然活   140
动和进程，它们自成一体，开启后代。既然希腊人顺应艺术的自然
发展，那么必然的结果是，当语言的力量最初显露出来时，当惊叹
的世人第一次做出自己的判断并试着品味这种雅致之美时，巍峨、
崇高、震撼、惊愕的风格最为流行，而且人们也崇尚隐喻性的话语，
丰富的形象和高亢的音韵自然而然盛行于世。尽管在公共福利和
政治事务方面，人们最初习惯于简明直白的话语，然而当讲话成为
一门艺术，而且要由诡辩家和其他假冒的大师来教授时，富有诗意
和形象比喻的风格便开始大行其道，甚至在法庭上，在公共场合亦
是如此，以至于那位大师，在上文所引他的《修辞学》那一段里②公
然颂扬悲剧诗人欧里庇得斯，指责他自己时代的修辞学家还保留
着那种异常夸张的风格，甚至是诗人，而且悲剧诗人也已经抛弃了
这种风格，至少将其大大地缓和了。但是此时希腊人的趣味正变   141
得精致。当一个叫德摩斯梯尼的人被人听说并大获成功的时候，
一种更优秀的判断力便很快形成。正如我们的作者已经指明，民
众自己现在仿照悲剧改革他们的喜剧，在一个叫欧里庇得斯的诗
人手里，更为崇高的风格达到完美。如今，在所有主要的创造性艺
术作品中，人们开始追求朴素和自然，这就是那种延续许多年代的
趣味，直到所有东西都在一个普遍实行君主制的时代毁于一旦。③

    如果读者的好奇心偶然间由此被激起，去比较古代与我们现
代，而且就是我们民族的趣味的成长过程，他可以回顾我们的先辈
在议会中的演说。他将发现这些先辈们的演说普遍地简短而直

---

① A τοσχεδιαστική（古希腊语：即兴创作的艺术），见第一卷第 244 页。在艺术的
  自然产生和自我生成这个意义来说，在古希腊这个自由的国家，这同一位大师稍
  早之前，也就是《诗学》中同一章（即第 4 章）用了这个词，谈到所有的诗人，"在较
  早时期，他们是即兴创作诗歌的"，不久之后，"对话被引入，自然本身找到了其适
  当的韵律"。（此处未参考中译本。——译注）
② 见第一卷第 245 页注。
③ 应指马其顿。——译注

白,但也用语粗俗,正是我们所谓的乡谈俚语,直至学问开始受到欢迎,科学也为我们所知,这一状态才有所改变。当我们的国王和议员们成为了学者,他们就像学者一样说话。继而学究风格流行起来,从宗教改革时期文学的萌芽,一直延续下去。看看那些写得最好的文章,受人赞美的评论、演说或者布道,经过好几个朝代,直到我们可以算作是当代的较晚时候,人们无疑会发现,时至很晚近的时代,讲话的风尚、机智的格调才采用比喻和铺排的方式。那些语调高亢的句段、牵强附会的比较、反复无常的观点、华丽的辞藻最受欢迎,而清晰或自然的风格则最受鄙视。所以必须承认,在刚刚过去的时代里,我们的趣味是非常低俗的,或者,如果说我们的趣味实际上得到了提高,那也只有含蓄不露的自然质朴的风格才真正是最巧妙的,才最能体现优雅、真实、精致的趣味,我们在上文已经非常详细地讨论了这一点。①

因而,说到我们作者的哲学本身,它就隐藏在这篇文章当中,但在下一篇当中却更为明确而符合规范,②我们将根据他自己的方法逐步深入,因为如果没有很好的准备就突然进入他关于社交感情和自然感情的抽象推理和道德研究③——他非常细致地考察了这些,我们就不能充当他那愉快的助手和幽默的阐释者。

在所有的人类感情当中,最高贵、最合乎人性的就是对自己国家的爱。也许这是所有人都很容易就承认的,人们都拥有一个国家,被称作一个人民,享受着能在其中获得自由和独立的真实的法律和政体所带来的幸福。④几乎没有同胞或自由民会如此堕落,以

---

① 本卷第 21 页,也见第一卷第 257—258 页。
② 即《独白》,第二卷第一篇。
③ 即《论美德与功德》,第二卷第二篇。
④ 由武力聚合起来的一群人,尽管受单一个首脑的统治,却不能被真正叫做统一。这样一个群体也不能构成一个民族)。只有社会盟约、联盟、一致认同,并建立在某些共同利益和兴趣之上,才能把一个群体中的成员结合起来,使一个民族凝聚为一体。绝对权力会抹杀公众。在没有公众或法律的地方,就不可能真正存在祖国或民族。见第一卷第 105—107 页。

至于直接羞辱或谴责对他们的共同体和民族同胞的爱。间接地反对这条原则的做法倒是经常存在的。我们通常会听到这样一种抱怨:"在世界上没有一种如此长久的爱。"从此人们就急于得出这样的结论:"在我们的本性中,很少或根本不存在友善或社会性的感情,或者它们不是人类所特有的。"然而显而易见的是,没有一个人不怀有至少是某种次一级的或较微弱的对于一个国家的自然感情。"我们自己的国家有一种甜美吸引着我们。"①

当我们试图把这种广博情感的本质和基础归结为仅仅是泥与土的关系,唯独要排除所有意识的、情致的或精神的因素时,我们会将此看做是人性中可悲的一面。我必须承认,所有自然感情都在某种程度上依赖于某种关系或比例。② 我也承认,我们每一个人都与纯粹的土地本身,与这个星球的土地或表层存在某种关系,我们(可怜的爬虫!)与其他种种动物受到其抚育和滋养。但是,如果有一个英国人恰巧出生在海上,难道我们就不能正确地称他是英国人吗?因为我们与某块土地或区域没有明显的关系,就不允许我们有任何同胞,除了与水生动物和海妖之外就不能有原始的友情? 当然,如果我们在法律上生而为农民,合法地劳动,并受到法律的保护,不管我们之后被禁闭,被遣送到不管哪处殖民地,或者出于偶然为公共事业或人类去远征冒险,我们还是发现自己随时都有权利声称自己有一个家或国家。我们应该有义务把自己看做是同胞,允许像这片土地上的多数岛民或当地居民一样真心诚意地爱我们的国家或民族。我们的政治和社会资格毋庸置疑地得到显现,并被承认是我们族类自然的和本质的资格,正如父母与子女的关系一般,这便有了我们特地称之为自然感情的那种东西。或者可以假设我们的血脉和父母并不为我们所知,在这个意义上我们与社会中其他人就是兄弟,但出于天性和教育我们仍然坚定拥护某个国家,或者说很高兴拥戴一个官员的保护,这些必然地、凭

① 奥维德:《来自蓬托斯的书信》,1.3.35。
② "礼节视亲疏而定。"埃皮克提图:《指南》。

借自然的力量使我们自己融入其中普遍的人类社会,特别是融入
146 到与我们有更近的利益交往和更亲密的感情共鸣的人群当中。因
而这种情形几乎被看做一种狭隘思想的拙劣借口,把这种面对社
会和国家的自然情感等同于菌类或一般的赘生物与其母体或宿主
之间的关系。

同胞的关系,如果真的存在的话,必定意味着某种精神性和社
会性的东西。这个观念本身预设了人类一种自然的社会和政治状
态,也与社会的特定构成部分密切相关,我们因为社会才获得作为
人、作为理性生命的优势,因此自然且必然地为着相互的幸福和安
宁、为着最高的幸福和快乐、为着"心灵的交流、理性的自由运用和
相互的爱和友谊"而团结在一起。①

现代人当中有一个天才的医生,专心研究植物和动物对于地球
的自然依附关系,并观察到两者都从地球中得到源源不断的给养
(有些扎根和固定于其出生地,有些在一个区域中往返迁徙以获取
147 食物),我记得他因此把后一个动物物种叫做"她已成人的儿子",
"获得自由的大地之子"。② 如果这就是我们评判人类的唯一方式,
那么我们可以把自己都叫做地球的儿子,而不是某片特定土地或
地区的儿子。气候和地区的划分是虚构和人为的,特定国家、城市
和省份的界限更是如此。我们的大地之家(natale solum)或地球母
亲必然因这种解释成为一个负载我们的真正的球体本身,就此而
言,我们必须允许所有动物,甚至是所有等级的植物因这共同的父
母而有权与我们建立兄弟关系。

按照这种计算方式,我们必然会把我们的亲属关系扩张到整个
物质世界或宇宙,只有这样,这些关系才算完整。但对于地球上特
定的区域或地带来说,也就是通常我们所谓的国家,不管如何有限
或在地理学上被分割,依照这样的道理,我们都从不能与其建立任
何合理的关系,因而也不可能对它有任何自然的或内在的感情。

---

① 见第一卷第 109 页,也见第二卷第 310 页以下。
② 原文为拉丁文: filios terrae emancipatos。——译注

一个人如果不幸出生在一个客栈或肮脏的村庄,我想他不会
把自己局限在如此狭小的地方,只从离他最近的东西或其出生地
的环境接受一个名字或一种性格。人们不可能就此指明一个小村
庄或教区,以及一个郡或县的特征,无论它们如何富裕繁荣,并以
此为自己国家起一个尊称或称号。"那么我们又能怎样称呼我们
的国家呢? 就是英格兰本身吗?""但苏格兰又怎么办呢? 它又是
不列颠吗?""那其他岛屿又怎么办,像北奥卡德斯岛(Northern
Orcades)、南泽西岛(Southern Jersey)和格恩西岛(Guernsey)?① 各
个种植园,还有贫穷的爱尔兰呢?"看看,这样划界也是很可疑嘛!

但是,如果是一个被征服或奴役之地,那又如何? 如果是一个
移民地区呢? 如果是民族分裂,或者放弃我们的出生地而迁往其
他地区呢? 我们知道,我们先辈那里就发生过这样的事情。一个
像我们后来一样伟大而强势的民族,处于自由的地方议会和宽容
的政府的治理下,难道我们会重新堕落到奴性的准则,或被对自身
毫无自由思考、对欧洲或其邻国更无自由思考的首领统治,我们最
终会感觉到内战来临,此地就是内战的中心,并最后变成一块被征
服之地。那时我们可能会很乐意向往我们前辈的恶劣环境,拿我
们心爱的故土与遥远荒芜的地域交换。既然这可能就是我们的命
运,某些庞大的殖民地或人群随后在我们的废墟之外建立起来,或
者奇迹般地在某个遥远的地方会合,那么未来就不存在英国人了
吗? 没有结盟和友谊这样共同的纽带让我们像之前那样称自己为
同胞? 天哪,我们是怎样得到英国人这个古老的名称的? 这个名
称不会随我们跨过陆地和海洋? 我们的的确确不会带着这个名称
从比德国更远的地方回到这些岛上吗?

必须承认,我有时很讨厌我们的语言,因为它不许我们使用
patria② 这个词,除了 country 这个词之外没有提供其他词汇来表示

---

① 北奥卡德斯位于苏格兰以北,南泽西岛和格恩西岛位于英吉利海峡靠近法国的
地方。——译注
② 意为"祖国"。——译注

150 我们天生的共同体,country 这个词已经包含从人类或社会抽象而来的两重不同的意思。① 流行词汇有着强大的力量,极大地影响我们对事物的理解。这个影响是否来诸如此类的原因,我不清楚,但可以肯定的是,在文明国家或民族这个观念中,我们英国人倾向于混合某种不仅仅是庸俗和粗俗的东西。受惠于一个体制如此之多,而受惠于土地和气候如此之少的人,不会对一个人无动于衷,却对另一个人充满情谊。人们从我们同胞的普遍话语中可推想,靠近幼发拉底河、巴比伦或波斯的最肥沃的土地,丰饶的埃及平原、希腊的坦佩谷、罗马的坎帕尼亚、伦巴第、普罗旺斯,西班牙的安达卢西亚,或者东西印度的富饶地带,相比于古老的英格兰都是不值一提。

因为这片土地上令人尊敬的爱国者留下的优秀传统,我可以斗胆说,我认为古老的英格兰在所有方面都只是个非常平庸的国家,而较晚的英格兰,有一两个时代,甚至是自贝丝女王(Queen Bess)②

151 以降的时代,的确有所好转。在她祖父统治时期的开始,③我们处于某种优雅高贵的荣光下,仅有的自由就是与欧洲同样有流行的君主制和哥特式的贵族统治。④ 在宗教方面,我们确实是独树一帜,因为我们绝对服从于我们本国的牧师,也是海外圣座⑤的最好的朝觐者和仆人。⑥

然而,我必须更进一步说并承认,我认为自革命以来的英格兰在很大程度上要比古老的英格兰好,相比于几个朝代之前,我们在欧洲的地位更加显赫。但是,无论我们的民族最近如何繁荣起来,我们的名声和荣誉如何提升,我们的贸易和航海、我们的制造业或农业如何发展,但毫无疑问的是,我们的地理位置、气候和土壤,从

---

① Rus et region(拉丁文:国家和地区。——译注),用法语说是,campagne et pays。
② 亦即伊丽莎白一世。——译注
③ 即亨利七世。——译注
④ 通常指依赖于土地贵族的政体。——译注
⑤ the holy see abroad,特指罗马教廷。——译注
⑥ 应该指古代英国的天主教徒每年要向罗马教皇缴纳一便士献金。——译注

本质上而言还是完全一样的。无论我们认为自己变得如何高雅，也必须承认，我们在欧洲还是最近的野蛮人，是最后变得文明或优雅的民族。我们必须认识到，我们第一次被罗马人征服使我们的国家甚至比不上印度的部落，我们最近一次被诺曼人征服使我们只能从海外接受艺术和文明成就。这些东西已经倒了第二手或第三手，从其他宫廷、国家、学院和外国的智慧和风尚的发源地一步一步远道而来。

即便如此，我们对自己自视甚高，好像我们敢于说自己就是人类始祖、地球的长子。我们的主人屡次更迭，连续几次与征服者的人种混杂，但我们仍然声称自己就是我们土地上合法的、真正的占有者，正如古代的雅典人视自己一脉相传。然而很明显，在那个真正古老的、贤明的、智慧的民族中，人们拥有美丽的疆土和高贵的国家，所有科学、智慧、教养和风尚方面的巨匠和优胜者，但从不自负、自私，从不蔑视他人，恰恰相反，"对外族哪怕是有一点精巧和新奇的东西都充满敬慕"。他们中伟大的人物总是旅行者。他们的立法者和哲学家远航到埃及，深入到卡尔迪亚和波斯，访问过散布在爱琴海、意大利、亚非洲沿岸的岛屿上的各希腊城邦和殖民地。对于伟大的哲学家来说，纵然是一生贫寒，如果"他从未旅行，也不曾走出雅典以求提升自己"，这真是个奇迹了。雅典人的思想是多么谦虚啊！

反观我们自己，我们既不在意外国人来我们这里旅行，也不想我们应该到外国去旅行。① 我们的政策和传统看起来就是"极其

① 这就是我们彻底文明化的标志，因为按照高雅贤明之士的看法，这种不友好的倾向曾被看做是野蛮的主要标志。所以，斯特拉波（古希腊地理学家——译注）从他之前的其他作家那里发现，驱逐外国人是所有野蛮人的共同习惯。古人的 $Z\varepsilon\acute{u}\varsigma\ \Xi\acute{\varepsilon}\nu\iota o\varsigma$（宙斯）是一个性格严肃的人：至高的神的特质是对人类仁善，倡导普遍的爱、相互友善，对最远方的人和非人之物要仁慈。因此他们神圣的诗人是与他们的神谕相符合的，因常赞同这个信条而为人所知："外乡人，按照常礼我不能不敬重来客，即使来人比你更贫贱；所有的外乡人和求援者都受宙斯的保护。"荷马：《奥德赛》，14.56—58（这里引自中文版，《奥德赛》，王焕生译，（转下页）

蔑视异国,将我们的视野局限在极狭小的圈子里,鄙视所有非国产的知识、学问或礼俗"。坚决鄙视除了他们自己的所有现代民族的最高雅的东西的人是不会尊重古人的,不会认为古人在文学、教养或哲学方面有所成就。

我们同胞的这种习气不管是出自何处,我担心周围人们对于我们作者怀有偏见,他意在提出某些新东西,至少是与当下哲学和道德学所不同的东西。为了支持自己的意图,他主要阐明这样一点:"为了最大的利好,我们如何从我们内心发现高雅生活所谓的品味或者良好趣味。"

155 的确,他尽可能从我们自身出发,并带我们进入到所有对话最隐秘之处,即独白或自我对话。但在他看来,如果不先与世界交流,这种交流就是完全行不通的,并且与世界的交流越是广泛,这种交流就越是顺畅和深入,他认为这一点是有望得到证明的。从富有意义的自我交流艺术这个源泉,他引出了古人在智慧、知识和机智方面的最高雅、最优雅的对话。据我们作者来看,复活自我交流这项实践的最有效的方法就是对最高雅的现代对话展开探讨和研究。为此,我们必须努力走出我们所谓"家乡"这个圈子。就此而已,我们作者似乎不指望得到他的同胞的赞赏和包容,倒是想博得愿与世界进行开放自由的交流,乐于集思广益的人理解,这样的人才能判别优中之优者,才能遵循各个领域的正确标准和真正趣味。

156 也许我们应该赞成我们的作者,哲学家正遭遇到的嘲讽或戏谑

(接上页)北京:人民文学出版社,1997年版,第256页。——译注)。还有,"我们辟居遥远,在喧嚣不息的大海中,远离其他种族,从没有凡人来这里。现在到来的这男子是个不幸的飘零人,我们应该招待他,一切外乡人和求援者都是宙斯遣来,礼物虽小见心意"。荷马:《奥德赛》6.205—208(这里引自中文版《奥德赛》,第111页),还有,"[阿里斯柏城,生活富裕,讨人喜欢,]他的家傍大道,热情款待过往客人"。荷马:《伊利亚特》,6.14—15(这里引自中文版《伊利亚特》,罗念生译,《罗念生全集》第五卷,上海:上海人民出版社,第143页。——译注)。还可见荷马:《奥德赛》,3.34ff,3.67ff,4.30ff,4.60。这边是古代异族人对全人类的友善和宗教责任,这些都是不同的民族,信仰各异。见第二卷第165—166页。

也正是这个时代的鉴赏家或有高雅智者们所同样遭遇的。这后一种概括的称呼包括真正的典雅绅士、艺术和机智的爱好者,他们见多识广,熟稔欧洲各民族的风尚习俗,搜罗古代遗物,思考政治、法律和体制,探察各自城镇的人情民风、仪容美化,他们的建筑、雕塑、绘画、音乐,以及他们在诗歌、学问、语言和谈话中的趣味。

　　迄今为止,这些领域还容不下嘲讽,也没有给讽刺的机智或戏谑留下任何空间。但是如果我们把鉴赏家性格这个问题再推进一小步,带领我们优雅绅士进入到更细微的研究中,如果我们从全人类及其各种活动的角度来看,我们那博学善思的天才和自然作品的细致考察者,会带着同等的甚至更大的热情去沉思爬虫的生活、水中贝壳类生物的构造、习性和生存方式,如果他建一个形式得当的陈列架,并将其看做自己心灵的真实布局,填充以相似的空洞观念、虚幻怪想这些垃圾废物,他就会真的成为戏谑的对象,成为通常谈话的笑料。 157

　　更糟糕的是那些低级的鉴赏家。在急切搜寻稀奇古怪之物时,他们为了稀奇而爱上了古怪。这些绅士为了这些研究和爱好是如此劳神费力,最后生生地变成了怪物,他们整个乐趣就是扒捡琢磨那些最稀奇古怪、最不同寻常、最旁门左道的东西,完全不理会自然存在的事物。

　　在哲学领域,情况恰恰与这些鉴赏家的谬想相合。我们假设有一个人决心要施展自己的悟性来完美实现这种目的,想着"那是什么或那是谁;他来自哪里或现在怎么样;他意欲何为;他的禀赋和气质适于什么样的事业",如果他倾心于这些问题,审视自己内在 158
的天资和能力,或者如果他好高骛远,追究超出自己身边的同类、城镇或社区,去发现和认识身为其中一员的更高等的共同而普遍的国体或群体,那么他肯定不会随意去蔑视或讥笑。相反,最优雅的绅士最终还是被看做白痴,只是讨论些关于尘世和人类的知识,从不思考关于他自己,或者关于那个真实的公众和尘世的性质和规律的学问和知识,只有在这里他才能生存下去。"我们是谁,又为何而生?"①"我们在哪里? 身处哪个穹顶之下? 或在哪艘船上? 又去往何处? 为何而往? 受谁的引领、约束或保护?"这些是每一个有理智的人都自然要问的问题,如果突然闯入一种新生活的话。

159 如果一个人来到这世界上,秉有理性和理智,但却从未严肃地问过自己"我们在哪里,我是谁?"反而专务其他学问和问题,唯独把这个问题置之度外,视为无物,或者留给他人思考,委托他人为自己理解和探究这个问题,那他真正是令人佩服。在这些问题上胡乱猜测,受人蛊惑,视为无足轻重! 凭借我们的判断力,我们谨慎细微地考察关于他人的事情,以及与我们自己无所瓜葛的世界的利害,可是与我们自己密切相关、利害切身的事情,我们倒谦让于他人,拱手相让于外人,那我们在依靠谁的诚心善意来安身立命呢?

我想,这里的嘲讽针对的不是鉴赏家或哲学家,而是仇恨哲学者。正如其原初的意思,哲学有时被看做是生活和风俗的主宰,他不可能教人学坏,无论存在什么偏颇,无论后代人证明其多么荒

160 谬。但是如果让我们像通常的纯粹的鉴赏家一样看待哲学,我们会发现,无论地位高下的教授都足以被尖刻嘲讽。他们都徒有其表。他们整日刻苦钻研与我们自己毫不相干、与我们或社会和人类全无关联的外在事物;探究自然中最辽远的活动、最深奥的秘密、最难解的现象,做出些异想天开的解释;建立空洞的假设和体系;把宇宙整个解剖;把那些著名的体系肢解简化,②给那些一知半解的人作为捷径和诀窍。到时候,天地万物都让人一览无余,通过演变、嬗变和真正哲学秘笈,物质世界可以塑造任何东西;同时在知性领域,由形而上学的切分排列而成的框架便可以解决逻辑学、伦理学或实际科学中的任何难题。

由此可见,哲学和鉴赏在性质上是一般无二的。在这些事情上,最危险的莫过于错误的选择和运用。但是,它们那些愚蠢的管

---

① 佩尔西乌斯:《讽刺诗集》,3.67。
② 见第二卷第 184、190 页。

理者们开展的这些研究不管多么荒谬,他们每一个人却都看似天
生就有优雅绅士和明晓事理之人必备的性格。

从其正确的意思上理解,去研究哲学不过是把教养提升到更高
的层次。因为教养的完善就是去学习交往中的礼仪和艺术中的
美,而哲学的要旨就是去学习社会中正确的东西、自然中美的东西
和世界上富有秩序的东西。

不是机智,而是性情,才能造就有着良好教养的人。同理,不
单是头脑,而且还有热心和决心,才能造就真正的哲学家。这两种
品质志在卓越,追求正确趣味,唯以优美得体为典范。因此,每一
类人各自的品行和风度都得以规范,有人崇尚闲适恬静和社交中
的健康娱乐,也有人追求人类和社会的切身利益;有人遵守他在自
己民族中的等级和地位,也有人顺应其在自然中的位置和尊严。

这些事业或社会群体本身是否合宜得当,这是我们必须要明白
的重要问题。教养良好的人已经明白自己的处境,并声称要过一
种体面的生活,无论他做什么,他都只考虑属于自己的东西,再不
务求更多利益。而冒牌哲学家却不知道该做什么,或者如果他知
道,也还是不知道如何持之以恒,实现其目标,就像跳梁小丑或花
花公子在教养和品行上的表现一般。因此,在我们作者来看,美的
趣味和得体、正确和友善的品味会使绅士和哲学家的性格变得完
美。而对这样的趣味或品味的研究,如我们所设想,才是他应倾力
和关心的,一如他渴求明智而善良、温和而高雅。"我所关心和追
问的是何为真实、何为正确,为此我全力以赴。"①

第二章

进一步阐释趣味。趣味的嘲讽者。他们的机智和真诚。趣味
运用于行政和政治。国家的虚伪性格。年轻的贵族和绅士。追求
美。哲学预修。

---

① 贺拉斯:《书札》,1.1.11。

到此为止，我相信我自己已经充分投入到我们这位自我对话的作者的方案和计划中，我也担当其为他辩护的责任。他的主张在第三篇文章中表达得很清楚，那就是将道德，以及在较通俗意义上的风俗树立在相同的基础上，将哲学——看起来是个很棘手的题目——在所谓合宜和高雅的基础上加以推进。① 正因为这样的方法和谋略，作为他的阐释者或释义者，我说过，我打算效仿追随他，我这种杂感风格也允许这样做。

164

因而，我们共同努力的目标必然在于：表明在高雅世界中最为可爱迷人，最给人快乐、娱乐的东西，如果不先培养起一定的趣味，那就无论如何也无法得到解释、赞扬和确立。人们以为，一种趣味或判断力不可能是我们一出生就形成的。无论我们掌握了什么样的原则和原理，无论我们具备哪些不经任何艺术、培养和帮助而自然形成的良好的官能、感觉或预感和想象力，我们对于由这种才能而来的普遍观念和对于所有这些被追求和尊重的、可取的和重要的对象的清晰认识，我想，没有人先天就已具备。要理解和领悟这样一个博大精深的领域，就必须先运用、实践和培养。若没有先行在批评上辛勤实践，就不可能获得一种合理而正确的趣味。

165

为此，我们不仅要为批评家的事业辩护，而且还要向那些懒散惰怠作家、演奏家、读者、听众、演员或观众公开宣战，他们竟把自己的一时兴趣当做美和适宜的法则，而又对这一时兴趣或奇思怪想不做任何解释，拒绝批评或审阅的艺术，然而，如此他们便不能发现每一个事物中真正的美和价值。

根据这些生涩的评论家施加给正确批评家身上的虚假嘲讽，所有真正的艺术或自然的美给人的乐趣全然丧失；即使在礼教和风俗方面，我们也将很快变得像在玩乐消遣上面一样粗俗。然而，对于这些讨厌批评家的人来说，他们还不是如此粗鄙或缺乏交往意识，以至于坚持"最野蛮的生活或粗野快乐，如最雅致或高雅的快乐一样令人艳羡"。

①见第一卷第336页及以下。

对我自己来说，当我有时听说禀赋出众之人很乐意像泼妇骂街一般斥责批评家，我真的认为他们是一心想要压制崭露头角的年轻才俊和他们的对头，因为他们总是躲避人们的评析和探究，而这正是好的作品和判断力所依赖的。我也曾多次看到教养良好的人，真正有良好的趣味，蓄意讨好别人，迎合社交场合中女性们的兴趣，这便是暗自鄙夷批评家及其工作的征兆。"讨厌鬼！"有个人说，"你说得对，他们就是一群粗鲁无礼的家伙！好像没有他们的帮助，人们就不知道美为何物。是的，人们不应该妄自尊大。假如有一千个批评家告诉我说，A先生的新剧作并不是世上最有情趣的作品，那我就用不着搭理他们。"

这个耐心倾听——也许是他自己——的有智之人补充说："他以为这还是个高深的东西，事关人们的消遣和娱乐，他们应该有义务选择令别人而不是自己高兴的东西。"说完他便进了剧场，发现他的女伴们正在胡乱推荐或赞赏。他转向旁边的人，窃窃私语："你觉得我那些同伴的品味如何。"

这便是世道之险恶！那些呕心沥血获得艺术上的真正趣味的人，应比毫无趣味之人优越，或相比之下显出后者的荒谬而感到欣慰。在书籍或画作的拍卖会上，你会听到这些绅士劝说所有人"竞拍他想要的东西"。但与此同时，他们会清醒地束手囊中，如果他们因此而被称赞有好的判断力，人们会发现他们只是凭一种错误的偏好或恶劣的趣味来选购。这同一位绅士称赞其邻居订购的花园或套房，因为是他的兴趣支配了这位邻居，但他只在乎他自己的花园或套房应该如此设置，以此作为给他人的最好的意见。他自己曾是个鉴赏家，或对这些东西略知一二，他的目标不是要改变事物本身，把真理和自然融入自己的性情，而是远离自然和真理，还仿佛是发现了自然和真理，最终把自己的怪癖和谬想等同于自然和真理的标准。如果他在更高层次的领域依然如故，他还的确可能也成为聪明和伟大的人，正如他已经是一位优雅的绅士。凭借这方面的某种趣味，他知道如何设计自己的花园，布置自己的庭院，设计自己的家具，装点自己的台桌；从别人

166

167

168

那里,他学到了这些消遣在生活中有何意义,对于一个人的自由、幸福和享受有何价值。因为,如果他试图切实获取关于生活的真正学问或趣味,他必将发现,健全的心灵、慷慨的感情要比外在世界中的所有匀称有更多的美和魅力,真诚而淳朴的性格比饰品、房产和职位等所有身外之物更有价值;为了这些身外之物,高尚之人往往变成流氓无赖,为了战战兢兢保住低贱职位而放弃原则,出卖荣誉和自由。

在日常生活中,一点较好的趣味,哪怕只有一点点,如果说得正确的话,也会改良作风,确保我们高贵同胞的幸福,他们在公众169 生活中有着优越的地位和可敬的性格。但是如果长期沉浸于其中,他们的价值就要堕落。以内在德性、荣誉和人格换取肥马轻裘、钟鸣鼎食、功名利禄等夸饰炫耀之物。

他们可能认为这是个聪明的交易。但是经过之后,人们便发现亏损巨大。事实上,他们出身于荣耀先辈、护国英雄,以及为国家的自由和幸福而牺牲的烈士;他们也许受祖上荣名的庇荫而踏入仕途;他们也许因此而终享尊贵,且以为功德圆满。但是,当他们为富贵而改变其诚朴本分,为虚幻的一己私利而出卖其事业和朋友,他们很快就会发现自己丧失了生活的品味和趣味;以友善亲切的美名换得诚惶诚恐为了肮脏浮名,只有那友善亲切的美名才真实而持久,并给人美好的感觉。往后,他们可能就会行为乖张,却自以为举止得体,而且还听到有人以优雅、卓越、正义之名来赞美170 他们,却不知是对他们的讽刺和戏弄。他们甚至还煞有介事地听人评说他们的荣誉和价值、他们的节操和他们的国家。但他们更了解自己的内心,最后也有机会发现世人都更了解他们,他们那少数几个朋友和仰慕者要么才智浅陋,要么厚颜无耻。

这种交易和买卖不单单在一个群体中进行。我能想到一个著名的爱国者,也是我们国家宗教派系中很有声望的中间人物,服务多年,干过许多职务,作风稳健,素以狂热维护其派系而闻名,嫉恶如仇,突然间(当丰厚的回报摆在他眼前时)也加入那种交易,待价而沽,最终晚节不保,落得个卖友叛国的恶名。

另一方面，我还能想到相反的一个派系中有一个人，在教会和政府中主张自由，憎恶对宫廷奴颜婢膝，而是恪守原则。就是这个人，在众多公共职位上长期效力，我却看到他极力钻营，以寻求宫廷的恩宠，而且还打着爱国者的名义。但也许是在这条路上少有收获，因而被迫改变其性格，终而成为一个替宫廷歌功颂德的人，成为一个违背其本性的弄臣，曲意逢迎到了卑鄙下作的程度；他将自己乔装打扮成一个改宗者，但其原有的信条还是没有被宫廷和他新加入的派系忘怀。

这样一个人的精神或品德越是伟大，其奴性也就越大，其负担也越重。最好是他从未发现对公共利益有如此大的热情，或从未让自己在那个派系中脱颖而出，那就不会由于为王室或国王的个人意愿、欲望或乐趣而牺牲国家利益使自己蒙羞。他的派系因此会少受多少玷污呢？在一个奴性十足的民族中，他会少沾染多少奴性？如果他是现今丹麦或瑞典——自打这些国家丧失自由以来——乞丐大军中的一员；如果他生活在一个自由国家，人民安居乐业；如果他意识到自己在政府事务上并无天分，或无机会为人类的利益施展才华；如果他在一个专权暴政的政府中，为了明哲保身而将自己的能力用在阿谀奉承、殷勤谄媚之事上，他又哪里会遭受如此耻辱呢？即使在这样艰难的环境里面，严格来说，这样的趣味仍然是错误的，在一个恰恰相反的环境中，这样的趣味岂能被宽恕！假设我们这位朝臣不仅是个英国人，而且还是古代英国爱国者的子孙后代，而这些爱国者向来遏制宫廷的荒淫无道，鞭笞曲意奉承之人，替君王涤除竖子弄臣；假设他家财万贯但清心寡欲，绝无奢华淫靡之作风，我们又怎么会将他这种作为当做借口托辞呢？我们又怎么解释他舍弃真正的智慧、坦诚、正直，而喜好奸猾狡诈的怪癖呢？

对于那些骄奢淫逸、傲慢自负的富家子弟来说，其趣味的腐败是较容易理解的，假使他出生在显贵之家，祖德昭彰，同时家资丰厚，心思放纵。即使是环境本身也可以成为他如此被诱惑的原因。

他对于外在事物的雅致爱好，①可使他忽略内在性格和尺度的重要；他对于让人误入歧途的奢华堂皇的喜爱，使他想象尽为场面、花园、车马、齐整仆役，以及绅士的各种装扮所充斥。极力炫耀其荣名和慷慨！"在城里，有豪宅名器，在乡村，有亭台楼阁，皆为先辈所未见，大英之地理稀有！"

年年岁岁花相似，只是岁入不敷出。"这其中哪项可少得？如此铺排又如何弥补亏空？"对君王般豪华的痴迷不曾想到这些问题，只有做君王的奴婢、仰仗宫廷才能维持。

174　　　年轻的绅士们竞相效仿，只是获益甚少，哪怕他肝脑涂地。他自己只是难以脱身。他也无法轻易走出这个步步陷入的迷宫，而不再像当初正直清白。"终不再趾高气昂，曾经往来有权贵，谈笑唯显要，一意孤行！现今才知道自己需要什么；再也没有心力趋炎附势、舐痈吮痔：忠实之人避之不及；无良文人骂其险恶无耻。"直到我们的绅士完全寡廉鲜耻；直到他嗤笑公共美德和公认之善；直到他公开摒弃荣誉和忠诚的信念，他才必须千方百计逃避他曾欺骗之人，躲闪曾熟悉交好之人。

这就是错误的骄傲和无知的自尊的代价，其内在性格必然卑鄙低贱，其外在仪容必然粗俗可恶。

175　　　还有另一种巴结权贵者，以内在品质和自由换取外在利禄，对于此类人，人们自然要给予同情。他们本身仁善慈悲、友好和善，热爱其国家和人民。也许他们甚至真心体恤穷苦，而不宽恕有害内心自由或民族解放的事。但他们自己人格里又坚持什么，跟随他们的人也不知道他在坚持什么。最善良、最高贵的感情被过分的追名逐利击败了，被亲信至交之情击败了。

这些被利禄俘虏者不屑于效劳任何国王或职务，他们的目标是彻头彻尾的专制，容不下他们民族的真正利益。在他们不很堕落

---

① 见第一卷第 139 页。

的时候，他可能还敬拜临门的神庙，①辅佐他们懒惰的主人，追随他们的庇护人的步调，挽救其毁坏的名声。

维护忠实的品性就是如此辛苦，因为只是命运之过便能使人不忠。但是说到因事业发达、地位擢升而起的骄傲或傲慢则与此极不相同，人们发现这些性格善良之人的作为也大不相同。因为，尽管他们先前耿直严厉，如今却变得奴颜媚骨。尽管从前在国务政事上言谈刻薄专横，而今却讷言慎行，最喜趣闻轶事，不问大事，只言个人升迁。

这样的做派既成就美德，也败坏美德，既放荡不端，也高尚清白。在一个自由的国家里，每一个损公肥私的位高权重者都以谦卑恭顺自许，但在步步晋升的途中就直接露出傲慢不逊来，这便是品行可鄙，缺乏理智的表现，即使在狭隘的利益和个人福祉上也是如此。

我们终究看到，支配一个人的不仅仅是我们所谓的原则，而是趣味。他们可能认识到"这是正确的，那是错误的"；也可能相信"这是罪过或罪孽；或遭人怨，或遭天谴！"然而，如果忠实成为物欲的障碍，如果欲壑难填，食不厌精、目不厌丽，那其作为就必不可免要转向错误和遭天谴的那一面。

我担心，即便是出于宗教戒律的良心到时候也是无足轻重，在此，这种趣味迷失了自己。普通人倒可能良心发现。在牢狱之灾也不足为惧的地方，那就是恶魔当道、地狱大开的地方。但这就是所谓自由、高雅、风流之辈的本性，他们绝无儿童少年的天真，浑然不想他们在社交中的礼仪要在未来遭受赏罚，终其一生都认为神圣的教诲比不过童言儿戏或俗人的游戏。"即使人不得澡盆的婴儿、孩童都不信……地下有幽魂和阴曹。"②

为了改正我们慷慨少年在生活上的趣味或品味，我想我们有必

① 《列王纪下》5。（亚兰人的元帅乃缦得了大麻风，有先知以利沙献计相救。乃缦从此发誓只拜以色列的神，并求神宽恕其仆人曾经拜临门庙。——译注）
② 尤维纳利斯：《讽刺诗集》，2.149。

要说得更透彻些。因为这道理终究会为人所认可。在这方面我们只考虑年轻一代。有些人希望这些道理需要常常铭记,而其他人则冥顽不化。一个人到了中年还是无赖,无论怎么虔诚或正统,还有点让人奇怪;但到了老年仍然如故,那就不足为怪了;但一个人年轻时就无赖(天可怜见!)倒真有些让人稀奇。我总是无限敬仰一位杰出之人,他在初次见到一个年轻能干的流氓时说:"当他看待人性瞬息万变,他也会为之震颤,他感到一个年轻恶棍的榜样要比所有活着的年老无赖的手法和伎俩,对他的家乡是更大的灾难。"

179　　　那就让我们照此对我们上流社会中的年轻人们说一说。假设有这样一些人,他们的品味尚未固定,但在道德上的趣味却已形成,正如他们外在的风度仪表是这样。

这后一种趣味确实是有标准的,人们一见到就会立即承认。争议只在于:"哪个正确,哪个举止自然,行为端正,哪个又造作虚假?"没有人敢说自己不知道,难以断定什么是教养良好,举止得体。少有人造作如小丑,断然否认有良好的教养,不知外在风度仪态的美。既然如此,无论他们在哪里发现这些东西,我就不必再费神去证明这些东西也就是内在情操和节操的美。

180　　　无论谁,只要领略到我们所谓文雅或高雅,那他就已经熟知行止礼仪了,因而他也会承认在审视和静观这些东西时感到快乐和享受。如果在高雅的快乐方面,对美的研习和热爱是关键,同样的,对匀称和规范的研习和热爱也必然是关键,因为美就依赖于这些。

对于外在的匀称和规范的品味或趣味,如果没有认识到相称和得体的状态就是每一方面都真正繁荣和合乎人性,我们不可能再有所提高。这同样的特征也会产生丑,让人扭捏猥琐。同样的形态和比例由于适宜于行动和功用,给人便利,而可以产生美。即使在模仿和设计的艺术中(我们作者经常提及这些),每一个形象或雕像的真和美都是根据其本性的完善,根据其肢体、比例与行动、力量、灵巧的适宜,根据所营造的特定物种或动物的生命和活力来评价的。

　　因此,美和真①明显是与效用和便利的观念相结合的,②即使在领悟每一位天才的艺术家、建筑家、雕刻家或画家的时候也是如此。从医学的角度看也是同样的道理。自然的健康就是事物正确的比例,事物在构造上的规则运动。这就是物体内在的美。并且当脉动的和谐和正确节律、体液的循环、气息或精气运动遭到扰乱或破坏时,就表现为丑,有了丑,就招致灾害和毁灭。

181

　　人们可以想见,难道这不是同一样的事情,对心灵也产生同一样的影响? 难道没有东西会产生这些扰乱和失调吗? 难道道德上就没有美或丑吗? 或者如果真的有道德上的美丑,难道不因此就以同样的方式意味着健康或疾病,繁荣或灾害吗? 总之,人们难道没有发现,"美的就是和谐的和匀称的;和谐的和匀称的也就是真的;并且只要是美的和真的,也就是悦人的和善的?"③

182

183

---

① 见第一卷第 142 页及以下。

② 在希腊建筑上,没有人会把齿状装饰置于飞檐托板之下……所以,如果在实际当中应该被放在大梁和小横梁上面的东西却放在了正下方,那样的建筑就是错误的……所以他们认为在实际当中做不到的事情,放在摹本当中也是不正确的。因为他们很恰当地运用每一样东西,并且根据从自然而来的惯例去完善他们的作品,在实际中表现为真实的东西,他们才在解释的时候赞成。所以,从一开始,他们就在每一种风格上给我们留下了确定的比例和法则。(维特鲁威:《论建筑》,4.2.5—6)他的评注者费兰德尔也注意到了这些地方。见第一卷第 208、336 页及以下,第 340、350 页及以下,也见本卷第 259—260 页。

③ 这就是 honestum、pulchrum、τò καλόν(美),正如在其他的论文中,我们的作者在《独白》一文中强调了美德和功德对于它们的重要性。罗马的演说家,以其独特的修辞和高贵的风格,只能将其表达为一个秘密。"因而我们明白,高尚就是,除却所有的功用,也无任何奖赏或利益的时候,它仍然因其自身而得到赞赏。其本质不能按照我所给的定义(虽然在一定程度上是有效的)、所有人的一般判断、最高尚之人的目标和行为得到深刻理解:他们的种种所为只为了一个简单的理由,那就是这是恰当的、正确的、可敬的,即便不能因此而获益。"(西塞罗:《论目的》2.14—45)另一方面,我们的作者没有演说家的口才,也不受伟大人物所面临的种种礼节的约束,在这个场合下倒可以随便些,因此就毫无顾忌地采用任何的风格或情趣,他绝不想把问题搞得很复杂或神秘。关于这个题目,他斗胆要求不仅是演说家、诗人和较高水平的鉴赏家,而且倜傥风流之士的同意,不必想舞蹈大师那样寻求优雅和美。我们看到,他只试图从衣装、车辇、化妆间或　(转下页)

（接上页）玩具店这些常见的娱乐来得出自然的观念。因此，在他那独白或自我对话的方式中，我们可以想象他如何喋喋不休，或许可以从美的某些具体条目或是空想出来的范围出发，根据他的哲学，他力图把美区分、分类，分成有生命的、无生命和混合的三种类型。

无生命之物：从孩童们喜爱的规则形象和均衡，到建筑和其他艺术的比例，声音和音乐在这方面是一样的。从没生命的石块、岩石、矿物，到菜蔬、树木，各种事物的聚合：海洋、河流、山峦、沟壑。地球。天体及其秩序。自然更高一级的建筑。作为无生命的和被动的自然本身。

有生命之物：从动物及其各个种类，其癖性和智力，到人。从单个的人，他们的各自性格、悟性、天才、气质、风度，到公共社会、群体或整体国民。从猪羊牛群等各种活物的自然聚合或群落，到人类的交流往来等诸如此类更高级的聚合。自然本身的一致、统一和和谐，都可被看做是有生命的和有知性的。

混合物：在单个人（肉体和心灵）那里，统一和和谐构成一个真实的人，并且友谊、爱情或其他种种感情就由此生成。一个家庭、城市或民族，及其土地、建筑等其他附属物或内部饰物，这些共同构成家乡、家庭、国家等令人愉快的观念。

一位朋友不假思索，灵机说道："这又如何呢？如你所说的目录或范围是什么意思呢？""先生，只是为我的方便，也表明这不是我一个人的意见，或者不是我突发奇想要称一个事物为美，而是全世界的人都跟我一样。我们每一个人都称赞和热情地追求美，例如在我们所谓的风尚当中，如果我们心中没有一点机敏，我们就处处犯错，不着边际。用运动家的话来说，野兔就在脚边，却找不到目标，也不能捕获任何满意的猎物。

看看年轻人们，热情洋溢，只是看不到自己正确的归属和同胞，忘记了在人类生活中什么才是正派、端正或得体，却追逐他钟情的这些东西，骏马、猎犬、鹰隼！多么沉溺于这些美物！多么羡慕这些东西！当要喜爱这兽类时（常常是这样），对一只动物关爱备至，宛若偶像崇拜，奉为神明，即使这些动物无甚用处，还是目不转睛，乐不思蜀！看那又一个年轻人，倒没有忘记人类，但只以一种错误的方式记得！是另一类 φιλόκαλος（爱美者），是个卡瑞亚（Chaerea，公元 1 世纪古罗马政治家，曾嘲笑皇帝卡里古拉女里女气，后来还试图刺杀之。——译注）。美的观者是如何优雅！看那另外的美，不图占有，不求享受和回报，只是观看和崇敬，就像我们常常看到的那样，处于鉴赏者的情感中，是对绘画和任何设计艺术的爱。我们那君王般的天才，我们的贵人们网罗了所有这些美，豪宅之内，满目琳琅，却又结果如何呢？多么勤奋，多么钻研，多么执着！瞧这房舍、花园、别墅之中的雅致之物的陈设和秩序！眼前一片和谐，种种形状、色彩的混合令人愉悦，各种线条交杂但不凌乱，恰到好处。有花圃、有松柏果树、有杂色野草。处处有雕像，表现高尚、刚毅、节制。有英雄半身像，有哲学家头像，有名言至理的碑刻。深厚的自然得到庄重表现。有奇洞怪石。到处是瓮罐、（转下页）

那么,哪里能找到美或者和谐呢? 又怎么发现和应用这种匀 184
称呢? 只要除哲学以外的其他艺术或者对内在韵律和比例的研
究,就能将它展现在生活中吗? 那么是谁,无需哲学的恩惠就能拥 185
有这种趣味呢? 谁能就赞美外在的美而不借助于内心的美,后者
才是最真实、最基本的美,最能自然地动人,给人最高的快乐,也给
人最大的利益和优势?

学问和知识只在于这么一个狭小的范围,风尚和生活也依赖于 186
此。是我们自己创造和形成我们的趣味。如果我们决心要用一个
正确的趣味,那也全赖我们自己的能力。我们可以评价和衡量、赞
赏和嫌恶,只要我们愿意。谁在保持自身同一和协调而不感到高
兴,谁在理解了自然和匀称的东西时不高兴呢? 但谁又敢于一探
究竟,拷问自己先前偏颇的趣味呢? 谁能把持自己,以致不受时尚
和教育的力量的诱发,只坚持理性呢? 然则,只要我们怀有勇气,

(接上页)方尖碑,错落有致,一派庄严肃穆、和谐优美! 但是,何处又如何表露拥
有者的心灵呢? 他们的财富为何物呢? 享受能长久无虞吗? 内心的平静与和谐
又在哪里呢?"

那么,我们的独白者,我们那自我对话的作者,当由于庸俗的赞美,通晓各类
外物、这些鄙俗次等的对象,被激励去研究美和礼节的时候,他泰然处之。看起
来,我们那严格的观察员不屑于被诱惑,拒绝被并不优秀、原本和真实之物所俘
虏,他信步而行,情绪平静,默默深思哲学,全不见这些绚丽景色,心无旁骛穿过
这宫廷般的壮丽场面、此地的名流显贵,无视巨富、要人甚至美人,在他眼中,这
些如同欺世盗名之辈、心同蛇蝎的美妇。在这里,他看到那些绅士们为之顶礼膜
拜,肆意嘲讽他的这般思想;这些绅士恰恰最是被嘲讽之人,无论是有意或无意,
他们都热心追求这些事物:有些人钟情美貌玉体,有些人艳羡金碧辉煌,有些人
醉心宝马轻裘。

呜呼,妇人之志啊,妇人之志! 谁曾想这便是达官贵人们的罪恶呢? 然而人
本喜爱炫耀,这风气已蔓延到风华之辈。如今,历经世事的议员、年已古稀的将
军尚能不照镜子便可以装扮得仪表非凡。所有珠宝装饰全都是造作掩饰,除了
那珠宝是真金白银。因此,我们以此为榜样去研究优美和雅致,追求美,并如我
们所设想的那样再为我们自己添许多光辉和价值,我们就塑造了我们真正的性
格和更真实的自我,或者变得丑陋怪诞,怯懦卑鄙,堕落到无以复加的阿谀谄媚,
为那浮华浅陋之物牺牲了内在的均衡、所有自然的和真实的美。见第二卷第394
页以下,第一卷第138页及以下,第337页。

187 　　就很快能在心中树立善的观念,以能够在生活和礼俗中保持一贯的、适宜的和正确的趣味。

　　到此,如果我竭力跟随我的作者的脚步,让读者准备领会这种严肃而正直的哲学,即使在最后被评论的这篇文章中,我们的作者也一直讳莫如深,不敢正式表白。他的借口曾是要给作家们以忠告,改良风格,但他的目标却是要移风易俗、调整人们的生活方式。他曾装作独白,正如他假称只是要责难自己,但他已趁机拉拢其他人入伙,胆敢借助于名流要人。他非常宽容谐趣和幽默,也固守我们杂感作家的领地。但是读者现在要用新的角度来看他,即一个正式的、公开宣称的哲学家,一个构造体系的作家,一个教条主义者,一个解释者。——“你的被告正在忏悔。”①

　　所以,他的哲学,我让他自己负责便好。尽管就我的才具和现下的心情而言,我本打算陪他走上一程,照顾他,护送他,伴他渡过前面的黑风孽海。

188

杂感四

第一章

189 　　　所讨论的论文之间的关联和统一性。正规的哲学。形而上学。自我主义。同一性。道德的基础。对欲念②的检验和规诫。观念的养成。解剖心灵。一则寓言。

　　在前面一篇杂感的开头,我们已经注意到了我们作者的规划,以及包括在前两卷中的合编文章的相互关联和从属关系。③ 现在,我们作为评论家来到第二卷,而第一卷中的三篇文章则是第二卷

① 古代法庭判决的法律用语,指被告已经坦白认罪。——译注
② fancies,下文根据语境译作“幻想”、“欲念”、“痴迷”。
③ 见本卷第135页,及第214、285页及以下。

的准备。这些文章实际上也是如此设计的,《独白》第一版的预告 190
就是一个充分的证明。趁此机会,他以他的印刷商或抄写员①(他
在其他时候也这样称呼)的名义,简要地提示我们后面有更详细系
统的文章。② 我们现在就来看这个体系。既然这样,我们就不需惊
奇他是如此为世人难以接受,虽然我们作者也花了很大心思、很长
时间来写作。看起来,他和他的抄写员至今还没有遇到这样好的
一个交流题目。否则这样一个怪胎或畸形儿,就像我们作者在他
的书名页上抱怨的那样,③从前并未有人提起过。它曾经正式被提
出来,但由于我们作者第一封信的偶然出版以及必然产生的一系
列后果,导致这篇流产的文章得以重生,并成了相邻的文章的
引子。

　　因而这个体系将出现在这个合编本的五篇文章中,前三篇是为 191
现在我们所要探讨的第四篇做准备的,而作为结束的第五篇则是
这篇经过修改的关于美德和宗教的文章的一个辩护。

　　至于他的这个辩护,尤其是关于启示宗教和来世的学说,我让
读者去参考这位喜爱争辩的神学家,这是一位绅士,我们作者在那
篇对话或《哲学狂想》中已经对他有所介绍。同时,由于篇幅所限,
我们这里要讨论的只是他那冷漠哲学和我们作者的刻板风格,也
就是他既不参照各种文献,也不援引喜剧或悲剧诗人,或者是诗歌
或修辞学的优美词藻。

　　这就是我们当前的路径和道德上的目标,较幽默的读者早有预
见,如果他乐意,可以立刻翻过去,就像通常读严肃的作品一样,可
以跳过一两章。为了有所补救,我们将在后面的杂感中力求用丰
盛的菜肴款待他,并提供甜点,以矫正他的味觉,最终让他有个好
胃口。

---

① "抄写员"是夏夫兹博里给印刷商的别称。——译注
② 即《论美德与功德》,第四篇论文,在第二卷中。
③ 在约翰·达尔比版《论特征》中的《论美德与功德》一文的题名页上有一句话:"先
　前根据一个不完善的抄本印行,现予以校对并完整出版。"见克莱因版第 419 页
　注。——译注

192　　因此,对沉静而严肃的读者来说,如果他是为了教化,他满可以退回到他的密室之内,对于宗教的或虔诚的修行,我们也借助我们作者深刻的探讨,斗胆提供些思考。因此,我们推想我们作者是要表达如下的看法。

　　很少有人进行过道德的思考或探索,我们称之为自我的研究,严格来说,人们都承认,所有的知识都依赖于这个先在的研究:"我们只有先确定我们自己是什么,我们才能真正确定所有事情。"因为只有凭借这个,我们才能知道什么是必然和确定的。

　　毫无疑问,总有某个东西在思考,我们的怀疑本身和严谨的思想证明了这一点。但思想又寄寓于什么主体上,这个主体又如何连续一致,并保持同一,以致能够自始至终承担和谐地贯穿于整个生命历程的思想或反省的序列(train of thoughts or reflection),并与一个独特的、自我同一的人保持一致。这些问题并不能很轻易被那些从事自我检视或追求真理和确定性的人所断定。

193　　在这一方面,运用一位著名的现代人①那似是而非的逻辑是不够的,他说:"我思,故我在。"这是句富有创意的名言,套用了一个相似的哲学命题,即"凡存在的,即存在"。这真是不可思议的证明!"如果我存在,我就存在。"没有比这更确定的了!因为自我或我是这个命题首先确定的,所以毋庸置疑必定在后面继续保持下来。但问题是,"什么构成了我们或我呢?"并且,"这一刻的我是否与过去或未来的任一时刻的我相同"。因为我们只有记忆来提醒我们,而记忆又可能是假的。我们可以相信我们已经这样或那样地思想和反省,但我们也可能搞错了。我们可以意识到一物为真,但那可能不过是个梦,我们可以意识到那是过去一个梦,但我们之前可能从未做过这样的梦。

　　这就是形而上学家们所说的,"同一性只能用意识来证明,但
194　就意识指涉过去而言,它可能为真也可能为假"。所以那连续同一的"我们"或"我"必定因此而是不确定的。

――――――――――

① 即笛卡尔。

我承认,我现在必须要服从这种推理,以能够声称,对我而言,我依靠信任而确认我的存在。让其他人也尽可能地哲学推理,在这个论题上,如果他们能反驳聪明的形而上学家所反对的东西,皮浪主义者们自己辩护的东西,我就要佩服他们的能力。

同时,由于这些精妙的思考,行动上便没有了阻碍、迟疑和怀疑。争吵和辩论仍在进行,行动却已决定。法则和尺度被给出并被接受。我们也不会因为"我们在"这个单纯的假定而在行动上犹豫不决,好像我们已经实际上千百次地证明了这个假定,令我们的形而上学或皮浪主义的对手十分满意。

在我来看,这显然就是道德家的充分根据。当我们想去证明美德和道德的实在(reality)时,我也不再多问。

如果"我存在"是确定的,那么我应该是谁和是什么也就是确定无疑的,即使这是基于我自己,并为了我自己的幸福和成功。因此,我便自由地行动了。

我所意识到的感情或悲伤或喜悦,是欲望或嫌恶。我所经验到的不管是如何单纯的感觉,如果都不属于上述范畴,那么它就无关紧要,丝毫不能触动我。

一出现便引起喜悦和满足的东西,如果缺失,便引起悲伤和不安,一出现便引起悲伤的东西,如果缺失,就因为相同的必然性,引起喜悦和满足。

因而,爱(意味着希望得到善的欲望)必定为悲伤和不安提供了契机,当它不能获得它急切要寻求的东西时;而恨(意味着嫌恶,并惧怕灾害)也以相同的方式引起悲伤和不幸,当它所要急切躲避或曾经避开的东西依然存在或几乎不可避免时。

那在场就必定扰动平静的心灵,又必定引起其嫌恶的东西,就是恶。但是,在心灵之前持存而不必然引起憎恶或嫌恶的东西,就不是恶,而是按其本然而存在,恶仅存在于感情之中,这感情需要得到调整。

同理,那缺失就必定扰动心灵或使其不安和后悔的东西,必定是善。但那即使缺失也不会在现在或未来对心灵产生不安的东

195

196

西,就不是善,而是按其本然而存在。由此必然推出,那趋向这种东西的感情,因假设其为善,是一种病态的感情,因而只能导致不安和不幸。所以,人的幸福或成功必定依赖的爱和恨、喜爱和嫌恶的感情,是受观念影响和支配的;最高的善或幸福必定依赖于正确的观念,而最大的不幸则来自错误的观念。

要解释这个理论,我举个例子来说,我所有的关于死亡的幻想或想象,取决于我所发现的在我心灵中自然掠过的对象。也许我发现这个幻想结合了恶和不幸的观念或理解。我对于这种恶的理解越多,我就发现我所表现出的不安就越强,不仅是当接近这假定的恶时,而且我遥想到它的时候也是这样。除此之外,当这嫌恶或恐惧变得猛烈和增强的时候,关于这种恶的思想本身也必然更经常地发生。

然而,因为这种假定的恶,我必定就要更急切地逃避,当这种恶的观念增强的时候。现在,如果嫌恶的增强绝不是因为恶本身的减弱或减少,而是因为相反的原因,那么嫌恶的增强必然表明失望和不安的增强。另一方面也是如此,嫌恶的减少或减弱,如果人们能有所触动的话,必然表明内在不安的减少,以及内在的平静和满足变得更为稳固。

此外,我自己认为我有对于某些美丽的、伟大的和适宜的事物的想象。① 也许我会把这种想象运用到标志荣誉、头衔或地位的奖杯、珠宝、住宅、冠冕、专权等对象上。因而我必定自然地要追求这些对象,不仅是因为其为生活提供便利、效用或帮助(这样的话,我面对它们的情感就不会如此强烈),而且是因为它们本身就是极好的,必然吸引我去赞美它们,也直接地、立刻地让我感到快乐,使我满足。如果由这种观念引起的情感(所谓贪婪、骄傲、虚荣或进取)

① 对于某些这种想象或感觉的必然的和普遍的存在(在任何人那里都是自然的和共同的,不可避免的,在心灵中原生的,是我们感情的先导,是我们的赞美、蔑视、羞耻、荣誉、鄙夷等各种自然的和必然发生的印象的基础),见第一卷第138—139、336—337页;第二卷第28—30、394、420—421、429—430页;本卷第30—33页及下,第182—186页注。

真的不能得到任何真正的满足,即使有好运助人成功,那么总是患
得患失也一样不能得到满足,当心灵被这些情感所占据时,难道不
是只能悲伤不已? 但是,如果不形成这种善的观念,如果不把价值
或卓越灌输到这些对象当中,我们就会将其置于感情或情绪之中,
置于头脑和内在性格之中,因为这样才是最真实的,这时我们就能
凭自己的能力来全心享受它:想象或观念保持稳定,并不可改变,
而爱、愿望和欲望得到满足,意识不到失败或失望。

此时,我们的内心便要活动起来,"去控制欲念,纠正观念,而
一切都取决于这欲念和观念。"①因为,如果我们任由爱、欲望、恨和
嫌恶自己消长,我们必然遭受无尽的苦恼和灾祸,但是如果这些情
感可以得到改善,或者因观念而在某种程度上灵活可变,我想,我
们应该至少做个尝试,看我们如何能以这种方法获得幸福和满意。

因此,如果一方面我们可以轻易发现沉溺于任何错误的欲望
(如放荡、恶意,或者复仇),虚假的善的观念就会增强,而作为真正
的恶的欲望也愈发变得强烈;另一方面,我们可以确信,通过克制
这种感情并培育与之相反的感情,我们就必定会消减恶,并真正增
加我们的幸福和善。

基于这样的原因,人们可以合理地得出结论,"通过影响自己
的心灵,他可以找回自己,将关于善恶的欲念或观念从那些风马牛

199

200

---

① "一切都是你的观点,而你的观点掌握在你手中。因而,当你有所图时,你要放弃
你的观点,就像你在绕过一个海岬,一切都静止不动,海湾里也风平浪静。"奥勒
留:《沉思录》,12.22(中文版见《沉思录》,何怀宏译,北京:生活·读书·新知三
联书店,2002 年,第 159 页:"考虑一切都是意见,意见是在你的力量范围之内。
那么,当你决定的时候,驱除你的意见,就像一只绕过岬角的舰队,你将发现一个
平静、稳定、没有风浪的海湾。"——译注)"灵魂就像一碗水,外部表象就像是落
在水面上的光线。当水面动荡时,看起来恍若光线也动荡了起来,但光线其实是
不动的。因此,当一个人头晕目眩时,陷入迷乱的不是技艺和美德,而是技艺和
美德处身其中的精髓陷入了混乱;当精髓在此平静时,技艺与美德也就恢复平静
了。"爱比克泰德:《谈话录》,3.3.20—22(这里引自中文版《哲学谈话录》,吴欲
波等译,北京:中国社会科学出版社,2004 年,第 187 页。——译注)见第一卷第
185 页及以下,第 291、295—296、324 页。也见第二卷第 437 页。

不相及的事物中摆脱出来,并以最坚强的决心将这欲念或观念施用于与其自然相合的事物上。"因为,如果善的欲念或观念是与那些并不持久的东西相结合的,也不能凭我自己的能力去获得或维持它,那么这个观念越是旺盛,我就必定越是失望和悲痛。但是,如果我无论何时将善的观念或欲念应用到一个对象上时,我发现这欲念越是始终如一,这善就越是持久、坚实,并可受我的支配和控制,那时,这样一个观念在我们心中越是旺盛,我就必定越感到满足和幸福。

现在,如果我将善的观念与心灵的自制联系起来,如果我最大的快乐就在于感情本身,就在于那些具有内在价值和美(如真诚、信念、正直、友谊、荣誉)的对象中,无论它们为何物,那么显而易见的是,在这方面,我从不会享受错误的快乐,或在这享受中沉溺太深。我沉溺的越深,我就越没有理由害怕失败或失望。

201　　我知道,在另一种生活状态中,情况恰恰相反。欲念和快乐的职责,以及认为善就是使我快乐的东西或仅仅是我所喜爱的东西的那种浅易哲学,①将时时让我感到十分不安。从上面的辩论可以明显看到,我越少迷恋那令我满足和幸福的东西,我在自我享受和获得善的时候就必定越是强大和自由。而且,因为仅仅是欲念才给偶然之物和外在附属物以善的力量或如此流转的动力,很明显,我越是倚重这种欲念,我就越是局限于自我。我越少受欲念支配或诱导去看重依赖他人之物,我就越多地执守那些仅仅依赖于我的事物。而且,如果我们曾获得自由的趣味,我就将轻易理解这种推理的力量,并且知道真实的我的真实自我和兴趣。②

202　　因而,我的内在心性所需要的方法就是让我厌恶那些欲念,而且它们应该被厌恶,因为它们就是对错误地评判善恶的原因,也是我的不幸和不安的原因。

　　因此,正如这门学问方面的博学的大师所忠告,我们要以厌恶

---

① 见第一卷第 308 页,第二卷第 227 页。
② 见第 334,368 页。

的情绪,而非喜好和积极的情绪开始。① 我们是因弃绝的情感而非痴迷的情感而行动的,因为如果我们主要地依靠偏好,凭借对伟大和高尚的喜爱、赞同和敬慕,看起来,我们在诸如此类高尚的对象上就会欢心狂喜,以至于迷失我们自己,因缺乏坚定而稳固的目标而错失正确的路标。但是,如果在与我们的恶相关的事情上有着可靠而正确的认识,他们告诉我们,我们就会一开始就厌恶那些恶,并对那些卑下的观念和情操感到义愤,而这些观念和情操的卑下便是我们趋附和惶惑的原因。

203

因此,如果把那热切的欲念看做是不幸的原因,因而也因其是一种实际的恶而去憎恨它,那么那欲念的作用就必将失效;而那种

---

① "不要厌恶非我们所能控制的所有东西,而要厌恶那些虽受我们控制但与自然相悖的东西。"(爱比克泰德:《指南》,2)"你必须完全放弃欲望,单单厌恶那些意愿所能及的东西。"爱比克泰德:《谈话录》,3.22.13(中文版为:"你必须灭绝欲念,你必须把你的回避转向自由意志领域之内的事物。"第225页。——译注)这种对于最高尚和神圣的事物的节制的或温和的崇敬或热情,这位哲学家称之为"适当的和沉着的欲望",相反的情绪叫做"非理性的和狂躁的"(爱比克泰德:《谈话录》,4.1.84)。对高尚之物的这种过度积极的热情和渴望自然会转变成狂热和骚动,这一点在上述引文之后的段落中得到了说明:"我们可支配之物,既然去欲求它们之为善,那将无人可与你争先。"(爱比克泰德:《指南》,2)而且他在这里再次告诫我们:"要完全克制欲望,以便你某些时候能有好的理由去欲望,并且如果你有了好的理由,当你在心中有善时,也就可以很好地欲求它。"(爱比克泰德:《谈话录》,3.13.21。中文版为:"一段时间完全禁欲,然后在另一段时间又可以有正当理性地实现一些欲望。如果您有正当的理性那样做了。无论何时在你之中有'好',你就是正当地实施了你的欲望。"第209页。——译注)对此,贺拉斯在他那富有哲学意味的书札中提到:"明智之人将背负疯人之名,正直之人被称为不忠,如果他过于急切地追求美德。"(贺拉斯:《书札》,1.6.15—16)在信札开头也说道:"我只知道不要崇敬任何东西,这将让人幸福,且一直幸福。"(同上,1.61.1—2)尽管这两段话里的第一句话有些伊壁鸠鲁派戒律的习气和卢克莱修的风格,然而综合起来理解,就可以知道这篇信札所依据的是古代哲学的哪个体系。对于早期学者表现出的这种好奇或崇敬的癖好的喝止,不单是针对哲学上的好奇或崇敬。这种癖好是许多人所共有的,无论各派所持的理由和原因如何不同。毕达哥拉斯学派对入门者审查甚严,在他们初涉哲学时要使他们保持平静。尽管逍遥学派把上述这种崇敬正确地称作是哲学的初步原则或第一要旨,但是一旦与这个情妇(指哲学——译注)成婚,他们就交到我们要我们以我们之前不同的方式来崇敬她。见第一卷第41页。

进取的欲念，如果也同样如此被较高尚的思想坚决压制，那么它必将退却，心灵便恢复自由，并在追求较高尚的对象时无碍无累。

204　　怯懦、惧死等情感也有相同的情形。因为，如果我们放任它们，或以它们为师来控制我们，那它们就会把我们引向更焦虑和苦恼的生活状态。但是，如果以较健康的观念或对事物的正确评价来抵制它们，那么它们必将减弱，而且这种做法自然就必将使心灵从无尽的恐惧或其他各种不幸中拯救出来。

最终来说，一个心灵，由于知晓自身以及自己的力量和德行，就会变得自由独立。它会看到面前的阻挠和障碍，并发现这些阻挠和障碍全都来自自己和错误的观念。它越能克服这些障碍（不必详列），它就越能成为自己的主人，感到自己本性中的自由，为自己的进步和成功感到骄傲。

那些所谓的哲学家是否深入思考，以对这些话有所领会，我们不知道。但我可以肯定凡俗阶层中的许多真诚而热心的同胞，当拒绝为钱财或身外之物奔波时，他们对这种自我享受自然有些感受或领悟，他们打心里憎恶这些东西，不耻为之；当他们走在政治
205　清白的道路上时，虽付出更多辛苦，但也得到更多满足。他们感到内心踏实，身处政治或权诈领域之外，唱着那古老的歌谣："我的心灵便是我的王国。"译作拉丁文为："Virtute me involvo, probamque/ Pauperiem sine dote quaero. "①

然而，看起来我忘记了我是在代表我们严肃的探寻者说话。我应该考虑到我没有权利偏离他所设定的路径，而且在梳理这篇文章的时候，我不应该有一点脱离论证这条大道，误入诗意的或幽默的小径。

无论人们认定道德学在本性上如何严肃，但我认为关键的是，其表达有时需要欢快的自然风格。最早的道德学是用格言、故事
206　或寓言来表达的。而后者，也是道德学最完美的传播者，在最高雅的时代里是伟大的说书人和可敬的伊索的继承者。

---

① 贺拉斯：《歌集》，3.29.54—6。（试译作：我以德行装扮自己，迎娶我那真诚的穷姑娘，他没有嫁妆。——译注）

在看了我们严肃的作者所有条理的论证和演绎之后，我敢说，他的读者听到的是一则精彩的道德故事或寓言，其中充满幽默，以至于最后不需要从警句格言类的道德说教来得出寓意，便会感到一种极好的放松和满足。

作为这个问题上的一个实验，让我们想象我们严肃的探寻者竭力向我们详细说明，我们那失控的欲念和观念既反常也不幸，在财富、名誉和如浮云转蓬般的利禄世界里东突西窜。我们可以假设，他尽其才智，其描绘令我们应接不暇。与此同时，我们发现自己对那些严肃、严密的论证深感餍足，也许只有充分接受另样的教导才能让我们松一口气。如果有一位较为风趣的伊索派道德家现身，我敢保证他一定成功；当他听到我们的哲学家如此描写的追名逐利，他要请求将其用到他主人平日里驯养的那两条恶犬身上。

他会告诉我们："这比赛的双方都被精心饲养，很想得到它们所谓的快乐和好生活，它们曾到处寻找游戏和珍稀之物，直到偶尔来到海边。它们从海岸边远远看到海上漂浮着些残骸，幻想着那肯定是些珍贵稀有的东西，比龙涎香还要值钱，或许是海里面最值钱的出产了。因为它们有食欲，很想得到这些东西，所以就赞美这些东西赛似天地之精华，世间之珍馐，简直是海中神仙的佳肴，胜过陆地上的一切。凭借这些华丽的辩词，相互间经过漫长而夸张的推理之后，它们的幻想天马行空，最后终于言归正传。尽管不识水性，但它们似乎不想过于谨慎，该去冒险一搏去换得它们想象中的奖品。但是，因为它们想想自己食量惊人，满可以喝掉面前的海水，甚至可以把海洋喝干，如此它们便能立刻将食物安全带回到陆地。因此他们喝啊喝，终于喝得肚皮涨破。"

我确信，在名流要人中间，饮海水者何止一两人，如果我们中间这些狗就是那愚蠢的恶犬，那么许多被认为明智的人真是一点也不明智，说他们要喝干海水是不错的。

显而易见，身居世间最高位的人们，不很清楚何谓幸福或善。幸福或善在茫茫海水之中，遥不可及，绅士们可遥望到它，但并不清晰可辨，他们用以捕获它的工具多种多样，但都不得要领。"首先要人脉广泛。拜谒，接见。服侍大小人物。声名四播。议会中有席位，宫

207

208

廷中有位置。其次要有阴谋诡计、贪污腐败、卖官鬻爵。然后要位高权重。还要有头衔。然后就隐退。接着是新任大臣！宫廷中搞派系。政府解体。你方唱罢我登场。相互倾轧，又重新和好。得到又失去，背后阴谋，失而复得。"这难道不就是待喝的海水吗？"但是，如果财富可使你明智，如果财富可使你少些贪欲，不感到害怕，当然你羞于让任何人比你更贪婪。"①不过，为避免受人诱惑而落入到这一篇杂感开头我理应放弃的那种风格当中，在此我应将此段对话告一段落，并在新的一章里面接着进行严密的反省和严肃的思考。

第二章

从未知领域到可见世界。自然中的女王。动物的结盟、等级、从属关系。动物头领一样的人；其血统的特权。作者的严肃一面。

因为前一章进行深奥的哲学探讨的部分令我们感到沉重，而且我们将必然再去对那些晦暗的根源进行同样严肃的探索和研究，人们希望我们后面的哲学换一副轻松的面孔，这第二轮能比第一轮稍加清楚一些。无论接下来会是什么，我们至少可以为刚刚度过形而上学的部分自己庆贺一番，我们已经屈从许久了。我们也不要掩饰自己的主张，即"在某种意义上，卓有成效地进行哲学探讨的人，有必要对这一部分哲学有所涉猎，他会为从中学不到的任何知识或智慧而感到满意"。只有阅历和研习才能让他完全信服这条真理。

当穿过这些空洞无物的哲学智慧，我们也许还将遇到一段令人不快的旅程，去到另一些有不可见的观念构成的世界，例如我们看到有道德学的研究等待我们去造访。人们熟悉内省这种非常独特而顽固的习惯，为的是探索心灵的内部深处、玄奥思想的洞穴、欲念的密室，还有这片昏暗之地的荒地狂野和丰饶富庶的地带。

但是我们能做什么呢？或者当我们面对这种患夜盲症的智者时，如何能免掉这些晦涩的研究和月光之下的航程呢？这些智者虽然在其同类中聪明伶俐，但据说只允许我们知道可以证明的东

---

① 贺拉斯：《书札》，2.2.155—7。

西,必须遵循严格而规范的论证,因而他们放弃了日光,毁灭了明亮可见的外部世界。

所以,为了满足如此奇刻的探寻者,我们才不得不采取内在的道路,而且在上一章我们以来自我们的知觉、欲念、表象、感情和观念的东西理论,而不涉及任何外在世界的东西,甚至假设不存在这样的世界。

这就是我们此前的核心目标。确实,也难怪它给人以一张干瘪生涩的面孔。在哲学领域,它比埃及人的强令还要丑恶。因为做砖块而不用草或根,①还可能不是太困难,但离开一个世界而去证明道德,丢开任何活生生的或现存的东西——除了我们直接的幻想和想象的世界——而确立生活的指导,那就难上加难了。

不过,既然完成了这件神秘的公众,我们现在来到了阳光明媚的白天,就像一位诗人所表现的那样,我们现在准备离开"那扑朔迷离的迷宫和皮浪那幽深昏暗的密室"。从此,我们要相信自己的眼睛,认识所有的造物和我们眼前那优美的形式都是真实的。我们要相信自己身体的构造,还有其他动物种类的匀称秩序,它们的体态、形貌、习性和体格。虽然不怀疑现代人认为动物无感觉的假设,但我们也要坚定不移地相信,"其他生物有自己的感觉和感受,和我们一样,它们也有真正的情感和感情"。既然如此,我们就要根据我们作者的规划继续探讨,对于每一种生物而言,什么才是真正地自然的,无论每一种生物自然地具备什么,那都是它们的完美状态,否则就不能说明什么是其幸福或善。

既然认可这些,那么要否认存在真正地自然的东西就无疑是荒谬可笑的。既然人们承认自然和外在世界是存在的,其他问题也就迎刃而解了。身体的肌理、天体的秩序、各个物种特有的构造、事物的普遍构造和秩序所包含的无限目的和相应途径,所有这些一旦被承认,并被认作是确定无疑的,那么要反对自然的非自然的这些措词,质疑这种运用于描述世界中的具体形式和存在的话语的适当性,

212

213

---

① 做土坯砖,泥土里掺上杂草和根须,土坯才能结实,这里比喻哲学研究也需要有实际的生活作为素材和来源。——译注

214　就是徒劳的,这就像否认植物的繁盛和衰败、身体的健康或疾病、心灵的宁静或烦乱,以及我们所知的宇宙万物的生生灭灭。

为了表现幽默,我们也可以师法众所周知的辩者相轻的恶习,在某些怪诞假设的支持下,假装否认事物的正常和反常。然而,显而易见的是,尽管我们的性情或趣味会因这样的假装变得如此堕215　落,我们还是不能抑制自己心中发自本性的自然而生的期许,始终会根据自然所设的标准去表示赞成和非难,我们也必不可免要依靠自然来看透所有的表情、所有的道德行为(无论我们怎么深思熟216　虑,无论我们如何争辩),向自然表达我们永恒的、热情的敬意。①

---

① 见第一卷第 103 页及以下,第 110、138—140 页;第二卷第 307、411—412 页及以下。在第二篇论文中以"共同感"为名所说的关于自然观念和相关的前理解或前感觉的话,一位博学的批评家,也是古今哲学方面的大师,在他新近出版的关于苏格拉底对话的一部书当中注意到了 προλ ήψεις(期望)这个词,他补充了一些关于在我们英格兰流行的哲学见解的思想:"我们应该顺便补充说明,我们所提出的苏格拉底的学说,如果评价得当,对于平息前些年在博学之士当中兴起的,尤其是在英国,关于天赋观念的争论是有大用处的,你可以将天赋观念称作 ἐμφύτους ἐννοίας。准确地讲,尽管我们灵魂当中没有天生的观念,但没有人否认自然在我们灵魂中已造就了某些官能,以至于只要我们开始运用理性,我们就开始以某些方式辨别真假和好坏。真理的表象总是令我们快乐的,另一方面谎言的表象却令我们不快。因为已有种子在我们心里,所以我们喜爱名誉胜过耻辱,当我们能够推理时,这种子最终要破土而出,当其果实成熟之时,我们就有了更强的理性,由此被引导去关心公共义务和教育。"让·勒·克莱尔:《哲学的林荫道》,2.8,见勒·克莱尔所编埃斯基涅斯的《苏格拉底对话集》(阿姆斯特丹,1711年,第 176 页)。似乎他们的确只是些无能的哲学家,尽管才华出众的智者们和狡猾地混淆词语和观念的人们会驳斥本性和共同感。但是本性仍将可以自身调整,打败那些阴谋,只消贺拉斯的一句诗即可:"狼会咬,牛会跳,若非出于本能,它们从哪里学来?"《讽刺诗集》,2.1.52—53。正如一位英国作家所说,驴不会用耳朵抵撞,但天生就以前额攻击的动物,在角还没有长出来的时候就开始练习顶撞的能力了。同时,如果哲学家因此就审视自己,思考自己天生的情感,他就会发现他确有这些情感,因为自然已经替他预先准备好了,为此自然早在他有实际的实践或经验之前就赋予了他一些观念。他也不需要因为把自己与贺拉斯所讲的山羊、野猪或其他会预谋的动物相比较而愤慨,看起来这些动物比我们的哲学家怀有更多的自然智慧,如果我们根据他的假说来评判他的话,因为他的假说就否认他自己和他的同类一样有天赋感觉和观念。"明天有一只小山羊要献给你,它的额头刚露出尖角,这角能让它谈情说爱,死命打斗。"《歌集》,3.22.7。

　　只是在这里,而非其他地方,我们才义正辞严地说,"你可以用干草叉把自然赶走,但你最终还是要迎它回来"①。

　　那些轻狂的绅士,从不用心研究同类的本性,反倒另觅他类,把才华用到了马、狗、斗鸡、猎鹰,或者其他诸如此类的动物身上,说起来每一种动物有什么性格、脾气,体格、品相如何,如数家珍,看来他们真是观察细致,乐此不疲。如果动物的内在构造、习性脾气稍有异常,可叫做有恶习,但如果十分不正常,那就是反常了。为了矫正动物的习性,人们会细心观察,有时要让它们放得开,有时则要严格约束。总言之,它们的感情、情感、好恶跟人类相似,需要用最严格的训练来培养。这就是对于感情的内在平衡、平和的感觉,我们出身高贵的年轻人也是这样,它们在这方面常常是知名专家、教育大师,尽管他们自己倒不喜欢接受纪律和修养,因为在早年间他们的高贵出身已赋予他们放纵的特权。

　　然而,其同类的责任和教养并不合这些纵情娱乐的绅士们的胃口,他们所思虑的根本不是自然和哲学,只是想明白地确定和建立关于动物的特定种类和形态的内在的和外在的尺度,及其天生的品级、秩序。

　　若要问这些绅士,当他们倾心钻研自己的马厩或狗舍时,"那些吞噬自己幼仔的猎狐犬或灵缇犬是否像那些哺育幼仔的另一些同类一样自然呢?"他会认为你精神错乱了。如果你再问他,"他是否认为这些反常的或另一些正常的动物是这个物种中最好的,并活得最好?"他还会觉得你不可思议。

　　或者,如果他还认为值得与你进一步交流,他就会告诉你,"那是他饲养最好的动物,品种最为纯正,应该是这个物种中最高贵、最著名的了;这正是血统优良的马与品种低劣的马之间的区别,斗鸡与食粪为生的鸡之间的区别,真正的猎鹰与鸢鹰和秃鹰之间的区别,纯正的獒犬、猎狐犬或者西班牙猎犬与杂种狗之间区别。"另外,他还可以得意地告诉你关于兽类的学问,"他的那些狗好吃懒做,他怀疑是这些狗在遛的时候偷懒,要不就是在饲养管理时被宠

217

218

---

① 贺拉斯:《书札》,1.10.24。

坏了，这些狗本性上不是这样的；不管出于什么原因，这些狗如果真的被宠坏了，那是最可怜的动物了，而且，既然每一种狗本来都有其追猎的方式，如果它们躺着不运动，被圈起来无所事事，那它
219 们就好像被抽掉了元气。世界上最可怜的狗就是那些绕着烟囱跑和接盘子玩的狗；最幸福的狗（如果设身处地为狗着想的话）是能做适合自己的运动和训练，能玩天生就喜欢的娱乐游戏，能忍耐一切艰苦的狗，并且十分乐于在田野里运动，甚至忘记了回家和给他的奖赏"。

这样，人们就可了解这种低等动物天生的习性和感情，发现其反常的和退化的习性和感情。当动物在外在形体上出现畸形、失常或怪异的东西时，人们也承认它们感情上的堕落和恶化也是现实存在的。虽然这内在的堕落多见于人类驯养的动物身上，而且人类仅仅是为了自己的便利或快乐，而将它们的自然行为改造成相反的生存方式和习惯，虽然由于驯养而天生就群居的动物失掉了相应的习性，天生就成双成对且忠于对方的动物也失去了它们那种夫妻姻亲关系和感情，然而一旦摆脱人类的奴役，重获其自然的野性和田野中的自由，这些动物就立刻恢复了其自然的、惯有的
220 习性，这样也有利于它们自己物种的扩大和繁荣。

或许与人类是一样的，尽管有许多动物为了同伴的利益和相互爱情而自然地群居，但却很少有动物为了便利而必然对一种婚姻和同盟关系负有责任。遵循其类属的组织法则而必须让自己应对季节和其他偶发事件的动物，以及在一年中的某些时间必须把自己的给养提供给集体储备的动物，的确是出于其本性而严密联合起来的，并对其群体和群落怀有特有的感情，正如那些组织较松散的动物，因为较容易生存下去，所以只是为了物种的繁衍而与它们的后代生活在一起。在此类真正是联合和结盟的动物当中，我听说海狸在体型或力量上是最大的。这些政治性的和合伙生活的动物的主体部分就像蚂蚁或蜜蜂的种群一样巨大。但是如果自然赋
221 予如此强大的动物以这种组织，比如大象，并像体型较小的动物那样多产，那么人类的处境大概就很艰难了；而且，单单一只动物，凭借其本身的力量和能力常常能决定人类发起的最大战争的胜负，

如果再结成一个社会,还有与我们所见的较小动物那样在建筑和机械方面的天才,我们会料想到,尽我们所发明的机器也很难与它们争夺陆地的统治权。

如果我们站在超脱的立场上,或者不像平常那么自私,来考虑自然分配和指定给我们周围的这几种动物的这些有利于生活的组织、布局、兴趣、条件和环境,我们该不会认为我们自己难以过活。但是我们在这方面的命运是否公平或平等,这对于目前的我们来说用不着考虑。只要我们知道这些事情就足够了,即确实存在这样的分配和指定;每一种如此分配的组织和布局本身都是统一的、固定的和不变的;如果动物的某些方面出于偶然原因遭到损害,如果其内部结构、性情、脾气或感情与其特定的组织或布局相悖或不适应,这种动物就是劣等的和反常的。

我们的作者认为,社会性的或自然的感情对于特定动物的健康、完善或健全来说是必不可少的,有助于整体或物种的福利和繁荣,而他天生就加入了这个整体。我们作者把所有这类感情都包括到"自然的"名下。但由于自然在每一种动物系统中的设计或目的都主要通过特定物种的存活和繁衍体现出来,所以父母与后代之间最初的联合和相互友爱恰巧更具体地以"自然感情"①之名为人所知。然而很明显,所有阻碍或对抗动物的原始构造和组织的感情上的缺陷或堕落都是反常的,所以,在因其特定组织而适合于最严密的社会和共同利益的法则的动物当中,最反常的感情就是将其从这个共同体中分离出来的那种感情,而最自然、高尚和高贵的感情是那些有利于公共事业和社会整体利益的感情。

我们作者在这篇文章中用更为哲学化的术语论证的主要问题是,对于社会为其自然目的的生命来说,像自然给他指定的那样为着社会或整体的善而行动,实际上就是追求他自己的自然的和本身的善;并且,相反的行动,或者受着将其从共同的善或公共利益割裂的感情而行动,实际上就是施行自己自然的和本身的恶。正如已经证明的那样,如果人本身也属于这类动物,其组织是根据相

---

① $\Sigma\tauo\xi\gamma\eta$,在我们的语言中没有特定的名称。

互合作和公共利益而设定的，此外，如果人们认为其感情正好符合这种利益，那他就是正常的、合理的或善良的，这必然意味着，德行是其自然的善，而败德则是其不幸和恶。

至于更进一步的考虑，即自然是否合理而正当地分配了各自的组织或布局，某些系统的缺陷、退化或灾害是否对于总体是有利的，并有助于这一个共同的和普遍的系统，我们必须参照我们作者在这一篇研究以及后面的哲学对话中的更深入的思考。不过，如果他所提出的理论是符合实际的，或者至少相比目前所有的学说或表征来说最有可能成为事物的普遍本性和原因，那跟着的结论就是，因为人是用其理性的能力构成的，能意识到这一点是他与普遍体系以及高贵和智慧的原则的更直接的关系，他不仅天生在其自己物种或种类的范围内是社会性的，而且在更为普遍和广泛的意义上也是社会性的。他不仅为德行、友谊、忠诚和信仰而生，而且也为宗教、虔诚、崇拜而生，他的心灵生来就诚心顺服于由万物的至高原因或秩序而来的使命，他承认这使命完全是正义的、完美的。[1]

这些是我们作者的正式的和严肃的态度，如果这些不是他的真实态度，他也不会将其作为自己最好的判断力和理解力的真正结论而真心赞成，他将为过分虚伪而愧疚。因为，根据他自己的标准，[2]到处都盛行造作的庄重和虚假的严肃，以至于人们无法洞察谎言或刻意的谐趣，因而实际上就根本不是谐趣或机智，而是对谐趣的一种粗俗的、邪恶的、狭隘的滥用，这种谐趣是高尚的作家、绅士或有识之士所避而远之的。

但是，因为我们已经尽我们的努力来阐明那严肃的问题，而且也事先告知了我们的读者，所以请他们再次对我们原初所采用的杂感风格及其效果有所准备。正如已经向他们解释的那样，只有在这里，谐趣或幽默才被允许，他们也可以发现，只有在这里，各种

224

225

---

① 见第二卷第 72—73 页及以下。
② 见第一卷第 63 页。

奇思妙想、枝蔓横生才是适当且必要的。① 若非如此,我们的思想就很危险。稍作反省就会置我们于危险的冥想状态中。实际上,深刻的思考总是浅薄思想的原因。为避免这种无甚好处的冥想的习惯和性格,我们也许有理由钟情于这种妙趣横生的写作和谈话方式,尤其是当主题较为庄重的时候。既然这样,我们就更需要打断这冗长的推理过程,并且通过种种灵光闪现和散射的视点,我们会意识到那些不同由始终不变的兴趣,或直线性的视野所不能轻易捕获的东西。

226

杂感五

第一章

调整作者与读者之间关系的仪式。前者的主导情感。对灵感的各种主张。游吟诗人、先知、西比尔书。用诗文写出的神谕。古代作家和基督教的共同利益。机趣、雅致和精确的现状。诗歌真理。对我们作者的最后一篇文章的批评的准备。

227

人类之间所建立的人为关系当中,最反复易变的就要数作者和读者之间的关系了。至于我们作者已经表明了自己的立场,在那篇文章中间,②他给现在作家们提出了忠告。同时,尽管他设想每一个自命为作家的人,在阐述具体事情时在理解力上要优于其读者,然而他并不认为任何作者都可以高高在上,或者胆敢说自己没必要接受外界的评判和批评,而这恰恰决定着他在读者当中的声望。

228

很明显,一个作者的技艺和辛劳全是为读者付出的。为了读者,他才展露才华,如果不是公开地和明确地,至少也是含蓄地向读者示好。的确诗人们,尤其是那些现代诗人,处理起这些事情来

---

① 这里的意思是,只有人们的思想符合事物的自然本性,有利于社会整体的利益,而不是仅仅为了个人癖好或伤害他人,运用谐趣或嘲讽才是合理的。——译注
② 即第一卷第三篇。

手段很高明。他们自以为整个人类都不及他的才能。"他们的笔是神圣的,他们的文辞和口才是天赐的。"他们常常像是在用人类无法理解的语言写作,对贫乏的演说原理、词汇和语法不屑一顾。

229 　　但是凡夫俗子们总是妄自阻断他们的飞翔,提醒他们也是人类,也会犯错。假如声称获得灵感的最早的诗人们,学着通过其他的媒介而非文体和语言,来交流他们那狂喜的思想和热烈的观念,情况也许就是另一番景象。但是赋予人灵感的神或缪斯在表露自己的时候,也使其智慧服从于人类无意间构造的严格法则,她必将服从人类的裁判和文学界的判断力。照这样看,读者仍然处于优先地位并保持优势。

　　断言一件由人类语言写作的作品或文章超越了人类的批评或责难的界限,那确实是相当荒谬的。因为,假使写作的艺术来自人类发明和确定的法则,即使这些法则形成于偶然的实践和随意的运用,那么没有什么著作不是必然地受到读者仔细的检查和严格的判别,除非那种语言和语法为人类所不解,来自上天,却不可思议地为人类所用。

230 　　刻画人物和描绘言语的语言艺术,与绘画本身一样都服从这个法则。在某些基督教教堂中,我曾看到古代的一些作品是描绘传说中牧师的庄重信仰的,人们确信"是在天使和神的启发下,由超人之手和神圣之笔创作的"。如果这些作品是由拉斐尔创作的,我就会发现其中没有什么与这个传说相悖。但是我观察到这伪称是天外之作的整体风格和手法非常平庸,其中许多细节甚至偏离了艺术的基本原理,我暗自觉得要冒犯那个传说了,而且自信地断言,"如果画师真的受到了上天的指引,其表现肯定不会如此蹩脚",因为它完全是与所有宗教和道德的真理相矛盾的,即这如神之手服从的是人类艺术的基本法则,那就应该是违背艺术本身的,因此表现的是虚假和错误,而非真实和比例。

231 　　也许有人会辩解说,"不过在世间确有一些作者,他们自己虽然不敢说有神启的特权,其风格或气质也没有达到完美的相似,然而他们仍然主导着读者,其思想和判断力是优越的,因此不由得要获得某些含蓄的崇拜和尊敬"。对此我只能回答说,"如果他们的作品当中既无符咒也无魔法,那就只能是纯粹的狂热了",除非那至高的神曾颁布法令给某些宗教典籍或神圣著述。既然是这样,要是有人坚决否认或怀疑其中的哪怕是只言片语的神圣权威,那真算得上是邪恶和亵渎了。但是,如果这些典籍并非仅此一册、简短完整,倒显得是形式多样、卷帙浩瀚、深奥难解,那么世俗官员要让这典籍普遍流传,同时还要避免人间各个不同的天才和截然相对的判断力有不同理解和妄加评论,就非常困难,如果不是完全行不通的话。

很显然,在最高雅的民族中,人们把诗人的作品看得最为神圣,说到其艺术、其情景和结构的完美,确实真正是神授的。但是,除了包含在后面这种意义中的东西,还有更多东西值得被称为神奇。① 通俗的宗教观念是建立在奇迹故事上的,而较聪明和较高尚的宗教也关注这些,但更多是从寓言角度来阐释的。甚至最严苛地批评这些奇迹的哲学家却也是其崇拜者,他们认为其中包含着神授的灵感或崇高的狂热。② 对此我们作者在其他地方已详细论述过。③

如果有人以神的名义发布作品,但尽其努力还是不能达到圆满和正确,那么他就很不幸变成一个伪冒者。在这一点上,库迈城的女先知在把预言警示和假冒启示写在接起来的树叶上时仿佛没有那么轻率和或疯狂,这些详细的铭辞一旦写好就被风撕碎吹散了。"你将看见一位疯狂的女先知,她住在一个幽深的石洞里,能预卜人的命运,并用符号和文字记在叶片上。这位处女把她写在叶片上的任何铭辞都按次序安排好,秘密地存放在洞里。这些叶片留在洞里,不动丝毫,次序不乱。但当洞口的门轴转动,轻风吹入,这些单薄的叶片就被从门外吹进来的风吹来,在石洞里飞舞,这位女先知从此就不再想到要把它们捡起来,再按次序排列,把它们安排好,人们来求卜的得不到答复就离去了,因此非常厌恶这位西比尔

232

233

住的地方。"①这些文字的神圣性几乎是毋庸置疑的,但却只能到碎片里面去寻找了。如果人们发现,德尔斐的这位用平白的韵律说话的祭祀姊妹,不管什么时候都违犯诗歌的法则,那么那个年代的人们是很难依靠阿波罗自己来创造蹩脚的诗歌的。但是用树叶书写这个发明,让人连完整的一行都无法读出,任何的阐释都只能根据这些破碎模糊的铭辞,因此人们便不能责难原文本身不完美了。

234

那些书原来是什么,有哪些是那傲慢的西比尔或女先知烧掉的,或者剩下的那些是什么,罗马皇帝得到并供奉的又是什么,②我不敢妄下评断,虽然古代基督教教父们承认确有其事,这些书至今仍是神圣的,因为它们预言了我们的宗教的创立者的诞生,并且为记载其生平的《圣经》提供了证据,所以被基督徒们看做是最为神圣的。③

235

然而,古罗马的政策并不绝对以文字作品为权威。西比尔的书被锁起来,有专人看管。新罗马也以此为先例,不敢明确将其与最高权威和绝对无错的神圣人物联系起来,而且禁止公众评判这些书,只有他们认为有资格审查这种神圣奇迹的人才能接触它们。

伊斯兰教的神职人员仿佛有一种不同的政策。他们大胆地把一本书作为宗教的基础,据他们自己说,这本书不仅完美无缺,而且独一无二。现实当中一个学者和公正的批评家如果被允许去根据公认的艺术法则检查这本书,也许会很快就驳斥这种主张。但

---

① 维吉尔:《埃涅阿斯纪》,3:443—452。(此处引自《埃涅阿斯纪》,杨周瀚译,南京:译林出版社,1999 年,第 70 页,这段之前的文字为,"你到了那里之后,就到库迈城去,那儿有鬼魂游荡的湖泊,有阿维尔努斯这座窃窃私语的森林"。——译注)

② 奥鲁斯·格利乌斯在《阿提卡之夜》中记载一个年老的女人要卖给最后一个罗马皇帝傲慢王塔奎因九卷西比尔的书,还没等砍完价,就有六卷已经被烧掉了。——译注

③ "有三本书,叫做西比尔书,被放置在一个神龛内。十五学院视之为神谕来请示它们,如果有关于公共利益的事情需要向不朽之神请示的话。"奥鲁斯·格利乌斯在《阿提卡之夜》,1.19.10—11,还可见普林尼,《自然史》13.17.88。关于第一本西比尔书和其他被奉为神圣的书,还有罗马人保存的另外的圣书,可见迪奥尼修斯·哈利卡纳修斯在《罗马古迹》中所引用的法罗的《罗马神学》中的话,4.c.62。

是相关政策和东方宗教人士的性格是如此野蛮,他们压制,而且事实上毁灭所有真正的学问、科学和高雅艺术,还有他们挑选出来的古代作家和语言,通过这种绝对可靠的方法,他们把神圣著作作为文学作品的唯一标准。因为除了它自己或比它还差的东西,没有东西可与它比较,它就必定被认为是无以伦比的了。

人们肯定都折服于基督教世界的光荣,因为他们的信仰,尤其是新教教徒的信仰,建立在一种较为高贵的基础上。他们不仅允许作者之间的比较,而且甚至用世俗作者来证明其神圣典籍和启示的正确,正如根据我们神学大师提出的原理而得知,"我若为自己作见证,我的见证就不真"①。所以当前并不存在以圣书名义提出的神迹或征兆的直接证据,而且圣书特有的文法或风格也不是神奇的或自明的,如果其他古代典籍、历史学家和外来作家提供的附属证据被毁掉或完全丧失的话。之前很少有论据或借口来反对人们对所谓怀疑主义者的怀疑,即"神圣典籍本身不过是纯粹的创造,或是代表富人集团和从中牟利的垄断者的利益集团编撰而成,因而能够在世俗世界中流传"。

所以,我们那虔诚的牧师的兴趣,实际上必定与古代文献和高雅学术的兴趣密切相连。凭借这一点,他们总是反驳那些反对者的巧妙论据。他们若放弃这一点,就等于放弃了他们的事业。他们若反对这一点,就等于反对我们神圣信仰的根本和基础,就等于拆毁我们宗教的整个结构的支柱。

辩护一个反复转译的文本的可靠性,那是纯粹的狂热者和盲信者的职责所在,这类文本通过多种渠道传到他们手中,并且经历许多变异,但他们对此一无所知。但是,他们似乎会说服我们,只有从这里他们才能辨认出神圣的精神,并领会这种精神,他们想象自己不必服从任何法则,超越于他们常常所谓的死的文字和无用的学术。任何人都能看到,这是在建立空中楼阁,而又随意拆毁,这不啻是飘渺的幻想或疯狂的想象。

然而,业已确立的基督教教会中明智的神学家们已充分谴责了

236

237

---

① 《约翰福音》5:31。

这种做法。他们远不是将宗教建立在通行圣经的通俗意义或可见形式上,就像印制副本或现代版本那样。他们也不会说原作本身就是文学杰作,或在风格或构思上是完美无瑕的。他们允许宗教作者充分发挥自己的才华和天赋才能写作:"牧羊人就像牧羊人,国王就像国王,一个阅读广泛、文采出色的人就像是这方面的专家,而一个才疏学浅的人则资质平平,人云亦云,不能熟练地叙述故事。"

我们的神学家关心的是故事的主旨和主要事实,以能根据符合常理的最有效的证据来确证启示的权威性。同时,宗教作家们自己不仅提及异教世界的年鉴和历史,而且还提到了哲学著作和常规的诗歌,①以及博学而高雅的古代人创作的戏剧和喜剧,人们必定承认,那些古代著述遭到毁坏或遗失,不仅是《圣经》给人们的启迪和纯洁风格,而且其中的主要情节的证据本身也相应地遭到削弱而值得质疑。迄今为止虔敬的宗教人士给人诸多误导,他们极度狂热,毁掉了所有的异教文献,因而也毁掉了所有有用的学术或古籍。②

238
239
240

---

① 《使徒行传》(17.28)中的阿拉图斯和《提多书》(1.12.)中的埃庇米尼得斯。圣徒也有意提到一个异教诗人,那是个生理学家和神学家,他预言了一些事情,创作了一些奇迹,并被希腊的一些主要城邦和国家认为是一个受神灵感和得到启示的作者。

② 即使在16世纪,著名的罗马主教格里高利,因凭借其传教的修道士在异教的撒克逊人的英格兰民族建立基督教而名望极高,非但不培养或支持艺术或文学,反而对人类智慧的产物大肆毁灭。他在给德高望重的法国主教(法国公认的著名现代批评家和讽刺天才)的信中说了这样的话,"我听说了一些事情,但我羞于提及,即您的同胞给一些学生教授语法。听到这个消息我很痛心,我也鄙视这些事情,我为我听说的话悲叹和哀悼,因为赞美朱庇特的一个人是不能使赞美基督的……但愿这些不是事实,您也不再在这些雕虫小技和世俗文学上枉费精力,那就感谢主了,主不愿您的心因赞美那邪恶的东西而受到玷污"。格里高利一世:《书信集》,9.48,作品集,巴黎:1533年,第444页。他在《道德学》的献词或序言中,在用了一些极其乏味的修辞和形象的术语反对演讲的学问和艺术智慧之后,又对古典作家和古典学科进行了一番讥讽,其粗野的风格的气度表露出他对古代学问和这种狂热情感的自然结果的一贯仇视。他说了这样的话:"所以我不屑于接触演讲的艺术,而外来的教育正将其引入进来。正如这封信的主旨表明,我不能避免使用发音尖涩的M,也不能避开野蛮的混合音;我讨厌短元音的长度变化或转调规则,或者介词的规则。因为我坚决反对用多纳图斯的法则 (转下页)

但幸运的是,只有在我们前面描述的那些现代的卑鄙无知的狂热者身上,还有这种热情。罗马教会本身已经摆脱了这种野蛮的狂热,所以他们中间那些重要人物,甚至是他们的主教①也准备伸出援手大力发展所有古代高雅的学术。他们正确地观察到,他们的圣传需要一些辅助证据。他们断定,保存古代其他的公正的作家的作品对于证明那些重要事实的可信性来说是必不可少的,整个宗教史和圣传都依赖于这些事实。

241

242

(接上页)来约束上天的神谕中的语言。"人们普遍相信,他如此发泄他那野蛮的热情,以致要将这门学问(他也继承了这门学问)以及当时还在世的古典作家们整个毁灭。他的继任者(在一位罗马教皇身上更为臭名昭著和反常的是)把捣毁罗马的雕像、雕塑和最精美的作品都归罪于他,与他同时代的另一位作家普拉提纳也毫不袒护,承认了这一点。见上面所引用的格里高利的作品的开篇,即"圣格里高利生平"。因此,如果其他作家对说明了这位高级教士激烈反对古代书籍和学问的原因,这个所谓的原因真是非同寻常,人们就不必奇怪,《圣经》广受喜爱,而且因其敌对者的毁灭而获得巨大优势"。当他们推想如果与其他著作一比圣经必输的时候,看起来他们对《圣经》的理解不怎么高明。然而,其他教父们(他们的观点相同)认为以那些遭人谴责的古人为榜样创作新的文学作品是很明智的。因此,当无知者当道,主教专权盛行的时候,那些热情的神父们尝试新英雄体诗歌、新史诗和戏剧、新荷马、新欧里庇得斯可谓荒唐,是出力不讨好。但是,虽然他们的权力几乎要葬送那些伟大的经典作品,但他们那拙劣的模仿却还是无人问津。那些仿冒之作理所当然是晦涩不通的,正如其他类似的尝试也是同样的结果,对此我们的作者已表明了自己的观点(见第150—161页)。但是,针对那恶劣的政策和对古人作品的粗野的敌意,国外一位新教神学家和多数学识渊博的宗教拥护者为希腊的先辈们做了最好的辩护,并努力使其免遭曾加于科学和知识之上的浩劫和毁灭,他们这样说:"如果事实就是如此,仍然还有蔑视君士坦丁堡的主教们的新理由,虽然他们在其他方面是不折不扣的好人。但我很难相信这是真的,因为我们还可以见到有无数的诗人比那些迷途的人还要粗俗下流。没有人怀疑阿里斯托芬比米南德粗俗。在比较这两个诗人的时候,主教看得很清楚。尽管如此,那些敌视美文的牧师们本来可以像德美特里·卡尔孔狄利斯所说的那样处理这些事情,而不认为,在保留所有希腊古籍的时候,也会保留那些有助于理解和证实神圣历史乃至基督教的先辈们的语言和大量事实。这些人至少应该为我们保存古代关于东方人的历史,例如迦勒底人、提尔人和埃及人,但他们失去了理智,无知愚昧、肆意妄为。"《选集》,第14卷,第132—133页。

① 这位就是现任教皇克莱门特十一世,所有艺术和科学的支持者。

　　的确,要把庞提乌斯·彼拉多引入到我们的教义中,[①]并列举他在朱迪雅所干的事情是徒劳的,如果我们不知道,"在那个遥远的国家,在一个陌生的民族中,他受谁的指使,他依仗谁的权威,或者他是什么身份"。同样的道理,一个罗马主教要从罗马皇帝及其继任者的职位、权势、权力那里获得其精神统治的名号也是徒劳的,如果不是有些历史或相关证据表明,"第一任皇帝是谁,他们如何拥有那广泛的权力,长期占据统治地位。"

　　无疑,我的读者此时肯定开始蹊跷,走过这迷宫般的思索和芜杂凌乱的反省,我要把他领到哪里去? 但我相信他不会讨厌我,当我们让他明白,既然现在已经来到我的最后一章杂感,并意识到我向他表示的那一点殷勤,与其他现代作家所做的相比,我乐于做出补偿,向他表达我的忠诚和敬意,并且按照我固有的态度和原则表明,他值得我特意效劳和无限尊敬。

　　因而这长篇大论的主题首先是,尽我作为一个作者的能力,代表所有忠诚的仆人,带着应有的敬意,祝贺我们的英国读者有如此尊贵的地位。我的意思是,他与我们自己之间的关系是有利于他的,而我们实际上处于从属地位。而且,人们希望他永远享受对于其谦卑仆人的优越和特权,这些仆人就是为他之利创作和辛劳的。这样的关系极有可能会延续下去,甚至更进一步。我们共同的宗教和教义建立在文字和经书上,给人们如此多的美好希望。这种希望看来不会在我们这里落空,如果读者们实际上被赋予阅读的特权,也就是说,用其理智去质疑、解释和评论。当我们民族最明智、最博学的人的语言被承认包含着我们神圣启示的主旨和要义时,学术和科学必将繁荣。当对佐证神圣典籍非常必要的古代作者受人关注,并为各个层次的现代人带来无穷裨益,批评、细查、判断、文学的创作和研究必将有人关注并参与其中,现代人很想通过文学上的成就来扬名立足,想让人把自己视为知识和礼教的研究者。

　　凭借之前站在批评立场上的论证,人们无疑会允许我——没有

---

① 庞提乌斯·彼拉多(Pontius Pilate)是钉死耶稣的古罗马犹太总督。——译注

奉承献媚的嫌疑——维护读者对于作者的特权,并像我已经做的那样,让他占据上位,享受光荣。我们清楚地知道这一事实,即最伟大的哲学家,甚至哲学本身的创立者,[①]并不是作家。神学作者和我们宗教的创立者,[②]从另一种意义上说也不是作家。在公共场合最明白地向我们叙述其生平及其所有的布道和神学演说的人,乐于由他人"提笔作书"。[③] 看起来之后有许多人也这样做了,因而着手"按次序写作与使徒熟识或查问过使徒的人相信的事,和他们年轻时所受的教导,或者根据传闻,也就是从被认为是原先的听者和亲眼见过这些事的人转述而来的事,因为这好像对他是好的,可让人更好地知道这个人"[①]。

245

246

---

① 指苏格拉底。——译注

② 指耶稣。——译注

③《路加福音》1:1—4:"(1)For as much as many have taken in hand to set forth, in order, a declaration (Exposition or Narrative, διήγησιν) of those things which are most surely believed among (or were fulfilled in, or among) us;(2)Even as they delivered them unto us, which from the beginning were eyewitnesses and ministers of the Word;(3)It seemed good to me also, having had perfect understanding of all things from the very first,(or having looked back, and searched accurately into all Matters from the beginning, or highest time, παρηκοκονθηκότι ἄνωθεν πᾶσιν ἀκριβῶς)to write unto thee in order, most excellent Theophilus;(4)That Thou mightest know the certainty (or Validity, sound Discussion, ἀσφάλειαν)of those things wherein thou hast been instructed (or catechized)."περὶ ὧν κατηχήθης。

(钦定本中这几节如下:1:1 Many have undertaken to draw up an account of the things that have been fulfilled [Or been surely believed] among us,

1:2 just as they were handed down to us by those who from the first were eyewitnesses and servants of the word.

1:3 Therefore, since I myself have carefully investigated everything from the beginning, it seemed good also to me to write an orderly account for you, most excellent Theophilus,

1:4 so that you may know the certainty of the things you have been taught.

和合本中这几节如下:"提阿非罗大人哪,有好些人提笔作书,述说在我们中间所成就的事,是照传道的人从起初亲眼看见又传给我们的。这些事我既从起头都详细考察了,就定意要按着次序写给你,使你知道所学之道都是确实的。"——译注)

① 引号内的话就是《路加福音》1:1—4 的大致内容。——译注

这些归功于犹太人神圣立法者的《圣经》，以及记述其死亡、葬礼、继承人，还有其生平和功德的书，①严格来说是否应该被理解为直接出自宗教创立者之手，更准确地说是出自其他受启示的人，他们是否同样受到富有感染力的精神的指引，我不敢妄加揣测。但我们大致可以发现，这些书都表现了公众对宗教、哲学的关心，其中的伟大显赫的人物比写作他们的名人有更高的地位。雅典伟大的立法者久负诗才之盛名，也没有因为他偶尔作的几句诗而被尊为作家。② 斯巴达的伟大奠基者本身也是个诗人，在最伟大最高尚的诗人眼中也算得上是作家或救世主（如果我可以这么说的话），但却是因对那位伟大恩主的作品的精深研究和搜整而安身立命的。③ 政治家和礼教贤哲们各方面都适合于宏大事业，但仿佛不能抽身出来关注较细致精微的文学事业和学术研究。

的确，如果缺乏行动能力和关于人情事理的知识，真是不能成为天生就有能耐描写高贵场面或善于构造鸿篇巨制的作家。但也有很多人极有能力干一番事业，却机遇不佳未能在更高尚的领域有所成就。正如也有很多人曾涉足于此，但后来却由于许多干扰阻挠不得不放弃，将其天资用在较低俗的事情上。

我们（甚至历史上的两位君王和教父）有愧于那些最卓越的历史学家④以及最伟大的哲学作家，学院的创立者，⑤等等，他们出身高贵，有条件在政治上位极人臣，但由于自己或挚友遭受的厄运而未能一试身手。此乃大不幸矣。

---

① 《申命记》34：5—7及以下。
② 说的是梭伦，公元前7—前6世纪雅典的立法者。见普鲁塔克：《希腊罗马名人传》中文版，第166页。——译注
③ 据普鲁塔克说，传说中斯巴达的立法者吕库古，年轻时在小亚细亚的爱奥尼亚旅行见到了荷马的作品，就将其加以翻译和整理，带回希腊，因而让整个希腊都知道了这些作品。见普鲁塔克：《希腊罗马名人传》中文版，第90页。——译注
④ 指希罗多德和修昔底德。——译注
⑤ 指柏拉图。——译注

由于一位英雄的年轻人早先被流放和长期隐退而远离祖国，248我们才有幸获得那开风气之先的巨作，这是最高雅、最睿智、最有教益，而且（对那些能领会其微言大义的人）最亲切的，甚至是所有平凡或俗世作家当中最令人振奋和欣喜的作品。①

拜这幸运所赐，我们才得以见到那些最伟大的古代诗人。只有这样的机遇才诞生了典雅的希腊抒情诗的缪斯，②还有他的跟随者贺拉斯，③其性格虽然可从历史和他自己的作品中窥见一斑，但他的评论者却难觅其踪：人们猜想他的总体观念主要源自他的财产被没收之后，在屋大维篡权和征服过程中，米西纳斯当政时期，他 249在宫廷中险恶而卑微的地位，而不是来自他早先境遇较好的时候，也就是在宫廷中受重用，也有较重要和高尚的朋友的支持，当时的罗马还有尊严和自由可言。从他遭受的变故，从宫廷重臣一落千丈，我们可见端倪。④

---

① "最优美最优雅的色诺芬"，雅典娜如此称呼他。阿忒纳乌斯（Athenaeus，古希腊人，公元170—230。——译注）：《餐桌上的健谈者》，11.504c。

② "阿尔凯奥斯，你的音乐有金石之声，如海上波涛，如飞鸟疾走，如金戈铁马。"贺拉斯：《歌集》，2.13.26—28。

③ "来吧，我的里拉琴，为我唱一首拉丁人的歌，虽然你还是第一次被来自莱斯博斯的公民拨弄，如果激战正酣……"贺拉斯：《歌集》，1.32.3—6。

④ "但是磨难让我驱离了那温柔乡，境内硝烟四起，逼迫我拿起武器面对不可战胜的奥古斯都·凯撒。只要菲利比能让我远离战争，哪怕身居低位，剪除我的羽翼，丧失所有遗产，穷苦人那无畏的勇气促使我写下诗行。"贺拉斯：《书札》，2.2.46—52。还有，"曾几何时，罗马军团的士兵俯首称我为长官。"〔贺拉斯，讽刺诗集，1.6.47—48〕这说的是在布鲁特斯执政时的事情，他再次引以为傲："这个时战时和的城市中的最伟大的人也很欣赏我。"贺拉斯：《书札》，1.20.23。又说："嫉妒之人不情愿承认我曾与伟大的人并肩。"贺拉斯：《讽刺诗集》，2.1.76—77。在这里"vixisse（译作英文为 lived）"一词表明他所说的"magni（译作英文为 the great）"主要指的是谁，即他早期的保护人和这个国家的伟大人物（上文所引用的这句诗的拉丁文为：Cum magnis vixisse invita fatebitur usque。——译注）。他在这里所做的辩解和辩护（还有在他第一本书的第四和第六首讽刺诗和他的第二本书的第二篇书札，以及其他地方）可以由他公开大胆宣称自己得到过的良好教育得到佐证（与元老院中最高议员平级，并跟随最好的导师），他曾在国内外担任公职，在认识这些新的朋友之前，他早年间与重要人物们的交游熟知，而这后来在宫廷中熟识的同僚因与他对立而嫉妒他。"米西纳斯，他们嫉妒 （转下页）

250　　因此请作家们有些自知之明，虽然不妄自菲薄，以至于要向他们的读者低声下气、曲意逢迎，但也请他们自知，身为作家，他们只能算是二流。同时也请读者考虑到，如果他失去价值，荣耀不再，让自己的趣味或判断力顺服于曾经声名显赫或德高望重的作家，

251　　而不是听从理性和真理，一旦身陷险境，他就只能背叛作者和读者的共同事业、文学和知识的旨趣，以及人类理性能力的自由、权利和特权。

　　历史上曾讲到卡帕多西亚人，罗马人给他们自由并用他们自己的法律和习俗自治，但他们却为这个建议感到害怕，好像受到了蓄意的伤害，反而低声下气地提出请求，"他们愿接受专权的统治，希望罗马人慎重决定，让专制的统治者赶快委派官员"。这就是他们那十足的卑贱顺服的性格，他们不敢妄求太多，选择自己的主人。他们对奴性的认识如此深刻，把主人之权利看得如此神圣，以至于不敢要求自由，唯恐取代上帝、命运或征服者擅自赐福于自己。他们不敢立王，而要从强大的邻邦迎一个来。如果他们被迫自己选

252　出来一个，那么运用政治自由的殊荣倒会让他们蒙住眼睛，或者将这权利交给最普遍的命运来决定，是上十字架还是火刑柱，总之要在这样的事务上为自己洗脱运用远见、自主或审慎的罪责。

　　如果来自这个地方的读者，禀赋卡帕多西亚人的那种情绪，给他自由，让他为自己做主，他却害怕自由，我觉得这真是大大的不

（接上页）我，因为我与您交往甚密，而之前则是因为罗马军团的士兵称我为长官。"贺拉斯：《讽刺诗集》，1.6.47—48。现在，责难针对的是米西纳斯和奥古斯都，就像之前针对布鲁特斯以及当时的重要人物和领导人物一样。因为他曾是诸如米西纳斯和奥古斯都等人门下的宠臣或红人，而对他的抱怨或牢骚，并不能因与他相关的伟大人物得到解释，他曾住在那个时战时和的城市，但与某些人让他免于参与战争并身负荣耀没有什么关联。因此他对米西纳斯说："[这是两码事]因为，虽然人们可能有理由嫉妒我有这样的职位，但却不应嫉妒我与你的友谊。"《讽刺诗集》，1.6.49—50。以前是个演员，还担任公职，但现在仅是一个大臣的朋友，他自己仍然独自隐退。人们都知道他拒绝了奥古斯都给他的秘书一职。但是在这种环境下，贺拉斯的礼仪周全和足智多谋令人钦佩，让后人们在公私两面都可以替他辩护，而他也暗示自己与伟大人物的亲密关系，因此在某种意义上说，他在与如屋大维和米西纳斯这样的人也有周旋的余地（虽然严格来说并没有什么余地）。见第一卷第269—270页注。

幸。我承认,我努力要向他表明他那种合理的特权,并借他一双慧眼看清作者,邀请他抛开好恶,发挥其批评才智,提出真诚的批评。这也许是与我的主张相对立的,即"我站在我自己和作为作者立场上,质疑我的读者能展现他那最敏锐的机智,真可谓是杞人忧天,越俎代庖"。

但是,我可以回答说,如果我有幸能在我的读者心中唤起合理批评的主人公意识,激励他不要懒惰、胆怯、自卑或消极谦让,因为他们普遍地有这些倾向。尽管凭借这种意识,我自己可能会作茧自缚,然而我会非常庆幸自己的低调,因能让智者更智、为贤能抛砖引玉感到骄傲。"我要扮演磨刀石的角色。"①

我可以将我在此方面的抱负与我所谓对于读者的忠诚予以协调,把读者在批评和判断上面的提高和一位罗马王妃说到她儿子对于帝国的野心时所说的话相提并论:"只要是能做皇帝,杀就杀吧。"②

如果我是西班牙的塞万提斯,并与这位喜剧作家一样取得了成功,扫除了盛行的哥特式趣味或摩尔式的骑士精神,我在往后就可以满意地看到自己的滑稽之作受人鄙视,弃之如敝履,当它达到了预期的效果,摧毁了人们头脑中的巨人和怪物之时,因为这就是它原初的意图。因此,当不顾我所讨厌的流行的品味或趣味——就我个人来说,让我这些杂感作品被人们随意评析,我应该继续努力提升我的读者的品味,我要尽我所能磨砺之,使之敏锐起来,当它能在较低级的对象上一试身手之后,通过这些锻炼,就能变得更加锐利,能在面对较高级的对象时取得更好的效果,这就是读者最大的幸福,即他的自由和勇气。

所以,假如我是那些较低级的作品中的滑稽演员,仿效我较为熟悉的,也是我要批评的散文式讽刺,人们或许不容追问"在我们高贵的不列颠人中间是否遗留有当初那种野蛮的哥特式的趣味没

253

254

---

① 贺拉斯:《诗艺》,304。(中译本作:"我不如起个磨刀石的作用",见《诗艺》,杨周翰译,第153页。——译注)

② 塔西佗:《编年史》,14.9。(引自中译本《编年史》,王以铸、崔妙因译,北京:商务印书馆,1981年,第461页。——译注)

有被扫除干净,如果类似浪漫故事和骑士风度的东西,还有各种荒
诞不经的作品,即使在今天仍大行其道,受人欢迎,甚至就体现在
高雅社会里面的一些人身上?"由此我是否需要再次提及我们的作
者,因为他从整体上评述过我们现代作家的风格和手法,①从神学
家到喜剧作家? 谁的判断力或理智最低,谁没有神学家或刻板道
德家的帮助就不能轻易观察到我们英国舞台上的丑态,这舞台就
是我们最好的那群人的聚集地和主要娱乐场所,我们年轻人关于
风尚的观念多半也会来自这里,他们关于生活的趣味也更直接更
自然地来自这里,而不是较严肃的剧场中的排演和雄辩演说?

　　让那些晋升发达的人尽力发展神圣雄辩术——我们稍后将讨
论它并仍将其用到各种目的上,而不是在宗教或礼教方面想方设
法给我们教导。让他们高屋建瓴,努力净化我们在神圣事务上的
趣味和判断力。好的批评家的任务就是改良我们共同的舞台,但
戏剧表演却不能由更高领域的批评家们提出责难和判决。宗教仪
式和艺术本身都是真诚的。我们有很好的基础,我们英国的舞台
在主要方面(就像人们所评论的那样)可以得到最大的改善,②可以
从我们民族当前的天才那里,也可以从我们早先的诗人那里汲取
营养。然而,丑比美更容易被模仿。

　　确实,我们发现,我们的剧场近来不断遭受激烈的批评。我们
听到有人公开抱怨,"无论在新剧还是旧剧,无论是喜剧还是悲剧,
舞台上总是一片喧闹:搞决斗,打群架,包伤口;找医生,看病人。
在我们的悲剧里面,到处都是装饰华美的刑车、拷问台、绞刑架、优
雅地执行死刑,人们看到的都是无头的尸体,或有头无尸体;激烈
的战争,残忍的谋杀,再有就是尸横遍野"。这就是我们的高雅。

　　男男女女都来关顾这样的戏剧,这倒让我更喜欢我们作者在谈
到我们的剧场和马戏团或动物园之间相互交流往来时所指的那种
热闹场景。③ 因为在剧场这种集会中,不可否认至少有两种较高的

255

256

257

──────────

① 即他的《给作家的忠告》,第一卷第三篇。
② 见第一卷第 217 页及以下,第 223、259、275—276 页。
③ 第一卷第 270 页及以下。

区域或廊台,中间坐着经常满不在乎地出入各种游戏场所的观众。所以我们难怪会听到为阿尔曼佐尔的胜利的喝彩声响彻剧场,这同一拨人可能在昨天还在为另一个舞台上的英雄——凯旋的屠杀者欢呼,那场戏同样充满了喧嚣打闹、人仰马翻、血腥屠杀,不管是男人还是女人都经常关顾,乐在其中,有时候还不只是作为观众,而且还是格斗当中的演员。我们倾向于把这些集会叫做异教式的①(尽管这种事情在异教徒那里也闻所未闻),但在我们这个基督教民族中却是被公然允许的,好像除此就没有伤害宗教利益的途径了,不管人们发现这些事情对一个民族的礼教、人道和文明生活有什么样的效果。对于这些放纵,我们听不到有人抱怨。还有其他的集会,虽然是最野蛮最凶暴的,看起来与他们自己不同的风尚或习俗的宗教集会一样。对热情的人们是一种伤害。

我很遗憾说,尽管在多种诗体上我们的成就是崇高而卓越的,然而在学术和文学上的趣味总体上与我们的戏剧还处于同一水平上。

我乐意告诉我们英国的天才们从前罗马人是怎么做的:"他生性崇高而热情,他有悲剧的天赋,而他的胆识则给他成功。"②但我也必须做个补充,由于他们那肤浅的天才和易变的性情曾让他们风光,我们作者看到了他们身上过度的沉溺和偏爱,这让他们变得极度懒散且自负,唯我独尊。公众曾把他们捧上王座,但他们却像听信谗言的国王,听不进去任何反对意见或忠告。他们耻于接受批评,甚至是朋友的批评,或者说他羞于按朋友的意思自行修改人们确信为疏漏和错误的东西。"但他害怕刮字刀,且认为那是玷污他的作品。"③ 258

对于我们的国人来说,润饰作品的劳苦让他们怨声载道。一个英国作家完全就是天才,他愿意收获艺术的果实,但不愿付出努力、辛劳或勤奋。的确,他觉得有必要让世人知道他是在有意地违 259

---

① 见第一卷第 268 页及以下。
② 贺拉斯:《书札》,2.1.165—6。
③ 贺拉斯:《书札》,2.1.167。

背艺术法则,除非他的学识遭到质疑。为此,无论他在什么时候发表什么作品,都会在开始的致谢中如此谈论批评和艺术,以糊弄普遍读者,防止他们揪住其中一点不放来证明其作品的虚弱低劣,如果读者们曾有此先例的话。

人们曾希望,当我们的作家想到了一个模本或构思,并学到关于整体和部分的知识,[①]当由此在进一步学到了道德和所谓诗歌手法和真理的知识,[①]当他们学会去排斥错误的思想、模棱两可的隐

260

261

[①] "一个完整的事物由起始、中段和结尾组成。起始指不必承继它者,但要接受其他村庄或后来者的出于自然之继的部分。与之相反,结尾指本身自然地承继他者,但不再接受承继的部分,他的承继或是因为出于必须,或是因为符合多数的情况。中段指自然地承上启下的部分。"亚里士多德:《诗学》,7.3—6(引自中文版《诗学》,第 74 页。——译注)。在下一章当中说:"有人认为,只要写一个人的事,情节就会整一,其实不然。"亚里士多德:《诗学》,8.1(同上,第 78 页。——译注)。"总之,不论作什么,至少要作到统一、一致。"贺拉斯:《诗艺》,23(引自中文版《诗艺》,第 138 页。——译注)。见第一卷第 145—146 页。各类作品,从叙事诗到英雄体诗,再到较常见的书信体或诗歌或散文中最次要的短论,缺乏整一性的明证就是每一部分或片段位置不很恰当,不能完全融合到作品中。不管是哪种插入片段,虽然它们是一个整体,其本身是完整的,但却作为一个部分被插入到更大的作品当中,因此它就必须显得恰如其分。只有唯一适合它们的地方才可以叫做恰如其分。如果中段或结尾中有某些片段可以放在起始,或者起始中的片段可以放在中段或结尾,那么准确地说,它们既不属于起始和中段也不属于结尾。它只是一个片段,而非一部作品。它越是显得像一部真正的作品,就越是怪异。见本卷第 25 页,第一卷第 145—146 页。

[①] "我劝告已经懂得些什么的作家到生活中到风俗习惯中去寻找模型,从那里汲取活生生的语言吧。"贺拉斯:《诗艺》,317—318(引自中译本第 154 页。——译注)。我们知道古代的批评大师极力颂扬荷马,说他知道如何"圆满地说谎",正如我们上文所引用的话所说,亚里士多德:《诗学》,24.18,见第一卷第 346 页。根据大师们的观点和许多最伟大和最受尊敬的作家们的判断,他的谎言就是最正确的道德真理,是生活和风尚方面的教导的最好体现。

也许人们会问:"为什么在他的两部写英雄的作品当中,诗人没有描绘这种唯一正确的模型,没有描绘完美的性格?"

我可以回答说,如果他力图做到这一点,那么作为一个诗人,他将是荒谬的、错误的。不是可能性而是可信性才是诗人表现手法的准则。凭借这一点,他才引人瞩目,并促使自觉的读者或观众从人的内心,根据他自己心中自然地感受到和体验到的东西来做出最正确的判断。德行的完善来自长期实践的 （转下页）

喻、喜剧中荒谬可笑的装扮和英雄体诗中的夸夸其谈的时候，他们

（接上页）技艺和经营、自我克制，就像人们常说的那样，来自对天性的约束。但普通的听众或观众只顾从中取乐，喜欢置身其外来满足自己的情感，不领会构成这新的、虚构的人物所需要的克制、平静和平衡。因为只有这样才算是一个真正有德行的人，他的艺术尽管本身如此自然，或者是建立在理性和自然之上的，但远远超越了普遍的类型或众所周知的人类性格。因此过于善良和完美的性格是没有诗意的、虚假的。在其原因完全不为人所知也不可理解的地方必然不会产生应有的效果。在诗歌里面一个没有情感的英雄是荒谬的，就像一个英雄没有生活或行动。如果允许情感存在，那么充满激情的行动也必然随之而来。能使我们欢喜的同样英雄的灵魂和慷慨的仪表，在诗人为我们描写的伟大人物的生活和行为当中也会令人欢喜。因此才华出众的构思者是为了真理而作假，根据道德法则来描绘性格，必定能揭示自然的倾向，并且会在这些崇高的灵魂当中适当添加一些过分的东西，趋向于超出情感的一般状态或类型，这正构成了每一个诗意性格的鲜明之处或闪光之处。像阿基琉斯这类人的情感是要求的是那种通过武功和个人才干才能获得的光荣。由于喜爱这类性格，我们就宽恕这个高贵的年轻人在战场上的过度热情和在会议上被盟友伤害和激怒时的愤恨。像尤利西斯这类人的情感要求的是通过审慎、智慧和处世能力获得的光荣。由于喜爱这种性格，我们就原谅他那种狡猾虚伪的神态。因为这老谋深算的气质、意味深长的仪态和精微细腻的手腕策略是一个成熟老练的政治家与生俱来的特征，正如一触即怒、轻率鲁莽的作风与好战的年轻人我们就原谅他那种狡猾虚伪的神态。因为这老谋深算的气质、意味深长的仪态和精微细腻的手腕策略是一个成熟老练的政治家与生俱来的特征，正如一触即怒、轻率鲁莽的作风与好战的年轻人只有沉稳持重的性情才适合他那忠诚朴实的天性。我们常常注意的是身体的力量，但忽略心灵也具有同样的作用和力量，如果我们一方面看到诗人表现出来的这种自然的效果并发现我们在运用推理时所得到的神秘含蓄的效果，另一方面也佩服诗人那种夸张的手法。后来他在描写英雄的非凡德行时又极尽夸张豪放。他可以毫无顾忌地说谎，激发我们的好奇，随心所欲，唯求惊异。既然允许他说谎，他也就是无所不能。因此涅斯托耳那如簧巧舌屡创奇迹，而他身边盟友的口若悬河和老辣成熟也历历在目。阿伽门农可以像统帅的高贵和智慧受人敬仰，同时像国王一样的傲慢不逊、刚愎自用，以及威严的举止也是其性格中自然的一面，这些都体现在一个人身上，人们也注意到其不利的结果。因此每一种过度的性格都被诗人予以了补偿。自然地伴随着这种过度性格的不幸，正确地得到了表现，我们的情感也被深深地吸引和打动，因而就以最健康的方式得到了有效的净化。如果一个总是根据单一种模式或原型来塑造自己，无论怎么完美，他也仅仅是个摹本。但是，如果他从各个不同的模型那里学习，那么他便是独特的、自然的、真挚的。完美在外在的行为举止上面可以看到，如果一个人变成他所模仿的那个人是多么荒唐，也许他仍然非常优雅。总是喜欢模仿别 （转下页）

263　最终会关注韵律、和声和悦耳之音，并尽可能纠正我们语音中——至少是诗歌中，如果把散文除外的话——那些刺耳的音韵。①

264　但我们英国诗人却极力搜寻我们所谓的韵律这种古怪的修饰，②因此也就难怪其他的修饰和真正的优雅无人问津，无人尝试。

（接上页）人的人，其灵魂是卑贱的。只有独特的才是悦人的或自然的。完美的风尚就像我们的面孔一样，虽然都是美的，但必然有不同的美。千篇一律与丑相去不远。同样，在一部诗歌当中，无论是史诗还是戏剧，一个圆满完美的性格就是最可怕的怪物，这样虚构的诗歌不仅面目可憎，而且毫无道德和教化的作用。按照批评大师们的见解，关于诗意真理，以及有才华的诗人如何正确地虚构或巧妙地说谎，我们暂且做这些评述。贺拉斯就这种说谎的才能所讲的话较为浅显，无需解释："他的虚构非常巧妙，虚实参差毫无破绽，因此开端和中间，中间和结尾丝毫不相矛盾。"贺拉斯：《诗艺》，151—152（引自中译本第 145 页。——译注）。相同的说法不仅可以用到悲剧的描写中，而且也适用于喜剧中较低级的人物："每一个人多么像他们自己啊！"泰伦斯：《福尔弥昂》，3.2。可参见第一卷第4、142—143、337 页，第 351 页注。

① 见第一卷第 217 页。

② 读者如何对这些问题感兴趣可参阅伊萨克·沃休斯的《论诗歌的旋律和韵律的意义》（牛津，1673 年），另外他对古代音乐的评价，古代音乐强过现代音乐的地方（他用我们民族近来的数学家为例来说明），与某些人所持有的奇特观念是相反对的，即如在其他艺术上面一样，在音乐领域，古代人追求质朴，并将质朴作为音乐表演上的最高境界，所以古代人并不在意声部和和声的运用。与此相对，伊萨克·沃休斯赞同其他一些作家的看法，他在第五章当中引用了古代逍遥学派的《宇宙论》一书，然而他还可以在第六章当中补充《宇宙论》中的另一些话。这位古代作家的思想与这几卷书中经常提到的相应的关于整体的普遍匀称或统一的哲学思想是相呼应的，我们这里可以引用其中两段文字来加以说明，这些文字是无法被模仿的。"也许自然是爱好（喜欢）诸对反的，由诸对反，它演化以成和谐，和谐不由诸类似或诸相同事物合成，［这恰正像，自然导引男（雄）性和女（雌）性相联合（为婚姻），这就不用同性别的个体（人物）来办］，而恰正是由诸对反合成，由诸不相类似或不相同事物合成。从这方面看，艺术也显然是取法（效学）于自然的。绘画艺术在画幅上调合白与黑，黄与红，诸原色，毕竟作成了与原物全相符应的形象。音乐亦然，从各不同的声腔，调和其高音与低音，短拍与长拍，谱成一个谐协的曲调；至于文章，则是调和元音和辅音，把它们组织起来，成一嘉篇，这就是文学的本领。在赫拉克里特的遗文中，可以找到一句隐语，正说了这同一命题；即'联缀：凡诸完全与诸不完全，即那些和洽的与那些纷歧的，那些谐和的与那些轧轹的，把它们都联缀起来。则会就能由单个（孤一）（转下页）

然而,我们曾经更乐意看到诗歌中,尤其是戏剧中的某些其他手法盖过这种粗俗的趣味,所以我们的诗人有此优势进行一些更深入的提炼,但他们却原地踏步不思进取,这确实令人难以理喻。在他们那些雅致的文体和带韵的散文当中,很遗憾没有看到那种特有的优雅和和谐,为此就必须去掉那些华丽辞藻,追求更加自然和自如的风格,必须要洗净我们语言不幸夹杂的那些令人生厌的辅音和刺耳音调。

　　的确,他们最近也对"去那个那里"、"依靠那个什么"、"由于那个什么"、"因此上"①等等累赘的连结音和缀音进行了改良,由于这些东西,很多复杂难懂的句法稀奇古怪地相互缠绕勾连,就像律师或牧师那又臭又长的讲话。但不留意词语的重音或降调、音节的音调或韵律,一边把希腊文或拉丁文的复合句式一股脑儿混杂一起,另一边又把完整的诗句、英雄体和最长的句式拆解成单音节词,我想这些都不能疏忽大意。如果人们允许经典巨著中有孤立的一句诗放在开头或在语气最终的地方,并认为这种凌乱的句式确实是和谐的、富有诗意的,我却不理解为什么其他相同结构的诗句不被允许这样安排,或者为什么人们不允许这些串联顺畅的单音节词相互散落,就像造纸厂的锤子捶打纸浆,而不违背音乐法则或有害于我们语言的和声。但是,如果人们说的话还不如铁匠的铁砧那样悦耳,平心而论,他们怎么可能发现十音步英雄体中显而

265

(接上页)得总和[完全],由总和[完全]得单个(孤一)'。"(亚里士多德,《宇宙论》,5。中译本见《天象论宇宙论》,吴寿彭译,北京:商务印书馆,1999年,第279—280页。——译注)"世人,并不因为诸天体行度不齐,便称为'无秩序'的总体,反之,大家见到,诸天体既发踪于同一原始,而各以不同的音响,不同的步调,按同一交响乐谱,协和地唱着,舞着,进向同一个究竟(终极)……这恰恰像一个合唱队,当指挥发出开始的信号,所有的男歌人,也可以是女歌人,立即全体齐声唱起来,他(她)们,有些音高,有些音低,统按一个精心研究好了的乐谱,谐振各不同的音质,合成'一个协和的交响';管领全宇宙的大神恰恰也就是这样。"(亚里士多德,宇宙论,5,中译本见《天象论宇宙论》,第287—288页)见第二卷第214页,也见本卷第3—5页注。

① 原文为"whereunto's"、"whereby's"、"thereof's"、"therewith's",其中的"s"都是不必要的缀音。

266   易见的缺陷呢？因此，即使是一个散文作家尝试要写得雅致一些，也不会把自己局限在这些条条框框里面，否则就只能违背和声，不可能取得正确的韵律或悦耳的音韵。

    总之，我斗胆挑战了那些自以为是的作家们的威望，他们拒绝接受批评，要保护通过公然非难智者和文人们的事业和兴趣所依赖的艺术而无耻地获得自己的声望。如果是他们自己或他们的保护人，为保护他们的利益专横地扶持那些败坏的作品，我希望这种企图不会得逞。无论他们是现代人还是古代人，外国人还是本国人，一本正经的作家还是轻佻滑稽的作家，只要以此为避难所或寻求保护，只要与他们沆瀣一气，单单从这些事实和企图当中就可以看出，人们有正当理由来质疑他们根本上的无能和欺诈。基于这样的原因，如果读者是明智的，他就会加倍付出辛劳和努力来评析他面前傲慢作者的优缺点。作为读者和法官，如果他敢于维护我

267   们向他表明的那种当之无愧的自由，他将不会轻易被威胁或被愚弄，不去行使他那评析的能力和固有的批评特权。

    依赖于此前得到充分理解和实践的这门艺术，明智的古人在他们的作品中取得了圆满和完美之处。得益于这同一门艺术，我们看到文学在近代重获生机。归功于这门艺术，我们重新认识了古代的手稿，辨识经历了那个无知的黑暗年代的珍贵遗物中有哪些是伪作，哪些是真迹，并让我们取得如今各门科学同样的成就。正是这门艺术，甚至让宗教作家自己也达到了最高的纯洁和正确。这门艺术自身就是如此神圣，应该得到人们尊重，由它的资源而来，那种审慎而博学的影响力才得以形成，借此，我们神圣宗教的辩护者才能成功地驳斥异邦人、犹太教徒、宗派主义者、异教徒，以及我们原始而古老的信仰的敌人或反对者。

    既然借鉴我们作者提出的例子，我们已经表明批评对于所有文学作品——上至每一种问题的主要结构或构思，下到最微小的细节——的作用，现在我们可以进一步将批评这门艺术运用到我们作

268   者自己身上，凭借他自己的法则来评析他的最后一篇文章，同样我们还要保持随意变化的特权，涉足到其他主题上面，还要保留同样的随意穿插的自由和无端漫游的权利，像我们在前面几章一直贯

彻的那样。

第二章

我们民族和现代的文人①的产生和继承。领主们的风尚。公司和合股。反对批评的法令;咖啡馆委员会。桂冠先生。神学领域的其他桂冠。尊敬的文人们对我们作者《对话》一文和所用的对话写法的责难。 269

根据我们时代的一般惯例,我们很少看到有人集作家和批评家的性格于一身。我知道有一类作家完全靠批评或评论其他人过活,他们惯用的语言也都是这个职业赋予他们的。他们没有原本的性格或最初的职责,只是等待有某些被称作“作品”的东西,以便让自己攀附,然后分得些残羹剩饭。

这种地位和层次的“代笔”(penmen),由于其专长和职业,以回应者的名号为人所知。世上恰恰有这么一群读者,其天赋和才能使其很喜欢这些写回应的作家。他们认为,这些才能教会他们如何批评,当然也只教会这些。如果他们不能教会其他东西,这些读者觉得这些至少可以教会他们如何批评。虽然刚入行的批评家可能还不会领会独创的书刊或文章,但他能领会,或者至少能记得并引述附在这些书刊后面恰巧是针对这些书刊的反响、辱骂和奚落的文字。无论在何处,无论在何时,只要遇到这样一类绅士混在一处,不用人问,你就会立刻听到他们在谈论某本新书:“他回应它了?”或者,“什么时候会有回应出来呢?”我们的绅士们知道,这回应必须要比那本书新鲜。而且一个事物越是新鲜,他们谈论的主题就越时髦、越高雅。因此,书商知道如何恰到好处地迎合我们的绅士,因为他通常总是已经预备好了回应,而且还没等新书付梓也许就已经写成了。我们那时髦的绅士几乎是双管齐下,可能首先读到的是回应,然后就把那本书永远仍在一边。 270

不过,对于这些写回应的文人们,还有答辩和继续反驳的方 271

---

① “文人”一词原文为“wit”。——译注

式,我们在前面一篇杂感中已经给予了充分描述。① 我们只需要做一个总体的评论,即只有始终在写作的批评家才知道怎么写。而且,虽然每一个作家不一定都擅长于批评,但每一个始终在写作的批评却必定要使自己显得是一个作家。因为,如果他不擅长回应,他就担不起作家这个名号或角色。

去谴责另一个人写的东西,去恶语相向、冷落怠慢、嬉笑怒骂,去断章取义、小题大做,去写今天人们所谓的回应,不足以使一个人成为受人尊重的名副其实的作家或作者。所以,虽然国外也有写作回应的人,但却少有批评家或讽刺家。但是,不管我们在宗教和公共利益方面的争论情况如何,可以肯定的是,仅在文学领域而言,各个主要派别之间的相处还是比较融洽的。其中的作家或作者比身居高位的牧师或宗教人士少了不少负担。经过对所有批评活动的责难,他们已经找到了使自己逃避反对者的途径,并能防止所有想要撼动他们地位的企图。批评家显得身份明确,像是另外一类人,与作家全然不同。没有写作天赋也没有获得任何成功的人就被认为是品性不良或没有教养,因而无望在批评领域名垂青史。

然而,不难想象,作家与批评家之间的这种实际差异在我们中间被如此普遍地确定,以至于使得这个领域界限分明且不可调和。鲁莽的才子们不等时机成熟或经过充分研究,就跻身于作家的行列,没有经过任何的努力或还不具备判断力,只是纯粹凭着一股热情就崭露头角,随后再也不允许人们对他们那些生涩的作品非难或轻视。确实,看他们用以尝试写作批评,或者打击想要毁坏他们名声的态度的那些强硬措词,人们是很难与他们好好相处的。

现在,让我们想想我们民族,尤其是当前这个时代,各种论战、论辩和公众的喧闹把我们的思想完全转移到商业和公共事务上面,而具备较好天赋的人以种种方式参与到这个活跃的领域里面,而人们的眼睛也都盯着这里,这必定使文人们的剧场空空荡荡,舞台上演员也因此变得平庸无能,不值得人们花费心思去观看。

---

① 即杂感一,第二章。

因此在这空无一人的剧场里担任主角的人们不费吹灰之力便可保住他们的名声地位,自然与他们的同行们惺惺相惜,达成默契。因而无力给人们带去欢乐,不愿付出辛苦为这个民族带来智慧,也无法担负起缪斯交给他们的职责,他们必定只能顾影自怜,一起合谋维护他们不劳而获的利益,并为他们那么漫不经心、错误百出、枯燥贫乏的作品辩解,为他们对文字艺术或诗歌之美的无知辩护。"伟大就是像女人一样娇气柔弱。"①

因此,你就看到他们互相献媚、互赠爱意,体贴亲热,非同一般;他们在作品的题头,相互写赞辞、送颂歌,往来酬答,就像我们看到有稀奇古怪地凑在一起的杂集(我们每年的文艺贩售),以满足这个圈子的品味。这就是才子们每年上演的拜谒仪式。在这里,如果你愿意,你就能结识才子中的年轻晚辈——正如这些晚辈也会慢慢地变成前辈,他们向声名显赫的老前辈表达尊敬和仰慕,以期有朝一日也能被接纳到显要之列,反过来再用专利和权威提携新才子。

你会看到这些后生晚辈在咖啡馆里面,跟着老油条似的诗人或剧场作家鞍前马后不停地跑。他们就是护卫队,一旦有哪个狂妄的批评家攻击这个诗人,他们就随时准备拿起武器保护。他们真像是那个前辈的影子,亦步亦趋,甚至青出于蓝而胜于蓝。他们肯定不想超过他们的主人,无意让主人猜忌他们的野心。基于此,我们的诗人们一团和气,互利互惠,同时,我们的时代也信心满怀,保证各个领域功勋卓著的文人们层出不穷。

如果恰巧有个明智之人对这些巨擘们的权威不以为然,也须敢于进入到咖啡馆内与这些拉帮结派的绅士们对话,而这些绅士们谈得正欢,带着他们民族和时代才子们特有的相互仰慕之情和赞美之词,当他出于好奇去探究那些被众口一致地吹捧的作品美在哪里时,他可能会受到礼遇。但是,如果还敢问得再深一些:"为什么我们的史诗、戏剧,我们的随笔或一般的散文没有写得更好呢?"或者,"为什么要这样做,或者一个如此有声望的文人为什么要写

274

275

276

---

① 尤维纳利斯:《讽刺诗集》,2.47。

作错误的作品,并置正确的思想或语言于不顾呢?"他们给出的答案是:"因为我们英国人不想恪守古希腊或现代法国的批评家定的那些死板的规则。"

"先生,既然这样,那就是随您便吧。没有人会与您争辩。在您自己的国家,无疑是您说了算。但是先生,这里的问题不是您能对您自己的作品施加什么权威。您想写成什么样子都可以,只要您高兴就行。但您能根据您的偏好或者您那最高贵的恩主的欣赏让作品充满智慧或意义? 否则就是自吹自擂、自相矛盾。如果你们的诗人与桂冠先生(Mr. Bayses)[1]和你们那散文作家罗杰斯(Rogers)一样,[2]不能用更好的方式写作,难道能说他们的写作方式就是好的,或者他们就是真正的文人?[3] 先生,您怎么看这篇新作呢? 让我们一起来评析一下您所谓的那些'光彩熠熠的'诗句,您所谓的那些'睿智的'段落,还有您所谓的那一堆'崇高的'隐喻!

---

[1] 桂冠先生是由乔治·维利尔斯,白金汉公爵二世于 1672 年发表的讽刺剧《排演》的主角,用来讽刺约翰·德莱顿。——译注

[2] 罗杰斯·勒斯特朗爵士是托利党政论家,与德莱顿都是夏夫兹博里伯爵一世的反对者。——译注

[3] 要明白我们诗人的那根深蒂固的学究做派、傲慢虚荣、狂妄自大、虚张声势,并且拒绝他人批评,我们只需看看我们那著名的桂冠诗人,也就是桂冠先生本人,在他最近所写的备受重视的文章——这些文章距离《排演》的机智的作者发表他的画已有很多年了。我们的诗人在他的《唐·塞巴斯蒂安》的序言中说道:"我已听到有很多人对上演这部戏剧的反对意见,但我觉得这些意见微不足道,所以如果我还去回击他们,真正的批评家会认为我与他们朋比为奸……有人乐意说这部作品沉闷无趣。但是,'他已经成了人,你们问他吧! 他自己必能说'(《约翰福音》9∶21)。另外有些人认为两次下毒不自然,那就让常识还有奥索尼乌斯那句名言回答他们吧。最后还有一群人更加无知,说多拉克丝的性格不仅不自然,而且前后不一致。让他再读一遍剧本,然后思考思考……对于那些吹毛求疵者,不值得我更认真地回应。但我会建议他们及其同伙想想,多塞特伯爵在这出悲剧演出之前就很高兴读了两遍,并且赏光送我几句话,说这比我以前写的戏剧都要好,如果有什么删减,他会不乐意。如果我没有理由不喜欢他对这部纯粹的虚构之作的独到评价,那就让所有人来做个评价,因为那些反对意见就像是卢坎的英雄对抗一支军队,'单枪匹马迎击整支军队'。我想我的结论是中肯的……"他的论调自始至终都是一致的。看完这些,谁能说《排演》的作者为我们诗人作的画过于夸张,或者对我们民族的性情的描绘是错误的呢?

先生,您不乐意接受检验么? 您瞧不起这样的评析吗?"

"阁下,因为您很乐意与我们一起行使批评的权利,那么我们 278
可以问您一个问题吗?"

"哦,先生! 但问无妨,我洗耳恭听。"

"阁下! 恳请您回答我,您写过什么东西吗?"

"先生,我经常写,尤其给晚报写点东西。"

"阁下,那您写戏剧、歌曲、随笔或者评论这类东西吗? 就像我
们那些周刊作家们通常写的那种样式,这种东西很流行。"

"先生,偶有尝试,虽然未曾发表。不过,拜托,先生,我写与不
写很重要吗?"

"当然,阁下,只要您发表,您就会发现整个城市都在反对您,
您的作品毫无例外会受到谴责,您怎么看这种事。"

"随他们便吧。但是,先生,为什么会这样呢? 我相信您从来
没有看到我的作品。"

"我没见过,阁下。但您是个批评家。而且经验告诉我们,如
果一个批评家是根据法则和方法来写作的,他就肯定不能满足英
国人的趣味。批评我们英国悲剧的 R 先生①自己不是也写过一部
令人失望的悲剧吗?"

"先生,如果他写了,那便是他的错,他不自量力。不过,他的 279
批评也会因此而不公正吗? 如果一个音乐家能将最难的交响乐演
奏得很好,那他必定通晓音律,理解和声和音乐的法则。但是,一
个长着耳朵且学过音乐法则的人因此就必然能唱得好,演奏得好
吗? 自己不是小提琴家就不能鉴赏小提琴曲吗? 不精通丹青的人
就不能鉴赏画作吗?"

在咖啡馆里,我们这明智的绅士只能冒险问到这一步了。如果
我能作为朋友鼎力相助,我就不应该提醒他再进一步。相反,我应
该把他拉到一旁告诉他这是个稳固的文人小集团,他们公然拒斥
批评,众所周知他们在这样的事情上有一套规章制度。简言之,我

---

① 指赖默尔(Rymer 1641 - 1713),曾根据古典的三一律法则批评莎士比亚的戏剧。
他自己写过悲剧《埃德加,或英国君王》,但未曾上演。——译注

应该告诉他,跟这些人探讨学术是白费力气,他毫无胜算,纵然他可以清楚明白地向这些绅士阐明文艺和悟性上的真理,即"每一门艺术当中最伟大的大师也精通于批评实践"。如若不信,请看古代人中间最伟大的哲学家,①他们的批评作品与最深刻的哲学作品及其他为公众之便而写的雅致文章交织为一体。② 再看,在历史和修辞领域,有伊苏克拉底、迪奥尼修斯、普鲁塔克,还有品质恶劣的琉善——在一些现代译本里面,他的作品也许是我们的绅士们最喜欢钻研的。我们还可以补充一些罗马人,如西塞罗、瓦罗、贺拉斯、昆体良、普林尼,等等。

在我们所谈论的这个问题上,现代人中间的波瓦洛和高乃依可作为很好的例子。他们非常严格地运用自己的批评,甚至用到他们自己的作品上。的确,这种方式不可能发生在我们民族的诗人身上。人们不能奢望他们也采纳这种做法,因为一旦把这套批评理论运用到他们的作品上,他们那畸形怪状就显露无遗了。因此就不必惊奇,我们现今还看不到这样的批评天才引导我们的趣味。也不必惊奇,这个领域的成规惯例被摒弃不顾,只能以戏谑的方式加以掩饰,特别是像不久之前一位高贵的作家所创作的机智的喜剧。③ 然而,令这个较高雅的诗歌领域中自称为文人和创造者的人汗颜的是,人们看到,他们不愿从德艺俱佳的专家那里接受更严肃的忠告和教导,因为我们现代最正确的一首诗歌——诗人自己也以此自许——就是一篇简短的批评,即一门诗歌的艺术;如果用这篇诗作来评价他们自己,那他们显得就纯粹是粗制滥造,他们的艺术没有一点真正的思想和学识。既然承认这些艺术法则是正确的,如果批评家和诗人们从今往后确实能放弃他们自认为正确和真实的东西,用另一套法则去遣责和赞美,创作和评价,人们就会明白,虽然我们并不缺乏机智,但我们还需要一些更重要的东西,只有这

① 即柏拉图、亚里士多德,尤其见前者的《斐德罗篇》,演说家里西阿斯的整篇作品都受到正式的批评。
② 两类文章被区分为 ἀκροαματικοί 和 ἐξωτερικοί(译作英文分别为 esoteric 和 exoteric。——译注)。
③ 关于《排演》可见第一卷第259页,及本卷第277页注。

样才能使机智显出高贵和价值,甚或朴素的真诚,这是诗歌的真和 282
美原本依赖的作风和智慧,正如我们这几卷书常常表白的那样。①
"如果一个人懂得他对于他的国家和朋友的责任是什么,懂得怎样
去爱父兄、爱宾客,懂得元老和法官的职务是什么……那么他一定
也懂得怎样把这些人物写得合情合理。"②

　　这些彰显文明生活,刻画与之相称的人格或性格的德行,正需
要诗人和高雅作家加以赞美,甚至能让牧师有更正当的借口不去
学习这门知识。③ 宗教论著的编撰者得天独厚,能见识超越人类生 283
活之上的更玄虚的神秘场景。愉悦之情并非他们所求。如果他们
要强求得到,常常只能变得更加不快。他的剧场和高雅世界这个
剧场是大不相同的,如那追求愉悦的令人尊敬的作者或演说家所
言,我们自然会谅解他们对我们这低等的世俗世界的平常礼节的
无知。但对于仅生活于这个世界的诗人或风雅的作家来说,却是
另一回事。他必须精通这门精神科学。我们能够轻松承受平庸的
诗歌或随笔的失败。如果能摆脱这种平庸的作品,我们的收获也
是很大的。但如果我们不得不去听那些极其出色的布道,为了虔
诚而不去读那些恶劣的作品,那么许多基督教徒就可能遭受痛苦,
因为他们如今是一群热心的听众和读者。④ 职位稳定的牧师们可
以不闻不问。但文艺和诗歌领域那些由感而发的演说家和尝试者
却忍耐不住,虽然作为小提琴家或画家,⑤他们也可以不闻不问:
"宴会没有它们也可以进行。"⑥其他桂冠和蹩脚诗人们自然会喜欢

----

① 见第一卷第 207—208、277—278 页,第 336 页及以下,也见本卷第 206 页注。
② 贺拉斯:《诗艺》,312—316(引自中译本第 154 页。——译注)。
③ 这句话应该是反讽的说法,意思是宗教人士本来对世俗的品德甚为反感。——
　译注
④ 这也应该是反话,意思是说基督教徒们想听好的布道,读好的作品,但牧师们又
　不让去听去读。——译注
⑤ "小提琴家或画家"与上文那段对话相呼应。——译注
⑥ 贺拉斯:《诗艺》,376(引自中译本第 157 页,贺拉斯的下文是:"同样,一首诗歌
　的产生和创作原是要使人心旷神怡,但是它若是功亏一篑不能臻于最上乘,那边
　等于一败涂地。"夏夫兹博里引用这句话的意思是,懂得艺术的人对不好的作品
　无法容忍,不由得要站出来指责。——译注)。

这些东西,尽管我们还要耐心请神学领域的桂冠们作出裁判。

284   如果我们所讨论的这篇文章的作者充分思考了这些文学现象,①并发现现今我们民族的诗人的兴趣如何,他必然会更多地谈谈他自己的兴趣,因为除非他具备了专门的批评家或名副其实的作家应有的素质,他从不写作。如果他决心不创作正规的或正统的作品,他还可以继续安心地写作像第一卷那样一类混杂风格的作品。他本可以随心所欲,去批评、讽刺,或者肆意嘲弄。但后来他成了舞台上一名严肃的演员,因为仿照常规的写作方式——如我们在第二卷当中看到的那样——写了一两部像样的作品,反过来将自己暴露于批评之下;我并不认为这是他的判断力或才能的有力证据,也不认为这有利于他自己的声望和利益。

我们已发现这些正规作品中的一篇(即已经评析过的《研究》)完全是遵循他在批评文章里面所谓的"有条不紊的"方式写作的。

285   但他的下一篇文章(即我们正在探讨的《道德家》),根据他自己的法则,②必定会被认作是在进行一项更有价值的尝试。从根本上说,这篇文章不仅像其他有着正规结构的论文一样系统、充满教导和教训,而且还采用了另一种样式,一种更时尚的表达智慧的方式。它将学究式的风格隐藏在一种高雅的面貌之下。它渴望展开对话,不仅带有古代人叫做"模仿"的诗意特征,而且也尝试把一些人物和性格汇集在一个情节或故事里,集中在一个确定的时间范围中,匀称地切分成几个长短相当的不同场景,同时也表现出多种风格来,有朴素的、喜剧的、夸张的,甚至还有诗意的或崇高的风格,也就是那种沉浸于迷狂和狂放状态的倾向。从这篇文章来看,我们的作者也是一个名符其实的诗人,③当然只是表面上像个诗

---

① 见本卷第 135、189 页。

② 见第一卷第 193 页及以下,第 257 页。

③ 从这篇论文第一版(指《道德家》1710 年单行本)的那两句题词可以看出,作者意识到了这一点。他说:"至于其中的人物和事件,他们不全是虚构,也不都真实,依据对话体所允许的随意性特征,主要内容都有事实根据,而其他内容也力求相似。它(这篇论文)是怀疑主义者所做的陈述,其中的主角被认为是个狂热主义者。如果说中间缺少一个十全十美的人物,那么写作这类体裁中最好 (转下页)

人,而不是说他真的写了一出合乎规范的戏剧或剧情作品,至少不 286
是人们在现今舞台上看到的那种戏剧。

确实,我们作者的批评才能看起来很高超,可谓有古人那种雅
致的风度和恰如其分的朴素,但他在自己塑造的模型和主要情节 287
上还不敢尝试将自己的哲学凝聚成为坚实一致的整体,也不敢把
自己的观点贯穿始终。这里可见我们作者的谦虚。在作品的设计
或框架上,明显有一个生硬的转折,为的是引入各种著名的和流行
的人物,①在两三个小时之内对纯粹的哲学和道德问题进行简洁明
快的但又不随意潦草的推理。他感到(他自己承认)其中主题被人
们广为讨论,而且长期以来就是人们在学校、大学讲座或布道坛上
喜欢讨论的题目,所以他认为要在其他地方用另一种风格来解决
这些问题并不稳妥或可行。因而他被迫设计一些特殊的布局并让
主要人物局限在这个布局中,以使文章看起来生动一些,这也表明
他对学究那副面孔的反感。

因此他那个绅士哲学家特奥克勒斯在显出其真正的性格之前,
好像是个传道士。甚至在其真正的性格显现出来的时候,他还是

(接上页)的作品也同样如此。而且这对于哲学传奇故事的作者来说确实应该引
以为鉴。"然而,我们的作者为了掩盖他在严格模仿古代的诗体对话,所以添加了
一个副标题,并给它起了个别名,叫 rhapsody,让它看起来仅仅像是随笔或混合
体作品,这种体裁来自国外,带有一种故意要随意杂糅的格调。但是,无论我们
作者想在扉页上模仿什么东西,如果他这篇对话作品不具备古代诗歌所描述的
那种真正的特点和正确的形式,他都不是有意要效仿那种散乱无章的作品,这无
疑是违背他的本意的。他只是很乐意去构造单独的一出或一段情节,能符合戏
剧作品所特有的简明风格。人们可能会认为,这对他来说不是难事。他只需要
将主要的代言人直接引入情节,把菲勒克勒斯与贝拉蒙作为舞台上发言的角色,
因而只保留他两人的那段叙述或吟诵就可以了。这个场景自始至终都在公园内
展开。从傍晚开始,到深夜时这两位风雅之士回到乡间寓所,叙述者菲勒克勒斯
有充裕的时间吟诵第二和第三部分的全部经过,像现在这个样子一样,这两个部
分都是重要片段;只是在结尾部分,当叙述或吟诵的部分停止时,纯粹和直接的
对话才又重新开始,这使得两人的退场不那么突兀。通过这种方法,作品在时间
和空间上的统一性得以保留。这也避免我们作者犯时间性错误,把第一部分错
当最后一部分。
① 第一卷第 202 页及以下。

不敢表现得太直露,而是更善意地对待他那位怀疑主义的朋友,他
又一次掩饰自己,学起了诗人和狂热者的神情。贝拉蒙是位品质
优秀之人,一开始是作为代言人入场的,为了符合流行的情节,作
者让他显得正在热恋,而且由于在事业上不得志而心情忧郁。还
有什么事情能让他如此严肃呢?菲勒克勒斯是他朋友,是一个逍
遥自在的绅士,在他严肃地进入到一场哲学对话之前,对他朋友的
严肃感到愤怒。读起来只需一刻钟的篇幅必须要描绘一两个小时
的论辩。而且时不时还需要一点新奇的场景,在感到沉闷的读者
看来,对话会显得活泼一些,而且也可以提示读者还有其他人物和
事件继续。

出于同样的原因,我们杂感作家因为担心我们慵懒的读者本有
的惰怠和自满,总是小心谨慎地设置章节和目录,这样,当读者开
始阅读时,常常想方设法找借口休息,因而中断阅读,这些章节和
目录就可以时不时地提示他们后面是什么东西,并且引导他们保
持注意力。

因此我们看到,我们现在的戏剧几乎在每一页都有对情节的描
述或解释,这不属于诗歌本身,或者不是由演员说出的,而是诗人
自己的话,显然是为了用旁注或评语弥补正文的不足,这些东西使
作品成为介于叙事体和戏剧之间的混杂体裁。借助于这种流行的
风格或者像手语表演的方式,读者才发现作品中精妙的情节,而他
逐行阅读剧本却可能发现不了,这样,剧本里的角色不得不去成为
发言人。

为了让作者和读者都觉得轻松,我们在多数戏剧作品的开头总
是看到有一些人物的台词和描述性的语言,告诉我们剧中人物的
相互关系,他们的兴趣和目的,这对于读者来说极为重要,这样他
就可以更清楚地理解情节,捋清作品中的主要人物和事件,否则让
他们按正常顺序来读就可能一头雾水。在帮助读者的同时,这些
提示也给诗人们带来不少便利,它们就像是某种语法或线索,让诗
人仔细推敲各个将要出场的人物。我不知道这是否为所有的这些
著作都提供了很多帮助。我们作者仿佛对此有很大疑问,因此运
用叙述的方式使各个人物具有鲜明的性格,那一部分显得非常简

明——虽然他做到了这一点,但或许没有摆脱这类作品固有的那种平淡风格。对于那些喜欢哲学问题的人来说,也不必费力去注意对话中的人物,就像那些包括很少人物且性格也很单纯的戏剧那样,读者一开始就已明白各个人物的性格。但是有些读者对哲学问题毫无兴味、漠不关心,那他们也不必太关注对那几个简单的人物,他们从讲话的这几个角色所做的推理和演绎上便可以辨认出其性格。

至于为什么避免用直接的对话方式,我们作者也给出了更多的理由,[①]人们现在很少使用这种对话方式,只是偶尔出现在党派论争的小册子和新近流行的神学随笔当中。近来,宗教论辩也仿佛引入了这种方式,带有谐趣和幽默的色彩,作为抨击异端和叛教的更有效的手段。滑稽的神学变得越来越盛行。同时,对异端论著的回应此起彼伏,通常也写这种滑稽作品,或者效仿诙谐幽默的对话语言。

这些可敬的作者能消受如此的放荡的文风,而且屈尊在这个业余的文艺领域中指导我们,倒是件快事。他们运用这种流行的风格,以虔诚和礼教的名义所取得的进步,凭经验来说,人们会发现无疑是非常重大的。既然这些革新者们精明强干,能触动教养和礼貌的风气,毫无疑问,他们也能改良自己的作风,改进这种滑稽的方法,以有利于高雅社会的道德教化,高雅社会早已被谐趣和机智的风气诱入歧途。凭借他们那喜剧缪斯可以创造奇迹,也可以设法去嘲笑那些绅士,使他们信奉宗教,这些绅士当初也被嘲笑,因而很不幸离开了宗教。有什么理由能说正统学说就不能像异端或叛教被善意嘲笑,并且变得高雅起来呢?

人们必定承认,我们新正统派对话体作者目前所设计的这些人物或角色的行动并不协调或连贯,可以说这恰好符合那种形象比喻的风格和修辞类型,他们的逻辑和论证是隐藏在里面的。没有什么能比他们对人类道德的描绘或概括更复杂多样了。的确,这些人物并不是要模仿那个具体的人或那个层次的人,所以与这些

291

292

---

① 第二卷第 187—188 页。

人很不相像。这些人物也只是借用了他们的名字而已。虽然他们有着不同称号，并且坚持互相反对的观点，但人们可以看到，他们说到底都是一个样——尽管表面上不同，都踊跃配合我们作者，让作者表达自己特有的机智，发表其个人的观念和原则。他们就是作者随意摆弄的玩偶，就像在低矮的舞台上用木头或铁丝做出的装置，像真人一样会说话、有动作、有性格。菲洛特乌斯、菲拉特乌斯、菲劳图斯和菲拉勒特斯，①都是一个人、同一个身份：只是标签不同而已，一时为此一时为彼，一问一答，相互呼应，就像通俗戏剧里面，一个人蒙眼躺在地下，惟妙惟肖地假扮成另一个人，或者有同伙帮忙，或者有好运相助，把那另一个人一顿暴打，而那另一个人却毫发无伤，也没有被掀翻在地。②

我们这种新的神学剧作的拟人风格也有着同样的机缘巧合和巧妙变换，唯一的不同在于，要是对手那可怜的幽灵或影子隐瞒目标，漫天要价，他永远躺在地下，任凭无情的征服者肆意践踏。

我猜测，人们不会反对我们的道德家，即上文的哲学对话的作者，扮演怀疑者或反对者的那些角色的性情太过怯懦顺从。如果我在他的作品中感觉到有这种愚蠢的做法，我会认为它不值得用这里所提出的批评来评析。因为在这类作品当中，角色及其对话都一览无余，如果其性格毫无可取，其举止也不真实，那就只剩下粗鄙怪诞之物可供批评或评析了。

针对这里所提出的东西，或许有人声称，"如果一篇对话严格符合这些法则，就应该被指责为是更恶劣的作品，因为它赋予异教徒或怀疑主义者这么高的地位，其论证和机智几乎无法被驳倒。"

对此，我可以回答说，人们绝不应该勉强去写作对话，如果要写，其中的角色也应该显得自然、真实。如果我们把对话场面全部画出来，我们就应该努力画得像是日常生活中的样子，并且要画出

---

① 这些都是仿照《道德家》中菲勒克勒斯的名字随便杜撰的。——译注
② 这有点像中国的民间杂耍"二鬼摔跤"，一个人扮作两个人扭打，但这里讲的这个场面中，演员仿佛没有使用道具，只是装出跟另一个人打架的样子。——译注

每一样事物的恰当形状和鲜明特点,以能够让人辨认出来,而不能出现变形、杂乱、残缺、扭曲、笨拙的形式,也不能画蛇添足。无神论者跟其他人一样,也有自己的理智和智慧,或者说,在地位较高的人那里,无神论为什么常常被驳斥,为什么常常因为其机智和精妙推理而被指责呢?

由于这些作家性情温和,他们的宗教信仰看起来也很友善,所以我对他们怀有十分的好感,如果要我给他们提些忠告,我会说:"先生们!不要小心翼翼地用那些太过精巧的论证或者太过狡黠的机智或幽默来为你们彻底的怀疑主义者开脱。不要那么害怕宽恕他人。让你们的对手充分施展他的聪明才智。要相信你们作品当中的主角或主人公。你要尽力把他塑造得聪明伶俐。他一定能战胜他的对手,扫除对手恶意制造的障碍。但是如果你赋予他的对手以适当的能力和一定的地位,到后面你的主角就难以与他匹敌,也显不出更高的才智来,这能是谁的错呢?是论题的错吗?我希望你千万不要这么认为。所以,除了你还能有谁呢?要注意,在写这类作品的时候,在进入到高雅世界的时候,在您尝试准确地细微地描绘或刻画人类,或者把绅士们搬到舞台上的时候,要清楚地知道自己有多少能力,要能驾驭作品。因为,如果现实中的绅士们受到诱惑——正如你自己想的那样,在他们的宗教和哲学上走入歧途,因而在你的作品当中看不到自己的本来面目,至少是不能通过的描述认识自己,他们就不会承认自己被驳倒了。无论你的喜剧构思多么机智,他们都无法领会这机智。他们真的因你乐意给他们的消遣而发笑,但他们的笑或许与你的意图相违。当他们在最后发现你为了实现这种无力的批判而运用他们自己的武器和才能,收起你那严肃的面孔,放弃你那学究式的武器的时候,他们还可以在私下里为你如此描写他们而感到高兴。"

到此,我们已经完成了我们的批判任务,并对我们作者及他提出的法则予以阐释;他试图效仿戏剧、戏仿或拟人化的生动方法写作对话,从严格意义上说,这样的作家就是富有诗情的。

余下的部分,我们将在接下来也就是最后一章予以评析。

295

296

第三章

297　　思想的界限或范围。自由思考者。他们的目标和特征。虚假，一知半解。短浅的思想，恶习和盲从的原因。奴性和迷信的共谋。自由、文明、道德、精神。自由思考的神学家。未提其名的代表。来自月球的使者。关于基督教论辩和宗教信仰的有效结论

　　现在到了我这部作品的结尾部分。在对批评家的事业作了辩护，并运用我在这门学问上所具备的能力，对我们这位敢于尝试的作者作了评论之后，为公平起见，我可以更善意一些，试着对我们作者所表现出的自由思想——尤其是表现在他最后一篇对话体文章中的角色身上，作一简短的辩护。

298　　有很好的理由假设，各个类别的人尽管在其他方面的秉性是相同的或几乎类似，但作为思考者来说却并不总是相同的，或者在运用我们所谓"思想"这种先天禀赋的能力上是有差异的。所以，根据这个原因，各个类别的人，就他们经常的表现来看，可以被区分为思考的人和不思考的人。纯粹不思考的人是那些还没有体尝过快乐的思想的人，凭借快乐的思想，他们本可以认识到思考是如何必要，如果缺乏快乐的思想，他们将是如何不幸。另一方面，那些思考的人则已经发现正确思考所需要的刻苦勤奋，并且也已经开始因此而成为思考者，在思考的过程中，他们确信思考对于实现高尚目标、出色地完成工作的必要性。他们知道，一旦在思考的道路上踌躇不前，他们就不能付诸行动。如果自由思想的路径并没有被阻断，他们就不会仅仅因为懒惰而消极，继而不思进取。

　　确实，在这种情形下，人们也许伪称遇到一些障碍。有时会撞
299　见些幽灵，理性的影子会起而反对理性本身。但如果人们早已从内心养成了推理或思考的习惯，他们就不会随便被诱导不去思考，当他们来到某处边界、界标、标柱或立柱旁边，看到这里或那里立有"禁止越出"的告示（是什么原因，人们可以去猜测），也不会立刻被拘捕，或者停下脚步自己受缚。

　　正如我们都确信，世界上没有任何权威能让我们在这条路上停

下来,除非我们自己甘愿被监禁或束缚。束缚我们思考的只能是我们自己的思想。如果不经过自由的审查,不摆脱任何束缚,我们怎么能判断那束缚人的思想是否正确呢?如果是因为害怕什么,或者服从于绝对的命令,我们就放弃自己审查的思想,立刻停下脚步,不再进一步思考,那我们怎么能确知自己因为好高骛远、异想天开而放弃理性是正确的呢?这与载重的牲畜有何区别呢,它们就停在指定的客栈,或者停在车夫或骑手认为是合适的位置? 300

这不禁让我在这里下个结论,即通常所有被认为有大脑的物种,最无趣、最可怜、最愚蠢的,讲得贴切一点,就是那些我们所说的"一知半解的人"。

我常认识一些自称有机智的人,一看到那些不学无术、游手好闲的绅士就佩服得五体投地,声称这是世间一大快事:"从不思考,从不在学问或思考上费什么脑筋。"我一贯认为这是那些自我崇拜的文人们在社交场合中惯于表露的最得意的神态了。想想便知,这些风雅的嚷闹者们所希望从听众那里得到的呼应或反响就是:"他们这艘船被思想的货物压得太累,下面有压舱物,上面还有层层叠叠的载重,几乎就要沉没了。"但是,我倒愿意这样看这些绅士们,使他们倍感压抑的不是过度思考,如果他们的思想真的让他们难以承受,他们倒要庆幸自己思想浅薄,思维狭隘,从而能使自己 301满足于对至关重要的问题的肤浅研究。

比如,如果他们忽略基于真诚和善良的人生的主要享受,如果他们以为整个生活最值得追求的就是深情恋人所喜爱的东西,如果他们像凡夫俗子们一样迷恋功名利禄,毫不犹豫地视之为人生的头等大事,那就不必惊诧,如果在他们所谓资产或财富的问题上,时刻都能变成顽固的教条主义者和精明的商人,那么他们就很难用这些在自己心中觅得一丝轻松安宁。

还有一些心思过重、忧心忡忡的绅士,把追求他们所谓的兴趣看做是最大的智慧,但很惊奇地发现,当他们得偿所愿之时,仍然感觉不到当初他们想要的安逸自在。

这些所谓的明智之士、幸福和个人利好的自私的谋划者,是最 302不能感到自我满足的,他们对兴趣追求,无论是为整个社会还是单为了另一个人，时时都怀着狡诈卑劣的思想、利欲熏心的算计、旁门左道的欲念、邪恶败坏的情绪和虚妄不实的生活品味。那些最是漫不经心、浑浑噩噩、不动脑子的浪子不仅更为友善合群、逍遥自在、心无杂念，而且实际上也更比这样一些严肃的辛苦钻营的人和喜欢思考的绅士们更有价值、美德，更值得赞赏。

因而，如果这些更严肃、更审慎、为私利所深深困扰的绅士们真的是为了灵魂之福，为了精心规划来世，而去揣测宗教，那么他们在德行上的趣味以及生活上的品味就没有得到什么提升。由于对利益和世俗事务一知半解，他们对于这些新的神学论题的思想是如此偏颇而混乱，因此仍不能理性地追求幸福和善，同时，因为必不可免地还是短浅的思考者，他们也就不能再进一步，在这种困扰和惶惑中，只能受给予他们安慰和享受的人的引导。

303　　这本书的主要论题和最重要的目的本是"主张与自然事物中的美和魅力一样，精神的美和魅力也是现实存在的，去证明生活和风尚中适当的趣味和确定的选择的合理性"。这种选择的标准和精神真理的显著特征看起来是坚实地确立于自然本身中的，并通过可见的世界表现出来，因而但凡有天才、心灵或思考能力的人，如果我可以这样说的话，都能真切地意识到它们。甚至是那些智力上愚钝顽固的人能时刻来回思考上几遍，都会相信这种美和魅力是存在的，并与其他人一样，必定得承认事实有对有错。

显而易见，一旦心灵受到情感或性情的支配，在生活中赞同与悟性的主导标准和基本尺度相悖的行为、手段或法则，它的思想就变得浅陋，判断力不明，不能根据真诚和价值给它的必然影响和最初的自然法则来行动；只要违背了这些标准和尺度，不管得到什
304　么，心灵都会陷入到一种纷乱不安的生活，到处优柔寡断、懊恼悔恨、自我责难。

因此，生活中所有不义和罪恶的行为只能源自人们对幸福和善的自私狭隘的理解。一旦远离全面而自由的思考，也就必然偏离美德和价值所依靠的先天的品味或趣味。

例如，如果人们一心只想着财富，想着金银满仓带来的极大快乐，显然就迷恋其中不可自拔。眼睛里再也容不下其他的美德或

价值。此时,不管是庸俗百姓还是慷慨之人,都发现自己的才智受到束缚,承认这种状态的心灵是狭隘的。

在奢侈放荡的生活中,我们很轻易就知道思想如何被压抑,心灵如何远离合理的内省和对自己的观念或准则的自由检视和批评,而一个人的品行就是根据这些观念或准则养成的。

即使在我们通常称作兴趣的这种通俗意义上的复杂的善当中,我们懂得了快乐、财富、权势,以及其他外在的利益,从中我们可以明白人的才智是如何被一种魅惑的观念所束缚,甚至使这种才智所寻求的那种兴趣的视野变得狭窄,反而使人显得像流氓无赖,即使是那最有才能和智慧的改宗者也被迫在紧急突然的时刻显露原形。

但是,比起那些蛊惑人们、束缚理性和正确思想的恶来,最能祸害人的理智的东西却是迷信、盲从和庸俗的狂热。这种情感,不像其他的恶那样意在蒙蔽人们,悄无声息地取代我们的理性,而是挑起公开的战争,拿起枷锁镣铐,公然奴役人们。

这种狡猾地支配人类弱点的人,猛烈地攻击自由思想和知性的领地。若有人敢越过他们规定的思想界限,就被他们宣判为亵渎。对他们来说,心灵的自由、坚持理性、自由地思考和行动,就意味着放纵、败坏和堕落。

由于他们所主张的道德准则和政治体制,他们所设想的人类的幸福和享受,在每一方面都与自由截然对立。无疑是拜他们所赐,我们才对"自由生活者"、"自由思想者"、"宽容异见者"①这些本来表示真诚的称呼,或者其他意味着心灵开阔、富有知性的人加以侮辱和毁谤。他们喜欢把道德上的放荡与思想、行动上的自由混为一谈,把浪荡子弟这种最不能掌控自己的人等同于截然相反的人。为此,有些意志坚定、尊奉理性的人,对凡由情感、偏见、技艺或时尚发展而来、有利于其他原则的东西都表示反对。但这仿佛就是冤屈产生之处。人们认为,在我们从正确结论单纯依靠理性推得

305

306

---

① 原文为 latitudinarians,也可译作"自由主义者","不拘泥于教义和形式的人"。——译注

东西的时候,过于理性或者过于克制自己对我们来说是非常危险的。因而这些阐述者也总是羞辱自由的思想。他们甚至不惜丢弃美德和善的观念,正是依靠这种观念,他们才建立起有利可图的神秘学术,他们贬损道德,颠倒一切真正的哲学;正是基于这种观念,他们精于自私之术,诬蔑高尚之举;他们打着自愿责任、自由奉献307的旗号倡导奴性的服从,赞颂盲目无知的献身,推行低俗思想,非难理性,宣扬淫乐、任性、怨怒、专断、虚荣,①不以此类败坏情感为人性的耻辱,反以为人性的光荣。②

但是,沉溺于这样一些情感是与自由的本质背道而驰的,③因而,无论任何时候,只要受这些情感中任何一种的支配而行动,就可以说自己给自己请来一个专横的主人。那些受全部这些情感支配的人(因为这些情感很少单独发生作用),必定要遭遇最骄横跋扈的主人,经受最不幸的奴役。

即使支持娱乐的作家也会告诉我们,这并非自相矛盾,然而,其他论述和声援(如他们自己声称)实利和教化的作家仍然可以进行说教。甚至是那些见利忘义的诗人也充分描写了恶如何奴役和308折磨人们。他们可以极力赞颂声色娱乐,尽其巧智抨击德行。但是,当他们到后来称颂自己作为诗人应追求的至乐时,我们又听到他们凄凄哀叹,表露内在生活的纷扰和苦难。诗人是这些箴言的最好例证,因为他们毫无隐瞒,真实地表白自己的情感。正因为此,最坏的诗人也比现代多数哲学家或者徒有其名的职业作家要好。缪斯的学生总要表达自己的情感,由感而发。确实,一旦他们情意正浓,受着本性中迷狂的力量的引导,诗兴大发,他们就心无旁骛。他们是跟从自然的。感物吟志,莫非自然,他们不会为了任何随意构造、视野狭隘的体系或假设而去掩盖自然的自由运动和真实规律。所以,虽然他们有时也可能因为爱情受阻而背弃美德,但另一些时候却会给予美德足够的补偿,当他们忿然抱怨说:"无

---

① 第二卷第 256 页,本卷第 310 页。
② 第一卷第 38 页。
③ 第二卷第 252、432 页。

309

人倾慕德行,恶行倒受人青睐。"①"贫穷之人难道真的无力抗拒金钱吗?"②因此,甚至在赞美快乐的通常的哀歌、歌曲、颂歌或警句中,我们也常常听到在美德面前沉痛忏悔,由此我们可以明白诗人们的真实情感:"因为只有在那种时候,才能把实话从他胸中引出来。"③在这情绪激动的时刻,愉快的诗人们像悲剧作家一样自由,哀悼着美德,为受难的贤能悲叹:

> 忍受压迫者虐待、傲慢者凌辱,
> 忍受失恋的痛苦、法庭的拖延、
> 衙门的横暴,做埋头苦干的大才、受作威作福的小人一脚踢出去。④

诗界巨匠可以说明,他们为什么要用顽皮淘气的少年的形象,而不是他的幼年形象来比喻我们疯狂的欲望(尤其是爱情),才适于表达他的情绪。我确信,这个故事原本的意旨和寓意是要告诉我们,身处逆臣当道的宫廷中的伟人和英雄是如何卑微,他们自己是如何软弱稚嫩,当我们听从他们的盲目摆布时,我们如何比儿童还要无能。如果把这少年的天性误解为是天真浪漫,这个故事就不会让人感到恐惧。众所周知,任何情感的爆发都活像眼前这顽皮少年一样任性。而且诗歌的描绘也让人对它们的顽劣嬉闹深有感触。但是,当蛮横胁迫和专断命令的形象,与无知、幼稚、愚蠢的形象结合为一体时,就实实在在地成了现代的浪荡子弟以及某些貌似严肃的人物最中意的形象。"幸福的时光啊!"有人说,"幸福的生活就是纵情而为,我们要追求这种生活! 可悲的境遇啊! 可

---

① 第一卷第 141 页。
② 贺拉斯:《书札》,11.11—12。
③ 卢克莱修:《物性论》,3.57—58。(引自中文版《物性论》,方书春译,北京:商务印书馆,1981 年,第 133 页。——译注)
④ 莎士比亚:《哈姆雷特》,3.1.71—74。(引自中文版《莎士比亚悲剧四种》,卞之琳译,北京:人民文学出版社,1988 年,第 83 页。与夏夫兹博里的引文稍有出入。——译注)

悲的生活就是恪守理性和美德,我们要将其待价而沽!"①

　　人们在道德和政治上仿佛也是同一个模样。如果他们不幸生来就是奴隶,他们就意识不到自己的卑贱命运,或者意识不到自己遭受的虐待、屈辱和悲惨,甚而至于自得其乐;而且,因为他们思想简单,不敢有非分之想,所以就把暴虐视为天然,并认为生活于法律保护之下和享有自由政府乃是人类的危险和堕落。

311

　　经过这些思考,我们就可以轻易看透最初那些羞辱理性和自由思想、恶意中伤自由思考者身上最高贵的品质的那些人的本来面目了。也难怪这些阐释者会尊敬那些既不能把握自己也不能把握其同胞的情感和情绪的人,认为这些人是自由的,是能享受美好生活的人。但是真正可敬的好人不会,也永远不会赞同这样一些居心叵测、假意奉承的话。就我自己而言,我完全信赖理性的良好作用,独立和自由从不应该用任何的欺骗或迷惑的手段让我觉得害怕,或者看似盛气凌人、不可冒犯。

312

　　我不赞成自由的生活,任由毫无约束的情感和信马由缰的幻想所支配,正如我也不赞同自由的政府,那里是人,而不是法律在治理社会。因为,在一个文明的国家里,如果人们只是由他们自己制定的或随意赞同的法律所统治,他们就无望获得自由。假如人们从这些状态中解脱出来,以致能根据自己一时的意愿或念想自由行动,不顾古代惯例或传统,也不顾固有的确定的维护公平和正义的法则,随时都会改变政府的法规和制度,这仍将是一种被奴役的生活,也是暴力、分裂和灾难的生活,最后还是要赞同一个由暴政和专权统治的国家。

　　在决定自己生活的时候,在选择和支配自己行为的时候,只有内心不受羁绊或控制、听从自己最明智的判断力和最审慎的选择的人才是自由的,才赞成自由。如果恶也可能赞同自己,或者如果邪恶之人也能听从自己内心那种反复无常的判断力,他们就有理由声称自己是自由而独立的。但是,当他们沉静下来时也仍然无法听从自己赞同的东西,当他们俯首听命,从这个主人转到另一个

313

---

① 第二卷第 256 页。

主人,从这些目的转向另一些目的,而他们对这些目的又一无所知,很显然,他们越多想到(很多时候他们不得不如此)美德和自由的生活,就越会承认自己的不幸和屈辱。他们自知被奴役,但没有足够的力量和决心来救赎自己,把握自己。这就是真正的悲剧,正如古老的悲剧诗人所言:"我想着要更好,但却变得更坏。"①因此,这最激动的精神和最倔强的意志反而使自己堕入到最卑屈最顺服的境地。只有理性和美德才能赋予人自由。恶行毫无价值,给人不幸,因为恰恰是它"奴役人们,贬低人们"。

314

到此,我们为一般意义上的自由进行了辩护,另外也证明,我们作者在他的最后一篇论文(我们已对其作了充分的阐释)中借怀疑主义者的身份这种特殊的自由是无害的。② 现在,我们也许可以顺从一般的习惯,在这里补充一些东西,试着为我们自己在这后面几篇杂感评论中所采用的相同的自由作些辩护,因为对于那些如此随意地戏弄批评家的人来说,指望不会受到同样随意的对待,自己倒不愿接受彻底的批评,显然是不合理也不公平的。

至于这些评论中所用的风格或语言,我们发现存在很大的差异,随着被评论的作者以及原先论文中常引入的角色和人物的不同而变化。所以,这里无疑存在很多需要责难和纠正的地方。

315

至于对古人的评论,除了那些普遍认同和明白无误的意见,我们在多数地方都以我们自己的名义出示了凭证和授权。③ 在援引古人的言论时,在根据这些言论所做的演绎和推论中,那些被认作是我们自己的判断或见解,必须要归为是贤明博学之士的意见。

道德的力量在于对准则的热爱,在于乐意补救和改正错误的思想和观点,我们不得不要耐心期待真正贤能的法官、明智和高尚之人的友善指正,他们的旨趣是我们所要全力发扬的。

唯一一个我们完全不必顾忌、无需担心受到任何公正的责难

---

① 奥维德,《变形记》,7.21。(见中文版,杨周翰译,北京:人民文学出版社,1984年,第90页:"我也赞成那样做,但是我听从的是却是坏办法。"——译注)
② 即《道德家,或哲学对话》,以怀疑主义者的身份和菲勒克勒斯的名义引用的话。见第二卷第206、207页及以下。
③ 意指引用了权威文献。——译注

或指摘的论题,是信念和正统的信仰。首先是因为信仰问题长久以来深受人们尊重,加之有宗教上的崇拜,我们仿佛在极力克制自己,甚至不愿探究启示这个神圣而庄重的秘密为何物。[①] 其次,正如我们可以确信无疑地断言,我们从未在任何私下的或公开的著作中尝试此类高深的研究,在实际生活中也不敢擅自过问,只是顺从于法定的教会,所以我们可以严格地讲,我们是真心诚意地信奉这些神圣的秘密,由于这些秘密高深莫测,我们甚至连其中的细枝末节也不加怀疑。而且,虽然我们很明白,要剥夺他人对这些论题的真相进行适当地审查和探究的自由有不小的困难,但对我们自己来说,我们绝无一点犹疑,绝不会主动祈求任何的恩惠和偏爱;我们完全确信自己是正统的、顺从的,全心拥护我们教会的真正的基督教和天主教的教义,因为它们是合法地得到确立的。

至于批评这门学问,还有对于原著、经文、注解、各类读物、文体、构思、手稿、补遗、汇编、版本、刊行及其他各种细节——这些都是圣书及其他各类著作和文献共有的——的评析,我们蛮有信心可以宣称,这些都是正当而合法的研究。[②] 我甚至认为这类批评对于保存和净化《圣经》来说是非常必要的:这《圣经》在后来的各种抄本当中奇迹般地保存下来,经过基督教漫长的黑暗时代,直到较晚近的时代,一直摆在虔诚而博学的批评家眼前——我们也必须这样假设,在这个过程中,学术也很幸运得以复兴。

但是,如果这种批评的自由引发诸多针对我们的猜忌,那我们就请我们那被冒犯的读者设想一下,我们能导致的最坏情况是什么:如果经过这样透彻的阐述,结果表明我们是有错的,那么我们无疑会被谴责;如果情况恰恰相反,我们没有错,那我们就应该像之前处于同样情形中的其他人一样有幸得到宽恕。

因此在这种情况下,可以允许我们借用我们的对话体作者的形式或方式,描绘一场同样地自由的对话,像他在那个夜景中吟诵的

---

① 本卷第 70、71 页。

② 第一卷第 146—147 页。

那样,在那里,被定名为怀疑主义者或自由思考者的人们主导了整个谈话,并表达了他的思想。①

不久前,有一位颇有些地位的绅士(人们认为他在谈论宗教问题时是十分谨慎保守的,而且在宗教上,尤其是对于国立的和法定的教会,也非常虔诚),他在一个参与者众多的聚会时,面对众多听众,由于一伙粗鲁偏执之徒的无礼攻击而被激怒了,被迫为自由思考和自由信奉,以及关于宗教和信仰的一些问题进行毫无忌惮的辩护。

参加聚会的一些人,在对他们臆想这位绅士所主张的原则无礼冒犯之后,开始强调约束人们忠于唯一宗教信仰的必要性。同时还有几位绅士,甚至是那些被认为在信仰问题上很温和的绅士,看起来非常赞同这种狂热的观念,因而主张:"虽然人们还没有找到正确的方法,但很有必要去考虑一些途径来协调观念上的分歧,因为只要这些分歧继续下去,他们认为宗教就不可能被成功地推进。"

对此,我们的绅士首先冷静地回答,"不可能成功的事情,他认为,恰恰就是没有必要强求的事情。"但是因为他的嘲讽并不得当,他最后只能被迫极力为自己这个观点辩护,即"观念上的差异是无法被抹平的",而且,"不可能所有人都往一处想"。

"我很清楚",他说,"许多虔诚的人,看到信念和观念上的纷争偶然导致的不便,就觉得自己有义务阻止这种危害继续蔓延,因此也尝试采取一些措施。有些人通过提供某个他们必定听从的原则来努力凝合这些分歧,希望原则上的一致能带来思想上的一致。但这个原则到底应该是什么却成了问题,而且这个问题本身就成为人们意欲消除的争论的一部分。还有些人想出了一条规则。这条规则是达成统一的有效手段!这个办法要么一劳永逸,要么一无是处!但是,即便全世界都同意这条规则,对这条规则的解释却又生纷争,这又增添了新的危害。"

针对我们这位绅士所做的开场白,众人对他更是步步紧逼,拿

318

319

_____

① 第二卷第 321—324 页及以下。

320 出《圣经》这个权威来反对他,并确定《圣经》本身就足以成为原则和法则。他们一遍又一遍强调,我们教会中一位著名的富有争议的神学家反对另一位神学家的名言,"《圣经》,唯有《圣经》才是新教徒们所信仰的"。

对此,我们的绅士首先希望他们解释他们所谓"圣经"(Scripture)这个词,考证一下组成这部合集的古代和近代的一些小册子的原本,这些小册子通常都包括在这个题目之下:它们是伪造的手稿,还是经过了证实?是全部被证实,还是只有一部分被证实?是否存在疑点?是否被争议过?是否可以予以多种解读?是这些版本,还是另一些版本?是哪个教会和民族的抄本、复本、标题、目录?是这个教派和党派,还是另一个?在一个时代被称为正统,备受推崇,另一个时代又颠覆前人的权威,轮到自己在神圣事务上掌权得势?他说,人们是如何在那些时代守卫这些神圣典籍

321 的,那些对所谓蒙昧时代,对我们冠以教会之父的人稍有了解的人一想便知。

"人们必定承认",他继续说道,"在这一点上,教会的这些先辈们从事的是一个奇怪的行业,做的都是无用之功。对于他们倾力批驳的异教邪说,我们看不到一点相关的记载或典籍,倒是身为他们对手的人自己把这些东西流传下来,而且我们也知道,是那些对手们,尤其是那些寻找一切机会诽谤他们敌人的品性和教义的人,并不总是能最忠实地记载或见证这样的事情。"他又继续说道,语气更加激烈,但也有些尴尬,"而今,在这个时代,人们性情浮躁,我们看到这些人也没有确切记录与他们对立的言行,而且,如果我们不能确信一个故事的真实性(不过我要说,有些人,尤其是他们的对手可能会发现这故事是虚假的),那么后代人除了能看到有利于叙述者自己的事实之外,就更不可能知道任何其他真相了"。

322 我们这位绅士对这些狂热的听众真是出言不逊。这群人很快对他回敬以激烈的斥责,而不是以理服人。然而,这反而使我们这位绅士斗志更盛,继续对神圣文献展开全面批评,而且言辞犀利、思路缜密、慷慨激昂。

他说道:"毫无疑问,很多地方是大有深意的,但却晦暗不明,扑朔迷离,加之有言语上的渲染,或有寓言加以掩饰,或有辞藻加以迷惑;其中的事实奥秘难测,叙述上错综复杂,这些东西仿佛是留下来让我们殚精竭虑,使我们相互争执辩论,而不是为信仰和教义提供切实的根据。因为,当人们看到对这些著作的阐释时,会发现有那么多的注解,有那么多的含义和解释,多少年代下来卷帙浩瀚,这么多东西就像人的面孔一样千差万别,这些差异也不全是缺陷,即便是缺陷,也无伤大雅。另外也有不计其数的抄本出自兴趣不同、信仰各异的人之手,这些人智力和性情各有差异,能力有高有低,所以就难怪有各不相同的解读:这本里有这句,那本里却没有;这个教会或团体承认这些书,另一个却反对;这些教父承认这些故事和传说,另一些则否认。此外,我也认为,在解读这些著作的时候,人们各有各的意图和观点,从这些解读又生出很多含义,而且,当人们按语法得出其含义时,各种解读又与之相去甚远。既然圣经有如此众多的含义,而且少有地方指明只有一个正确的含义,所以,如果人们只凭想象来写作注解,还有什么绝对可靠的标准来判断那些充满疑问的地方的确切含义呢?我还考虑到,这些圣书中的确有很多地方包含一些事关重大的疑难之处,也就是整部书的结构和章法,其中没有明确的提示让人确定这些段落的含义应该按照字面意思还是比喻意思来理解。事物本身当中并没有什么东西能决定其含义或意义,但人们却非要从中得出什么含义来。所以,对于本身就模糊不定的东西,要求人们理解其原本的含义和意义,否则就是罪恶或该遭诅咒,这无疑是毫无道理的。博学之辈,甚至是古代的教父们,该按照字面意义解释事物的时候,也是从寓言意义上解释的。而另一些人,本应从寓言意义上理解的时候,却要按字面意义来解释。如果这些杰出的人在解读圣经的含义时也会被蒙蔽,那么我们这些敬仰他们的人遭遇同样的失败便无可厚非了。如果我们赞同某一种译解或者某一个人的注解,那我们又应该根据哪种标准或指南来断定这个译解或注解是正确的呢?或者说,是否有某一个人曾完善地译解或准确无误地阐释过呢?如果我们只是凭自己的意愿或一时

323

324

兴趣就决心要听从某一个人,那么我们的正误也完全是出于偶然。如果我们义无反顾地听从某一个人,无论他把我们带到哪里,到最后我们会发现自己非常荒唐可笑,要是我们还有点理智的话。"

325　　在这里,读者们依靠直觉便可发现,这场经过精心设计的演说和雄辩从一位真正的绅士口中说出显得不太恰当或自然,也与聚会中即兴而为、语言随意的谈话并不相称。同时,这位有怀疑主义倾向的绅士所讲的话有些地方太生硬了,以至于聚会当中一些被他的话激怒的人,会开始指责他是攻击官方宗教的毒害学说的鼓吹者,随身带着功课或讲稿,随时向无知百姓照本宣科,妖言惑众。

　　"先生,"他说道,"的确,我反复宣讲的这些话是给你所谓的无知百姓听的,也就是那些为俗事忙得不可开交的人,他们也许根本没有闲工夫探讨这些神学问题。至于你,先生! 特别是对我们的自由极其反感的人,我相信您博学多识,我所主张的每一条真理,

326　你都必定能理解并且赞同,然而,依你的高见,你习惯称作无知百姓的那些人最好不要过问这些问题。"

　　"确实,先生,"他继续说着,"我也承认,我翻来覆去讲的那些话并不是我自己的,恰恰是一位主教在公开场合郑重发表的,这是位著名的牧师,德高望重,他在很多祷文里面都说过类似话,祷文极为重视礼拜的习俗、仪式、游行,以及牧师和主教等人的荣耀和

327　尊严。① 事实上,我们看到这位可敬的博士的论文经得住这个等级

---

① 这位虔诚而博学的主教泰勒,有一篇论文《论讲经的自由》收录在《论辩和道德论说文集》(伦敦,1657 年)当中,与正文中所引的话相关的部分在第 401、402 (还有之前三四页的献辞)、438、439—444、451、452 页。在这些以下的部分,他把自己对神圣文献、批评自由以及个人在这些问题上的判断和评价的理解作了总结,原话如下:"因为存在众多抄本,要有无以计数的解读;因为一个不同的标点、插入语、字体和音质符号就可能使含义大不相同;因为某些地方有多重字面意义,很多地方还有隐含意义和寓言意义;因为有许多的转喻、换喻、反语、夸张,有些语言运用不当,只有根据背景才能被理解,由于关于这些背景和特定历史的知识已经失传,所以人们几乎不可能知道什么才是正确的解释;因为有些奥秘充其量只是为了表述上的便利,所以很不容易被领会,而且由于我们自身学识不足,对于这些奥秘的阐述必然是模糊的,有时缺乏根据,有时晦涩难解;(转下页)

的作家的批评,是最高雅、最有教养的男女信徒们最受教益的好
书。所有杰出高尚的神学家在研究中也都非常倚重这些论文。这 328
些论文被印成各种开本,装上烫金封面,还绘有各种图案做装饰,
被女士们摆在自己闺房的高级书柜或玻璃橱柜里面。人们随时随
地都可以读它们,或是在教堂内做祷告,或是私下里修习,总而言
之,它们是英国基督徒们所写的最好的祷文了。至于这位主教的
生平和品德,先生,你——这个你,我指的是那种狂热者——尽可以
去指摘,如果你觉得合适的话。我知道,这是你一贯的作风,一旦
遇到有人拿什么权威来反对你,你就总是拿这个来抵挡。在这种
情形下,人身攻击总是适时而止,用之即来。不管所面对的人在品
行上多么高尚、真诚或纯洁。也不管他曾经与你同属一个党派,曾
为你们的利益奋斗。如果他不小心说了些不中听的话,或者触犯
了宗教界的现实利益,他就注定要遭受中伤和诽谤。"

"然而,我要再次以身试法",我们这位绅士继续说道,"作为这 329

─────────────────

(接上页)最后,因为一般阐释《圣经》的方法,如考证原型、拼接地点、类似推理、
信仰类比,这些都是暧昧不清的,因而也就极不可靠;最聪明的人最可能作出最
正确的阐释,但由于种种原因,他仍不敢自信,因为每一种阐释,还有更多其他的
阐释,与许多各种程度的不可能和不确定的阐释一样,都让我们没有信心在这样
一些奥秘和难题中找出真相。因此,能想到这些问题的明智的人,不会情愿受他
人的限制……,因为,最好是每一个人都有自由,没有人有正当理由强迫他,除非
人们能保证他不会出错。"(第453页)

的确,这位可敬的主教就在稍前几页(即第427页)承认,"我们有理由相
信……使徒时代曾为信仰激烈争论。但那时",这位高尚的主教直言不讳,"这些
事情尚无根据,我们也不能完全确定,因而我们最好是根据我们得到的证据来下
定论,根据我们的定论来表达我们的热情"(第427页)。

他补充道:"所有这些关于圣传、宗教会议、教父等等问题的争论都不是与理
性相悖或没有理性的,而是一些有着充分论据、完全符合理性的争论和主张。但
在那时,所有这些被质疑的问题都要服从理性,也就是说,要依靠人类的知性,在
充分的根据和材料的基础上来作判断。所以,圣经、圣传、宗教会议和教父们就
是质疑的证据,但只有理性才是法官:也就是,我们是讲道理的,我们必须知道
自己是被合理地说服的,在有更重要、更清楚的证据提出时还要赞同较弱的证
据,这是没有道理的,不过,每一个人都有自己的认识,如果他有能力去判断的
话;如果他没有判断能力,他也可以不必过问这类问题。"(第507页,对于泰勒的
讨论可见第46页注)

场演说的结束语,我要冒昧引用同一个权威来说服你。我要给你听听这位极富神学造诣的伟大作家的原话,因为我已经没有办法把这些话翻译成更通俗的风格和语言,所以只好直接引述了。"

"我们杰出的大主教、我们教会中已故的教父,①在直接论述信仰的法则这个问题时,与其天主教对手 S 先生和 R 先生截然对立,很清楚的阐明,杜绝观念上的分歧、禁止个人评析和考据古代典籍和圣经传说,如何是一种多么无耻的做法,至少对我们新教徒来说是如此,且不论天主教徒如何看待。与此同时,我们既不假借口头传说,也不求助于任何无可争议的权威或明确的判断,我们自己甚至也承认,没有一个政府、教会或组织,没有任何一个人或群体绝对不可靠的,会轻易犯错和失误。"

主教大人模仿 S 先生和浪漫派的口吻说:"新教徒们不知道应该写多少本关于圣经的书,在那么许多争来辩去的书当中,哪一本会有害,哪一本无害。"主教大人回答说:"但是我会告诉他们说,我们知道,这么许多书都被认为是无可争议的,既然如此,就不能表明真的存在什么争论。"也许我们的主教大人没有义务支持 S 先生的反对意见,因为他补充说,事实上,焚毁、压制和审改的方法很早以来很流行,被用在古代正统作家和异教作家所写的书信、注解、历史等各类著作上,这导致人们不能肯定地说,"这些书籍、复本或抄本绝无争议"。这确实是个难以证实的问题。但主教大人继续说明天主教的主要论据和传说的虚假。他说:"必须确认某些书籍是否受到争议。如果没有,他又凭什么推测有些书是有争议的呢?如果有口头传说认定某些书曾受到争议,我们就不能确定它们没有受到争议,因而人们也不应该认为它们从未受到争议,但是只有这样,那些曾对它们提出争议的教会才能确信自己就是合法权威②……口头传说的可靠性又在哪里呢?现存教会自己的话怎么

---

① 即提罗生大主教(Archbishop John Tillotson, 1630 - 1694)的《论信仰的法则》,第677页。

② 主教大人立刻补充说:"现今,传统教会将'希伯来书'认作权威。我要问,他们是按原来流传的样子接受下来的吗?如果他们是从口头传说接受来的,人认为这些传说向他们传达了原本的意思,可是圣哲罗姆(不是作为思考者 (转下页)

能向我们保证，它现在认可的书也是它曾经认可的书呢？而且，如果它自己证明不了这一点，而这些事实只有通过前代最完善的典籍才能得到验证（新教徒们正愿意查证这些书目），那么，看起来新教徒有比依靠口头传说这种所谓绝对可靠的方法更可靠的方法，弄清楚哪些书才是权威的。既然是更可靠的方法，你就无所谓是 332
不是绝对可靠的方法。"——

这便是这位随性而宽厚的主教。确实，还有什么比坦率而真诚地顺从真理更宽宏大量的呢，即便对手步步紧逼？因而，我们这位可敬的主教紧接着模仿对手的口吻说："新教徒不知道这些书籍的原本或真正完善的复本被保留下来。"①这位主教回应说："他们没有必要知道这些。只要他们知道自己所占有的这些复本并未遭到实质性的破坏就足够了……但是，罗马教会又怎么知道他们所占有的就是用原始语言书写的圣经的忠实复本呢？他们也不想知道这一点。与我们一样，罗马教会中学识渊博的人也承认各种不同的文本，并且没有凭借可能的推测就假装知道（我们也一样）这些文本中哪个是正确的。"②——

（接上页）而是作为见证者）明确提到了这本书，'拉丁教会并不习惯于将其看做是权威的圣经'。对此，S先生又有什么可说的呢？这个证据清楚地表明，圣哲罗姆时代的罗马教会并不承认这篇书信为权威，但当今的罗马教会却明确将其视为权威。"

① 第678页。

② 读者们会发现参考一下这些东西是很有价值的，主教描述了在那个人们习惯于炮制各种学说的时代，那些论述信仰的文章的牵强附会的言论。由此，人们可以理解，神学领域的教条主义做法曾经产生过什么影响。"因而我们可以假设，大概在那个年代，普遍的无知，以及无知的最直接的结果（可称之为献身或迷信）盛行于世，大多数人都很轻易相信奇异的现象，甚至是与这些东西相矛盾的现象也被以神迹之名展示给人们，他们的牧师和导师告诉他们，越是相信那些不合理性的东西，人们的功德就越大。我想说，我们来假设，对于这样一些事情，教会中少数几个学识出众之人，或是蓄意为之，或是因为迷信无知，并且误解了我们救世主在圣礼上献祭仪式中所说的话，提出了这种新的学说，献祭仪式上的话，等等……这样一些学说很可能是由那时候一些别有用心的神职人员提出的，以诱使民众更加崇拜他们……在那个极其无知、迷信盛行的年代，这种学说很可能被那个被民众普遍接受，试图让民众接受那些伪装成神迹的极为荒谬之 （转下页）

333 　　"因此,"我们这位业余的绅士继续说道,"我的引述到这里可以结束了,我不得不用它们来支持我的观点,也向你证明,我在宗教、信仰或神圣奥秘等问题上并没有提出自己的主张,但那些最著名的牧师和尊敬的神学家也没能予以证明和确定。现在,你可以肆意谩骂了,尽情地表达你那仁慈和教养。而你,尊敬的阁下! 你

334 的品德非一般的绅士所能及,不受我这些凡夫俗子们的繁文缛节的束缚,随心所欲用你们的行话表达对宗教的赞美和敬意,而我,对你们所宣判的异端分子、分裂主义者、离经叛道者、怀疑主义者,甚至不信教者、无神论者,等等称呼,早已见怪不怪。相反,我会努力克制自己,不为你们的好意心生虚荣。不管你们这样做到底是

335 想让我怎么样,我都不会认为你们别有用心,因为人们有时候确实是把恶意看做当之无愧的荣誉的。"

　　"如果我违背了社交礼仪,让人们长时间地关注我一人,而我不停地背诵书本,不让别人有片刻放松,我希望他们能原谅我,尤其是因为他们还听到了另一些引述的话,而且也亲眼目睹这些狂热绅士的蛮横指责和人身攻击——我已经回应了他们,而我在公众场合却没有受到任何真正的挑衅。同时,虽然他们一贯言语刻薄,也推想我也与他们无异,但是,在分别之际,我还是要主动给他们提些忠告:由于他们近来可谓小人得志,因而异常张狂,但他们应该意识到,那些蜂拥而来的名誉、称号、头衔、职权,也许代表他们将来要取得更实在的利益,但与他们现在所拥有的真实权力和权

336 威尚不相称。当大权在握,且无后顾之忧时,他们会更加冠冕堂皇。再者,他们对称号、荣誉和虚名的贪求甚于古人,当世罕见,当

　　(接上页)事……假设这种学说非常适合于那个时代的风气,被有意无意地加以维护,像野火一般蔓延,尤其是少数操纵教会的人推波助澜,尊崇其为严肃神圣的学说……由于其中包含诸多矛盾,当时这种学说只是告诉人们(正如他们当下所为),这些矛盾不应让人们在信仰上有所顾虑,越是不可能之事,就越应该被相信,相信平常之事没有意义,这就是勇敢无畏,是信仰的伟力,这就是临近全能之上帝的正途,去相信那些显而易见的矛盾现象吧……事情越是荒谬反常,信仰就越有理由。同时,如果这些革新因与传统的信仰和仪式相悖而遭到反对,这等于为信仰增添了新的动力,就等于相信另一件矛盾之事,表面上矛盾的,但实际上却是相同的。"

下可能荣耀一时,但到最后却是南柯一梦。"

"我特别要给这类风雅但狂热的反对者们提些忠告,在他们给自己加封的许多称号当中,唯独缺少使节这个高贵称号,如今他们有正当的途径和理由把全权大使这个称号收入囊中。因为照我们英国现今的状况,无论是君王的委任,还是上帝的指派,都算不上是至高无上的权力。"

"最早的神圣信使(我以此来称呼最圣洁的使徒),将真正的品质体现在自己的生活、作风和言行中,体现在感人的功绩、事迹和来自天国的异象中。如果我们今天的信使想把他们的先辈表现在他们的行为或言谈中,人们的确会将此看做奇迹,但在能谦逊地借到使徒或信使的权威之前,他们还需要创造更多的奇迹。因为在崇高和比喻风格盛行之时,一个神圣的使徒也许本可以使用这样一种言辞,就像特使或使节表现其使命的高贵一样,人们希望那些从未替上帝本人传达过任何使命或谕言的人,能以更谦逊的称号来表明他们自愿在我们与上帝之间传递信息。"

"就我而言,我必须承认,因此来看,我觉得特使这个概念的隐喻用法,说得好听一点,过于牵强了。但我确信,如果有些人被确定为代表或代理人,那也不是直接来自上帝本人的,而是由这个地球上的君王或最高权力通过官员确定的,所以这些作为代理人的绅士便被任命,被赋予特殊身份,并被置于我们之上。他们无可争辩地拥有合法的特权和身份,有合法的名号和优先权,有合法的着装、纹章、绶带和徽章。① 但他们还是觉得,纯粹的凡人无论授予他们多少徽章或标记,但他们被赋予的权威仍然不足以与那些直接从上帝那里接受任命和非凡权力的人相提并论。因为在这种情况下,人们只需要肉眼和普通的感官来辨认这些任命,并承认这特使或使命为神圣。"

"但是,就算特使任命真的已经延续了近两千年,我们又该去哪里寻找那个委任状呢?这委任状现今仍有效,还是重新任命了呢?有效期多长呢?任期多久呢,即便申请人是同一个人?在现

337

338

---

① 见第 161 页。

代,是谁直接凭上帝的证明被授权的呢,他们属于那个教派呢? 书面证明在哪里? 凭证在哪里? 按照常理,这些都应该是公开的、可见的。"

"近来,有一位印度王子作为使节从某个异教民族来访问我们,一个礼拜日,使团中的一位使节被邀请参观我们的教堂,突然问解说员说:'人们在听什么大人物站在那么高的地方,慷慨激昂,滔滔不绝?'解说员回答说:'他们是万能上帝派来的使节,用印度话说就是来自太阳的使节。'人们看不出这位印度人是当了真,还是觉得在开玩笑。后来他与一些天主教的使节兄弟一起来到小礼拜堂,看到里面坐着基督教其他不同派别的会众,他感觉到这些人身份较低,在非常私密地谈论某些事情,便问道:'这些人是否也是来自同一个地方的使节。'旁边的人回答他说:'他们一直就是使节,而且也曾占据你刚才看到的那个主座,不过现在有其他人接替他们了。'这位印度人又说:'如果前面那些人是来自太阳的使节,我想这些人一定是来自月亮。'"

"的确,假如一个人不是异教徒,而是一个虔诚的基督徒,熟读圣经原典,但却不熟悉这些仪式、称号、习俗和礼仪,因为《圣经》中也没有提到这些东西,他难道不该虚心研究这些事务么? 他难道不该自己仔细掌握这位高级使节的来历,并将其告诉低级的代理人或使团的随从,虚心请教,'他们怎么来的,何时来的? 他们是跟随哪些人来的? 是谁出资招待他们? 是谁准许或命令他们来的? 先生,请你们告诉我,当下这个机构中的这些大人们(their Excellencies)真的是唯一被委任的吗? 或者说这么多人都是真正的委员,还是伪冒者?'如果真的有这么多委员,我们无论怎么做都不会有什么大危险。我们有充分的选择余地,可以拥护我们最喜欢的委员。如果只有唯一一个真正的委员,那我们就环顾四周,仔细寻找,小心选择,就像现下的医药法案告诫我们的那样,注意假冒伪劣,因为国外就有许多这样的事例,还有世俗的权力和授权支持他们精神上的伪装。"——

"说真的,人们担心分辨出真假会有些困难,尤其是在宗教的质疑者们聚讼纷纭、争论不休,持反对意见的信众们激烈挑衅,委员们之间疯狂敌视,对立的宗教派别到处相互吵闹、诅咒、辱骂的时候。"

"这些自称受委任的党派从不公开他们的委任状,或者根据原始记录或天国的卷宗予以证明,甚至拒绝我们审查他们所声称的那些记录,拒绝人类评判或调查他们的资格。"

"我们民族的一位诗人也讥讽说,他们这样做是很有道理的。曾几何时,喋喋抱怨民众,对他们所选的演说者或发言人言听计从,对牧师们说,

> 我们郑重提供的东西,你们轻慢以待,
> 作为你们的公使,我们必须
> 查清你们在委员会中属于哪一派,
> 只有上帝才能差遣如此庞大的使团,

"后来,教义辩护者宽恕了民众的放肆,又好言安抚被激怒的牧师,态度温和地对他们说,并觉得这些话他们都能接受,

342

> 他们的无礼让你愤然,
> 你也须拿出有力的证据
> 是真金不怕火炼:
> 文艺不足为凭,真理才是怀疑者所惧。①

"看起来,这位诗人未曾料想有一天这种温和的态度不再被这个阶层的绅士欣赏,这些话也因为与他们的身份不符而被彻底推翻。如今,他们实在不能容忍任何哪怕是谦虚谨慎的怀疑者或调查者,一旦听到有反对他们的论调,读到有回击他们主张的书刊,就视其为罪大恶极。然而,他们自己中间却对于天国的委任分歧重重,激烈争辩,甚至同一个集团或机构内部也分裂成各个不同的派别,尊崇各自的头领,只是不允许旁人调查他们那具有争议的权

---

① 这两段诗句出自达文南特的史诗《甘第伯》第二卷第一篇。

343　力有什么根据。他们会把我们看成是卑贱无能的凡人,因为我们只能远远看着这些令人惶恐的辩题,目瞪口呆,无助地等着这场论战会有什么结果和定论。只是消极等待也不够。他们要求我们在这场关于天国的委任和授权的势不两立的论战中,应该相信某一个人是正确的,而其他人都是伪冒者,招摇撞骗,他们要求我们坚定地相信至今确实存在一项真实的委任,我们需要随遇而安,忍耐这些冲突带来的不幸,并站在这边或那边,正如我们偶然降临于世,成长于此,直至有一天硝烟四起,尸横遍野,世界毁灭,我们才能最终得知,'哪一个委任才是真的,独一无二,统领天下'。"①

　　我们这位世俗的绅士在演说结束时已好几次表示要走了,此时,他恭敬地鞠了躬,离开了这个地方和众人;最后他告诉他的听
344　众,如果他们同意的话,希望他下次有机会和空闲听听他的对手们还有什么新的更有益、更中肯的反对意见,或者像他们一如既往地那样友好热情。

---

① 见本卷第 89 页。

论历史画或 Tablature，赫克勒斯的抉择

更多地寻找重要的艰巨任务、辛苦劳作，而不是所有的爱情、盛宴和纸醉金迷的享乐安逸。

尤维纳利斯：《讽刺诗集》，10.

初版于 1713 年①

导言

（1）在对我们这幅历史题材的素描进行考察之前，我们也许最 347好谈一下"Tablature"这个词（英语当中除了"画像"［Picture］这个总称之外，还没有这个名称）所指的意思，根据"Tabula（牌匾）"这个词根，这种作品不仅与单纯的"肖像画"（Portraiture）有别，也与所有一定程度上是单独的、独立的，较宽泛类型的绘画有别，例如墙壁、天花板、楼梯间、穹顶和其他如教堂或宫殿等引人注目的地 348

---

① 事实上此文已在 1712 年用法语发表于法国《博学者杂志》（*Le Journal des Sçavans*）上。题图由意大利画家保罗·德·马泰斯（Paulo de Matthaeis）绘制，由西姆·格里贝林（Sim Gribelin）雕刻，他也承担了本书其他题图的雕刻工作。——译注

方的壁画一类的绘画。①

（2）因此，我们要明白，仅仅是画布、木板的形状或尺寸还不能说明这幅画或 Tablature 的意思，因为一件这样的作品可以由任何有色的物体构成，正如其可以由任何形状构成，无论是方形、椭圆形，或是圆形。在绘画当中，只有当作品确实是"一个独特的整体，能一览无余，并根据一种独特的才智、意图或设计塑造而成；这才智、意图或设计通过各部分间相互的和必然的关系，一如一个自然的躯体的肢体，而构成一个真正的整体"，我们才能称某件特殊的作品为 Tablature。所以，人们可以说一幅画像是由任意数量的形象以各不相同的方式组织起来的，与所描述的这种呼应或统一无关，这不是真正的独立作品或 Tablature，正如这样一个人的腿、胳膊、鼻子和眼睛，没有根据他的正确比例、神态和性格来调整就再现在相同的布匹上的不同的位置，这幅画像就不是一个人的画像，或严格意义上的肖像画。

349　　（3）这种规则甚至运用在低级的绘画中，因为我们看到，单纯的花卉画家必须研究花饰的形式，利用一种独特的秩序或花瓶、罐子、盒子、基座以及其他用作布局的器物，以构成某种符合比例的集合体或统一的画面；要符合透视的法则，同样要考虑到他面对的所有花卉的不同形态和大小，以及产生自这个整体的色彩和谐：只有这样才能使他的作品配得上构图或真正的独立作品这个名称。

（4）因而这种规则也更多地适用于历史画，在其中，不仅是人物，而且还有风俗和人类的情感都得到描绘。在这里，设计的统一性必须根据正确的诗意法则而具备更细致的准确性；因而在表现任何事件或重大事实的时候，可能性或表面的真实性（这是艺术的真正的真实性）因其具有最大的优势而被维护和提高：在讨论下面

---

① Tablature 源于拉丁文 Tabula（用以写字的平板、刻有法典等文字的碑，或建筑物上的牌匾），用于艺术方面，可指建筑物平面或嵌板（比如古代神庙上柱头与三陇板之间的间板）上的图画，所以可译作嵌板画或间板画，但中文美术术语里面没有这样的说法，因此这里保留英文原文。按照夏夫兹博里下文的描述，他强调 Tablature 是指置于私人住宅的单幅画，内容为历史或神话传说的人物和故事，以表现人物性格或道德寓意为主旨。——译注

的《赫克勒斯的抉择》这幅具有历史性意味的 Tablature 时,我们会
有更深刻的理解;赫克勒斯很年轻,退隐到偏僻之处,以深思将要
做出的人生道路的选择,他受到美德和快乐两位女神的引诱(如我
们的历史学家所叙述)。赫克勒斯的性格就取决于两位女神对于
这个问题的争论。所以,我们自然可以给这件独立作品和这段故
事起个题目《教育》,也可以是《赫克勒斯的选择或抉择》。

350

第一章 Tablature 的一般章法或布局

(1)这个寓言或故事,根据时间顺序可以得到各种不同的
描绘:

或者是在两位女神(美德和快乐)与赫克勒斯搭话的那一瞬间;

或者是她们刚开始相互辩论的那个时候;

或者是她们的辩论已经展开,美德女神仿佛要胜出。

(2)根据第一种看法,赫克勒斯看起来必定对这种不可思议的
局面的出现大感吃惊。他赞赏,沉思,但并未被迷住或感兴趣。根
据第二种看法,他发生了兴趣,陷入矛盾,难以定夺。根据第三种
看法,他变得激动起来,焦躁不安,因相反的情感而备受折磨。这
最后一种尝试居心不良,试图控制他。他陷入苦闷,运用他的理性
的全部力量试图克制自己:

351

"精神被理性所压制,并奋力不被征服。"

(3)这几个不同的时段中,被选择的是后一种;由于是唯一一
个能用以很好地表现这一重大事件以及赫克勒斯随后的决断的时
段,因而在美德女神的引导下,他确实选择了一种充满磨难和艰辛
的生活,为的是将人类从暴政和压迫中解救出来。对于这样一件
独立作品或 Tablature,表现我们这位沉思的英雄心中势均力敌[的
矛盾]这个主题,我们可以恰当地确定《赫克勒斯的决定或抉择》这
个题目。

(4)然而,这同一个故事可以根据第四个时刻或阶段来描绘:
即赫克勒斯完全被美德说服。但此时标志着这种坚决的决定完全
支配了我们年轻的英雄的态度和神情;没有留下余地来表现他的

352

苦恼或内在冲突,而这苦恼或内在冲突正造成这里的首要行动;正如这个行动在诗歌中的表现,是一个好的诗人要描写的主题。同时这种情形也没有留下任何余地来表现美德女神(她此时必定已经结束了其演说)劝导的感染力,或表现快乐女神曲意讨好的演说,她已经失败,必定显得很不快或沮丧:这个情景绝不符合她的性格。

(5)在关于我们年轻的赫克勒斯的历险的原本的故事或寓言中,尤其值得注意的是,快乐女神急匆匆地赶在美德女神前面,开始她的辩护,而赫克勒斯则心怀戒备地听着,因为是她首先发言。并且由于这个寓言完全是哲学的和道德的,这个情景尤其要被看做是必不可少的。

(6)因而在我们这个故事的第三个阶段(因为我们已经将其切分为四个连续的时刻或时间点),赫克勒斯是听者,聚精会神,一言不发。快乐女神已经讲完了。美德女神则正在讲话。她大约讲了一半,或者要结束其演说了;根据合理的修辞,这个地方运用了最激昂的语调和最热情的动作。

(7)显而易见,每一个绘画大师,在选择明确的时刻或时间点,据以表现他的故事的时候,后来都不敢刻画直接当下的和属于他所描绘的独特瞬间的行动。因为,如果他把当下仅仅看做是一个片刻,他也可以将其看做是许多年。而且,通过这样估算,他有很好的理由重复地描绘同一个形象,在同一幅画当中描绘在摇篮中与巨蛇扭打的赫克勒斯,成年时与九头蛇、巨人安泰、刻耳柏洛斯搏斗的赫克勒斯:①这必然纯粹是一种混乱的堆砌或者片段的拼凑,而不是一个关于历史题材的独立完整的篇幅或 Tablature。

(8)然而,在某些情况下,人们也可以运用某些意蕴深厚的或象征的手段来表现未来的时间:正如赫克勒斯,虽然仅是个男孩,人们却看到他手持一根短小的棍棒或身穿幼狮的皮。我们经常在最精美的古代遗物上看到他就是这个样子。尽管历史上从未叙述

353

354

---

① 这是希腊神话中赫克勒斯的一些经历:他出生时,赫拉试图遣两条蛇杀死赫克勒斯,但被他掐死了;九头蛇(它的一个头被砍掉后会再生出两个来)、安泰(大力巨人,身体不能离开地面)和刻耳柏洛斯(守卫冥府的三头狗),都是成年时的赫克勒斯杀死的怪物。——译注

非常年轻时徒手杀死狮子的赫克勒斯,对他的这种描绘却完全符合诗的真实;诗的真实不仅允许,而且必然以对于英雄和伟人的行动和生平的预言或预兆为前提。除了我们这个主题,尤其是赫克勒斯的天赋,甚至在孩童时候就独自摆弄这些武器,而且如在游戏中那样,早早就显出未来英雄的特征。

(9)因而,为了准确地符合历史真实,符合时间和行动的统一性,除了展示事实上流传下来的,或因符合其本性而流传下来的,或恰巧发生在同一个时刻的经历或事件,我们也不可能有其他途径暗示未来的事情,或回溯过去的事情。而且,这就是我们可以正确地称作"一贯性法则"的东西。

(10)因此有人可能会说,这如何去表现某个主体的情感变化呢,因为这种变化是连续发生的;而且在这种情况下,被认作发生在当下的情感要求有一种完全不同于结束的和过去的情感的体态和表情?对此,我们回答说,尽管首要的和直接的情感处于主导和支配地位,艺术家依然可以将原有事物的印迹和脚步留存在他的主题中:这样不仅能让我们同时观察到兴起的和消退的情感,而且还可以同时注意到强烈的、确定的情感以及相反的已经释放的和流露的情感。例如,刚刚留下的清晰泪痕和哀痛、沮丧的其他鲜明标志,依然留在因见到一个刚才还被人哀悼其死亡或失踪的亲戚或朋友而欣喜若狂的人的脸上。

(11)通过用以让人回忆过去的手段,我们还可以预见未来:正如我们在一位出色的画家那里所看到的,他答应根据我们为具有历史性意味的 Tablature 所提出的第三个时刻或时段来描绘赫克勒斯的故事。因为在行动转瞬即逝的变化中,赫克勒斯仍然处于迟疑不决之中,然而却发现这种内在冲突的力量已经消失,胜利开始支持美德女神。这个转变在一开始还仿佛是一种异常神秘的表现,但很容易被人理解,如果人们考虑到,其运动远比心灵缓慢的身体很容易被心灵超过,同时,突然转向新方向的心灵,身体中位置更靠内更活泼的部位(例如眼睛和靠近嘴部和前额的肌肉)表现出的惊恐,瞬间的抽动,可以使较迟钝和位置靠外的部位自我调整,在稍晚时候改变其姿态。

355

356

（12）这种不同的运行方式可以由"预期"（Anticipation）和"召回"（Repeal）两个名词加以区分。

（13）如果一个艺术家妄图通过其他方法在他的作品中引入时间的分段，即未来或过去，他要么在表现对立和矛盾的事物时应遵循真实和可信的定律，要么违反构思的统一和简单的定律，而这正是使其作品得以成立的定律。当人们必然要陷入迟疑，不能断然决定故事或行动的依次相继的部分中，哪一个应当表现在这个构思中的时候，这一点就明确地体现在画面中。因为，即使在这里，情况与诗歌和绘画中的其他情景也是一样的："主要的或首要的部分应该开门见山，不让思想有任何迟疑不定。"

（14）根据时间的统一性法则，如果有人问画过《赫克勒斯的抉择》的艺术家，"他打算描绘上面所提出的四个阶段或时期的哪个"，[①]但这个艺术家恰好又不能明确作答，那么很显然他从来没有对他的作品或他打算描绘的故事形成一个真正的想法。所以，如果甚至不可思议地画出了整幅作品所必需的所有其他美，而单单在这个地方失败了，那么，仅凭这一点就证明他不是真正的历史画画家或名副其实的艺术家，他没有充分地理解如何去完成对一幅历史画的真正设计。

第二章　第一个形象或主要形象

（1）要把上文所讲的东西运用到我们眼前的设计或 Tablature 上，我们首先可以注意到，赫克勒斯（我们作品的第一个形象或主

---

① 如果把关于瞬间的行动或当下时刻这个同样的问题放到众多广受赞誉的著名的历史画当中，这些画就显得非常低劣：如我们在绘画中最常见独特主题的雅克特翁（Acteon，太阳神阿波罗的小儿子，偶然窥见月亮女神狄安娜在泉水中沐浴，狄安娜震怒之下施魔法将他变成一头雄鹿。——译注）这个例子上看到的那样。若非对变形的荒唐期待，其中很难见到有这种诗意历史的设计。雅克特翁的角作为魔法的结果，本应该出现在内含魔法的行为完成之后。因此，在女神显露真容之前，英雄的外貌不会经历任何变化。甚至在水被扬起的时候，他的前额仍然是完好的。但是在通常的设计中，我们看到的却是相反的情形。角已经萌生，如果不是长全的话，而女神则正在给萌生的角浇水。

要形象)被置于中间,两旁是两位女神;一位熟练的大师应该这样刻画他,因而,即便抛开面部的神态和表情,也应该单独依靠身体的这个扭转或姿势表明,这位年轻的英雄的权衡或深思还没有完全结束。因为,当他转向更为可敬的女神时,他绝不会对另一位女神表示出反感或背弃,以致人们想不到他曾对她怀有好感,或者曾聆听其意见。相反,应该让快乐女神抱存希望,并让赫克勒斯显出某种惋惜。否则我们直接从第三个阶段跳到第四个阶段,或者至少会将两个阶段混淆。

359

(2)痛苦中的赫克勒斯可以坐着或站着,虽然站着的可能性更大;面对两位女神的出现,因为情况与"帕里斯的抉择"远不是相同的,在那里,各怀私心的女神们在她们的法官面前申诉各自的理由。而在这里,赫克勒斯自己的兴趣正处于紧要关头。就此而言,他不是法官,实际上是"接受审判的当事人"。

(3)主宰和支配赫克勒斯的情感或者可能表现为一种强烈的崇敬,或者可能表现为一种以爱为主的崇敬。

——因一种缠绵的爱而激动。①

(4)如果起作用的是后者,那么这种尚未被完全抑制的恋恋不舍的情感可能表现为遗憾和惆怅,我们的英雄由于想到那些快乐以及他将永远离弃的幼年时的同伴而心绪难平。而且在这个意义上,赫克勒斯由于这个差异可能看着这个或那个女神;如果他看着快乐女神,眼神也会游移不定,因为他带着遗憾转过头去,他的动作的表情仍然以另一副模样朝向美德女神。如果相反他看着美德女神,那么其神态应该是严肃认真的,目不转睛,同时身体的某些动作仍然面向快乐女神,因某种关切和惋惜的表情,显得与那种处于支配地位的或取得优势的情感交杂在一起;他将要作出的赞成美德女神的决定,让他付出巨大的代价。

360

(5)如果人们认为仅仅要表现支配赫克勒斯的情感,运用崇敬[这种情绪]则更为合适,那么,因为想到走在美德女神身旁那崎岖陡峭的道路上要经历的磨难劳累,他那种恋恋不舍的情感可能会

———————————

① 原文为拉丁文"Ingenti perculsus amore"。

显露为某种恐惧。

（6）此外，赫克勒斯可被描绘为既不朝向美德女神，也不朝向快乐女神，相反，他的眼睛或者看着美德女神指出的陡峭山路，或者看着快乐女神向他推荐的溪谷和草地旁边铺满鲜花的道路。这些不同的姿态可用来表现我们这位陷于深思的英雄的抉择的转变或权衡。

（7）无论选择何种方式，根据我们由以理解他的故事来设计赫克勒斯这个形象，可以肯定的是，他应该被如此刻画，他不能张开嘴巴，或者通过其他标志直截了当地显示他是在说话或静默不语。因为绝对必要的是，静默应该是赫克勒斯的鲜明特征，不仅是作为其深沉专注，心无旁骛的自然结果，而且也为了让那种威严而优越的面貌变成正在申诉的美德女神的那种品质和性格；此前美德女神凭借其雄辩和其他魅力使自己成为我们这位陷入迷恋的英雄心中的情人：

　　　　——她再次倾听着讲述者。①

　　如果在运用动作的最大效果的那一刻，美德女神看起来被其听者的不合时宜的应答或言谈打断的话，那么她的演说和举止所映现出的这个崇高意象就彻底消失了。这样一种设计或描绘结果将与惯例相悖，与历史相悖，与举止的端庄体面相悖。在这里，人们也不可避免地注意到许多所谓的绘画大师一般所表现出的谬误：在同一个集会中，或在有多人参与、基于史实会合一起的聚会中，在单一个独特的或平常的行动中，他们为我们描绘的不仅是两三个人，有时甚至是所有人同时讲话。这些东西必然同样地作用于

① 维吉尔：《埃涅阿斯纪》，4.79。（原文为拉丁文"Pendetque iterum narrantis ob ore"，说史诗中的人物狄多迷恋特洛亚的故事，中文版为："当埃涅阿斯再次叙说的时候，她侧身倾听着。"见中译本《埃涅阿斯纪》，第82页。——译注）

眼睛,因为这样一种交谈听起来就是我们在现实中听到的那样。①

第三章　第二个形象

（1）在讨论了赫克勒斯这个主题之后,我们的次要形象,即美德女神的姿态必定会明朗起来;正如我们在故事的这个特殊阶段对她理解,她必定在声情并茂地演说,因而显现为一个正当激情昂扬的出色的演说家。

（2）所以她应该被刻画为站立的姿态;因为在演说正当非常热烈、万分激动的时候,如果演说者是坐着的,或者显出昏昏欲睡的姿势,这是最不可能的样子,甚至与常理本身相悖。 363

（3）她的穿戴可能像个女战士,头戴钢盔,手持长矛,身着帕拉斯②那样的长袍或背心;或者就如所有其他的美德女神或女英雄一样,带着朴素而独特的花冠,与真实的古代遗迹一样,没有熠熠光芒。我们的故事没有提及美德女神戴着头盔或任何其他的甲胄。这只是让我们认识到,她既不是不修边幅,但也没有过多的讲究或装饰。如果我们根据这后一种方法,我们只需要在她手中增添权杖或威风的剑③,这是她特有的标志,无需头盔、长矛或其他武装便能让人一眼认出。而且这种风姿可以使她与其对手之间的对立更加鲜明而恰当。——"但有人说,这种美只能被博学之士辨识。"——也许如此。但话说回来,这对其他方面也没什么损失,因为所有人都会发现,运用这种调整,这幅画依然明白易懂。相反, 364 恰巧对一般的古迹或这个特殊的故事知之甚少的人,如果看到这幅画中有一位武装起来的女性,他会进一步探究,回想其诸如帕拉

---

① 这里的意思是有很多画家在描绘众人聚集的场面时,让很多人或所有人都同时开口讲话,显出一种七嘴八舌的混乱情景;因为观众在观赏这样的画时,眼睛不能集中注意力。——译注
② Pallas,亦即智慧女神雅典娜。——译注
③ Parazonium(拉丁文:短剑或匕首。——译注)。

斯、柏洛娜①的英武人物或女神。

（4）至于美德女神的体态、神情或容貌，也就是通常被赋予帕拉斯的那一套，很适合用作这位夫人的模型，正如另一方面，赋予维纳斯的那一套可用作其对手的模型。我们所采信的历史学家给我们把美德女神描绘为一位容貌端庄的女士，高大威严。他对美德女神的叙述让我们深入了解到，虽然她不是斜倚着的，也没有褐色的面容，然而其体形和肤色必然表明她惯于锻炼。另一方面，快乐女神恰恰相反，被描绘为更加漂亮的样子，面色娇嫩，这说明了其作风，也显示其容貌特征介于维纳斯和酒神祭司宁芙女神之间。

365 （5）至于美德女神的姿势或姿态，虽然在如我们这幅历史画的设计当中，真正来说与徽章的做法毫无直接渊源；但在这种情况下，人们可能通过某些技巧竭尽所能使我们的形象与这同一位女神相似，就如人们在纪念章和有着类似性质的古代徽章作品上面看到的那样。从这个角度看，她应该被这样设计，让她的重心稳稳地放在一只脚上，另一只脚稍向前迈出，踏在起伏不平的地面或石头上，而不是像我们通常在徽章一类的作品上看到的那样踏在头盔或小金球上。古代大师明智地为美德女神确定的这种姿势的一个特殊的优势在于，它很好地表达了女神向上升的努力或升向星星和天空，也表达了她对于命运和俗世的胜利和优越。因此古时候诗人们这样描写他：

——尝试通过一条被拒绝的道路完成一段旅程。②
放弃充满艰辛的美德的道路。③

尤其在我们这幅画中，美德女神指出的险峻陡峭的道路需要重点描绘，这个形象的向上姿态，还有迈出的一只脚，显出要越过崎366 岖不平、荆棘丛生的地面的攀登动作，如果得到很好地描绘的话，

---

① Bellona，女战神，是战神马耳斯（Mars，即希腊神话中的阿瑞斯）的妻子或妹妹。——译注
② 贺拉斯：《歌集》，2.22。
③ 同上书，24.44。

必然会产生一种适宜的效果,让这篇古代诗作备显崇高。①

(6)再说她的手和手臂,在真正的演说术当中,以及在雄辩的感染力当中,它们必定是挥动着的;就我们的女神而言,显而易见,尤其是其手臂,她能随意支配,并不受到长矛或剑的妨碍,应该有其他的用处,它参与到了演说中,并始终以适当的强调和动作与其伴随。所以,人们会看到这时的美德女神用手向上指着她赞成的那条陡峭道路,或指向有着同样崇高意味的天空或星星;或者向下指着常长满花草的道路和溪谷,面带嫌恶,痛恨经过这个地方的一切东西;或者最后(有一种轻蔑的意味,同样面带嫌恶)指着快乐女神本人。每一种方式都有其独特的优势。最有效的是让手臂和手空闲着,以表达所提出的谴责或赞许。然而,下面这种方式可以说有非常大的优势,如果一只手垂在下面,轻轻握着长矛或威风的剑,以让她用这只手和动作表达后一种意思;为此,这只手的几根手指张开向下,显出一种拒绝或排斥的样子;同时,另一只手臂和手是空着的,她又可以表达前一种意思,为赫克勒斯指着走向荣誉和英勇行动的真正光荣的那条路。

367

(7)这个重要形象的故事和行动的所有这些细节,对于那些不仅能辨别单纯的形式,而且还能考虑到影响这形式的情感的特征的人来说,可充分显示这个设计的难度。因为在一种真正的特征得以显明,尤其是这种"内在形式"得以被描绘的地方,"外在形式"有必要退居其次。凡是希望看到我们的美德女神这个形象表现为优秀的演说者,精心选择其动作,并根据通常的礼仪和我们这个时代文雅女士的举止来展示其动作,必定会为这幅画大开眼界。这种雅致的动作和美妙的姿态可作为舞台上的演员。但出色的画家

368

---

① 像古代诗人赫西俄德,表现在我们的历史学家引用的下面这些诗句,作为这幅关于赫克勒斯的雕版画的根据或最初的草图。

邪恶很容易为人类所沾染,并且是大量地沾染,通向他的道路既平坦又不远。然而,永生神灵在善德和我们之间放置了汗水,通向它的道路既遥远又陡峭,出发处路面且崎岖不平;可是一旦到达其最高处,那以后的路就容易走过,尽管还会遇到困难。(赫西俄德:《工作与时日》,1.285。引自中文版《工作与时日·神谱》,张竹明、蒋平译,北京:商务印书馆,1991年,第9—10页。——译注)

必定更加接近真实,小心避免其动作过于夸张或陈俗,而是要富有创新,并且肖似自然。虽然在平常的谈话过程中,人们允许参与者的动作显得是通过艺术来控制和营造的,以保持画家们倾向于赞赏的形象的主要魅力的那种匀称的对照和巧妙的运动平衡;然而,在这种特殊的情况下,辩论的本身具有的那种锐利是以一种无以复加的反感和憎恶为基础的,结合到我们这位先知夫人先天具备的一种狂热的激动中,一点也没有人们通常认为的那种风雅的仪容或优雅的神态。在这样一幅画中,如我们所描述的这种画家必然要保留英雄般的风格,无疑会谨防将他的女英雄描绘为一副单纯地怒斥的样子。不过,可以确定的是,他最好意识到这种喜好的低俗,把他的女士依照这个性别通常的缺点画为夸夸其谈的样子,而不是专注于对单纯形式的润色;一旦忘记了属于其光彩夺目的对手的尖酸刻薄的性格,他就会把她展现为一个虚幻不实的角色,不动声色,没有用以表达真正的哀婉情绪的神情和动作。

369

第四章　第三个形象

在评述了与前两个形象有关的东西之后,这里无需对快乐女神多说什么。其容貌和经历的真实性,甚至是仪态本身(根据上文所述),显而易见要求在这个阶段或时刻得到描绘,人们发现快乐女神是静默的。除了那双眼睛之外,不能让她有任何言语。如果在把眼睛转向赫克勒斯的过程中,她发现他的头和脸已经转向了相反的一边,以至于表明她不再可能发现这位赞成其对手的英雄激情依旧,那么在这个设计中,对她来说将是一种巧妙的安排。通过这种方式,她满可以继续保持她那调情求爱的温柔神情,然而已经发现无能为力。

370　　(2)她可以被刻画为站着、坐着或躺着;根据画家的想象,她头上没有花冠,或者没有玫瑰或桃金娘做的饰冠。而且,因为画家有很大的自由来处理这第三个形象,所以他可以充分利用它为前两个形象服务,对于前两个形象而言,这后一个形象可能是从属的,是收尾之笔,并不重要。

（3）给快乐女神这个形象的安排或布局造成最大困难的是，虽然应该赋予她安逸慵懒的躺卧的姿态和特征，但她还必须保留着活跃的生气和行动，足以表达其说服的努力和陈述她视为正确道路的方式，那就是那条鲜花盛开的道路和下面的溪谷，她要把我们英雄的脚步引向那里。现在，如果这种努力得到过于激动的表达，那么，不仅快乐女神这个形象慵懒的躺卧特征和姿态要换个模样，更糟糕的是这个形象仿佛要开口说话，或者至少显得是这样，因而在画面中造成一种双重含义或模棱两可的意义，这样就会破坏我们已确立为基础的东西，那就是，为了支持美德女神，这幅画的其余部分都要保持绝对的静默，美德女神是此刻或我们故事的第三 371 个阶段中唯一在讲话的人物。

（4）根据推理方式可能做出的对我们要描绘的快乐女神这个形象的估计，我们恰当地所说的那种活跃，也就是我们刚才名之为说服的或陈述的努力，在她身上仅还保留有十之一二。除此之外的所有东西都能用以表达（如果人们可以这样说的话）她的"无精打采"，她的倦怠、娇弱和慵懒。头部和躯干全部显出这后一种情感。一只手奄拉下来，只是用尽力气支撑着懒洋洋的身体。而且，如果另一只手需要表达指向这位夫人推荐的快乐之路的某种姿势或动作，这个姿势应该纤弱松弛，就像一个人理屈词穷，显得筋疲力尽。

（5）至于其体型、举止和表情，以及其他可以进一步表明快乐女神的神情和态度的东西，都自然而然地与上文所述的美德女神截然相反。 372

第五章　这幅画的装饰，主要是衣饰和远景①

（1）众所周知，画家一向有很大的自由去给他们的服饰以及属于历史画的衣饰上色。如果他们要画一个罗马民族，就会给他们穿上不同的衣服，虽然可以肯定的是，他们中的平民的着装几乎相

---

① "远景"一词原文为 perspective，这一章中也视语境译为"透视"。——译注

似,而且也仿效同一种颜色。同样,我们也有理由假设,埃及人、犹太人和其他古代民族,在这一点上人与人之间有着各自的相像或相似,正如现今的西班牙人、意大利人和欧洲所有的民族。但在绘画当中,正如我们可以轻易设想到,这样一种相似性会产生一种非常不利的效果。出于这个原因,画家会独辟蹊径,直接鲜明地用各不相同的色彩来介绍哲学家们,乃至使徒们。在这里,历史真实的373 确必须让位于我们所谓的诗歌真实,不受现实的约束,而是受可能性或貌似真实的外表的制约。所以,在这方面运用其特权的画家,无论如何都应该谨慎处理,掌握分寸。并且,如果有时需要他为我们展示身着不同色彩的哲学家或使徒,他就必须小心注意,至少要削弱其色彩,这样的话,这些朴素贫寒的人们在他的作品中就不会有像身着现代服装的王侯将相们那样的打扮。

(2) 另一方面,如果画家恰好面对庄重的入城仪式或凯旋仪式这样的主题,根据事实的真实,各式各样的宏伟都展露无遗,所有明亮耀眼的色彩汇集于此,争奇斗艳,那么在这种场景中,他应该打破历史的真实或事实的真实,想方设法在减少或削弱那些对象的欢快和壮丽,否则将会导致色彩上的混乱、对立和喧闹,以至于在任何明辨的眼中都显得是无法容忍的。

(3) 因而,一个出色的画家在这一方面,以及其他方面的技巧,374 必然主要地且首先注意到事物之间的一致或协调。为了这个目的,他有必要在自己心里形成某种"统一"的标志或特征,如果能恰当地得到运用,他就会抛除他作品中的许多色彩,产生(如果可以这样讲的话)一种特殊而鲜明的富有独创性的类型:就像某些音乐作品,在不同的曲调中间(例如奏鸣曲、协奏曲或萨拉班德舞曲),有一种截然分明的类型;我们会针对每一种曲调具体地说,"它有一种自己真正独有的特征或特质"。

(4) 所以,绘画的和谐要求,"画家开始创作其作品的任何一种基调,他都应该保证将其保持到结束"。

(5) 在由多个形象构成的 Tablature 当中,这个规则取决于主要形象,或者居于突出地位的两三个形象。因为,如果这位画家赋予其主要形象以某种高贵或富丽的色彩,那么其他形象也必须共用这种特质。但是,如果情况相反,画家恰好在主要形象上采用一种较温和的色调,色彩柔和而简朴,那么其余的形象就必须体现相应的特征,显出一种特殊的简朴来;这样的话,就有同一种精神无可争议地贯穿其整个设计。

375

(6)我们这幅关于赫克勒斯的历史画草图给我们提供了这方面的一个清晰的例子。因为考虑到这位英雄在这种情形下看起沉静而忧郁;此外由于他在一定程度上是裸体的,只披着一张狮皮,这狮皮本身也是一种昏黄暗淡的色彩;一个画家要把这个主要形象表现在任何异乎寻常的明亮或光辉中实际上是行不通的。由此可见,在其他次要形象或作品的从属部分中,画家必然要继续运用平淡的色彩,因为这会给整幅作品带来一种与其自身相符的庄重质朴的特征。现在,如果我们的画家诚心想要跟随历史学家,遵循这个故事的字面意义,其中美德女神身着洁白无瑕的华丽长袍,那么很明显,他依照这种方式将毁坏他的作品。在这一点上,正如在具有类似性质的所有其他场合,优秀的画家必须要学习优秀的诗人;这样的诗人在对待某些众所周知、耳熟能详的主题时,无论如何都要拒绝像纯粹的抄写员或翻译者那样亦步亦趋跟随前代的诗人或历史学家;这样经营主题,才能使他的作品本身成为真正地新颖的和独创的。

376

> 从公共的产业里,你是可以得到私人的权益的,只要你不沿着众人走俗了道路前进,不把精力花在逐字逐句的死搬硬译上,不在模仿的时候作茧自缚,既怕人耻笑又怕犯了写作规则,不敢越出雷池一步。[①]

(7)至于与我们这幅历史画有关的远景或场景相关的东西,就应该如此呈现,以能够让我们立刻设想出它就在乡间,在一个僻静的地方,邻近于这全部的行动经历的某处树林或森林。因为在一种有意选取作为表示独处、思考和筹划的隐居之所,把任何类型的

---

① 贺拉斯:《诗艺》,131。(引自中译本《诗艺》,第 144 页。——译注)

567

建筑或房屋摆在人们眼前,作为聚会、消遣或谈情说爱的标志,是不恰当的。另外,根据诗人们(我们在这种艺术上的向导和大师),女神以及其他任何类型的神圣形体,永远不会故意将自身显现给人类,除非是在这些隐秘的幽静之处。并且在这里值得注意的是,我们的哲学史家为预防起见,尤其喜欢谈到赫克勒斯隐居的这个偏僻地方,以及他在显身之前的沉思:通过这些细节,这一点在之后的时代里被理解为一种纯粹的梦境,但尽管如此,却也是一种真正地理智的和神圣的梦境。

377

(8)至于美德女神的城堡、庙宇或宫殿,以一种象征的方式,坐落在一座山里,正如我们在以此为主题的画中所见的那样;我们的历史学家从未说过任何这类事情。而且,如果诸如此类的东西出现在我们的设计中,那它就会在人心中填满奇异的幻想和神秘的景象,这与这幅画的趣味和神韵是格格不入的。与此同时,在快乐女神这一边也没有任何东西被以对比的方式对应美德女神的这座宫殿;如果被表现出来,就因此会破坏我们作品那种适当的朴素和协调。

(9)在我这幅特殊的作品中,反对远景、建筑或其他景观类的考究装饰的另一种理由是,因为在现实中没有这些现象出现的缘由,对于眼睛它们就只能是累赘,必然使视线从主要内容、故事和事实上转移开来,从而扰乱视线。无论有什么出现在历史画的设计中,对行动来说不是必不可少的,就只能使画面混乱,搅乱人的头脑:更具体地说,如果这些插曲式的部分被塑造得如此生动,以至于与主要主题展开竞争,并与形象和人类生活争夺优先地位的话。一个恰当的设计或 Tablature 应该让人一眼看到它意欲模仿的是哪种自然,它想描绘的是什么生命,无论是高级的还是低级的。作品绝对不能模棱两可,含混不清,而是必须能让人轻易将它辨认出来,是历史的还是道德的,是透视的还是自然的。如果是后一类美,我们希望看到它们根据其完善程度得到勾勒,那么前者就必须让位于它们。高级的生命必须被弱化,并在一定程度上是隐约模糊的,同时低级的生命凸显出来,被展示为主要的。甚至我们通常叫做"静物画"(Still-life)的东西,还有实际上最微末最低级的绘画,

378

也必定在典型的 Tablature 中有其优势和适当的优先地位。在动物画中也是一样,其中描绘的是野兽或飞禽。在风景画中,无生命的事物是主要的,也就是土地,水、石头和山岩就居于其中。其他生命都成为从属的。在这个地方,人性、智慧和礼俗必须让步,并成为次要的。甚而至于,在这样的作品中,试图表现任何诸如此类的美,或者在任何明显的程度上使偶然被引入进来作为点缀或装饰的人或神等附属形象变得活跃或得到强调,都是错误的。相反,如果是人类首先在一幅画中得到凸显,如果这幅画想要展现的是灵性的生命,那么其他的物类、其他的生命就必须屈居次位,成为附属的。每一种美,每一种魅力都必须为这首要的和最高级的真正的美做出牺牲。因为众多的美相互混杂是最丑的:在主次不分明的地方,这种混杂就不可避免。 379

(10) 在这个地方,"道德的"(Moral)①这个词可被理解为所有对人类情感的确当表现,我们在战争作品中也甚至看到这些;那些距离遥远和身材矮小的形象除外,他们倒不如被看做一种景物。在所有其他战争作品中,我们看到道德根据各民族和个人的不同性格,表现在鲜活的行动上,表现为不同程度的英勇、豁达、怯懦、恐惧、愤怒。在这里,我们可以看到英雄们和首领们(譬如亚历山大或君士坦丁这样的人物)鲜明起来,甚至是在最激越的行动中,他们那独有的头脑也保持着平静镇定:其实,在直接的、恰当的意义上,这就是深刻的道德的品质。 380

(11) 但是,由于诗歌与历史或哲学作品是以不同方式处理道德内容的,理所当然,绘画处理道德内容的方式也与历史或诗歌固有的处理道德内容的方式有很大差异。因为缺乏对这条准则的正确理解,所以人们经常看到,通过使一件作品显得非常具有道德内涵和博学,这道德内容反而变得极其荒谬失当。

(12) 对于平常的雕塑作品,例如浅浮雕和圆柱和大厦的装饰,人们会给予很大包容。在这里,透视的法则是完全相反的,这是迫不得已,而且根据某种鲜明独特的构造或柱式来说,这也适应于这

---

① Moral 一词也有"寓意"的意思。——译注

些地点或建筑的环境和性质；正如深入研究过图拉真和安东尼纳斯时期的柱子和其他的古代浮雕的人很容易发现这一点。同样的道理，对雕刻作品、勋章或任何表现在一种物质上（如铜和石头）的
381　作品，或仅仅用明暗（像通常的图画或图章）来表现的作品，被允许而且许多事物也包含有虚幻、奇异或夸张一类的东西。此外，在这里我们也会为任何博学的、象征的或奥秘的东西留有自由空间。但是，对于完全地模仿的和逼真的绘画艺术来说，其特征在于在其作品中运用不同色彩的联合力量，它在很大程度上，并有很多优越条件，胜过所有其他写人的虚构故事或模仿艺术，以一种更直接的方式去虚构，并控制着我们的感官本身；它必定要抛弃任何过于深奥、幽默或机智的东西，使自身保持自然、可信，并赢得我们的赞同：这样，它就可以完成它的首要职责，即描绘其对象的独特外表。否则，遇到与它血缘接近的风景描绘时，我们自然要让它接受贺拉斯的正当批评："无论你给我看什么，我都不信，我讨厌它。"[1]

（13）因为我们要将这一点看做绘画的一条确定准则或经验，即"如果任何象征的或奥秘的东西被直观地和直接地混杂其中，那
382　么一幅历史的和道德的作品就必定失掉其自然的质朴和优雅"。例如，带有十二宫的黄道圈被引入到绘画中。[1] 既然这个外表不会使真实自然中任何的现存事物有任何的相像或起码的相似，那么它也不可能凭借任何诗意的狂热、宗教故事或信仰以求俘获感官或赢得相信。因为凭借这些东西，我们确实很容易被诱使去把那些神圣的人物和非凡的形式想做现实存在的，这些东西是古代和现代出类拔萃的画家们根据他们宗教和民族信仰的独特教义或神

---

[1] 出自贺拉斯：《诗艺》，见中译本第147页："你若把这些都表演给我看，我也不会相信，反而使我厌恶。"贺拉斯认为血腥的或荒谬的故事是不适合搬上舞台直接给观众亲眼看见的，如美狄亚杀死自己的孩子，阿特柔斯吃人肉等。夏夫兹博里引用这句话的意思是说，每一种艺术都有适于其表现的题材，绘画不适合表现深奥、幽默或机智的内容。——译注

[1] 这便是拉斐尔在他的著名设计《帕里斯的选择》里曾做过的事。但是这幅画从未被画出来，而只是为马可安东尼奥的雕刻设计的，因而我们不加责难；如我们上面那段话表明的那样。

学而来的似是而非的设计。但是，具体到我们这幅 Tablature，并不带有任何纯粹的象征或奥秘的东西：因为对于与溪谷和高山这两条路相关的东西，可以在山脚下被自然地、用逼真的外表加以描绘。但是，如果我们在山的顶峰或最高点上加上美德女神那耸入云端的城堡或宫殿，这便给我们的画面直接增添令人费解的神秘气息，而且必将破坏这画面感人至深的朴素和自然的面貌。

383

（14）总之，我们要切记这一点，即"对象越少——画中绝对必需的对象除外，眼睛就越容易以最简单的动作一览无余，把握全貌或整体。"主题的增多，尽管是附属的，也会使作品的布局或构成的主次关系更加难以表现。而且，如果主次不分明，秩序（是它创造美）便是残缺的。除非"这种布局不仅能让眼睛轻易地浏览设计的各个部分（须臾不离所有东西都围绕的中心主题），而且同一只眼睛一刻都不被任何个别部分所耽搁，而是固定地停留在这幅 Tablature 的中间或者中心，一下子就能看到所有展现在眼前的东西，有一种适当的、完善的一致性"，这种主次关系才是完善的。[1]

384

第六章 论随意的或独立的装饰

（1）我们最后要思考的是独立于形象和远景的单独的装饰，例如天空中的"机械效果"（Machine-Work）[2]或"神性之物"，以及风、云、丘比特、鸟、动物、狗或者其他无关紧要的物件，它们被引入作品不是绝对必要的，而是增添情趣。但是，由于这些事物主要属于日常生活，也属于喜剧性的或混杂的类型，而我们的 Tablature 则完全是史诗性的，描绘英雄的，且带有悲剧风格，所以并不很容易容纳任何这类轻盈的事物。

（2）此外我们也要考虑到，既然心灵自然地被引导去幻想在我们这种本质或风格的作品中具有秘密，并把两种截然有别的象征

---

[1] 这就是希腊的大师们用"ἐυσύνοπλον"这个独特的词恰如其分地表达出来的东西。见第一卷第143页及以下。

[2] 当它通过构成故事或寓言本身的一部分，仅仅作为作品的纯粹装饰而非核心部分时，就可被理解为机械效果。（这个词或许指的是天空的自然现象。——译注）

385　和纯粹的历史或诗意混淆一起,我们就应该注意不要给这种幻想留下犯错和偏离的机会,因为在一幅设计如此一致的画中引入这样的附加物或增补部分,借口要解释故事或刻画形象的性格,只会转移或分散目光,搅乱更聪明的观者的判断力。

　　(3) 有人说,"如果不像上文所述的那样把与赫克勒斯在一起的这两位夫人区分开来,怎么能讲清楚她们各自的故事呢?"我们回答说,这是可能的;不仅可能,而且是确定无疑的,如果一个人稍微具备点天才,或者曾笼统地听说过赫克勒斯的故事,而对具体细节却不甚了了的话。但是,尽管如此,我们还是需要补充某些外部标记,以更好地表明和确定美德女神和快乐女神这两个角色;不过,即便不去求助于完全是象征性的标记,这一点也仍然可以做到。下面就解释这种手法。

　　(4) 根据古代人中间最为著名的道德哲学,美德的能量或自然
386　力量表现在克制和忍耐①的双重效力上,或者表现在我们在其他方面所谓的自制和坚持上。对于前者,即"嚼子或笼头"可以作为充分的象征,对于后者,"头盔"也可发挥同样的作用;尤其是因为它们每一者都是英雄们不可或缺的附属物(在勇士的品质当中,它们也是制服和控制马的东西②),与此同时这些都是如这位尚武的夫人这类人物便携的工具;它们代表美德,我们有理由假设这位夫人就随身携带它们。

　　(5) 在快乐女神这边,有某些花瓶以及其他一些具有华丽雕饰的餐具,上面刻有森林神、农牧神和酒神的形象,用以表现餐桌上的淫乱。有些布匹随意脱落在地上,挂在附近的树上,给这位骄奢
387　淫逸的夫人造成了一种凉亭和睡椅,可以充分用来表明其他方面的放纵,也可以证明这个形象的娇弱、慵懒和淫荡的情感。除了这后一种类型,我们都可以感到满意,这是画家很容易予以充分描绘

---

① Καρτερία:它们在古代典型的道德哲学中被描述为姐妹。由此便有了那句众所周知的格言,'Απέχου καί, Sustine & Abstine(这两组词是"坚忍不拔和自我节制"的希腊文和拉丁文。——译注)。

② 卡斯托耳、波卢克斯(此二者为宙斯的双生子);荷马描写的所有英雄;亚历山大大帝等等。

的。让人担心的是,他会始终专注于这部分内容,并过于逼真地表达感情。这种外表无疑会在这第三个形象的所有面貌和比例中得到着重刻画:在对我们以历史为根据的设计中,这种趣味与之相反的趣味更加流行,一般也很动人。

结论

(1)全面反省之后,我们可以这样总结这个论点,看起来这个论点自然而然地源自专门对这个主题的言论,即"如真正的诗人一样,真实的历史画家也需要完整的知识,同样的研究和观察"。诗人(当他真正地铭记这个称号时)从不能成为叙述者或宽泛意义上的历史学家。他只能描写一个单个的行动,但并不是单单一个人或民族的行动。在同等意义上说,画家是历史学家,但如实际上表明的那样,受到更严格的限制;因为试图在一个画面中容纳两三个不同的行动或故事片段,必将比在同一首诗歌中容纳十倍的内容更加荒谬。

388

(2)众所周知,每一类诗歌都被规定有自然的比例和界限。想象在一首诗歌中除了在诗句之外全没有我们所谓的尺度和韵律,那是十足的荒谬。正如悲剧和史诗,挽歌和警句都有个自己的尺度和比例。同样的道理,绘画、雕塑和雕像也都有形成我们所谓"一件作品"的特殊尺度:例如在纯粹的肖像画和头像或胸像中,谴责必须始终保留为整体,或者至少要保留一部分脖颈;正如后者要保留肩膀和一部分胸部。如果有某些东西被增加或删减,"整件作品"就被破坏。因此,呈现给我们想象的是伤痕累累的树干或残缺不全的躯体,这并不仅仅是由于其用途或者因为习惯,而且是必然的,源于外表的本质:因为人的躯体存在如此这般的各部分,是自然地契合的,而且也必定一并显现:制作粗劣的局部实际上是很可怕的,更像是外科手术中的截肢,而不是按照艺术进行的得当的切分或分解。所以总体而言,纵观所有的造型艺术或模仿作品,"凡是取材于自然,意在让我们根据真正的美和真实而想象自然的物类或对象的东西,都应该包含有某种完整的区段或区域,这区段或区域代表着自然的

389

每一部分与整个自然本身的一致或统一"。而且是这种自然的领悟力或对统一体的预期,让我们甚至赋予低级工匠的产品以"整件作品"这个名称,被认为的优秀的,也用以标志产品的合理和真实。

(3)因而,为了能在这种较高级的设计中成功地塑造真正地美的东西,人们希望具备足够的悟性以能领会真正的作品或Tablature的艺术家,以及为了做到这一点熟悉整体和部分的知识的艺术家,能在随后致力于研究道德和诗歌的真理:也就是,通过这种手段,在历史作品中居于最高地位的思想、情操或风俗能够显得与他所实践的较高尚和较高贵的人性相符,与他所描绘的时代的精神相符,也与他选择表现的首要的或主要的行动相符。那时,他就会自然而然地学会拒斥造作的优雅、空洞的情感、夸张的和怪异的形式等虚假的装饰;这些东西与纯粹的虚幻和怪诞一样会破坏一件作品所必需的恰当的朴素和统一。同时,对于其色调,他立刻就会发现他在其艺术的这个细节上必需多大程度上保持质朴和素雅;由于时尚和现代趣味的影响,华丽和浮夸是如何日甚一日。

(4)然而显而易见的是,从理性本身以及历史和经验来看,①对于无论是绘画、建筑或者其他艺术,没有比虚假的趣味更致命的了,这种趣味更多地受着直接触动感官的东西的支配,而非受着随后产生的和经由反省而使心灵快乐并让思想和理性感到满足的东西的支配。所以,当我们用这同一只眼睛审视绘画,就如我们通常观察我们的女士们穿着的、也在盛装、车马或家具方面被人羡慕的华贵衣料和多彩丝绸一样,我们的趣味必定是矫情的,这方面的判断力和知识也完全发生错误。因为,对于这种模仿艺术,我们可以恰当地说,"尽管它确实要借助于色彩,并将其当做手段以完成其设计,然而没有比炫耀色彩或者从色彩的混合来在感官当中激起一种孤立的和虚伪的快乐,②更偏离其真正的目标或背离其意图了"。

---

① 参见维特努威(Virtuvius)和普林尼(Puliny)。

② 这种快乐明显是无关宏旨的、孤立的,正如它与自然地来自主题和技艺本身的固有愉悦或乐趣毫无瓜葛。因为就快乐以及技巧而言,只要设计一完成,所要进行的模仿一实现,这个主题就绝对是完整的了。因此,如果色彩得到尽可能的弱化,并起到从属性的作用,这个设计始终是最出色的。

关于艺术或设计科学的一封信

缪斯在万物之前
——维吉尔《农事诗》第二部
初版于 1732 年

阁下：

随这封信一起来的是一篇叫做《一点想法》[①]的短论,那幅画也只配得上这个题目,其用意只不过是形成一个设想,在像绘画这么一门通俗的科学上也是这样。但是,无论其主题是什么,如果最后能给您带去一点乐趣,那我就心满意足了。同时,如果它能很好地做到这一点,那我对我的规划也就别无所求了;因为我知道它很难让在某些方面毫无价值和用处的东西给阁下您带去真正的乐趣。

所以,我必须预先告诉阁下您,在我构思完我的《想法》——如您看到的那样——之后,我并不满足于此,我立即就开始写作;同时借助于一位绘画大师之手付诸"实践",并形成一个真正的设计。这还不够。后来,当它由纯粹的黑白两色被描成彩色的时候,我决心要看看它能产生什么效果,因此就被绘成了一幅简图。很高兴能受到在这个领域名声显赫的鉴赏家的鼓舞,我最后决定让我的画家投入到这项伟大工作中。我们立刻定制了一匹尺寸合适的布,也认为那几个形象与真人一样大,甚至更大;其主题是英雄的,

----

① 即上一篇论文《论历史画或 Tablature》。——译注

也要求这样的形象显得比通常人的身高更高。

于是,我的《想法》就通过技艺变得非常实在,正如事实可能证明其在这篇论文中也非常清晰。这幅画还在创作过程中,而且可能还要持续一段时间。不然的话,最初的草稿或设计就会随这篇论文一起送到了,就像篇论文会随这封信一起送到。但是,这个设计既然已成为一幅草图,而且这幅草图随后还会成为一副画像,我觉得阁下您最好能将所有的画放在一块来看,或者烦劳只选出其中最好的一幅;如果我聘用的大师在创作中不会大失水准的话,它无疑会是伟大的画作。

阁下,我绝不会在这样一些低级的娱乐中怀有任何的虚荣或骄傲,尤其是它们初看起来可能本来显得就是这样。我这里无意为它们或为我自己辩护。无论如何,阁下您知道,我生来就有足够的雄心渴望自己从事更高级的事业:因为是我在公共事务中的幸运让我能常常与您心意相投,对欧洲和人类的兴趣有着同样的观点。曾有一段时间,那时我非常年轻,还不能为我的国家在这方面有所贡献。但是,在这种工作上经过多年热心的劳作和钻研之后,健康上的意外麻烦不仅迫使我离开事业的职位,也让我不得不移居国外;那里的冬天一般都很温暖,我想方设法打发时间;到现在,正如阁下您发现,我让自己投入到这种轻松的研究上,这些研究最适宜于我的健康状况,也迎合了我所幽居的这个国家的天才。

与此同时,从我对我们民族正崭露头角的天才的观察来看,我也敢肯定地对阁下您说,我预见到,如果我们能活着看到和平到来,这个和平在任何方面都符合这场战争[1]之为缘由、并使其延续的那种高贵精神,这种精神为的是我们自己以及欧洲的自由,那么我们有可能在外国展现的形象,以及国内的知识、工业和智慧的增长,就会使统一的不列颠成为艺术的中心;并且凭借她的这种高雅和优势,这些东西会显著地表明,她在多大程度上得益于那些才智,这才智教会她如何以共同事业的名义、以这共同事业必然包含

---

① 指 1701—1714 年的西班牙王位继承战争。——译注

的她自己的自由和完美体制的名义勇往直前。

我还记得那个时代,我们在音乐方面的主导趣味大大落后于法国。查理二世在位期间,奢侈享乐的长期盛行于世,音乐在随后的时代接受了国外的帮助,汲取了其精华,而这些都不能让我们的天才这方面有所提高。但是,当这个民族的精神越发自由,纵然在那个时代还陷于最残酷的战争,鲜有胜绩,一旦我们开始关注音乐,并着重研习意大利的作品,我们就立刻超过我们的邻邦法国,具备胜过他们的天才,并把自己的趣味和判断力培养为世界最佳。

在绘画方面也有相同的情形。虽然我们国内的成果还乏善可陈,然而,自从公众近来开始对雕刻、素描、临摹,以及意大利的主流画派(与现代法国截然相反)表现出了兴趣,我毫不怀疑,不出几年我们便会在这门学问上取得同样的进步。而且,当我们的性情使我们致力于培养这些设计艺术时,我确信我们的天才自然会带领我们超越轻佻的娱乐,引导我们追求那种更高雅、严肃和高贵的模仿艺术,这些艺术关乎历史、人性和最高的美;我指的是理性生活的美,而非肉欲的和感性的美,如动物和植物上面的美;按照所有不同等级的绘画,阁下您会在我送给您的这篇急就而成的《想法》中找到启发。

在建筑方面,难怪那么多宏伟的设计在我们这里遭遇失败,因为我们民族的天才此前很少从事此道,以至于经历的好几代,我们还在麻木不仁地看着最高贵的公共建筑物在唯我独大的宫廷建筑师手下衰朽,如果我可以这样说的话;这样的建筑师如果能够从经验中获益,早已会在我们付出代价之后成为世界最伟大的大师。但是,我怀疑我们的耐心是否还能坚持更久。长久以来的荒废,已经使我们在听到被毁坏的新宫殿或被某些鲁莽无能的胆大妄为者采用的新设计时,开始变得怒不可遏。

在这一点上我们的民族是幸运的,但建筑还面临两个最宏伟的课题,即我们的王宫和议会大厦。因为我不禁要设想,当人们想到白厅的同时,就将与之毗邻的上院和下院搬到了比现在更好的议事厅和房间里,如果这只是为了显出威严,也是因为一种华贵会让

577

一个人成为国王,在这里国王显得极其庄重。我也不担心,当尝试这些新课题的时候,我们会像以前在其他事情上遭遇失败。从这方面来说,在建设这些大厦之前要等待民族的趣味得到培养这一点上,我们的"国家"也许会比我们的"教会"幸运。但这个民族的热情,尤其是大主教,仿佛不能容忍其教会的建筑物拖延这么久。而且,因为这样一种热情在我们当中重又被点燃,我们很可能会远远就看到有许多尖顶耸立在我们的大城市中,这样迅猛快捷的发展,可能就是我们的当前趣味会在后世遭受谴责的缘由,也很大程度上保留了艺术家们所谓的哥特式建筑。

就公众目前的状况而言,我们确实很难忍受看到人们像对待汉普顿法庭甚或如圣保罗大教堂那样的新式大教堂一样对待白厅。现在,几乎每一个人都参与其中,对这样的公共建筑兴趣盎然。甚至是那样的建筑也在接受公众的责难,这些建筑虽然是个别人建402 造的,但也非常雄伟壮观,以至于成为民族性的装饰。普通人可以建造房舍,或者一般的绅士可以随自己的喜好建筑乡间别墅,但是,当一个大人物修建的时候,他会发现自己与公众没有很大差别,如果不是漂亮的高大建筑,他也会花费巨资营造这样一种虚伪假冒的宏伟建筑,这恰恰被许多通晓艺术的人以及整个民族指责为丑陋,在这一时刻,整个民族很容易顺从通晓艺术的人的意见。

事实上,在这项事业上,人民不是些小党派。离开了他们,任何事情都不能成功。只有在人民被监管起来的地方,才不存在公众。并且,离开了得到有意地引领和指导的公众声音,就没有什么东西能在艺术家心中点燃真正的雄心,鼓舞工匠的天才,或让他渴望后世留名,渴望得到他的国家和后代的赞颂。因为,作为一个自由人,他必定参与到公众的声音中,对它们怀着热情的关心和兴趣,这关心和兴趣是同样的自由天才和同样的法律和政体在他心中唤起的,凭借这法律和政体,他的财富,他所付出的辛劳和勤奋得到的奖赏,都能保证被掌握在他和他的后代手中。

403 在这样一个国家里,所有一切都联合起来帮助艺术和科学的发展。尤其是为了设计艺术,例如建筑、绘画和雕塑,这一切都在某种程度上凝聚在一起。这种趣味必然与其他种类的趣味相辅相成。当一个民族的自由精神转向这条道路,判断力就得到培养,批评也兴起,公众的眼睛和耳朵得到提升;一种正确的趣味流行起来,并以某种方式不断进步。没有什么能像一个民族那至高无上的自由和高昂的精神如此催人奋进,如此自然,如此与自由艺术(liberal arts)相默契,这自由和精神来自惯常对本身最高雅的事物的判断,使人们自由地判断其他主题,并彻底深入到人和风俗,以及人在艺术和科学上的产物或作品的特征之中。阁下,我们从我们卓越的国家体制和合法的君主制中获益颇多,这些对我们来说恰如其分,只有它们才能将这个如此强大的民族凝聚起来;所有人(虽然彼此相距遥远)都分享他们的政体,在一个广阔的首都中聚合在一个首脑之下;其庞杂分支尽管在其他方面不尽如人意,实际上却是多种多样的工艺和艺术如此尽善尽美的根源。

404

我不敢妄加揣测,我们身居高位的权贵们认为应该怎样鼓励这些成长之中的艺术。我知道,正是他们的优势和兴趣使他们成为这项事业中的首要参与者,因而我希望宫廷或各部门,除了真正地公正和明智的部门,永远都不会关注这个事情。如果要关注的话,他们实际上也是有害而无益;因为宫廷(一般如此)的本职不是提升,倒是腐蚀趣味。而且一开始就被他们的榜样带坏的事情,今后永远难以在一个民族的天才中得到恢复。

因而,阁下,我很满意不列颠在这方面能维持这样的状况。我想,人们也没有正当理由惋惜她从前在艺术这些事情上未取得更大进步。正如她的体制已经成立,且已经稳固,相应地,她也已经让自己适应其他方面的发展。既然这样,那便指日可待了。而且,在这一点上,必须认为她是明智的,又是幸运的;从前她试图培养自己在其他方面的各种趣味或品味,保证了自己在政体上有一个正确的趣味。她如今在其他事情上先行一步,走上崭新的道路。然而,她也要寻找自己的典范,深思熟虑,谨慎选择,形成自己的尺度和标准。不管她如何被那些可以辅佐她的人们遗弃而孤立无助,现在她仍有足够的能力自我调整。确实,她几乎不能保证有一

405

579

个专门的"学院"培养正从事这些行业的年轻人。正如我们都是优秀的士兵,我们的气候也出产优秀的马匹,我们的王公贵族们却不愿在这方面慷慨解囊,使我们的年轻人远走他国学习骑术。至于其他如绘画、雕塑或建筑等学院,我们尚未听说有什么提议,而我们敌对民族的国王却兴建学院,教育青年,颁发奖金和津贴,委派他们到国外,以提高他自己的兴趣和声望。虽然这个外国的宫廷勤奋努力,而我们自己的宫廷却消极惰怠,漠不关心,然而如果说这个民族的趣味得到提高,并已经在许多方面超过我们多方襄助的邻邦,那么还有什么更好的证据说明这些民族的天才优于其他民族的天才呢?

就在不久前,我偶然读到一篇巴黎的报纸上的文章,此文敦促宫廷建立一个政治事务方面的学院。"现任宰相主持这个学院,他手下有六名堪担大任的院士——不接受二十五岁以下的人。每个学生享受一千利弗的津贴——有才华出众的大师被指定教授他们必要的学问,指导他们学习从前举行的和平和联盟谈判——成员每周聚会三次——(此时作者说)大使秘书将从这个团体中选拔,他们将逐渐晋升至最高职位。"

阁下,作为这些正规机构的羡慕者,我必须承认,我禁不住要把培养大臣的学院看做是一个非常特别的组织,尤其是像在法国这样一个君主政体中,像在当前这样一个紧要关头。近来那个宫廷的大臣似乎发现了某些新的谈判策略,是前任黎塞留和马萨林①从未想到的;或者说相反,他们发现自己遭受拒绝,并不知该如何处理当下的这个条约,以至于被迫要从那些他们要与之谈判的宰相那里汲取教训:无疑,他们必定深深意识到这是个耻辱。

不过,我这里的意图只要用一些关于政治的见解或者法国人用以培养新大臣或新将军的方法,来给阁下您聊作消遣;这些大臣或将军将会是今后更强大的对手,而我们则墨守陈规。在学院这个问题上,我只想对阁下您说,我并不太关心这样一个问题的缺陷,

---

① 分别是路易十三和路易十四时期的宰相。——译注

而是关心人们所能想到的有利于英格兰的问题;同时,说到政治家的学校,我丝毫不怀疑,尽管没有这些特别的帮助,但我们已有的储备和一般行业始终能为我们提供足够数量的精明强干的人才,适时效力于国内外的谈判;这样合格人才常常会及时地、忠诚地、诚恳地应征效力。

因而再回到我的鉴赏科学上来,这门科学是我在这个地方和这种环境下的主要娱乐,阁下您用一种新鲜的眼光来看待它,在没有人陪伴的时候,我是不可能以这种眼光来深思任何问题的。因为,甚至是这个《想法》也主要是从我与您的某次交谈中萌生起来的,那时我有幸与您在乡下共度几年时光。在那里,您给我展示了一些来自意大利的雕刻作品。其中有一件我记得很清楚,其主题与我写成的《想法》所围绕的主题是一样的。但是,我实在记不起来那件作品用的是什么手法,模仿那位大师,或者如何完成的。您休假的时候是个夏季。因此,我也是为这样的休假和闲暇来酝酿这封书信和这个计划的。因为当这封信抵达英格兰的时候,春天就即将过去,对那些不用事必躬亲的人来说,国家事务也基本上结束了。 ⁴⁰⁸

如果阁下您现在真正的无法脱身,考虑到我的国家,我不知道我是否敢让这样的娱乐来烦扰您。然而即便如此,我还是冒昧为我的计划和绘画事业辩护,想说,如果我这位年轻的英雄如往常一样清晰地呈现于您面前,他出自像马拉特(Marat)或乔丹诺(Jordano,当我第一次旅行到意大利的这个地方的时候,这两位大师还活着,而且声望正隆①)这样的人之手,无论这篇论文证明了什么,这幅画本身就值得关注,满可以成为配得上我们的宫廷和王宫的礼物,特别是如果它有福能被列入女王陛下的皇家编号。这样 ⁴⁰⁹

---

① 写这封信的时候,卡洛·马拉特仍然在世,但已有很长时间不再工作,也没有能力创作重大作品。(夏夫兹博里第一次到意大利是在 1688 年,从北到南历经都灵、米兰、博洛尼亚、佛罗伦萨、锡耶纳、罗马、特拉西纳、那不勒斯等地。参见 Robert Voitle, The Third Earl of Shaftesbury 1671-1713, Baton Rouge, London: Louisianan State University Press, 1984, p. 20ff。——译注)

一件装饰也非常适合我们的年轻国王在其中学习常规课程的长廊或演练厅。看到美德女神身着长袍,英姿飒爽,对皇家后代来说,在往后也许会记忆犹新,他们自己有一天也会经受这样的考验;他自己的幸福,还有欧洲和整个世界的命运在很大程度上取决于这种考验。

410　　　　阁下,如您所见,这几乎就是我的整个计划,也是我能最活泼地激发自己兴致的东西,因而,在与您交流它们并用这种热情表达出来的时候,我可以感到更大的快慰。

　　　　此致

您最忠诚而谦卑的仆人

夏夫兹博里

1712 年 3 月 6 日　　那不勒斯

上海三联人文经典书库

已出书目

1. 《世界文化史》(上、下) [美]林恩·桑戴克 著 陈廷璠 译

2. 《希腊帝国主义》 [美]威廉·弗格森 著 晏绍祥 译

3. 《古代埃及宗教》 [美]亨利·富兰克弗特 著 郭子林 李 凤伟 译

4. 《进步的观念》 [英]约翰·伯瑞 著 范祥涛 译

5. 《文明的冲突:战争与欧洲国家体制的形成》 [美]维克多· 李·伯克 著 王晋新 译

6. 《君士坦丁大帝时代》 [瑞士]雅各布·布克哈特 著 宋立 宏 熊 莹 卢彦名 译

7. 《语言与心智》 [俄]科列索夫 著 杨明天 译

8. 《修昔底德:神话与历史之间》 [英]弗朗西斯·康福德 著 孙艳萍 译

9. 《舍勒的心灵》 [美]曼弗雷德·弗林斯 著 张志平 张任 之 译

10. 《诺斯替宗教:异乡神的信息与基督教的开端》 [美]汉斯· 约纳斯 著 张新樟 译

11. 《来临中的上帝:基督教的终末论》 [德]于尔根·莫尔特曼 著 曾念粤 译

12. 《基督教神学原理》 [英]约翰·麦奎利 著 何光沪 译

13. 《亚洲问题及其对国际政治的影响》 [美]阿尔弗雷德·马汉 著 范祥涛 译

14. 《王权与神祇:作为自然与社会结合体的古代近东宗教研究》

（上、下） ［美］亨利·富兰克弗特 著 郭子林 李 岩 李凤伟 译

15.《大学的兴起》 ［美］查尔斯·哈斯金斯 著 梅义征 译

16.《阅读纸草，书写历史》 ［美］罗杰·巴格诺尔 著 宋立宏 郑 阳 译

17.《秘史》 ［东罗马］普罗柯比 著 吴舒屏 吕丽蓉 译

18.《论神性》 ［古罗马］西塞罗 著 石敏敏 译

19.《护教篇》 ［古罗马］德尔图良 著 涂世华 译

20.《宇宙与创造主：创造神学引论》 ［英］大卫·弗格森 著 刘光耀 译

21.《世界主义与民族国家》 ［德］弗里德里希·梅尼克 著 孟 钟捷 译

22.《古代世界的终结》 ［法］菲迪南·罗特 著 王春侠 曹明 玉 译

23.《近代欧洲的生活与劳作（从 15—18 世纪）》 ［法］G. 勒纳尔 G. 乌勒西 著 杨 军 译

24.《十二世纪文艺复兴》 ［美］查尔斯·哈斯金斯 著 张 澜 刘 疆 译

25.《五十年伤痕：美国的冷战历史观与世界》（上、下） ［美］德瑞克·李波厄特 著 郭学堂 潘忠岐 孙小林 译

26.《欧洲文明的曙光》 ［英］戈登·柴尔德 著 陈淳 陈洪 波 译

27.《考古学导论》 ［英］戈登·柴尔德 著 安志敏 安家 瑗 译

28.《历史发生了什么》 ［英］戈登·柴尔德 著 李宁利 译

29.《人类创造了自身》 ［英］戈登·柴尔德 著 安家瑗 余敬 东 译

30.《历史的重建：考古材料的阐释》 ［英］戈登·柴尔德 著 方 辉 方堃杨 译

31.《中国与大战：寻求新的国家认同与国际化》 ［美］徐国琦 著 马建标 译

32.《罗马帝国主义》 ［美］腾尼·弗兰克 著 宫秀华 译

33.《追寻人类的过去》 [美]路易斯·宾福德 著 陈胜前 译

34.《古代哲学史》 [德]文德尔班 著 詹文杰 译

35.《自由精神哲学》 [俄]尼古拉·别尔嘉耶夫 著 石衡潭 译

36.《波斯帝国史》 [美]A.T.奥姆斯特德 著 李铁匠等 译

37.《战争的技艺》 [意]尼科洛·马基雅维里 著 崔树义 译 冯克利 校

38.《民族主义:走向现代的五条道路》 [美]里亚·格林菲尔德 著 王春华等 译 刘北成 校

39.《性格与文化:论东方与西方》 [美]欧文·白璧德 著 孙宜学 译

40.《骑士制度》 [英]埃德加·普雷斯蒂奇 编 林中泽 等译

41.《光荣属于希腊》 [英]J.C.斯托巴特 著 史国荣 译

42.《伟大属于罗马》 [英]J.C.斯托巴特 著 王三义 译

43.《图像学研究》 [美]欧文·潘诺夫斯基 著 戚印平 范景中 译

44.《霍布斯与共和主义自由》 [英]昆廷·斯金纳 著 管可秾 译

45.《爱之道与爱之力:道德转变的类型、因素与技术》 [美]皮蒂里姆·A.索罗金 著 陈雪飞 译

46.《法国革命的思想起源》 [法]达尼埃尔·莫尔内 著 黄艳红 译

47.《穆罕默德和查理曼》 [比]亨利·皮朗 著 王晋新 译

48.《16 世纪的不信教问题:拉伯雷的宗教》 [法]吕西安·费弗尔 著 赖国栋 译

49.《大地与人类演进:地理学视野下的史学引论》 [法]吕西安·费弗尔 著 高福进 等译 [即出]

50.《法国文艺复兴时期的生活》 [法]吕西安·费弗尔 著 施诚 译

51.《希腊化文明与犹太人》 [以]维克多·切利科夫 著 石敏敏 译

52.《古代东方的艺术与建筑》 [美]亨利·富兰克弗特 著 郝

海迪　袁指挥　译

53. 《欧洲的宗教与虔诚:1215—1515》　[英]罗伯特·诺布尔·斯旺森　著　龙秀清　张日元　译

54. 《中世纪的思维:思想情感发展史》　[美]亨利·奥斯本·泰勒　著　赵立行　周光发　译

55. 《论成为人:神学人类学专论》　[美]雷·S.安德森　著　叶汀　译

56. 《自律的发明:近代道德哲学史》　[美]J.B.施尼温德　著　张志平　译

57. 《城市人:环境及其影响》　[美]爱德华·克鲁帕特　著　陆伟芳　译

58. 《历史与信仰:个人的探询》　[英]科林·布朗　著　查常平　译

59. 《以色列的先知及其历史地位》　[英]威廉·史密斯　著　孙增霖　译

60. 《欧洲民族思想变迁:一部文化史》　[荷]叶普·列尔森普　著　周明圣　骆海辉　译

61. 《有限性的悲剧:狄尔泰的生命释义学》　[荷]约斯·德·穆尔　著　吕和应　译

62. 《希腊史》　[古希腊]色诺芬　著　徐松岩　译注

63. 《罗马经济史》　[美]腾尼·弗兰克　著　王桂玲　杨金龙　译

64. 《修辞学与文学讲义》　[英]亚当·斯密　著　朱卫红　译

65. 《从宗教到哲学:西方思想起源研究》　[英]康福德　著　曾琼　王涛　译

66. 《中世纪的人们》　[英]艾琳·帕瓦　著　苏圣捷　译

67. 《世界戏剧史》　[美]G.布罗凯特　J.希尔蒂　著　周靖波　译

68. 《20世纪文化百科词典》　[俄]瓦季姆·鲁德涅夫　著　杨明天　陈瑞静　译

69. 《英语文学与圣经传统大词典》　[美]戴维·莱尔·杰弗里(谢大卫)主编　刘光耀　章智源等　译

70.《刘松龄——旧耶稣会在京最后一位伟大的天文学家》 ［美］
斯坦尼斯拉夫·叶茨尼克 著 周萍萍 译

71.《地理学》 ［古希腊］斯特拉博 著 李铁匠 译

72.《马丁·路德的时运》 ［法］吕西安·费弗尔 著 王永环
肖华峰 译

73.《希腊化文明》 ［英］威廉·塔恩 著 陈 恒 倪华强 李
月 译

74.《优西比乌：生平、作品及声誉》 ［美］麦克吉佛特 著 林中
泽 龚伟英 译

75.《马可·波罗与世界的发现》 ［英］约翰·拉纳 著 姬庆
红译

76.《犹太人与现代资本主义》 ［德］维尔纳·桑巴特 著 艾仁
贵 译

77.《早期基督教与希腊教化》 ［德］瓦纳尔·耶格尔 著 吴晓
群 译

78.《希腊艺术史》 ［美］F·B·塔贝尔 著 殷亚平 译

79.《比较文明研究的理论方法与个案》 ［日］伊东俊太郎 梅棹
忠夫 江上波夫 著 周颂伦 李小白 吴 玲 译

80.《古典学术史：从公元前 6 世纪到中古末期》 ［英］约翰·埃
德温·桑兹 著 赫海迪 译

81.《本笃会规评注》 ［奥］米歇尔·普契卡 评注 杜海龙 译

82.《伯里克利：伟人考验下的雅典民主》 ［法］ 樊尚·阿祖莱
著 方颂华 译

83.《旧世界的相遇：近代之前的跨文化联系与交流》 ［美］ 杰
里·H.本特利 著 李大伟 陈冠堃 译 施诚 校

84.《词与物：人文科学的考古学》修订译本 ［法］米歇尔·福柯
著 莫伟民 译

85.《古希腊历史学家》 ［英］约翰·伯里 著 张继华 译

86.《自我与历史的戏剧》 ［美］莱因霍尔德·尼布尔 著 方
永 译

87.《马基雅维里与文艺复兴》 ［意］费代里科·沙博 著 陈玉
聃 译

88.《追寻事实:历史解释的艺术》 〔美〕詹姆士　W.戴维森　著　〔美〕马克　H.利特尔著　刘子奎　译

89.《法西斯主义大众心理学》 〔奥〕威尔海姆·赖希　著　张峰　译

90.《视觉艺术的历史语法》 〔奥〕阿洛瓦·里格尔　著　刘景联　译

91.《基督教伦理学导论》 〔德〕弗里德里希·施莱尔马赫　著　刘平　译

92.《九章集》〔古罗马〕普罗提诺　著　应明　崔峰　译

93.《文艺复兴时期的历史意识》〔英〕彼得·伯克　著　杨贤宗　高细媛　译

94.《启蒙与绝望:一部社会理论史》〔英〕杰弗里·霍松　著　潘建雷　王旭辉　向辉　译

95.《曼多马著作集:芬兰学派马丁·路德新诠释》〔芬兰〕曼多马　著　黄保罗　译

96.《拜占庭的成就:公元330～1453年之历史回顾》〔英〕罗伯特·拜伦　著　周书垚　译

97.《自然史》〔古罗马〕普林尼　著　李铁匠　译

98.《欧洲文艺复兴的人文主义和文化》〔美〕查尔斯·G.纳尔特　著　黄毅翔　译

99.《阿莱科休斯传》〔古罗马〕安娜·科穆宁娜　著　李秀玲　译

欢迎广大读者垂询,垂询电话:021—22895540

图书在版编目(CIP)数据

论人、风俗、舆论和时代的特征/〔英〕夏夫兹博里著;董志刚译.—上海:上海三联书店,2018.11
(上海三联人文经典书库)
ISBN 978-7-5426-6517-1

Ⅰ.①论… Ⅱ.①夏…②董… Ⅲ.①伦理学-思想史-英国 Ⅳ.①B82-095.61

中国版本图书馆 CIP 数据核字(2018)第 240033 号

论人、风俗、舆论和时代的特征

著　者 / 〔英〕夏夫兹博里
译　者 / 董志刚

责任编辑 / 黄　韬
装帧设计 / 徐　徐
监　制 / 姚　军
责任校对 / 张大伟

出版发行 / 上海三联书店
　　　　(200030)中国上海市漕溪北路 331 号 A 座 6 楼
邮购电话 / 021-22895540
印　刷 / 上海展强印刷有限公司

版　次 / 2018 年 11 月第 1 版
印　次 / 2018 年 11 月第 1 次印刷
开　本 / 640×960　1/16
字　数 / 530 千字
印　张 / 39.5
书　号 / ISBN 978-7-5426-6517-1/B·615
定　价 / 128.00 元

敬启读者,如发现本书有印装质量问题,请与印刷厂联系 021-66510725